Von der SDP-Gründung zur gesamtdeutschen SPD

Archiv der sozialen Demokratie der Friedrich-Ebert-Stiftung
Reihe: Politik- und Gesellschaftsgeschichte, Band 99

Herausgegeben von Dieter Dowe, Anja Kruke und Michael Schneider

Peter Gohle

Von der SDP-Gründung zur gesamtdeutschen SPD

Die Sozialdemokratie in der DDR und die Deutsche Einheit 1989/90

Bibliografische Information der Deutschen Nationalbibliothek

Die Deutsche Nationalbibliothek verzeichnet
diese Publikation in der Deutschen Nationalbibliografie;
detaillierte bibliografische Daten sind im Internet
über *http://dnb.d-nb.de* abrufbar.

ISBN 978-3-8012-4227-5
ISSN 0941-7621

© 2014 by
Verlag J. H. W. Dietz Nachf. GmbH
Dreizehnmorgenweg 24, 53175 Bonn
Reihengestaltung: Just in Print, Bonn · Kempken DTP-Service, Marburg
Umschlagfoto: Fotoarchiv Jupp Darchinger im Archiv der sozialen Demokratie (AdsD)
der Friedrich-Ebert-Stiftung (FES), Bonn. *Sign.:* 6/FJHD018101.
Satz: Kempken DTP-Service | Satztechnik · Druckvorstufe · Mediengestaltung, Marburg
Druck und Verarbeitung: Messner Medien GmbH, Rheinbach
Alle Rechte vorbehalten
Printed in Germany 2014

Besuchen Sie uns im Internet: *www.dietz-verlag.de*

Inhaltsverzeichnis

Vorwort 7

Einleitung 9
   1   Gegenstand und Zielsetzung 9
   2   Forschungsstand 11
   3   Aufbau und Fragestellungen 20
   4   Quellenlage 26

I   Zweierlei Traditionslinien 29
   1   Wiedergründung, Zwangsvereinigung, Verfolgung, Anpassung –
       Zur Geschichte der Sozialdemokratie in der SBZ/DDR nach 1945 29
   2   Die Bürgerbewegung und das Ende der DDR 52
       2.1   Das Terrain der DDR-Opposition 52
       2.2   Die Implosion der DDR und die Friedliche Revolution 58

II   Von Schwante nach Berlin – Die Gründung der SDP im Kontext
    der Friedlichen Revolution 69
   1   »Wir stellten die Machtfrage« – Der Weg nach Schwante 69
   2   Programmatik, Organisation und Politik des Vorstandes der SDP
       im Herbst/Winter 1989 83
   3   Verstreute Basisgruppen und ein Landesverband – Die Gründung
       der SDP in den Bezirken der DDR 104
   4   Eine zögerliche Annäherung – Das Verhältnis zur West-SPD 118
   5   Weichenstellungen – Die Delegiertenkonferenz
       vom 12.–14. Januar 1990 129

III   Euphorie und Ernüchterung – Der Weg zur Volkskammerwahl 141
   1   Politik im Interregnum – Runder Tisch und Regierung Modrow 141
   2   Die politische und organisatorische Stabilisierung der SPD
       in der DDR 152
   3   Die vermeintlich stärkste politische Kraft der DDR –
       Der Parteitag in Leipzig vom 22.–25. Februar 1990 165
   4   Die unerwartete Niederlage – die Volkskammerwahlen
       am 18. März 1990 178
   5   Der Fall Manfred »Ibrahim« Böhme 193

IV Der schwierige Imperativ der Realpolitik – Die Ost-SPD in Regierungsverantwortung ... 211

1 Grundsatzkonflikt und frühe Weichenstellungen – Die Debatte um die Regierungsbeteiligung ... 211
2 Der sozialdemokratische Weg zur Deutschen Einheit – Die Koalitionsverhandlungen mit der Allianz für Deutschland ... 236
3 Die Konstituierung der Volkskammerfraktion und die Aufnahme der parlamentarischen Arbeit ... 258
4 Die Verhandlungen über die Wirtschafts-, Währungs- und Sozialunion ... 272
5 Kommunalwahlen, politische Rollenkonflikte und Professionalisierung der Strukturen ... 303
6 Der Sonderparteitag von Halle am 9. Juni 1990 ... 322
7 Einigungsvertrag, Wahlvertrag und das Ende der Großen Koalition ... 340

V Die Einheit der deutschen Sozialdemokratie ... 381

1 Organisatorische und politische Vorbereitungen ... 381
2 Der Vereinigungsparteitag vom 26.–28. September 1990 in Berlin ... 406

Zusammenfassende Schlussbetrachtung ... 431

Anhang

Abkürzungsverzeichnis (Institutionen, Parteien, Verbände etc.) ... 454
Abkürzungsverzeichnis (Standardabkürzungen) ... 455
Abbildungsverzeichnis (Rechte, Copyright) ... 456
Tabellenverzeichnis ... 457
Quellen- und Literaturverzeichnis ... 458
   1 Ungedruckte Quellen ... 458
   2 Gedruckte Quellen, Memoirenliteratur, Zeitzeugen ... 459
   3 Sekundärliteratur ... 460
Personenregister ... 467
Orts-/Länderregister ... 472
Sachregister ... 473
Über den Autor ... 481

Vorwort

Die vorliegende Studie ist die leicht überarbeitete Fassung meiner im Juli 2013 beim Fachbereich 05 Gesellschaftswissenschaften der Universität Kassel im Fach Neuere und Neueste Geschichte eingereichten Dissertation. Insofern gilt mein besonderer Dank zuallererst meinem Doktorvater Prof. Dr. Friedhelm Boll, der die Arbeit über Jahre hinweg engagiert betreut hat, meinem Zweitgutachter Prof. Dr. Jens Flemming sowie Prof. Dr. Michael Schneider, der das Projekt in der Anfangsphase entscheidend gefördert und damit erst möglich gemacht hat.

Diese Studie wäre ohne die Unterstützung mehrerer Archive und Bibliotheken, deren Bestände ich im Zuge meiner Forschungen intensiv benutzt habe, nicht denkbar gewesen. In diesem Sinne möchte ich mich ganz herzlich bei den Mitarbeiterinnen und Mitarbeitern der folgenden Institutionen bedanken, die mir hilfreich zur Seite gestanden haben. Hier sind zunächst meine ehemaligen Kolleginnen und Kollegen des Archivs der sozialen Demokratie und der Bibliothek der Friedrich-Ebert-Stiftung, Mario Bungert, Stephanie Kröger, Holger Feldmann, Gisela Krause, Dr. Christoph Stamm, Dr. Gertrud Lenz, Dr. Ilse Fischer, Regine Schoch und Jacques Paparo zu nennen. Meinen Dank für die ebenso freundliche wie sachkundige Betreuung und Beratung möchte ich ebenfalls Hans-Jürgen Klegraf vom Archiv für Christlich-Demokratische Politik der Konrad-Adenauer-Stiftung, Sylvia Griwan vom Archiv der Bundesstiftung zur Aufarbeitung der SED-Diktatur, Ulf Rathje von der Abteilung DDR des Bundesarchivs sowie Prof. Dietmar Kummer und Benjamin Schäf vom Archiv der Hochschule für Technik, Wirtschaft und Kultur Leipzig aussprechen.

Für ihre Hilfe beim mühseligen Geschäft des Korrekturlesens, der Registererstellung sowie für fachlichen und intellektuellen Austausch danke ich vor allem Dr. Stephan Schmauke und Adrian Urban, dies auch stellvertretend für viele Freundinnen und Freunde, die ich regelmäßig mit dem Thema geplagt habe, sowie nicht zuletzt meiner Frau, die überdies geduldig einen späten Doktoranden als Lebenspartner ertragen hat. Meinen Eltern gebührt das Verdienst, meinen langen Weg in den Archivars- und Historikerberuf über viele Jahre hinweg unterstützt zu haben.

Mein Dank gilt schließlich Dr. Anja Kruke und Dr. Meik Woyke von der Friedrich-Ebert-Stiftung für ihre Unterstützung und die Aufnahme in diese Schriftenreihe sowie den Mitarbeiterinnen und Mitarbeitern des Verlags J. H. W. Dietz in Bonn.

München, Mai 2014   Peter Gohle

Einleitung

1   Gegenstand und Zielsetzung

Am 7. Oktober 1989 gründeten die Pfarrer Markus Meckel und Martin Gutzeit sowie etwas mehr als 40 weitere Personen, die ebenfalls ganz überwiegend aus dem Umfeld der evangelischen Kirche der DDR kamen, im Gemeindehaus von Schwante bei Oranienburg die Sozialdemokratische Partei der DDR (SDP).[1] Dies geschah vor dem Hintergrund der latenten ökonomischen, politischen und sozialen Krise der DDR, die im Sommer und Herbst 1989 in Gestalt der Massenflucht vor allem junger und qualifizierter Menschen durch den in Ungarn zunehmend durchlässigeren »Eisernen Vorhang« sowie steigende Unruhe auf den Straßen der DDR – vor allem in Leipzig und Dresden – manifest geworden war. Die Parteigründung wäre im Kontext der zu diesem Zeitpunkt allgemein feststellbaren verbindlicheren Formierung und beginnenden Institutionalisierung der Opposition bzw. der Bürgerbewegung in der DDR zunächst nichts Außerordentliches gewesen, hätte die SDP-Gründung nicht einen besonderen und symbolträchtigen Zungenschlag gehabt. Die Etablierung einer sozialdemokratischen Partei in der DDR griff den Machtanspruch der SED, der zu einem Gutteil auf der im April 1946 vollzogenen Zwangsvereinigung von SPD und KPD fußte, frontal an und stellte damit die Legitimität des SED-Regimes grundsätzlich infrage. Zugleich unterschied sich die SDP von den anderen Neugründungen aus dem Umfeld der Bürgerbewegung, wie etwa dem Neuen Forum, durch den expliziten Anspruch, »Partei« und eben nicht »Bewegung« oder »Plattform« zu sein. In der unmittelbaren »Wendezeit« zwischen Oktober und Dezember 1989 entwickelte sich diese zunächst kleine Gruppe von Bürgerrechtlern schnell zu einem der Kristallisationspunkte und wichtigen politischen Akteure der Umwälzung in der DDR. Von der Jahreswende 1989/90 bis zur Volkskammerwahl am 18. März, der Phase des Interregnums der Regierung Modrow und des Runden Tisches, formierte sich unter erheblichem westlichen Einfluss die politische Landschaft und das Parteiensystem

---

1   Vgl. Gründungsurkunde v. 07.09.1989, Archiv der sozialen Demokratie (künftig: AdsD) SDP/SPD-DDR Vorstand, Bd. 2; zur Gründungsgeschichte und weiteren Entwicklung der SDP/SPD-DDR vgl. zusammenfassend u. a.: Gero Neugebauer: Die SDP/SPD in der DDR: Zur Geschichte und Entwicklung einer unvollendeten Partei, in: Oskar Niedermayer, Richard Stöss (Hg.): Parteien und Wähler im Umbruch. Parteiensystem und Wählerverhalten in der ehemaligen DDR und den neuen Bundesländern, Opladen 1994 sowie Wolfgang Gröf: »In der frischen Tradition des Herbstes 1989«: die SDP/SPD in der DDR; von der Gründung über die Volkskammerarbeit zur deutschen Einheit (= Beiträge aus dem Archiv der Sozialen Demokratie Bd. 1), 3. Aufl., Bonn 1996.

der DDR weitgehend neu. In dieser Phase im Frühjahr 1990 schien für einen kurzen Moment der – im Oktober 1989 noch durchaus gewagte – Griff der SDP/SPD nach der Macht nicht nur möglich, sondern sogar realistisch zu sein. Nach einem zunächst zögerlich vollzogenen Schulterschluss mit der West-SPD und der verlorenen Volkskammerwahl etablierte sich die Ost-SPD als stabile zweite Kraft nach der gewendeten Blockpartei CDU im Parteiensystem der DDR. Als Juniorpartner in der christdemokratisch geführten letzten DDR-Regierung unter Lothar de Maizière gestaltete sie schließlich bis zum Bruch der Großen Koalition im August 1990 und auch darüber hinaus den politischen und institutionellen Prozess hin zur Deutschen Einheit mit.

Ziel dieser Studie ist es, eine – trotz reichhaltig vorhandener Literatur – nach wie vor ausstehende quellengesättigte und historisch-kritische Gesamtdarstellung der Geschichte der SDP bzw. SPD in der DDR in den Jahren 1989/90 vorzulegen. Hierzu wurde bewusst ein empirisch-deskriptiver und primär politik-, ideen- und organisationsgeschichtlicher Ansatz gewählt.[2] Dabei steht eine Leitfrage, an die sich mehrere weiterführende Fragen- und Themenkomplexe anknüpfen, im Zentrum: Wie gelang es einer kleinen Gruppe politischer Laien, innerhalb kürzester Zeit sozialdemokratische Politik vor dem Hintergrund einer revolutionären Umbruchphase programmatisch und politisch zu formulieren und diese personell und institutionell zu organisieren? In diesem Sinne gilt es zunächst, die Traditionslinien, Rahmenbedingungen und Organisationsansätze zu charakterisieren sowie die rasanten und sich vielfach überstürzenden politischen, programmatischen und strukturellen Lern- und Anpassungsprozesse einer im Aufbau befindlichen Organisation nachzuvollziehen. Komplementär dazu muss es darum gehen – soweit dies empirisch möglich ist –, das Wechselspiel der verschiedenen, zum Teil sehr unterschiedlichen Milieus und Trägergruppen, die sich in der SDP bzw. SPD in der DDR zusammenfanden, zu fassen und die daraus resultierenden Reibungen und Konflikte zu identifizieren. Im Zentrum stehen natürlich in mehrfacher Hinsicht das politische Handeln der entstehenden Partei und ihr genuiner Beitrag zur Neuformierung des Parteiensystems in der revolutionären DDR sowie zum Prozess der staatlichen Einigung Deutschlands. Dabei spielen auch das schrittweise Hineinwachsen einer aus der Friedlichen Revolution heraus entstandenen Bürgerbewegung in den Parlamentarismus sowie die Zwänge, Prozessualitäten und Rituale der Realpolitik eine gewichtige Rolle. Dieses gesamte Kontinuum der Parteibildung mit all seinen Facetten wird zudem und nicht zuletzt auch aus der Perspektive der deutsch-deutschen Wechselwirkung auf staatlicher, par-

---

2   Der Verfasser widersteht in diesem Zusammenhang der Versuchung, einen essenzialistischen bzw. empirisch-realistischen Ansatz mit dem kulturwissenschaftlichen bzw. ethnologischen Begriff der »dichten Beschreibung« (Clifford Geertz) zu bemänteln, wie offenbar bisweilen geschehen. Vgl. Rüdiger Graf: Zeitgeschichte in der Welt der Sozialwissenschaften, in: VfZ 59 (2011), S. 491. Zu neueren Theoriefragen der Zeitgeschichte vgl. u. a.: Frank Bösch, Jürgen Danyel: Zeitgeschichte. Konzepte und Methoden, Göttingen 2012 sowie das Themenheft: Zeitgeschichtsschreibung, APuZ 62 (2012), H. 1–3/2012.

teipolitischer und – wenn man so will – auch lebensweltlicher Ebene zu betrachten sein. Schließlich gilt es, noch den Blick auf die organisatorischen Herausforderungen sowohl der Binnenentwicklung der SPD in der DDR als auch der Herstellung der Einheit der deutschen Sozialdemokratie zu lenken. Aus Gründen der Begrenzung des Themas ist diese Studie in erster Linie als eine Geschichte der Parteiführung der SDP/SPD-DDR und der Volkskammerfraktion konzipiert, es wird gleichwohl schlaglichtartig immer wieder ein Blick auf die Basis in den Gliederungen möglich sein. Dies geschieht auch vor dem Hintergrund, dass wohl in nächster Zeit weitere Arbeiten zur Regionalgeschichte der Sozialdemokratie in den neuen Bundesländern zu erwarten sind. Darüber hinaus war es sinnvoll, die Außenpolitik bzw. die außenpolitische Einbettung der Deutschen Einheit weitestgehend auszuklammern, da diese durch mehrere – auch neuere – Studien weitgehend erforscht scheint[3], und sich auf die DDR-Binnenperspektive sowie die Deutschlandpolitik zu konzentrieren.

2 Forschungsstand

Die Geschichte der Friedlichen Revolution in der DDR und der Deutschen Einheit ist wissenschaftlich und publizistisch beileibe kein unbeackertes Feld mehr. Auf die mit vier voluminösen Bänden denkbar breit angelegte Gesamtdarstellung von Karl Rudolf Korte, Dieter Grosser, Wolfgang Jäger und Werner Weidenfeld sowie einige übergreifende Einzelstudien und Sammelbände von u. a. Konrad Jarausch, Günther Heydemann, Gerhard A. Ritter, Ehrhard Neubert, Andreas Rödder, Klaus-Dietmar Henke sowie schließlich Ilko-Sascha Kowalczuk sei einstweilen lediglich verwiesen.[4]

---

3   Vgl. Werner Weidenfeld: Außenpolitik für die deutsche Einheit (= Geschichte der deutschen Einheit Bd. 4), Stuttgart 1998; Ines Lehmann: Die Außenpolitik der DDR 1989/90. Eine dokumentierte Rekonstruktion, Baden-Baden 2010; Michael Herkendell: Deutschland: Zivil- oder Friedensmacht? Außen- und sicherheitspolitische Orientierung der SPD im Wandel, Bonn 2012 sowie neuerdings: Gerhard A. Ritter: Hans-Dietrich Genscher, das Auswärtige Amt und die deutsche Vereinigung, München 2013.

4   Geschichte der deutschen Einheit, 4 Bde., Stuttgart 1998; vgl. die jeweiligen Einzelbände: Karl Rudolf Korte: Deutschlandpolitik in Helmut Kohls Kanzlerschaft (= Geschichte der deutschen Einheit Bd. 1), Stuttgart 1998; Dieter Grosser: Das Wagnis der Währungs-, Wirtschafts- und Sozialunion (= Geschichte der deutschen Einheit Bd. 2), Stuttgart 1998; Wolfgang Jäger: Die Überwindung der Teilung (= Geschichte der deutschen Einheit Bd. 3), Stuttgart 1998; Werner Weidenfeld: Außenpolitik für die deutsche Einheit (= Geschichte der deutschen Einheit Bd. 4), Stuttgart 1998; Konrad Jarausch: Die unverhoffte Einheit 1989–1990, Frankfurt a. M. 1995; Günther Heydemann u. a. (Hg.): Revolution und Transformation in der DDR 1989/90 (= Schriftenreihe der Gesellschaft für Deutschlandforschung Bd. 73), Berlin 1999; Gerhard A. Ritter: Der Preis der deutschen Einheit. Die Wiedervereinigung und die Krise des Sozialstaats, München 2006; Ehrhard Neubert: Unsere Revolution. Die Geschichte der Jahre 1989/90, München 2008; Andreas Rödder: Deutschland einig Vaterland. Die Geschichte der Wiedervereinigung, München 2009; Klaus-Dietmar Henke (Hg.): Revolution und Vereinigung 1989/90. Als in Deutschland

Alle diese Arbeiten ermöglichen bis weit in manche Detailfrage der sogenannten »Wende« und der staatlichen Vereinigung Deutschland hinein eine gesicherte Grundlage für die weiterführende Forschung. Diesen hohen Kenntnisstand verdanken wir nicht zuletzt der fast unbeschränkten Aktenöffentlichkeit der Überlieferung aus staatlicher und parteiamtlicher Provenienz der DDR im Bundesarchiv, den Staats- und Kommunalarchiven in den neuen Ländern sowie nicht zuletzt den besonderen Benutzungsbedingungen im Archiv des Bundesbeauftragten für die Unterlagen des Staatssicherheitsdienstes der ehemaligen DDR (BStU), die der Geschichtswissenschaft einen nahezu idealen Nährboden bot und nach wie vor bietet. Über 20 Jahre neuerer DDR-Forschung haben auf mehreren Feldern, die hier für die Vorgeschichte der Wiedergründung der Sozialdemokratie in der DDR von Belang sind, wichtige Erträge gebracht. Hier ist zunächst zu nennen die u. a. von Matthias Loeding, Andreas Malycha, Beatrix Bouvier und Franz Walter geleistete Historiografie zur Zwangsvereinigung von SPD und KPD zur SED im April 1946, zur Unterdrückung und Verfolgung von Sozialdemokraten in der sogenannten Einheitspartei sowie zur schleichenden Überformung und letztlich weitestgehenden Eliminierung des sozialdemokratischen Milieus und dessen Traditionslinien in der SBZ/DDR.[5] Etliches wissen wir auch über das gesellschaftliche und politische Klima in der DDR in den 1970er- und 1980er-Jahren, in dem sich die spezifischen Oppositions- und Dissidenzformen entwickelten, die schließlich auch in der Gründung der SDP mündeten.[6] Eng damit verknüpft und

    die Realität die Phantasie überholte, München 2009; Ilko-Sascha Kowalczuk: Endspiel. Die Revolution von 1989 in der DDR, München 2009; vgl. zudem: Wolfgang Schuller: Die deutsche Revolution 1989, Berlin 2009; Tilman Mayer (Hg.): Deutscher Herbst 1989 (= Schriftenreihe der Gesellschaft für Deutschlandforschung Bd. 99), Berlin 2010; Bernd Florath (Hg.): Das Revolutionsjahr 1989. Die demokratische Revolution in Osteuropa als transnationale Zäsur (= Analysen und Dokumente/Bundesbeauftragter für die Unterlagen des Staatssicherheitsdienstes der Ehemaligen Deutschen Demokratischen Republik Bd. 34), Göttingen 2011; Eckhard Jesse (Hg.): 1989 und die Perspektiven der Demokratie (= Veröffentlichungen der Deutschen Gesellschaft für Politikwissenschaft Bd. 28), Baden-Baden 2011; Clemens Vollnhals (Hg.): Jahre des Umbruchs. Friedliche Revolution in der DDR und Transition in Ostmitteleuropa – (= Schriften des Hannah-Arendt-Instituts für Totalitarismusforschung Bd. 43), Göttingen 2011.

5 Vgl. hierzu u. a. Matthias Loeding: Führungsanspruch und Einheitsdrang. Der Zentralausschuss der SPD im Jahr 1945, Hamburg 2002; Andreas Malycha: Auf dem Weg zur SED. Die Sozialdemokratie und die Bildung einer Einheitspartei in den Ländern der SBZ. Eine Quellenedition (= Archiv für Sozialgeschichte, Beiheft 16), Bonn 1995; Andreas Malycha: Partei von Stalins Gnaden? Die Entwicklung der SED zur Partei neuen Typs in den Jahren 1946 bis 1950, Berlin 1996; Beatrix Bouvier: Ausgeschaltet! Sozialdemokraten in der sowjetischen Besatzungszone und in der DDR 1945–1953 (= Reihe Politik- und Gesellschaftsgeschichte 45), Bonn 1996; sowie Franz Walter, Tobias Dürr, Klaus Schmidtke: Die SPD in Sachsen und Thüringen zwischen Hochburg und Diaspora. Untersuchungen auf lokaler Ebene vom Kaiserreich bis zur Gegenwart, Bonn 1993.

6 Vgl. hierzu u. a. Stefan Wolle: Die heile Welt der Diktatur. Alltag und Herrschaft in der DDR 1971–1989, Berlin 1998; Heinrich Timmermann (Hg.): Die DDR zwischen Mauerbau und Mauerfall, Münster i. Westf. 2003.

ebenso essenziell für unser Thema ist die Frage nach der Genese, der Zusammensetzung, dem Charakter und der Rolle der Bürgerbewegung als Triebfeder und Katalysator der Friedlichen Revolution, die die Forschung relativ breit beschäftigt hat.[7] Hier ist zuallererst die Pionierstudie von Ehrhart Neubert[8] zu nennen, die überwiegend deskriptiv die Geschichte und die verschiedenen Verästelungen der DDR-Opposition seit 1949 detailliert auffächert. Eine treffende Analyse der Bürgerbewegung als sozialer Bewegung unter den spezifischen Bedingungen von Revolution und Transformation in der DDR legte darauf aufbauend Karsten Timmer[9], der in ihr weniger den Taktgeber als vielmehr den Katalysator sieht, im Jahr 2000 vor. Sehr pointiert und auch kontrovers hat Christof Geisel 2005 wiederum das politische Selbstverständnis der DDR-Opposition herausgearbeitet.[10] Er kann überzeugend darlegen, dass es weiten Teilen der Bürgerbewegung keinesfalls um eine Umgestaltung der DDR nach dem Vorbild des westlichen Parlamentarismus ging, sondern vielmehr um die Suche nach einem gleichsam »Dritten Weg« neuen Typs, einer zivilgesellschaftlich-basisdemokratischen und zivilisationskritischen Utopie mit deutlich sozialistischem Zungenschlag. Schließlich sei in diesem Zusammenhang noch auf die vorzüglichen Lokalstudien zu Dresden und Berlin von Karin Urich bzw. Torsten Moritz verwiesen. Durch sie wird ein detaillierter Blick auf die Entstehung, Entwicklung und die Binnenkonflikte der verschiedenen Gruppierungen, auf ihr Ringen mit der Staatsmacht und die daraus resultierenden spezifischen Lösungsansätze für die politische und gesellschaftliche Krise auf lokaler Ebene möglich.[11] Komplementär dazu hat Walter Süß in seinem 1999 erschienen Buch auf der Basis von Akten des DDR-Macht-, Partei- und Sicherheits-

---

7 Als Gesamtdarstellungen hierzu vgl. u. a.: John Torpey: Intellectuals, Socialism and Dissidents. The East German Opposition and its Legacy, Minneapolis London 1995; Christian Joppke: East German Dissidents and the Revolution of 1989, New York 1995; Sung-Wang Choi: Von der Dissidenz zur Opposition. Die politisch-alternativen Gruppen in der DDR von 1978–1989, Köln 1999; Detlev Pollack: Politischer Protest. Politisch alternative Gruppen in der DDR, Opladen 2000 sowie neuerdings die beiden folgenden Sammelbände: Leonore Ansorg, Bernd Gehrke, Thomas Klein, Danuta Kneipp (Hg.): »Das Land ist still – noch!« Herrschaftswandel und politische Gegnerschaft in der DDR (1971–1989) (= Zeithistorische Studien Bd. 40), Köln 2009; Martin Gutzeit, Helge Heidemeyer, Bettina Tüffers (Hg.): Opposition und SED in der Friedlichen Revolution. Organisationsgeschichte der alten und neuen politischen Gruppen 1989/90, Berlin 2011.
8 Ehrhart Neubert: Geschichte der Opposition in der DDR 1949–1989 (= Forschungen zur DDR-Gesellschaft), Bonn ²1998.
9 Karsten Timmer: Vom Aufbruch zum Umbruch. Die Bürgerbewegung in der DDR (= Kritische Studien zur Geschichtswissenschaft Bd. 142), Göttingen 2000.
10 Christoph Geisel: Auf der Suche nach einem dritten Weg. Das politische Selbstverständnis der DDR-Opposition, Berlin 2005.
11 Karin Urich: Die Bürgerbewegung in Dresden 1989/90. (= Schriften des Hannah-Arendt-Instituts für Totalitarismusforschung Bd. 18), Köln 2001; Torsten Moritz: Gruppen der DDR-Opposition in Ost-Berlin – gestern und heute. Eine Analyse der Entwicklung ausgewählter Ost-Berliner Oppositionsgruppen vor und nach 1989, Berlin 2000. Zu ergänzen wäre schließlich noch folgende ebenso monumentale wie umstrittene Arbeit: Michael Richter: Die Friedliche Revolution. Aufbruch zur Demokratie in Sachsen 1989/90, 2 Bde., Göttingen 2009.

apparats die Binnenprozesse der staatlichen Organe angesichts des galoppierenden Umbruchs durchleuchtet.[12] Er kann klar nachweisen, wie die SED-Führung in systembedingt ignoranter Verkennung der fundamentalen Qualität der gesellschaftlichen Krise und trotz der umfassenden Information über die Aktivitäten der Opposition durch das Ministerium für Staatssicherheit (MfS) vom lahmenden diktatorischen Koloss zum Getriebenen der revolutionären Dynamik wurde.

Die Entstehung bzw. Neuorientierung und Überformung des Parteiensystems 1989/90 in der DDR hat schon zeitgenössisch, aus nahe liegenden Gründen, viel Aufmerksamkeit auf sich gezogen. Insofern sind schon relativ zeitnah etliche Dokumentationen, Aufsätze, Sammelbände etc. zu diesem Thema erschienen.[13] Eine erste politikwissenschaftliche Bilanz – wenngleich auf noch vergleichsweise dünner Quellenbasis – versuchten Oskar Niedermayer und Richard Stöss mit einem 1994 erschienenen Band.[14] Objekt der Betrachtung war von Beginn an selbstverständlich auch die SDP/SPD-DDR.[15] Anfang der 1990er-Jahre wurde bei der Friedrich-Ebert-Stiftung (FES) und der Historischen Kommission der SPD begonnen, hierzu systematisch Material zu sammeln. Dies bezog sich sowohl auf die Akzession archivischen Dokumentationsgutes, das in diesem Zeitraum peu à peu in das Archiv der sozialen Demokratie der Friedrich-Ebert-Stiftung kam, als auch auf Oral History. Erste Resultate dieser Bemühungen waren 1992 ein Symposion im Berliner Reichstag[16] und

---

12 Walter Süß: Staatssicherheit am Ende. Warum es den Mächtigen nicht gelang, eine Revolution zu verhindern. Analysen und Dokumente (= Wissenschaftliche Reihe des Bundesbeauftragten für die Unterlagen des Staatssicherheitsdienstes der ehemaligen DDR Bd. 15) Berlin 1999.
13 Vgl. etwa: Gesamtdeutsches Institut, Bundesanstalt für Gesamtdeutsche Aufgaben (Hg.): Dokumentation zur Entwicklung der neuen Parteien in der DDR (November 1989 – April 1990), 2 Bde., Bonn 1990; Gerhard Rein (Hg.): Die Opposition in der DDR. Entwürfe für einen anderen Sozialismus. Texte, Programme, Statuten von Neues Forum, Demokratischer Aufbruch, Demokratie Jetzt, SDP, Böhlener Plattform und Grüne Partei in der DDR, Berlin 1989; Thomas Ammer: Die Anfänge eines demokratischen Parteiensystems in der DDR, in: Außenpolitik 41 (1990); Matthias Jung: Parteiensystem und Wahlen in der DDR, in: Aus Politik und Zeitgeschichte 40 (1990); Wolfgang Kühnel, Marianne Schulz, Jan Wielgohs: Die neuen politischen Gruppierungen auf dem Weg vom politischen Protest zur parlamentarischen Interessensvertretung, in: Zeitschrift für Parlamentsfragen 21 (1990); Berndt Musiolek, Carola Wuttke (Hg.): Parteien und politische Bewegungen im letzten Jahr der DDR, Berlin 1991; Carsten Tessmer: Innerdeutsche Parteibeziehungen vor und nach dem Umbruch in der DDR, Erlangen 1991; Hans-Joachim Veen u. a. (Hg.): DDR-Parteien im Vereinigungsprozess (= Interne Studien Nr. 20/1990 des Forschungsinstituts der Konrad-Adenauer-Stiftung), St. Augustin 1990; ders. u. a. (Hg.): Parteien im Aufbruch. Nichtkommunistische Parteien und politische Vereinigungen in der DDR (= Deutschland-Report 8, Konrad-Adenauer-Stiftung), St. Augustin 1990.
14 Niedermayer, Stöss, Parteien, a. a. O.
15 Vgl. u. a. Hans-Jürgen Fink: Die SPD in der DDR, in: Deutschland Archiv 23 (1990); Elke Leonhard: Eine junge Partei mit alter Tradition. Erster Parteitag der neuen SPD in der DDR, in: Deutschland Archiv 23 (1990).
16 Vgl. Dieter Dowe u. a. (Hg.): Von der Bürgerbewegung zur Partei. Die Gründung der Sozialdemokratie in der DDR. Diskussionsforum im Berliner Reichstag am 7. Oktober 1992 (= Gesprächskreis Geschichte H. 3), Bonn 1993.

1993 ein von Wolfgang Herzberg und Patrik von zur Mühlen herausgegebener Interviewband, der auch vorsichtig eine erste Synthese wagte.[17] Hierzu sollten sich einige Broschüren bzw. Beiträge in solchen, eine eher kursorische Überblicksdarstellung[18] sowie schließlich 1999 und 2009 zwei Ausstellungen gesellen.[19] Gleichzeitig wurde die Geschichte der SDP/SPD-DDR auch außerhalb der Friedrich-Ebert-Stiftung zum Gegenstand einiger kleinerer und mittlerer Studienarbeiten und Veröffentlichungen, die jedoch alle mit einer weitgehend unveränderten Quellenlage zu kämpfen hatten oder nur einzelne Aspekte des gesamten Themenkomplexes behandelten.[20] Dieser Reigen an Beiträgen fand seine Ergänzung und Flankierung in etlichen Publikationen aus dem Bereich der Zeitzeugnisse von Akteuren und der Memoirenliteratur.[21] In

---

17 Wolfgang Herzberg, Patrik von zur Mühlen (Hg.): Auf den Anfang kommt es an. Sozialdemokratischer Neubeginn in der DDR 1989. Interviews und Analysen, Bonn 1993.
18 Vgl. Gröf, Tradition, a. a. O.
19 Vgl. etwa: Patrik von zur Mühlen: Die Opposition gegen die SED und die Gründung der Sozialdemokratie in der DDR, in: Dieter Dowe (Hg.): Partei und soziale Bewegung. Kritische Beiträge zur Entwicklung der SPD seit 1945, Bonn 1993; Historische Kommission beim Parteivorstand der SPD (Hg.): Von der SDP zur SPD (= Geschichtsarbeit in den neuen Ländern Bd. 8), Bonn, 1994; Jörg Milbradt: Das Leipziger Programm, in: Historische Kommission beim Parteivorstand der SPD: Die programmatische Entwicklung der deutschen Sozialdemokratie (= Geschichtsarbeit in den neuen Ländern Bd. 1), Bonn 1994; Hans-Jochen Vogel: Zur Gründung der Sozialdemokratischen Partei in der DDR in Schwante vor 10 Jahren. Rede anlässlich der ersten Präsentation der Wanderausstellung der Friedrich-Ebert-Stiftung »Wir wollen ein Hoffnungszeichen setzen ...« Die Gründung der Sozialdemokratischen Partei in der DDR am 29. September 1999 im Willy-Brandt-Haus in Berlin, (Gesprächskreis Geschichte H. 28), Bonn 1999; »Wir wollen ein Hoffnungszeichen setzen ...« Die Gründung der Sozialdemokratischen Partei in der DDR. Bilder und Texte einer Ausstellung der Friedrich-Ebert-Stiftung, Bonn 1999; »Wir haben die Machtfrage gestellt!« SDP-Gründung und Friedliche Revolution. Eine Ausstellung der Friedrich-Ebert-Stiftung, Bonn 2009.
20 Vgl. etwa: Gero Neugebauer, Bernd Niedbalski: Die SPD in der DDR 1989–1990. Aus der Bürgerbewegung in die gesamtdeutsche Sozialdemokratie. Text, Chronik und Dokumentation, (Berliner Arbeitshefte und Berichte zur sozialwissenschaftlichen Forschung Bd. 74), Berlin 1992; Dieter Segert: The SPD in the Volkskammer in 1990. A new party in search of a political profile, in: Michael Waller (Hg.): Social democracy in a post-communist Europe, Ilford u. a. 1994; Heiko Tammena: Volkspartei ohne Parteivolk. Organisationsaufbau der SPD in Ostdeutschland 1990–1994 und organisationspolitische Perspektiven, Göttingen 1994; Christian Ketterle: Die Haltung der ostdeutschen SPD zur Wirtschafts- und Währungsunion, Magisterarbeit, München 1995; Louise Kouteynikoff: Die SPD und die Vereinigung Deutschlands, Magisterarbeit, Paris 1997; Carsten Schnell: Die Ost-SPD. Zur Reorganisation der Sozialdemokratie in den neuen Bundesländern, Zulassungsarbeit, Freiburg i. Br. 1994; Petra Schuh, Bianca M. von der Weiden: Die deutsche Sozialdemokratie 1989/90. SDP und SPD im Einigungsprozess (= Schriftenreihe der Forschungsgruppe Deutschland Bd. 9) München 1997.
21 Vgl. etwa: Konrad Elmer: Es kommt auf den Anfang an! In: Die Neue Gesellschaft/Frankfurter Hefte 38 (1991); Martin Gutzeit: Der Weg in die Opposition. Über das Selbstverständnis und die Rolle der »Opposition« im Herbst 1989 in der ehemaligen DDR, in: Walter Euchner (Hg.): Politische Opposition in Deutschland und im internationalen Vergleich, Göttingen 1993; ders., Stephan Hilsberg: Die SDP/SPD im Herbst 1989, in: Eberhard Kuhrt u. a. i. A. d. Bundesministeriums des Inneren (Hg.): Opposition in der DDR von den 70er Jahren bis zum Zusammenbruch

diesen Kontext gehört mit Einschränkungen auch der 2001 erschienene Tagungs- und Diskussionsband »Die deutsche Sozialdemokratie und die Umwälzung 1989/90«[22]. Regionale Schlaglichter liefern zudem einige Publikationen zu den SPD-Landesverbänden in den neuen Ländern, die jedoch nicht in allen Fällen wissenschaftlichen Ansprüchen genügen können.[23] In jüngerer Zeit versuchte Daniel Friedrich Sturm mit einer umfangreichen Studie, die den schwierigen und gewundenen Weg der SPD zur Deutschen Einheit zum Thema hat, die breiten Lücken im Forschungsstand zu schließen.[24] Die Arbeit kann jedoch in weiten Teilen und insbesondere in Bezug auf die Geschichte der Ost-SPD – trotz vergleichsweise breiter Einbeziehung einschlägiger Archivbestände – weder methodisch und empirisch noch historiografisch

---

der SED-Herrschaft, Opladen 1999; ders., Markus Meckel: Opposition in der DDR. Zehn Jahre kirchliche Friedensarbeit – kommentierte Quellentexte, Köln 1994; Regine Hildebrandt: »Bloß nicht aufgeben«. Fragen an eine deutsche Sozialministerin (Brandenburg), Berlin 1992; Stephan Hilsberg: Von der SDP zur Ost-SPD, in: Arbeitshefte zur sozialistischen Theorie und Praxis. Beiträge zur Arbeit der Juso-Hochschulgruppen 102 (2001); Reinhard Höppner: Wunder muß man ausprobieren. Der Weg zur deutschen Einheit, Berlin 2009; Markus Meckel: Selbstbewusst in die Deutsche Einheit. Rückblicke und Reflexionen, Berlin 2001; Steffen Reiche: Die Gründung der SDP in der DDR und die erste Kontaktaufnahme mit der SPD. Ein Bericht zur Deutschen Geschichte im 20. Jahrhundert, in: Stefan Goch, Franz-Josef Jelich (Hg.) Geschichte als Last und Chance, Festschrift für Bernd Faulenbach, Essen 2003; Richard Schröder: Deutschland schwierig Vaterland. Für eine neue politische Kultur, Freiburg i. Br. 1993; ders.: Einsprüche und Zusprüche. Kommentare zum Zeitgeschehen, Stuttgart, Leipzig 2001; ders.: Die SPD-Fraktion in der Volkskammer, in: Hans Misselwitz u. a. (Hg.): Mandat für die deutsche Einheit, Opladen 2000; ders.: Zum Bruch der Großen Koalition der letzten DDR-Regierung, in: Zeitschrift für Parlamentsfragen 22 (1991); Manfred Stolpe: Schwieriger Aufbruch, Berlin 1992; Käte Woltemath: 4 × Deutschland ... und keins für mich dabei, 2 Bde., Schwerin 2003.

22 Bernd Faulenbach u. a. (Hg.): Die deutsche Sozialdemokratie und die Umwälzung 1989/1990, Essen 2001.

23 Vgl. Franz Walter, Tobias Dürr, Klaus Schmidtke: Die SPD in Sachsen und Thüringen zwischen Hochburg und Diaspora. Untersuchungen auf lokaler Ebene vom Kaiserreich bis zur Gegenwart, Bonn 1993; Michael Rudloff, Mike Schmeitzner (Hg.): Die Wiedergründung der sächsischen Sozialdemokratie 1989/90. Erinnerungen, Dresden 2000; SPD-Landesverband Brandenburg (Hg.): 10 Jahre SPD in Brandenburg. Eine Chronik des Wiederanfangs auf dem »Brandenburger Weg«, Potsdam o. J. [2000]; Karsten Rudolph: Neugründung ohne Tradition? Die SPD in den Neuen Bundesländern, in: Arbeiterbewegung und Sozialdemokratie in Thüringen, Erfurt o. J. [2001]; Werner Müller, Fred Mrotzek, Johannes Köllner: Die Geschichte der SPD in Mecklenburg-Vorpommern, Bonn 2002; Soziale Demokratie in und für Thüringen. Zeitzeugenberichte und Dokumente zur Wiedergründung der Thüringer SPD 1989/90, zus.-gest. u. bearb. durch Michael Klostermann. Hg. durch das Landesbüro Thüringen der Friedrich-Ebert-Stiftung, Erfurt 2009; Udo Krause: Die Entstehung der SDP/SPD in den Bezirken Magdeburg und Halle. Die Entwicklung der Ortsvereine Dessau, Halle, Magdeburg und Stendal bis zur Gründung des SPD-Landesverbandes Sachsen-Anhalt 1990, Magisterarbeit, Magdeburg 2010; Dieter Schmitz: Chronik der SDP/SPD Treptow-Köpenick. Die friedliche Revolution 1989 und 1990 in Treptow, [Hg.: SPD, Kreis Treptow-Köpenick], Berlin 2010.

24 Vgl. Daniel Friedrich Sturm: Uneinig in die Einheit. Die Sozialdemokratie und die Vereinigung Deutschlands (= Willy-Brandt-Studien), Bonn 2006.

überzeugen.[25] Unverzichtbar sowohl für diese Studie als auch die Forschung zum Thema allgemein ist indes die von Ilse Fischer zusammengestellte und 2009 erschienene Quellenedition.[26] Sie versammelt abwägend gehaltvoll kommentiert die wichtigsten Dokumente und Aktenstücke des SPD-Parteivorstands zur Deutschlandpolitik 1989/90 und bereitet so den Weg für ein differenzierteres Bild der innerparteilichen Positionen, Konzeptionen und Entscheidungsprozesse.

Resultat all dieser historiografischen und politikwissenschaftlichen Bemühungen ist, dass wir über die Gründung der SDP und die Phase bis zur Volkskammerwahl im März 1990, zumindest in den Grundzügen, schon relativ gut Bescheid wissen. Dies ist neben den Arbeiten von Herzberg/von zur Mühlen, Neugebauer, Schuh/Weiden sowie einem knappen Abschnitt bei Jäger[27], bei aller Kritik, die zu äußern sein wird, auch ein Verdienst von Sturm, dem es phasenweise durchaus gelingt, den damaligen Forschungsstand mit seiner Präferenz für Oral History und einer leidlich erweiterten archivischen Unterfütterung zu verbinden.[28] Gleichwohl bleiben, wie zu zeigen sein wird, etliche wichtige Entwicklungsstränge und Details unklar oder werden verzeichnet. So bedürfen, um nur einige Schlaglichter zu nennen, die Genese der Zusammenarbeit zwischen SDP und West-SPD, die Arbeit der Ost-Sozialdemokraten am Runden Tisch[29], die programmatische und realpolitische Entwicklung der SDP/SPD in der DDR, die Diskussion um die Aufnahme ehemaliger SED-Mitglieder sowie nicht zuletzt die Geschehnisse rund um die Volkskammerwahl einer vertieften und kritischen Analyse im Licht der archivischen Quellen. Der zentrale Schwachpunkt aller genannten Studien auf einer abstrakteren methodischen Ebene ist der bisweilen mangelnde an die Kontexte sowie die Chronologie der Quellen gekoppelte Blick für historische Prozessverläufe und das darin komplex verwobene Lernen der Akteure. Erst dies macht widersprüchliche Entwicklungslinien und Wendungen oder unübersichtliche innerparteiliche Brüche plausibel.

Für die Zeit nach der Volkskammerwahl sinkt der systematische Kenntnisstand zur Sozialdemokratie in der DDR deutlich. Zwar sind auch hier viele Eckpunkte grundsätzlich bekannt, an der Indienstnahme dieser Erkenntnisse für eine stringente Historiografie der Ost-SPD mangelt es jedoch. Dies spiegelt sich nicht zuletzt in der Arbeit Sturms, der für diese wichtige Periode lediglich knapp ein Drittel seiner

---

25 Ein zentraler methodischer Mangel ist Sturms weitgehend unkritischer Umgang mit Oral History. Darüber hinaus besitzt die Arbeit in ihrer publizierten Version nur einen eher dürftigen wissenschaftlichen Apparat, was den Wert der Studie im geschichtswissenschaftlichen Diskurs erheblich mindert. Weiter unten wird gelegentlich im Detail auf die Merkwürdigkeiten Sturm'scher Interpretationen eingegangen werden.
26 Vgl. Ilse Fischer (Hg.): Die Einheit sozial gestalten. Dokumente aus den Akten der SPD-Führung 1989/90, Bonn 2009.
27 Vgl. etwa: Herzberg, von zur Mühlen, Anfang, a. a. O.; Schuh, Weiden, Sozialdemokratie, a. a. O.; Neugebauer, SDP/SPD, a. a. O.; Jäger, Überwindung, a. a. O., S. 252 ff.
28 Vgl. Sturm, Uneinig, a. a. O., S. 117 ff.
29 Vgl. dazu auch: Thaysen, Wer war das Volk, a. a. O.

Studie[30] verwendet. Abgesehen davon, dass seine Gliederung hier unsystematisch zu werden beginnt, erscheinen seine Analysen nun oft oberflächlich und auch nur dürftig empirisch unterfüttert, da er sich vielfach überwiegend auf Pressemeldungen oder Interviews stützt. Auf eine breitere Einbeziehung archivischer Quellen, die auch ihm zur Verfügung gestanden hätten und die differenziertere Einsichten und Urteile ermöglicht hätten, verzichtet er weitgehend. Zwar behandelt er etwa durchaus die Debatte in der SPD um die Regierungsbeteiligung in der DDR[31], es entgeht ihm jedoch einerseits die äußerst wichtige, frühzeitig zwischen Ost und West verabredete strategische Stoßrichtung der dann gefassten Entscheidung. Andererseits ignoriert er weitgehend das diesbezügliche koalitionskritische Meinungsbild in der Ost-SPD bzw. verkennt damit das Ausmaß und die Tragweite des innerparteilichen Konfliktes sowie die dahinter verborgenen Gründe. Ähnlich verhält es sich mit der Charakterisierung der Arbeit der SPD-Volkskammerfraktion.[32] Zwar hebt er zu Recht das umsichtige Wirken von Richard Schröder als Fraktionsvorsitzender hervor, die Quantität und Qualität der logistischen Unterfütterung und politischen Verkoppelung der Volkskammerfraktion durch die bzw. mit der SPD-Bundestagsfraktion[33] bleiben jedoch unscharf. Nahezu gänzlich unter den Tisch fallen bei Sturm sowohl die zum Teil massiven fraktionsinternen Konflikte als auch die endogenen Hindernisse bei der Anpassung an eine geregelte parlamentarische Arbeit. Das alles hat natürlich in erster Linie damit zu tun, dass er vor allem die Kontroversen in der West-SPD im Blick hat und die Ost-SPD gerne als pragmatischen und zielgenau auf die Gestaltung der Deutschen Einheit zuschreibenden Widerpart zu einer – wie so oft, möchte man fast instinktiv beipflichtend hinzufügen – in »Macher gegen Mahner«[34] zerstrittenen und deutschlandpolitisch wenigstens indifferenten westdeutschen Sozialdemokratie sehen will. Diese durchaus suggestive und gleichzeitig holzschnittartige Interpretation klingt zwar zunächst plausibel, entspricht aber, wie zu zeigen sein wird, so keineswegs den historischen Realitäten. Obwohl es Aufschlüsse über die strategische Dimension der sozialdemokratischen Deutschlandpolitik in Ost und West in dieser Phase ermöglicht hätte, geht Sturm auf den Verlauf und den Gehalt der Koalitionsverhandlungen mit der Allianz für Deutschland kaum ein und übergeht erstaunlicherweise auch die diesbezüglich bereits existierende Literatur.[35] Die Umstände der Regierungsbildung und das politische Programm des Kabinetts de Maizière wurden bereits 1998 eingehender von Wolfgang Jäger[36] und seinen Mitarbeitern in den Blick genommen. So

---

30 Vgl. Sturm, Uneinig a. a. O., S. 319 ff.
31 Vgl. ebd., S. 332 ff.
32 Vgl. ebd., S. 330 ff.
33 Vgl. hierzu in Ansätzen: SPD-Bundestagsfraktion (Hg.): »Die Handschrift der SPD muss erkennbar sein«. Die Fraktion der SPD in der Volkskammer der DDR, Berlin 2000, S. 15 ff., 23 ff.
34 Sturm, Uneinig a. a. O., S. 389.
35 Vgl. ebd., S. 336 ff.
36 Vgl. Jäger, Überwindung, a. a. O., S. 431 ff.

hilfreich diese Analyse im Großen und Ganzen wie auch in manchem Detail ist, bleibt sie doch bezüglich der spezifisch sozialdemokratischen Verhandlungsstrategie und Perspektive immer wieder defizitär. Ähnliches gilt für die ebenso verdienstvollen wie umfangreichen Analysen der Verhandlungen über die Wirtschafts-, Währungs- und Sozialunion durch Dieter Grosser[37] und Gerhard A. Ritter.[38] Das ist leicht aus dem generellen Ansatz dieser Studien zu erklären, der grundsätzlich auf die zwischenstaatliche Interaktion der beiden deutschen Regierungen bzw. Ministerialbürokratien und weniger auf die Entwicklungen der jeweilig beteiligten Parteien und deren Widerstreit zielt. Die strategische Perspektive der SPD blitzt bei Ritter lediglich kurz auf.[39] Sturm, der durchaus den Anspruch erhebt, eine schlüssige Geschichte auch der Ost-SPD zu schreiben, konzentriert sich seiner Grundthese folgend vor allem auf die Diskussionen in der West-SPD und stürzt sich etwa mit besonderer Genüsslichkeit auf die in der Tat höchst irritierende Intervention Oskar Lafontaines im Mai 1990.[40] Dieser grundsätzliche Befund lässt sich weitgehend auch auf die bisher vorliegende Literatur zum Einheitsvertrag[41] übertragen. Die systematische und stetig intensivierte innerdeutsche Abstimmung von Inhalten und Zielen sozialdemokratischer Politik, der Parlaments- und Regierungsarbeit in der DDR sowie nicht zuletzt die direkten Auswirkungen auf die Verhandlungen über die Wirtschafts-, Währungs- und Sozialunion, den Einigungs- und den Wahlvertrag werden jedoch weder in ihrem konkreten Gehalt noch ihrer strategischen Dimension auch nur ansatzweise deutlich. Ähnliches gilt für die ebenfalls eng mit dem Verlauf, den Problemen und den Ergebnissen der Verhandlungen über die Staatsverträge verwobenen Binnendynamiken in der Ost-SPD und im Kabinett de Maizière, die schließlich zum Scheitern der Koalition im August 1990 führten. Es ist indes auf der Basis der vorliegenden archivischen Überlieferung und unter Einbeziehung des Forschungsstandes durchaus möglich, die umrissenen Lücken und Unschärfen im Sinne einer konsistenten Historiografie der Ost-SPD zu schließen bzw. zu beseitigen. Den Weg zu einer Annäherung an die zweifellos widerspruchsvolle, aber keineswegs konzeptionslose – wie Sturm immer wieder suggerieren möchte – Deutschlandpolitik der SPD in West und Ost kann der gleichsam paradigmatische Titel »Die Einheit sozial gestalten«[42], den Ilse Fischer ihrer schon oben hervorgehobenen Quellenedition gegeben hat, als Leitthese weisen.

---

37 Vgl. Grosser, Wagnis, a. a. O., S. 209 ff., insb. S. 277 ff.
38 Vgl. Ritter, Preis, a. a. O., S. 191 ff.
39 Vgl. ebd., S. 213 ff.
40 Vgl. Sturm, Uneinig, a. a. O., S. 389 ff.
41 Vgl. etwa Jäger, Überwindung, a. a. O., S. 471 ff.; Ritter, Preis, a. a. O., S. 241 ff.; Sturm, Uneinig, a. a. O., S. 419 ff.; Rödder, Deutschland, a. a. O., S. 292 ff.
42 Fischer, Einheit, a. a. O.

Wenig systematische Beachtung[43] haben bisher die im Vorfeld der eigentlichen Parteivereinigung seit April 1990 immer stärker vorangetriebenen Maßnahmen zur institutionellen, organisatorischen und organisationspolitischen Verschränkung der sozialdemokratischen Parteien in Ost und West auf Vorstands-, Fraktions- und Gliederungsebene gefunden. Dabei war es für die SPD, die sich nicht in der bequemen Lage befand, bestehende Blockparteienstrukturen einfach übernehmen zu können wie die konservative und liberale Konkurrenz, eine fundamentale Herausforderung, innerhalb kürzester Zeit kampagnen- und organisationsfähige Strukturen in der DDR zu schaffen, wollte sie nicht im nun gesamtdeutschen Parteiensystem langfristig an Bedeutung verlieren. Dies gilt umso mehr vor dem Hintergrund des besonderen Gewichts von Organisationsfragen in der sozialdemokratischen Parteitradition. Diese Studie betritt also spätestens dann weitgehendes Neuland, wenn sie versucht, die Vorbereitung der Kommunalwahlen, die Strukturierung des hauptamtlichen Apparates der SPD in der DDR sowie nicht zuletzt die Parteivereinigung aus auch organisatorischem und organisationspolitischem Blickwinkel auszuloten.

3 Aufbau und Fragestellungen

Die Arbeit ist in fünf Hauptkapitel gegliedert. Das erste (☞ S. 29-67) widmet sich den zwei höchst unterschiedlichen Traditionslinien, auf denen die SDP/SPD-DDR fußte, und ist weitestgehend aus der oben genannten einschlägigen Literatur gespeist. Es wird zunächst der Geschichte der Wiedergründung der SPD in der SBZ durch den Zentralausschuss 1945, der Zwangsvereinigung mit der KPD 1946 sowie der darauf in mehreren Wellen folgenden Ausgrenzung, Unterdrückung und schließlich Eliminierung sozialdemokratischen Handelns und Denkens in der DDR nachzuspüren sein. Hier gilt es, den politischen Gehalt und Verbleib des sozialdemokratischen Erbes in der SBZ/DDR zu klären. Eine wichtige Frage ist, in welchem Ausmaß es der SED gelungen ist, den sogenannten »Sozialdemokratismus« in den eigenen Reihen sowie der DDR-Gesellschaft insgesamt zu tilgen. Besonders bedeutsam für unser Thema ist es hier, inwieweit 1989 nach über 40 Jahren Unterdrückung sowohl qualitativ wie quantitativ überhaupt noch eine Chance existierte, die Tradition der sozialdemokratischen Arbeiterbewegung wiederzubeleben oder zumindest an sie anzuknüpfen, wie dies viele in der West-SPD gehofft hatten. In einem zweiten Schritt werden das Terrain, die Entwicklungslinien und Wandlungsprozesse der Opposition und Friedensbewegung in der DDR der 1970er- und 80er-Jahre, aus deren Reihen die SDP-Gründer von

---

43 Allenfalls zaghafte Ansätze hierfür finden sich bei Neugebauer und Sturm; vgl. Neugebauer, SDP/SPD, a. a. O., S. 91 ff.; Sturm, Uneinig, a. a. O., S. 355 ff.; trotz der eher prognostischen Ausrichtung dieser Arbeit vgl. hierzu auch: Tammena, Volkspartei, a. a. O.

Schwante sämtlich stammten⁴⁴, zu betrachten sein. Hier geht es insbesondere sowohl um spezifische ideologisch-programmatische Vorstellungswelten, politische Ausdrucks- und Organisationsformen als auch um lebensweltlich-habituelle Fragen, die über die zentralen Protagonisten in das Profil und, wenn man so will, die politische Kultur der SDP einflossen. Anschließend daran wird grob zusammenfassend der Zusammenbruch bzw. die Implosion der DDR zu schildern sowie die Rolle der Organisationen der Bürgerbewegung in der Friedlichen Revolution zu charakterisieren sein.

Das zweite Kapitel (S. 69-140) behandelt die Vor- und Frühgeschichte der Sozialdemokratischen Partei in der DDR und spannt den Bogen chronologisch von den ersten Überlegungen des Jahres 1988 über den Vorlauf und den eigentlichen Gründungsakt von August bis Oktober 1989 bis hin zum ersten Quasiparteitag der SDP, der Delegiertenkonferenz am 12. bis 14. Januar 1990 in Berlin. Die Gründungsperiode sowie die ersten politischen Gehversuche der Partei werden in erster Linie unter programmatischen und organisatorischen Gesichtspunkten zu betrachten sein. Hierbei sollen insbesondere die spezifischen Entwicklungslinien aufgezeigt und mit den verschiedenen Gruppen der Bürgerbewegung kontrastiert werden. Die Formierung der SDP verlief, nicht zuletzt aufgrund der miserablen Kommunikationsbedingungen in der DDR⁴⁵, auf der Vorstandsebene einerseits und an der Basis in den Bezirken und vor Ort andererseits in vielerlei Hinsicht voneinander abgekoppelt. Insofern ist zunächst die weitere Entwicklung des im DDR-Landesvorstand geronnenen Gründungszirkels eingehender zu betrachten. Schwerpunkte werden auf der Beteiligung der SDP an der Entmachtung des SED-Staates liegen und auf den Positionierungsbemühungen der Partei angesichts der mit der Maueröffnung unversehens ins Zentrum der politischen Aufmerksamkeit getretenen deutschen Frage. Demgegenüber soll schlaglichtartig die Entwicklung auf lokaler und regionaler Ebene in den Blick genommen werden, nicht zuletzt um unterschiedliche Milieuprägungen, Generationslagen und daraus resultierende programmatische Stränge, Traditionslinien und Konfliktpotenziale⁴⁶ sichtbar zu machen. Schließlich muss die anfangs überaus vorsichtige Kontaktaufnahme mit den westdeutschen Sozialdemokraten sowie der Prozess der sukzessiven gegenseitigen persönlichen und institutionellen Annäherung thematisiert werden, der im Januar 1990 mit der symbolträchtigen Umbenennung der SDP in SPD⁴⁷ einen ersten Höhepunkt fand.

In einem dritten Kapitel (S. 141-209) wird auf die Zeit des Interregnums bzw. die »Scharnierzeit«⁴⁸ zwischen der weitgehenden Entmachtung des alten Regimes im Dezember 1989 und Januar 1990 und den ersten freien Wahlen zur Volkskammer

---

44 Vgl. u. a. Gröf, Tradition, a. a. O., S. 13; Neugebauer, SDP/SPD, a. a. O., S. 78 ff.
45 Vgl. Neugebauer, SDP/SPD, a. a. O., S. 81.
46 Vgl. ebd.
47 Vgl. Gröf, Tradition, a. a. O., S. 17 f.; Sturm, Uneinig, a. a. O., S. 262 ff.
48 Vgl. Rödder, Deutschland, a. a. O., S. 147 ff.

der DDR am 18. März 1990 einzugehen sein. Nachdem die Friedliche Revolution binnen dreier Monate das SED-Regime beiseite gefegt, die vormalige Staatspartei in Agonie und partielle Auflösung gestürzt sowie die politische Teilhabe der Opposition und baldige freie Wahlen erstritten hatte[49], war das erodierende politische System der DDR übergangsweise von einem machtpolitischen Dualismus geprägt. Auf der einen Seite stand – gleichsam als Rest der SED-Herrschaft – die Regierung Modrow[50], die aber nur noch sehr bedingt handlungsfähig war. Auf der anderen Seite – und als kontrollierender revolutionärer Widerpart zur Regierung – bildete der Zentrale Runde Tisch das politische Forum zur Gestaltung des Übergangs und gleichzeitig das administrative Erprobungsfeld der Oppositionsgruppen.[51] Grundiert wurde diese durchaus schwierige und zeitweilig unübersichtliche Situation durch eine weitgehende Neuorientierung des Parteiensystems und die Formierung der politischen Lager im Vorfeld der Volkskammerwahlen.[52] Bei der Betrachtung der Entwicklung der Ost-SPD muss insofern zunächst ihre Politik am Runden Tisch im Zentrum stehen. Angesichts des heraufziehenden Wahlkampfes setzte die Ost-SPD gleichzeitig alles daran, einerseits ihr programmatisches Profil zu schärfen und andererseits ihre Organisation zu stabilisieren und zu verstetigen. Mit der West-SPD[53] im Rücken und ihrem ebenso charismatischen wie – was sich erst später zeigen sollte – zwiespältigen Spitzenkandidaten Manfred »Ibrahim« Böhme[54] galt die Ost-SPD im Frühjahr 1990 in allen Meinungsumfragen als die sichere Siegerin des kommenden Urnenganges in der DDR.[55] Unter diesem Vorzeichen stand auch der im Februar 1990 in Leipzig abgehaltene Wahlparteitag.[56] Zentrale Fragestellungen für diese Phase der Geschichte der Ost-SPD zielen auf Entwicklung und Qualität der internen Diskussion zwischen den Trägergruppen und deren Auswirkungen auf die Programmatik, die praktische Politik der SPD am Runden Tisch und im Verhältnis zu den Gruppen der Bürgerbewegung sowie die Art und Weise des Volkskammerwahlkampfes. Darüber hinaus müssen die Interaktion der sozialdemokratischen Parteien in Ost und West und deren

---

49 Vgl. Neubert, Opposition, a. a. O., S. 825 ff.
50 Zur Regierung Modrow vgl. Rödder, Deutschland, a. a. O., S. 178 ff.; Grosser, Wagnis, a. a. O., S. 102 ff. sowie Marcus Overmanns: DDR-Wirtschaftspolitik und der Mauerfall – Die Regierung Modrow im Zeichen des Systemerhalts, Univ. Diss., Bonn 2001.
51 Zum Runden Tisch vgl. zusammenfassend: Jäger, Überwindung, a. a. O., S. 369 ff.; Helmut Herles, Ewald Rose (Hg.): Vom Runden Tisch zum Parlament (= Bouvier Forum Bd. 5); Uwe Thaysen: Der Runde Tisch oder: Wo bleibt das Volk?, Opladen 1990; ders.: Der Runde Tisch oder: Wo war das Volk?, in: Zeitschrift für Parlamentsfragen 21 (1990); vgl. auch Gröf, Tradition, a. a. O., S. 22 ff.
52 Vgl. zusammenfassend: Jäger, Überwindung, a. a. O., S. 197 ff.
53 Vgl. Sturm, Uneinig, a. a. O., S. 269 ff.
54 Zu Ibrahim Böhme vgl. Birgit Lahann: Genosse Judas. Die zwei Leben des Ibrahim Böhme, Reinbek bei Hamburg 1994; Christiane Baumann: Manfred »Ibrahim« Böhme. Ein rekonstruierter Lebenslauf (= Schriftenreihe des Robert-Havemann-Archivs Bd. 15), Berlin 2009.
55 Vgl. Gröf, Tradition, a. a. O., S. 30, v. a. Fn. 35.
56 Vgl. hierzu: Sturm, Uneinig, a. a. O., S. 282 ff.

3 Aufbau und Fragestellungen

wachsende Bedeutung in politischer und organisatorischer Hinsicht ausgelotet und eingehend analysiert werden. Weiterhin gilt es, die internen und externen Gründe für die unerwartete und sehr deutliche Niederlage der SPD bei der Volkskammerwahl genauer als bisher[57] zu fassen. Kurz nach dem Urnengang beraubte zudem der durch seine Stasiverstrickungen bedingte Rücktritt Böhmes von allen Ämtern die Ost-SPD in einer in vielerlei Hinsicht entscheidenden Situation ihrer Galionsfigur.[58] Dieser zentralen Personalie wird unter weitem biografischen Rückgriff eingehend nachzuspüren sein, zumal mittlerweile auch auf der Basis der neueren Forschung zum »Fall Böhme«[59] ein einigermaßen abschließendes Urteil möglich ist.

Das vierte und umfangreichste Kapitel (☞ S. 211-380) behandelt die Zeit zwischen der Volkskammerwahl und dem Ende der DDR im Oktober 1990. Im Zentrum der Betrachtung stehen hierbei natürlich die Beteiligung der Ost-SPD an der christdemokratisch geführten letzten DDR-Regierung unter Lothar de Maizière, die Grundlinien der parlamentarischen Arbeit der Volkskammerfraktion und nicht zuletzt die Verhandlungen um die Staatsverträge zur Deutschen Einheit. Gleichzeitig müssen die zum Teil massiven innerparteilichen Konflikte und Führungskämpfe ebenso thematisiert werden wie die Vorbereitung und Durchführung der Kommunalwahlen sowie schließlich die grundlegenden organisatorischen Weichenstellungen. Eine fundamentale Auseinandersetzung tobte in der Ost-SPD um die Frage der Regierungsbeteiligung.[60] In einem ersten Schritt gilt es also, sowohl die Entscheidungsmechanismen, die zu diesem umstrittenen politischen Schachzug führten, und das dahinter stehende strategische Kalkül zu identifizieren, als auch die innerparteilichen Kräfteverhältnisse sowie das Meinungs- und Stimmungsbild auszuloten. Ein zweiter Schritt widmet sich dem Verlauf der Koalitionsverhandlungen und der Analyse der sozialdemokratischen Verhandlungserfolge in Bezug auf die programmatische Ausgestaltung des Koalitionsvertrags und die Machtbalance im Kabinett.[61] Parallel zu dem Ringen um die Regierung und deren Profil konstituierte sich die SPD-Volkskammerfraktion. Die personelle und soziale Zusammensetzung[62] der Fraktion, Qualität und Ausmaß der Vorbereitung auf die Parlamentsarbeit, die logistischen und professionellen Schwierigkeiten der Arbeitsaufnahme, die internen Konfliktfelder sowie schließlich die unterstützende und koordinierende Rolle der SPD-Bundestagsfraktion sind die leitenden Fragestellungen bei der Betrachtung der Fraktionsarbeit. Eine der ersten und mit Abstand wichtigsten Herausforderungen, der sich die Ost-SPD im Kabinett de Maizière zu stellen hatte, war die Aushandlung des Staatsvertrages über die

---

57 Vgl. ebd., S. 311 ff.
58 Vgl. ebd., S. 319 ff.
59 Vgl. Baumann, Böhme, a. a. O.
60 Vgl. Sturm, Uneinig, a. a. O., S. 332 ff.; vgl. auch Neugebauer, SDP/SPD, a. a. O., S. 89 f.
61 Vgl. hierzu grundlegend: Jäger, Überwindung, a. a. O., S. 431 ff.
62 Vgl. hierzu v. a. Christoph Hausmann: Biographisches Handbuch der 10. Volkskammer der DDR (1990), Köln u. a. 2000.

Wirtschafts-, Währungs- und Sozialunion.[63] Diesen Prozess gilt es, aus primär sozialdemokratischer Perspektive zu analysieren und dabei sowohl die programmatisch-politischen Ziele der SPD als auch deren strategische Dimension herauszuarbeiten. Das wiederum wird einzubetten sein in das wechselseitige Kräftespiel im Kabinett, zwischen Volkskammerfraktion und Regierungsmitgliedern, der SPD-Bundestagsfraktion, dem Erich-Ollenhauer-Haus sowie nicht zuletzt der Bundesregierung. Dabei sind auch die internen Schwierigkeiten der West-SPD mit ihrem Kanzlerkandidaten Oskar Lafontaine zu thematisieren, dessen ablehnende Haltung zur Wirtschafts-, Währungs- und Sozialunion die Sozialdemokratie in einem entscheidenden Moment in schweres Fahrwasser brachte.[64] Abseits der Regierungspolitik hatte aber auch der Vorstand der Ost-SPD, der durch die Kabinettsbildung ein wenig an den Rand des Geschehens gedrängt worden war, einige fundamentale Probleme zu lösen. So waren in kürzester Zeit die Kommunalwahlen vorzubereiten, was die dünnen und fragilen Organisationsstrukturen der Partei in der Fläche an die Grenzen ihrer Leistungsfähigkeit brachte. Darüber hinaus galt es, die durch die interne Spaltung an der Frage der Regierungsbeteiligung verursachte Selbstblockade des Vorstandes und die durch Böhmes Rücktritt entstandene Führungskrise aufzulösen sowie auf Vorstandsebene und in den Gliederungen handlungs- und kampagnenfähige Strukturen zu schaffen. Bei der Analyse dieser Problemfelder muss insbesondere die wachsende Einflussnahme aus Bonn, sowohl des Erich-Ollenhauer-Hauses als auch des Zentralverbandes der Sozialdemokratischen Gemeinschaft für Kommunalpolitik (Bundes-SGK), einbezogen werden. Der eigentlich in erster Linie zur Wahl eines neuen Vorsitzenden für den 9. Juni 1990 einberufene Sonderparteitag in Halle[65] wird nicht nur unter diesem Gesichtspunkt zu betrachten sein, sondern auch in Bezug auf den dort ausgetragenen Konflikt über die bisherige Bilanz der Regierungsarbeit sowie die ebenfalls in diesem Rahmen vorgenommenen organisationspolitischen Weichenstellungen. Es wird schließlich zu klären sein, wie es dem erst im Januar 1990 vom Neuen Forum zur SPD gestoßenen stellvertretenden Fraktionsvorsitzenden Wolfgang Thierse nach einer überaus holprigen Nominierung und gegen den Willen der Mehrheit des Vorstandes gelingen konnte, mit einem unerwartet deutlichen Ergebnis im ersten Wahlgang zum Parteichef gewählt zu werden. Für die Analyse der Verhandlungen über den Wahl- sowie den Einigungsvertrag[66] gelten im Prinzip dieselben Variablen wie in Bezug auf den Vertrag über die Wirtschafts-, Währungs- und Sozialunion. Da jedoch, wie zu zeigen sein wird, trotz formal offenerem Verfahren, der Verhandlungsspielraum der Bundesregierung klar definierte Grenzen hatte, die an entscheidenden Punkten mit

---

63 Vgl. hierzu grundlegend: Grosser, Wagnis, a. a. O.
64 Vgl. u. a. Sturm, Uneinig, a. a. O., S. 399 ff.
65 Vgl. ebd.; vgl. auch Neugebauer, SDP/SPD, a. a. O., S. 89 ff.
66 Vgl. hierzu zusammenfassend: Jäger, Überwindung, a. a. O., S. 471 ff. sowie Rödder, Deutschland, a. a. O., S. 292 ff.

den politischen Forderungen der SPD kollidierten, war ab spätestens Juli 1990 das Scheitern des Regierungsbündnisses in Ostberlin abzusehen. Den Umständen und Gründen des Auseinanderbrechens der Großen Koalition[67] im August 1990 gilt es ebenso nachzuspüren wie eine Bilanz der sozialdemokratischen Verhandlungsbemühungen zu ziehen.

Das fünfte und abschließende Kapitel (☞ S. 381-430) nimmt die Zusammenführung der beiden sozialdemokratischen Parteien in Ost und West im Zuge der staatlichen Vereinigung Deutschlands in den Blick. Dieses Vorhaben barg mannigfaltige juristische und organisatorische, aber auch politische und lebensweltliche Probleme. Zunächst gilt es, die Modelle für die Parteivereinigung zu betrachten, die die Abteilung I Organisation des SPD-Parteivorstandes in Bonn seit April 1990 zu entwickeln begann. Das erfordert einerseits die Analyse der durchaus kontrovers verlaufenen Genese der prozeduralen und juristischen Konzeptionen vor dem Hintergrund der Vorgaben des bundesrepublikanischen Parteiengesetzes. Andererseits aber sollen auch die organisationspolitischen Schwierigkeiten und Perspektiven der Parteivereinigung sowie die nicht immer reibungslose Interaktion der beiden Parteivorstände in dieser Frage beleuchtet werden. Besondere Problemfelder stellten in diesem Zusammenhang die angemessene Repräsentation der bei Weitem mitgliederschwächeren Ost-SPD in der Gesamtpartei, deren weitere Organisationsentwicklung, die Verknüpfung der in etlichen Aspekten unterschiedlichen politischen und innerparteilichen Kulturen[68], die Anpassung der Statuten sowie nicht zuletzt die Zusammenführung der Programme dar. Der Prozess der Vereinigung der Parteiorganisationen fand seinen symbolischen Abschluss in einem dreitägigen Parteitagsmarathon vom 26. bis zum 28. September 1990 in Berlin.[69] Er stellte als Vereinigungsparteitag für beide Partner nicht nur den Endpunkt der Teilungsgeschichte dar, sondern wies als Wahlparteitag für die anstehende gesamtdeutsche Bundestagswahl auch den Weg für die erste Bewährungsprobe der vereinigten Sozialdemokratie. Insofern gilt es einerseits die im Berliner Internationalen Kongresszentrum (ICC) artikulierten jeweiligen politischen Bilanzen und Visionen sowie die vorgenommenen organisatorischen Weichenstellungen zu betrachten. Andererseits müssen aber auch die Rolle, die politisch-programmatische Strahl- und persönliche Integrationskraft des über lange Zeit ebenso umstrittenen wie streitbaren Kanzlerkandidaten Oskar Lafontaine sowie dessen Akzeptanz in der Gesamtpartei in den Blick genommen werden. Auf die Darstellung und Analyse der Bundestagswahl 1990 wurde bewusst verzichtet, da sie im engeren Sinne nicht mehr zur Geschichte der SPD in der DDR als selbstständiger Organisation gehört.

---

67 Vgl. Sturm, Uneinig, a. a. O., S. 352 ff.
68 Vgl. Sturm, Uneinig, a. a. O., S. 377 ff.; Neugebauer, SDP/SPD, a. a. O., S. 93 f.
69 Vgl. Sturm, Uneinig, a. a. O., S. 381 ff.

4 Quellenlage

Bei der Erforschung der Geschichte der deutschen Sozialdemokratie ist natürlich das Archiv der sozialen Demokratie der Friedrich-Ebert-Stiftung (AdsD) der erste archivische Ansprechpartner. Insofern sind für unser Thema verschiedene dort verwahrte Überlieferungsstränge von zentraler Relevanz. Hier sind natürlich zuallererst die neu erschlossenen und bis dato nicht ausgewerteten Akten des Parteivorstandes der SDP bzw. der SPD in der DDR[70] sowie der der Forschung bereits bekannte Bestand SPD-Fraktion in der Volkskammer[71] zu nennen. Nahezu ebenso wichtige Informationen bergen die ebenfalls im AdsD archivierten Registraturen des SPD-Parteivorstandes bzw. des Erich-Ollenhauer-Hauses in Bonn sowie der SPD-Bundestagsfraktion (11. Wahlperiode). Von besonderer Relevanz sind neben den Vorstandsprotokollen die Akten der Bundesgeschäftsführerin Anke Fuchs[72] und ihres Stellvertreters Erik Bettermann[73], der im Erich-Ollenhauer-Haus federführend für die Kontakte in die DDR verantwortlich war, die Unterlagen der Abteilungsleitung I Organisation und des Büros Gerhard Hirschfeld (Berliner Büro).[74] Zentrale Informationen zur Verzahnung der Fraktions- und Parteiarbeit zwischen Bonn und Ostberlin enthalten die Akten des eigens eingerichteten Kontaktbüros der SPD-Bundestagsfraktion unter Leitung von Walter Zöller.[75] An parteiamtlicher Überlieferung der SPD im AdsD wären schließlich noch die Registraturen der ostdeutschen SPD-Landesverbände und ihrer Gliederungen zu nennen. Aufgrund des Zuschnitts des Themas, des defizitären Erschließungsstandes sowie des Umstandes, dass das fragliche Schriftgut allenfalls punktuell bis in den Untersuchungszeitraum zurückreicht, ist dieser Überlieferungsstrang in diesem Kontext von vergleichsweise geringerer Bedeutung und wurde nur flankierend herangezogen.

Ergänzt und bereichert wird diese parteiamtliche Überlieferung im AdsD durch eine Reihe von Nachlässen und Deposita. Aus ostdeutscher Provenienz sind vor allem zu nennen die Bestände Martin Gutzeit, Stephan Hilsberg und Wolfgang Thierse. Insbesondere die im Depositum Martin Gutzeit zusammengefasste und ursprünglich für eine Veröffentlichung vorgesehene Materialsammlung zur Vor- und Frühgeschichte der SDP ist von erheblichem Quellenwert. Es handelt sich um Schriftgut eigener Provenienz, das durch Aktenstücke unterschiedlicher Herkunft, u. a. aus der privaten Registratur des SDP-Mitgründers Arndt Noack und aus Unterlagen des MfS, massiv angereichert worden ist.[76] Diese Überlieferung liegt zwar nur in Ko-

---

70 AdsD Sozialdemokratische Partei in der DDR – SDP/SPD-Parteivorstand 2/SDPA.
71 AdsD SPD-Fraktion in der Volkskammer der DDR 2/VKFA.
72 AdsD SPD-Parteivorstand – Bundesgeschäftsführerin Anke Fuchs 2/PVDZ.
73 AdsD SPD-Parteivorstand – Büro Stellvertretender Bundesgeschäftsführer 2/PVDG.
74 AdsD SPD-Parteivorstand – Berliner Büro 2/PVCN (Büro Gerhard Hirschfeld).
75 AdsD SPD-Bundestagsfraktion 11. Wahlperiode, Berliner Büro (Walter Zöller).
76 AdsD Depositum Martin Gutzeit, Materialien zur Entstehung und Geschichte der SDP/SPD.

4 Quellenlage

pie oder in Abschriften vor, an deren Authentizität indes nicht zu zweifeln ist. Sie erspart dem Benutzer eine mühselige Suche in anderen Archiven, etwa dem BStU. Unverzichtbare weitere Mosaiksteine enthalten auf westlicher Seite der Nachlass des Parlamentarischen Geschäftsführers der SPD-Bundestagsfraktion Gerhard Jahn und nicht zuletzt das umfangreiche Depositum des damaligen Bundesvorsitzenden der SPD Hans-Jochen Vogel, das – eigentlich provenienzwidrig – den gesamten auch parteiamtlichen Schriftverkehr Vogels enthält. Der Bestand Runder Tisch – Arbeitssekretariat im AdsD sei, obwohl durch die entsprechenden groß angelegten Quelleneditionen zum Zentralen Runden Tisch faktisch ersetzt, abschließend noch erwähnt.[77] Die Protokolle der Parteitage des Jahres 1990 liegen entweder in publizierter Form[78] vor oder sind in den Akten des Parteivorstandes der Ost-SPD[79] als unkorrigierte Manuskriptversionen enthalten.

Gegenüber dieser Materialfülle in der Friedrich-Ebert-Stiftung nimmt sich die Ausbeute in anderen Archiven quantitativ deutlich bescheidener aus, ist aber qualitativ nichtsdestoweniger ebenso bedeutend. Für die Historiografie der Koalitionsverhandlungen zwischen der von der CDU geführten Allianz für Deutschland mit der SPD im April 1990 sind die diesbezüglichen Akten im Archiv für christlich-demokratische Politik der Konrad-Adenauer-Stiftung in St. Augustin bei Bonn unverzichtbar.[80] Das Schriftgut der letzten DDR-Regierung unter Ministerpräsident Lothar de Maizière sowie der Volkskammer der DDR befindet sich in der Abteilung DDR des Bundesarchivs in Berlin.[81] Wichtige Schlüsseldokumente, insbesondere aus dem Kontext der Zusammenarbeit in der Großen Koalition und zur Aushandlung der Staatsverträge, sind im Vorlass von Markus Meckel im Archiv der Bundesstiftung zur Aufarbeitung der SED-Diktatur in Berlin enthalten. Verzichtet werden konnte hingegen auf eine Einsichtnahme in den im Robert-Havemann-Archiv befindlichen Nachlasssplitter von Ibrahim Böhme, da dieser in den biografischen Studien zu ihm[82] erschöpfend verarbeitet wurde. Wichtige Aufschlüsse brachte auch die Auswertung der einschlägigen

---

77 AdsD Runder Tisch der DDR – Arbeitssekretariat 2/ZRTA. Zu den weitestgehend in diesem Zusammenhang benutzten Quelleneditionen siehe ☞ Kap. III 1, S. 141 ff.
78 Vgl. Protokoll – Delegiertenkonferenz der Sozialdemokratischen Partei in der DDR 12.1.–14.1.1990 Berlin, Kongresshalle Alexanderplatz, [Berlin-Ost 1990]; Protokoll der Parteitage der SPD (Ost), der SPD (West), Berlin 26.09.1990, Bonn o. J. [1990]; Protokoll vom Parteitag Berlin 27.–28.09.1990, Bonn o. J. [1990].
79 Vgl. AdsD Sozialdemokratische Partei in der DDR – SDP/SPD-Parteivorstand 2/SDPA000016-19 sowie 2/SDPA000032.
80 Archiv für christlich-demokratische Politik (künftig abgekürzt: ACDP) Ost-CDU Parteiarbeit.
81 Bundesarchiv Berlin (künftig abgekürzt: BArch) Bestand DC 20 – Ministerrat der DDR. – Regierung Lothar de Maizière (April bis Oktober 1990); Bestand DA 1 – Volkskammer der DDR. – Teil 2: 10. Wahlperiode.
82 Vgl. Lahann, Genosse, a. a. O.; Baumann, Böhme, a. a. O.

Memoirenliteratur.[83] Auf die Einbeziehung von Oral History wurde, abgesehen von Editionen von Zeitzeugeninterviews[84], verzichtet.

---

83 Vgl. u. a.: Wolfgang Schäuble: Der Vertrag. Wie ich über die deutsche Einheit verhandelte, Stuttgart 1991; Richard Schröder: Deutschland schwierig Vaterland. Für eine neue politische Kultur, Freiburg i. Br. 1993; Hans-Jochen Vogel: Nachsichten. Meine Bonner und Berliner Jahre, München 1996; Oskar Lafontaine: Das Herz schlägt links, München 1999; Markus Meckel: Selbstbewusst in die Deutsche Einheit. Rückblicke und Reflexionen, Berlin 2001; Helmut Kohl: Vom Mauerfall zur Wiedervereinigung. Meine Erinnerungen, München 2009; Lothar de Maizière: Ich will, dass meine Kinder nicht mehr lügen müssen. Meine Geschichte der deutschen Einheit, Freiburg i. Br. 2010.
84 So etwa insb. Herzberg, von zur Mühlen, Anfang, a. a. O.

I Zweierlei Traditionslinien

1 Wiedergründung, Zwangsvereinigung, Verfolgung, Anpassung – Zur Geschichte der Sozialdemokratie in der SBZ/DDR nach 1945

Bereits im April und Mai 1945 – der Zweite Weltkrieg war noch nicht einmal offiziell beendet – bildeten sich inmitten der Trümmer des zerstörten Deutschland zaghaft erste Ansätze des wiedererwachenden politischen Lebens. Vielfach waren es zuallererst ehemalige Mitglieder der Arbeiterparteien und der Gewerkschaften vor allem in größeren Städten und Ballungsräumen, die unmittelbar aus dem Untergrund, der inneren Emigration, den Konzentrationslagern oder Haftanstalten des »Dritten Reiches« kommend nun antifaschistische Komitees bildeten, um sich aktiv an der Entnazifizierung oder am von den jeweiligen alliierten Militärregierungen angestoßenen Wiederaufbau der kommunalen und regionalen Verwaltungen zu beteiligen.[1] In den westlichen Besatzungszonen stieß dies oft auf wenig Gegenliebe. Die Amerikaner etwa versuchten bis weit in den Sommer 1945 hinein, ein striktes Verbot jeglicher politischen Betätigung jenseits der von ihnen eingesetzten Zivilverwaltungen durchzusetzen. Das Misstrauen, das sie den Antifa-Ausschüssen entgegenbrachten, resultierte nicht nur aus den spezifisch amerikanischen Richtlinien für die Besatzungspolitik, sondern hatte auch mit dem hohen Anteil von Mitgliedern der ehemaligen Linksparteien und vor allem der Kommunisten in diesen Gruppen zu tun.[2] In der Sowjetische Besatzungszone (SBZ) galt zwar zunächst ebenfalls ein Verbot politischer Betätigung und die Antifa-Komitees wurden nach einer quasi halblegalen Phase im Juli 1945 aufgelöst. Viele Mitglieder wurden jedoch – gerade aufgrund ihrer sozialen Herkunft und politischen Tradition – bald in die entstehenden Zivilverwaltungen integriert oder wirkten bei der Wiedergründung der am 10. Juni 1945 durch den

---

1 Zur Geschichte der Antifa-Ausschüsse 1945 insgesamt vgl. u. a.: Lutz Niethammer (Hg.): Arbeiterinitiative 1945. Antifaschistische Ausschüsse und Reorganisation der Arbeiterbewegung in Deutschland, Wuppertal 1976; Peter Brandt: Antifaschismus und Arbeiterbewegung. Aufbau, Ausprägung, Politik in Bremen 1945/46 (= Hamburger Beiträge zur Sozial- und Zeitgeschichte Bd. 11), Hamburg 1976; Günter Benser: Antifa-Ausschüsse – Staatsorgane – Parteiorganisationen, in: ZfG 9 (1978); Rebecca L. Boehling: A question of priorities. Democratic reforms and economic recovery in postwar Germany (= Monographs in German History 2), Providence u. a. 1996; Jeannette Michelmann: Aktivisten der ersten Stunde. Die Antifa in der sowjetischen Besatzungszone, Köln u. a. 2002.
2 Vgl. hierzu insgesamt: Boehling, a. a. O., S. 158, 162 ff.

Befehl Nr. 2 der Sowjetischen Militäradministration (SMAD)[3] wieder zugelassenen antifaschistischen politischen Parteien mit. Manche Antifa-Ausschüsse überführten die Sowjets bruchlos in den sogenannten »Block der antifaschistisch-demokratischen Parteien«.

In der SBZ war aufgrund der Besatzungssituation die Dominanz von Kommunisten in den Komitees besonders ausgeprägt.[4] Gleichwohl beteiligten sich auch viele ehemalige Sozialdemokraten.[5] Darüber hinaus lassen sich Tendenzen feststellen, aus den Antifa-Komitees heraus zur unmittelbaren Gründung eine einheitliche Arbeiterpartei zu kommen, um so den verhängnisvollen »Bruderkampf« seit 1917/18 zu überwinden.[6] Insbesondere Hermann Brills gescheiterter Versuch, in Thüringen auf der Basis des maßgeblich von ihm geprägten Buchenwalder Manifests anstelle von SPD und KPD den »Bund demokratischer Sozialisten« aus der Taufe zu heben, ist hier als Beispiel zu nennen.[7] Sowohl diese oftmals links-sozialdemokratischen Ansätze zur sofortigen Verwirklichung der Einheitspartei, als auch das in der Antifa durchaus verbreitete sogenannte linke »Sektierertum«, also der Rückgriff auf die revolutionäre kommunistische Programmatik vor 1933, passten keinesfalls zu den detaillierten Nachkriegsplanungen des ZK der KPD, die seit 1943/44 im Moskauer Exil entstanden waren.[8] In einer Weiterentwicklung des Volksfrontkonzepts von 1935 vertrat die

---

3   Abgedr. u. a. i.: Ursachen und Folgen. Vom deutschen Zusammenbruch 1918 und 1945 bis zur staatlichen Neuordnung Deutschlands in der Gegenwart. Eine Urkunden- und Dokumentensammlung zur Zeitgeschichte, hg. u. bearb. v. Herbert Michaelis u. a., Bd. XXIV, Deutschland unter dem Besatzungsregime. Die Viermächteverwaltung – Schuld und Sühne, die Kriegsverbrecherprozesse, die Vertreibung aus den Ostgebieten, Berlin o. J. [1977], S. 254 f.
4   Vgl. hierzu insgesamt: Michelmann, a. a. O.
5   Vgl. ebd. sowie: Beatrix Bouvier: Antifaschistische Zusammenarbeit, Selbständigkeitsanspruch und Vereinigungstendenz. Die Rolle der Sozialdemokratie beim administrativen und parteipolitischen Aufbau in der sowjetischen Besatzungszone 1945 auf regionaler und lokaler Ebene, in: AfS 26 (1976).
6   Für die SBZ vgl. Michelmann, a. a. O., S. 112 ff., 174 f., 187 f., 257 ff., 289, 308 f. Entsprechende Tendenzen gab es auch in den westlichen Besatzungszonen. Vgl. etwa: Frank Moraw: Die Parole der »Einheit« und die Sozialdemokratie. Zur parteiorganisatorischen und gesellschaftspolitischen Orientierung der SPD in der Periode der Illegalität und in der ersten Phase der Nachkriegszeit 1933–1948 (= Schriftenreihe des Forschungsinstituts der Friedrich-Ebert-Stiftung 94), Bonn-Bad Godesberg 1973; Detlef Siegfried: Zwischen Einheitspartei und »Bruderkampf«. SPD und KPD in Schleswig-Holstein 1945/46 (= Veröffentlichung des Beirats für Geschichte der Arbeiterbewegung und Demokratie in Schleswig-Holstein/Gesellschaft für Politik und Bildung Schleswig-Holstein 12), Kiel 1992; Peter Gohle: Die Aktionsgemeinschaft zwischen SPD und KPD in München nach dem Ende des Nationalsozialismus. Ein Vergleich innerhalb der amerikanischen und britischen Besatzungszone, Magisterarbeit, München 1995.
7   Vgl. hierzu zusammenfassend: Andreas Malycha: Auf dem Weg zur SED. Die Sozialdemokratie und die Bildung einer Einheitspartei in den Ländern der SBZ. Eine Quellenedition (= Archiv für Sozialgeschichte, Beiheft 16), Bonn 1995, S. LIII ff.
8   Vgl. hierzu die Quellenedition: »Nach Hitler kommen wir«. Dokumente zur Programmatik der Moskauer KPD-Führung 1944/45 für Nachkriegsdeutschland, hg. v. Peter Erler u. a. (=Studien des Forschungsverbundes SED-Staat an der Freien Universität Berlin), Berlin 1994; vgl. auch –

KPD, wie auch die anderen kommunistischen Parteien in Europa, im Frühjahr und Sommer 1945 den Ansatz der sogenannten »Kämpferischen Demokratie« bzw. später der »Volksdemokratie«. In diesem Sinne propagierte sie den »besonderen deutschen Weg zum Sozialismus«, dessen Voraussetzung die Vollendung der »bürgerlich-demokratischen Umbildung« im Rahmen der parlamentarischen Demokratie sei. Insofern war für die Phase der sogenannten »antifaschistisch-demokratischen Umwälzung« ein parlamentarisches System mit Parteienpluralismus vorgesehen. Zentral für die kommunistische Strategie und Taktik war dabei, durch eine abgestufte Bündnispolitik und nicht zuletzt den im Juli 1945 aus der Taufe gehobenen »Block der antifaschistisch-demokratischen Parteien« in jedem Falle die politische Kontrolle zu erlangen und langfristig zu sichern. Kern dieser Bündnispolitik war die Schaffung der »Einheit der Arbeiterklasse« durch eine Vereinigung von KPD und SPD, um »der Arbeiterklasse und ihrer revolutionären Partei« die strukturelle Hegemonie zu sichern. Diese sollte jedoch erst nach einer Phase der Aktionseinheit und der »ideologischen Klärung« verwirklicht werden. Dabei ging es freilich niemals um eine tatsächliche Vereinigung der beiden Arbeiterparteien auf Augenhöhe: Am Ende eines mittelfristigen Prozesses hatte aus Sicht der Kommunisten die »Ausschaltung«[9] der SPD als Organisation und der sozialdemokratischen Tradition innerhalb der Einheitspartei zu stehen. Die Notizen von Wilhelm Pieck zu einem Referat Walter Ulbrichts vom April 1944 lassen in dieser Hinsicht keinen Zweifel zu.[10] Dass die KPD zu keinem Zeitpunkt ihre strategische Perspektive der Etablierung des Sozialismus stalinistischer Prägung in Deutschland aufgegeben hatte, offenbart mehr oder minder unfreiwillig gerade die Feststellung, dass es falsch sei, »Deutschland das Sowjetsystem aufzuzwingen« bzw. ihre Begründung, dass dies »nicht den gegenwärtigen Entwicklungsbedingungen in Deutschland« entspräche.[11] So war die alsbald in der SBZ ins Werk gesetzte »antifaschistisch-demokratische Umwälzung«, für die der viel beachtete Aufruf der KPD

---

zwar schon etwas betagt aber in der Interpretation immer noch weitgehend gültig: Dietrich Staritz: Sozialismus in einem halben Lande. Zur Programmatik und Politik der KPD/SED in der Phase der antifaschistisch-demokratischen Umwälzung in der DDR, Berlin 1976; ders.: Ein »besonderer deutscher Weg« zum Sozialismus? In: APuZ (1982), B 51-52, S. 15-31; vgl. zudem aus Sicht der Historiografie der ehemaligen DDR: Günter Benser: Die KPD im Jahre der Befreiung. Vorbereitung und Aufbau der legalen kommunistischen Massenpartei (Jahreswende 1944/1945 bis Herbst 1945), Berlin 1985.

9 Vgl. Beatrix Bouvier: Ausgeschaltet! Sozialdemokraten in der sowjetischen Besatzungszone und in der DDR 1945–1953 (= Reihe Politik- und Gesellschaftsgeschichte 45), Bonn 1996, S. 11 f.

10 Vgl. ebd.

11 Aufruf der KPD v. 11.06.1945, abgedr. u. a. i.: Ursachen und Folgen, Bd. XXIV, a. a. O., S. 255 ff. Zur Bewertung von Strategie und Taktik der KPD insbesondere in Bezug auf die Sozialdemokratie vgl. Bouvier, Ausgeschaltet, a. a. O., S. 32 ff. Zur zeitgenössischen Rezeption und Interpretation durch maßgebliche Teile der SPD in den Westzonen vgl. Kurt Schumacher: Politische Richtlinien der Sozialdemokratie, abgedr. i.: Programmatische Dokumente der deutschen Sozialdemokratie, hg. u. eingel. v. Dieter Dowe u. Kurt Klotzbach, 3., überarb. u. aktual. Aufl., Bonn 1990, S. 249 ff., hier: S. 273.

vom 11. Juni 1945[12] die programmatische Blaupause darstellte, kaum mehr als eine mittelfristige taktisch bedingte Episode auf dem Weg zum gesetzten strategischen Endziel. Diese Linie in Deutschland unter den sich neu organisierenden ehemaligen KPD-Mitgliedern durchzusetzen und gleichzeitig beim Wiederaufbau der Zivilverwaltung »Tatsachen [zu] schaffen«, war die Aufgabe der bereits Ende April aus Moskau eingeflogenen Initiativgruppen des ZK der KPD um Walter Ulbricht, Anton Ackermann und Gustav Sobottka.[13]

Am 15. Juni 1945 trat die SPD auf der Basis des SMAD-Befehls Nr. 2 in Berlin mit ihrem Gründungsaufruf[14] an die Öffentlichkeit. Sie benannte als Ziel der politischen Bemühungen der wiedererstandenen Sozialdemokratie die Errichtung von »Demokratie in Staat und Gemeinde« und des »Sozialismus in Wirtschaft und Gesellschaft« und forderte in diesem Sinne umfassende Verstaatlichungen, u. a. der Banken, der Versicherungen, der Bodenschätze, überhaupt des gesamten Energiesektors, der Großindustrie sowie des Großgrundbesitzes. Die SPD machte so den Aufbau des Sozialismus zur unmittelbaren Aufgabe und positionierte sich damit links der KPD und ihrer – taktisch motivierten – »antifaschistisch-demokratischen« Programmatik. Mit dieser politischen Standortbestimmung war ein Angebot an die Kommunisten zur unmittelbaren »organisatorischen Einheit der deutschen Arbeiterklasse«, also der sofortigen Bildung einer Einheitspartei, verbunden.

Der Zentralausschuss (ZA) der SPD, in dessen Namen der Aufruf veröffentlicht worden war, verstand sich als provisorisches Leitungsgremium der entstehenden Partei in der SBZ und beanspruchte durchaus auch reichsweite Geltung.[15] Die zentralen Protagonisten[16] des ZA waren Otto Grotewohl, zwischen 1925 und 1933 braunschweigischer Reichstagsabgeordneter, der zeitweilig ebendort ansässige Gauvorsitzende des Reichsbanners Schwarz-Rot-Gold Erich W. Gniffke und der ehemalige preußische Landtagsabgeordnete Max Fechner. Ebenfalls beteiligt waren Gustav Dahrendorf, Hofgeismarer Jungsozialist, Hamburger Reichstagsabgeordneter und 1944 über den Kreisauer Kreis Mitverschworener des »20. Juli«, der preußische Landtagsabgeordnete Otto Meier sowie etliche weitere ehemalige Angehörige der mittleren Funktionärsebene der Weimarer SPD und der Gewerkschaften. Der ZA entstand aus der Zusammenarbeit dreier ursprünglich unabhängig voneinander agierender sozialdemokratischer Initiativkreise in Berlin, und so kam die personelle Zusammensetzung eher zufällig zustande. Mit seiner politischen Positionsbestimmung

---

12 Vgl. hierzu zusammenfassend, unter Auswertung der neueren Literatur und auf der Basis breiter archivalischer Evidenz: Matthias Loeding: Führungsanspruch und Einheitsdrang. Der Zentralausschuss der SPD im Jahr 1945, Hamburg 2002, S. 59 ff.
13 Vgl. ebd., S. 41 ff.
14 Vgl. ebd., S. 87 ff.
15 Zur Entstehung des Zentralausschusses, seinem Selbstverständnis und seiner politischen Programmatik vgl. ebd., S. 91 ff.
16 Zum Folgenden vgl. ebd., S. 93 ff.

in Abgrenzung zur alten Weimarer SPD und mit Blickrichtung auf eine Einheitspartei repräsentierte er jedoch eine durchaus gewichtige Grundstimmung der sich formierenden sozialdemokratischen Basis.[17] Bemerkenswert ist, dass sich der ZA bereits im Juni 1945 entschieden von der sozialdemokratischen Emigration und der damit verbundenen Traditionslinie zur reformistischen Politik der SPD vor 1933 distanzierte. Erste Ansätze der strategischen Ostorientierung wurden im Laufe des Sommers ausformuliert und schließlich im August 1945 verabschiedet.[18] Gleichwohl wäre es falsch, diese klare Positionierung des ZA als paradigmatisch für die gesamte SPD in der SBZ zu begreifen. Im Gegensatz zu den Kommunisten verfügten die Sozialdemokraten in der SBZ weder über eine über Jahre hinweg im Exil vorbereitete Programmatik, Taktik oder Strategie, noch über Kaderstrukturen, diese Linie auch an der Basis durchzusetzen.[19]

Die SPD wurde in der Fläche und den Regionen der SBZ zumeist von ehemaligen Sozialdemokraten wiederaufgebaut, die vor 1933 auf der kommunalen Ebene Partei- bzw. öffentliche Ämter innegehabt hatten.[20] Trotz der allenthalben spürbaren Tendenzen zum strukturellen Neuanfang der Arbeiterbewegung knüpften diese Protagonisten der ersten Stunde fast selbstverständlich an die organisatorischen Traditionen der alten SPD an. Für viele – zumal diejenigen, die sich aktiv im Widerstand betätigt hatten oder in informellen Zirkeln in Kontakt geblieben waren – hatte trotz NS-Terror, Verfolgung, Haft und Mord die SPD eigentlich niemals aufgehört zu existieren.[21] Wenn nun der vielfache Ruf nach der Einheitspartei zu vernehmen war, bedeutete dies in den wenigsten Fällen ein Einschwenken auf die marxistisch-leninistische Orthodoxie der KPD, sondern es spiegelte sich darin letztlich die Hoffnung, den Zustand der alten Sozialdemokratie vor dem Ersten Weltkrieg, gar der Zeiten August Bebels,

---

17 Vgl. hierzu zusammenfassend Malycha, Weg, a. a. O., S. XXVI ff.; siehe auch – wenn auch eher relativierend – Bouvier, Ausgeschaltet, a. a. O., S. 38 ff.
18 Vgl. hierzu Loeding, Führungsanspruch, a. a. O., S. 215 ff.
19 Vgl. Bouvier, Ausgeschaltet, a. a. O., S. 37.
20 Vgl. ebd., S. 42 ff.; vgl. auch Malycha, Weg, a. a. O., S. XXVII.
21 Vgl. ebd.; ähnlich für die Westzonen: Kurt Klotzbach: Der Weg zur Staatspartei. Programmatik, praktische Politik und Organisation der deutschen Sozialdemokratie 1945–1965 (= Die deutsche Sozialdemokratie nach 1945 Bd. 1), 2. Aufl. Bonn 1996, S. 42.
Besonders pointiert ist in diesem Zusammenhang die Einschätzung von Hartmut Mehringer in der Manuskriptversion seiner Habilitationsschrift zu Waldemar von Knoeringen: »In jedem Fall lässt sich sagen, dass auch die bayerische Sozialdemokratie im Jahr 1945 erstaunlich bruchlos an der Tradition der Weimarer Partei anknüpfte, dass ihre lokalen Initiatoren und Funktionsträger der ersten Stunde, wie Kurt Hillers mutatis mutandis auch hier anwendbare bissige Bemerkung [insinuiert], den Strumpf dort weiterstrickten, wo Ihnen 1933 die Masche heruntergefallen sei.« Hartmut Mehringer: Widerstand – Exil – Wiederaufbau 1933–1949. Waldemar von Knoeringen und der Weg vom revolutionären zum demokratischen Sozialismus, Univ., Habil.-Schr., Erlangen-Nürnberg 1987, S. 402. Zum Zitat von Kurt Hiller vgl. Werner Röder: Die deutschen sozialistischen Exilgruppen in Großbritannien 1940–1945. Ein Beitrag zur Geschichte des Widerstandes gegen den Nationalsozialismus, Bonn ²1973, S. 98.

wiederherstellen zu können.²² Manche mögen wohl auch noch das im Reich als Tarnschrift illegal verbreitete Prager Manifest der Sopade²³ von 1934 im Gedächtnis gehabt haben, das – in Bezug auf die nationalsozialistische Diktatur – mit dem legalistischen und reformistischen Grundcharakter der Politik der SPD seit 1891 gebrochen und den »revolutionären Sozialismus« wieder auf die Agenda der Sozialdemokratie gesetzt hatte. Das kulminierte in der Feststellung, dass »die Einigung der Arbeiterklasse [...] zum Zwang [wird], den die Geschichte auferlegt.«²⁴ In diesem Sinne schwang bei vielen Sozialdemokraten 1945 die Vorstellung mit, dass die unversöhnliche Spaltung der Arbeiterbewegung die verhängnisvolle Machtübernahme der Nationalsozialisten mit ermöglicht hatte.²⁵ Da sich die KPD nun zu Demokratie und Parlamentarismus bekannte – was vielerorts für bare Münze genommen wurde –, schien wenig gegen eine Aktionseinheit mit den Kommunisten und die baldige Verwirklichung der Einheitspartei zu sprechen.²⁶ In diesem Sinne hatte der Aufruf des ZA die Neuorientierung der KPD »auf das wärmste«²⁷ begrüßt und sich voll hinter die darin enthaltenen Sofortmaßnahmen gestellt. Lebendig war in den Köpfen mancher alter Sozialdemokraten allerdings auch noch die Erinnerung an die harsche Konfrontation mit den Kommunisten während der Weimarer Republik. Und so gab es in der wieder gegründeten SPD eine durchaus nennenswerte Anzahl von Mitgliedern, Funktionären und auch ganzer Gliederungen, wie etwa im Bezirk Leipzig, die mit einer Neuorientierung der Sozialdemokratie nichts im Sinn hatten und den Kommunisten – wie sich bald zeigen sollte, zu Recht – zutiefst misstrauten.²⁸

Der Aufbau einer überregionalen Parteiarbeit der SPD auf Zonenebene litt im Frühjahr und Sommer 1945 noch sehr stark unter der durch den Krieg zerstörten Infrastruktur und wurde zeitweilig auch von der sowjetischen Besatzungsmacht behindert.²⁹ Zumeist hatten die in Gründung befindlichen Gliederungen der SPD anfänglich keinerlei Kontakt zum ZA in Berlin, wussten teilweise nicht einmal von dessen Existenz, und waren insofern auch nicht über dessen politischen und program-

---

22 Vgl. Bouvier, Ausgeschaltet, a. a. O., S. 38, vgl. auch Malycha, Weg, a. a. O., S. XXVI.
23 Abgedr. i.: Programmatische Dokumente a. a. O., S. 221 ff.; vgl. hierzu auch: Michael Schneider: Unterm Hakenkreuz. Arbeiter und Arbeiterbewegung 1933 bis 1939, (= Geschichte der Arbeiter und der Arbeiterbewegung in Deutschland seit dem Ende des 18. Jahrhunderts Bd. 12), Bonn 1999, S. 890 ff.
24 Programmatische Dokumente a. a. O., S. 232.
25 Vgl. etwa Christoph Kleßmann: Arbeiter im »Arbeiterstaat« DDR. Deutsche Traditionen, sowjetisches Modell, westdeutsches Magnetfeld (1945 bis 1971) (= Geschichte der Arbeiter und der Arbeiterbewegung in Deutschland seit dem Ende des 18. Jahrhunderts Bd. 14), Bonn 2007, S. 93 f.
26 Vgl. Bouvier, Ausgeschaltet, a. a. O., S. 39 f.
27 Vgl. Loeding, Führungsanspruch, a. a. O., S. 118.
28 Vgl. Malycha, Weg, a. a. O., S. XLV f.; vgl. auch Loeding, Führungsanspruch, a. a. O., S. 193 ff. Zum SPD-Bezirk Leipzig 1945/46 siehe zudem AdsD Nachlass Stanislaw Trabalski.
29 Vgl. Malycha, Weg, a. a. O., S. LX ff.

matischen Kurs informiert.[30] Entsprechend der Organisationstradition und zunächst völlig eigenständig bildeten sich in der gesamten SBZ Orts-, Kreis- und Bezirksverbände.[31] Diese Parteistrukturen kollidierten ab Juli 1945 mit der von den Sowjets ins Werk gesetzten Verwaltungsreform und der damit verbundenen Wiedergründung der Länder.[32] Da die Einrichtung von Landesverbänden, wie sie von der Besatzungsmacht gefordert worden war, den zentralistischen Organisationsvorstellungen der SPD widersprach und auch in keinem Statut vorgesehen war[33], führte dies zu teilweise ernsthafteren Friktionen mit den Sowjets. So wollte etwa der äußerst selbstbewusste Bezirk Leipzig den Führungsanspruch des Landesverbandes Sachsen, der unter Otto Buchwitz einen klaren Einheitskurs verfolgte, zeitweilig nicht anerkennen.[34] Dem ZA gelang es erst ab Ende August und im Laufe des September mit allen Gliederungen in der SBZ Verbindung aufzunehmen und seine politische Linie und Perspektive bekannt zu machen.[35]

Im Gegensatz zur KPD, die von Beginn an von der Besatzungsmacht offen bevorzugt wurde, sah sich die entstehende Sozialdemokratie immer wieder mannigfaltigen Benachteiligungen ausgesetzt. Diese reichten von der Beschneidung der Bewegungsfreiheit sozialdemokratischer Funktionsträger über knappere Zuteilungen von Papier, Zensur bei Publikationen, Benachteiligung bei der Vergabe von Verwaltungsposten bis hin zu direkten Eingriffen in innerparteiliche Personalfragen.[36] Gleichwohl waren die Organisationserfolge der Sozialdemokraten mehr als beachtlich. Im Herbst 1945 war die SPD in der SBZ flächendeckend präsent, hatte bereits den Mitgliederstand von vor 1933 wieder erreicht und war Ende Oktober 1945 mit 302.400 Mitgliedern signifikant stärker als die KPD mit 248.900 Parteiangehörigen.[37] So ist es kaum verwunderlich, dass die Sozialdemokraten dem offenen Hegemoniestreben der Kommunisten einen eigenen Führungsanspruch entgegensetzten. Da sich darüber hinaus die Schwierigkeiten und Konflikte in den allerorten eingerichteten gemeinsamen Aktionsausschüssen mehrten, ließen die Sozialdemokraten, allen voran Grotewohl und der ZA, die Vision der Einheitspartei nun in weitere Ferne rücken, ohne jedoch diese als Endziel aufzugeben.[38]

---

30 Vgl. ebd.; vgl. auch Loeding, Führungsanspruch, a. a. O., S. 166 ff.
31 Vgl. Malycha, Weg, a. a. O., S. XXX ff.
32 Vgl. Bouvier, Ausgeschaltet, a. a. O., S. 40.
33 Vgl. Malycha, Weg, a. a. O., S. XXXI.
34 Vgl. ebd., S. IL ff.
35 Vgl. in Bezug auf die besonders widerstrebenden Gliederungen im Landesverband Thüringen sowie in Leipzig ausführlich: Loeding, Führungsanspruch, a. a. O., S. 174 ff.
36 Vgl. Malycha, Weg, a. a. O., S. LXII f., LXXXI ff.
37 Vgl. SBZ-Handbuch. Staatliche Verwaltungen, Parteien, gesellschaftliche Organisationen und ihre Führungskräfte in der Sowjetischen Besatzungszone Deutschland 1945–1949, hg. v. Martin Broszat u. Hermann Weber, 2., unveränd. Aufl., München 1993, S. 458, 466, 479.
38 Vgl. Malycha, Weg, a. a. O., S. LXVI ff.; Loeding, Führungsanspruch, a. a. O., S. 234 ff.; vgl. auch Bouvier, Ausgeschaltet, a. a. O., S. 50 ff.

Die Organisationserfolge der Ost-SPD im Rücken strebte Grotewohl ab Mitte September 1945 eine Einigung mit dem westzonalen SPD-Führungszirkel um Kurt Schumacher in Hannover an. Eine reichsweite Verständigung der Sozialdemokratie sollte den Druck, den die Ost-SPD zunehmend vonseiten der sowjetischen Besatzungsmacht und der KPD verspürte, abfedern.[39] Bei allen Konzessionen, die Grotewohl den Hannoveranern in diesem Zusammenhang anbot, schwang jedoch immer noch ein wenig der gesamtdeutsche Führungsanspruch des ZA mit, den Schumacher so keineswegs akzeptieren wollte.[40] Zudem war für Schumacher sowohl Grotewohls grundsätzliches Ziel einer Einheitspartei als auch ein über punktuelle praktische Zusammenarbeit hinausgehendes Bündnis mit den Kommunisten – vor dem Hintergrund der Weimarer Erfahrungen, des Verhaltens der Kommunisten während der Zeit des Hitler-Stalin-Paktes 1939 bis 1941 und aufgrund der anhaltenden einseitigen Bindung der KPD an die stalinistische Sowjetunion – völlig indiskutabel.[41] So konnte am Ende der Konferenz von Wennigsen Anfang Oktober 1945, auf der nicht nur Vertreter aus den drei westlichen Besatzungszonen, sondern auch eine Delegation des ZA unter Führung Grotewohls anwesend waren, nur eine einstweilige territoriale Aufteilung der Zuständigkeit des ZA für die SBZ und des »Büros Dr. Schumacher« für die westlichen Besatzungszonen stehen.[42] Die gleichzeitig vereinbarte enge »Abstimmung der gegenseitigen Politik«[43] war indes nicht sehr viel mehr als ein dürftiges Feigenblatt angesichts der Tatsache, dass Grotewohls Strategie nahezu vollständig gescheitert war, die Frage der Einheitspartei ein alleiniges Problem der Ost-SPD blieb und Schumacher seine diesbezüglich kompromisslose Linie in den Westzonen – mit Unterstützung des Exilparteivorstandes in London – alsbald durchsetzen konnte.[44]

Im selben Zeitraum hatte sich die kommunistische Taktik in Bezug auf die Verwirklichung der Einheitspartei, nicht zuletzt auch aufgrund des offensiven Muskelspiels der Sozialdemokraten, entscheidend gewandelt.[45] Seit der zweiten Septemberhälfte drängte die KPD auf eine baldige organisatorische Vereinigung der beiden Par-

---

39 Vgl. Loeding, Führungsanspruch, a. a. O., S. 245 ff., 368; vgl. auch Bouvier, Ausgeschaltet, a. a. O., S. 50.
40 Vgl. Klotzbach, Staatspartei, a. a. O., S. 47; vgl. auch Siegfried, Einheitspartei, a. a. O., S. 94 f.
41 Vgl. Schumacher, Richtlinien, a. a. O., S. 271 ff. und noch wesentlich schärfer seine Programmatische Erklärung auf der Konferenz von Wennigsen v. 05./06.10.1945, abgedr. i.: Kurt Schumacher – Reden, Schriften, Korrespondenzen 1945–1952, hg. v. Willy Albrecht (= Internationale Bibliothek Bd. 107), Berlin/Bonn 1985, S. 301 ff., hier S. 311 ff.
42 Zur Konferenz von Wennigsen vgl. zusammenfassend u. a.: Klotzbach, Staatspartei, a. a. O., S. 49 ff.; vgl. auch Loeding, Führungsanspruch, a. a. O., S. 261 ff.
43 Rundschreiben an die Bezirksvorstände der Sozialdemokratischen Partei Deutschlands in den 3 westlichen Besatzungszonen, o. D. [Oktober 1945], zit. n. Loeding, Führungsanspruch, a. a. O., S. 304.
44 Vgl. Loeding, Führungsanspruch, a. a. O., S. 305 ff.; vgl. auch Klotzbach, Staatspartei, a. a. O., S. 66 ff.
45 Vgl. u. a. Malycha, Weg, a. a. O., S. LXVIII ff.

teien und eröffnete eine vehemente Kampagne gegen »Einheitsgegner« und »rechte Sozialdemokraten«, die fatal an die »Einheitsfront von unten«-Taktik der 1920er- und frühen 1930er-Jahre erinnerte und mit der versucht wurde, die sozialdemokratische Mitgliedschaft und der Einheitspartei skeptisch gegenüberstehende Funktionäre auseinanderzudividieren.[46] Dies musste insofern als handfeste Drohung gegen die Sozialdemokraten verstanden werden, da die Anwesenheit der Roten Armee und der SMAD der Politik der KPD einen quasistaatsoffiziellen Anstrich verlieh und ein Aufbegehren dagegen Sanktionen seitens der Besatzungsmacht befürchten ließ.[47] Die mehr als enttäuschenden Wahlergebnisse der Kommunisten bei den Parlaments- bzw. Nationalratswahlen in Ungarn und in Österreich im November 1945, die erahnen ließen, welche realen politischen Kräfteverhältnisse auch in Deutschland herrschten, taten ein Übriges, die kommunistische Einheitskampagne zu befeuern und den Druck auf die Sozialdemokraten zu erhöhen.[48] So konnte Grotewohls trotzige Rede auf der Feierstunde des ZA zum »Tag der Revolution« am 11. November 1945, in der er die Entscheidung über eine Vereinigung beider Arbeiterparteien demonstrativ nur einem SPD-Reichsparteitag zubilligen wollte, bis dahin die völlige organisatorische Selbstständigkeit der SPD in der SBZ reklamierte und sich gleichzeitig jede Einflussnahme und äußeren Druck verbat, nur noch ein letztes Aufbäumen und der Versuch sein, Zeit zu gewinnen.[49] Gleichwohl war zu diesem Zeitpunkt – trotz aller Querelen – die grundsätzliche Akzeptanz des Einheitsgedankens in der Ost-SPD wohl noch relativ hoch.[50] Die Zuspitzung der Begrifflichkeiten durch die KPD, wenn sie etwa Einheitsbefürworter als »Sozialisten« adelte und gleichzeitig die Skeptiker als »Reaktionäre« diffamierte, machte indes eine sachliche und demokratische Diskussion der Einheitsfrage unmöglich.[51] Diese Praxis prägte schließlich überdeutlich die erste der sogenannten »Sechziger-Konferenzen« von SPD und KPD am 20./21. Dezember 1945 in Berlin.[52] Hier nutzten zwar die Delegierten der SPD die Gelegenheit, durchaus offen ihre Vorbehalte gegen den forcierten Einigungskurs der Kommunisten – zumal auf Zonenebene – zu artikulieren. Sie wurden gleichzeitig aber durch eine vonseiten der KPD vorformulierte Entschließung inhaltlich überfahren, was die Weichen zur organisatorischen Vereinigung der beiden Parteien stellte.[53] In diesem Zusammenhang

---

46 Vgl. Bouvier, Ausgeschaltet, a. a. O., S. 51 f.
47 Vgl. ebd.; etwas vertiefend Malycha, Weg, a. a. O., S. LXXXI ff.
48 Vgl. u. a. Malycha, Weg, a. a. O., S. LXXII.
49 Vgl. Loeding, Führungsanspruch, a. a. O., S. 338 ff.
50 Vgl. Malycha, Weg, a. a. O., S. LXXX.
51 Vgl. ebd., S. LXXIII; vgl. auch Bouvier, Ausgeschaltet, a. a. O., S. 51 f.
52 Vgl. hierzu: Loeding, Führungsanspruch, a. a. O., S. 385 ff.
53 Vgl. ebd., S. 398 ff.

spielte offenbar auch eine direkte Einflussnahme sowjetischer Besatzungsoffiziere auf sozialdemokratische Entscheidungsträger eine gewichtige Rolle.[54]

Die überwiegende Mehrheit der Sozialdemokraten in der SBZ reagierte auf den zunehmenden Druck, die Verhinderung eines demokratischen innerparteilichen Diskussionsprozesses und die Einschränkung freier Entscheidungen mit einer eigentümlichen Mischung aus bangem Idealismus, Verzögerung und Anpassung.[55] Oftmals verband sich die grundsätzliche Zustimmung zur »Einheit der Arbeiterklasse« sowohl mit der Ablehnung kommunistischer Methoden als auch der Hoffnung, in der bald verwirklichten Einheitspartei die eigene Identität und demokratische Verfahrensweisen bewahren zu können.[56] Offenen Widerstand gegen die immer unverhohlenere Gleichschaltungspolitik von SMAD und KPD zu leisten, wagten aus Gründen der Parteidisziplin und auch angesichts zunehmender Verhaftungen nur noch relativ wenige.[57] Indem die Besatzungsmacht damit begann, die verschiedenen Gliederungsebenen der SPD in der Einheitsfrage gegeneinander auszuspielen, die Spitzen der Landesverbände mittlerweile mit überwiegend loyalen Genossen besetzt waren und dadurch die Position des ZA entscheidend geschwächt wurde, schrumpfte der Handlungsspielraum der Sozialdemokraten zusehends.[58] Zwar war ab der Jahreswende 1945/46 vielfach – gleichsam als Ultima Ratio – der Ruf nach Urabstimmungen[59] laut geworden, der Zug zur Zwangsvereinigung von SPD und KPD rollte jedoch schon unaufhaltsam und nun in beträchtlichem Tempo.

Mit dem ebenso symbolträchtigen wie für die Sozialdemokratie in der SBZ verhängnisvollen Händedruck von Grotewohl und Pieck auf dem Vereinigungsparteitag im Berliner Admiralspalast am 21./22. April 1946 wurden 695.400 SPD-Angehörige mit 624.000 Mitgliedern der KPD zur Sozialistischen Einheitspartei Deutschlands (SED) zusammengeführt.[60] Mit knapp 1,3 Millionen Mitgliedern war die SED nun die numerisch und organisatorisch mit Abstand stärkste Partei der SBZ. In den auf dem

---

54 Vgl. ebd., S. 410; siehe auch Rolf Badstübner: Gründung der SED. Zur Selbstzerstörung einer Legende, in: Utopie kreativ 1996, H. 65, S. 22.
55 Vgl. Malycha, Weg, a. a. O., S. LXX ff. Günter Benser stellt hierzu fest, dass in der Ost-SPD »eine bedeutende Minderheit engagiert und überzeugt für die Einheitspartei eintrat« und eine »beachtliche Mehrheit bereit war, den Führungen zu vertrauen und den Weg in die Einheitspartei mitzugehen, die auf sie so eine starke Anziehungskraft ausübte, dass Bedenken in den Hintergrund traten.« Zit. n. Kleßmann, a. a. O., S. 92.
56 Vgl. Malycha, Weg, a. a. O., S. LXXI, LXXXVII, XC.
57 Vgl. ebd., S. LXXXV ff., XCII f., CIII f.
58 Vgl. ebd., S. XCVI ff.
59 Vgl. ebd., S. LXXXVII.
60 Zentrale Dokumente zur Gründung der SED sind abgedr. i.: Ursachen und Folgen, Bd. XXIV, a. a. O., S. 333 ff. Zu den genannten Mitgliederzahlen siehe: SBZ-Handbuch, a. a. O., S. 459, 480. Mit 679.159 Mitgliedern der SPD und 619. 256 Mitgliedern der KPD leicht abweichende Zahlen nennt Malycha auf der Basis des offiziellen Berichts des SED-Parteivorstandes an den Parteitag 1947. Andreas Malycha: Partei von Stalins Gnaden? Die Entwicklung der SED zur Partei neuen Typs in den Jahren 1946 bis 1950, Berlin 1996, S. 66.

1 Zur Geschichte der Sozialdemokratie in der SBZ/DDR nach 1945

Abb. 1 Vereinigungsparteitag von KPD und im Berliner Admiralspalast am 22. April 1964; im Vordergrund v. l. n. r. Wilhelm Pieck, Otto Grotewohl, Walter Ulbricht.

Vereinigungsparteitag beschlossenen »Grundsätzen und Zielen« der SED, die neben den Bekenntnissen zur »Sicherung der demokratischen Volksrechte«, der »Freiheit der Meinungsäußerung« und dem »demokratischen Weg zum Sozialismus« auch Festlegungen zur innerparteilichen Demokratie enthielt, konnten sich die ehemaligen Sozialdemokraten politisch und organisatorisch durchaus wiederfinden.[61] Nicht zuletzt durch die paritätische Besetzung aller Parteiämter und Gremien schien die beiderseitig angemessene und demokratische Vertretung der Interessen von Sozialdemokraten und Kommunisten innerhalb der Partei gewährleistet. Versöhnlich mag zunächst auch gewirkt haben, dass einzelne durchaus profilierte Gegner der Einheit aus den Reihen der Sozialdemokraten auf den jeweiligen Leitungsebenen zumindest formal eingebunden wurden.[62] Überhaupt bleibt festzuhalten, dass bis zum zweiten

---

61 Vgl. Ursachen und Folgen, Bd. XXIV, a. a. O., S. 335 ff.
62 So etwa Stanislaw Trabalski und Rudolf Rothe aus Leipzig. Trabalski wurde 1946 Mitglied des SED-Bezirksvorstandes Westsachsen, paritätischer 1. Vorsitzender der SED-Bezirksleitung, bis 1948 Mitglied des SED-Landessekretariats mit Verantwortung für die Parteibetriebe. Rothe war ebenfalls Angehöriger des Bezirksvorstandes Westsachsen. Er war jedoch weitestgehend politisch kaltgestellt und wurde in das Zeitungsarchiv des Parteibezirks abgeschoben. Ihre weiteren Lebenswege sind symptomatisch. Trabalski wurde 1948 – vermutlich im Zusammenhang mit der

Parteitag der SED im Herbst 1947 ein Mindestmaß an innerparteilicher Demokratie gewahrt und die offene Aussprache in den Parteigremien möglich blieb.[63] In der Rückschau ist freilich offensichtlich, dass es sich bei der demokratischen »sozialistischen Massenpartei« SED um eine Illusion handelte, die den Sozialdemokraten von den Kommunisten lediglich für eine kurze Zeit vorgegaukelt wurde. Im Februar 1946 hatte Hermann Matern in einer internen Sitzung der sächsischen KPD das strategische Kalkül der Kommunisten auf den Punkt gebracht, indem er nach Ausführungen über die Zurückdrängung des Reformismus aus der Sozialdemokratische Arbeiterpartei Russlands im Jahre 1917 feststellte:

> »Unser Weg ist etwas anders, aber im Wesen derselbe. Unser Weg ist die Einheit der Arbeiterklasse herzustellen durch die Vereinigung von zwei Arbeiterparteien, um auf diesem Weg den reformistischen, opportunistischen und Paktierereinfluß in der Arbeiterklasse auszuschalten. Aber, Genossen, das müssen wir verstehen, das ist ein Prozess, der sich auch nach der Vereinigung fortsetzt. Ich weiß nicht, ob ihr mich verstanden habt, Genossen?«[64]

Entsprechend mussten die vormals sozialdemokratischen Funktionäre in der SED relativ schnell erleben, wie sie sowohl innerparteilich als auch in Politik und Verwaltung systematisch in die Defensive gedrängt, kaltgestellt, auf unbedeutende Posten abgeschoben wurden und damit ihr Einfluss in der Einheitspartei stetig schrumpfte.[65] Das Statut von 1946, das einen Kompromiss zwischen sozialdemokratischen und kommunistischen Organisationstraditionen darstellte, wurde in der Praxis bald ausgehöhlt.[66] An der Basis verlagerten sich die Schwerpunkte sukzessive von den Ortsvereinen zu den Betriebsgruppen und auf den jeweiligen Leitungsebenen wurden die eingesetzten hauptamtlichen Sekretariate auf Kosten der gewählten Vorstände aufgewertet. Weiterhin bürgerte es sich langsam ein, Parteileitungen von oben her auszutauschen und die Parteidisziplin zunehmend rigider auszulegen. Es handelte sich also

---

Flucht von Erich W. Gniffke in die Bundesrepublik – verhaftet, 1950 freigelassen, am 1.11.1950 im Grenzgebiet erneut festgenommen, 1954 wegen »Boykotthetze« zu 6 Jahren Haft verurteilt, 1956 amnestiert, danach Mitarbeiter des Bibliographischen Instituts in Leipzig und zwischendurch wiederholt verhaftet. Rothe war Leipziger Gewährsmann des Ostbüros des SPD-Parteivorstandes und flüchtete Anfang November 1947 nach Hannover. Vgl. AdsD Nachlass Stanislaw Trabalski sowie SPD-Parteivorstand, Büro Fritz Heine 2/PVAJ000074.

63 Vgl. Malycha, Partei, a. a. O., S. 65 ff.; vgl. auch Bouvier, Ausgeschaltet, a. a. O., S. 70 f.
64 Hermann Matern auf einer Konferenz der sächsischen Sekretäre am 14.02.1946 in Dresden, zit. n. Malycha, Weg, a. a. O., S. XCVIII.
65 Vgl. zusammenfassend: Beatrix Bouvier: Widerstand und Verfolgung von Sozialdemokraten in der SBZ und frühen DDR, in: Die DDR – Politik und Ideologie als Instrument, hg. v. Heiner Timmermann (= Dokumente und Schriften der Europäischen Akademie Otzenhausen e. V. Bd. 86), Berlin 1999, S. 635 f.
66 Zum Folgenden vgl. zusammenfassend Malycha, Partei, a. a. O., S. 65 ff.

insgesamt um ein Bündel strategischer Maßnahmen, die einzig und allein dem Ziel dienten, die Implementierung des leninistischen Prinzips des »demokratischen Zentralismus« vorzubereiten und die Transformation der SED zur »Partei neuen Typs« einzuleiten. Angestoßen wurde diese Entwicklung nicht zuletzt durch die für die SED insgesamt enttäuschend ausgefallenen Ergebnisse der Kommunal- und vor allem der Landtagswahlen[67] in der SBZ, bei denen die angepeilten absoluten Mehrheiten in den meisten Fällen – wenn auch oft nur knapp – verfehlt wurden. Die SED-Führung interpretierte sie in erster Linie als Resultat schlechter Mobilisierung im Wahlkampf und machte hierfür mangelndes Engagement, unzureichende Geschlossenheit an der Basis sowie ideologisch schlecht geschulte Funktionäre verantwortlich.[68] Am Pranger standen hierbei zuallererst ehemalige Sozialdemokraten in den Führungspositionen der Gliederungen und deren angeblich parteischädigende Organisationsprinzipien. Ein zentrales Mittel des nun in die Wege geleiteten tief greifenden organisationspolitischen Wandels stellte die Intensivierung der parteiinternen Schulung dar, die das Ziel hatte, das Gros der Mitgliedschaft ideologisch zu formen und gleichzeitig im Laufe des Jahres 1947 immer stärker marxistisch-leninistisch ausgerichtet wurde.[69]

Ab Dezember 1946 legte die offizielle Umstellung der SED auf Betriebsgruppenbasis die Axt an sozialdemokratische Organisationstraditionen. Die Wohngebietsgruppen sollten fortan nur noch informatorischen Charakter haben und Mitgliedsbeiträge an die jeweiligen Betriebsgruppen bezahlt werden.[70] Damit einher ging die sukzessive Aushöhlung der innerparteilichen Demokratie. Bereits bei der Kandidatenaufstellung für die Gemeinde-, Kreistags- und Landtagswahlen des Herbstes 1946 war es zu Auffälligkeiten gekommen. So wurden etwa Wahllisten von oben diktiert, missliebige Kandidaten gestrichen oder geheime Abstimmungen unterbunden.[71] Auch bei internen Vorstandswahlen griffen solche Praktiken mehr und mehr um sich und unterhöhlten die vereinbarte Parität.[72] Ehemalige Sozialdemokraten, die sich dagegen zur Wehr setzten, wurden nicht nur intern, sondern auch mithilfe der sowjetischen Besatzungsmacht immer öfter auch unter strafrechtlichen Druck gesetzt.[73]

Als zentrales Hindernis der immer offensichtlicheren Zentralisierungstendenzen in der SED gerieten ab Spätherbst 1946 die Bezirksverbände der SED, die Teil des Organisationskompromisses waren und gleichzeitig als Hort sozialdemokratischer Tradition galten, ins Visier der Parteiführung.[74] Besonders den Bezirksorganisationen

---

67 Zu den Kommunal- und Landtagswahlen 1946 in der SBZ vgl. SBZ-Handbuch, a. a. O., 306 f., 329 ff.
68 Vgl. Malycha, Partei, a. a. O., S. 74 ff.; vgl. auch Bouvier, Ausgeschaltet, a. a. O., S. 86 ff.
69 Vgl. Malycha, Partei, a. a. O., S. 77 f.
70 Vgl. ebd., S. 78 f.
71 Vgl. ebd., S. 148 ff.
72 Vgl. ebd.
73 Vgl. Bouvier, Ausgeschaltet, a. a. O., S. 72 ff.
74 Zum Folgenden vgl. Malycha, Partei, a. a. O., S. 157 ff.

in Sachsen waren die angeblichen Mobilisierungsdefizite bei den vorangegangenen Wahlen angelastet worden. Entsprechend sollten sie als überflüssige Organisationsebene zwischen Kreis- und Landesverbänden aufgelöst werden. Diese Entscheidung führte zu erheblichen Auseinandersetzungen in den betroffenen Gliederungen, die die organisatorischen und politischen Gegensätze zwischen ehemaligen Sozialdemokraten und Kommunisten offen zutage treten ließen. Für Erstere bedeutete dies einen offenen Bruch des vor einem halben Jahr verabschiedeten Statuts und damit ein fundamentales Problem für die innerparteiliche Demokratie, für Letztere ging es lediglich um Kaderpolitik.[75] Mit der Abschaffung der Bezirke gelang es den Kommunisten, die Gewichte deutlich zugunsten ihrer Organisationsprinzipien zu verschieben, was den ehemaligen Sozialdemokraten einmal mehr zeigte, dass sie mit ihren Vorstellungen in der Einheitspartei letztlich auf verlorenem Posten standen.

Diese Entwicklung ging einher mit einer deutlichen Verschlechterung des innerparteilichen Klimas, was dazu führte, dass sich viele ehemals sozialdemokratische Funktionäre langsam aus der aktiven Parteiarbeit zurückzogen und ihre Aktivitäten auf den vermeintlich vorpolitischen Raum und in klassisch sozialdemokratische Domänen wie Konsumvereine, Gewerkschaften u. Ä. verlegten.[76] Andere beschränkten sich auf das ebenfalls angestammte Feld der Kommunalpolitik.[77] Hier in den Kommunalverwaltungen verstanden sie sich als pragmatische Sachwalter der Interessen der Bevölkerung vor Ort und versuchten vielfach die konkreten Effekte der sowjetischen Besatzungspolitik, etwa bei Demontagen, abzufedern und zu mildern.[78] Ohne dies eigentlich zu wollen, gerieten sie so in Gegensatz zur Politik der eigenen Partei, deren Funktion sich zunehmend in Richtung eines sowjetisch gesteuerten Taktgebers und Exekutors der gesellschafts- und wirtschaftspolitischen Transformation der SBZ verschob.[79] Beide Verhaltensvarianten von Sozialdemokraten können als Versuche interpretiert werden, dem wachsenden Druck innerhalb der SED zu entgehen und trotzdem weiterhin gesellschaftlich und politisch aktiv zu bleiben. Damit verkannten sie jedoch die von den Kommunisten ab 1946/47 immer wieder angekündigte Perspektive kommender Klassenkämpfe[80] – und die damit verbundene Tendenz einer wachsenden Politisierung aller gesellschaftlichen Ebenen – und machten sich so weiterhin in hohem Maße angreifbar.

---

75 Vgl. ebd., S. 159 ff.
76 Vgl. v. a. Bouvier, Ausgeschaltet, a. a. O., S. 174 ff.
77 Vgl. ebd., S. 221 ff., 337 f. sowie am Beispiel von Freital: Franz Walter: Freital: Das »Rote Wien Sachsens«, in: Franz Walter, Tobias Dürr, Klaus Schmidtke: Die SPD in Sachsen und Thüringen zwischen Hochburg und Diaspora. Untersuchungen auf lokaler Ebene vom Kaiserreich bis zur Gegenwart, Bonn 1993, S. 145 ff.
78 Vgl. Malycha, Partei, a. a. O., S. 168.
79 Vgl. ebd., S. 89 ff.; vgl. auch Bouvier, Ausgeschaltet, a. a. O., S. 113 f.
80 Vgl. Malycha, Partei, a. a. O., S. 159.

Es wurde immer offensichtlicher, dass ein Zusammenwachsen der ehemaligen Mitgliedschaften von SPD und KPD in der SED unter den gegebenen Bedingungen zum Scheitern verurteilt war.[81] Berichte über angebliche sozialdemokratische Fraktionstätigkeit oder getrennte Sitzungen der ehemaligen Richtungen begannen sich zu häufen. Ein Übriges taten die kurzzeitigen Diskussionen über eine Wiederzulassung der SPD in der SBZ im Vorfeld der Moskauer Außenministerkonferenz im März 1947, was viele ehemalige Sozialdemokraten dazu veranlasste, ihre Loyalität zu ihrer ehemaligen Partei zu bekunden.[82]

Im Laufe des Jahres 1947 gewann der internationale Kontext nach der Verkündung der Truman-Doktrin und der Gründung des Kominform als Reaktion an Dramatik. Mit dem II. Parteitag der SED[83] im September 1947, der vor dem Hintergrund der beginnenden Blockkonfrontation stattfand, wurde klar, wohin der Weg der SED führen sollte. Als künftige »Avantgarde der Arbeiterklasse«, die den Weg zur »Volksdemokratie« bereiten sollte, hatte sich die SED von der Massen- zur Kaderpartei, zur »Partei neuen Typs« zu wandeln.[84] Dies bedeutete in allzu naher Zukunft die Überprüfung der Mitgliedschaft, strenge Parteidisziplin und schließlich die Einführung des leninistischen Organisationsprinzips des demokratischen Zentralismus. Der kaum eineinhalb Jahre alte Gründungskompromiss der SED war somit aufgekündigt. Entsprechend setzte ab November 1947 die systematische Verfolgung oppositioneller Sozialdemokraten als »Schumacher-Agenten« ein, gleichsam als Vorstufe des knapp eineinhalb Jahre später offiziell verkündeten Kampfes gegen den sogenannten »Sozialdemokratismus«[85]. In der Tat hatte es neben dem oben schon skizzierten passiven Zurückweichen vor dem kommunistischen Druck auch immer wieder offenen und verdeckten Widerstand gegen die Gleichschaltung der SED gegeben.[86] Die ehemaligen Sozialdemokraten begriffen dieses Verhalten zunächst keinesfalls als parteischädigend oder gar illegal, sondern sahen darin im Gegenteil die legitime Vertretung der Interessen der ehemals sozialdemokratischen Mitglieder in der Einheitspartei.[87] Oftmals spielten hier auch Kontakte zum Ostbüro

---

81 Vgl. ebd., S. 165 ff.
82 Vgl. Malycha, Partei, a. a. O., S. 178 ff.; vgl. auch Bouvier, Ausgeschaltet, a. a. O., S. 89 ff.
83 Vgl. Malycha, Partei, a. a. O., S. 84 f.; vgl. auch Bouvier, Ausgeschaltet, a. a. O., S. 93 ff.
84 Vgl. Malycha, Partei, a. a. O., S. 84 ff.
85 Zur Geschichte dieses Kampfbegriffes vgl. u. a.: Hans-Joachim Spanger: Die SED und der Sozialdemokratismus. Ideologische Abgrenzung in der DDR, Köln 1982; Stefan Wolle: »Agenten, Saboteure, Verräter ...« Die Kampagne der SED-Führung gegen den »Sozialdemokratismus«, in: Ilko-Sascha Kowalczuk, Armin Mittner, Stefan Wolle (Hg.): Der Tag X – 17. Juni 1953 – Die »Innere Staatsgründung« der DDR als Ergebnis der Krise 1952/54 (= Forschungen zur DDR-Geschichte 3), Berlin 1996, S. 243 ff.; Ulla Plener: »Sozialdemokratismus« – Instrument der SED-Führung im Kalten Krieg gegen Teile der Arbeiterbewegung (1948–1953), in: Utopie kreativ, H. 161 (März 2004).
86 Zum Folgenden vgl. Bouvier, Ausgeschaltet, a. a. O., S. 205 ff.
87 Vgl. ebd., S. 212 f.

der westzonalen SPD eine Rolle[88], das 1946 zunächst zur Betreuung von Flüchtlingen aus der SBZ gegründet worden war und weiterhin einerseits Informationen über die Lage in der SBZ sammelte und andererseits die ostdeutschen Genossen mit Propagandamaterial versorgte. In dem Maße, in dem die Ächtung und Repression solcher Aktivitäten zunahm, wurden konspirative Methoden notwendig, denn es schwang dabei immer der Vorwurf der Spionage mit, der willkürliche Inhaftierungen, langjähriges sowjetisches Straflager oder gar den Tod nach sich ziehen konnte.[89]

Spätestens ab Mitte 1948 nach dem Zerwürfnis des Kominform mit Jugoslawien, der erzwungenen Rücknahme von Ackermanns These vom »besonderen deutschen Weg zum Sozialismus«[90] und als der Ost-West-Konflikt mit der Berlin-Blockade einem ersten Höhepunkt zustrebte, wurde aus der Ankündigung der Transformation der SED zur Partei neuen Typs durch mehrere organisationspolitische Richtlinien unversehens offizielle Politik. Ab September 1948 galten Kritik am »Sozialismus- und Parteimodell der KPdSU« als parteifeindlich und »sowjetfeindliche Einstellungen« als Grund für einen Ausschluss aus der SED.[91] Die entsprechenden organisatorischen Weichenstellungen folgten auf dem Fuß. Die eigentlich statutenwidrige 1. Parteikonferenz am 25.–28. Januar 1949[92] im Haus der Deutschen Wirtschaftskommission in Berlin dekretierte mit der Einführung des Politbüros und des kleinen Sekretariats, der faktischen Abschaffung des Zentralsekretariats, der sukzessiven Umwandlung des Parteivorstands zum Zentralkomitee, der Aufhebung der Parität und der offiziellen Einführung des demokratischen Zentralismus als Organisationsprinzip nicht mehr und nicht weniger als die völlige Unterwerfung der SED unter die leninistisch-stalinistische Parteidoktrin.

Im Vorfeld dieser Richtungsentscheidung, die als kommunistisches Diktat gelten muss, hatten sich im Mai 1948 in der Wohnung von Max Fechner etliche ehemalige Sozialdemokraten wie Erich W. Gniffke, Otto Meier, Helmut Lehmann und Käthe Kern, die in der SED-Parteiführung verblieben waren, getroffen, um die Lage zu diskutieren.[93] Von einer Einladung Grotewohls war abgesehen worden, da dieser sich schon allzu weit auf Ulbrichts Kurs eingelassen hatte. Als er im Nachhinein von Gniffke unterrichtet wurde, hatte er kaum mehr als Beschwichtigungen vorzubrin-

---

88 Vgl. ebd., S. 261 ff.; vgl. hierzu auch: Wolfgang Buschfort: Das Ostbüro der SPD. Von der Gründung bis zur Berlin-Krise (= Schriftenreihe der Vierteljahrshefte für Zeitgeschichte 63), München 1991.
89 Vgl. Bouvier, Ausgeschaltet, a. a. O., S. 213 ff., 267 ff., 278 ff.
90 Vgl. Anton Ackermann: Über den einzig möglichen Weg zum Sozialismus, in: Neues Deutschland v. 29.09.1948, vgl. auch: Malycha, Partei, a. a. O., S. 98 f.
91 Vgl. Malycha, Partei, a. a. O., S. 101 sowie die ebd. auf S. 122 f. im Wortlaut zitierten Passagen aus dem Beschluss des SED-Parteivorstands »Für die organisatorische Festigung der Partei und für die Säuberung von feindlichen und entarteten Elementen« v. 29.07.1948.
92 Vgl. ebd., S. 108 ff.
93 Zu diesem Treffen vgl. Gniffke: Jahre mit Ulbricht, Köln 1966, S. 307 ff.; vgl. auch Malycha, Partei, a. a. O., S. 141 f. sowie Bouvier, Ausgeschaltet, a. a. O., S. 102 ff.

gen.⁹⁴ Ein offenes Aufbegehren im Parteivorstand wagten die ehemaligen Mitglieder des Zentralausschusses wohl nicht, da auch der innere Führungszirkel nicht mehr vor Verhaftungen gefeit war.⁹⁵ Als Fazit hielten sie fest, dass das »Experiment der organisatorischen Vereinigung von SPD und KPD zur SED [...] als gescheitert anzusehen ist.«⁹⁶ Diese Erkenntnis blieb freilich im Wesentlichen ohne Folgen. Gniffke verließ, nicht ohne vorher einen geharnischten Brief an Wilhelm Pieck geschrieben zu haben, im Oktober 1948 die SBZ.⁹⁷ Meier, Lehmann, Fechner und Kern verblieben in der SED und machten in der DDR unter weitestgehender Verleugnung ihrer sozialdemokratischen Wurzeln in bescheidenem Ausmaß Karriere.⁹⁸ Lediglich Fechner wurde als DDR-Justizminister im Zusammenhang mit dem Aufstand vom 17. Juni 1953 ein Opfer des von ihm mit geschaffenen diktatorischen Systems.⁹⁹

Mitte 1948 begann die erste Welle der Parteisäuberungen¹⁰⁰ in der SED. Die Partei hatte zu diesem Zeitpunkt knapp 1,8 Millionen Mitglieder, von denen noch vermutlich etwa 550.000¹⁰¹ ehemalige Sozialdemokraten waren, abzüglich derer, die in den Westen abgewandert, verhaftet, frühzeitig ausgeschlossen oder freiwillig aus der SED ausgetreten waren. Da das neue Statut »Abweichungen von den Prinzipien des Marxismus-Leninismus«, die »Verletzung der Parteidisziplin« und die »Beteiligung an fraktionellen Gruppierungen« als unvereinbar mit der Partei qualifizierte¹⁰², waren diese nun, soweit sie sich nicht bedingungslos dem kommunistischen Paradigma unterworfen hatten, akut bedroht. Die Umwandlung zur Partei neuen Typs bedeutete in Ulbrichts Diktion u. a. auch den Abschied von der sozialistischen Massenpartei:

»Wenn die Partei ihre Aufgaben als Avantgarde erfüllen will, muß sie sich in der Zusammensetzung ihrer Mitgliedschaft und in ihrem ideologischen Niveau von der Masse unterscheiden. Partei und Klasse dürfen nicht ineinander aufgehen.«¹⁰³

In diesem Sinne war geplant, einen straff organisierten und ideologisch fest geformten Funktionärsapparat von ca. 200.000 bis 250.000 geschulten und zuverlässigen Kadern

---

94 Vgl. Gniffke, Jahre, a. a. O., S. 312.
95 Vgl. Bouvier, Ausgeschaltet, a. a. O., S. 102.
96 Gniffke, Jahre, a. a. O., S. 308, vgl. auch Bouvier, Ausgeschaltet, S. 103.
97 Vgl. Gniffke, Jahre, a. a. O., S. 369 f.; zum »Fall Gniffke« insgesamt vgl. auch Malycha, Partei, a. a. O., S. 141 ff.
98 Vgl. hierzu insgesamt: Bouvier, Ausgeschaltet, a. a. O., S. 104 ff.
99 Zu Max Fechner vgl. u. a.: Rudi Beckert: Lieber Genosse Max. Aufstieg und Fall des ersten Justizministers der DDR Max Fechner, Berlin 2003, insb. S. 239 ff.
100 Zu den Parteisäuberungen in der SED vgl. zusammenfassend Malycha, Partei, a. a. O., S. 119 ff. sowie Jan Foitzik: Die stalinistischen Säuberungen in den ostmitteleuropäischen kommunistischen Parteien. Ein vergleichender Überblick, in: ZfG 40 (1992).
101 Vgl. Malycha, Partei, a. a. O., S. 134.
102 Vgl. ebd., S. 117 f.
103 Zit. n. ebd., S. 88.

zu bilden[104] sowie die Mitgliedschaft um ca. 300.000[105] zu verringern. Die Parteiwahlen des Jahres 1949, die minutiös von oben geplant und angeleitet wurden, sollten die Vorgaben der Parteiführung in den Parteileitungen der verschieden Ebenen durchsetzen.[106] In diesem Sinne erfolgte ein relativ umfassender Kaderaustausch, bei dem lediglich 26 Prozent der vormaligen Funktionäre reüssieren konnten.[107] Entsprechend wurde der Großteil der in den bisher paritätisch besetzten Vorständen verbliebenen Sozialdemokraten rigoros entfernt. Der ehemals sozialdemokratische Anteil in den Parteileitungen sank bis zum Jahr 1954 – in der Hierarchie ansteigend – auf zwischen 20,9 Prozent in den Grundeinheiten und 11,3 Prozent im ZK. Entsprechend umgekehrt verhielt es sich mit dem Prozentsatz ehemaliger Kommunisten in Führungspositionen der Partei, der nun in den Grundeinheiten 26,4 Prozent und 54,5 Prozent im ZK betrug.[108]

Aus der Gesamtheit der Partei sollten sowohl die »kapitalistischen, großbäuerlichen und kleinbäuerlichen Elemente« entfernt als auch generell die ganze Mitgliedschaft auf ihre politische Zuverlässigkeit hin überprüft werden.[109] Im Fadenkreuz standen hier unter dem Verdikt des »Sozialdemokratismus« in erster Linie die sogenannten »Schumacher-Leute« und »vermeintliche Trotzkisten«[110]. Gleichzeitig aber wurde – und dies zielte direkt auf die Masse der ehemaligen Sozialdemokraten – Passivität und die Weigerung, »am Parteileben teilzunehmen« zum Ausschlussgrund.[111] Die SED verlangte von nun an von ihren Mitgliedern ein positives Bekenntnis zur Politik der Partei und aktive Beteiligung an deren Umsetzung. Dies geschah vor dem Hintergrund eines massiven Wandels der Mitgliederstruktur seit 1946. Da sich die SED schon frühzeitig auch für minderbelastete ehemalige NSDAP-Mitglieder geöffnet hatte, sank der Anteil der vor 1933 in den Arbeiterparteien organisierten Mitglieder stetig, sodass diese Traditionslinie eine abnehmende Rolle an der Basis und insgesamt im Parteigefüge spielte.[112] In vielerlei Hinsicht stellte die neue Organisationspraxis auch ein Angebot zum Neuanfang für ehemalige Nationalsozialisten

---

104 Vgl. Detlef Eckert: Die Liquidierung der SED als Einheitspartei. Zu den Veränderungen in Organisation und Personalstruktur, in: Elke Scherstjanoi: »Provisorium für längstens ein Jahr«, Protokoll des Kolloquiums Die Gründung der DDR, Berlin 1993, S. 286 f.; vgl. auch Bouvier, Ausgeschaltet, a. a. O., S. 123 f.
105 Vgl. Bouvier, Ausgeschaltet, a. a. O., S. 124.
106 Zu den Parteiwahlen 1949 vgl. zusammenfassend: ebd., S. 128 ff. sowie Malycha, Partei, a. a. O., S. 221 ff.
107 Vgl. Malycha, Partei, a. a. O., S. 221.
108 Vgl. Eckert, Liquidierung, a. a. O., S. 128, vgl. auch Bouvier, Ausgeschaltet, a. a. O., S. 125. Die Prozentsätze von 52,7 % in den Grundeinheiten und 34,2 % im ZK beziehen sich auf vor 1933 nicht oder in anderen Parteien organisierte Mitglieder sowie ehemalige Angehörige der NSDAP.
109 Vgl. Bouvier, Ausgeschaltet, a. a. O., S. 124.
110 Vgl. Malycha, Partei, a. a. O., S. 119.
111 Vgl. ebd., S. 122.
112 Vgl. Ilko-Sascha Kowalczuk: »Wir werden siegen, weil uns der große Stalin führt«. Die SED zwischen Zwangsvereinigung und IV. Parteitag, in: ders., Armin Mittner, Stefan Wolle (Hg.): Der

und an die HJ-Generation zur Integration dar, deren diktatorische Sozialisation im Dritten Reich nun beim Aufbau der sogenannten Volksdemokratie mehr gefragt war als die demokratische Prinzipientreue ehemaliger SPD-Mitglieder.[113]

Die auf der zentralen Ebene wie auf Landes- und Kreisebene eingerichteten Kontrollkommissionen hatten nun dem Kampf gegen »feindliche Agenten«, Korruption, »den Missbrauch von Parteifunktionen und staatlichen Funktionen sowie gegen Karrierismus« zu führen.[114] Angesichts dieser Kampfansage waren zwischen Januar 1948 und April 1949 80.000 Personen, in der Mehrzahl vermutlich ehemalige Sozialdemokraten, freiwillig aus der SED ausgetreten.[115] Mithilfe neu eingeführter Personalfragebögen wurde nun ab 1950/51 die gesamte Mitgliedschaft überprüft.[116] Es ist offensichtlich, dass die verschiedenen oben skizzierten sozialdemokratischen Überlebens- und Ausweichstrategien nun nutzlos waren. Missliebige Funktionäre und Politiker wurden mit oft fingierten Sabotage- und Korruptionsvorwürfen aus ihren Ämtern entfernt, nicht selten verhaftet und in Scheinprozessen abgeurteilt.[117] Vielfach wog bei den Massenüberprüfungen eine verschwiegene NS-Vergangenheit weniger schwer, als die »klassenverräterische« ehemalige Mitgliedschaft in nun als parteifeindlich eingestuften Gruppierungen der Weimarer Republik. Um in der SED verbleiben zu können, hatten die Überprüften rückhaltlose Selbstkritik zu üben.[118] Neben ehemaligen Sozialdemokraten gerieten spätestens nach den Slánský-Prozessen und der Noel-Field-Affäre auch stramm kommunistische Funktionäre, deren Verbrechen lediglich in der Westemigration lag und die beim Aufbau der KPD und der SED höchst erfolgreiche Arbeit geleistet hatten, ins Visier der stalinistischen Inquisitionstribunale.[119] Als diese Säuberungswelle 1951 abklang, hatten die Kontrollkommissionen ganze Arbeit geleistet. Zwischen Mitte 1948 und 1951 waren insgesamt rund 350.000 ehemalige Sozialdemokraten durch Ausschluss oder freiwilligen Austritt, Flucht oder Verhaftung aus der SED gedrängt worden.[120] Von den vermutlich etwa 5.000 im Zuge der Parteisäuberung festgenommenen Sozialdemokraten verstarben etwa 400 in Haft.[121] In der Partei verblieben nun noch etwa 200.000, was ca. 12 Prozent der SED-Gesamtmitgliedschaft ausmachte. Dieser durchaus noch beträchtliche Rest konnte jedoch durch den massenhaften politischen Terror als nach-

---

Tag X – 17. Juni 1953 – Die »Innere Staatsgründung« der DDR als Ergebnis der Krise 1952/54 (= Forschungen zur DDR-Geschichte 3), Berlin 1996, S. 182 ff.
113 Vgl. ebd., S. 184, vgl. auch Walter, Freital, a. a. O., S. 155.
114 Vgl. Malycha, Partei, a. a. O., S. 123.
115 Vgl. ebd., S. 127.
116 Vgl. ebd., S. 133 f.; vgl. auch Kowalczuk, a. a. O., S. 188 f.
117 Vgl. Bouvier, Ausgeschaltet, a. a. O., S. 161 ff., S. 182 ff.; vgl. auch Malycha, Partei, a. a. O., S. 193 ff.
118 Vgl. Kowalczuk, a. a. O., S. 188 f.
119 Vgl. Malycha, Partei, a. a. O., S. 129 ff.
120 Vgl. ebd., S. 134.
121 Vgl. Foitzik, Säuberungen, a. a. O., S. 745.

haltig ruhiggestellt und diszipliniert gelten. Aus einer Statistik aus dem Jahr 1952 über den Organisationsgrad der SED-Mitgliedschaft vor 1933 schließt Jan Foitzik plausibel, dass von diesem Sockel höchstens 80.000 noch der alten Sozialdemokratie angehört hatten.[122] Die SED hatte also spätestens Anfang der 1950er-Jahre ihren Charakter als sozialistische Einheitspartei gänzlich verloren. Auf dem oben schon erwähnten Treffen ehemaliger Mitglieder des Zentralausschusses der SPD im Vorfeld der Transformation der SED war dies in der Tendenz bereits wahrgenommen und letztlich richtig interpretiert worden:

»Die SED ist, trotz ihres Massencharakters, keine sozialdemokratische Partei mehr, wie sie vor 1933 oder vor 1914 bestanden hatte [...] Durch den Massencharakter der Partei, in der Altkommunisten und Altsozialdemokraten zusammengenommen nur noch eine Minderheit darstellen, ist die Partei strukturell jedoch auch keine kommunistische Kaderpartei im herkömmlichen Sinne. Die SED ist einen von oben gelenkte Partei. Im oberen Leitungsgremium sitzen Altkommunisten und Altsozialdemokraten zusammen, die [...] die Grundsätze und Ziele der vereinigten Partei unterschiedlich bewerten.«[123]

Durch die Parteisäuberungen war nun diese sozialdemokratische Traditionslinie in den Leitungen und der Mitgliedschaft so gründlich als möglich eliminiert und die nahezu unbeschränkte Vorherrschaft der kommunistischen Nomenklatura in der SED hergestellt worden. Bei einem Anteil von 27 Prozent ehemaligen Mitgliedern der NSDAP und ihrer Gliederungen in der SED im Jahr 1954 ist es also keinesfalls überpointiert, mit Foitzik von der SED als einer kommunistisch gelenkten »Mitläuferpartei neuen Typs« zu sprechen.[124]

Mit der faktischen Ausschaltung des sozialdemokratischen Elements in der sogenannten Einheitspartei hätte auch die »Sozialdemokratismus«-Kampagne ihr Ende finden können.[125] Dieser multipel einsetzbare Pauschalvorwurf blieb jedoch noch einige Jahre im ständigen Repertoire der SED-Ideologiewächter und wurde erst in den 1970er-Jahren endgültig eingemottet.[126] Als wohlfeile Allzweckwaffe diente er gleichwohl 1953 auch der Eliminierung der innerparteilichen Opposition gegen Walter Ulbricht. Deren Hauptprotagonisten Rudolf Herrnstadt und Wilhelm Zaisser waren freilich altgediente kommunistische Funktionäre, die sich gegen diesen abwegigen Vorwurf streng verwahrt hätten.[127]

---

122 Vgl. ebd. Die Zahl 80.000 taucht auch bei Malycha auf, der sie aber falsch interpretiert. Vgl. Malycha, Partei, a. a. O., S. 134.
123 Gniffke, Jahre, a. a. O., S. 307 f.
124 Vgl. Foitzik, Säuberungen, a. a. O., S. 745.
125 Vgl. Bouvier, Ausgeschaltet, a. a. O., S. 158.
126 Vgl. Plener, Sozialdemokratismus, a. a. O., S. 256.
127 Vgl. ebd., S. 255 f.; vgl. auch Bouvier, Ausgeschaltet, a. a. O., S. 159 f.

Ein kurzes, aber noch einmal signifikantes Aufbäumen von in der DDR verbliebenen Sozialdemokraten brachte der Aufstand des 17. Juni 1953, der wohl nicht ganz zufällig neben Berlin in den traditionellen Hochburgen der Sozialdemokratie Mitteldeutschlands am heftigsten ausfiel.[128] Dies hatte jedoch nur wenig mit der von der SED im Nachhinein behaupteten Steuerung aus dem Westen durch das Ostbüro der SPD zu tun.[129] Die mit Streiks beginnenden Aufstände waren in erster Linie eine spontane Quittung der Arbeiter für die übers Knie gebrochene und in sich widersprüchliche Politik der SED seit dem Beschluss der 2. Parteikonferenz im Juli 1952 zum Aufbau des Sozialismus.[130] Dass hier zunächst das Mittel der Arbeitsniederlegung gebraucht wurde, lag einerseits in der Natur der Sache eines Protestes gegen Normerhöhungen bei gleichzeitiger Streichung von Vergünstigungen. Andererseits aber deuten der Rückgriff auf das ureigenste Kampfmittel der alten Arbeiterbewegung und das Absingen einschlägiger Kampflieder durchaus auf eine gewisse, wenn auch diffuse Lebendigkeit sozialdemokratischer und gewerkschaftlicher Traditionen hin.[131] Der Eindruck wird noch verstärkt durch die Tatsache, dass im Rahmen der zunehmenden Politisierung der Aufstandsbewegung neben die Forderung allgemeiner und freier Wahlen in der DDR der Ruf nach einer Wiederzulassung der SPD trat.[132] Auffällig ist weiterhin, dass in dem Maße, in dem sich die Protestbewegung an einigen besonderen Brennpunkten wie etwa Bitterfeld, Görlitz oder Rathenow zu kanalisieren und zu organisieren begann, es vielfach ehemalige Sozialdemokraten waren, die spontan in die Bresche sprangen, um den wenig zielgerichteten Aufruhr in geordnete Bahnen zu lenken.[133] Dieses Engagement basierte freilich nicht so sehr auf organisierter und kontinuierlicher Untergrundarbeit illegaler SPD-Zellen, die in weiten Teilen der Fantasie und dem Verfolgungswahn der SED entsprangen.[134] Ein solches Agieren hätte auch weder dem sozialdemokratischen Selbstverständnis entsprochen, noch wäre es unter den gegebenen Bedingungen des politischen Terrors in der DDR Anfang der 1950er-Jahre überhaupt in größerem Ausmaß möglich gewesen.[135] Es scheint vielmehr so, als hätten am 17. Juni 1953 und den darauf folgenden Tagen alte Sozialdemokraten in einer unübersichtlichen Ausnahmesituation in einer Art selbst auferlegter Pflichterfüllung aus dem Augenblick heraus Verantwortung für das Gemeinwesen übernommen.[136] Die Rache des Regimes folgte der schnellen Niederschlagung des

---

128 Vgl. hierzu insgesamt: Bouvier, Ausgeschaltet, a. a. O., S. 292 ff.; Wolle, Agenten, a. a. O., S. 252 ff.
129 Vgl. Bouvier, Ausgeschaltet, S. 297 ff.
130 Vgl. hierzu insgesamt u. a.: Kowalczuk u. a., Tag X, a. a. O., insb. S. 31 ff.
131 Vgl. Bouvier, Ausgeschaltet, a. a. O., S. 316 ff.; vgl. auch Wolle, Agenten, a. a. O., S. 256 f.
132 Vgl. Bouvier, Ausgeschaltet, S. 312 ff.
133 Vgl. ebd., S. 305 ff., 312 ff., 322.
134 Vgl. Wolle, Agenten, a. a. O., S. 265 ff.
135 Vgl. Bouvier, Ausgeschaltet, a. a. O., S. 213 ff., 334 f.
136 Vgl. ebd., S. 310 ff., 339; Wolle, Agenten, a. a. O., S. 255 ff.

Aufstandes durch sowjetische Panzer auf dem Fuße: mit massenhaften Verhaftungen und Verurteilungen der »Rädelsführer« sowie erneuten Parteisäuberungen.[137] Nach dem 17. Juni, der auch den Moment der eigentlichen »inneren Staatsgründung« der DDR markierte, hat es kaum noch sozialdemokratisch motivierten Widerstand in der DDR gegeben.[138]

Doch wo blieben die mehreren hunderttausend entweder noch in der SED ausharrenden oder politisch und organisatorisch atomisierten ehemaligen Sozialdemokraten während der 40 Jahre DDR und SED-Diktatur? Denn nur einer Minderheit war es möglich, aus der SBZ/DDR in den Westen zu fliehen. Diese Frage ist empirisch gesättigt nur schwer zu beantworten. Lediglich die Lokalstudie von Franz Walter zur Geschichte der Sozialdemokratie in Freital bei Dresden liegt hierzu vor.[139] Sie liefert einige plausible Thesen, die jedoch für die Gesamtheit der SBZ/DDR weiterhin einer verallgemeinerbaren Verifizierung harren. Wie gesehen, reichten die Reaktionen von Sozialdemokraten auf die sukzessive kommunistische Überformung der Einheitspartei von offenem Widerstand über Rückzug und stille Verweigerung auf der einen Seite bis zu opportunistischer Anpassung oder aktiver und überzeugter Mitgestaltung der Verhältnisse auf der anderen Seite. Zu quantifizieren ist das Verteilungsverhältnis auf der Basis der vorliegenden Erkenntnisse nicht. Es ist jedoch davon auszugehen, dass sich das Gros der ehemaligen Sozialdemokraten mangels realistischer Alternativen – je nach Temperament murrend oder auch klaglos – mit den Verhältnissen arrangiert hat. So dürften viele ehemalige Sozialdemokraten in der SBZ/DDR unter größtmöglicher Wahrung der persönlichen Integrität die Welt des Politischen verlassen haben und es sich als meist qualifizierte Facharbeiter, wohl wissend um ihre Unentbehrlichkeit im Gefüge der DDR-Wirtschaft, im Arbeiter-und-Bauern-Staat wohl oder übel eingerichtet haben.[140] Genauer betrachtet aber erfüllte das realsozialistische Gemeinwesen DDR bei aller diktatorischen Härte sowohl in soziokultureller als auch sozial- und wirtschaftspolitischer Hinsicht viele Grundforderungen, die auch der sozialdemokratischen Arbeiterbewegung zutiefst zu eigen gewesen waren. Dies reichte von der Pflege der Arbeiter-Kultur-, Freizeit- und Sportbewegung, den Maifeiern und Jugendweihen, der klassischen Ikonografie der Arbeiterbewegung wie Liedgut, Fahnen und Uniformen über die umfassende allgemeine wie betriebliche Sozialpolitik bis hin zu persönlichen Aufstiegs- und Karrierechancen, die der bürgerliche Staat der »Arbeiterklasse« in der Vergangenheit stets vorenthalten hatte.[141] Die Milieumentalität der erzwungenen proletarischen Parallelwelt des Kaiserreiches und der Weimarer Republik wurde nun unter realsozialistischen Vorzeichen zu einem gewichtigen Teil

---

137 Vgl. Kowalczuk u. a., Tag X, a. a. O., S. 71 ff., S. 219 ff.
138 Vgl. Bouvier, Ausgeschaltet, a. a. O., S. 339.
139 Vgl. Walter, Freital, a. a. O.
140 Vgl. Bouvier, Ausgeschaltet, a. a. O., S. 208.
141 Vgl. Walter, Freital, a. a. O., S. 161.

der Grundierung der gesamten DDR-Gesellschaft. Walter behauptet mit einer gewissen Plausibilität, dass das spezifisch sozialdemokratische Element nach und nach in dem Maße verschwand, in dem der Arbeiter- und Bauernstaat ehemaligen Industriefacharbeitern gesellschaftliche Aufstiegsmöglichkeiten etwa zu Betriebsleitern, Lehrern, Verwaltungsfachleuten oder Staatsanwälten eröffnete und so grundsätzliche Loyalität zum sozialistischen Gemeinwesen DDR produzierte.[142] Die nächste Generation war bereits in die DDR hinein geboren und bewegte sich insofern ganz selbstverständlich innerhalb der Möglichkeiten und Grenzen der DDR-Gesellschaft.[143] Den informellen Netzwerken spezifisch sozialdemokratischer Traditions- und Milieupflege wurde mit der fortschreitenden Gleichschaltung von Genossenschaften, Vereinen und nicht zuletzt der Schließung einschlägiger Kneipen und Wirtschaften sukzessive der Boden entzogen.[144] Je länger die DDR existierte, desto mehr starb die Erinnerung an die alte Sozialdemokratie vor 1933 auch rein physisch aus, zugedeckt von der realsozialistischen Realität und einer DDR-spezifisch gekämmten Vergangenheitspolitik. Mit diesem Erklärungsmodell wird greifbar, wie innerhalb von weniger als zwei Generationen durch Anpassung und Überformung ein ganzes politisches Milieusegment nahezu vollständig verschwand und warum nach dem Ende der DDR dessen Restbestände eher in der reformierten Nachfolgepartei der SED, der PDS, zu finden waren.[145] Entsprechend ging auch mit dem politischen und gesellschaftlichen Bankrott der DDR der ursprünglich in weiten Teilen positive Gehalt der Traditionen der Arbeiterbewegung verloren – aufgelöst in den vielfach verachteten hohlen Legitimationsmythen der kommunistischen Diktatur. Das Erbe der Sozialdemokratie von vor 1933 war politisch und lebensweltlich zu nachhaltig verschüttet, um 1989 mehr als eine anachronistische Reminiszenz oder ein fernes historisches Echo zu sein. So blieben für die neuen Sozialdemokraten des Jahres 1989 so gut wie keine lebendigen Traditionslinien mehr übrig, an die sie anknüpfen konnten. Die wenigen standhaften alten Genossen, die nach dem Ende der SED-Diktatur zur frisch gegründeten SDP/SPD stießen, waren eigentlich auf der Suche nach der verlorenen alten Sozialdemokratie, die sie in der neuen, im Ansatz schon fast postmodernen Partei keinesfalls mehr finden konnten.[146]

---

142 Vgl. ebd. S. 162.
143 Vgl. ebd.
144 Vgl. ebd., S. 166 f.
145 Vgl. ebd., S. 162.
146 Vgl. Bouvier, Ausgeschaltet, a. a. O., S. 340 f.

2 Die Bürgerbewegung und das Ende der DDR

2.1 Das Terrain der DDR-Opposition

Seit den 1970er-Jahren hatte sich in der DDR ein neues oppositionelles Milieu gebildet, das langsam aber stetig wuchs. Es entwickelte sich vornehmlich unter dem Dach der evangelischen Kirche[147] und speiste sich u. a. aus der an den westlichen Lebensstil angelehnten jugendlichen Subkultur.[148] Zu den Traditionslinien und Bezugspunkten gehörten sowohl der unangepasste Protestantismus[149], der sich aus den Grundlegungen der »Bekennenden Kirche« herleitete, als auch der kritische Marxismus[150], wie er etwa von Ernst Bloch und Robert Havemann seit den 1950er-Jahren sowie später von Wolf Biermann oder Rudolf Bahro vertreten worden war. Neben dem Anspruch auf soziokulturelle Unangepasstheit[151] wurde die Friedens- und Wehrdienstfrage zum überragenden Thema der sich bildenden Oppositionsbewegung.[152] Sowohl offen als auch unterschwellig spielte spätestens ab Ende der 1970er-Jahre vor dem Hintergrund des KSZE-Prozesses auch die Menschenrechtsproblematik eine Rolle.[153] In der Phase des erneuerten Rüstungswettlaufes zwischen Ost und West Anfang der 1980er-Jahre erreichte die Friedensbewegung in der DDR unter dem – bald von der SED gebannten – Motto »Schwerter zu Pflugscharen« eine weit über die noch vergleichsweise bescheidenen kirchlichen Zirkel hinausreichende Öffentlichkeit.[154] Zudem gewann das Umwelt- und Atomthema im Laufe der 1980er-Jahre angesichts der immer deutlicher spürbaren Auswirkungen der DDR-Industriepolitik und schließlich der Reaktorkatastrophe von Tschernobyl 1986 zunehmend an Bedeutung.[155] Diese bemerkenswerte Parallelität zur Entwicklung der grün-alternativen Bewegung im Westen ist kaum zufällig[156], da es in vielerlei Hinsicht hüben wie drüben vergleichbare Befindlichkeiten und Problemlagen gab. Vor diesem Hintergrund existierten relativ rege innerdeutsche Kontakte zur in den 1980er-Jahren stark von alternativen Strömungen beeinflussten

---

147 Zur Rolle der evangelischen Kirche in der DDR vgl. u. a. Bernd Alsmeier: Wegbereiter der Wende. Die Rolle der evangelischen Kirche in der Ausgangsphase der DDR, Pfaffenweiler 1994; Jürgen Israel (Hg.): Zur Freiheit berufen. Die Kirche in der DDR als Schutzraum der Opposition 1981–1989, Berlin 1991; Detlev Pollack (Hg.): Die Legitimität der Freiheit. Politische alternative Gruppen unter dem Dach der Kirche, Frankfurt a. M. 1990; Ehrhart Neubert: Eine protestantische Revolution, Osnabrück 1990.
148 Vgl. Neubert, Opposition, a. a. O., S. 201 ff.
149 Vgl. ebd., S. 248 ff.
150 Vgl. ebd., S. 109 ff., 220 ff.
151 Vgl. ebd., S. 289 ff.
152 Vgl. ebd., S. 299 ff.
153 Vgl. ebd., S. 356 ff.
154 Vgl. ebd., S. 398 ff.
155 Vgl. ebd., S. 445 ff., 626 ff.
156 Vgl. Geisel, Suche, a. a. O., S. 164 ff., 257 ff.

westdeutschen evangelischen Kirche, zu Teilen der Friedensbewegung in der Bundesrepublik sowie zu den »Grünen«.[157] Gelegentlich wird in der einschlägigen Literatur sogar zugespitzt, beim Denken und Handeln der DDR-Opposition handle es sich weithin um bloße »Simulationen [...] westlichen Protestverhaltens«[158]. Wie dem auch sei – die kurzzeitigen Überlegungen im Jahr 1984 zur Gründung einer DDR-Sektion der »Grünen« erscheinen angesichts der offensichtlichen inneren Nähe nur konsequent.[159] Die Rahmenbedingungen dieses Engagements waren jedoch in der DDR aufgrund der zum Teil massiven staatlichen Repression[160] erheblich ungünstiger und eine Legalisierung und politische Institutionalisierung analog zur Bundesrepublik völlig undenkbar.

Die DDR-Opposition durchlebte – auch abhängig von ihren jeweiligen Trägergruppen – mehrere Lernprozesse hinsichtlich ihres politischen Denkens und ihrer Ziel- und Alternativvorstellungen. Bis weit in die 1970er-Jahre waren und blieben reformkommunistische bzw. -sozialistische Überlegungen dominant.[161] Diese wurden zwar ab Mitte der 1970er-Jahre durch Ansätze aus dem Bereich der christlichen Sozialethik überlagert[162], spielten aber – anders als in anderen osteuropäischen Staaten – weiterhin unterschwellig eine wichtige Rolle.[163] Verantwortlich für diese Akzentverschiebung war einerseits die mangelnde Ausstrahlung und Bindungskraft reformsozialistischer Gruppen in der Breite.[164] Andererseits aber war die Zerschlagung jenseits der evangelischen Kirche angesiedelter Zusammenschlüsse, vor allem solcher aus dem kulturellen Milieu, durch Ausweisung und staatliche Repression entscheidend.[165] Nur wenig besser erging es freilich der aus dem kirchlichen Raum agierenden und recht stark politisierten Friedensbewegung der frühen 1980er-Jahre[166], die die Militarisierung der DDR-Gesellschaft durch pazifistisch motivierten Protest und Verweigerung frontal anging. Ihre Forderung nach der Auflösung der Blöcke zur Sicherung des globalen Friedens stellte die vom Klassenkampf und der Identifikation von Sozialismus und Frieden ausgehende Doktrin der SED massiv infrage.[167] Auch

---

157 Vgl. Neubert, Opposition, a. a. O., S. 477 ff., 637 ff.
158 Geisel, Suche, a. a. O., S. 165.
159 Vgl. Neubert, Opposition, a. a. O., S. 518.
160 Vgl. dazu insgesamt Süß, Staatssicherheit, a. a. O.
161 Vgl. Neubert, Opposition, a. a. O., S. 141 ff., 201 ff.
162 Vgl. ebd., S. 202. Neubert spricht hier von einer »Fusion« der oppositionellen Milieus dies- und jenseits der Kirche, meint aber eher »Absorbierung« der marxistischen Strömung durch die christliche.
163 Vgl. Geisel, Suche, a. a. O. Im Gegensatz zu Neubert ist Geisel der Ansicht – und weiß dies gut zu begründen –, dass die DDR-Opposition auch in den 1980er-Jahren bei aller Frontstellung gegen die SED-Herrschaft in ganz überwiegenden Teilen, u. a. mangels greifbarer Alternativen, weithin sozialistisch dachte.
164 Vgl. Neubert, Opposition, a. a. O., S. 202.
165 Vgl. ebd., S. 220 ff.
166 Vgl. ebd., S. 335 ff.
167 Vgl. ebd., S. 366 ff.

die Organisationsansätze der Friedensbewegung in der DDR fielen weitgehend staatlichen Repressionsmaßnahmen[168] zum Opfer. Gleichwohl gelang deren Neutralisierung nicht mehr so umfassend wie ehedem, da das Anliegen an sich eine recht weite Ausstrahlungskraft hatte, was nicht zuletzt die zähe Langlebigkeit der »Schwerter zu Pflugscharen«-Bewegung und -Symbolik zeigt.[169] Eher zivilisationskritisch orientiert war die mit den Friedensaktivitäten eng verwobene Ökologiebewegung.[170] Indem sie die zunehmend spürbaren Umweltprobleme in der DDR thematisierte, die letztlich durch die Diskrepanz von Anspruch und Wirklichkeit der »Einheit von Wirtschafts- und Sozialpolitik«[171] entstanden waren, wirkte sie freilich eminent politisch. In ihrer protestantischen und zum Teil quasiasketischen Kritik des Ressourcenverbrauchs im Zeichen der fortschreitenden Industrie- und Konsumkultur stand sie in scharfem Gegensatz zur »marxistisch geprägten Fortschrittsideologie«[172].

In all diesen Jahren der mehr oder minder harschen Konfrontation mit dem diktatorischen Staat ermöglichte die besondere Stellung der evangelischen Kirche im Staatsgefüge der DDR die Schaffung eines zwar nicht staatsfreien, aber dennoch einigermaßen geschützten Raumes zur begrenzten politischen und organisatorischen Entfaltung der Opposition und, was vielleicht noch wichtiger war, ein soziokulturelles Reservat des Diskurses.[173] Hier konnte sich – typisch für die DDR-Nischengesellschaft – ein in vielerlei Hinsicht vom Staat abgewandtes Milieu mit spezifischen Umgangs- und Kommunikationsformen und einem eigenen alternativen politischen Denken bilden.[174] Dieses hatte mehrere Facetten, die freilich nicht immer zwingend zusammenfielen. Charakteristisch für die meisten Oppositionsgruppen in der DDR der 1980er-Jahre war zunächst der fast durchweg antikapitalistische Grundtenor ihres Engagements.[175] Ihre Alternativvorstellungen zielten keinesfalls auf eine Entwicklung nach dem Muster des Parlamentarismus und noch weniger des westlichen Wirtschaftssystems.[176] Diese politische Orientierung war jedoch, anders als noch bei ihren reformsozialistischen Vorgängern, weniger theoretisch unterfüttert, sondern entsprang oftmals einer eher lebensweltlichen Befindlichkeit.[177] In vielerlei Hinsicht begriffen sie sowohl die sozialistische als auch die kapitalistische Industriegesellschaft als zwei Seiten einer Medaille, die es aus ökologischer und pazifistischer Perspektive gleichermaßen zu kritisieren galt.[178] Die Systemfrage konnte sich nicht zuletzt

---

168 Vgl. ebd., S. 485 ff.
169 Vgl. ebd., S. 336, 497 f.
170 Vgl. ebd., S. 272 ff., 445 ff., 585 ff., 744 ff.
171 Vgl. Timmer, Aufbruch, a. a. O., S. 85 ff.
172 Neubert, Opposition, a. a. O., S. 446.
173 Vgl. ebd., S. 248 ff.; vgl. auch Timmer, Aufbruch, a. a. O., S. 51 ff.
174 Vgl. ebd., S. 53 ff.
175 Vgl. Geisel, Suche, a. a. O., S. 55 ff.
176 Vgl. ebd.
177 Vgl. ebd., S. 170 ff.
178 Vgl. ebd., S. 107 ff.

vor dem Hintergrund der bipolaren Welt der 1980er-Jahre auch kaum stellen. Eine grundsätzliche Umwälzung der Verhältnisse war in einem absehbaren Zeitraum keine tatsächlich denkbare Option.[179] Indem die Opposition die Problemfelder Friedenssicherung, Menschenrechte und »Bewahrung der Schöpfung« eher als ethische denn als politische oder wirtschaftliche Fragen[180] verstand, abstrahierte sie recht weit von der DDR-Wirklichkeit und stellte somit die staatliche Macht eigentlich nicht infrage. In diesem Sinne formulierten sie ihre Positionen selbstbewusst als konstruktive und in ihren Augen völlig legitime Kritik im Systemrahmen des real existierenden Sozialismus.[181] Doch schon allein die von Partei und Staat unabhängig vollzogene politische Willensbildung unterminierte das Deutungsmonopol der SED und die in diesem Atemzug behauptete »Einheit von Gesellschaft, Volk, Partei und Staat«[182]. Die Ignoranz des Staates führte aufseiten der Friedens- und Umweltgruppen dazu, dass sie sich in ihrer Kritik nun zunehmend auch grundsätzlich gegen die Verhältnisse in der DDR wandten.[183] Verstärkt wurde dieser Prozess durch die ab der zweiten Hälfte der 1980er-Jahre von Michail Gorbatschow in der Sowjetunion eingeleitete Reformpolitik.

In der Forschung ist umstritten, ob und in welchem Ausmaß die DDR-Opposition die in den Nachbarländern Polen und Tschechoslowakei seit den späten 1970er-Jahren entwickelten zivilgesellschaftlichen Ansätze rezipiert und übernommen hat.[184] Zivilgesellschaft meinte in der Diktion etwa Václav Havels[185] die Demokratisierung des Gemeinwesens als dessen Selbstorganisation, gleichsam den Wandel des Bürgers vom sozial atomisierten Objekt staatlichen Handelns zum mündigen und selbstbestimmten gesellschaftlichen Subjekt. Das bedeutete auch bei Havel keineswegs die Übernahme des westlichen Modells und ist am ehesten vergleichbar mit angelsächsischen »grassroots democracy«-Ansätzen, bürgerlich gewendeten Rätekonzepten, wie sie etwa der »Kreisauer Kreis« 1943/44 für die kommunale Ebene entworfen hatte oder wie sie später in der grün-alternativen Szene der Bundesrepublik zu finden waren. Die höchst idealistische Quintessenz dieser Überlegungen ist: »Wo Staat ist, kann keine Zivilgesellschaft sein; wo eine zivile Gesellschaft existiert, ist der Staat überflüssig und überwunden«[186]. Erste Ansätze einer solchen Orientierung in der

---

179 Choi etwa resümiert, der Sozialismus sei für die DDR-Opposition eine »Selbstverständlichkeit« gewesen. Choi, Dissidenz, a. a. O., S. 217. In diesem Sinne vgl. auch insgesamt Geisel, Suche, a. a. O.
180 Vgl. Timmer, Aufbruch, a. a. O., S. 53.
181 Vgl. ebd., S. 58.
182 Ebd.
183 Vgl. ebd., S. 60; vgl. auch Neubert, Opposition, a. a. O., S. 499 ff.
184 Vgl. Timmer, Aufbruch, a. a. O., S. 63 ff.; Neubert, Opposition, a. a. O., S. 499 ff.; Geisel, Suche, a. a. O., S. 198 f.
185 Vgl. Timmer, Aufbruch, a. a. O., S. 43 ff.
186 Ebd., S. 46.

Abb. 2 Friedensseminar in Vipperow, Mitte der 1980er-Jahre; rechts Markus Meckel.

DDR könnte man in der alternativ-lebensweltlichen Verkapselung[187] der verschiedenen Gruppen des oppositionellen Milieus erblicken, die den Staat – wenn er sie denn gelassen hätte – tunlichst zu ignorieren und zivilgesellschaftliche Werte nach innen zu leben suchten. Ab Mitte der 1980er-Jahre lässt sich – so zumindest Timmer[188] – eine Wendung des Denkens weg von der Binnenperspektive der Gruppen oder der blockübergreifenden Makrosicht hin zur Analyse und Kritik der DDR-Strukturen feststellen. Dies beinhaltete die Zielvorstellung einer Demokratisierung – als Gestaltung der Gesellschaft von der Mikroebene des Bürgers aus – und die Herstellung einer staatsunabhängigen Öffentlichkeit als Plattform des allgemein Politischen. Gorbatschows Reformprogramm – Öffnung der staatlichen Strukturen sowie freie Meinungsäußerung und Presse – schien diesen Vorstellungen entgegen zu kommen bzw.

---

187 Vgl. Geisel, Suche, a. a. O., S. 194 ff. Geisel interpretiert freilich die subkulturelle Nische als Argument gegen den Befund von zivilgesellschaftlicher Orientierung. Er übersieht dabei jedoch den Aspekt der Selbstorganisation, die zwar nicht offen gegen den Staat gerichtet war, aber bewusst jenseits des Staates zu existieren versuchte, um die »Atomisierung« aufzubrechen und den gesellschaftlichen Integrationsritualen zu entgehen.
188 Vgl. Timmer, Aufbruch, a. a. O., S. 63 ff.

wichtige Anliegen auch der DDR-Opposition aufzunehmen.[189] Die sture Weigerung der SED-Führung, diese Linie auch nur ansatzweise, wie etwa in Polen und Ungarn, zu übernehmen, trug dazu bei, die Konfrontation bis zum dann kritischen Moment des Herbstes 1989 zuzuspitzen.[190] Spiegel dieser, wenn man so will, zivilgesellschaftlichen Utopie sind die durchgängig von allen Organisationen der Bürgerbewegung im Herbst/Winter 1989 bekundeten basisdemokratischen Vorstellungen.[191]

Geisel hat auf einen zweiten wichtigen Aspekt der politischen Gedankenwelt der DDR-Opposition bzw. der Bürgerbewegung hingewiesen: die Adaption des postmaterialistischen Paradigmas der westlichen Protestbewegung.[192] Auf die kulturkritischen Ansätze der Ökologie- und Umweltbewegung in der DDR ist bereits oben kurz verwiesen worden. Den Trend weg von den zentralen Werten der Nachkriegszeit wie »Wohlstand, Sicherheit und Stabilität« hin zu den postmaterialistischen Kerngedanken »Partizipation, Solidarität und Selbstverwirklichung«[193] vollzog die entstehende Bürgerbewegung – unter den erschwerten materiellen Bedingungen der DDR-Ökonomie – offenbar mühelos mit. Der ebenfalls oben erwähnte protestantisch-asketische Grundcharakter der DDR-Ökologiebewegung mag dies durchaus erleichtert haben. In diesem Sinne gelangte die latente Wirtschaftsmisere und chronische Unterversorgung mit hochwertigen Konsumgütern, die das Gros der DDR-Bevölkerung bedrückte, kaum in das Blickfeld der Opposition. Im Gegenteil gab sich eine Vielzahl der Bürgerrechtler konsumkritisch. In einem Aufruf des Neuen Forum vom November 1989 hieß es:

»Laßt Euch nicht von den Forderungen nach einem politischen Neuaufbau der Gesellschaft ablenken! [...] Wir werden für längere Zeit arm bleiben, aber wir wollen keine Gesellschaft haben, in der Schieber und Ellenbogentypen den Rahm abschöpfen. Ihr seid die Helden einer politischen Revolution, laßt Euch jetzt nicht ruhigstellen durch Reisen und schuldenerhöhende Konsumspritzen.«[194]

Ein führender Aktivist der Berliner Umweltbibliothek stellte rückblickend fest:

---

189 Vgl. Geisel, Suche, a. a. O., S. 50, 62 ff. Geisel stellt mit Stefan Wolle allerdings auch fest: »Die ideologische Kontroverse um Perestroika, Glasnost und Demokratisierung spielte sich seit 1985 eher in der Partei [der SED] ab als in den intellektuellen Zirkeln und kirchlichen Friedensgruppen. Letztere diskutierten stattdessen über Gewalt in der Familie, Erziehung zur Mitmenschlichkeit und die Gleichberechtigung homosexueller Paare.« Wolle, zit. ebd., S. 204.
190 Vgl. hierzu etwa Süß, Staatssicherheit, a. a. O., S. 76 ff. Die SED-Führung verspielte damit 1987 die letzte Chance auf Stabilisierung ihrer Position. Vgl. Timmer, Aufbruch, a. a. O., S. 94 f.
191 Vgl. ebd., S. 71.
192 Vgl. Geisel, Suche, a. a. O., S. 168, 177 ff.
193 Ebd., S. 168 f.
194 Aufruf des Neuen Forum v. 12.11.1989, zit. n. Geisel, Suche, a. a. O., S. 178.

»Uns ging es in der Tat um eine Gesellschaftsordnung, die es ermöglicht, etwas substanziell Neues in Angriff zu nehmen. [...] Nicht umsonst war eine der Wurzeln von Opposition in der DDR die Ökologiebewegung, welche immer davon ausgegangen ist, daß in punkto Bedürfnisse und Bedürfnisbefriedigung zukünftig ganz neue Wege zu beschreiten sind. Und natürlich unterschied uns da manches von der breiten Bevölkerung.«[195]

Es ergibt sich also insgesamt ein durchaus vielschichtiges und bisweilen auch widersprüchliches Bild, in dem sich Reste reformkommunistischer bzw. -sozialistischer Vorstellungen mit zivilgesellschaftlichen, lebensreformerischen, alternativen sowie kultur- und zivilisationskritischen Anschauungen mischen und gegenseitig überlagern. Die Protagonisten der Bürgerbewegung hofften im Herbst 1989, befeuert durch die ihr unverhofft zugeflogene Massenbewegung, genug Zeit zu bekommen, um gleichsam im Vollzug des angestoßenen revolutionären Prozesses ihre Suche nach einem »Dritten Weg« neuen Typs vollenden zu können.

2.2 Die Implosion der DDR und die Friedliche Revolution

Ab spätestens Mitte der 1980er-Jahre wurde die allgemeine Situation in der DDR immer prekärer.[196] Für die Stagnation auf der politischen Ebene war die völlige Ignoranz und strikte Abwehr, die die SED-Führung dem Reformprogramm von Michail Gorbatschow entgegenbrachte, verantwortlich.[197] Besonders augenfällige und gleichzeitig absurde Wegmarken sind in diesem Zusammenhang die Zensur bzw. nur auszugsweise Veröffentlichung von »Reden von Genossen der KPdSU« sowie das Verbot der deutschsprachigen Ausgabe der sowjetischen Zeitschrift »Sputnik«[198]. Der Dogmatismus der SED und die immer wirklichkeitsferneren Inszenierungen, Schönfärbereien und Parteitagsphrasen[199] führten zu einer schleichenden Distanzierung von immer mehr vormals loyalen oder angepassten DDR-Bürgern von ihrem Staat.[200] Daran änderten auch scheinbar spektakuläre Erfolge des Regimes nichts, wie etwa der Besuch Honeckers in Bonn 1987.[201] Ein Übriges tat der gleichsam fleisch-

---

195 Wolfgang Rüddenklau am 19.01.2002, zit. n. ebd., S. 179.
196 Vgl. dazu zusammenfassend: Hermann Weber: Geschichte der DDR, Erftstadt ²2004, S. 449 ff.
197 Vgl. ebd.; detaillierter und unter besonderer Berücksichtigung des MfS: Süß, Staatssicherheit, a. a. O., S. 76 ff.
198 Vgl. Süß, ebd., S. 80 f., 100.
199 Vgl. Weber, DDR, a. a. O., S. 451 ff.
200 Vgl. Timmer, Aufbruch, a. a. O., S. 92 f.
201 Vgl. dazu Korte, Deutschlandpolitik, a. a. O., S. 324 ff.

gewordene Verfolgungswahn der SED: die scheinbar allgegenwärtige Überwachung und Durchspitzelung der Gesellschaft durch das MfS.[202]

Weit wichtiger für den Entfremdungsprozess von Bevölkerung und Staat waren gleichwohl die anhaltend negative Wirtschaftsentwicklung und der gegen Ende der 1980er-Jahre buchstäblich mit den Händen greifbare Verfall des Landes, die Teile der DDR-Gesellschaft – vor allem junge und gut ausgebildete Menschen[203] – an ihren Lebenschancen im Arbeiter-und-Bauern-Staat zweifeln ließen. Zwar war der Lebensstandard in der DDR spürbar höher als in anderen RGW-Staaten. Der Maßstab war jedoch ein anderer und orientierte sich an der nicht zuletzt durch das Westfernsehen vermittelten bunten Konsumwelt der Bundesrepublik.[204] Die 1971 ausgerufene und auf eine deutliche Steigerung des Massenkonsums orientierte »Einheit von Wirtschafts- und Sozialpolitik«[205] hatte zunächst ihre Ziele erreicht und vorläufig stabilisierend und integrierend gewirkt. Freilich war schon recht früh vom Vorsitzenden der Staatlichen Plankommission der DDR darauf hingewiesen worden, dass dieses ehrgeizige Programm die Möglichkeiten der ostdeutschen Wirtschaft weit überspannte und nur durch westliche Kredite finanzierbar war.[206] Mit der Zeit geriet die DDR-Wirtschaft in einen Teufelskreis von teurer Sozial- und Subventionspolitik, sinkenden Investitionen, Innovationsdefizit, negativer Handelsbilanz, stagnierender Wirtschaftskraft und massiv ansteigender Verschuldung. Eine Revision dieses Kurses war politisch immer weniger möglich, da sie zu spürbaren Einschnitten beim ohnehin als latent defizitär empfundenen Lebensstandard geführt hätte, deren potenzielle Auswirkungen auf die Bevölkerung die SED über alle Maßen fürchtete.[207] Es häuften sich Beschwerden über gravierende Qualitäts- und Versorgungsmängel in nahezu allen Segmenten des Warenangebots der DDR. Für zusätzlichen Unmut und Frustration sorgten in der Arbeitswelt Stockungen und Ineffizienz im Produktionsprozess, die durch marode und überalterte Industrieanlagen und Infrastruktur bedingt waren.[208] Von den ökologischen Auswirkungen des ökonomischen Hasardkurses gar nicht zu reden. Die doppelte Unzufriedenheit angesichts dieser Krisen mündete einerseits in

---

202 Vgl. dazu zusammenfassend: Weber, DDR, a. a. O., S. 466 f.; detailliert: Süß, Staatssicherheit, a. a. O.
203 Hier ist zu bedenken, dass die Chancen von höher qualifizierten Kräften und Akademikern, in der DDR entsprechend ihrer Ausbildung zu reüssieren, mäßig waren. Dabei spielte auch eine gewisse Dominanz des »Proletarischen« in der Betriebskultur der DDR eine Rolle. Vgl. Stefan Wolle: Die heile Welt der Diktatur. Alltag und Herrschaft in der DDR 1971–1989, Berlin 1998, S. 228 f.
204 Vgl. Weber, DDR, a. a. O., S. 442 f.
205 Vgl. dazu: Timmer, Aufbruch, a. a. O., S. 86 ff.
206 Vgl. ebd., S. 88.
207 Vgl. ebd.
208 Vgl. ebd., S. 90 ff.; vgl. dazu auch: MfS, ZAIG, 0/225, abgedr. i.: Armin Mittner, Stefan Wolle (Hg.): »Ich liebe Euch doch alle ...«. Befehle und Lageberichte des MfS Januar bis November 1989, Berlin 1990, S. 141 ff.

sprunghaft ansteigenden Zahlen von Ausreiseanträgen und andererseits intensivierten Aktivitäten der Opposition.[209] Die Kritiklinien der Oppositionellen und derjenigen, die aus unterschiedlichen Motiven heraus in erster Linie ausreisen wollten, ließen sich jedoch zunächst wegen der weiter oben schon umrissenen unterschiedlichen Interessenlagen, Zielvorstellungen und letztlich auch der mentalen bzw. lebensweltlichen Differenzen kaum miteinander verbinden.[210]

Im In- und Ausland weitgehend unbemerkt oder ignoriert hatte sich gleichzeitig eine schleichende Erosion der ehedem monolithischen SED-Herrschaft vollzogen.[211] Die »Gerontokratie« um Erich Honecker zeichnete sich spätestens seit Mitte der 1980er-Jahre durch zunehmende administrative Ineffizienz und Realitätsverlust aus, unfähig, die heraufziehenden düsteren Schatten wahrzunehmen, geschweige denn der latenten Krise wirksam entgegenzutreten.[212] In der Partei rumorte es angesichts des neuen Kurses der sowjetischen Führung um Gorbatschow erheblich.[213] Das gefürchtete MfS zeigte zwar immer wieder demonstrative Präsenz, wie etwa mit der Durchsuchung der Umweltbibliothek in Berlin im November 1987[214] oder der groß angelegten Verhaftungswelle im Kontext der Gedenkdemonstration für Karl Liebknecht und Rosa Luxemburg im Januar 1988.[215] Darüber hinaus lieferte es immer noch beständig Informationen über »feindlich-negative« Aktivitäten in Hülle und Fülle.[216] Gleichwohl schwanden die Möglichkeiten zur Repression der sich immer offener artikulierenden Opposition zusehends.[217] Dies hatte mehrere externe wie interne Ursachen. Vor dem Hintergrund des Wandels in der Sowjetunion, der Fortschreibung des KSZE-Prozesses sowie der Suspendierung der Breschnew-Doktrin fiel die Legitimierung drastischer sicherheitspolitischer Maßnahmen deutlich schwerer.[218] Gleichzeitig begrenzte die zunehmende wirtschaftliche Abhängigkeit von der Bundesrepublik die Bewegungsfreiheit der SED-Führung immer mehr, was – von der Bundesregierung durchaus intendierte – Auswirkungen auf das innenpolitische Regime hatte.[219] Nicht zuletzt diese außenpolitischen Zwänge führten etwa im April 1989 zur stillschweigen-

---

209 Vgl. Weber, DDR, a. a. O., S. 465 ff.
210 Zum ambivalenten bis feindlichen Verhältnis der DDR-Opposition zu den Ausreisewilligen vgl. Neubert, Opposition, a. a. O., S. 671 ff.
211 Vgl. zum Folgenden u. a. Geisel, Suche, a. a. O., S. 18 ff.
212 Vgl. ebd., S. 25.
213 Vgl. Süß, Staatssicherheit, a. a. O., S. 105 ff.; vgl. auch: Wolle, Welt, a. a. O., S. 292 ff. sowie Siegfried Suckut, Dietrich Staritz: Alte Heimat oder neue Linke, in: Niedermayer, Stöss, Parteien, a. a. O., S. 172 f.
214 Vgl. hierzu: Neubert, Opposition, a. a. O., S. 694 ff.
215 Vgl. ebd., S. 696 ff.
216 Vgl. dazu etwa für das Jahr 1989: Mittner, Wolle, Befehle, a. a. O.; vgl. auch: Süß, Staatssicherheit, a. a. O., S. 129 ff.
217 Vgl. ebd., S. 742 ff.
218 Vgl. ebd., S. 88 ff., 742 ff.
219 Vgl. ebd., S. 743 ff.; zur Deutschlandpolitik der Bundesregierung vgl. insgesamt Korte, Deutschlandpolitik, a. a. O.

den Aufhebung des Schießbefehls an der innerdeutschen Grenze.[220] Daneben zeigte sich der MfS-Apparat, trotz demonstrativer und weitgehender Linientreue in den oberen Etagen der Nomenklatura, keineswegs immun gegenüber dem Glasnost- bzw. Perestroika-Bazillus.[221] Markus Wolf[222], bis 1986 Leiter der Hauptverwaltung Aufklärung des MfS, der sich seit seinem Abschied verhalten und spätestens ab November 1989 demonstrativ auf die Seite der Reformer schlug, ist hier, wie es scheint, nur die Spitze des Eisbergs. Auch in den Betriebskampfgruppen wurden Tendenzen offenbar, sich keineswegs widerspruchslos als »Knüppelgarde« gegen die eigene Bevölkerung einsetzen lassen zu wollen.[223] Eine »chinesische Lösung« des Problems war also – entgegen den zeitgenössischen Befürchtungen und vermeintlich eindeutigen Säbelrasselns – zu keinem Zeitpunkt eine tatsächlich gangbare Option im MfS.[224] Trotz einer weiten Streuung von in den Organisationen der Opposition eingeschleusten IMs verfingen die Methoden der konspirativen »Steuerung und Manipulation« immer weniger, vor allem weil ein geheimdienstliches Konzept dahinter weitgehend fehlte.[225] Das Regime war zwar noch willens und in der Lage das eine oder andere Exempel zu statuieren, wie etwa die Ausbürgerung von Freya Klier und Stephan Krawczyk oder die zeitweilige Exilierung von Mitgliedern der Initiative Frieden und Menschenrechte[226] Anfang 1988 zeigt. Gleichwohl entglitten die Oppositionsgruppen zusehends dem Zugriff des MfS, sodass die Entwicklung immer weniger kontrollierbar wurde. Das blieb auch den Bürgerrechtlern nicht verborgen. Schon 1986 hatte Wolfgang Templin festgestellt, dass das SED-Regime nur mehr eine gezügelte »soziale Repression« ausübe.[227] Dies ging einher mit immer größeren Möglichkeiten alternativ-subkultureller Entfaltung, vor allem jenseits des Politischen im engeren Sinne:

> »Es ist so heikel nicht, eine Wohnung zu besetzen, die man nicht bekommt, oder, nichts leichter als das, die Bearbeitungsfrist eines Ausreiseantrags durch quasipolitische Aktivitäten erheblich zu beschleunigen. Das alles ist freilich nicht ganz konform und legal, aber so mordsgefährlich auch wieder nicht.«[228]

Ein latenter Verfolgungsdruck blieb freilich bestehen in Gestalt von Postüberwachung, der Behinderung öffentlicher Aktionen, in schlimmen Fällen Ausbürgerung oder justizieller Verfolgung, Versuchen individueller Verunsicherung oder Unter-

---

220 Vgl. Süß, Staatssicherheit, a. a. O., S. 148 ff.
221 Vgl. ebd., S. 105 ff., 187 ff.
222 Vgl. ebd., S. 520 ff.
223 Vgl. ebd., S. 115 ff., 743.
224 Vgl. ebd., S. 301 ff., 745.
225 Vgl. ebd. S. 744 f.
226 Vgl. Neubert, Opposition, a. a. O., S. 696 ff.
227 Zit. n. Geisel, Suche, a. a. O., S. 24.
228 Ebd., S. 23.

minierung von Gruppenaktivitäten durch IMs.[229] Aber die Oppositionszirkel hatten schon seit längerer Zeit mehr oder minder erfolgreiche Maßnahmen[230] gegen die Unterwanderung entwickelt. So versuchten sie unbekannte IMs bloßzustellen, zu verwirren oder zu enttarnen, was durchaus auch bisweilen gelang. Die innere Situation, der schleichende Verfall des SED-Herrschaftsapparats unter der nicht mehr ganz so glänzenden Oberfläche und die daraus resultierende zunehmende »Indulgenz« des Regimes abweichendem Verhalten gegenüber führten Geisel – nicht ganz unbegründet – dazu, den immer wieder in Bezug auf die späte DDR angewandten Begriff des »Totalitären« deutlich zu relativieren.[231] Dem ist in weiten Teilen – ohne ins verharmlosende abzugleiten – zuzustimmen. Man könnte in diesem Zusammenhang gerade hinsichtlich der Situation des Jahres 1989 von einem in vielerlei Hinsicht hilflos autoritären Staat sprechen.

Erste Vorboten des Umbruchs zeigten sich im Umfeld der von der SED gefälschten Kommunalwahl im Mai 1989.[232] Indem es couragierten Oppositionellen gelungen war, der SED die Manipulationen und damit einen offenen Verstoß gegen geltendes DDR-Recht nachzuweisen, ohne dass dies vom MfS[233] hätte verhindert werden können, machten sie die schwindende Handlungsfähigkeit des Regimes weithin sichtbar.[234] Mehr noch: In dem Aufbegehren der Bürgerrechtler und dem erheblichen Staub, den dies in der Öffentlichkeit aufwirbelte, ist ein »Mentalitätswandel« der DDR-Bevölkerung zu entdecken – ein Wetterleuchten »schwindender Massenloyalität«[235]. Die offene Akklamation des Massakers auf dem Platz des Himmlischen Friedens in Peking wenige Wochen später, die eigentlich als eine Drohgebärde gegenüber dem störrischer werdenden Staatsvolk gedacht war, hatte die genau gegenteilige Wirkung und zerstörte die letzten Reste von Ansehen und moralischer Legitimation, die die SED-Führung aufgrund ihrer antifaschistischen Vergangenheit noch genoss.[236]

Der Anfang vom Ende der DDR wurde mit der massiven Fluchtwelle ausreisewilliger DDR-Bürger über Ungarn – dort waren ab Mai die Grenzanlagen abgebaut worden – im Sommer und Frühherbst 1989 eingeläutet. Auf die Details dieser Ereig-

---

229 Zusammenfassend zu den Spielarten der Maßnahmen des MfS gegen die Opposition vgl. Choi, Dissidenz, a. a. O., 155 ff.; vgl. auch: Süß, Staatssicherheit, a. a. O., Neubert, Opposition, a. a. O.
230 Vgl. Neubert, Opposition, a. a. O., S. 511 ff.
231 Vgl. Geisel, Suche, a. a. O., S. 18 ff.
232 Zur Fälschung der Kommunalwahl vgl. Süß, Staatssicherheit, a. a. O., S. 117. Süß stellt fest, dass Wahlfälschung eine seit den Anfängen der DDR übliche Praxis war. Signifikant war also nicht das Ereignis an sich, als vielmehr die öffentliche Reaktion darauf.
233 Das MfS hatte bemerkenswerterweise ausdrücklich vor einer Manipulation des Wahlergebnisses gewarnt, »um negativ-feindlichen Kräften keine Möglichkeit zu Angriffen gegen die Wahlen zu bieten«. Ebd., S. 18.
234 Vgl. ebd., S. 744.
235 Ebd., S. 117.
236 Vgl. ebd., S. 128.

nisse braucht hier, da sie mehrfach geschildert worden sind[237], nicht weiter eingegangen werden. Bis Ende September verließen über 25.000[238] Menschen die DDR, was in der Gesellschaft und der Wirtschaft empfindliche Lücken riss, die allenthalben spürbar waren.[239] Nach anfänglichem demonstrativem Schweigen reichte die Reaktion der SED-Führung von der Lobpreisung der DDR als »Heimstatt der Geborgenheit« über die Verbreitung von Verschwörungstheorien über westliche Menschenhändler bis hin zu der Feststellung Honeckers, man möge den Republikflüchtigen »keine Träne nachweinen« und brachte damit das Fass zum Überlaufen.[240] Es wurde nun für jedermann offensichtlich, wie weit sich inzwischen die Realitätswahrnehmungen der Herrschenden von denen der Beherrschten entfernt hatten. Damit fielen die letzten Hemmungen der Zurückgebliebenen, nun auch für die DDR einschneidende Veränderungen einzufordern.[241] Dieses Begehren, das nun auch immer mehr von jenen DDR-Bürgern Besitz ergriff, die bisher weitgehend passiv geblieben waren, fand zunächst seinen Ausdruck in kritischen Leserbriefen, größeren Mengen von Eingaben und Resolutionen an das ZK der SED sowie offenen Briefen und öffentlich verlesenen Protestaufrufen. Die Initiativen kamen aus allen Teilen der Gesellschaft, zuvorderst aus der evangelischen Kirche, dann von Schriftstellern, Musikern und Künstlern und schließlich, was die SED besonders beunruhigen musste, aus den Betrieben.[242] Mit dem Gründungsaufruf des Neuen Forum[243] am 10. September 1989 trat erstmals die DDR-Opposition offiziell organisatorisch in Erscheinung. Weitere Gruppen, u. a. die SDP, Demokratie jetzt und der Demokratische Aufbruch folgten im Laufe des September und Oktober.[244] Parallel dazu zeigten sich in den Blockparteien CDU und LDPD erste Absetzbewegungen vom starren Kurs der SED.[245]

Ab Anfang September explodierten die Teilnehmerzahlen am mittlerweile traditionellen montäglichen Friedensgebet in der Leipziger Nikolaikirche.[246] Ausgehend von hier bahnte sich der Protest seinen Weg auf die Straße. Alle Versuche der SED, des MfS und der Sicherheitsorgane, der Bewegung durch Obstruktion und Gewaltmaßnahmen Einhalt zu gebieten, fruchteten nicht.[247] Im Gegenteil, die Anzahl der Teilnehmer an den spontan entstandenen Montagsdemonstrationen steigerte sich von Woche zu Woche. Zu schwersten gewalttätigen Auseinandersetzungen kam es Anfang Oktober in Dresden, wo sich anlässlich der Durchfahrt von Flüchtlingszügen

---

237 Vgl. u. a. Timmer, Aufbruch, a. a. O., S. 96 ff.; Süß, Staatssicherheit, a. a. O., S. 154 ff.
238 Vgl. Weber, DDR, a. a. O., S. 469.
239 Vgl. Timmer, Aufbruch, a. a. O., S. 96 ff.
240 Vgl. ebd.
241 Vgl. ebd.
242 Vgl. ebd.
243 Abgedr. i.: Rein, Opposition, a. a. O., S. 13 ff.
244 Vgl. hierzu Neubert, Opposition, a. a. O., S. 833 ff.
245 Vgl. ebd., S. 845 ff.
246 Vgl. Timmer, Aufbruch, a. a. O., S. 152 ff.
247 Vgl. Süß, Staatssicherheit, a. a. O., S. 301 ff.

Kapitel I · Zweierlei Traditionslinien

Abb. 3 Montagsdemonstration in Leipzig im September 1990.

aus der Tschechoslowakei ausreisewillige Demonstranten eine zweitägige Straßenschlacht mit der Volkspolizei lieferten.[248] Auch am Rande des Festaktes zum 40-jährigen Jubiläum der DDR am 7. Oktober 1989, einem mehr als hilflosen Versuch der SED, Normalität zu suggerieren, kam es zu zum Teil heftigen gewaltsamen Zusammenstößen, drastischen Willkürakten der Ordnungskräfte und einer Vielzahl von Verhaftungen.[249] Den Zenit der Konfrontation zwischen Volk und Staatsmacht markiert der 9. Oktober 1989 mit der bislang größten Montagsdemonstration in Leipzig. Erich Honecker hatte gefordert, neuerliche »Krawalle [...] von vornherein zu verhindern«[250]. Zu diesem Zweck waren insgesamt etwa 8.000 Mann Volkspolizei, Betriebskampfgruppen und auch Einheiten der Nationalen Volksarmee (NVA) in Leipzig zusammengezogen worden. Die SED-Bezirksleitung heizte die Atmosphäre zusätzlich an, indem nun von »konterrevolutionären Aktionen« gesprochen wurde, die es zur

---

248 Vgl. ebd., 245 ff.
249 Vgl. ebd., 279 ff.; vgl. ebenfalls: Nicole Voeltz: Staatsjubiläum. Planung und Scheitern des 40. Jahrestages der DDR 1989 (= Schriften zur sächsischen Geschichte und Volkskunde Bd. 31), Leipzig 2009.
250 Fernschreiben Erich Honeckers an die 1. Sekretäre der SED-Bezirksleitungen v. 08.10.1989, abgedr. i.: Mittner, Wolle, Befehle, a. a. O., S. 200.

Not »mit der Waffe in der Hand« niederzuringen gelte.[251] Diese Drohung diente freilich hauptsächlich der Einschüchterung. Zwar war ein massiver Einsatz der Sicherheitskräfte geplant, um den Protestmarsch aufzulösen und vor dem Hauptbahnhof abzudrängen. Der Gebrauch von Schusswaffen war jedoch nicht vorgesehen.[252] Angesichts eines gleichwohl scheinbar unmittelbar bevorstehenden Bürgerkriegsszenarios taten sich überraschend drei Sekretäre der SED-Bezirksleitung mit prominenten Leipziger Bürgern, u. a. dem Gewandhauskapellmeister Kurt Masur, zusammen und riefen zu »Besonnenheit« und »friedliche[m] Dialog« auf – der berühmt gewordene »Aufruf der Sechs«[253]. Aufseiten der Bevölkerung hatte das martialische Säbelrasseln der SED freilich den gegenteiligen Effekt und eher motivierend als einschüchternd gewirkt. Zwar stellte man sich auf das Schlimmste ein, sah aber die Demonstration als »die einzige Möglichkeit: Jetzt. Entweder die oder wir.«[254] Als sich am Abend des 9. Oktober ein Zug von 70.000 Menschen von der Nikolaikirche über den Ring zum Hauptbahnhof bewegte, befahl der amtierende Sekretär der SED-Bezirksleitung Helmut Hackenberg, der sich zuvor immer als Hardliner gezeigt hatte, den Rückzug der Ordnungskräfte und deren »Eigensicherung«[255]. Die Gründe dafür sind vielschichtig. Einerseits reagierte Hackenberg damit auf die Spaltung der SED-Bezirksleitung und den daraus resultierenden »Aufruf der Sechs«[256]. Andererseits war der für Sicherheitsfragen zuständige ZK-Sekretär Egon Krenz im entscheidenden Moment nicht auf der Höhe des Geschehens und segnete erst nachträglich Hackenbergs Entscheidung ab.[257] Eine kaum zu überschätzende Rolle spielte schließlich, dass die Demonstration völlig friedlich verlief und damit den Sicherheitskräften keinerlei Grund zum Eingreifen gegeben wurde.[258]

Die Massenbewegung war zwar in der einen oder anderen Weise von den Aktivitäten der Opposition angestoßen worden, entwickelte sich aber dann im Wesentlichen selbstständig.[259] Die Nikolaikirche – als von der Bürgerbewegung geprägter Raum – war in diesem Prozess ein zentraler Anlauf- und Ausgangspunkt.[260] Die Opposition war so in mancher Hinsicht Vorreiter, aber nicht im eigentlichen Sinne Vordenker

---

251 So der Kommandeur einer Betriebskampfgruppe in einem Leserbrief an die Leipziger Volkszeitung v. 06.10.1989, zit. n. Süß, Staatssicherheit, a. a. O., S. 305.
252 Vgl. ebd.
253 Vgl. ebd., S. 307 ff.
254 Zit. n. Timmer, Aufbruch, a. a. O., S. 177.
255 Vgl. Süß, Staatssicherheit, a. a. O., S. 311 ff.
256 Vgl. ebd., S. 312.
257 Vgl. ebd., Timmer, Aufbruch, a. a. O., S. 188 ff.
258 Vgl. Vermerk des Staatssekretärs für Kirchenfragen, Kurt Löffler v. 09.10.1989: »In Übereinstimmung mit Genossen Egon Krenz greifen die Ordnungskräfte nicht ein, solange keine gewaltsamen Aktionen aus der Demonstration heraus stattfinden.« Zit. n. Süß, Staatssicherheit, a. a. O., S. 313.
259 Vgl. Timmer, Aufbruch, a. a. O., S. 161 ff.
260 Vgl. ebd.

oder gar Organisator der Demonstrationen. Indem sie – nicht zuletzt durch die Westmedien vermittelt – als demokratische Alternative zur SED-Diktatur und damit glaubwürdiger Reformmotor die revolutionäre Szenerie betrat, wurde sie vielmehr Projektionsfläche und Kristallisationspunkt von durchaus heterogenem Protestverhalten.[261] Ohne dass die politischen Vorstellungen und Ziele etwa des Neuen Forum in der Breite überhaupt bekannt gewesen wären, strömten ihm die Menschen in großer Zahl zu. Die Bürgerbewegung war davon organisatorisch bei Weitem überfordert, leistete aber dieser Entwicklung durch das Angebot höchst offener Plattformen Vorschub.[262] In gewisser Weise bildeten in der kurzen Zeitspanne zwischen Oktober und Dezember 1989 die sich formierenden Oppositionsgruppen und die Massenbewegung eine durchaus widerspruchsvolle revolutionäre Symbiose, die vor allem durch die gemeinsame Gegnerschaft zum SED-Regime zusammengehalten wurde.

Während die Demonstranten die Straßen Leipzigs bevölkerten, hatte Krenz darauf hingearbeitet, sich im Politbüro ausreichenden Rückhalt für eine Ablösung Honeckers zu verschaffen.[263] Dieser trat am 18. Oktober zurück, und Krenz avancierte zu seinem Nachfolger in den Ämtern des SED-Generalsekretärs und Staatsratsvorsitzenden der DDR.[264] Überstürzt versuchte er nun, Reformen einzuleiten sowie den Forderungen der Demonstranten und der Opposition entgegenzukommen. Gleichzeitig war es sein Ziel, im Rahmen des von der Partei nun eingeräumten »Dialogs«, die Initiative für die SED zurückzugewinnen, um damit deren »führende Rolle« zu sichern.[265] Allein, Krenz war als »deutscher Gorbatschow«[266], wie er sich gerne gesehen hätte, allzu wenig glaubwürdig und die SED-Vertreter in den inszenierten Dialogveranstaltungen zu schlecht vorbereitet[267], um den Anwürfen der Opposition dauerhaft standhalten, geschweige denn den Dialogprozess steuern zu können.[268] Daneben hatte die revolutionäre Entwicklung eine Eigendynamik gewonnen, die Krenz' großspurig als »Wende« deklarierten, gleichwohl de facto recht zaghaften Reformansatz bald überholte.[269] Am 4. November forderten rund eine Million Demonstranten auf dem Ostberliner Alexanderplatz Presse-, Reise-, Meinungs- und Versammlungsfreiheit sowie freie Wahlen.[270] Dies wiederum hatte Auswirkungen auf die SED sowohl an der Basis als auch an der Spitze. Wenige Tage später waren große Teile der alten Garde

---

261 In diesem Sinne vgl. ebd. S. 172 f.
262 Vgl. ebd. 213 ff.
263 Vgl. Süß, Staatssicherheit, a. a. O., S. 296 ff., 340 ff.; Timmer, Aufbruch, a. a. O., S. 188 f.
264 Vgl. ebd.
265 Vgl. ebd., S. 213 ff., 351 ff.; Timmer, Aufbruch, a. a. O., S. 250 ff.
266 Süß, Staatssicherheit, a. a. O., S. 749.
267 Oft waren sie auch für die vorgebrachten Anliegen schlicht nicht zuständig. Vgl. Timmer, Aufbruch, a. a. O., 263 ff.
268 Vgl. ebd., S. 259 ff.
269 Vgl. ebd.
270 Vgl. Weber, DDR, a. a. O., S. 479; Süß, Staatssicherheit, a. a. O., S. 385 ff.

Honeckers im Politbüro abgelöst.[271] Das einschneidendste Ereignis folgte jedoch am 9. November mit der Öffnung der Berliner Mauer.[272] Von da an änderte sich der Charakter der Friedlichen Revolution, die bis dato vor allem auf eine Demokratisierung einer weiterhin eigenständigen DDR abgezielt hatte. In dem Maß, in dem die wahre Dimension der Misere der DDR-Wirtschaft, des Machtmissbrauchs sowie die Inkompetenz des SED-Regimes offenbar wurde, geriet die deutsche Wiedervereinigung als Allheilmittel auf die Agenda der in der ganzen DDR unablässig marschierenden Demonstranten.[273] Am 6. Dezember trat Krenz nach nur 50-tägiger Amtszeit zurück und mit ihm geschlossen das Politbüro sowie das ZK der SED.[274] Ohne dass das zeitgenössisch in dieser Tragweite wahrgenommen worden wäre, hatten die Totenglocken für die DDR am 9. November 1989 zu läuten begonnen.

Mit dem Aufkommen nationaler Töne auf den Leipziger Montagsdemonstrationen ab Mitte November und der sich rasant verändernden Massenstimmung wurde die kurzzeitige revolutionäre Avantgarde – die Gruppen der Bürgerbewegung – an den Rand gedrängt und ihre Redner auf Kundgebungen bisweilen sogar ausgepfiffen.[275] Mit ihrem Eintreten für eine demokratisch reformierte und eigenständige DDR befanden sie sich unversehens nicht mehr auf der Höhe der gesellschaftlichen Dynamik und wurden wie vorher schon die SED-Reformer, vom nun in Fahrt gekommenen Zug zur Deutschen Einheit überrollt.[276]

---

271 Vgl. Weber, DDR, a. a. O., S. 479; Anfang Dezember wurden die meisten aus der SED ausgeschlossen.
272 Vgl. Süß, Staatssicherheit, a. a. O., S. 434 ff.; Timmer, Aufbruch, a. a. O., S: 281 ff.
273 Vgl. Timmer, Aufbruch, a. a. O., S: 314 ff., 332 ff.
274 Vgl. Weber, DDR, a. a. O., S. 482.
275 Vgl. Timmer, Aufbruch, a. a. O., S. 332 ff.
276 Vgl. ebd.; Geisel, Suche, a. a. O., S. 208 ff.

II Von Schwante nach Berlin – Die Gründung der SDP im Kontext der Friedlichen Revolution

1 »Wir stellten die Machtfrage« – Der Weg nach Schwante

Eine erste Initiative zur (Wieder-)Gründung einer sozialdemokratischen Partei in der DDR kam bemerkenswerterweise nicht aus dem späteren Gründerzirkel, sondern von dem oppositionellen Berliner Pfarrer und späteren Vorsitzenden des Demokratischen Aufbruch, Rainer Eppelmann. Er hatte im Oktober 1988 Manfred Stolpe diese Gedankenspiele unterbreitet. Der hielt sich zwar äußerst bedeckt, nahm aber diesbezüglich wohl Kontakt zu Hans-Jochen Vogel und Walter Momper auf, die ihrerseits von solch einem Unterfangen abrieten. Dieselbe Reaktion erntete Eppelmann, als er in einem neuerlichen Anlauf im Januar 1989 an Jürgen Schmude, Präsident der EKD-Synode und sozialdemokratischer Bundestagsabgeordneter, herantrat.[1] Mit ähnlichen Gedanken trug sich etwa zur selben Zeit Steffen Reiche aus Potsdam. Er hatte sich in diesem Sinne nach der Lektüre einschlägiger westlicher Literatur zur Geschichte der SPD und der Frühgeschichte der DDR auf einer Reise nach Köln sowohl programmatische als auch organisatorische Materialien bei örtlichen SPD-Gliederungen beschafft.[2]

Die entscheidenden Personen, um die sich später die Gruppe scharte, aus der die SDP werden sollte, waren die evangelischen Theologen Markus Meckel und Martin Gutzeit. Sie hatten sich seit den frühen 1980er-Jahren in der kirchlichen Friedensbewegung betätigt[3] und waren aufgrund dessen – zumindest Meckel – auch beim MfS seit Längerem einschlägig bekannt.[4] Beide stammten aus Pastorenfamilien[5] und waren somit gleichsam in die protestantische Parallelwelt in der DDR hineingeboren worden. Beide Elternhäuser waren von den Ansätzen der »Bekennenden Kirche« ge-

---

1 Vgl. Sturm, Uneinig, a. a. O., S. 117 f.; vgl. auch Interview mit Markus Meckel, in: Herzberg, von zur Mühlen, Anfang, a. a. O., S. 121.
2 Vgl. Interview mit Steffen Reiche, in: Herzberg, von zur Mühlen, Anfang, a. a. O., S. 188.
3 Vgl. dazu insgesamt die Quellensammlung: Martin Gutzeit, Markus Meckel: Opposition in der DDR. Zehn Jahre kirchliche Friedensarbeit – kommentierte Quellentexte, Köln 1994.
4 Vgl. etwa: MfS, ZAIG, Nr. 150/89, abgedr. i.: Mittner, Wolle, Befehle, a. a. O., S. 63.
5 Zu den Biografien von Meckel und Gutzeit vgl. eingehender: Schuh, Weiden, Sozialdemokratie, a. a. O., S. 30 ff.; Wolfgang Herzberg: Der Gründerkreis des sozialdemokratischen Neubeginns in der DDR 1989: Versuch einer Analyse ihrer kollektiven Biographie, in: Herzberg, von zur Mühlen, Anfang, a. a. O., S. 11 ff.

prägt und standen der politischen und gesellschaftlichen Entwicklung in der DDR sehr distanziert gegenüber. Bei der Familie Meckels geschah dies zudem vor dem Hintergrund einer langen sozialdemokratischen Familientradition.[6] Die Biografien der Protagonisten verliefen in bemerkenswert parallelen, aber wohl auch milieutypischen Bahnen: eher verschlungene Wege zum Abitur, Wehrdienstverweigerung, Theologiestudium am Sprachenkonvikt in Berlin, wo sie sich kennenlernten.[7] Auch weitere später wichtige Kontakte entstanden hier: Arndt Noack, Mitunterzeichner des Gründungsaufrufs der SDP, studierte am Sprachenkonvikt, und Richard Schröder, 1990 Vorsitzender der SPD-Volkskammerfraktion, war ebendort ab 1977 Dozent für Philosophie.[8] Die theologischen und philosophischen Seminare sowie die sich daraus ergebenden politischen Gesprächszirkel führten auf fast direktem Weg in die kirchliche Friedensarbeit und schließlich die kritische Auseinandersetzung mit den Verhältnissen des real existierenden Sozialismus.[9] So finden wir Meckel und Gutzeit[10] ab 1982 als zentrale Figuren des Friedenskreises Vipperow in Mecklenburg, wo sie beide in benachbarten Gemeinden als Pastoren tätig waren. Parallel dazu initiierten sie die mobilen Friedensseminare in Mecklenburg sowie überregionale Treffen oppositioneller Basisgruppen, die unter dem Motto »Frieden konkret« standen. Als Teil der »Schwerter zu Pflugscharen«-Bewegung widmeten sie sich zunächst hauptsächlich den sicherheitspolitischen Problemen und Bedrohungsszenarien, die sich aus der Rüstungsspirale der frühen 1980er-Jahre ergaben, sowie der Wehrdienstfrage in der DDR. Neben der inhaltlichen Arbeit, die sich auch der Ökologie, Menschenrechtsfragen und schließlich auch Problemen der DDR-Verfassungswirklichkeit zuwandte, war hierbei die Einübung demokratischer Prozesse sowie die Bildung der dann für die Parteigründung des Jahres 1989 so wichtigen personellen Netzwerke bedeutsam.[11]

Den unmittelbaren Anlass, sich grundsätzlich über die Organisation und die konkreten politischen Ziele einer Opposition in der DDR Gedanken zu machen, lieferten – wie bei vielen anderen – die Razzia in der Umweltbibliothek und die Verhaftungen am Rande der Liebknecht/Luxemburg-Demonstration um die Jahreswende 1987/88.[12] Schriftlichen Ausdruck fand dieser Paradigmenwechsel auf dem Weg zur SDP in dem edierten und mehrfach zitierten Tagebucheintrag von Martin Gutzeit

---

6 Vgl. Interviews mit Martin Gutzeit und Markus Meckel, in: Herzberg, von zur Mühlen, Anfang, a. a. O., S. 62, 107.
7 Vgl. ebd.; vgl. auch Schuh, Weiden, Sozialdemokratie, a. a. O., S. 30 ff.
8 Vgl. Interviews mit Martin Gutzeit und Markus Meckel, in: Herzberg, von zur Mühlen, Anfang, a. a. O., S. 71 ff., 110 ff.
9 Vgl. ebd.
10 Vgl. hierzu: Meckel, Gutzeit, Opposition, a. a. O.; Neubert, Opposition, a. a. O., S. 473 ff., 622 ff., 655 ff., 700 ff., 793 ff.
11 Vgl. Interview mit Markus Meckel, in: Herzberg, von zur Mühlen, Anfang, a. a. O., S. 118 f.
12 Vgl. Interview mit Martin Gutzeit, in: Herzberg, von zur Mühlen, Anfang, a. a. O., S. 80.

vom 3. Februar 1988. Gutzeit kritisierte nicht nur die Aktionsformen der Opposition, sondern auch ihre soziokulturelle (Selbst-)Gettoisierung:

> »Die Basis darf nicht nur die links-alternative Szene sein. Es muss der Bereich dieses Ghettos überwunden werden und [es müssen] weitere Potenzen mobilisiert werden, wie aus den Bereichen Wirtschaft, Handwerk, Wissenschaft. Wo liegen konkrete Interessen in der Gesellschaft? Wo liegen Widersprüche? Auch der Frage der personalen Repräsentation von Interessen und Richtungen dürfen wir nicht ausweichen. Weshalb sollen nicht bestimmte Personen unter festgelegten Konditionen für bestimmte Gruppen reden dürfen? Wir sind doch nicht gezwungen, uns durch die Perspektive ›Eitelkeit‹ lähmen zu lassen. Wir müssen lernen, als Vertreter und Repräsentanten des (relativ?) Allgemeinen aufzutreten, und uns nicht beirren lassen.«[13]

Nach Rückkopplung mit Meckel entstand bis Mitte 1988 die Idee zur Gründung eines Vereins Bürgerbeteiligung. Bedeutsam ist in diesem Zusammenhang vor allem, dass eine klare Organisation mit Statut, Sprecher, verbindlicher und demokratischer Willensbildung, Mitgliedsbeiträgen etc. vorgesehen war.[14] Ansonsten trug der konzipierte Verein programmatisch die Züge von ähnlichen und später – etwa in Gestalt des Neuen Forum – aus dem oppositionellen Milieu hervorgegangenen offenen Plattformen.[15] Das Projekt wurde zunächst nur in einem relativ kleinen Kreis von Eingeweihten vorgestellt und diskutiert.[16] Die konkrete Weiterentwicklung dieses Gedankens wurde ab Mitte 1988 durch eine vergleichsweise große räumliche Distanz zwischen Meckel und Gutzeit erschwert. Bis Anfang 1989 gab Martin Gutzeit den Vorüberlegungen eine weitere entscheidende Wendung. Indem er den ursprünglichen Ansatz einer Sammlungsbewegung, die im Sinne pastoralen Zusammenführens »alles für alle in einem zu versöhnen und zu lösen« suche, als »tendenziell totalitär« und dem demokratischen Prinzip des Widerstreits von Partikularinteressen entgegenstehend begriff, ebnete er den Weg zu einer Parteibildung.[17] In seiner Situationsanalyse vom Januar 1989, die dem politischen System der DDR in toto und grundsätzlich eine Absage erteilt, taucht nun zum ersten Mal der Gedanke einer Initiativgruppe zur Gründung einer sozialdemokratischen Partei in der DDR auf, die – wenn auch in

---

13 AdsD Depositum Martin Gutzeit, Materialien zur Entstehung und Geschichte der SDP/SPD, Teil I; abgedr. i.: Meckel, Gutzeit, Opposition, a. a. O., S. 353 f.
14 Vgl. Meckel, Gutzeit, Opposition, a. a. O., S. 355 f.
15 Gutzeit hat den geplanten Verein als eine Mischung aus Neuem Forum und Demokratischem Aufbruch charakterisiert. Interview mit Martin Gutzeit, in: Herzberg, von zur Mühlen, Anfang, a. a. O., S. 81.
16 Vgl. Ebd.
17 Vgl. ebd., S. 82.

diesem frühen Papier nur indirekt formuliert – die »Machtfrage« zu stellen habe.[18] Im Gegensatz zu Meckel, bei dem eine sozialdemokratische Vorprägung lebendig war, musste sich Gutzeit über inhaltlich-programmatische Fragen erst an das sozialdemokratische Denken herantasten.[19] In Abstimmung mit Meckel, der die von Gutzeit vorgeschlagene sozialdemokratische Richtung »unmittelbar überzeugend«[20] fand, nahm nun das Projekt einer Parteigründung langsam konkretere Formen an. Eine christliche Ausrichtung, welche aufgrund der Sozialisation und den Biografien der Beteiligten eher naheliegend gewesen wäre, lehnten sie aus grundsätzlichen Überlegungen zur Trennung von Religion und Politik ab.[21] Die zentralen Werte, an denen sie sich orientierten waren »Freiheit, Demokratie, soziale Gerechtigkeit, der Begriff der Solidarität« und Ökologie.[22] Hinzu kam, gespeist aus der negativen Erfahrung mit der sozialistischen Planwirtschaft, das Bekenntnis zu einer sozial und ökologisch abgefederten Marktwirtschaft. Anknüpfungspunkte für diese Vorstellungen fanden sie am ehesten in der Tradition und Programmatik der deutschen und internationalen Sozialdemokratie[23] – zumindest der nach 1945. Natürlich war der sozialdemokratische Bezug auch eine gezielt an die SED adressierte Provokation[24], die ihren Herrschaftsanspruch nach wie vor zu einem Gutteil auf die Fiktion der »Einheit der Arbeiterklasse« gründete. Zwischen Februar und April 1989 entwarf Gutzeit den Text für einen Gründungsaufruf, der dann bis Juli mehrfach und in Rücksprache mit Meckel redaktionell verändert bzw. aktualisiert wurde.[25] Am 24. Juli stand die endgültige und fünf Schreibmaschinenseiten umfassende Version fest.[26] Eine Quasipräambel beschäftigte sich mit der Analyse der Situation in der DDR und bezeichnete im Fazit die bestehenden Verhältnisse als »Strukturen organisierter Verantwortungslosigkeit«. In diesem Sinne sei zunächst der Führungs- und Wahrheitsanspruch der SED infrage zu stellen, um dann in einem offenen und öffentlichen Prozess die Demokratisierung der DDR zu erreichen. Die SDP-Gründer benannten freilich ihre favorisierte Alternative: »eine ökologisch orientierte soziale Demokratie«. Eckpunkte dieses Programms waren u. a. »Rechtsstaat und [...] Gewaltenteilung, parlamentarische Demokratie und Parteienpluralität, Sozialstaat mit ökologischer Orientierung«, Föderalismus und kommunale

---

18 Vgl. AdsD Depositum Martin Gutzeit, Materialien zur Entstehung und Geschichte der SDP/SPD, Teil I.
19 Interview mit Martin Gutzeit, in: Herzberg, von zur Mühlen, Anfang, a. a. O., S. 84 f.
20 Interview mit Markus Meckel, in: Herzberg, von zur Mühlen, Anfang, a. a. O., S. 119.
21 Vgl. ebd., S. 120.
22 Interview mit Martin Gutzeit, in: Herzberg, von zur Mühlen, Anfang, a. a. O., S. 84.
23 Vgl. ebd., S. 85.
24 Vgl. ebd., S. 86.
25 Die verschiedenen Versionen befinden sich in Abschrift in: AdsD Depositum Martin Gutzeit, Materialien zur Entstehung und Geschichte der SDP/SPD, Teil I. Siehe auch: AdsD Sozialdemokratische Partei in der DDR – SDP/SPD-Parteivorstand 2/SDPA000002.; auch abgedr. i.: Meckel, Gutzeit, Opposition, a. a. O., S. 364 ff.
26 Vgl. ebd.

Selbstverwaltung, soziale Marktwirtschaft mit betrieblicher Mitbestimmung und gemeinwirtschaftlichem Sektor, Tarifautonomie sowie die Gewährung der bürgerlichen Freiheitsrechte wie etwa Religions-, Versammlungs- und Pressefreiheit. Hinzu kamen noch die »Gleichberechtigung und Förderung von Frauen« und das Asylrecht. Deutschlandpolitisch forderten sie zu diesem Zeitpunkt noch die »Anerkennung der Zweistaatlichkeit Deutschlands als Folge der schuldhaften Vergangenheit«. Bemerkenswert an diesem Programm ist vor allem, dass die SDP-Gründer offen eine relativ weitgehende Übernahme des westlichen Systems auf ihre Fahnen geschrieben hatten – und dies in einer Phase, in der es in der DDR zwar erheblich kriselte, aber noch nichts auf den unmittelbar bevorstehenden Zusammenbruch der SED-Herrschaft hinwies und die sich ebenfalls formierende Bürgerbewegung ihren zivilgesellschaftlichen und basisdemokratischen Vorstellungen noch fest verhaftet war.

Meckel hatte zwar in ausgewählten oppositionellen Kreisen von den Plänen zur Gründung der SDP berichtet, um das Vorhaben bekannt zu machen, war aber aufgrund der westlich-parlamentarischen Orientierung des Programms oft auf Distanz bis Ablehnung gestoßen.[27] Den genauen Text des Aufrufes kannten aus konspirativen Gründen Ende Juli nur einige wenige Personen. Zu ihnen gehörten u. a. die spätere Angehörige des Präsidiums der 10. Volkskammer der DDR und damalige Juristin am evangelischen Konsistorium in Magdeburg, Susanne Seils.[28] Seit Juni war auch Manfred »Ibrahim« Böhme, den Meckel und Gutzeit seit 1984 kannten und der sich in der Zeit davor eher im Umfeld der Initiative Frieden und Menschenrechte bewegt hatte, in die Pläne eingeweiht.[29] Ein IM-Bericht der Hauptabteilung XX/9 des MfS[30] vom 3. August 1989 beschäftigt sich mit dem Aufruf und belegt, dass bereits zu diesem frühen Zeitpunkt die Stasi über jeden Schritt der Initiativgruppe unterrichtet war. Der Zuträger des MfS war, wie auch ein Tonbandmitschnitt vom 1. August zeigt, der IM »Maximilian« alias Ibrahim Böhme[31], dem Meckel drei Tage zuvor bei einem Treffen alternativer Gruppen den Aufruf zur Kenntnis gebracht hatte.[32]

---

27 Vgl. Interviews mit Martin Gutzeit und Markus Meckel, in: Herzberg, von zur Mühlen, Anfang, a. a. O., S. 91, 120.
28 Vgl. ebd., S. 91.
29 Vgl. Sturm, Uneinig, a. a. O., S. 130. Nachträglichen Aussagen Gutzeits zufolge geschah dies trotz gewisser Verdachtsmomente gegen Böhme bzw. gegen Gutzeits ausdrückliche Bedenken. Vgl. Interview mit Martin Gutzeit, in: Herzberg, von zur Mühlen, Anfang, a. a. O., S. 102 bzw. Lahann, a. a. O., S. 224. Zur Biografie von Böhme siehe auch weiter unten ☛ Kap. III 5, S. 193 ff.
30 Vgl. MfS Hauptabteilung XX/9 Informationen über feindliche Aktivitäten mit dem Ziel der Schaffung einer sozialdemokratischen Partei in der DDR v, 03.08.1989, AdsD Depositum Martin Gutzeit, Materialien zur Entstehung und Geschichte der SDP/SPD, Teil I.
31 Vgl. Sturm, Uneinig, a. a. O., S. 132.
32 Vgl. Martin Gutzeit: Die Stasi – Repression oder Geburtshilfe?, in: Dieter Dowe u. a. (Hg.): Von der Bürgerbewegung zur Partei. Die Gründung der Sozialdemokratie in der DDR. Diskussionsforum im Berliner Reichstag am 7. Oktober 1992 (= Gesprächskreis Geschichte H. 3), Bonn 1993, S. 43.

Durch Böhme hatte das MfS auch Kenntnis davon, dass der Gründungszirkel plante, die Initiative auf einem Seminar in der Golgatha-Gemeinde Berlin am 25./26. August 1989 einem breiteren Kreis bekannt zu machen.[33] Die Vorbereitungen zu dem Seminar »Menschenwürde – Menschenrechte – Menschenpflichten« anlässlich des 200-jährigen Jahrestags der Verabschiedung der Erklärung der Menschenrechte durch die französische Konstituante liefen seit Anfang Mai 1989. Neben Peter Hilsberg, Pfarrer der Golgatha-Gemeinde und Stephan Hilsbergs Vater, Markus Meckel und Ibrahim Böhme waren u. a. Frank Bogisch sowie der später ebenfalls als IM enttarnte Lothar Pawliczak beteiligt; alles Personen, die bald in der SDP/SPD-DDR zumindest zeitweilig eine Rolle spielen sollten.[34] Als Hauptreferenten waren u. a. Böhme, Gutzeit und Richard Schröder vorgesehen, Angelika Barbe und Lothar Pawliczak zeichneten u. a. verantwortlich für die Leitung von Arbeitsgruppen.[35] Allein das Thema der Veranstaltung stellte angesichts der sich zuspitzenden Situation in der DDR in vielerlei Hinsicht eine Provokation dar. Das beunruhigte offenbar auch das Evangelische Konsistorium Berlin-Brandenburg und veranlasste die Superintendentur recht frühzeitig hinsichtlich des einladenden »Studienkreises für Evangelische Theologie und Philosophie« genauer rückzufragen, da man eine erhöhte Aufmerksamkeit staatlicher Organe befürchtete.[36] Und in der Tat, nachdem das MfS von Böhme über die Bedeutung der Veranstaltung informiert worden war, stellte die Stasi – soweit aus den Akten rekonstruierbar – noch mindestens zwei weitere IMs zur Beobachtung des Seminars ab: Knud Wollenberger (IM »Donald«) sowie den IM »Hagen«, die aber wohl nichts voneinander wussten.[37] Durch deren Berichte lässt sich der Ablauf dieser zwei Tage Ende August 1989 recht detailliert nachvollziehen. Die Vorträge und Diskussionen des Seminars bewegten sich auf vergleichsweise hohem historischem, theologischem und philosophischem Abstraktionsniveau ohne allzu viele aktuell-politische Bezüge.[38] Den Beteiligten war wohl nur allzu klar, dass das MfS mithörte. Es war bezeichnenderweise Böhme, der im Kontext seines Vortrags zur Französischen Revolution den Bogen zur DDR-Realität zu spannen versuchte,

---

33 Vgl. MfS Hauptabteilung XX/9 Informationen über feindliche Aktivitäten mit dem Ziel der Schaffung einer sozialdemokratischen Partei in der DDR v, 03.08.1989, AdsD Depositum Martin Gutzeit, Materialien zur Entstehung und Geschichte der SDP/SPD, Teil I.
34 Vgl. Protokoll v. 06.05.1989, AdsD Sozialdemokratische Partei in der DDR – SDP/SPD-Parteivorstand 2/SDPA000002.
35 Vgl. div. Programmentwürfe, Einladung, AdsD Sozialdemokratische Partei in der DDR – SDP/SPD-Parteivorstand 2/SDPA000002.
36 Vgl. Brief des Evangelischen Konsistoriums Berlin-Brandenburg an Peter Hilsberg v. 04.07.1989, AdsD Sozialdemokratische Partei in der DDR – SDP/SPD-Parteivorstand 2/SDPA000002.
37 Vgl. MfS BV Berlin Abt. XX/9, Informationen zum Ablauf des sog. Menschenrechtsseminars vom 25.08.89 bis 26.08.89 in der Golgathakirche Berlin v. 27.08.1989 sowie u. a. Bericht Berlin, Hauptstadt der DDR, o. D., AdsD Depositum Martin Gutzeit, Materialien zur Entstehung und Geschichte der SDP/SPD, Teil I.
38 Vgl. ebd., Bl. 1 ff.

indem er feststellte, »dass in der DDR eine ›stille Revolution‹ von Unten nach Oben vollzogen werden muss«[39]. Insofern schlug die am Ende der Agenda des zweiten Seminartages von Markus Meckel verkündete Gründung der Initiativgruppe wie »eine Bombe« ein.[40] Meckel erläuterte die politisch-programmatischen Eckpunkte und benannte Noack, Gutzeit und Böhme als weitere Kontaktpersonen. Den Aufruf, der zu diesem Zeitpunkt noch nicht in größerer Auflage vervielfältigt war, gab Meckel nicht aus der Hand, kündigte aber an, ihn Anfang September öffentlich zu machen.[41] Das Echo auf diese Eröffnungen war weitestgehend positiv und teilweise fast euphorisch. Einige der Seminarteilnehmer sprachen wohl auch von einem »historischen Datum«[42]. Die von den Anwesenden empfundene Bedeutung des Ereignisses und der daraus resultierende Diskussionsbedarf lassen sich auch an der Tatsache ablesen, dass das eigentlich vorgesehene Kulturprogramm vollständig entfiel.[43]

Am 29. August berichtete Böhme seinen Dienstherren ausführlich über die Pläne zum weiteren Vorgehen und zu den strategischen Überlegungen der Initiativgruppe, die im Anschluss an die Veranstaltung in einer vertraulichen Besprechung des engeren Zirkels erörtert worden waren.[44] Der Aufruf sollte zunächst bis zum 3. September von Reiner Rühle, einem Mitarbeiter der Golgatha-Gemeinde, der privat – und wohl illegal – eine Kleinoffsetdruckmaschine besaß, in einer Auflage von etwa 500 Stück vervielfältigt und dann an interessierte Personen verschickt werden.[45] Eine Kontaktaufnahme mit westlichen Medien sowie der Gang in die DDR-Öffentlichkeit war erst nach Mitte September vorgesehen. Gleichzeitig wurde – einmal mehr symbolträchtig – der 7. Oktober 1989, der 40. Jahrestag der Gründung der DDR, als Termin für die Gründungsversammlung festgelegt.[46] Zum Schutz vor einem eventuellen Zugriff des MfS versuch-

---

39 Vgl. ebd., Bl. 1 f. Inwieweit Böhme sich hier bewusst als Agent Provocateur des MfS betätigte oder seine Ausführungen als eine Ausprägung seiner wohl multiplen Persönlichkeit zu bewerten sind, bleibt unklar. Vgl. dazu insgesamt ☛ Kap. III 5, S. 193 ff.
40 Ebd., Bl. 5. Peter Hilsberg stellt in einem Rundschreiben v. 30.08.1989 klar, dass er vom »Inhalt der Einladung« überrascht worden und der veranstaltende Studienkreis hierfür nicht verantwortlich sei. AdsD Sozialdemokratische Partei in der DDR – SDP/SPD-Parteivorstand 2/SDPA000002.
41 Vgl. Bericht Berlin, Hauptstadt der DDR, o. D., Bl. 4, AdsD Depositum Martin Gutzeit, Materialien zur Entstehung und Geschichte der SDP/SPD, Teil I.
42 Ebd.
43 Vgl. MfS BV Berlin Abt. XX/9, Informationen zum Ablauf des sog. Menschenrechtsseminars vom 25.08.89 bis 26.08.89 in der Golgathakirche Berlin v. 27.08.1989, Bl. 5, AdsD Depositum Martin Gutzeit, Materialien zur Entstehung und Geschichte der SDP/SPD, Teil I.
44 Vgl. MfS Hauptabteilung XX/9, Bericht zu einer »Initiative zur Gründung einer Sozialdemokratischen Partei« v. 29.08.1989, AdsD Depositum Martin Gutzeit, Materialien zur Entstehung und Geschichte der SDP/SPD, Teil I.
45 Vgl. ebd., Bl. 3, sowie MfS Hauptabteilung XX/9, Information über weitere Aktivitäten der »Initiative zur Gründung einer Sozialdemokratischen Partei« in der DDR v. 31.08.1989, Bl. 2, AdsD Depositum Martin Gutzeit, Materialien zur Entstehung und Geschichte der SDP/SPD, Teil I.
46 Vgl. MfS Hauptabteilung XX/9, Bericht zu einer »Initiative zur Gründung einer Sozialdemokratischen Partei« v. 29.08.1989, Bl. 3, AdsD Depositum Martin Gutzeit, Materialien zur Entstehung und Geschichte der SDP/SPD, Teil I.

ten die SDP-Gründer, sich in dieser kritischen Phase in einer Grauzone zwischen dem mehr oder minder schirmenden Dach der Kirche und der Öffentlichkeit zu bewegen. Das MfS hielt über deren Sicherungsstrategie fest:

Abb. 4 Die Unterzeichner des Gründungsaufrufes der SDP, v. l. n. r.: Arndt Noack, Markus Meckel, Martin Gutzeit, Manfred »Ibrahim« Böhme.

> »– Pastoren werden mit größter Wahrscheinlichkeit nicht inhaftiert, da der Staatsapparat eine Konfrontation mit der Kirchenleitung befürchtet.
> – Andererseits erklären Meckel und Gutzeit und Noack eindeutig, dass es ihre Initiative und nicht die Initiative einer kirchlichen Einrichtung ist, also in keiner Weise im Zusammenhang steht mit ihrem kirchlichen Amt, das sie ausüben.
> – So viel Öffentlichkeit wie nur möglich zu finden, als Schutzwirkung, um den Sicherheitsorganen, den Zugriff und die Verhinderung der konstituierenden Veranstaltung am 7.10.1989 so stark als möglich zu erschweren.«[47]

Durch eine – warum auch immer – gezielte Indiskretion eines Mitgliedes der Initiative Frieden und Menschenrechte erlangte die Deutsche Presseagentur und damit die westlichen Medien schon am 28. August Kenntnis von den Vorgängen in der Golgatha-Gemeinde.[48]

Im Laufe der nächsten Tage versuchte das MfS sowohl über die Kirchenleitung als auch durch direkte »Disziplinierungsgespräche« mit zentralen Protagonisten, aktiv Einfluss auf die Entwicklung zu nehmen und die Parteigründung doch noch im letzten Augenblick zu unterbinden.[49] Meckels kirchlicher Vorgesetzter, der Magdeburger Bischof Christoph Demke, reagierte hinhaltend, Meckel und Gutzeit offensiv ablehnend:

---

47 Ebd.
48 Vgl. ebd., Bl. 4.; vgl. auch Meldung der dpa v. 28.08.1989, AdsD Depositum Martin Gutzeit, Materialien zur Entstehung und Geschichte der SDP/SPD, Teil I.
49 Vgl. MfS Abteilung XX/K, Aktenvermerk über eine Beratung in der Hauptabteilung XX/4 beim Genossen Oberst Wiegand am 29.08.1989; Erich Mielke: Information über sicherheitspolitisch zu beachtende aktuelle Aspekte des Zusammenwirkens von Führungskräften der SPD mit Vertretern der evangelischen Kirchen und personeller Zusammenschlüsse in der DDR, o. D.; MfS BV Rostock Abt. XX/4, Information über den Verlauf des Disziplinierungsgespräches des stellv. OB für innere Angelegenheiten der Stadt Greifswald mit Arndt Noack (OV »Pate«) am 05.09.1989; sämtlich AdsD Depositum Martin Gutzeit, Materialien zur Entstehung und Geschichte der SDP/SPD, Teil I.

> »Pfarrer Gutzeit wurde unter Bezug auf diese Aktivitäten der staatliche Standpunkt dazu dargelegt. Genosse Jugl verwies auf die Verletzung der Rechtsvorschriften [...] und den Missbrauch der kirchlichen Veranstaltung für politische Ziele. [...] Diese Praxis wurde zurückgewiesen und zum Ausdruck gebracht, daß er weitere Aktivitäten unter Missbrauch der Kirche zu unterlassen habe. [...] Pfarrer Gutzeit erwiderte nur, daß er dazu eine andere Auffassung hat, aber den dargelegten Standpunkt zur Kenntnis nimmt.«[50]

Die Mitglieder der Initiativgruppe unterlagen einer strengen Post- und Telefonüberwachung, was sich in einer Anzahl von Abhörprotokollen des MfS spiegelt.[51] Dieser Umstand war ihnen sehr wohl bewusst, wie der Hinweis, die Genossen des Staatssicherheitsdienstes mögen doch den extra beigelegten Durchschlag an sich nehmen, am Ende eines Briefes von Gutzeit an Meckel vom 22. September zeigt.[52]

Am 12. September trafen sich Meckel, Gutzeit und Böhme in Magdeburg. Die Begegnung diente zunächst der gegenseitigen Information, vor allem wohl über die Konfrontation mit der Staatsmacht sowie über den Stand der Organisationsbemühungen anderer Initiativen aus der Bürgerbewegung. Hier spielten auch Bündnisfragen eine Rolle. Des Weiteren wurde das künftige Vorgehen besprochen, Möglichkeiten zur Erweiterung des Kreises erwogen sowie die Medienarbeit. Im Zentrum des Treffens stand jedoch die stichpunktartige Zusammenfassung der programmatischen Essentials für eine Flugblattfassung des Aufrufs, der dann einstweilen in einer Auflage von 150 Stück vervielfältigt wurde.[53]

Die nächste Zusammenkunft fand am 18. September in Berlin in deutlich erweiterter Runde statt.[54] Neben den Unterzeichnern des Aufrufs waren Konrad Elmer, An-

---

50 Information zu einem Gespräch mit Pfarrer Gutzeit, Assistent am Sprachenkonvikt der Ev. Kirche, am 20.09.1989 beim Stellvertreter des Stadtbezirksbürgermeisters für Inneres, Genossen Jugl, im Rat des Stadtbezirks Berlin-Mitte, AdsD Depositum Martin Gutzeit, Materialien zur Entstehung und Geschichte der SDP/SPD, Teil I.
51 Vgl. verschiedene Abhörprotokolle betr. OV »Pate« (Arndt Noack) und OV »Hysterie« (Angelika Barbe), AdsD Depositum Martin Gutzeit, Materialien zur Entstehung und Geschichte der SDP/SPD, Teil I.
52 Vgl. Gutzeit an Meckel v. 22.09.1989, AdsD Depositum Martin Gutzeit, Materialien zur Entstehung und Geschichte der SDP/SPD, Teil I.
53 Vgl. hd.-schr. Tagesordnung v. Martin Gutzeit; sowie MfS Hauptabteilung XX/9, Information über weitere Aktivitäten zur Bildung legaler oppositioneller Bewegungen in der DDR v. 14.09.1989, hier auch: Abschrift des Flugblatttextes, AdsD Depositum Martin Gutzeit, Materialien zur Entstehung und Geschichte der SDP/SPD, Teil I; vgl. auch Interview mit Martin Gutzeit, in: Herzberg, von zur Mühlen, Anfang, a. a. O., S. 97 f.
54 Vgl. hierzu Ergebnisprotokoll der Initiativgruppe SDP v. 18.09.1989, hd.-schr. Notizen v. Arndt Noack und Martin Gutzeit; MfS Hauptabteilung XX/9, Information über weitere Aktivitäten zur Gründung einer sozialdemokratischen Partei in der DDR v. 20.09.1989, sämtlich AdsD Depositum Martin Gutzeit, Materialien zur Entstehung und Geschichte der SDP/SPD, Teil I; vgl. auch Interview mit Martin Gutzeit, in: Herzberg, von zur Mühlen, Anfang, a. a. O., S. 98.

gelika Barbe, Reiner Rühle, Steffen Reiche[55], Rainer Hartmann und Jochen Görtz anwesend. Den Notizen Noacks ist zu entnehmen, dass es zunächst Diskussionen um den Parteinamen gab. Die verschiedenen Varianten, die neben SDP zur Debatte standen, lauteten »SPD/ÖSDP/lila USDP (unabhängige SDP)«[56]. Hier offenbaren sich zwei grundlegende Tendenzen: einerseits die Abgrenzung zur West-SPD, als deren bloße Filiale[57] man keinesfalls begriffen werden wollte und andererseits eine programmatische Akzentverschiebung bzw. Erweiterung der klassisch-sozialdemokratischen Diktion durch die Ökologie. Das Ergebnisprotokoll vermerkt knapp: »Zukünftiger Name: Sozialdemokratische Partei in der DDR[;] Abkürzung: SDP«[58]. Weiterhin ging es um den Ausbau des bis dato informellen personellen Netzwerks bzw. die Sammlung von Kontaktadressen aus der gesamten DDR, um die Grundsteine für Basisorganisationen in der Fläche zu legen.[59] Meckel berichtete in diesem Zusammenhang, dass die Initiative mittlerweile rund 500 Mitglieder und ernsthafte Interessenten zähle.[60] In einer kurzen programmatischen Debatte beschäftigte sich die Gruppe vor allem mit Fragen der Wirtschaftspolitik, wie etwa der Begriff der sozialen Marktwirtschaft konkret zu verstehen sei.[61] Neben den konspirativen Modalitäten der Gründungsversammlung war die Erstellung einer Geschäftsordnung für die Gründungsversammlung sowie vor allem eines

---

55 Reiche hatte sich, nachdem er seit Januar 1989 – wie erwähnt – eine ähnliche Parteigründung im Sinn hatte, Anfang September 1989 der Initiativgruppe angeschlossen. Vgl. Interview mit Steffen Reiche, in: Herzberg, von zur Mühlen, Anfang, a. a. O., S. 188 f.
56 Hd.-schr. Notizen Arndt Noack 18.09.1989, AdsD Depositum Martin Gutzeit, Materialien zur Entstehung und Geschichte der SDP/SPD, Teil I. »Ö« ist das Kürzel für »Ökologisch«, »lila« bedeutet wohl »linkslastig« aufgrund der Ähnlichkeit der Kürzel »USDP« und »USPD«.
57 Deswegen hat der Gründerzirkel wohl bewusst den Weg nicht beschritten, den Friedrich Schorlemmer in einem Gespräch mit einem Mitglied der Gruppe erörtert hatte: »Im Grunde genommen gibt es gar keine Möglichkeit, juristische Schritte gegen die Initiatoren einer sozialdemokratischen Partei zu ergreifen, da die SPD ja in der DDR nie verboten worden ist, sondern die noch existierenden Ostbüros in Ostberlin wurden 1961 auf Grund der Mauer nur aufgelöst durch die Westberliner SPD.« MfS Hauptabteilung XX/9, Information über weitere Aktivitäten v. 31.08.1989, AdsD Depositum Martin Gutzeit, Materialien zur Entstehung und Geschichte der SDP/SPD, Teil I.
58 Ergebnisprotokoll 18.09.1989. Steffen Reiche hatte wohl zunächst SPD bevorzugt. Das geht zumindest aus seinem Vortragsmanuskript »Notwendigkeit und Möglichkeit sozialdemokratischer Arbeit in der DDR« in der Fassung v. 12.09.1989 hervor, wo er das Kürzel »SPDDR« benutzt. Beides AdsD Depositum Martin Gutzeit, Materialien zur Entstehung und Geschichte der SDP/SPD, Teil I.
59 Vgl. Ergebnisprotokoll 18.09.1989, AdsD Depositum Martin Gutzeit, Materialien zur Entstehung und Geschichte der SDP/SPD, Teil I.
60 Vgl. MfS Hauptabteilung XX/9, Information über weitere Aktivitäten v. 20.09.1989, AdsD Depositum Martin Gutzeit, Materialien zur Entstehung und Geschichte der SDP/SPD, Teil I.
61 Noack notierte hierzu: »Monopolverbot ➡ auch Entflechtung hier. Verhältnis Produzent – Konsument. [B]etriebliche Mitbestimmung: eigenfinanziert. Ökonomisierung der Ökonomie. Markt leistet nicht – Frage soz. Gerechtigkeit – ökologischen Rahmen. Eigentumsformen fast egal; Richtung Investition: demokratisch; Eigentümerverhältnis, das Arbeitgebern + Arbeitnehmern Mitbestimmung und Verantwortung auferlegt«, hd.-schr. Notizen Arndt Noack 18.09.1989, AdsD Depositum Martin Gutzeit, Materialien zur Entstehung und Geschichte der SDP/SPD, Teil I.

Statuts für die zu gründende Partei Hauptthema des Treffens. Bei Letzterem ging es in bewusster Abgrenzung zu den Organisationen der Bürgerbewegung um klare Strukturen mit verbindlicher Mitgliedschaft.[62] Bündnispolitisch wird eine Doppelstrategie offenbar: einerseits Aufbau und Festigung eigener Strukturen, andererseits Mitarbeit in den offenen Plattformen. »Bei den neu gegründeten Demokratieforen, die nicht im Widerspruch zur Initiativgruppe SDP stehen, soll mitgearbeitet und auf Einheit der Bewegung gedrängt werden.«[63] Die SDP-Gründer standen, wie auch die Protokolle und Notizen zu späteren Sitzungen belegen, in stetigem und sehr engem Kontakt mit den übrigen in Gründung befindlichen Gruppierungen. Das mittlerweile in einer Auflage von 2.000 Exemplaren gedruckte Aufrufflugblatt sollte alsbald breit verteilt werden. Darüber hinaus wollte man von nun an offensiv an westliche Medien herantreten. Zu diesem Zweck produzierte die Gruppe am nächsten Tag ein Videointerview, das ein BBC-Korrespondent u. a. der ARD zuspielte.[64]

Zwei weitere Sitzungen am 26. September und am 1. Oktober standen ganz im Zeichen der unmittelbaren Gründungsvorbereitungen. So wurde eine umfangreichere Liste von Kontaktadressen zusammengeführt, auf deren Basis Überlegungen zum Delegiertenschlüssel angestellt wurden. Dieser sollte regional ausgewogen sein, die gesamte DDR abdecken und einen Berufsproporz sowie eine Frauenquote berücksichtigen.[65] Am 26. September tauchte zum ersten Mal die Idee auf, die junge Partei unter den einstweiligen Bedingungen der Illegalität in der DDR durch einen Aufnahmeantrag bei der Sozialistischen Internationale abzusichern.[66] Die Sitzung vom 1. Oktober widmete sich vor allem der Festlegung einer Tagesordnung und der Diskussion und Überarbeitung des von Elmer und Rühle entworfenen und von Gutzeit durch eine Grundsatzpräambel ergänzten vorläufigen Statuts.[67] Darüber hinaus wurde die Gründungsurkunde formuliert und konspirativ[68] der Ort der Gründungs-

---

62 Vgl. hd.-schr. Notizen v. Arndt Noack und Martin Gutzeit 18.09.1989, Ergebnisprotokoll 18.09.1989, beides AdsD Depositum Martin Gutzeit, Materialien zur Entstehung und Geschichte der SDP/SPD, Teil I.
63 Vgl. ebd.
64 Vgl. MfS Hauptabteilung XX/9, Information über weitere Aktivitäten v. 20.09.1989, AdsD Depositum Martin Gutzeit, Materialien zur Entstehung und Geschichte der SDP/SPD, Teil I.
65 Vgl. Ergebnisprotokoll der Initiativgruppe SDP v. 26.09.1989, AdsD Depositum Martin Gutzeit, Materialien zur Entstehung und Geschichte der SDP/SPD, Teil I; vgl. auch Interview mit Martin Gutzeit, in: Herzberg, von zur Mühlen, Anfang, a. a. O., S. 98 ff.
66 Vgl. Notizen Arndt Noack 26.09.1989, AdsD Depositum Martin Gutzeit, Materialien zur Entstehung und Geschichte der SDP/SPD, Teil I.
67 Zur Überarbeitung des Statuts traf sich die Statutengruppe am 5. Oktober noch einmal im Vorfeld der Gründungsversammlung. Entsprechender Entwurf und Synopse in: AdsD Depositum Martin Gutzeit, Materialien zur Entstehung und Geschichte der SDP/SPD, Teil I. Vgl. hierzu auch: Konrad Elmer: Vor- und Wirkungsgeschichte des Organisationsstatuts der SDP, in: Dowe, Bürgerbewegung, a. a. O.
68 Dazu Martin Gutzeit in einer nachträglichen Ergänzung zum Protokoll, o. D., AdsD Depositum Martin Gutzeit, Materialien zur Entstehung und Geschichte der SDP/SPD, Teil I: »Im Protokoll

versammlung bestimmt. Für den Fall einer Verhinderung des Gründungsaktes durch das MfS, wie im Falle des Demokratischen Aufbruch am selben Tage erlebt, wurden zwei auf den 2. Oktober datierte Gründungsdokumente unterschrieben und dezentral hinterlegt.[69]

Dass all diese Maßnahmen im Sinne einer Geheimhaltung vor dem MfS wenig halfen – Böhme saß ja mit am Tisch –, zeigt der allfällige MfS-Bericht vom 2./3. Oktober, der beide ins Auge gefassten Möglichkeiten, das Gemeindehaus in Schwante und die Räumlichkeiten der ESG Berlin, benannte.[70] In einem Maßnahmeplan vom 4. Oktober[71] bestimmte die Hauptabteilung XX des MfS das weitere Vorgehen gegen die SDP-Gründung: Entsprechend der in den Wochen zuvor schon sichtbaren Taktik setzte das MfS zunächst auf eine deutliche Erhöhung des Drucks sowohl über kirchliche Vorgesetzte als auch durch erneute und intensivierte Einzelgespräche mit dem Gründerquartett. Darüber hinaus versuchte das MfS, den mittlerweile bekannten engeren Sympathisantenkreis – etwas über 40 Personen – in einem gestaffelten System in die Einschüchterungsmaßnahmen einzubeziehen. Die zentralen Figuren sollten durch Beschattung bzw. Blockierung an der Anreise nach Schwante gehindert werden. Durch manche Winkelzüge gelang es Meckel, Gutzeit, Böhme, Barbe und Reiche jedoch, sich der Überwachung und dem Zugriff durch Mitarbeiter des MfS zu entziehen.[72] Eine Sprengung der Versammlung durch Polizeikräfte war zwar nicht explizit geplant. Wohl aber hatte das MfS vorgesehen, das Treffen, einerseits durch Abhörmaßnahmen von der Gemeindebibliothek[73] aus, andererseits durch den Einsatz von IMs, intensiv zu überwachen und gegebenenfalls auch zu stören. Das Ziel war:

sind einige Verabredungen, die konspirativ gehandhabt werden sollten, nicht enthalten. Sie finden sich auch nicht in den Notizen von Arndt Noack. Die Verabredung des Gründungsortes Schwante (auf Vorschlag von Martin Gutzeit) erfolgte schweigend über schriftliche Notizen. Sollte die Gründung in Schwante verhindert werden, sollten sich die Gründungsmitglieder, denen ein Entweichen möglich war in den Räumen der Berliner ESG zusammenfinden.« Vgl. auch Interview mit Martin Gutzeit, in: Herzberg, von zur Mühlen, Anfang, a. a. O., S. 98 ff.

69 Vgl. Martin Gutzeits nachträgliche Ergänzung zum Protokoll, o. D., AdsD Depositum Martin Gutzeit, Materialien zur Entstehung und Geschichte der SDP/SPD, Teil I, vgl. auch Sturm, Uneinig, a. a. O., S. 124.

70 Vgl. MfS Hauptabteilung XX/9, Information über weitere Aktivitäten zur Gründung einer sozialdemokratischen Partei (SDP) in der DDR v. 02.10.1989, AdsD Depositum Martin Gutzeit, Materialien zur Entstehung und Geschichte der SDP/SPD, Teil I. Er enthält einen Nachtrag v. 03.10.1989: »Am 3.10.89 wurde durch Meckel, Marcus [sic] bekannt, dass die o. g. Gründungsveranstaltung am 7.10.89 um 9.30 Uhr in 1421 Schwante, Pfarrhaus, stattfinden soll.«

71 Vgl. MfS Hauptabteilung XX, Maßnahmeplan zur Zurückdrängung/Unterbindung und operativen Kontrolle einer für den 7. Oktober 1989 geplanten Zusammenkunft von feindlich-oppositionellen Kräften zur Schaffung der DDR-weiten Sammlungsbewegung/Vereinigung »Sozialdemokratische Partei« (SDP) v. 04.10.1989, AdsD Depositum Martin Gutzeit, Materialien zur Entstehung und Geschichte der SDP/SPD, Teil I.

72 Vgl. Interviews mit Martin Gutzeit und Markus Meckel, in: Herzberg, von zur Mühlen, Anfang, a. a. O., S. 103, 125.

73 Vgl. Sturm, Uneinig, a. a. O., S. 134.

1 »Wir stellten die Machtfrage« – Der Weg nach Schwante

Abb. 5 Die Gründerinnen und Gründer der SDP vor dem Gemeindehaus in Schwante am 7. Oktober 1989.

»– einen Informationsfluß über Pläne und Absichten und Hinweise zum Verlauf zu gewährleisten,
– während des Treffens Gegenpositionen zu beziehen, Zweifel zu erzeugen, zu debattieren, Sachverhalte zu zerreden und Misstrauen aufkommen zu lassen und gegebenenfalls durch öffentliches Auftreten sich von den politischen Plattformen zu distanzieren und die Organisatoren zu entlarven.«[74]

So konnte die SDP-Gründung zwar genauestens beobachtet, aber äußerlich unbehelligt am 7. Oktober ab 10:00 Uhr in Schwante stattfinden.[75] Böhme eröffnete die Versammlung, zu der sich insgesamt – so zumindest Sturm – 46 Personen[76] eingefunden hatten. Die Versammlungsleitung übernahm Konrad Elmer, der im Anschluss über die Geschäftsordnung diskutieren und abstimmen ließ.[77] Nach der Verlesung

---

74 MfS Hauptabteilung XX, Maßnahmeplan zur Zurückdrängung/Unterbindung und operativen Kontrolle einer für den 7. Oktober 1989 geplanten Zusammenkunft von feindlich-oppositionellen Kräften zur Schaffung der DDR-weiten Sammlungsbewegung/Vereinigung »Sozialdemokratische Partei« (SDP) v. 04.10.1989, AdsD Depositum Martin Gutzeit, Materialien zur Entstehung und Geschichte der SDP/SPD, Teil I.
75 Div. Schriftgut hierzu in: AdsD Depositum Martin Gutzeit, Materialien zur Entstehung und Geschichte der SDP/SPD, Teil I sowie AdsD Sozialdemokratische Partei in der DDR – SDP/SPD-Parteivorstand 2/SDPA000002.
76 Vgl. Sturm, Uneinig, a. a. O., S. 126. Weder den Unterschriftenlisten der SDP noch den Teilnehmerlisten bzw. Personenüberprüfungen des MfS ist eine definitive Teilnehmerzahl zu entnehmen, da die Namen variieren, AdsD Depositum Martin Gutzeit, Materialien zur Entstehung und Geschichte der SDP/SPD, Teil I.
77 Dazu und zum Folgenden vgl. Beschlussprotokoll der Gründungsversammlung der Sozialdemokratischen Partei in der DDR am 7. Oktober 1989 in Schwante (Kreis Oranienburg), AdsD Depositum Martin Gutzeit, Materialien zur Entstehung und Geschichte der SDP/SPD, Teil I.

der Tagesordnung wurde eine Redaktionskommission für die Ausarbeitung eines ausführlichen Parteiprogramms, bestehend aus Stephan Hilsberg, Martin Gutzeit und Steffen Reiche, gewählt.[78] Programmatisch ging es weiter mit dem Grundsatzreferat von Markus Meckel, in dem er die verschiedenen politischen Eckpunkte umriss und erläuterte.[79] Im Anschluss daran wurden die §§ 1 bis 10 des Statuts, die grundsätzliche politische und programmatische Weichenstellungen beinhalteten, diskutiert. Hier kam es zu den ersten Differenzen und einer Reihe von kleineren redaktionellen Änderungen des ursprünglichen Entwurfs von Gutzeit, die aber an der Substanz der Vorlage letztlich nichts änderten. Kontroversen entzündeten sich u. a. an den darin enthaltenen Begriffen »Demokratischer Sozialismus« und »Volkspartei« sowie der Frage der Frauenquote. Ergänzt und präzisiert wurden darüber hinaus der § 7 des Statuts hinsichtlich der Frage der Gewaltfreiheit nach innen und außen.[80] Auf Antrag von Meckel und mit dem Hinweis auf ein immer noch mögliches Eingreifen der Stasi wurde die Diskussion über die strukturellen Teile des Statuts abgebrochen, vertagt und der Gründungsakt vollzogen.[81] Er bestand in der fast einstimmigen Billigung[82] und Unterzeichnung des Textes der Gründungsurkunde sowie der Wahl eines 16-köpfigen geschäftsführenden Vorstands mit Stephan Hilsberg als erstem Sprecher und Markus Meckel sowie Angelika Barbe als Stellvertreter/in.[83] Geschäftsführer wurde Ibrahim Böhme und Schatzmeister Gerd Döhling. In den Vorstand wurden des Weiteren gewählt: Martin Gutzeit, Steffen Reiche, Arndt Noack, Konrad Elmer, Simone Manz, Stefan Finger, Joachim Hoffmann, Rainer Hartmann, Reiner Rühle, Frank Bogisch und Sabine Leger.[84] Daran ist vor allem die Kür von Hilsberg bemer-

---

78 Vgl. ebd., Bl. 3.
79 AdsD Sozialdemokratische Partei in der DDR – SDP/SPD-Parteivorstand 2/SDPA000002. Vgl. dazu im Detail weiter unten ☛ Kap. II 2, S. 83 ff.
80 Vgl. Beschlussprotokoll der Gründungsversammlung der Sozialdemokratischen Partei in der DDR am 7. Oktober 1989 in Schwante (Kreis Oranienburg); vgl. auch Entwurf des Statuts mit hd.-schr. Korrekturen, beides in: AdsD Depositum Martin Gutzeit, Materialien zur Entstehung und Geschichte der SDP/SPD, Teil I.
81 Vgl. Beschlussprotokoll der Gründungsversammlung der Sozialdemokratischen Partei in der DDR am 7. Oktober 1989 in Schwante (Kreis Oranienburg), Bl. 4 f., AdsD Depositum Martin Gutzeit, Materialien zur Entstehung und Geschichte der SDP/SPD, Teil I; vgl. auch Sturm, Uneinig, a. a. O., S. 126. Das Beschlussprotokoll vermerkt hierzu weiterhin: »Die sich in die Mitgliederlisten eingetragenen [sic!] Personen akzeptieren den bereits diskutierten 1. Teil des Statuts als gültig und verabschiedet. […] Der noch nicht diskutierte Teil wird in der nächsten Zeit diskutiert und ist noch nicht gültig.«
82 Vgl. Beschlussprotokoll der Gründungsversammlung der Sozialdemokratischen Partei in der DDR am 7. Oktober 1989 in Schwante (Kreis Oranienburg), Bl. 4 f., AdsD Depositum Martin Gutzeit, Materialien zur Entstehung und Geschichte der SDP/SPD, Teil I.
83 Vgl. ebd., Bl. 5.
84 Vgl. Martin Gutzeit: Ergänzungen zum Protokoll, o. D., AdsD Depositum Martin Gutzeit, Materialien zur Entstehung und Geschichte der SDP/SPD, Teil I; MfS – Operative Hinweise über die bisher bekanntgewordenen Funktionäre der SDP in der DDR, AdsD Depositum Martin Gutzeit, Materialien zur Entstehung und Geschichte der SDP/SPD, Teil I.

kenswert, der davon völlig überrascht wurde und »sich seine Wahl bis heute nicht erklären kann«[85], hatte er doch in der Vorbereitungsphase noch keine tatsächliche Rolle gespielt. Angesichts des erdrückenden Übergewichts von Pfarrern oder zumindest Theologen in der Versammlung sollte seine Wahl offenbar ein Signal der Säkularität sein.[86] Nach der Verabschiedung einer vorläufigen Finanzordnung und der Ernennung billigte das Plenum die von Böhme vorgelegten Entwürfe eines Aufnahmeantrags an die Sozialistische Internationale und einer Mitteilung an das Innenministerium der DDR.[87] Währenddessen hatte Reiche eine Presseerklärung mit dem Text der Gründungsurkunde in Berlin Vertretern westlicher Medien übergeben, und so lief die Nachricht bald über alle Radio- und Fernsehstationen.[88] Die »Sozialdemokratische Partei in der DDR« war aus der Taufe gehoben.

2 Programmatik, Organisation und Politik des Vorstandes der SDP im Herbst/Winter 1989

Die programmatische Rede Meckels in Schwante[89] folgte bei der Analyse der Situation in der DDR und den vorgestellten Alternativen im Wesentlichen der Linie, die durch den Aufruf vom Juli 1989 vorgezeichnet war, präzisierte und formulierte ihn jedoch an vielen Stellen aus. Diese erste ausführlich politische Grundsatzäußerung der jungen SDP offenbart eine bemerkenswerte Mischung von Anknüpfung an die Traditionen und Werte der deutschen Sozialdemokratie[90], Beschwörung eines – bewusst nicht klar definierten – demokratischen Sozialismus, westlichem Parlamentarismus und entsprechender Verfassungs- sowie Rechtsstaatlichkeitsvorstellungen, grün-alternativen Ökologie- und Lebensreformansätzen sowie schließlich Elementen bürgerbewegten und zivilgesellschaftlichen Denkens. Einführend benannte und brandmarkte Meckel die augenfälligen Symptome des Niedergangs der DDR wie etwa verfallende Städte oder Natur- und Umweltzerstörung. Der wirtschaftliche Kollaps des SED-Staates ist hier kaum Thema seiner Betrachtung bzw. wird lediglich durch die Brille des Ökologi-

---

85 Zit. n. Sturm, Uneinig, a. a. O., S. 126.
86 Vgl. Interview mit Stephan Hilsberg, in: Herzberg, von zur Mühlen, Anfang, a. a. O., S. 143.
87 Vgl. Beschlussprotokoll der Gründungsversammlung der Sozialdemokratischen Partei in der DDR am 7. Oktober 1989 in Schwante (Kreis Oranienburg), Bl. 5.; Ablichtungen beider Schreiben in:, AdsD Depositum Martin Gutzeit, Materialien zur Entstehung und Geschichte der SDP/ SPD, Teil I.
88 Vgl. Interview mit Steffen Reiche, in: Herzberg, von zur Mühlen, Anfang, a. a. O., S. 193.
89 Vgl. Programmatischer Vortrag, hekt. Ms. [unpag., 8 S.], AdsD Sozialdemokratische Partei in der DDR – SDP/SPD-Parteivorstand 2/SDPA000002; vgl. auch: Schuh, Weiden, Sozialdemokratie, a. a. O., S. 55 ff.
90 Der Begriff »Arbeiterbewegung« taucht in Meckels Vortrag wohl mit Bedacht nicht auf. Vgl. Programmatischer Vortrag, hekt. Ms. [unpag., 8 S.], AdsD Sozialdemokratische Partei in der DDR – SDP/SPD-Parteivorstand 2/SDPA000002.

schen angerissen. Die SED-Diktatur mit ihrem »absolute[n] Wahrheits- und Machtanspruch« habe in »anonyme Verantwortungslosigkeit« geführt und »die Menschen ihrer Zuständigkeit für die eigene Wirklichkeit beraubt.«[91] Mit ihrer Politik habe die SED nicht nur die DDR-Bürger entmündigt, Land und Bevölkerung in die »Perspektivlosigkeit« geführt, sondern auch den Begriff des Sozialismus gründlich »diskreditiert«[92]. Als Konsequenz daraus sei »eine radikale Veränderung nicht nur gegenwärtiger Politik notwendig, sondern des Systems im Ganzen«. Mit explizitem Bezug auf den Sozialismusbegriff forderte Meckel ein »gerechtes und soziales Gemeinwesen«, das vor allem aber auch demokratisch und ökologisch sein müsse. Diese Termini spielen ebenfalls eine zentrale Rolle beim Rückgriff auf das sozialdemokratische Erbe, an dem Meckel vor allem die emanzipatorischen, rechtsstaatlichen und revisionistischen[93] Ansätze wichtig waren. Die Staats- und Gesellschaftsvorstellungen Meckels sind einerseits klar parlamentarischer Natur, weisen andererseits aber auch stark basisorientierte Züge auf, in deren Zentrum die Freiheit des einzelnen Bürgers, dessen Menschen- und Bürgerrechte sowie dessen Rechte gegenüber dem Staat stehen:

> »Aufgabe des Staates ist es:
> – die persönlichen, sozialen, kulturellen und politischen Grundrechte der Bürger und die ihnen entsprechende Wahrnahme von Verantwortung zu ermöglichen, zu stärken und zu schützen,
> – Institutionen der gewaltfreien Konfliktregelung und -begrenzung in der Gesellschaft zu schaffen (Rechtswege) [...]
> Allen Monopolisierungen in Staat und Gesellschaft ist entgegenzutreten, insofern sie die sozialen und politischen Rechte der BürgerInnen beeinträchtigen und verkehren. Wo sie nicht vermeidbar sind – oder gar notwendig, wie im Falle des Gewaltmonopols des Staates –, ist strengste demokratische Kontrolle notwendig.
> Alle Entscheidungen in Staat und Gesellschaft müssen so dezentral wie möglich und so zentral wie nötig getroffen werden.«[94]

In diesen Passagen spiegelt sich die Erfahrung der Diktatur im besonderen Maße. Darüber hinaus waren aber auch ökologische und pazifistische Ansätze in Meckels Definition von Staatszielen wirksam, wie sie in der DDR-Opposition Allgemeingut

---

91 Ebd., S. 1.
92 Ebd., S. 2.
93 Der Begriff ist hier in dreifachem Sinne zu verstehen, zunächst der klassischen marxistischen Theorie bzw. des Revisionismusstreits zwischen Karl Kautsky und Eduard Bernstein um die Wende vom 19. zum 20. Jahrhundert, als Revision der marxistischen Orthodoxie und der realen Verhältnisse der DDR sowie schließlich als innovativer Beitrag der SDP zur damals aktuellen Programmatik der westdeutschen Sozialdemokratie.
94 Programmatischer Vortrag, S. 4 f., AdsD Sozialdemokratische Partei in der DDR – SDP/SPD-Parteivorstand 2/SDPA000002.

waren und so auch später Eingang in die Arbeit und den Verfassungsentwurf des Runden Tisches finden sollten.[95] Zivilgesellschaftliche Vorstellungen kommen vor allem in folgendem Abschnitt zum Tragen:

»Demokratie ist nicht nur eine Frage von Strukturen. Sie ist eine Lebensform, in der Freiheit Wirklichkeit wird und die in allen Lebensbereichen zur Geltung kommen soll.
Demokratie soll unsere politische Kultur bestimmen und bedarf einer starken Öffentlichkeit.
Die in der Demokratie verwirklichte Freiheit wird aber nur Bestand haben, wo Menschen solidarisch füreinander einstehen und auch der Schwache zu seinem Recht kommt, wo Menschen bereit und fähig sind, Verantwortung wahrzunehmen.«[96]

Sehr viel schwerer tat sich Meckel – eingestandenermaßen – bei der Ausformulierung der angestrebten sozialen und ökologischen Marktwirtschaft. Um die Unflexibilität und Ineffizienz der Planwirtschaft aufzubrechen, setzte er auf eine Renaissance des als »nicht [...] zu ersetzend [...]« erachteten Marktmechanismus. Gleichzeitig aber beurteilte Meckel den Markt an sich in sozialer wie ökologischer Hinsicht sehr kritisch:

»Der Markt reagiert aber nur auf einen Bedarf und produziert für ihn, wenn für diesen auch Kaufkraft da ist. So entsteht ein soziales Problem für alle, die am ökonomischen Reproduktionsprozess nicht teilnehmen bzw. teilnehmen können. Es entsteht die Aufgabe der sozialen Sicherung.
Ebensowenig ist der Markt fähig, ökologische Kriterien von sich her zu erfüllen, da die Natur oft erst langfristig und an anderer Stelle die Folgen menschlicher Eingriffe zeigt. [...] Ein wichtiges Mittel ist eine Gesetzgebung, welche die Verursacher haftbar macht und ökologische Vorsorge und Nachfolgekosten in das Marktgeschehen einbezieht.
Der Markt lebt vom Wettbewerb. Dieser muss erhalten, seine Untergrabung durch Machtballung und Verflechtung von Konzernen verhindert werden. [...]
Humane Ziele und nicht allein der Profit müssen wirtschaftliche Entwicklung lenken. Durch Gebote, Verbote, Grenzwerte etc. und gezielte Förderung bestimmter

---

95 Vgl. Helmut Herles, Ewald Rose (Hg.): Vom Runden Tisch zum Parlament (= Bouvier Forum Bd. 5), Bonn 1990, S. 92 ff., 217 ff.; Verfassungsentwurf des Zentralen Runden Tisches, Staatsgrundsätze Art. 2 und 5, in: Uwe Thaysen (Hg.): Der Zentrale Runde Tisch der DDR, Wortprotokoll und Dokumente, 5 Bde., Wiesbaden 2000, Bd. V, S. 686 f.
96 Programmatischer Vortrag, S. 5, AdsD Sozialdemokratische Partei in der DDR – SDP/SPD-Parteivorstand 2/SDPA000002.

technologischer Entwicklungen und Produktionsformen ist die Wirtschaft so zu lenken, dass sie Mensch und Natur nicht bedroht.«[97]

Gesellschaftlich notwendige Infrastruktur sowie das Bankenwesen sollten insofern weiterhin in der Hoheit des Staates verbleiben.[98] Indifferent zeigte sich Meckel generell im Hinblick auf die Eigentumsverhältnisse. Sein Ansatz war offensichtlich eher vom Prinzip der individuellen und kollektiven Verantwortung als von der Forderung des unbedingten Schutzes des Privateigentums geprägt. Das Privateigentum an Produktionsmitteln stand also in seinen Überlegungen keinesfalls im Vordergrund:

> »Wir setzen uns ein für eine soziale Marktwirtschaft mit vielfältiger, gemischter Wirtschaftsstruktur und unterschiedlichen Eigentumsformen (z. B.: Genossenschaften, Arbeiterselbstverwaltungen, Eigentum oder Beteiligung des Gesamtstaates, der Städte oder Gemeinden, private Eigentumsformen). Wichtig ist nicht in erster Linie, wer und wo der Eigentümer, d. h. der Entscheidungsträger ist, sondern dass effektiv gewirtschaftet wird und der erwirtschaftete Reichtum allen zugute kommt durch entsprechende Umverteilung und Investitionen.«[99]

Die sozialistische Grundierung in seinem wirtschaftspolitischen Denken dominierte also zu diesem Zeitpunkt noch weitgehend die marktwirtschaftlichen Überlegungen und Ansätze.

Die stark ökologische Orientierung der frühen SDP kommt erneut und verstärkt in den Bereichen Energiepolitik und Landwirtschaftspolitik zum Tragen.[100] Postmaterialistisches Denken reinsten Wassers offenbart hingegen folgende Textpassage zum angestrebten Wandel des Lebensstils:

> »Jede Wirtschaft wird stark von den jeweiligen Konsum- und Lebensgewohnheiten einer Gesellschaft bestimmt. Gerade durch den Umbau der Wirtschaft auf eine Marktorientierung hin kann der Einfluss der Konsumenten auf die Wirtschaft größer werden. Hier stehen wir in der Gemeinschaft vieler gesellschaftlicher Kräfte, insbesondere der Kirchen, vor der Aufgabe, einen Bewusstseinswandel zu fördern, der Lebensqualität und -erfüllung nicht vorrangig an materiellem Konsum misst, sondern in geistigen, kulturellen und solidarischen Werten. Eine Veränderung von Konsumgewohnheiten und des Lebensstils wird eine soziale, demokratische und ökologische Entwicklung der Gesellschaft nicht unwesentlich fördern.«[101]

---

97 Ebd., S. 5.
98 Vgl. ebd.
99 Ebd., S. 6.
100 Vgl. ebd.
101 Ebd., S. 6 f.

2 Programmatik, Organisation und Politik des Vorstandes der SDP im Herbst/Winter 1989

Im Hinblick auf die soziale Sicherheit und die Gleichberechtigung von Frauen fand Meckel sogar lobende Worte für die Lebenswirklichkeit des ostdeutschen Teilstaats, wenn er feststellte, dass auf diesen Gebieten »die DDR in ihrer bisherigen Entwicklung am meisten geleistet hat.«[102] Er mahnt hier lediglich einige lebensweltliche Korrekturen an.

In einem relativ kurzen außenpolitischen Teil brach Meckel – ganz Aktivist der Friedensbewegung – eine Lanze für allgemeine Friedens-, Abrüstungs- und Menschenrechts- und Entwicklungspolitik, was er mit der Forderung nach einer Stärkung der UNO verband.[103] Hinsichtlich des europäischen Szenarios favorisierte er eine Auflösung der bisherigen antagonistischen Bündnissysteme des Kalten Krieges, NATO und Warschauer Vertrag, im Rahmen eines intensivierten KSZE-Prozesses.[104] Skeptisch zeigte er sich gegenüber dem Projekt eines europäischen Binnenmarktes, da er dadurch eine erneute Ausgrenzung der entstehenden Demokratien in Mittel- und Osteuropa befürchtete.[105] Ausnehmend salomonisch fielen seine Ausführungen zur deutschen Frage aus:

> »Wir anerkennen die Zweistaatlichkeit Deutschlands als Folge der schuldhaften Vergangenheit unseres Volkes. Damit sind künftige Optionen im Rahmen einer europäischen Friedensordnung nicht ausgeschlossen, doch können sie jetzt nicht handlungsorientierte politische Ziele sein.«[106]

Mit diesem Programm, hoffte Meckel, könne die SDP zur Volkspartei werden. Er lud in diesem Sinne auch explizit »alle SED-Mitglieder« zur »demokratische[n] Mitarbeit«[107] ein – ein Angebot, das im Laufe des Herbstes und Winters 1989/90 sehr kontrovers diskutiert und im Februar 1990 auf dem Leipziger Parteitag demonstrativ zurückgenommen werden sollte.[108] Meckels Rede sowie die im vorläufigen Statut verankerten und in Schwante gebilligten §§ 1 bis 10 stellten für die nächsten Wochen die maßgeblichen und einstweilen einzigen programmatischen Manifestationen der SDP dar.[109]

---

102 Ebd., S. 7.
103 Vgl. ebd.
104 Vgl. ebd.
105 Vgl. ebd.
106 Ebd., S. 8.
107 Ebd., S. 3.
108 Die Angst vor einer Unterwanderung und die – keinesfalls unbegründete – Furcht, im Volkskammerwahlkampf mit der Mitte Dezember 1989 reformierten SED bzw. nun SED-PDS in einen Topf geworfen zu werden, führte dazu, dass der Leipziger Parteitag beschloss, die Hürden für den Beitritt ehemaliger SED-Mitglieder sehr hoch anzusetzen, was unter dem Strich viele auch ehrlich gemeinte Aufnahmeanträge faktisch verhinderte. Vgl. dazu auch weiter unten ☞ Kap. II 3, S. 104 ff. u. ☞ III 3, S. 165 ff.
109 Die Rede wurde – inhaltlich identisch – in zwei unterschiedlichen Versionen gedruckt und verbreitet. AdsD Sozialdemokratische Partei in der DDR – SDP/SPD-Parteivorstand 2/SDPA000044.

Zwar war auf der Gründungsversammlung, wie oben erwähnt, eine Redaktionskommission zur Erstellung eines Grundsatzprogramms gebildet worden, deren Mitglieder, Hilsberg, Gutzeit und Reiche, aber wohl mit ihren Parteiämtern[110] soweit beschäftigt waren, dass für die Redaktionsarbeit im engeren Sinne vergleichsweise wenig Zeit verblieb. Am 9. Dezember 1989 konstituierte sich eine Grundwertekommission, in der neben Meckel, Hilsberg, Gutzeit, Brinksmeier, Bogisch und Pawliczak auch Matthias Weise/Naumburg, Roland Horn/Greifswald, Ulrich Stockmann/Naumburg, Jörg Milbradt/Döbern, Thomas Krüger/Berlin, Michael Seils/Halle, Simone Manz/Rudolstadt und Walter Romberg/Berlin mitwirkten.[111] Die Aufgabe der Kommission war u. a. die Sammlung und redaktionelle Bearbeitung von eingehenden Thesen und programmatischen Vorschlägen zu einzelnen Themenbereichen. Da beim Vorstand schon einige programmatisch-inhaltliche Arbeitsgruppen bzw. Zuständigkeiten existierten[112], die aber noch nicht das gesamte Spektrum abdeckten, benannte das Gremium weitere Verantwortliche im Rahmen der Grundsatzkommission:

»1. Abrüstung/Europapolitik/Deutschlandfrage: M[arkus] Meckel
2. Land- und Forstwirtschaft: S[abine] Leger
3. Bildungspolitik: (R[ainer] Hartmann), S[imone] Manz
4. Bürgerl[iche] Freiheit Rechtsstaat: [Martin] Gutzeit
5. Kulturpolitik: Th[omas] Krüger
6. Sozialpolitik: R[oland] Horn
7. Regional/Kommunalpolitik/Regionale Strukturfragen: U[lrich] Stockmann
8. Entwurf für die Systematik: J[örg] Milbradt, U[lrich] Stockmann«[113]

Neben der Programmarbeit im engeren Sinne und in Bezug auf dessen schriftliche Fixierung sollten auch folgende übergreifende Themen- und Fragestellungen in der Kommission Beachtung finden:

---

110 Hilsberg: 1. Sprecher; Gutzeit: ab Ende Oktober stellvertretenden Geschäftsführer; Steffen Reiche: Pressesprecher.
111 Vgl. Protokoll der Sitzung der Grundsatzkommission der SDP am 09.12.1989, AdsD Sozialdemokratische Partei in der DDR – SDP/SPD-Parteivorstand 2/SDPA000044.
112 Vgl. ebd. Arbeitsgruppen und ihre zuständigen Leiter: Bildung und Erziehung/Frauenfragen: Angelika Barbe; Europa und Deutschlandfrage: Markus Meckel; Ökonomie: Lothar Pawliczak; Ökologie/Ökonomie und Ökonomie/Praxis: Frank Bogisch; Ausländerrecht: Ibrahim Böhme; Gesundheitswesen: Stefan Finger; Wohnungspolitik: Arndt Noack; Land/Forstwirtschaft: Sabine Leger; Kultur: B. Herzberg. Diese Zuständigkeiten waren Ende Oktober 1989 im Vorstand im Wesentlichen so beschlossen worden. Protokoll der Vorstandssitzung am 29.10.1989, AdsD Depositum Martin Gutzeit, Materialien zur Entstehung und Geschichte der SDP/SPD, Teil II.
113 Protokoll der Sitzung der Grundsatzkommission der SDP am 09.12.1989, AdsD Sozialdemokratische Partei in der DDR – SDP/SPD-Parteivorstand 2/SDPA000044.

2 Programmatik, Organisation und Politik des Vorstandes der SDP im Herbst/Winter 1989

»– Identitätsprobleme in unserem Land
- Identität der SDP anhand von zukünftigen Tendenzen
- Beseitigung und Verhinderung stalinistischer Strukturen
- Soziale Not bei möglichen Wiedervereinigungstendenzen
- Auftretender Rechtsextremismus
- Anthropologische Leitlinien
- Anthropologische Leitlinien des Menschen in seiner Natur/Gesellschaft
- Demokratie und Sozialismus
- Kultur und Geschichte im Europäischen Prozess
- Demokratische Strukturen in der Partei
- Verhältnis zu Bürgerbewegungen
- Freiheitsbegriff
- Volkspartei«[114]

Diese Arbeit diente dem Ziel, möglichst auf der für Anfang Januar 1990 in Berlin terminierten Delegiertenkonferenz der SDP bzw. dann SPD erste programmatische Grundlagen ausformuliert zur Abstimmung zu stellen. Die dort dann eingebrachten und beschlossenen »Grundaussagen des Programms der SPD« basierten auf den entsprechenden Vorarbeiten der Grundsatzkommission.[115] Besonders intensiv wurde um das wirtschafts-, umwelt- und sozialpolitische Profil gerungen, wie ein von Frank Bogisch und Lothar Pawliczak Anfang 1990 publiziertes Kompendium der Diskussionsbeiträge und Entwürfe aus den entstehenden Gliederungen der SDP zeigt.[116] Dies war natürlich den immer brennenderen praktischen Problemen gerade in diesen Fragen geschuldet – und dem Willen, den Begriff der sozialen und ökologischen Marktwirtschaft mit konkreten Inhalten zu füllen. In dieser Broschüre manifestierte sich nicht nur das vehemente Bedürfnis der Basis, sich in den Programmbildungsprozess einzubringen und in der DDR etwas zu bewegen, sondern es offenbarte sich eben auch eine sehr breite Meinungsvielfalt, die sich von noch stark sozialistisch bzw. gemeinwirtschaftlich geprägten Vorstellungen[117] bis zu immer wieder recht pointiert

---

114 Ebd.
115 Vgl. verschiedene überlieferte Entwürfe sowie Grundaussagen des Programms der SPD in: Vorstand der SPD (Hg.), SPD – Dokumente und Materialien, [Berlin 1990], AdsD Sozialdemokratische Partei in der DDR – SDP/SPD-Parteivorstand 2/SDPA000044 u. 45. Siehe dazu auch weiter unten ☞ Kap. II 5, S. 129 ff. u. ☞ III 3, S. 165 ff.
116 Vgl. Frank Bogisch, Lothar Pawliczak (Hg.): Querschnitt. Denkmodelle zur künftigen Wirtschafts-, Umwelt- und Sozialpolitik in der Sozialdemokratischen Partei in der DDR, Berlin [O] 1990, AdsD Sozialdemokratische Partei in der DDR – SDP/SPD-Parteivorstand 2/SDPA000045.
117 Vgl. etwa die Entwürfe des BV Berlin, der Basisgruppe Gera oder des KV Oranienburg, ebd., S. 3 f., 6 f., 11.

marktorientierten Ansätzen[118] erstreckte. Bis zur Verabschiedung eines umfassenden Grundsatzprogramms sollte es noch bis Februar 1990 dauern.

Wie sehr Teile des Gründerkreises dem Milieu und der Denkweise der Bürgerbewegung verhaftet waren, zeigen die Zwistigkeiten um die Verabschiedung des Organisationsstatuts. Konrad Elmer und Rainer Rühle hatten im September 1989 einen Entwurf[119] vorgelegt, der – ganz im Stil anderer entstehender Gruppierungen – starke basis- bzw. rätedemokratische Züge aufwies. Darin definierten sie die Basisgruppen als das ideelle und faktische Fundament der Partei. Diese sollten, um gesprächsfähig zu bleiben – ein Kernanliegen Elmers –, nicht mehr als 15 Mitglieder umfassen. Zur Gewährleistung eines Höchstmaßes an innerparteilicher Demokratie konstruierte Elmer zwei durch Wahl ineinander verschränkte Säulen von Parteitagen und direkt gewählten Parteiräten auf den verschiedenen Gliederungsebenen. Er hoffte, damit die jeweiligen Vorteile des Rätemodells und der klassischen Parteiorganisation miteinander zu verbinden. Zudem war die Trennung von Parteiamt und Mandat bzw. Staatsamt vorgesehen. Meckel hatte weder an einem derart komplizierten[120] Parteiaufbau noch an einer ausufernden Strukturdebatte auf der Gründungsversammlung ein Interesse. Deshalb verhinderte er in Schwante mit seinem kleinen Kunstgriff der Vertagung sowohl die Diskussion als auch die Verabschiedung eines von ihm ungeliebten Statuts.[121] Es wurde in dieser Form lediglich vom Bezirksverband Berlin offiziell, wenn auch ebenfalls provisorisch, bestätigt, und diente ansonsten einstweilen als Empfehlung.[122] Bis Dezember 1989 entwarf Reinhard Höppner eine neue und stärker zentralistische Vorlage.[123] Diese wurde später noch erheblich überarbeitet und auf der Delegiertenkonferenz im Januar 1990 vorgestellt und diskutiert.[124] Erst der Leipziger

---

118 Vgl. etwa die Entwürfe von Rudolf Paar (SDP Dresden) oder Matthias Grünzig/Berlin, ebd., S. 7 f., 14 f.
119 Schriftgut zur Arbeit der Statutengruppe befindet sich in: AdsD Depositum Martin Gutzeit, Materialien zur Entstehung und Geschichte der SDP/SPD, Teil I. Zum SDP-Statut vgl. auch Schuh, Weiden, Sozialdemokratie, a. a. O., S. 58 f.
120 Das räumte selbst Elmer in einem späteren Vortrag ein. Vgl. Elmer: Vor- und Wirkungsgeschichte, in: Dowe, Bürgerbewegung a. a. O., S. 31.
121 Vgl. ebd., S. 34; vgl. auch Interview Markus Meckel, in: Herzberg, von zur Mühlen, Anfang, a. a. O., S. 130; Sturm, Uneinig, a. a. O., S. 126.
122 Vgl. Elmer: Vor- und Wirkungsgeschichte, in: Dowe, Bürgerbewegung a. a. O., S. 34 f. Unklar ist, warum Faltblätter, die nach Elmers Entwurf gedruckt worden waren, den – falschen – Hinweis »Dieses Statut tritt mit Beschluss vom 7.10.1989 in Kraft und gilt bis zum ersten Parteitag« enthalten. Vgl. AdsD Sozialdemokratische Partei in der DDR – SDP/SPD-Parteivorstand 2/ SDPA000002.
123 Abgedr. i.: Dowe, Bürgerbewegung a. a. O., S. 131 ff.
124 Abgedr. i.: ebd., S. 144 ff.; vgl. Elmer: Vor- und Wirkungsgeschichte, in: Dowe, Bürgerbewegung a. a. O., S. 34 f.; vgl. Protokoll – Delegiertenkonferenz der Sozialdemokratischen Partei in der DDR 12.1–14.1.1990 Berlin, Kongresshalle Alexanderplatz, [Berlin-Ost 1990], S. 225 ff. AdsD Sozialdemokratische Partei in der DDR – SDP/SPD-Parteivorstand 2/SDPA000007; siehe dazu auch unten ☞ Kap. II 5, S. 129 ff.

2 Programmatik, Organisation und Politik des Vorstandes der SDP im Herbst/Winter 1989

Parteitag im Februar 1990 verabschiedete schließlich ein endgültiges Statut, das mit den Vorstellungen Elmers nicht mehr viel gemein hatte.[125] Neben den Konfliktfeldern Programm und Statut gab es innerhalb des erweiterten Gründerkreises wohl auch die einen oder anderen politischen, lebensweltlichen und vielleicht auch persönlichen Friktionen, die sich aber anhand der Quellen kaum näher nachvollziehen lassen.[126] Die Entwicklungsstränge von Programmatik und Statut verdeutlichen exemplarisch den Weg, den die SDP/SPD-DDR von Oktober 1989 als eine – zwar besondere – Gruppierung der Bürgerbewegung zu einer »normalen« sozialdemokratischen Partei mit ihren spezifischen Eigenheiten im Frühjahr 1990 zurücklegen musste.

Böhme hatte die in Schwante beschlossene Mitteilung an das Innenministerium umgehend verschickt. Die SDP unternahm darin, nach den Erfahrungen des Neuen Forums, jedoch nicht einmal mehr den Versuch, die Legalisierung der Partei zu beantragen, sondern gab lediglich die Gründung bekannt. Mit einer Vorlage für das Politbüro zu »Maßnahmen zur Verhinderung der weiteren Formierung und zur Zurückdrängung antisozialistischer Sammlungsbewegungen« vom 23. Oktober reagierte die SED auf die sich organisierende Opposition.[127] Der u. a. von Erich Mielke und Friedrich Dickel stammende Entwurf sah einerseits vor, den in Gründung befindlichen Gruppierungen – auf der Basis der geltenden Gesetze und mit Hinweis auf die Nationale Front

---

125 Abgedr. i.: Dowe, Bürgerbewegung a. a. O., S. 167 ff.; siehe dazu auch unten ☛ Kap. III 3, S. 165 ff.
126 Hinweise darauf bei Sturm, Uneinig, a. a. O., S. 135 f. Sturm zitiert in diesem Zusammenhang fast ausschließlich Interviews mit beteiligten Personen aus dem Jahr 2004, ohne diese quellenkritisch zu qualifizieren. Fakt sind die Differenzen zwischen Meckel und Elmer hinsichtlich des Statuts sowie zwischen Meckel und Gutzeit bezüglich des Grades der Zusammenarbeit mit der SED bzw. SED-Mitgliedern. Vgl. AdsD Depositum Martin Gutzeit, Materialien zur Entstehung und Geschichte der SDP/SPD. Sturms Behauptung, dass Hilsberg bei Wortmeldungen Böhmes oftmals den Raum verlassen habe, bleibt nicht nur ohne jeglichen Beleg, sondern ist offenbar für die Frühzeit schlicht falsch. Hilsberg sagte dazu in einem Interview aus dem Jahr 1993: »Lediglich Ibrahim Böhme hatte einen starken Eindruck hinterlassen. Der rührte von einem Vortrag über DDR-Geschichte her, den er in unserem Friedenskreis hielt. Meckel und Gutzeit kannte ich nicht. […] Später sagte mein Vater, er hätte den Eindruck gehabt, dass Böhme mich als seinen Mann aufbauen wollte.« Zu Problemen zwischen Hilsberg und Böhme kam es erst wohl ab Spätherbst 1989 wegen Böhmes Amtsauffassung als Geschäftsführer der SDP. Interview mit Stephan Hilsberg, in: Herzberg, von zur Mühlen, Anfang, a. a. O., S. 139, 142, 144. Meckel führt über frühe Verdachtsmomente gegen Böhme Folgendes aus, was im Übrigen recht viel über die Binnendynamik der Gruppe verrät: »Es war ganz klar, dass Böhme zu den Vieren [den Unterzeichnern des Gründungsaufrufes; P. G.] gehörte und wir nicht nein sagen konnten zu seiner Mitgliedschaft oder Beteiligung, wenn wir eine Volkspartei machen wollten. Wir wollten ja kein Freundeskreis von Verschworenen sein, von dem man jemanden ohne beweisbare Gründe ausschließen kann.« Ebd., S. 131.
127 Vgl. Vorlage für das Politbüro des ZK der SED v. 23.10.1989 Maßnahmen zur Verhinderung der weiteren Formierung und zur Zurückdrängung antisozialistischer Sammlungsbewegungen, AdsD Depositum Martin Gutzeit, Materialien zur Entstehung und Geschichte der SDP/SPD, Teil II. Die Vorlage wurde zunächst vertagt und am 30.10.1989 diskutiert.

der DDR – die Zulassung zu versagen.[128] Andererseits aber beschränkte er die Anwendung strafrechtlicher Maßnahmen auf Aktivitäten mit westlich-geheimdienstlichem Hintergrund und solche, die zur Gewalt aufriefen.[129] Hinsichtlich »nicht genehmigte[r] Druck- und Vervielfältigungserzeugnissen[n]« seien »unter der Betrachtung der konkreten Bedingungen [...] differenziert ordnungsrechtliche Mittel anzuwenden«[130]. Parallel dazu sollte ein Parteien-, Vereinigungs- und Veranstaltungsgesetz vorbereitet werden. Diese relativ weiche Linie war eingepasst in das Krenz'sche Dialogkonzept, das vorsah, die Opposition »differenziert« sachlich und personell einzubinden und gleichzeitig die Vertreter der SED in die Lage versetzen sollte, im Dialogprozess »zu den aufgeworfenen Fragen marxistisch-leninistische Antworten«[131] zu geben. In diesem Sinne sollte Böhme »in einer mündlichen Aussprache« mitgeteilt werden, »dass die bisherigen Gründungshandlungen rechtswidrig sind«[132]. Gleichwohl konnte die SDP ihre Aktivitäten, wenn auch noch unter strenger Beobachtung des MfS, relativ frei entfalten, denn die vorgezeichnete Gesamtstrategie der SED bedeutete in der konkreten Situation des Oktobers 1989 de facto eine Zulassung oppositionellen politischen Handelns. Anfang Dezember erachtete sich die SDP als offiziell vom Ministerium des Inneren anerkannt, da die Parteibildung nicht innerhalb von drei Wochen verboten worden war, wie es eigentlich vorgeschrieben gewesen wäre.[133] Am 6. Dezember bestätigte das Ministerium des Inneren – »als Zwischenbescheid« – den Eingang von Böhmes Schreiben.[134]

Der Vorstand der SDP bzw. der daraus gebildete Geschäftsführende Ausschuss agierte in der Frühzeit zunächst in doppelter Hinsicht in fast luftleerem Raum: Kennzeichnend hierfür waren einerseits die miserablen Kommunikations- und Infrastrukturbedingungen[135], andererseits aber auch eine zunehmend überbordende Arbeitsbelastung bei gleichzeitig rudimentärer Organisation. Der Vorstand tagte[136] zunächst in den Räumlichkeiten der Evangelischen Studentengemeinde (ESG) Berlin bzw. der Elisabethkirche oder der Privatwohnung von Markus Meckel in der Nähe von Magdeburg. Kennzeichnend für den Arbeitsstil des SDP-Vorstands dieser Tage war die geradezu hektische und bisweilen kaum koordinierte Betriebsamkeit einer Handvoll zentraler

---

128 Vgl. ebd., S. 1 sowie Anlage 3.
129 Vgl. ebd., Anlage 2, S. 6 f.
130 Ebd.
131 Ebd., S. 2.
132 Ebd., Anlage 4.
133 Vgl. div. Protokolle und Notizen zur Vorstandssitzung am 03.12.1989, AdsD Depositum Martin Gutzeit, Materialien zur Entstehung und Geschichte der SDP/SPD, Teil IV.
134 MdI an Böhme v. 06.12.1989, AdsD Depositum Martin Gutzeit, Materialien zur Entstehung und Geschichte der SDP/SPD, Teil IV.
135 Vgl. Neugebauer, SDP/SPD, a. a. O., S. 81.
136 Vgl. Protokolle der Vorstandssitzungen im Oktober, AdsD Depositum Martin Gutzeit, Materialien zur Entstehung und Geschichte der SDP/SPD, Teil II.

Akteure, wie sie in diversen Abhörprotokollen und Berichten des MfS[137] und Terminplänen des Vorstands offenbar wird. Manche hetzten buchstäblich durch die gesamte DDR, um den Kontakt zu SDP-Basisgruppen herzustellen und um eine Vielzahl von Veranstaltungen, Versammlungen oder nächtlichen Sitzungen zu bestreiten. Um die Jahreswende 1989/90 erhielt die SDP immerhin Räumlichkeiten der Nationalen Front in der Otto-Grotewohl-Straße als einstweilige Geschäftsstelle zugewiesen.[138] Ein recht plastisches Bild der Arbeitsumstände des Winters 1989/90 zeichnete Olaf R. Spittel, zeitweiliger Pressesprecher der SDP, in einem Memorandum von Januar 1990, in dem er dem Vorstand mit drastischen Worten ins Stammbuch schrieb:

»– Alle Vorstandsmitglieder müssen ausschließlich für ihre politische Arbeit zur Verfügung stehen, dies allerdings am gesamten Arbeitstag. Wir sind keine Feierabendpartei.
- Alle Vorstandsmitglieder sind im Regelfall in der Geschäftsstelle anwesend bzw. hinterlassen, wo sie erreichbar sind.
- In Wahlkampfzeiten muß morgens eine kurze Lagebesprechung stattfinden.
- Die Zeitdauer für Sitzungen wird drastisch verkürzt durch Disziplinierung und Konzentration auf das Wesentliche. Wer die dafür notwendige Selbstdisziplin nicht aufbringen kann, ist für eine Vorstandsarbeit nicht geeignet. Sinnvolle Methoden der Kommunikation sind zu erlernen.
- Nachtsitzungen unterbleiben.
- Freizeit und Zeit für die körperliche und psychische Regeneration muß garantiert sein. Gesundheit und das Wohl jedes Menschen als Forderung und sozialer Wert schließt auch uns selbst ein.
- Technische und Verwaltungsarbeit muß ausschließlich von Mitarbeitern bewältigt werden, die Profis im Bürobereich sind. Diese müssen schnellstens gefunden und eingestellt werden.
- Der gesundheitliche Raubbau und die permanente Selbstausbeutung aller ›für eine gute Sache‹ muß sofort beendet werden. Anderenfalls wird die Qualität unserer Arbeit seriösen Anforderungen nicht genügen können und – wie momentan der Fall – zur Schlamperei und zum Dilettantismus führen. Nur in sinnvoll bemessener Arbeitszeit ist gute Arbeit zu leisten.
- Der Vorstand muß lernen, anfallende Probleme zur Lösung zu delegieren und nicht zu versuchen alles selbst zu lösen.
- Unser Bild in der Öffentlichkeit wird bislang noch dadurch geprägt, wir würden uns totarbeiten – und werden dies künftig auch von anderen verlangen. Ebenso

---

137 Vgl. AdsD Depositum Martin Gutzeit, Materialien zur Entstehung und Geschichte der SDP/SPD, Teil II.
138 Vgl. Pressemitteilung der SDP v. 02.01.1990, AdsD Depositum Martin Gutzeit, Materialien zur Entstehung und Geschichte der SDP/SPD, Teil VI; vgl. auch Sturm, Uneinig, a. a. O., S. 268.

müssen dringend die Umgangsformen des Vorstandes verbessert werden. Sitzungen in dreckigen Räume in verqualmter Luft (welche Rücksichtslosigkeit gegen Nichtraucher und ein Hohn auf unsere Prinzipien der Ökologie und des Gesundheitsschutzes!) sind vielleicht für eine anarchosyndikalistische Splittergruppe möglich, nicht aber für eine sozialdemokratische Partei.
– Das äußere Erscheinungsbild einzelner Vorstandsmitglieder in der Öffentlichkeit ist katastrophal und parteischädigend. [...]
– Ich wage zu behaupten, daß nicht alle Sachgebiete im Vorstand bislang mit kompetenten Fachleuten besetzt sind, die regierungs- und in der Gesellschaft mehrheitsfähige Standpunkte glaubwürdig vertreten können. Auch die Kompetenz einiger als ›Berater‹ der Partei auftretender Personen ist hier gemeint.«[139]

Wirkliche Besserung trat aber erst ein, als ab Januar die materielle, organisatorische und logistische Hilfe aus dem Westen langsam zu fließen begann.[140]

Neben dem Aufbau der eigenen Organisation[141] und deren Repräsentanz in der Öffentlichkeit spielte in diesen ersten Monaten politisch vor allem die Auseinandersetzung mit dem kollabierenden SED-Staat sowie die Positionierung und Profilierung innerhalb der sich institutionalisierenden Opposition eine Rolle. Für die Bürgerbewegung – und damit auch die frühe SDP – war die Herstellung einer unabhängigen Öffentlichkeit zunächst eines der vorrangigen Ziele. Insofern ging es zuallererst um die Schleifung des Informationsmonopols der SED, d. h. also um die Pressefreiheit in der DDR. Dass sie sich der Rolle und der Macht der Medien sehr wohl bewusst waren, hatten die SDP-Gründer mit der gezielten Nutzung der Westmedien für ihre politischen Anliegen gezeigt. Zur Konzeption und Koordinierung der Öffentlichkeitsarbeit rief der Vorstand der SDP zwischen Mitte und Ende Oktober[142] eine Mediengruppe ins Leben. Sie hatte einerseits die Aufgabe, Programmatik und politischer Arbeit nach innen und außen durch Flugblätter sowie andere Veröffentlichungen zu verbreiten und sollte andererseits die Pressearbeit in all ihren Facetten gestalten.[143] Die Leitung hatte zunächst Martin Gutzeit übernommen. Ab 20. November 1989 bekleidete Steffen Reiche offiziell das Amt des Pressesprechers.[144] Mit der Ende Oktober 1989 erschienenen und als Wochenzeitung deklarierten »Depesche« versuchte die SDP, ein unabhängiges

---

139 Memorandum Olaf R. Spittel v. 21.01.1990, AdsD Sozialdemokratische Partei in der DDR – SDP/SPD-Parteivorstand 2/SDPA000270.
140 Vgl. Sturm, Uneinig, a. a. O., S. 272 ff.
141 Dazu weiter unten ☞ Kap. II 3, S. 104 ff.
142 Beschlossen wurde die Einrichtung der Mediengruppe auf der Vorstandssitzung am 13.10.1989. Sie tagte zum ersten Mal am 27.10.1989. AdsD Depositum Martin Gutzeit, Materialien zur Entstehung und Geschichte der SDP/SPD, Teil II.
143 Vgl. Protokoll der 1. Mediengruppensitzung am 27.10.1989 AdsD Depositum Martin Gutzeit, Materialien zur Entstehung und Geschichte der SDP/SPD, Teil II.
144 Vgl. Notizen v. Sabine Leger zur Vorstandssitzung am 20.11.1989, AdsD Depositum Martin Gutzeit, Materialien zur Entstehung und Geschichte der SDP/SPD, Teil III.

Presseorgan aus der Taufe zu heben. Im Grunde handelte es sich dabei der Form nach um eine klassische – und so in der DDR-Opposition seit Längerem gängige – Samisdatveröffentlichung.[145] Die »Depesche« erschien lediglich in zwei Ausgaben, da die redaktionelle und verlegerische Arbeit zu diesem Zeitpunkt die knappen Ressourcen des SDP-Vorstandes überforderte.[146] Führende SDP-Vertreter nutzten daneben die vielfältigen Möglichkeiten, die neue Partei und ihre politischen Ziele in westlichen Medien vorzustellen, wie eine große Anzahl von Interviews und Zeitungsartikeln belegen.[147] Langsam öffnete sich auch die DDR-Presse den Anliegen der Opposition. Symbolhaft dafür mag das im Zentralorgan der SED, dem »Neuen Deutschland«, am 9. November erschienene Interview[148] mit Markus Meckel stehen. Das konnte freilich keinesfalls darüber hinwegtäuschen, dass die Oppositionsgruppierungen, was ihren generellen Pressezugang anbetraf, nach wie vor strukturell massiv benachteiligt waren. Das Projekt der Herausgabe einer parteieigenen Zeitung wurde insofern einstweilen weiter verfolgt und die entsprechenden Lizenzen Anfang Dezember beim Ministerium des Inneren beantragt, das diese Anfang Januar für »SDP-Info« erteilte.[149] Eine richtige sozialdemokratische Zeitung entstand aus diesen Ansätzen jedoch nicht. Das meiste, was die SDP bzw. SPD-DDR an zeitungsartigen Druckerzeugnissen publizierte, diente ausschließlich Wahlkampfzwecken.[150] Zu einer halbwegs geregelten und stringenten Pressearbeit kam es erst ab Januar 1990.[151]

Am 14. Oktober wandte sich die SDP mit einem ersten offiziellen Flugblatt an die DDR-Bevölkerung, um ihre Gründung und programmatischen Eckpunkte bekannt zu machen und zur Mitarbeit aufzurufen.[152] Der Vorstand hatte darüber hinaus in seiner Sitzung vom Vortag einen Katalog mit Sofortmaßnahmen diskutiert. Hilsbergs

---

145 Zum Phänomen der selbst verlegten Untergrundliteratur im Realsozialismus vgl. Neubert, Opposition, a. a. O., S. 752 ff.; Ilko-Sascha Kowalczuk: Politischer Samisdat in der DDR, in: Matthias Buchholz u. a. (Hg.): Samisdat in Mitteleuropa. Prozess – Archiv – Erinnerung, Dresden 2007.
146 Vgl. Protokoll der Delegiertenkonferenz der Sozialdemokratischen Partei in der DDR 12. – 14.01.1990 Berlin, Kongreßhalle Alexanderplatz, [Berlin 1990], S. 64 f. Ein Exemplar der ersten Ausgabe befindet sich in Fotokopie in: AdsD Depositum Martin Gutzeit, Materialien zur Entstehung und Geschichte der SDP/SPD, Teil III. Weitere Ausgaben sind in der Zeitschriftendatenbank (ZDB unter www.zeitschriftendatenbank.de Stand Oktober 2012) nicht nachgewiesen.
147 Vgl. AdsD Depositum Martin Gutzeit, Materialien zur Entstehung und Geschichte der SDP/SPD, Teil II, III.
148 Vgl. Neues Deutschland v. 09.11.1989, S. 3.
149 Vgl. Schreiben an das Ministerium für Innere Angelegenheiten v. 04.12.1989, AdsD Depositum Martin Gutzeit, Materialien zur Entstehung und Geschichte der SDP/SPD, Teil IV sowie Lizenzurkunde v. 05.01.1990 für »SDP-Info«, AdsD Sozialdemokratische Partei in der DDR – SDP/SPD-Parteivorstand 2/SDPA000202.
150 Vgl. Extrablatt SPD. Sozialdemokratisches Informationsblatt für Berlin (FES-Sign. XX 2900), Der Neue Sozialdemokrat. Das Informationsblatt der Leipziger Sozialdemokratie (FES-Sign. YY 1402).
151 Vgl. Presseerklärungen in: AdsD Sozialdemokratische Partei in der DDR – SDP/SPD-Parteivorstand 2/SDPA000272 sowie Memorandum v. Olaf Spittel, a. a. O.
152 Vgl. Flugblatt »Liebe Mitbürgerinnen und Mitbürger« v. 14.10.1989, AdsD Depositum Martin Gutzeit, Materialien zur Entstehung und Geschichte der SDP/SPD, Teil II.

Entwurf wurde zwar in der vorgeschlagenen Breite nicht verabschiedet, enthielt aber diverse Forderungen, die auch in späteren Papieren wieder auftauchten:

»1. Freilassung aller politischen Gefangenen insbesondere Rücknahme der Strafbefehle der letzten Wochen.
2. Zuziehung der oppositionellen Gruppen zu den Gesprächen zwischen Kirche und Staat.
3. Öffentlichmachung der Wahlprotokolle der Kommunalwahlen vom 7. Mai 1989, Bestrafung der Schuldigen am Wahlbetrug.
4. Offizielle Zulassung und Registrierung unabhängiger Gruppen und Vereine.
5. Aufhebung der Zensur. [...]
7. Zulassung unabhängiger Zeitungen und Zeitschriften.
8. Zulassung freier und unabhängiger Gewerkschaften. [...]
10. allgemeines Streikrecht. [...]
12. Aufhebung des Versammlungsverbots. [...]«[153]

Hinzu kam noch der Wunsch nach Abschaffung diverser Organisationen und Institutionen, wie etwa der Betriebskampfgruppen oder des Marxismus/Leninismus-Unterrichts in Schulen und Universitäten, mit deren Hilfe die SED das Arbeitsleben, das Bildungswesen und letztlich die gesamte DDR-Gesellschaft durchwirkt, überformt und kontrolliert hatte.

Da die SDP eine Systemänderung anstrebte, waren die zaghaften Reformen, die Egon Krenz nach seiner Inthronisierung als Generalsekretär der SED am 18. Oktober angekündigt hatte, aus ihrer Sicht natürlich bei Weitem nicht ausreichend. Dementsprechend reserviert bis harsch – Krenz galt keinesfalls zu Unrecht als Mann des Systems – gab sie sich in diesbezüglichen Erklärungen: Die SDP strebe einen »gleichberechtigten Dialog aller gesellschaftlichen Kräfte mit der SED« an und werde »Egon Krenz in erster Linie an seinen Taten messen«[154]. Die SDP legte auch sofort mit einem Forderungskatalog, der auf einen Entwurf Meckels zurückging, nach:

---

153 [Stephan Hilsberg]: Forderungskatalog folgender Sofortmaßnahmen zum jetzigen Zeitpunkt in der DDR, o. D., AdsD Depositum Martin Gutzeit, Materialien zur Entstehung und Geschichte der SDP/SPD, Teil II.
154 Erklärung von Stephan Hilsberg v. 20.10.1989. Die Äußerungen Böhmes zu Krenz haben eine andere Nuance, gehen aber grundsätzlich in eine ähnliche Richtung: »Er weist darauf hin, daß es jetzt ganz wichtig ist, nichts gegen den neuen Generalsekretär der SED zu sagen. Ibrahim Böhme will ihn beim Wort nehmen.« MfS Abteilung 26/6, Abhörprotokoll eines Telefongespräches zwischen Ibrahim Böhme und Otfried Barbe v. 18.10.1989, 20.55 Uhr. Angelika Barbe freilich machte aus ihrer Abneigung gegen Krenz keinen Hehl: »Sie spottet, dass nun Krenz unser neuer Führer ist. Ihr aber ist es egal, ob der neue Generalsekretär Müller oder Krause heißt, dem wird sowieso nichts mehr geglaubt. Sie führt wörtlich dazu aus: Die sind doch so blöd, dass sie nicht merken, dass alles keinen Sinn mehr hat. In dieser Phase lässt sich doch niemand mehr einschüchtern.«

»Wer in der DDR tatsächlich ernsthaft Reformen will, der muß
- aufhören, Staat und Gesellschaft als Eigentum der SED zu betrachten;
- wirkliche Pressefreiheit gewährleisten, d. h. neue, unabhängige Zeitungen zulassen und den freien Zugang zu den elektronischen Medien garantieren;
- ernsthafte und glaubwürdige Schritte zur Aufarbeitung des Stalinismus sowie Rehabilitierung und Entschädigung der Opfer einleiten;
- schnellstens den rechtlichen Rahmen für die Arbeit unabhängiger, demokratischer sowie sich zur Gewaltfreiheit bekennender Vereinigungen, Parteien und Gewerkschaften schaffen;
- beginnen, die Wirtschaft von leistungshemmenden Faktoren zu befreien – unter Absicherung des Prinzips der sozialen Gerechtigkeit;
- die Werktätigen in den Besitz des Wertes ihrer Arbeit setzen und sie durch Mitbestimmung an den Entscheidungsprozessen in der Wirtschaft auf allen Ebenen beteiligen;
- schrittweise und schnell die geltenden Reisebeschränkungen aufheben.«[155]

Empörung löste Krenz' Wahl zum Staatsratsvorsitzenden am 24. Oktober aus, die mit ihrem undemokratischen Verfahren der in der DDR üblichen Akklamation durch die Volkskammer einen »neuerlichen Willkürakt der SED gegenüber der Bevölkerung«[156] darstelle. Krenz seinerseits hatte, wohl um zu signalisieren, dass er seine Dialogpolitik ernst meinte und vielleicht auch, weil er die SDP für den geeignetsten Gesprächspartner unter den Organisationen der Bürgerbewegung hielt[157], der SDP in Gestalt von Ibrahim Böhme sofortige Konsultationen angeboten. Dies hatte Böhme unter Hinweis auf die notwendige Beteiligung der anderen Gruppen und die damit einhergehende Anerkennung der Opposition auf Augenhöhe einstweilen abgelehnt.[158] Ähnlich äußerte sich SDP-Mitbegründer Thomas Krüger in einem Interview mit dem »Stern« wenige Tage später.[159] Genau genommen galt Krenz, noch be-

---

MfS-Abhörprotokoll v. 18.10.1989, sämtlich AdsD Depositum Martin Gutzeit, Materialien zur Entstehung und Geschichte der SDP/SPD, Teil II.
155 Beschlussvorlage zu einer Erklärung zur Wahl von Egon Krenz (19.10.1989), AdsD Depositum Martin Gutzeit, Materialien zur Entstehung und Geschichte der SDP/SPD, Teil II.
156 Erklärung zur vorgesehenen Wahl von Egon Krenz zum Vorsitzenden des Staatsrats v. 21.10.1989, AdsD Depositum Martin Gutzeit, Materialien zur Entstehung und Geschichte der SDP/SPD, Teil II.
157 Immerhin stellte Mielkes wenige Tage später im Politbüro diskutierte Vorlage fest: »Die SDP ist im Vergleich zu den antisozialistischen Sammlungsbewegungen in Bezug auf Inhalte, Organisation und Arbeitsweise am weitesten.« Vorlage für das Politbüro v. 23.10.1989, Anlage I, S. 6, AdsD Depositum Martin Gutzeit, Materialien zur Entstehung und Geschichte der SDP/SPD, Teil II.
158 Vgl. MfS Abteilung 26/6, Abhörprotokoll v. 18.10.1989, AdsD Depositum Martin Gutzeit, Materialien zur Entstehung und Geschichte der SDP/SPD, Teil II.
159 Vgl. Fehlerquelle Krenz – Glücksfall für die Opposition – Interview mit Thomas Krüger, in: Stern v. 26.10.1989.

vor er richtig begonnen hatte, als Übergangslösung und Auslaufmodell. Die SDP schielt bereits – und sprach dies auch offen aus – nach deutlich reformorientierteren Kräften in der SED, wie etwa dem Dresdner Bezirkssekretär Hans Modrow.[160] So versuchten die Sozialdemokraten Krenz, wohl wissend, dass die Zeit für sie arbeitete und die Massen auf den Straßen der DDR in ihrem Sinne demonstrierten, konstant unter Druck zu setzen. Die SDP zeigte demonstrative Präsenz bei den großen Kundgebungen etwa in Leipzig, wo sich ab November Gunter Weißgerber regelmäßig zu Wort meldete[161], oder in Berlin am 4. November mit Konrad Elmer[162] als SDP-Vertreter auf dem Podium. Mit dem Rücktritt[163] der DDR-Regierung unter Willi Stoph am 7. November legte sie neben der lange gehegten Forderung nach Streichung des Machtmonopols der SED aus der Verfassung einen Fahrplan für die weitere Entwicklung in der DDR vor.[164] Nach polnischem Vorbild sollte zunächst ein »Runder Tisch« unter Beteiligung der Oppositionsgruppen und der in der Nationalen Front vertretenen Parteien und Massenorganisationen gebildet werden. Darauf aufbauend sah der Plan der SDP die Einberufung einer verfassungsgebenden Versammlung vor. Diese sollte im September 1990 gewählt werden. Schließlich waren Parlamentswahlen für das Frühjahr 1991 vorgesehen. Bis dahin sollte eine aus allen in der Volkskammer vertretenen Parteien gebildete Übergangsregierung die Geschäfte führen.

Doch schon am nächsten Tag, dem 9. November, begannen sich mit der mehr oder minder unfreiwilligen sofortigen Grenzöffnung[165] die Ereignisse zu überschlagen. Dass die SDP darauf nicht im Mindesten vorbereitet war und die Ereignisse in Berlin mit einer Mischung aus Ungläubigkeit und Skepsis betrachtete, zeigen die Mitschriften von Arndt Noack und Sabine Leger zur Vorstandssitzung am 12. November. Noack notierte: »*Kollapsentscheidung* Mauer – Weg der Demokratisierung braucht Stabilität!«[166] Aus Sabine Legers Aufzeichnungen wird jedoch auch deutlich, dass die Führung der SDP sofort erfasste, was die Stunde geschlagen hatte: »Kontrollierbarkeit – Wiedervereinigung – Forderung nach Zweistaatlichkeit formulieren ➡ Wir

---

160 Vgl. ebd.; vgl. auch: MfS KD Mitte, Auszug aus dem Treffbericht v. 21.10.1989 IMB »Reinhard Schumann«, AdsD Depositum Martin Gutzeit, Materialien zur Entstehung und Geschichte der SDP/SPD, Teil II.
161 Vgl. Montagsreden gehalten auf dem Platz vor dem ehemaligen Reichsgericht und dem Platz vor der Oper (Augustusplatz zwischenzeitlich »Karl-Marx-Platz« in Leipzig) von Gunter Weißgerber, AdsD Depositum Martin Gutzeit, Materialien zur Entstehung und Geschichte der SDP/SPD, Teil III.
162 Vgl. Interview mit Konrad Elmer, in: Herzberg, von zur Mühlen, Anfang, a. a. O., S. 173 f.
163 Der vordergründige Anlass dafür war der von allen Seiten als unzureichend empfundene Entwurf eines Reisegesetzes, der sogar in der Volkskammer auf Ablehnung stieß. Vgl. Jäger, Überwindung, a. a. O., S. 33 f.
164 Vgl. Schritte auf dem Weg zur Demokratie v. 08.11.1989, AdsD Depositum Martin Gutzeit, Materialien zur Entstehung und Geschichte der SDP/SPD, Teil III.
165 Vgl. zusammenfassend: Jäger, Überwindung, a. a. O., S. 40 ff.
166 Notizen Arndt Noack Vorstandssitzung am 12.11.1989, AdsD Depositum Martin Gutzeit, Materialien zur Entstehung und Geschichte der SDP/SPD, Teil III [Herv. i. Original; P. G.].

2 Programmatik, Organisation und Politik des Vorstandes der SDP im Herbst/Winter 1989

Abb. 6 SDP-Mitglieder auf dem Weg zur Demonstration auf dem Alexanderplatz in Berlin am 4. November 1990.

können die Forderung nach Volksentscheid zur Wiedervereinigung nicht verhindern.«[167] Die Schwierigkeiten der SDP, sich auf die neue Situation einzustellen und die Ambivalenz, mit der sie sich an die nun auf die Tagesordnung geratende deutsche Frage herantastete, hat Stephan Hilsberg in einem Interview 1993 prägnant – wenn auch in der Gewichtung ein wenig anachronistisch verzerrt – zusammengefasst:

> »Es liefen zwei Prozesse ab. Mir lag die Demokratisierung vordringlich am Herzen. Ich hatte nichts gegen die deutsche Einheit; mir war sie aber kein erstes Bedürfnis. Aber ich erlebte, dass sie bei anderen ein erstes Bedürfnis war, und es sprach nichts dagegen, es sprach sehr viel dafür. Und spätestens nach dem Fall der Mauer war klar, dass die deutsche Einheit nicht mehr aufzuhalten war.«[168]

In mancher Hinsicht befand sich die SDP Mitte November 1989 in einer reichlich paradoxen Situation. Der designierte neue Ministerpräsident Hans Modrow war hinsichtlich der Reformen in der DDR grundsätzlich bereit, auf so ziemlich alles einzugehen

---

[167] Notizen Sabine Leger Vorstandssitzung am 12.11.1989, AdsD Depositum Martin Gutzeit, Materialien zur Entstehung und Geschichte der SDP/SPD, Teil III.
[168] Interview mit Stephan Hilsberg, in: Herzberg, von zur Mühlen, Anfang, a. a. O., S. 151.

bzw. auch aus eigenem Ratschluss umzusetzen, was den Sozialdemokraten programmatisch am Herzen lag.[169] Er musste zwar zunächst noch etliche vor allem personelle Zugeständnisse an die alte Nomenklatura der SED machen, hatte aber von Beginn an sehr klargemacht, dass er sich als Ministerpräsident keinesfalls, wie in der Vergangenheit üblich, als Wurmfortsatz und ausführendes Organ des Politbüros der SED und ihres Generalsekretärs verstanden wissen wollte.[170] In demselben Maße, in dem die nun sukzessive die Verantwortung übernehmenden SED-Reformer zu Getriebenen einer immer deutlicher auf die Einheit ausgerichtete Politik der Bundesregierung wurden, mühte sich die SDP, nicht von der revolutionären Dynamik der Straße überrollt zu werden. Die innere Zerrissenheit, die Hilsberg, Böhme und andere plagte, ließ sich auf der ersten Pressekonferenz der SDP am 21. November mit Händen greifen. Eigentlich hätten sie wohl gerne hauptsächlich über den Aufbau der Partei und die Demokratisierung der DDR referiert. Nicht dass sie den Mauerfall nicht begrüßt hätten – ganz im Gegenteil.[171] Nun aber war ihnen – quasi zur Unzeit – die Beschäftigung mit der deutschen Frage aufgezwungen worden. Die Ausführungen des sonst so sprachgewandten Böhme zeigen, wie sehr er sich auf der Suche nach dem richtigen Tonfall winden musste:

»Die verschwommenen Vereinigungs- oder auch sogenannten Wiedervereinigungsvorstellungen existieren, wie Sie sicher auch wissen latent in den letzten Jahren in der DDR-Bevölkerung. Unter dem Eindruck der Kollaps-Entscheidungen, die jetzt scheinbar anstehen, und nach unserer Einschätzung zu schnell von den noch im Lande Regierenden getroffen werden, treten natürlich diese latent vorhandenen Vereinigungsvorstellungen in einer nach unserer Meinung unverantwortlichen Weise zutage. [...] Die deutsche Frage ist für uns, so sagte ich bereits, nicht ein Diskussionsmoment der ersten Stunde am Anfang eines demokratischen Weges. Das jetzt offensiv zu diskutieren, würde bedeuten, offensiv zu diskutieren mit Bejahung, würde bedeuten, dass wir die Konfusion in unserer Bevölkerung genauso wie in breiten Teilen der BRD-Bevölkerung erhöhen würden.
Für uns ist natürlich die Geschichte in ihrem Ausgang offen. Wenn die Geschichte offen ist, so können wir uns durchaus vorstellen, dass es in einem entmilitarisierten, demokratischen europäischen Haus ein einheitliches deutschsprachiges Gebiet, um es vorsichtig zu formulieren geben wird. [...] Der erste Schritt bleibt für und trotzdem nach wie vor, die strikte Zweistaaten[lösung].
Wir möchten die Gelegenheit nutzen, uns an die Bevölkerung unseres Landes zu wenden, jetzt vor allem anzudenken, dass wir gemeinsam eine harte ökonomische

---

169 Dies kam nicht nur in seiner Regierungserklärung v. 17./18.11.1989 zum Ausdruck, sondern auch in den Verhandlungen von Krenz und Modrow mit der Bundesregierung. Vgl. dazu zusammenfassend: Jäger, Überwindung, a. a. O., S. 49 ff.
170 Vgl. ebd.
171 Vgl. Sturm, Uneinig, a. a. O., S. 140.

Phase durchstehen müssen, in der wir uns das Recht auf Selbstbestimmung, egal wie die Schritte sein mögen, erhalten müssen. [...]
Ich bitte Sie, auch zu sehen, dass bei unserer Geschichte, unserer deutschen schuldhaften Geschichte, wir nicht einfach so tun können, als wäre es jetzt möglich eine deutsche Binnenautarkie herzustellen.«[172]

Böhme bewegte sich damit zweifellos auf der Basis dessen, was Meckel in seiner programmatischen Grundsatzrede in Schwante formuliert hatte, und versuchte dies zaghaft den neuen Gegebenheiten anzupassen. Deutlich spürbar blieben aber eine gewisse innere Skepsis und ganz offensichtlich außenpolitische Vorsicht. Gleichzeitig werden leichte Parallelen zu den weiter oben schon zitierten und etwas verschnupften Äußerungen des Neuen Forum[173] sichtbar. Von hier aus war es ein recht weiter Weg zu der kaum zwei Wochen später verabschiedeten und von Meckel maßgeblich formulierten »Erklärung der SDP zur deutschen Frage« vom 3. Dezember[174], in der sich der Vorstand wörtlich und uneingeschränkt »zur Einheit der Deutschen Nation« bekannte. Lediglich ein schneller »Anschluss« an die Bundesrepublik, der so ohnehin zu diesem Zeitpunkt keine realistische Option war, wurde abgelehnt. Ein erster diesbezüglicher Entwurf hatte noch deutlich mehr Vorbehalte und charakteristische Kautelen enthalten.[175] Dazwischen lagen zwölf Tage kontroverser Diskussionen[176], schmerzhafter Lernprozesse[177], guten Zuredens der West-SPD[178] und nicht zuletzt der 10-Punkte-Plan von Helmut Kohl[179], den Meckel noch am 30. November in einer Rede bei der Friedrich-Ebert-Stiftung in Bonn mit dem Hinweis auf die Gleichberechtigung der beiden deutschen Staaten zurückgewiesen hatte.[180] Die nun recht prompt erfolgte

---

172 1. Pressekonferenz der SDP, 21. November 1989, AdsD Depositum Martin Gutzeit, Materialien zur Entstehung und Geschichte der SDP/SPD, Teil III.
173 Siehe ☞ Kap. I 2.1, S. 52 ff., Fn. 194 (S. 57).
174 Vgl. Erklärung der SDP zur deutschen Frage v. 03.12.1989, AdsD Sozialdemokratische Partei in der DDR – SDP/SPD-Parteivorstand 2/SDPA000272. Zur Autorenschaft vgl. Sturm, Uneinig, a. a. O., S. 140.
175 Vgl. Erklärung der SDP zur »Deutschlandfrage«, Entwurf, o. D., AdsD Depositum Martin Gutzeit, Materialien zur Entstehung und Geschichte der SDP/SPD, Teil IV.
176 Die Meinungsverschiedenheiten spiegeln sich ansatzweise im Abstimmungsergebnis im Vorstand, der die Vorlage mit drei Enthaltungen und zwei Gegenstimmen verabschiedete. Vgl. Protokoll der Vorstandssitzung am 03.10.1989, AdsD Depositum Martin Gutzeit, Materialien zur Entstehung und Geschichte der SDP/SPD, Teil IV.
177 In einer Aktennotiz zur Vorstandssitzung am 26.11.1989 ist vermerkt: »Analyse: Starker Druck nach Sofortwahlen und ›Wiedervereinigung‹« – SDP Zeitplan sicher zu lang – Friedensverträge statt Wiedervereinigung – sofort!« Information von der Vorstandssitzung am 26.11.89, AdsD Depositum Martin Gutzeit, Materialien zur Entstehung und Geschichte der SDP/SPD, Teil III.
178 Egon Bahr hatte die SDP gebeten, am Runden Tisch auf baldige Wahlen hinzuwirken. Vgl. Protokoll der Vorstandssitzung am 03.12.1989, AdsD Depositum Martin Gutzeit, Materialien zur Entstehung und Geschichte der SDP/SPD, Teil IV.
179 Vgl. hierzu zusammenfassend: Jäger, Überwindung, a. a. O., S. 58 ff.
180 Vgl. General-Anzeiger v. 01.12.1989.

deutschlandpolitische Festlegung der SDP war wohl in vielerlei Hinsicht eine Flucht nach vorne. Im selben Atemzug – und völlig folgerichtig – forderten die Sozialdemokraten die Ansetzung freier Wahlen zur Volkskammer für den 6. Mai 1990.[181]

Am gleichen Tag traten das gesamte Politbüro sowie das ZK der SED und damit Krenz als Generalsekretär zurück. In der vormaligen Staatspartei blieb danach kaum noch ein Stein auf dem anderen.[182] Drei Tage später legte Krenz auch das Amt des Staatsratsvorsitzenden nieder. Am 7. Dezember tagte im Dietrich-Bonhoeffer-Haus in Berlin zum ersten Mal der Zentrale Runde Tisch, der als revolutionäres Übergangsorgan zunehmend die Mittlerrolle zwischen den neuen Oppositionsgruppen und der Regierung sowie den Blockparteien und Massenorganisationen übernahm.[183] Als vorrangiges Ziel setzte sich der Runde Tisch zunächst die Ausarbeitung einer neuen Verfassung für die DDR und empfahl Wahlen ebenfalls für den 6. Mai 1990.

Das Verhältnis der Sozialdemokraten zur Regierung Modrow war ambivalent. Einerseits geißelten SDP-Vertreter in der Öffentlichkeit die andauernde SED-Herrschaft[184] mit zum Teil harschen Worten – und mussten dies wohl auch zwangsläufig als profilierteste Oppositionsgruppe tun. Zentrale Angriffspunkte waren die mangelnde demokratische Legitimation der Regierung, die ruinöse Wirtschaftslage[185] und die zunehmend offenbar werdenden Auflösungserscheinungen in der Exekutive sowie der Verwaltung.[186] Darüber hinaus wehrte Modrow sich zunächst dagegen, das MfS aufzulösen und favorisierte stattdessen die Überführung in ein sogenanntes »Amt für Nationale Sicherheit«[187]. Da dieses Vorgehen den alten MfS-Kadern Spielraum zur Verwischung der Spuren ihrer Tätigkeit gab und das Stasithema insofern nicht ganz zu Unrecht in der Öffentlichkeit immer mehr ins Zentrum rückte, tat die SDP gut daran, sich hier zu positionieren. Die Linie des Geschäftsführenden Ausschusses der Sozialdemokraten geht aus Notizen Gutzeits hervor: »Kommission Auflösung Stasi[:] 1. Sicherstellung und Aufarbeitung von Akten – Datenschutz. 2. Überführung der Mitarbeiter in zivile Arbeit. 3. Überführung der Technik in medizin.[ische] u.[nd] soz.[iale] Arbeit«[188].

---

181 Vgl. Die SDP zur Wahl v. 03.12.1989, AdsD Sozialdemokratische Partei in der DDR – SDP/SPD-Parteivorstand 2/SDPA000272.
182 Vgl. hierzu zusammenfassend: Jäger, Überwindung, a. a. O., S. 197 ff., Suckut, Staritz, Heimat, a. a. O., S. 177 ff.
183 Vgl. hierzu insgesamt: Herles, Rose, Vom Runden Tisch, a. a. O., hier auch abgedr.: Beschlüsse der ersten Sitzung, S. 23 ff. Dazu insgesamt weiter unten ☛ Kap. III 1, S. 141 ff.
184 Die SDP zur Wahl v. 03.12.1989, AdsD Sozialdemokratische Partei in der DDR – SDP/SPD-Parteivorstand 2/SDPA000272.
185 Vgl. ebd.
186 Vgl. Protokoll der Vorstandssitzung am 12.12.1989, AdsD Depositum Martin Gutzeit, Materialien zur Entstehung und Geschichte der SDP/SPD, Teil IV.
187 Vgl. dazu v. a. aus der Innensicht des MfS/AfNS: Süß, Staatssicherheit, a. a. O., S. 508 ff.
188 Sitzung des Geschäftsführenden Ausschusses am 15.12.1989, Notizen von Martin Gutzeit, AdsD Depositum Martin Gutzeit, Materialien zur Entstehung und Geschichte der SDP/SPD, Teil IV.

2 Programmatik, Organisation und Politik des Vorstandes der SDP im Herbst/Winter 1989

Andererseits aber waren etliche der Beteiligten offensichtlich recht froh darüber, im Moment noch nicht tatsächlich Verantwortung übernehmen zu müssen und es Modrow und seiner wackligen Koalitionsregierung überlassen zu können, den Übergang administrativ zu bewerkstelligen.[189] In diesem Sinne sollte das Kabinett bis zu den Wahlen im Mai handlungsfähig gehalten werden.[190] Ihr Aktionsfeld sah die SDP eher am Runden Tisch, der die Arbeit der Regierung kontrollieren und Fortschritt der Reformen befeuern sollte.[191] Eine unmittelbare Einbindung in die Regierungsverantwortung wurde abgelehnt, da die nicht unbegründete Furcht bestand, für Zustände in Haftung genommen zu werden, die allein die 40-jährige SED-Herrschaft verschuldet hatte.[192]

Gleichsam seitenverkehrt zwiespältig entwickelte sich das Verhältnis zu den anderen Oppositionsgruppen.[193] Wie gezeigt worden ist, war die innere Nähe der verschiedenen Organisationen sowohl von der Milieuprägung und Geschichte her als auch teilweise hinsichtlich ihrer Programmatiken bemerkenswert. Der zentrale Dissens der SDP-Gründer lag in organisatorischen Fragen sowie im Politikverständnis begründet. Solange es den gemeinsamen Gegner, das SED-Regime, niederzuringen galt, saßen alle – trotz der einen oder anderen politischen und auch persönlichen Unverträglichkeit – im selben Boot. Der frühe SDP-Vorstand hatte das so auch lange Zeit betont. Bereits seit Anfang Oktober war von einem gemeinsam anzustrebenden Wahlbündnis die Rede, das seine Vorform in der sogenannten »Kontaktgruppe« fand.[194] Die Beibehaltung dieses Bündnisses – man saß schließlich auch gemeinsam am Runden Tisch – wurde durch

---

189 Vgl. etwa SDP – Vertreter der Nordbezirke, Offener Brief an Herrn Hans Modrow, Vorsitzender des Ministerrats der DDR v. 25.11.1989, AdsD Depositum Martin Gutzeit, Materialien zur Entstehung und Geschichte der SDP/SPD, Teil III, sowie: Nach 43 Jahren wieder eine sozialdemokratische Partei. Im Gespräch mit Dr. Frank Heltzig, 1. Sprecher des Vorstandes des Stadtverbandes Dresden der SDP, in: Sächsische Zeitung v. 29.11.1989. Heltzig stellte fest: »Es bringt nichts, wenn jetzt ein Parteiengezänk einsetzt und die Wirtschaft auf der Strecke bleibt. Ich halte deshalb die Regierung Modrow für das beste, was zu machen war. Ob dies nun eine Übergangsregierung ist oder nicht, scheint mir da nicht erheblich«.
190 Vgl. Protokoll der Vorstandssitzung am 12.12.1989, AdsD Depositum Martin Gutzeit, Materialien zur Entstehung und Geschichte der SDP/SPD, Teil IV; vgl. auch: Rede von Markus Meckel auf dem Programmparteitag der SPD in Berlin am 18.12.1989, ebd.
191 Vgl. Mitteilung an die Ortsverbände zum Runden Tisch v. 03.12.1989, AdsD Depositum Martin Gutzeit, Materialien zur Entstehung und Geschichte der SDP/SPD, Teil IV.
192 Vgl. Schuh, Weiden, Sozialdemokratie, a. a. O., S. 78; Gerhard Brenn, Dresden, äußerte dazu im Dezember 1989: »Lass die SED das Chaos mal bis zu den Wahlen führen. Die ist ja dafür auch voll verantwortlich. Unsere Aufgabe ist es, uns so gut wie möglich auf die Wahlen vorzubereiten [...]. Zu Gunsten des demokratischen Sozialismus, in: Voorwarts v. 19.12.1989, abgedr. i.: Rudloff, Schmeitzner, Wiedergründung, a. a. O., S. 73.
193 Vgl. dazu insgesamt Schuh, Weiden, Sozialdemokratie, a. a. O., S. 75 ff.
194 Vgl. Gemeinsame Erklärung der Kontaktgruppe v. 04.10.1989, in: SDP-Informationsblatt v. 30.11.1989, AdsD Depositum Martin Gutzeit, Materialien zur Entstehung und Geschichte der SDP/SPD, Teil IV.

eine Presseerklärung der SDP Anfang Januar noch einmal bekräftigt.[195] Es ist freilich schon herausgearbeitet worden, dass die SDP bei aller Zusammenarbeit der Oppositionsgruppen immer und in erster Linie auch auf die Schärfung ihres eigenen Profils bedacht war. Obwohl Teile des Vorstands nach wie vor loyal zu diesem Schulterschluss der Oppositionsgruppen standen[196], sandte die Delegiertenkonferenz vom Januar 1990 auf Antrag des geschäftsführenden Ausschusses deutlich andere Signale aus. Die inzwischen zur SPD in der DDR umbenannte Partei wolle zwar keineswegs Wahlkampf gegen die übrigen demokratischen Organisationen führen, eine gemeinsame Liste, wie ursprünglich vereinbart, wurde jedoch vehement abgelehnt.[197] Ein Übriges taten die wenig später am Runden Tisch aufbrandenden Diskussionen um Sperrklauseln[198] bei der Volkskammerwahl sowie schließlich die Vorverlegung des Wahltermins auf den 18. März 1990 – beides auf maßgebliches Betreiben der SDP/SPD hin.[199] Die Vorbereitungen auf die kommenden Wahlkämpfe hatten bei der SDP bereits in der ersten Dezemberhälfte[200] begonnen. Sie wollte sie nun mit vermeintlich besten Chancen auf eigene Rechnung bestreiten.

3 Verstreute Basisgruppen und ein Landesverband – Die Gründung der SDP in den Bezirken der DDR

Auf dem Gründungstreffen der SDP in Schwante waren Vertreter aus Berlin, was zunächst auch kaum verwunderlich ist, mit knapp der Hälfte der Teilnehmer deutlich überrepräsentiert. Da die Zusammensetzung der Versammlung sowohl auf den jeweiligen Bekanntenkreisen und Netzwerken basierte, als auch teilweise schlicht zufällig[201]

---

195 Pressemitteilung zum »Wahlbündnis '90« v. 05.01.1990, AdsD Sozialdemokratische Partei in der DDR – SDP/SPD-Parteivorstand 2/SDPA000272.
196 Vgl. Stephan Hilsberg: Thesenpapier zum Wahlbündnis und zu gemeinsamen Listen (Anfang Januar 1990), AdsD Depositum Martin Gutzeit, Materialien zur Entstehung und Geschichte der SDP/SPD, Teil V; vgl. auch Neugebauer, SDP/SPD, a. a. O., S. 83.
197 Vgl. Antrag des geschäftsführenden Ausschusses der SDP zu »Bündnisfragen«, AdsD Depositum Martin Gutzeit, Materialien zur Entstehung und Geschichte der SDP/SPD, Teil V. Dieser Antrag geht wohl auf eine Initiative von Meckel zurück. Jedenfalls ist er von ihm unterschrieben. Vgl. auch: Protokoll der Delegiertenkonferenz der Sozialdemokratischen Partei in der DDR, [Berlin 1990], S. 190.
198 Vgl. Schuh, Weiden, Sozialdemokratie, a. a. O., S. 77.
199 Vgl. Pressemitteilung 29.01.1990, AdsD Sozialdemokratische Partei in der DDR – SDP/SPD-Parteivorstand 2/SDPA000272; vgl. auch: Herles, Rose, Vom Runden Tisch, a. a. O., S. 102.
200 Vgl. Protokoll der Vorstandssitzung am 12.12.1989, AdsD Depositum Martin Gutzeit, Materialien zur Entstehung und Geschichte der SDP/SPD, Teil IV.
201 So wollten Annemarie und Matthias Müller aus Dresden eigentlich zur Gründung des Demokratischen Aufbruch in Berlin. Sie wurden von Meckel während der Sprengung des DA-Gründungstreffens zur SDP gleichsam umgeleitet. Vgl. Interview mit Annemarie und Matthias Müller, in: Herzberg, von zur Mühlen, Anfang, a. a. O., S. 265.

3 Verstreute Basisgruppen und ein Landesverband – Die Gründung der SDP in DDR-Bezirken

zustande kam, waren nicht alle anderen Verwaltungsbezirke der DDR repräsentiert. Nach Berlin waren mit sieben Personen am stärksten die Bezirke des späteren Landes Thüringen vertreten, aus Sachsen-Anhalt und Mecklenburg-Vorpommern kamen jeweils vier, aus Brandenburg drei und aus Sachsen zwei Teilnehmer.[202] Da die SDP den Anspruch hatte, als Partei in der gesamten DDR aufzutreten, galt es so schnell wie möglich tragfähige Basisgliederungen in der Fläche aufzubauen. Im Anschluss an die Vorstandssitzung am 21. Oktober 1989 fand ein sogenanntes Kontaktadressentreffen[203] statt, auf dem die Modalitäten zur Bildung einer Parteistruktur diskutiert wurden. Die SDP konnte zu diesem Zeitpunkt neben den Vorstandsmitgliedern für zehn der 15 Bezirke der DDR, für Berlin, Rostock, Neubrandenburg, Magdeburg, Cottbus, Leipzig, Halle, Erfurt, Dresden und Gera, jeweils zumindest eine Kontaktperson benennen.[204] Die Grundlage für den Parteiaufbau in der Fläche war zunächst das eigentlich noch nicht verabschiedete, aber einstweilen übergangsweise gültige Statut von Elmer und Rühle. In dem unterhalb des DDR-Vorstandes dreistufigen System waren als unterste Ebene »verbindliche wohnsitzorientierte Basisgruppen mit etwa 15 Mitgliedern«[205] vorgesehen. Eine Stufe darüber sollten sich Ortsverbände bilden, die wiederum Teil von Regionalverbänden sein sollten, aus denen in einem weitergehenden Schritt schließlich Kreis- und Bezirksverbände entstehen sollten.[206] Der Mitgliedsbeitrag betrug laut Statut 1 Prozent des Nettoeinkommens. Von dem Beitragsaufkommen sollten 90 Prozent bei den Basisgruppen verbleiben und lediglich 10 Prozent für »überregionale Aufgaben« an den Vorstand abgeführt werden. Als vorläufige Kassierer fungierten einstweilen die jeweiligen Kontaktpersonen.[207] Die ersten Initiativ- und Basisgruppen fanden sich ab Mitte Oktober und verstärkt im Laufe des November in sukzessive allen Regionen der DDR zusammen.[208] Die Mitgliederentwicklung der SDP/SPD-DDR ist bis weit in das Jahr 1990 hinein letztlich nicht verifizierbar, da diesbezügliche Registraturen nicht stringent oder gar nicht geführt wurden. Die in der einschlägigen Literatur[209] immer

---

202 Vgl. Unterschriftenliste zur Konstituierungserklärung der SDP v. 07.10.1989, AdsD Depositum Martin Gutzeit, Materialien zur Entstehung und Geschichte der SDP/SPD, Teil I.
203 Vgl. Absprachen während des Kontaktadressentreffens Niederndodeleben 21.10.1989, AdsD Depositum Martin Gutzeit, Materialien zur Entstehung und Geschichte der SDP/SPD, Teil II.
204 Kontaktadressenliste, o. D., ebd.
205 Statut der Sozialdemokratischen Partei in der DDR, § 11, AdsD Sozialdemokratische Partei in der DDR – SDP/SPD-Parteivorstand 2/SDPA000002.
206 Vgl. ebd. sowie Absprachen während des Kontaktadressentreffens Niederndodeleben 21.10.1989, AdsD Depositum Martin Gutzeit, Materialien zur Entstehung und Geschichte der SDP/SPD, Teil II.
207 Vgl. Statut der Sozialdemokratischen Partei in der DDR, § 25, AdsD Sozialdemokratische Partei in der DDR – SDP/SPD-Parteivorstand 2/SDPA000002.
208 Vgl. dazu die verschiedenen Materialsammlungen von Martin Gutzeit, AdsD Depositum Martin Gutzeit, Materialien zur Entstehung und Geschichte der SDP/SPD, Teil II u. III sowie AdsD Sozialdemokratische Partei in der DDR – SDP/SPD-Parteivorstand 2/SDPA000167-177.
209 Vgl. Neugebauer, SDP/SPD, a. a. O., S. 86, 98 f.; Sturm, Uneinig, a. a. O., S. 269 sowie Tammena, Volkspartei, a. a. O., S. 29 ff.

wieder genannten Zahlen sind insofern grobe Schätzungen. Demnach hatte die Partei im November 1989 DDR-weit 3.000, Ende Dezember 12.000 sowie im Februar 1990 rund 30.000 Mitglieder. Der SPD-Parteivorstand in Bonn ging offenbar Mitte Januar 1990 von 15.000 eingetragenen ostdeutschen Genossen aus.

Federführend zuständig für die Koordinierung und Vernetzung des Parteiaufbaus war der Geschäftsführer der SDP, Ibrahim Böhme. Zwar hatte dieser an der einen oder anderen Gründungsversammlung jenseits der Hauptstadt teilgenommen.[210] Mit der Zeit regte sich jedoch Unmut bei anderen Vorstandsmitgliedern darüber, dass Böhme diese Pflichten offenbar nur mäßig ernst nahm und darüber hinaus meist nur sehr schwer erreichbar war. Hilsberg berichtete über diese Reibungen:

»Erschwerend für die Strukturen wirkten sich die in der Anfangszeit häufigen personellen Wechsel in den Bezirken, die Unzuverlässigkeit und vor allen Dingen die völlige Untätigkeit unseres Geschäftsführers Ibrahim Böhme aus. Um die Koordinierung der Strukturen haben sich von Anfang an Gutzeit und ich gekümmert.«[211]

Die mangelhafte Kommunikation zwischen Vorstand und entstehender Basis spiegelt sich in mancher Beschwerde aus den sich formierenden Gliederungen der SDP über fehlende Belieferung mit Informationsmaterialien oder Nichtanwesenheit von Vorstandsmitgliedern bei Gründungsakten oder wegweisenden Sitzungen wider.[212] Diese Defizite sind freilich nur teilweise Ausfluss nachlässiger Amtsführung und nur allzu nachvollziehbar angesichts der personellen, materiellen und technischen Basis des Vorstands, der provisorischen Bürosituation sowie der allgemein bescheidenen Kommunikationsinfrastruktur der DDR. Darüber hinaus waren die regional gebildeten Strukturen oft noch alles andere als stabil. Alle diese Schwierigkeiten und die weit verbreitete Enttäuschung über die Arbeit des Vorstands spiegeln sich besonders eindringlich in einem Brandbrief der SDP Genthin im Bezirk Magdeburg von Anfang Dezember 1989 wider:

»Mehrere Versuche, Kontakte zur SDP des Bezirksverbandes Magdeburg zu bekommen, schlugen leider fehl, was bei unseren Mitgliedern natürlich zu einem ho-

---

210 Vgl. verschiedene Abhörprotokolle des MfS von Telefonaten von Böhme mit Angelika Barbe v. Ende Oktober 1989, AdsD Depositum Martin Gutzeit, Materialien zur Entstehung und Geschichte der SDP/SPD, Teil II.
211 Interview mit Stephan Hilsberg, in: Herzberg, von zur Mühlen, Anfang, a. a. O., S. 144. Aus diesem Grund wurde Gutzeit Ende Oktober zum stellvertretenden Geschäftsführer gewählt, vgl. Protokoll der Vorstandssitzung am 29.10.1989, AdsD Depositum Martin Gutzeit, Materialien zur Entstehung und Geschichte der SDP/SPD, Teil II.
212 Vgl. etwa Schreiben des SDP-Vorstands Schwerin an Ibrahim Böhme, o. D. [Ende Nov. 1989], AdsD Depositum Martin Gutzeit, Materialien zur Entstehung und Geschichte der SDP/SPD, Teil II; Schreiben der SDP-Ortsgruppe Dessau an Ibrahim Böhme v. 19.12.1989, Schreiben der SDP-Leipzig an Stephan Hilsberg v. 22.12.1989, AdsD Sozialdemokratische Partei in der DDR – SDP/SPD-Parteivorstand 2/SDPA000173, 2/SDPA000174.

3 Verstreute Basisgruppen und ein Landesverband – Die Gründung der SDP in DDR-Bezirken

hen Maß an Frustration führte. Da sich die Ereignisse in der DDR augenblicklich überstürzen und eine Nachrichtenmeldung die andere jagt, halten wir es für dringend erforderlich und vordergründig, jetzt eine echt koordinierte Arbeit beginnen zu können. [...] Bereits auf der Gründungsversammlung des SDP-Bezirksverbandes wurde von der Koordinierung der Tätigkeit der SDP-Kreis- und Ortsgruppen über den sogenannten geschäftsführenden Ausschuss beraten. Von der Tätigkeit dieses geschäftsführenden Ausschusses haben wir hier leider jedoch noch nichts bemerken können. In dieser Zeit, die an sich schon chaotisch genug ist, vermissen wir die koordinierte gemeinsame Tätigkeit aller SDP-Mitglieder. Wir als SDP-Basisgruppe fühlen uns allein gelassen von denen, die sich in der Gründungsversammlung zu den DDR-Sprechern ernannt haben bzw. ernannt wurden. [...] Sollte sich unser bis jetzt gewonnener Eindruck bestätigen, daß die Initiatoren und Sprecher der SDP der DDR völlig unabhängig von den Basisgruppen der Orte und Kreise arbeiten und wirken möchten, dann sollte dies einmal eindeutig gesagt werden, um uns die Arbeit nicht unmöglich zu machen.«[213]

Es würde den Rahmen dieser Studie sprengen, die Genese aller regionalen und lokalen Gliederungen der SDP in extenso aufzufächern. Es sollen deswegen einige wenige schlaglichtartige Beispiele behandelt werden, um sowohl typische Tendenzen und Entwicklungslinien als auch die wichtigsten Bruchlinien im entstehenden Parteivolk sichtbar zu machen. Einen Schwerpunkt der SDP-Organisationsentwicklung stellt zunächst naturgemäß Berlin dar. Dies resultierte vor allem aus der Tatsache, dass das alternativ-oppositionelle Milieu hier besonders ausgeprägt vertreten war. Darüber hinaus hatte die SPD aufgrund des Viermächtestatus von Berlin im Ostteil der Stadt bis zum Mauerbau 1961 Büros unterhalten, sodass die sozialdemokratische Tradition noch nicht ganz so lange abgerissen schien wie im Rest der DDR. Viele der SDP-Gründer stammten aus der Hauptstadt der DDR und fanden hier einen fast idealen Nährboden vor. So begannen sich hier recht bald nach der Gründung von Schwante Mitglieder und Unterstützer bei der neuen Partei einzutragen.[214] Bis Anfang November 1989 hatten sich in Berlin 17 Basisgruppen mit insgesamt zwischen 300 und 400 Mitgliedern gebildet.[215] Am 5. November versammelten sich rund 120[216] der

---

213 Schreiben der SDP-Basisgruppe Genthin v. 07.12.1989, AdsD Sozialdemokratische Partei in der DDR – SDP/SPD-Parteivorstand 2/SDPA000175.
214 AdsD Depositum Martin Gutzeit, Materialien zur Entstehung und Geschichte der SDP/SPD, Teil II.
215 Vgl. Wortprotokoll der Gründung des Berliner Bezirksverbandes der SDP am 05.11.1989 in der Sophienkirche Berlin, AdsD Depositum Martin Gutzeit, Materialien zur Entstehung und Geschichte der SDP/SPD, Teil III; veröffentlicht auch im Internet unter http://www.berlin.spd.de/servlet/PB/menu/1533686/index.html (Stand März 2008).
216 Vgl. MfS Abteilung XX/9, Information über die Gründungsversammlung des Berliner Verbandes der SDP am 5. November 1989 v. 06.11.1989, AdsD Depositum Martin Gutzeit, Materialien zur Entstehung und Geschichte der SDP/SPD, Teil III.

Abb. 7 Gründung des SDP-Bezirksverbandes Berlin am 5. November 1990; am Mikrofon Thomas Krüger.

Ostberliner Sozialdemokraten im Beisein der Vorstandsmitglieder Ibrahim Böhme, Stephan Hilsberg, Konrad Elmer und Stefan Finger in der Sophienkirche im Scheunenviertel, um den Bezirksverband zu gründen. Nach der Vorstellung der Eckpunkte der Programmatik sowie einer zeitweilig ausufernden Diskussion um das Elmer'sche Statut[217] wählte die Versammlung einen zwölfköpfigen provisorischen Vorstand. Darunter waren u. a. die damals 23-jährige Lehrerin Anne-Katrin Pauk, die bis zum September 1990 Bezirksvorsitzende bleiben sollte, der Berliner Studentenpfarrer und spätere Kandidat für die Nachfolge von Böhme als Parteivorsitzender, Dankwart Brinksmeier, sowie Eva Kunz, die im Februar 1990 zur Vorsitzenden der Arbeitsgemeinschaft sozialdemokratischer Frauen in der SPD-DDR gewählt wurde.[218] Die Versammlung und die Diskussion waren im Wesentlichen geprägt von Personen aus dem kirchlich-alternativ-oppositionellen Milieu sowie von Intellektuellen und Akademikern. Vertreter klassischer Arbeiterberufe und alte Sozialdemokraten meldeten sich zwar vereinzelt zu Wort, waren aber weit in der Minderheit.[219] In vielerlei Hinsicht war die Berliner SDP soziokulturell ein recht getreues Abbild des Gründerkreises von Schwante – und somit vom Anspruch, Volkspartei zu sein sowie vor allem auch die »Werktätigen«[220] zu vertreten, meilenweit entfernt. Falls in dem Postulat Meckels in Schwante, dass die SDP direkt an sozialdemokratische Traditionen anknüpfen wolle, ein wenig die Hoffnung mitgeschwungen haben mag, die Reste der alten sozialdemokratischen Basis reaktivieren zu können, wurde diese in weiten Teilen enttäuscht, denn dieses Milieu gab es im Herbst 1989 nicht mehr. Es war ausgestorben, in den 1950er-Jahren in die Bundesrepublik abgewandert oder von der SED in den 40 Jahren DDR aufgesogen und überformt worden.[221] Einige alte sozialdemokratische Vete-

---

217 Vgl. ebd., siehe auch Wortprotokoll der Gründung des Berliner Bezirksverbandes der SDP am 05.11.1989 in der Sophienkirche Berlin, AdsD Depositum Martin Gutzeit, Materialien zur Entstehung und Geschichte der SDP/SPD, Teil III.
218 Vgl. ebd.
219 Vgl. ebd. Das deutliche Übergewicht der Intellektuellen und Akademiker spiegelt sich auch – wenngleich keinesfalls repräsentativ – in den ersten Mitglieder- und Unterstützerlisten der Berliner SDP vom Oktober 1989, AdsD Depositum Martin Gutzeit, Materialien zur Entstehung und Geschichte der SDP/SPD, Teil II.
220 Diese zu erreichen, war natürlich erklärtes Ziel der SDP und wurde auch entsprechend artikuliert. Vgl. Wortprotokoll, a. a. O., MfS, Information, a. a. O.
221 Vgl. dazu am Beispiel der ehemaligen sozialdemokratischen Hochburg Freital-Birkigt: Walter u. a. Die SPD in Sachsen, a. a. O., S. 170; siehe dazu auch oben ☞ Kap. I 1, S. 29 ff.

3 Verstreute Basisgruppen und ein Landesverband – Die Gründung der SDP in DDR-Bezirken

ranen meldeten sich zwar, eine Massenbasis ließ sich damit jedoch kaum formen. Außerdem hatten die alten Genossen teilweise gänzlich andere Vorstellungen von Sozialdemokratie als die im Vorstand dominierenden linksalternativen Theologen. Allein schon die Namensgebung stieß teilweise auf völliges Unverständnis – als ob es ernsthafte Gründe gegeben hätte, sich für das traditionelle Kürzel SPD zu schämen.[222]

Ein besonders augenfälliges Beispiel für diesen Generationen- und Milieukonflikt ist die Gründung der SDP in Dresden, die eigentlich eine Doppelgründung war.[223] Dort existierten im Oktober 1989 zwei – und in mancher Hinsicht höchst unterschiedliche – Keimzellen der SDP. Die eine entstand um das Ehepaar Annemarie und Matthias Müller, das einen in erster Linie protestantisch friedens- und bürgerbewegten Hintergrund hatte[224], und, wie oben gesehen, eher zufällig auf die SDP-Gründungsversammlung in Schwante geraten war. Annemarie Müller hatte sich, obwohl es zunächst nicht ihre Absicht gewesen war, an einer Parteigründung mitzuwirken, als Kontaktadresse der SDP in Dresden zur Verfügung gestellt. Das Ehepaar Müller stand soziokulturell und programmatisch ganz dezidiert für den primär bürgerbewegten Aspekt des Profils der SDP von Schwante: demokratisch reformierte DDR, Zweistaatlichkeit, herrschaftsferne Zivilgesellschaft[225] sowie ökologische und soziale Marktwirtschaft als gleichsam »Dritter Weg«[226]. Sie stellten die SDP und ihre Anliegen erstmals am 13. Oktober im kirchlichen Rahmen vor. Die Resonanz war jedoch einstweilen relativ gering, da zunächst das Neue Forum die meiste Beachtung fand.[227] Noch bevor die Müllers in die Öffentlichkeit traten, war ihnen jedoch schon in Gestalt des Initiativkomitees Sozialdemokratische Partei eine Konkurrenz erwachsen, die sich auf ganz andere Traditionslinien berief.[228] Gerhard Brenn, Jahrgang 1924 und Initiator der Gruppe, stammte aus einer sozialdemokratischen Bergarbeiterfami-

---

222 Vgl. hierzu exemplarisch: Brief von Erich Z. aus Berlin an Stephan Hilsberg v. 06.12.1989, AdsD Sozialdemokratische Partei in der DDR – SDP/SPD-Parteivorstand 2/SDPA000169.
223 Vgl. hierzu: Urich, Bürgerbewegung, a. a. O., S. 245 ff.; sowie Rudloff, Schmeitzner, Wiedergründung, a. a. O.
224 Interview mit Annemarie und Matthias Müller, in: Herzberg, von zur Mühlen, Anfang, a. a. O., S. 248 ff.
225 Vgl. ebd., S. 267 f. Der bürgerbewegte und zivilgesellschaftliche Ansatz war bei dem Ehepaar Müller sehr viel stärker ausgeprägt als etwa bei Meckel oder Gutzeit, bei denen er eher als gemeinsame Grundierung wahrnehmbar ist. Zum einen lehnten sie ursprünglich eine Parteigründung ab: »Ich muss auch sagen, dass eine Partei für uns nicht die Form ist, in der ich meine Politik machen will«. Zum anderen aber war für sie der Begriff der Machtausübung eine problematische Größe: »Wir haben nie so konkret die Machtfrage gestellt. Wir wollten die Macht selber gar nicht haben. Weil für uns – und das ist auch heute noch so – Macht ausüben negativ besetzt ist.« Umso bemerkenswerter ist es, dass sich die Müllers an dem Projekt SDP v. a. an vergleichsweise herausgehobener Stelle beteiligt haben.
226 Vgl. Urich, Bürgerbewegung, a. a. O., S. 249 f.
227 Vgl. ebd., S. 251.
228 Vgl. ebd., S. 250 sowie: Zu Gunsten des demokratischen Sozialismus, in: Voorwärts v. 19.12.1989, abgedr. i.: Rudloff, Schmeitzner, Wiedergründung, a. a. O., S. 70 ff.

lie, war im Zusammenhang mit dem Attentat auf Hitler vom 20. Juli 1944 verhaftet worden und 1945/46 Mitglied der sächsischen SPD geworden.[229] Auch nach der Vereinigung von SPD und KPD zur SED im April 1946 blieb Brenn dem sozialdemokratischen Gedanken treu. Über 40 Jahre DDR hinweg war es ihm gelungen, einen kleinen illegalen sozialdemokratischen Freundeskreis aufrechtzuerhalten, obwohl er in dieser Zeit mehrmals politisch aufgefallen und auch strafrechtlich belangt worden war.[230] Brenn verstand die Sozialdemokratie noch in weiten Teilen in den Kategorien der späten 1940er-Jahre als proletarische Kampfpartei mit demokratisch-sozialistischem Profil.[231] Außerhalb jeglicher Diskussion stand für ihn darüber hinaus das Ziel der Deutschen Einheit und die Einheit der Sozialdemokratischen Partei.[232] Mit diesem Selbstverständnis und in dem Bewusstsein, über 40 Jahre die sozialdemokratische Tradition bewahrt zu haben, trat Brenn sehr offensiv, bisweilen auch unbedacht, auf und beanspruchte fast selbstverständlich die Führung der SDP in Dresden für sich.[233] Dies kollidierte einerseits politisch mit dem Mandat, das die Müllers – genauso wenig demokratisch legitimiert – aus Schwante herleiteten. Andererseits aber passte auch der gesamte Habitus Brenns und seiner Mitstreiter nicht zu der Gruppe um die Müllers, die sich ähnlich wie in Berlin vornehmlich aus dem alternativen und akademischen Milieu sowie der sogenannten technischen Intelligenz zusammensetzte.[234] Es ist müßig, die daraus resultierenden Querelen um die Führung der Dresdner SDP ausführlich wiederzugeben. Das Resultat war schließlich einerseits der Austritt Brenns aus der SPD im Januar 1990[235] sowie andererseits – vor dem Hintergrund der rasanten Entwicklung in der DDR – die schleichende Marginalisierung der Müllers und ihres politischen Ansatzes in der sächsischen SPD.[236] An ihre Stelle traten Pragmatiker wie der spätere Volkskammer- und Bundestagsabgeordnete Frank Heltzig, die sich gänzlich dem Ziel der deutschen Wiedervereinigung, dem westlichen Parlamentarismus sowie der Zusammenarbeit mit der westdeutschen SPD verschrieben hatten.[237] Es ist freilich zweifelhaft, ob es der sächsischen bzw. Dresdner SDP/SPD mit einer Integration von Brenn und seiner Mitstreiter eher gelungen wäre, die in der Partei unter-

---

229 Vgl. Urich, Bürgerbewegung, a. a. O., S. 249 f.
230 Vgl. ebd.
231 Vgl. ebd., S. 259.
232 Vgl. ebd., S. 250.
233 Vgl. ebd., S. 250 ff.
234 Vgl. ebd., S. 253 f.
235 Vgl. ebd., S. 259.
236 Vgl. Interview mit Annemarie und Matthias Müller, in: Herzberg, von zur Mühlen, Anfang, a. a. O., S. 270 ff.
237 Vgl. hierzu Frank Heltzig: Bei Müller's [sic!] auf dem Sofa. Oder wie gründet man eine Partei, in: Rudloff, Schmeitzner, Wiedergründung, a. a. O., S. 61 ff.; Nach 43 Jahren wieder eine sozialdemokratische Partei. Im Gespräch mit Dr. Frank Heltzig, 1. Sprecher des Vorstandes des Stadtverbandes Dresden der SDP, in: Sächsische Zeitung v. 29.11.1989; Urich, Bürgerbewegung, a. a. O., S. 259, 319 ff.

3 Verstreute Basisgruppen und ein Landesverband – Die Gründung der SDP in DDR-Bezirken

repräsentierte Arbeiterschaft besser anzusprechen, wie das Urich mutmaßt.[238] Das klägliche Wahlergebnis von 3.891 Stimmen bei der Volkskammerwahl 1990, das die USPD[239], der Brenn nach seinem Abschied aus der SPD beitrat[240], erzielte, ist nicht dazu angetan, diese These zu stützen. Brenns Partei- und Politikverständnis war wohl zu anachronistisch, um in den 1990er-Jahren noch zu verfangen, die entsprechenden Zielgruppen existierten so nicht mehr.

Mit der zunehmenden Dominanz des Themas der Deutschen Einheit vermehrte sich der Wille in der entstehenden Mitgliedschaft der SDP, mit der DDR sehr viel radikaler zu brechen, als es die Gründer von Schwante ursprünglich im Sinn gehabt hatten. Ein Beispiel hierfür ist vor allem der Stadtverband Rostock.[241] Die Gründung am 10. November 1989 ging maßgeblich auf die Initiative des Kinderarztes Ingo Richter zurück. Zu den Mitgliedern der ersten Stunde in Rostock gehörten u. a. Jens-Uwe Jerichow, das Ehepaar Christina und Horst Denkmann sowie der spätere Ministerpräsident von Mecklenburg-Vorpommern, Harald Ringstorff.[242] Die Rostocker Sozialdemokraten zeichneten sich durch einen in mehrfacher Hinsicht sehr forschen Kurs aus. Bezüglich der Frage der Deutschen Einheit, in der sich der Parteivorstand Anfang Dezember – teilweise schweren Herzens – zu seiner recht weitreichenden Erklärung durchgerungen hatte, legten die Rostocker ein sehr viel beherzteres Tempo vor, indem sie sehr frühzeitig die Möglichkeit eines Beitritts der DDR zum Grundgesetz nach Art. 23 GG juristisch prüfen ließen.[243] Mit der Idee des Experiments eines »Dritten Weges« in der DDR hatten sie nicht das Mindeste im Sinn, wobei sie sich auf »intensivere Kontakte zu den Menschen in der Arbeitswelt«[244] beriefen. Befeuert durch den Besuch von Willy Brandt in Rostock am 6. Dezember[245] benannten sie sich zudem 5 Tage später in SPD um.[246] Zwar wurde die Diskussion um die Änderung des Kürzels zu diesem Zeitpunkt auch auf der Vorstandsebene geführt.[247] Gleichwohl quittierte die Spitze das Vorpreschen der Rostocker mit einer Ausschlussdrohung.[248] Davon jedoch keinesfalls beeindruckt legten diese nach, indem sie in ihren Augen

---

238 Vgl. ebd., S. 251, 260.
239 Vgl. Wahlkommission der DDR: Wahlen zur Volkskammer der DDR am 18. März 1990. Endgültiges Ergebnis, Berlin 1990, AdsD Sozialdemokratische Partei in der DDR – SDP/SPD-Parteivorstand 2/SDPA000214.
240 Vgl. Urich, Bürgerbewegung, a. a. O., S. 259.
241 Vgl. hierzu insgesamt: Werner Müller: Der Neubeginn 1989/90, in: Werner Müller, Fred Mrotzek, Johannes Köllner: Die Geschichte der SPD in Mecklenburg-Vorpommern, Bonn 2002, S. 229 ff.
242 Vgl. ebd.
243 Vgl. ebd., S. 231 ff.
244 Ebd.; vgl. auch Sturm, Uneinig, a. a. O., S. 255 f.
245 Vgl. Müller, Neubeginn, a. a. O., S. 231 ff.
246 Vgl. Pressemitteilung des Vorstandes der Sozialdemokratischen Partei Rostock, abgedr. i.: ebd.
247 Protokoll der Vorstandssitzung am 12.12.1989, AdsD Depositum Martin Gutzeit, Materialien zur Entstehung und Geschichte der SDP/SPD, Teil IV.
248 Vgl. Sturm, Uneinig, a. a. O., S. 263 f.

durch die SED diskreditierte sozialdemokratische Symbole und Begriffe verbannten, so die Anrede »Genosse« und den Begriff des Sozialismus insgesamt. Die Parteifarbe Rot wurde durch Blau ersetzt.[249] Auch in Rostock war eine lebensweltliche Distanz zu den Gründern von Schwante spürbar, wenngleich in ganz anderer Weise als das für Brenn in Dresden galt. Ringstorff fasste seine Erfahrungen mit der politischen Welt der Bürgerbewegung 2004 retrospektiv wie folgt zusammen:

> »Man wurde schon fast schief angesehen, wenn man weder Sandalen noch einen Rucksack trug. Da existierten Parallelen zum Kreis der SDP-Gründer beziehungsweise zum ersten Vorstand der SDP. Auch dort wurde viel zu viel und zu lange diskutiert und zu wenig entschieden.«[250]

Gerade Ringstorff repräsentiert mit seiner pointierten Kritik an dem in seinen Augen realitätsfernen Philosophieren des Vorstands in Berlin, seiner Orientierung auf die baldige Deutsche Einheit sowie den Schulterschluss mit der westdeutschen SPD idealtypisch die Exponenten aus der technischen Intelligenz der DDR, die die SDP und ihr Gründungsprofil mit seiner alternativen Grundierung vehement umzuformen und zu erden trachteten.[251]

Ebenfalls einen symbolischen Akt des demonstrativen Abschieds von der DDR-Vergangenheit stellt der Beschluss der Thüringer Sozialdemokraten vom 15. Dezember 1989 dar, bewusst keine Bezirksverbände zu gründen, sondern sich auf der Basis »der Verwaltungsgrenzen des Landes Thüringen im Jahr 1946«[252] zu organisieren. Dies ist umso bemerkenswerter, als Thüringen als eines der einstigen Stammländer der Sozialdemokratie für die SDP ein recht steiniger Acker geworden war.[253]

Eine weitere aus dem Kontext des Umbruchs 1989/90 verständliche – und bis heute folgenreiche – Tendenz in der sich formierenden SDP-Basis lässt sich am Beispiel von Leipzig exemplifizieren. In Schwante hatte Meckel alle sozialdemokratisch gesinnten SED-Mitglieder zur Mitarbeit in der SDP aufgefordert. Reiche stellte 1992 und 2004 dazu retrospektiv fest:

> »Wir wollten einer sozialdemokratischen Reform der kommunistischen Kaderpartei zuvorkommen. Wir wollten möglichst viele von den redlichen, aufrechten, sozialdemokratisch denkenden SEDisten für uns gewinnen. Sie sollten, so unser

---

249 Vgl. ebd., S. 136 f.
250 Harald Ringstorff in einem Interview v. Juli 2004, zit. n. ebd.
251 Vgl. ebd., S. 255 f., 391, 421 ff.
252 Protokoll der 1. Versammlung der SDP Thüringen am 15.12.1989 in der Harrasmühle bei Lausnitz, AdsD Sozialdemokratische Partei in der DDR – SDP/SPD-Parteivorstand 2/SDPA000179.
253 Vgl. Interview mit Stephan Hilsberg, in: Herzberg, von zur Mühlen, Anfang, a. a. O., S. 144; vgl. dazu insgesamt: Walter u. a.: Die SPD in Sachsen und Thüringen, a. a. O.

3 Verstreute Basisgruppen und ein Landesverband – Die Gründung der SDP in DDR-Bezirken

Abb. 8 Gründung der SDP in Schwerin.

Hintergedanke, einen wesentlichen Teil dieser SDP ausmachen. Die SED durch Auszehrung, nicht durch Reform überwinden!«[254]
»Wer nun die SED verlässt und der SDP beitritt, schadet seiner Karriere in der DDR. [...] Wer [...] eine Volkspartei sein will, muss den Sozialdemokraten unter den zwei Millionen früheren SED-Mitgliedern die Möglichkeit geben, bei uns mitzumachen.«[255]

Damit wusste sich Reiche einig mit einem Teil der westdeutschen SPD-Führung, der darüber hinaus auch reformorientierte Kader aus der mittleren Funktionärsebene der SED, wie etwa den Dresdner Oberbürgermeister Wolfgang Berghofer, gerne in Reihen der ostdeutschen Sozialdemokraten gesehen hätte.[256] Das Protokoll der Vorstandssitzung am 21. Dezember 1989 stellte zu dieser Frage lapidar fest: »Zur Aufnahme ehemaliger SED-Mitglieder in die SDP[:] es gibt keine Zugangsbeschränkung[,] Offenlegen

---

254 Steffen Reiche: Motivationen der Gründergeneration, in: Dowe, Bürgerbewegung a. a. O., S. 27.
255 Zit. n. Sturm, Uneinig, a. a. O., S. 136.
256 Vgl. ebd., S. 185 ff.

der polit. Vergangenheit.«[257] Auf dieser Linie liegt ebenfalls eine Interviewäußerung Hilsbergs von 1993:

> »In diesem Punkt konnten wir auf unsere Regelung vertrauen, dass für die Aufnahme neuer Mitglieder die Ortsvereine zuständig waren. Wir waren sicher, daß sich die Ortsvereine ganz genau ihre Kandidaten anschauten und daß die Leute vor Ort bekannt waren. Dennoch hatten viele Angst vor Verfremdung. Diese Angst wurde auch bewusst geschürt. Auf diese Weise konnte man der jungen Partei etwas am Zeug flicken.«[258]

Es ist natürlich zu differenzieren zwischen dieser relativ vorsichtigen Position Hilsbergs, der Reiches sowie der ostentativen Offenheit des »alternativen Marxisten« Böhme.[259] Es scheint aber so, als ob die Differenzen in dieser Frage innerhalb des Vorstandes der SDP im Dezember 1989 keineswegs so schroff waren, wie das Sturm suggeriert.[260] Widerstand kam vielmehr zunehmend von der Basis bzw. den sich bildenden örtlichen und regionalen Führungsebenen. Besonders frühzeitig und auch deutlich vernehmbar artikulierten sich diese Bedenken in Sachsen u. a. in Leipzig. Besonders hervorgetan hat sich in diesem Zusammenhang Gunter Weißgerber, später Leipziger Volkskammer- und Bundestagsabgeordneter, indem er äußerte, »es sei unzumutbar, mit den Tätern von gestern an einem Tisch zu sitzen.«[261]

Die Gründung der SDP in Leipzig wurde, wie an vielen Orten, von Personen aus dem Umfeld der Friedensbewegung, der evangelischen Kirche sowie der ESG Leipzig in loser Fühlung mit dem Kreis von Schwante angestoßen.[262] Die Gründungsversammlung fand am 7. November 1989 in der Reformierten Kirche statt. Zu den ersten Sozialdemokraten in Leipzig zählten Andreas Schurig, Mike Dietel, Thomas Lipp,

---

257 Protokoll der Vorstandssitzung am 21.12.89, AdsD Depositum Martin Gutzeit, Materialien zur Entstehung und Geschichte der SDP/SPD, Teil IV.
258 Interview mit Stephan Hilsberg, in: Herzberg, von zur Mühlen, Anfang, a. a. O., S. 144 f.
259 Vgl. Sturm, Uneinig, a. a. O., S. 185 f. Böhme benutzte diese Formel belegbar zum ersten Mal Ende Oktober 1989. Vgl. MfS-Kreisdienststelle Treptow Ref. IV betr. Informationsgespräch der SDP v. 26.10.1989, AdsD Depositum Martin Gutzeit, Materialien zur Entstehung und Geschichte der SDP/SPD, Teil II.
260 Sturm konstatiert in dieser Frage – abermals ohne dafür Belege anzugeben – massive Abwehr vonseiten Barbes, Gutzeits, Hilsbergs und Meckels. Vgl. ebd., S. 136.
261 Zit. n. Tammena, Volkspartei, a. a. O., S. 52. Diese äußerst rigide Haltung bestätigt Volker Manhenke: »Weißgerber war meiner Erinnerung nach im Ausschuss für internationale Zusammenarbeit […] und sprach in der Volkskammer einmal; dabei setzte er die DDR-Zeit mit der Zeit des Faschismus, die SED mit der NSDAP gleich. […] aus Leipzig bekam er auch Zustimmung.« Volker Manhenke: Erinnerungen und Gedanken eines Mitgründers der SDP Leipzig, in: Rudloff, Schmeitzner, Wiedergründung, a. a. O., S. 196 f.
262 Vgl. Mike Dietel: Erste Kontaktadressen, in: Rudloff, Schmeitzner, Wiedergründung, a. a. O., S. 61 ff.; Christian Schulze: Rückblick auf die SPD Gründung in Leipzig, in: ebd.; Andreas Schurig: Die Anfangsphase der Leipziger SDP, in: ebd.

3 Verstreute Basisgruppen und ein Landesverband – Die Gründung der SDP in DDR-Bezirken

Volker Manhenke, Nikolaus Voss und Christian Schulze sowie der zu diesem Zeitpunkt 44-jährige Geophysiker Karl-August Kamilli.[263] Kamilli war zunächst zum Vorsitzenden der SDP Leipzig gewählt worden, avancierte später zum Vorstandsmitglied sowie stellvertretenden Vorsitzenden der Ost-SPD und war 1990 Mitglied der Volkskammer und des Deutschen Bundestags. Obwohl Kamilli zunächst eher zum linken Spektrum[264] der Partei zählte, gab es in Leipzig – vielleicht ein wenig inspiriert von der immer aufgeheizteren Atmosphäre in der Stadt – einen stark konservativ geprägten Flügel.[265] Aufschlussreich ist in diesem Zusammenhang eine Einschätzung des SPD-nahen Historikers Heinrich August Winker nach einem Besuch bei ostdeutschen Sozialdemokraten, u. a. in Leipzig:

»Eine der bedrückendsten Erbschaften des ›real existierenden Sozialismus‹ ist ein weit verbreitetes antimodernistisches Syndrom. Ein von oben verordneter ›Antifaschismus‹ hat die Konservierung von althergebrachten Ressentiments und Vorurteilen begünstigt. […] Es herrscht insgesamt ein deutschnational gefärbtes Bild der deutschen Geschichte vor. Alle diese Erscheinungen sind auch in der SPD stark vertreten. Es wird einer beharrlichen Aufklärungsarbeit bedürfen, um diese Erblast abzutragen und in der heutigen DDR eine Sozialdemokratie aufzubauen, wie wir Sie uns für das Europa der Zukunft wünschen.«[266]

Die Beteiligten bezeugen fast unisono, dass in der Leipziger SDP von Beginn an eine sehr hitzige Diskussion um die Aufnahme ehemaliger SED-Mitglieder gab.[267] Vordergründig ging es um die Verhinderung einer Unterwanderung der SDP durch Funktionäre der Einheitspartei. Da die Aufnahme neuer Mitglieder laut Statut Sache der Basisgruppen und Ortsvereine war, kam es hier oftmals zu quasi inquisitorischen Prozeduren, die manchem Anwärter den Beitritt gründlich vergällten.[268] Hinzu kam,

---

263 Vgl. Dietel, Kontaktadressen, a. a. O.
264 Vgl. Tammena, Volkspartei, a. a. O., S. 52; Kamillis Rückzug aus der SPD 1994, der viel mit innerparteilichem Mobbing zu tun hatte, sowie schließlich sein Beitritt zur sogenannten Schill-Partei in Leipzig zählen zu den eher obskuren Fußnoten der Nachwendezeit. Vgl. u. a. Die Tageszeitung v. 31.01.2002.
265 Vgl. Till Vosberg: Persönliche Eindrücke von der Gründung der SDP, in: Rudloff, Schmeitzner, Wiedergründung, a. a. O., S. 212 f. Die (Wieder-)Gründung des »Hofgeismarer Kreises« bei den Leipziger Jusos 1992, der sich durchaus unrühmlich mit stark nationalkonservativen und z. T. rassistischen Tönen hervortat, ist wohl vor diesem Hintergrund zu sehen. Einen schützenden Schirm über dessen Protagonisten hielt bemerkenswerterweise Gunter Weißgerber. Vgl. dazu: AdsD SPD-Unterbezirk Leipzig 3/SNLP000140 u. 141.
266 Heinrich August Winkler: Zum Zustand der SPD in der Noch-DDR, o. D. [Mai 1990], AdsD Depositum Hans Jochen Vogel 1/HJVA102052.
267 Vgl. Nikolaus Voss: Aufbruch und Stagnation im Neubeginn der Leipziger Sozialdemokratie, in: Rudloff, Schmeitzner, Wiedergründung, a. a. O., S. 180 f.; Manhenke, a. a. O., ebd., S. 185 ff.; Karl-August Kamilli: 10 Jahre nach Gründung der SDP. Erlebnisbericht, in: ebd., S. 208 ff.
268 Vgl. ebd.

dass im Laufe des Winters 1989 die Wahrnehmung des Stasithemas, das natürlich allgegenwärtig war und durchaus Berücksichtigung verdiente, teilweise fast paranoide Züge annahm, was auch in der SDP/SPD ein Klima des allgegenwärtigen Misstrauens schuf.[269] Von verschiedener Seite, u. a. von Hilsberg, ist ein weiteres und deutlich weniger ehrenhaftes – wenngleich menschlich verständliches – Motiv benannt worden:

> »Zum anderen waren viele SED-Mitglieder ja besser geschult und politisch erfahren, so daß sicherlich manch einer in ihnen eine Konkurrenz für die eigene Karriere sah.«[270]

Bestätigt wird dieser Eindruck von Nikolaus Voss:

> »Andere wiederum sahen vor allem die Gefahr, dass ehemalige Funktionäre schnell wieder in politische Führungspositionen gelangen könnten (dabei war mitunter nicht der schale Geschmack der Angst um eigene Posten zu vermeiden).«[271]

Am weitesten ging Reiche, wenn er bezüglich der politischen und fachlichen Qualifikation so manches Oppositionellen feststellte:

> »[N]icht nur Aufmüpfigkeit war [es], die vielen den Aufstieg im überwundenen System verwehrt hatte. Oft fehlte es schlicht an Fähigkeiten; die Diktatur war eine willkommene Ausrede für eigene Unzulänglichkeit.«[272]

Die SDP wirkte durch ihre immer restriktiver werdende Aufnahmepraxis zwar als »sauber« gleichzeitig jedoch wie ein geschlossener Zirkel.[273] Der Vorstand trug im Januar 1990 dieser Unterwanderungsangst Rechnung, nicht zuletzt angestoßen durch eine Erklärung des Kreisvorstandes Leipzig[274], indem er die Hürden für die Aufnahme ehemaliger SED-Mitglieder deutlich anhob:

---

269 Vgl. ebd.
270 Interview mit Stephan Hilsberg, in: Herzberg, von zur Mühlen, Anfang, a. a. O., S. 144 f.
271 Voss, Aufbruch, a. a. O., S. 180 f.
272 Steffen Reiche in der Wochenpost v. 10.03.1994, Extra, S. III, zit. n. Tammena, Volkspartei, a. a. O., S. 58.
273 Voss, Aufbruch, a. a. O., S. 81.
274 »Pressemitteilungen der vergangenen Tage lassen eine unmittelbar bevorstehende Selbstauflösung der SED-PDS erwarten. Ehemalige Mitglieder der SED sind zum Teil seit der Gründungszeit im Oktober '89 in der SPD zu finden und haben durch ihren Einsatz ihre sozialdemokratische Gesinnung bewiesen. Dies ist von SED-Mitgliedern, die erst jetzt aus der im Zerfall befindlichen Partei austreten und bei uns um Aufnahme bitten, nicht zu erwarten. Im Gegenteil, eine Unterwanderung mit SED-Gedankengut scheint geplant. Deshalb fordern wir alle SED-PDS-Mitglieder auf, die nach dem 1.1.1990 ihre Partei verlassen haben, für mindestens ein Jahr keine Anträge auf Mitgliedschaft in der SPD zu stellen. Die Orts- und Kreisverbände der SPD bitten wir, diesen

3 Verstreute Basisgruppen und ein Landesverband – Die Gründung der SDP in DDR-Bezirken

»3. Jeder, der in die SPD eintreten möchte, wird aufgefordert, seine politische Vergangenheit offenzulegen. Das sollte bei der Vorstellung zu einer Kandidatur für Mandatsträger wiederholt werden. Ehemalige Mitglieder der SED-PDS können sich für die erste Legislaturperiode in der SPD für eine Kandidatur bei Parteifunktionen auf allen Ebenen nicht bewerben.

4. Wir fordern alle ehemaligen SED-PDS-Mitglieder, die erst in diesen Wochen ihre Partei verlassen haben, auf, in den nächsten Monaten keine Anträge auf Mitgliedschaft in der SPD zu stellen oder jedenfalls vorher mit den Vorständen das Gespräch zu suchen. Es ist auch möglich, außerhalb der SPD für sozialdemokratische Positionen einzutreten und seine fachliche Kompetenz zur Verfügung zu stellen.

Bei Neugründungen von Ortsverbänden darf der Anteil ehemaliger SED-PDS-Mitglieder 30 % der Mitglieder des Ortsverbandes nicht überschreiten.«[275]

Die einschlägige Literatur ist sich weitestgehend einig, dass es diese Praxis war, die verhindert hat, dass sich der SDP Menschen anschließen konnten, die schon zu DDR-Zeiten aus lauteren Motiven gesellschaftlich engagiert gewesen waren und die zwangsläufig der SED, einer Blockpartei oder Massenorganisationen hatten beitreten müssen, um etwas zu bewegen.[276] Dadurch wurde eine frühzeitige politische Professionalisierung der Partei verhindert.[277] Die SDP gefiel sich eher in der Rolle eines exklusiven revolutionären und nachrevolutionären Klubs. Steffen Reiche hat dieses Phänomen bewusst zugespitzt als »Gründerstöpsel«[278] bezeichnet.

Es ist freilich auch festzuhalten, dass sich die SDP insofern in einer Zwickmühle befand, als das sich formierende bürgerliche Lager im sich abzeichnenden Wahlkampf die weitverbreiteten stark antisozialistischen Affekte in der DDR-Bevölkerung geschickt nutzte, die SDP/SPD in die Nähe der SED rückte und eine Unterwanderung a priori unterstellte.[279] Gleichwohl hat sich die SDP, indem sie diesem Druck nachgab[280], weder organisatorisch einen Gefallen getan, noch ist sie dadurch der Wahlkampffalle der CDU entronnen.

Personenkreis bis zur endgültigen Klärung auf dem DDR-weiten Landesparteitag nicht aufzunehmen. Erklärung des Kreisvorstandes Leipzig v. 19.01.90, AdsD Depositum Martin Gutzeit, Materialien zur Entstehung und Geschichte der SDP/SPD, Teil VI.
275 Erklärung des Vorstands der SPD v. 21.01.1990, AdsD Depositum Martin Gutzeit, Materialien zur Entstehung und Geschichte der SDP/SPD, Teil VI.
276 Vgl. Walter, Freital, a. a. O., S. 180 f.; Tammena, Volkspartei, a. a. O., S. 58 f., 102 f.
277 Vgl. Walter, Freital, a. a. O., S. 180 f.; ähnlich: Tammena, Volkspartei, a. a. O., S. 58 f., 102 f.
278 Steffen Reiche: Motivationen der Gründergeneration, in: Dowe, Bürgerbewegung a. a. O., S. 27.
279 Vgl. etwa CDU-Flugblatt »Warum ich CDU wähle«, o. D., AdsD Depositum Martin Gutzeit, Materialien zur Entstehung und Geschichte der SDP/SPD, Teil V.
280 Vgl. Manhenke, a. a. O., S. 195.

4 Eine zögerliche Annäherung – Das Verhältnis zur West-SPD

Der Vorstand der SDP sah die neue Partei zunächst, wie oben herausgearbeitet, keinesfalls als bloßes ostdeutsches Pendant der West-SPD, sondern wollte in einer demokratisch reformierten DDR dezidiert eigene organisatorische, programmatische und politische Wege gehen. Es war jedoch nicht nur das deutlich stärkere Gewicht, das die Ost-Sozialdemokraten ökologischen und basisdemokratischen Aspekten beimaßen[281], das die ungleichen Schwestern unterschied. Als demonstrative Abgrenzung gen Westen betonte die SDP-Führung im Oktober 1989, das Godesberger Programm, die eigentliche Grundlegung der westdeutschen Volkspartei SPD, nicht akzeptieren zu wollen.[282]

Auch die SPD ging zunächst recht distanziert mit ihrer neuen Schwesterpartei im Osten um.[283] Schließlich hatte die SPD in den 1980er-Jahren mehr oder minder enge und quasioffizielle Gesprächskontakte mit der SED gepflegt.[284] Die Blaupause dafür war das von Egon Bahr 1963 formulierte Konzept »Wandel durch Annäherung«, das den deutschlandpolitischen Ansatz der SPD seitdem geprägt hatte. Eine wichtige Wegmarke dieser Kontakte stellte das von der Grundwertekommission der SPD und der Akademie für Gesellschaftswissenschaften beim ZK der SED zwischen 1984 und 1987 ausgehandelte Dialogpapier »Streit der Ideologien«[285] dar, das sowohl in der SPD, als auch in der DDR-Opposition auf ein geteiltes Echo gestoßen war.[286] Ganz im Bahr'schen Sinne schwang bei allen Kontakten zur SED die Hoffnung auf die Reformfähigkeit der DDR mit, was so auch in dem Dialogpapier fixiert worden war.[287] Diese wurde durch die reale Politik in der DDR allzu oft enttäuscht, denn der SED-Führung ging es eher um Anerkennung auf Augenhöhe, als um einen wirklichen Dialog.[288] Kontakte zur Dissidenz in den Staaten des Warschauer Paktes hatten nicht diesen quasioffiziellen Stellenwert und wurden sehr viel sporadischer von Einzelpersonen wie Norbert Gansel, Freimut Duve und Gert Weisskirchen gepflegt.[289] Der SPD-Parteivorstand

---

281 Siehe oben ☞ Kap. II 1, S. 69 ff.
282 Vgl. Arndt Noack im Interview mit der BBC v. 10.10.1989, AdsD Depositum Martin Gutzeit, Materialien zur Entstehung und Geschichte der SDP/SPD, Teil II; vgl. Fehlerquelle Krenz – Glücksfall für die Opposition – Interview mit Thomas Krüger, in: Stern v. 26.10.1989.
283 Vgl. dazu zusammenfassend: Sturm, Uneinig, a. a. O., S. 147 ff. sowie Tessmer, Parteibeziehungen, a. a. O., S. 156 ff.
284 Vgl. dazu zusammenfassend: Sturm, Uneinig, a. a. O., S. 63 ff.
285 Vorstand der SPD (Hg.): Der Streit der Ideologien und die gemeinsame Sicherheit. Grundwerte-Kommission der SPD – Akademie für Gesellschaftswissenschaften beim ZK der SED, Bonn 1987; siehe auch im Internet unter: http://library.fes.de/prodok/fc87-01863.pdf (Stand März 2008).
286 Vgl. Sturm, Uneinig, a. a. O., S. 97 ff.; Neubert, Opposition, a. a. O., S. 663 ff.
287 Vgl. Sturm, Uneinig, a. a. O., S. 96 ff.
288 Vgl. ebd.
289 Vgl. ebd., S. 72, 107 ff. So hatte sich Gert Weisskirchen im Juni 1989 u. a. mit Martin Gutzeit in Ostberlin getroffen. Vgl. retrospektiver Vermerk von Martin Gutzeit, in: AdsD Depositum Martin Gutzeit, Materialien zur Entstehung und Geschichte der SDP/SPD, Teil I.

hielt bis weit in den Herbst 1989 weitgehend an dieser Dialogpolitik fest, obwohl intern Forderungen nach einem Kurswechsel immer lauter geworden waren.[290]

So reagierte die SPD-Führung im Spätsommer und Frühherbst 1989 auf die SDP-Gründungsinitiative zunächst abwartend skeptisch. Dafür waren zweierlei Gründe ausschlaggebend: Zum einen fürchtete die SPD mit einer Annäherung an die DDR-Opposition ihre leidlich guten Kontakte zur SED und damit ihre etatistisch orientierte Deutschlandpolitik sowie die europäische Stabilität insgesamt aufs Spiel zu setzten.[291] Besonders pointiert in diesem Sinne argumentierte die Berliner SPD unter Walter Momper, die ihre inoffiziellen Kanäle nach Ostberlin akut gefährdet sah.[292] Zum anderen aber war von der Neugründung einer Sozialdemokratischen Partei in der DDR durch einige bis dato gänzlich unbekannte evangelische Pfarrer und Theologen kurz- und mittelfristig kaum die Organisierung einer sozialdemokratischen Massenbasis zu erwarten.[293] In diesem Sinne ist wohl auch die Äußerung Ludwig Stieglers von Ende August 1989, die Sozialdemokratie möge sich aus den Fesseln der SED befreien[294], zu interpretieren, hatte er doch vermutlich weniger eine völlige Neugründung der SPD in der DDR als vielmehr eine Sezession der Reformkräfte in der SED vor Augen.

Ende August 1989 war die SDP-Initiative im Westen bekannt geworden. Die SPD-Führung ließ dies zunächst unkommentiert. Lediglich Karsten Voigt, außenpolitischer Sprecher der SPD-Bundestagsfraktion, versicherte »politische und moralische Solidarität«, stellte aber darüber hinaus fest, dass konkrete Hilfen einstweilen von der SPD nicht zu erwarten seien.[295] Einigermaßen überrumpelt und verwirrt von der Entwicklung in der DDR, versuchte die SPD-Führung im Laufe des Septembers, ihre Reihen zu ordnen, Fronten zu klären und eine einheitliche Position zu entwickeln.[296] In diesem Diskussionsprozess wurden die Stimmen derer immer vernehmbarer, die eine intensivere Kontaktaufnahme zu den Oppositionsgruppen in der DDR forderten. Als am 7./8. Oktober 1989 die Meldung von der Gründung der SDP über die Ticker lief, war diese Meinungsbildung noch keineswegs abgeschlossen. Immerhin hatten sich aber Mitte September 1989 alle Beteiligten darauf verständigt, das Projekt einer sozialdemokratischen Partei in der DDR, wenn schon nicht aktiv zu unterstützen, so doch wohl-

---

290 Vgl. hierzu differenziert und die verschiedenen Positionen herausarbeitend: Fischer, Einheit, a. a. O., S. 24 ff.; vgl. auch: Sturm, Uneinig, a. a. O., S. 167 ff.
291 Vgl. Protokoll der Sitzung des Präsidiums am 11.09.1989, S. 12 ff., AdsD SPD-Parteivorstand – Vorstandssekretariat; vgl. auch Sturm, Uneinig, a. a. O., S. 149 f.
292 Vgl. Protokoll der Sitzung des Parteivorstandes am 18.09.1989, S. 6, AdsD SPD-Parteivorstand – Vorstandssekretariat; vgl. auch Sturm, Uneinig, a. a. O., S. 109 ff., 148 f.
293 Vgl. Sturm, Uneinig, a. a. O., S. 154 f.; vgl. ähnlich Tessmer, Parteibeziehungen, a. a. O., S. 157 f.
294 Vgl. Sturm, Uneinig, a. a. O., S. 147.
295 Vgl. Parlamentarisch-Politischer Pressedienst v. 28.08.1989; vgl. auch Sturm, Uneinig, a. a. O., S. 147 f.
296 Vgl. Protokolle der Sitzungen des Präsidiums am 11.09.1989 und des Parteivorstandes am 18.09.1989, AdsD SPD-Parteivorstand – Vorstandssekretariat; vgl. auch Sturm, Uneinig, a. a. O., S. 147 ff.

wollend zu begleiten.²⁹⁷ So reagierte der SPD-Vorstand in einer Presseerklärung vom 9. Oktober zwar prompt, aber auch ein wenig ambivalent und unverbindlich:

»Angesichts der Gründung einer ›sozialdemokratischen Partei in der DDR (SDP)‹ begrüßen wir, daß in der DDR immer mehr Menschen ihre Stimme erheben, die sich ausdrücklich zur Friedenssicherung und den übrigen Prinzipien des demokratischen Sozialismus bekennen und dafür eintreten, diese Prinzipien in der DDR zu verwirklichen. Sie haben das aus eigenem Entschluß getan. Wir erklären uns mit ihnen solidarisch und ermutigen sie – ganz gleich in welchen Gruppen oder Formen sie sich zusammenfinden oder organisieren. Die volle Entfaltung der Demokratie und des Pluralismus ist jedenfalls ohne eine starke Sozialdemokratie nicht denkbar.«²⁹⁸

Diese Stellungnahme war nicht nur Ausfluss einer noch nicht abgeschlossenen innerparteilichen Diskussion, sondern auch ein Reflex auf die unübersichtliche und unklare Situation in der DDR. Immerhin vertraten sowohl das Neue Forum als auch Eppelmanns Demokratischer Aufbruch neben der SDP Positionen, die zum demokratischen Sozialismus oder rot-grüner Programmatik im weitesten Sinne kompatibel waren. Diese gesamte Szene hatten Teile der SPD-Führung als potenzielle Partner im Blick, und sie wollten sich aus verständlichen Gründen nicht allzu frühzeitig festlegen.²⁹⁹ Noch Ende Oktober, als sich einzelne SPD-Politiker wie Norbert Gansel, Erhart Körting, Walter Momper und Horst Ehmke zu Informationsgesprächen mit Vertretern der DDR-Opposition nach Ostberlin aufmachten, saßen zumeist nicht nur Protagonisten der SDP am Tisch.³⁰⁰ Offiziell begründet wurde die Zurückhaltung gegenüber der SDP vor allem damit, das »zarte Pflänzchen« SDP nicht durch allzu viel Einmischung von außen erdrücken zu wollen – zumal sie selbst sich dies immer

---

297 So etwa Anke Brunn: »Die Gründung von SPD Initiativen dürfte von außen nicht unterstützt, wohl aber in Gesprächen begleitet werden«, oder Horst Ehmke: »Wenn es zur Gründung einer SPD in der DDR komme, sei Klarheit über die Haltung unserer Partei gegenüber einer solchen Neugründung keine Frage.«. Protokoll der Sitzung des Parteivorstandes am 18.09.1989, S. 7 bzw. 8, AdsD SPD-Parteivorstand – Vorstandssekretariat.
298 Presseservice der SPD, Mitteilung für die Presse 634/89 v. 09.10.1989, in der digitalen Bibliothek der Friedrich-Ebert-Stiftung im Web abrufbar unter: http://library.fes.de (Stand März 2008).
299 »Die Gründung einer sozialdemokratischen Partei – Hier ist hervorzuheben, dass die betreffenden Personen und ihr Hintergrund noch nicht näher bekannt sind. Es ist auch nicht bekannt, ob sie mit der Gruppe um den Pfarrer [Edelbert] Richter, die ihrerseits eine Vorbereitungsgruppe für die Gründung einer sozialdemokratischen Partei ins Leben gerufen hat, in Verbindung stehen. Nicht vernachlässigt werden sollte, dass auch in den anderen Gruppen, die sich derzeit gebildet haben, Menschen tätig sind, die sich auf den demokratischen Sozialismus berufen.« Protokoll der Sitzungen des Präsidiums am 09.10.1989, S. 2, AdsD SPD-Parteivorstand – Vorstandssekretariat; vgl. auch Sturm, Uneinig, a. a. O., S. 147 ff., 153 f., 156 f., 164.
300 Vgl. div. Unterlagen, u. a. MfS-Berichte, hierzu in: AdsD Depositum Martin Gutzeit, Materialien zur Entstehung und Geschichte der SDP/SPD, Teil II; Horst Ehmke: Bericht über den Aufenthalt in Ost-Berlin v. 30.10.1990, AdsD Depositum Hans-Jochen Vogel 1/HJVA101167.

wieder hörbar verbeten hatte.[301] Die SPD wartete einstweilen, bis sich die Kräfteverhältnisse ein wenig durchsichtiger gestalteten und zudem die SDP als potenzieller Partner von staatlicher Seite offiziell anerkannt war.[302]

Ein wichtiger Impuls zur Klärung des Verhältnisses der ungleichen Schwestern kam indes aus den Reihen der SDP. In der zweiten Oktoberhälfte 1989 war Steffen Reiche anlässlich des Geburtstags seiner Großmutter in die Bundesrepublik gereist.[303] Dort angekommen setzte er sich u. a. mit dem sozialdemokratischen Politologen Tilman Fichter und Karl-Heinz Klär, Abteilungsleiter beim SPD-Parteivorstand, in Verbindung.[304] Klär sympathisierte mit Reiche und der SDP und stellte den Kontakt zu den Medien her.[305] So kam es, dass Reiche am 18. Oktober an der Seite von Helmut Schmidt und Oskar Lafontaine an der Diskussionsrunde des »ARD-Brennpunkts« anlässlich der Entmachtung von Erich Honecker teilnehmen konnte.[306] Daraufhin fand vier Tage später, am 22. Oktober, im Erich-Ollenhauer-Haus ein Treffen mit Hans-Jochen Vogel statt, der Reiche zu den kommenden Sitzungen des SPD-Präsidiums und der Bundestagsfraktion einlud.[307] Damit war der Bann gebrochen. Vogel und die SPD-Führung entsprachen Reiches Anliegen nach der Aufnahme offizieller Beziehungen zwischen SPD und SDP. Und nicht nur das: Die SPD ließ ihr andauerndes Hoffen auf die SED-Reformer einerseits sowie ihre abwartende und schwankende Haltung gegenüber den verschiedenen Gruppen der DDR-Opposition andererseits weitgehend fahren und gab den Kontakten zur SDP nun ausdrücklich die Präferenz.[308] Das bedeutete allerdings noch nicht die Zusage organisatorischer und finanzieller Hilfe, denn Vogel wollte einstweilen möglichst jeden Eindruck westlicher Einflussnahme auf die Entwicklung der SDP vermeiden.[309] Dies geschah auch mit

---

301 Vgl. Tessmer, Parteibeziehungen, a. a. O., S. 159.
302 Vgl. ebd.
303 Vgl. hierzu div. Unterlagen, u. a. MfS-Abhörprotokolle, in: AdsD Depositum Martin Gutzeit, Materialien zur Entstehung und Geschichte der SDP/SPD, Teil II; vgl. auch Sturm, Uneinig, a. a. O., S. 158 ff.; Tessmer, Parteibeziehungen, a. a. O., S. 160 f.
304 Vgl. Interview mit Steffen Reiche, in: Herzberg, von zur Mühlen, Anfang, a. a. O., S. 196 f.
305 Vgl. Sturm, Uneinig, a. a. O., S. 158.
306 Vgl. ebd.
307 Vgl. Protokoll der Sitzungen des Präsidiums v. 23.10.1989, AdsD SPD-Parteivorstand – Vorstandssekretariat; vgl. auch Sturm, Uneinig, a. a. O., S. 159.
308 Vgl. MfS Abteilung 26/6, Abhörprotokoll eines Telefongespräches zwischen Steffen Reiche und Angelika Barbe v. 25.10.1989 15.59 Uhr, AdsD Depositum Martin Gutzeit, Materialien zur Entstehung und Geschichte der SDP/SPD, Teil II. Diese Präferenz drückte sich darin aus, dass die SDP-Vertreter auf dem Parteitag Rederecht erhielten, die anderen eingeladenen Gruppen nur als Gäste firmierten. Vgl. Sturm, Uneinig, a. a. O., S. 165. Die SED-Reformer blieben freilich insofern im Blick der SPD-Spitze, als es Bestrebungen u. a. vonseiten Egon Bahrs gab, unbelastete SED-Kader und DDR-Funktionsträger sowie deren Basis in die SDP/Ost-SPD zu überführen. Als mehr oder minder prominente Namen sind hier etwa Wolfgang Berghofer und Manfred von Ardenne zu nennen. Hierbei erhielt er gewichtige Unterstützung u. a. von Willy Brandt, Helmut Schmidt, Oskar Lafontaine und Herta Däubler-Gmelin. Vgl. ebd. S. 185 ff.
309 Vgl. Sturm, Uneinig, a. a. O., S. 159.

Kapitel II · Die Gründung der SDP im Kontext der Friedlichen Revolution

Abb. 9 Steffen Reiche bei Hans-Jochen Vogel am 23. Oktober 1989 in Bonn.

Rücksicht auf Reiches Position innerhalb der SDP bzw. deren inhaltlichen Vorgaben aus Ostberlin, denn Reiches Agieren in Bonn war nicht oder nur teilweise mit dem SDP-Vorstand abgestimmt. Gutzeit, Meckel, Hilsberg, Böhme und Barbe betrachteten insofern seine Aktivitäten skeptisch und fürchteten Alleingänge, gerade im Hinblick auf ein kurzzeitig im Raum stehendes Treffen mit Helmut Kohl.[310] Die sehr viel weiter gehende Behauptung Sturms, Barbe habe versucht, Reiche zu bewegen, »seine politische Mission zu beenden«, lässt sich anhand der vorliegenden Quellen nicht belegen.[311] Nachweisbar ist, dass sich Reiche während seines Aufenthalts in Bonn mehrmals telefonisch mit Angelika Barbe besprach.[312] Über sie nahm auch Böhme Einfluss auf Reiches Vorgehen:

---

310 Vgl. Interview mit Markus Meckel, in: Herzberg, von zur Mühlen, Anfang, a. a. O., S. 132; MfS Abteilung 26/6, Abhörprotokoll eines Telefongesprächs zwischen Steffen Reiche und Angelika Barbe 25.10.1989 23.17, AdsD Depositum Martin Gutzeit, Materialien zur Entstehung und Geschichte der SDP/SPD, Teil II.
311 Sturm, Uneinig, a. a. O., S. 159. Sturm bezieht sich hierbei auf ein Interview mit Karl-Heinz Klär v. 26.03.2004.
312 Vgl. die entsprechenden MfS-Abhörprotokolle, AdsD Depositum Martin Gutzeit, Materialien zur Entstehung und Geschichte der SDP/SPD, Teil II.

»Angelika B. teilt sofort mit, daß Ibrahim Böhme sehr gereizt reagierte, als er von der Besuchsabsicht Steffens [bei Helmut Kohl] hörte. Sie soll deshalb von diesem ausrichten, daß er (Reiche) diesen Besuch unbedingt meiden sollte. Sie macht ihm ausdrücklich klar, daß er nicht als ›SDP‹ Mitglied dorthin gehen kann, ohne vom Vorstand dazu ermächtigt zu sein. Hinsichtlich der Pressekonferenz[313] soll Steffen auf folgende fünf Punkte verweisen:
- Erstens soll er nochmals auf die Zweistaatlichkeit verweisen, damit nicht solche Begriffe wie Wiedervereinigung schief herüberkommen.
- Zweitens soll er betonen, daß die ›SDP‹ gegenüber der SPD eigenständig ist und auch bei einer Aufnahme in die ›Sozialistische Internationale‹ gleichberechtigt gegenüber den anderen sozialdemokratischen Parteien sein möchte.
- Drittens soll er deutlich machen, daß die ›SDP‹ in der DDR unter den Bedingungen des ›Sozialistengesetzes‹ arbeiten muß. Dabei kann er als Beispiel dieses SED-Papier anführen, worin alle Gruppen diffamiert werden. Außerdem soll er mitteilen, daß bisher immer noch keine Anerkennung der ›SDP‹ erfolgte.
- Viertens soll er bekanntgeben, daß die ›SDP‹ die [...] neugebildeten Gewerkschaften unbedingt unterstützen wird.
- Fünftens soll er deutlich machen, daß die ›SDP‹ weder ›materielle noch finanzielle‹ Unterstützung von der SPD erhält.«[314]

Es ist müßig, das gesamte Besuchsprogramm Reiches, in dessen Rahmen er u. a. auch mit Richard von Weizsäcker ein Gespräch führte, durchzudeklinieren.[315] Wichtig war seine Reise insbesondere hinsichtlich der Öffnung der Kanäle zur SPD-Führung, was nicht zuletzt in einer offiziellen Einladung von SDP-Vertretern zum Bremer SPD-Parteitag im Dezember 1989 seinen Ausdruck fand.[316]

Inwieweit sich Reiche durch sein Vorpreschen tatsächlich den Unmut oder sogar den Neid einiger seiner Vorstandskollegen zugezogen hat[317], ist – abgesehen von den diesbezüglichen, oben schon angeführten Hinweisen – auf der vorliegenden Quellenbasis schwer zu ermessen. Da Sturm hierfür keine stichhaltigen Belege angibt, bleiben

---

313 Hier ist Reiches Auftritt bei der Bundespressekonferenz gemeint. Vgl. dazu: Ein Handreichen statt eines Händedrucks der Umklammerung. SDP-Gründer Steffen Reiche in Bonn, in: Frankfurter Allgemeine Zeitung v. 28.10.1989.
314 MfS Abteilung 26/6, Abhörprotokoll eines Telefongespräches zwischen Steffen Reiche und Angelika Barbe v. 25.10.1989 23.17 Uhr, AdsD Depositum Martin Gutzeit, Materialien zur Entstehung und Geschichte der SDP/SPD, Teil II.
315 Vgl. Sturm, Uneinig, a. a. O., S. 159 ff.
316 Vgl. MfS Abteilung 26/6, Abhörprotokoll eines Telefongespräches zwischen Steffen Reiche und Angelika Barbe v. 25.10.1989 15.59 Uhr, AdsD Depositum Martin Gutzeit, Materialien zur Entstehung und Geschichte der SDP/SPD, Teil II; Protokoll der Vorstandssitzung vom 29.10.1989, ebd.; Schreiben v. Böhme an den SPD-Bundesvorstand v. 31.10.1989, ebd.; vgl. auch Handreichen, a. a. O., FAZ v. 28.10.1989.
317 Vgl. Sturm, Uneinig, a. a. O., S. 161.

seine Behauptungen Spekulation. Ebenso verhält es sich mit dem Anwurf, Reiche habe sich allzu sehr auf den Begriff des demokratischen Sozialismus der West-SPD eingelassen und sich den SED-Reformern gegenüber zu offen gezeigt. Sturm belegt dies durch ein retrospektives Interview mit Stephan Hilsberg aus dem Jahr 2004.[318] Nimmt man die zeitgenössischen programmatischen Aussagen – wie etwa Meckels Vortrag in Schwante – beim Wort, stand die SDP genaugenommen deutlich links von der SPD.[319] Die Diskussionen um den Begriff des Sozialismus sowie um die Haltung der Partei in Bezug auf ehemalige SED-Mitglieder entbrannten in der SDP, vor allem angestoßen durch Protagonisten aus den neu gegründeten Gliederungen, in vollem Umfang erst im Winter 1989/90 und spielten im Oktober noch kaum eine Rolle. Wir haben es hier also mit einer anachronistischen Verzerrung zu tun, die dem unkritischen Umgang mit Oral History geschuldet ist. Die Differenzen um Reiches Reise dürften vielmehr darin begründet gewesen sein, dass dieser von Anfang an sehr viel entschiedener und offener die Nähe der SPD gesucht hatte als seine Vorstandskollegen[320], die zu diesem Zeitpunkt noch – wie auch aus Böhmes Ermahnung ersichtlich – auf die Autonomie der SDP und die Eigenstaatlichkeit der DDR pochten. Daneben und darüber hinaus fürchteten Hilsberg, Barbe und Böhme wohl, Reiches Aktivitäten könnten die eigenen und parallel laufenden Kontakte zu u. a. Gert Weisskirchen und Norbert Gansel konterkarieren.[321] Dass diese Ängste letztlich unbegründet waren und sich die verschiedenen Kanäle zur SPD vielmehr ergänzten und gleichermaßen nützlich waren, räumte Meckel dann auch retrospektiv ein:

»Trotzdem hatte dieser Besuch, was wir erst im Nachhinein erfuhren, eine ganz wesentliche Funktion, stellte er doch bei Hans-Jochen Vogel und vielen anderen einen Durchbruch dar, nicht mehr auf irgendwelche Reformer in der SED zu hoffen, sondern uns als wirklichen Partner anzuerkennen.«[322]

Gansel hatte sich am 24. Oktober mit SDP-Vertretern in Ostberlin getroffen. Der ebenfalls anwesende Körting berichtet hierüber:

---

318 Vgl. ebd.
319 Siehe oben ☛ Kap. II 2, S. 83 ff.
320 Vgl. hierzu: Steffen Reiche: Bedeutung und Aufgabe sozialdemokratischer Politik im Streit der Ideologien v. Mitte September 1989, AdsD Depositum Martin Gutzeit, Materialien zur Entstehung und Geschichte der SDP/SPD, Teil I.
321 Barbe ermahnte Reiche in einem der Telefongespräche v. 25.10.1989, sich enger mit Gansel rückzukoppeln. Vgl. MfS Abteilung 26/6, Abhörprotokoll eines Telefongespräches zwischen Steffen Reiche und Angelika Barbe v. 25.10.1989 15.59 Uhr, AdsD Depositum Martin Gutzeit, Materialien zur Entstehung und Geschichte der SDP/SPD, Teil II.
322 Interview mit Markus Meckel, in: Herzberg, von zur Mühlen, Anfang, a. a. O., S. 132 f.

»Am 24.10.89 haben sich Norbert Gansel, Petra Merkel, Niko Sander und ich mit dem Vorstand der SDP in Berlin (Ost) getroffen. Unsere Gesprächspartner waren der Geschäftsführer Ibrahim Böhme, die Zweite Sprecherin Angelika Barbe, das Vorstandsmitglied Martin Gutzeit und Peter Grimm. In den Unterlagen, die ich beifüge, ist auch eine leider schlecht lesbare Liste des Vorstandes und der Kontaktadressen der DDR.
Einer der Punkte unseres Gesprächs war die Frage, ob und wie wir helfen können. Die SDP hat die Eigenständigkeit betont. Auch deshalb ist der Antrag an die Sozialistische Internationale auf eigene Mitgliedschaft gestellt worden. Damit zusammen hängt auch, daß man sich außerhalb von Berlin in der DDR gegründet hat (natürlich unter Einbeziehung von Ost-Berlin). Man wollte verhindern, daß die Ost-Berliner Teile ggf. sich auf die Privilegierung des Vier-Mächte-Status berufen können, während die Ortsvereine in der Republik illegal arbeiten müßten.
Zur Arbeit selber wurde uns berichtet, daß allein in Berlin (Ost) rd. 850 Mitglieder vorhanden seien. I. Böhme hat erzählt, daß auch viele alte Sozialdemokraten kämen, teilweise verwundert darüber seien, daß die alte Partei nicht fortgeführt würde. Ein Teil hätte sich aber überzeugen lassen, von 40, mit denen er gesprochen habe, hätten rd. 20 ihren Beitritt zur SDP erklärt.
Wir haben dann insbesondere auch unsere Sicht der Entwicklung dargestellt. Die SDP ihrerseits hat ihre Arbeitsbedingungen geschildert. I. Böhme hat es auf den Satz gebracht: ›Wir arbeiten unter den Bedingungen des Sozialisten-Gesetzes.‹ Sie haben enge Kontakte zu allen anderen Oppositionsgruppen. Als besonders schwieriges Problem sehen sie allerdings, daß die anderen Oppositionsgruppen keine Strukturen schaffen, die zur Machtteilhabe fähig sind. Insofern sehen sie in der DDR ein besonderes Problem durch einen nicht zu unterschätzenden rechtsradikalen Teil der Bevölkerung und durch desillusionierte Jugendliche (die eher trotzkistisch einzuschätzen sind).
Ich füge die Rede von dem Vorstandsmitglied Meckel und einige andere Erklärungen der SDP bei. Die Qualität beruht halt darauf, daß alle Unterlagen per Handabzug hergestellt werden.«[323]

Am 10. November, dem Tag nach dem Mauerfall, reisten Hans-Jochen Vogel, Willy Brandt und Dietrich Stobbe nach Ostberlin, um sich mit Gutzeit, Böhme und Reiche im Evangelischen Hospiz in der Albrechtstraße zu treffen. Über die konkret verhandelten Inhalte ist wenig bekannt. Die durch Stobbe überlieferte Äußerung Böhmes, dass die SPD ihre acht Ostberliner Parteibüros nicht wiederbekommen werde, legt den Schluss nahe, dass es diesem abermals vor allem darum ging, das Terrain der SDP

---

323 Erhart Körting: Kurzbericht für die Fraktionsspitze der SPD-Fraktion des Abgeordnetenhauses über das Gespräch mit der SDP v. 25.10.1989, AdsD Depositum Martin Gutzeit, Materialien zur Entstehung und Geschichte der SDP/SPD, Teil II.

abzustecken und zu sichern. Das läge auf der Linie seiner Intervention bei Reiches Mission in Bonn. Überhaupt scheint es so, als ob die Atmosphäre des Treffens insgesamt noch von gegenseitiger Distanz und Unsicherheit geprägt war.[324] Im Laufe des November 1989 entwickelte sich gleichwohl eine relativ rege Reisetätigkeit von hochrangigen SPD-Vertretern und Mitarbeitern des Parteivorstandes gen Osten. So fuhren bis Ende 1989 etwa Ingrid Matthäus-Maier, Gert Weisskirchen, Freimut Duve, Wolfgang Roth und Norbert Gansel, Tilman Fichter, Karl-Heinz Klär, Matthias Kollatz sowie schließlich auch Egon Bahr zu Informationsgesprächen nach Ostberlin.[325] Bisweilen ging es dabei auch schon um logistische und technische Unterstützung in kleinerem Umfang. Vor dem Hintergrund der galoppierenden Entwicklung in der DDR begann bei diesen Begegnungen das Eis zwischen SPD und SDP langsam zu schmelzen. Hilsberg berichtete über die sich anspinnenden Beziehungen:

> »Es gab Kontakte sowohl zur Bundes-SPD als auch zum West-Berliner Landesverband. Der erste Kontakt, an den ich mich erinnern kann, war der Besuch von Otto Edel vom West-Berliner Landesvorstand, der im Auftrag Walter Mompers kam, um sich uns mal anzuschauen. Wir trafen uns in der Wohnung von Sabine Leger und Thomas Krüger. Krüger war von Böhme als Kontaktperson genannt worden. Auf der Bundesebene hielt Gert Weisskirchen lange als einziger Kontakt zu uns. Er agierte aber auf eigene Faust, er schätzte die Kontakte zur Opposition in der DDR höher ein als der Parteivorstand der SPD. Einen offiziellen Auftrag zur Kontaktaufnahme hatte dann Norbert Gansel, den wir in der Wohnung des Berliner Graphikers Martin Hoffmann trafen. [...] Am 10. November erschienen dann Willy Brandt und Hans-Jochen Vogel persönlich. [...] Wichtig waren die Kontakte zu Gert Weisskirchen. Mit ihm diskutierten wir richtig über die politische Situation, erörterten und analysierten sie. Er hatte dadurch einigen Einfluß. Dazu muß man aber wissen, daß diese Kontakte im ganz kleinen begrenzten Kreis stattfanden. Dazu gehörten Gutzeit, Böhme, Angelika Barbe, Thomas Krüger, Sabine Leger und ich. In einer solchen Diskussion in den Räumen des evangelischen Kunstdienstes in der Auguststraße fiel ja auch die Vorentscheidung über die Umbenennung unserer Partei in SDP.«[326]

---

324 Vgl. Sturm, Uneinig, a. a. O., S. 163. Ob und inwieweit hinter diesem Abgrenzungskurs Böhmes gegenüber der SPD ein Kalkül seines Dienstherren, des MfS, steckte, wie das Sturm nahelegt, bleibt ungewiss. Es erscheint aber eher unwahrscheinlich, da nicht nur Böhme diese Position im SDP-Vorstand vertrat.
325 Vgl. div. retrospektive Erinnerungsnotizen v. Martin Gutzeit zu diesen Treffen sowie Kommuniqué über ein Gespräch zwischen Egon Bahr und Ibrahim Böhme v. 29.11.1989, AdsD Depositum Martin Gutzeit, Materialien zur Entstehung und Geschichte der SDP/SPD, Teil III; Gerd Weisskirchen: Kurzbericht über die DDR-Reise vom Dienstag, 24.10.89 bis Donnerstag, 26.10.89 Gespräch mit Oppositionsgruppen v. 30.10.1989, AdsD Depositum Hans-Jochen Vogel 1/HJVA101167; vgl. auch Sturm, Uneinig, a. a. O., S. 161 ff.
326 Interview mit Stephan Hilsberg, in: Herzberg, von zur Mühlen, Anfang, a. a. O., S. 150.

Die Kontakte zwischen SDP und SPD spielten sich freilich keineswegs nur auf mehr oder minder prominenter Ebene ab. Schon sehr frühzeitig kam es aus den SPD-Gliederungen zu spontanen Solidaritätsbekundungen mit den sich formierenden Ost-Genossen. Bereits Mitte September 1989 erklärte ein SPD-Bundestagsabgeordneter aus Hof: »Wenn im benachbarten Plauen ein Unterbezirk der SPD wiederbegründet wird, wird der Unterbezirk Hof der SPD sofort organisatorische Hilfe leisten.«[327] Im November 1989 kündigte Ulrich Maurer offiziell die Unterstützung der SDP im Bezirk Dresden durch die SPD Baden-Württemberg an.[328] Auch aus Nordrhein-Westfalen kamen schon frühzeitig entsprechende Signale. Vor allem Bodo Hombach, der Landesgeschäftsführer der NRW-SPD, zeigte sich in dieser Hinsicht äußerst rührig.[329] Das Interesse von SPD-Gliederungen an der Entwicklung in der DDR fand zudem Ausdruck in Einladungen an SDP-Protagonisten in die Bundesrepublik. So weilte Konrad Elmer Mitte November auf dem Parteitag des SPD-Unterbezirks Frankfurt am Main, Stephan Hilsberg besuchte den Landesparteitag der NRW-SPD in Köln, Thomas Krüger war Gast der SPD-Landtagsfraktion in Hannover sowie der SPD Baden-Württemberg in Stuttgart bzw. Heidelberg.[330]

Einen vorläufigen Höhepunkt der wechselseitigen Begegnungen, die offenbar zunächst noch von der SPD-Bundesgeschäftsführerin Anke Fuchs mit Skepsis betrachtet worden waren[331], stellte Willy Brandts Besuch in Rostock dar.[332] Kaum eine Woche später, am 13. Dezember, gaben die beiden Parteien mit der Ankündigung eines Gemeinsamen Ausschusses ihren Beziehungen einen offiziellen Charakter.[333] Der Anstoß für die Einrichtung dieses Gremiums, dessen Vorsitz abwechselnd Johannes Rau und Stephan Hilsberg übernahmen, kam von Norbert Gansel.[334] Im selben Atemzug kündigte Vogel die entsprechende Verstärkung des Berliner Büros des SPD-Parteivorstandes an.[335] Kontaktperson wurde der ursprünglich aus Thüringen stam-

---

327 Zit. n. Sturm, Uneinig, a. a. O., S. 152.
328 Vgl. ebd., S. 164.
329 Vgl. ebd., S. 275 f.
330 Vgl. Einladung des Unterbezirks Frankfurt am Main an Konrad Elmer zum Parteitag am 14.11.1989 v. 25.10.1989, AdsD Depositum Martin Gutzeit, Materialien zur Entstehung und Geschichte der SDP/SPD, Teil II; vgl. div. retrospektive Erinnerungsnotizen v. Martin Gutzeit zu diesen Besuchen, AdsD Depositum Martin Gutzeit, Materialien zur Entstehung und Geschichte der SDP/SPD, Teil III.
331 Vgl. Sturm, Uneinig, a. a. O., S. 162.
332 Vgl. dazu: Willy Brandt in Rostock, [hg. v. d. Sozialdemokratische Partei Deutschlands in der DDR], Rostock [1989].
333 Vgl. Vermerk Arnold Knigge für Hans-Jochen Vogel v. 15.12.1989 betr. Gespräch mit der SDP und anderen oppositionellen Gruppen am 13. Dezember 1989 in Ost Berlin, AdsD Depositum Hans-Jochen Vogel 1/HJVA101167, vgl. auch Sturm, Uneinig, a. a. O., S. 269 f.
334 Vgl. Sturm, Uneinig, a. a. O., S. 269 f.
335 Vgl. Vermerk Arnold Knigge für Hans-Jochen Vogel v. 15.12.1989 betr. Gespräch mit der SDP und anderen oppositionellen Gruppen am 13. Dezember 1989 in Ost Berlin, AdsD Depositum Hans-Jochen Vogel 1/HJVA101167.

Kapitel II · Die Gründung der SDP im Kontext der Friedlichen Revolution

Abb. 10 Markus Meckel und Willy Brandt auf dem Programmparteitag der SPD 18. bis 20. Dezember 1989 in Berlin.

mende ehemalige Chefredakteur des »Vorwärts«, Gerhard Hirschfeld.[336] Das Büro Hirschfeld residierte zunächst in den Räumlichkeiten des Berliner Landesvorstandes in der Müllerstraße und später direkt beim SDP/SPD-DDR-Parteivorstand.[337] Über Hirschfeld lief ein Großteil der logistischen und materiellen Unterstützung, die ab Ende 1989 aus dem Westen koordiniert zu fließen begann.[338] Eine der ersten Aufgaben, die Hirschfeld übernommen hatte, war die technische und personelle Ausstattung des neuen SDP-Vorstandsbüros in der Otto-Grotewohl-Straße.[339] So kümmerte sich einer seiner Mitarbeiter, Jürgen Itzfeld, um die Professionalisierung der Pressearbeit der SDP/SPD-DDR.[340] Die Büroorganisation des Vorstands besorgte ab der Jahreswende 1989/90 Ursula Vollert.[341] Sie kam direkt vom SPD-Parteivorstand in

---

336 Vgl. Sturm, Uneinig, a. a. O., S. 166; zur Arbeit des Büros Hirschfeld vgl. v. a. AdsD SPD-Parteivorstand – Berliner Büro, Büro Gerhard Hirschfeld.
337 Vgl. Sturm, Uneinig, a. a. O., S. 166.
338 Vgl. ebd.
339 Vgl. ebd.
340 Vgl. Martin Gutzeit: Notizen zu einem Treffen mit Gerhard Hirschfeld am 28.12.1989, AdsD Depositum Martin Gutzeit, Materialien zur Entstehung und Geschichte der SDP/SPD, Teil IV.
341 Vgl. ebd.

Bonn, wo sie sich in den Büros von Hans-Ulrich Klose und Hans-Jochen Vogel ihre Sporen verdient hatte.[342] Sie war, so Sturm, äußerst resolut und »galt als Geheimwaffe vom Rhein«[343]. Ihre Tätigkeit als IM des MfS seit 1973 wurde erst im Laufe der 1990er-Jahre bekannt.[344] Am 18. und 19. Dezember 1989 wurde der Schulterschluss der bundesdeutschen SPD mit der SDP für eine breitere Öffentlichkeit augenfällig durch die Reden von Markus Meckel und Ibrahim Böhme[345] auf dem aus aktuellem Anlass nach Berlin verlegten Programmparteitag der SPD.

5 Weichenstellungen – Die Delegiertenkonferenz vom 12.–14.01.1990

Vom 12. bis 14. Januar 1990 trafen sich insgesamt 505 Delegierte der jungen Sozialdemokratie in der DDR zu ihrem ersten Quasiparteitag, der sogenannten Delegiertenkonferenz, in Berlin in der Kongresshalle am Alexanderplatz.[346] Die Zusammenkunft war einerseits natürlich geprägt durch die Euphorie der Friedlichen Revolution und des sozialdemokratischen Neuanfangs. Andererseits aber traten die politischen und programmatischen Differenzen zwischen dem Vorstand und der Basis in den Bezirken, die u. a. durch die mangelnde Kommunikation der Gründungsphase und Milieuunterschiede entstanden waren, recht bald offen zutage. Dies erfolgte bereits in der Aussprache über die Geschäfts- und Tagesordnung. Die Delegierten zeigten sehr schnell, was ihnen auf den Nägeln brannte. So wurden Anträge gestellt, die Frage des Parteinamens bzw. des Kürzels[347], die Neuwahl bzw. Erweiterung des Vorstands[348], die Problematik des Wahlbündnisses mit den Gruppen der Bürgerbewegung[349] sowie die Diskussion und Formulierung der Wahlaussagen[350] in der Tagesordnung vorzuziehen. Bereits zu diesem frühen Zeitpunkt drohten die Verhandlungen hitzig zu werden.[351] Das konnte noch abgewendet und die Tagesordnung im Sinne einer

---

342 Vgl. Sturm, Uneinig, a. a. O., S. 166.
343 Ebd.
344 Vgl. ebd.
345 Vgl. Redemanuskripte in: AdsD Depositum Martin Gutzeit, Materialien zur Entstehung und Geschichte der SDP/SPD, Teil IV.
346 Vgl. dazu: AdsD Sozialdemokratische Partei in der DDR – SDP/SPD-Parteivorstand 2/SDPA000003-7; vgl. auch Sturm, Uneinig, a. a. O., S. 262 ff. sowie Schuh, Weiden, Sozialdemokratie, a. a. O., S. 95 ff.
347 Vgl. Protokoll der Delegiertenkonferenz, a. a. O., Wortmeldung Schlief, Güstrow, S. 10.
348 Vgl. ebd., Wortmeldung Patlitz, Leipzig, S. 11.
349 Vgl. ebd.
350 Vgl. ebd., Wortmeldung Uwe Hartung, Halle, S. 13.
351 Vgl. Wortmeldung des Delegierten Schmidt, Leipzig: »[...] aber im Sinne der Geschäftsordnung ist es nicht möglich, diese Anträge einfach zurückzuweisen mit kurzen Erklärungen. Es muß darüber abgestimmt werden. Wenn dies nicht der Fall ist, dann ist das ein grober Verstoß gegen unsere Geschäftsordnung. Und die bitte ich zu akzeptieren.« Ebd., S. 14.

schnellen Herstellung der Arbeitsfähigkeit der Konferenz unverändert verabschiedet werden.[352] Diese Anfangsscharmützel zeigten jedoch frühzeitig, welche Themen den Parteitag prägen würden, und dass die Diskussion darüber einigen Sprengstoff barg. In der Grundsatzrede des ersten Verhandlungstags beschwor Ibrahim Böhme[353] zunächst die Friedliche Revolution und die Rolle, die die wiedererstandene Sozialdemokratie dabei gespielt hatte. Gleichzeitig verwies er auf die Bedeutung der Entspannungs- und Friedenspolitik der sozialliberalen Koalition in der Bundesrepublik und der internationalen Sozialdemokratie sowie des KSZE-Prozesses für die Entwicklung in der DDR. Anschließend benannte er die intellektuellen und politischen Wurzeln der SDP, die »christliche Verantwortungslehre«, die »demokratischen Traditionen« seit der »französischen, bürgerlichen Revolution« sowie die »Bestandteile der marxistischen Kritik an den sozialökonomischen Zuständen seit Anfang des 19. Jahrhunderts« und stellte sie in den Kontext der Geschichte der Sozialdemokratie seit der Gründung des Allgemeinen Deutschen Arbeitervereins.[354] Aus dieser Tradition leitete er die »Perspektiven [...] der Sozialdemokratie in der DDR«[355] ab. In den Ausführungen Böhmes spielte insofern auch der Begriff des demokratischen Sozialismus eine tragende Rolle[356] – eine Akzentsetzung, die so manchem Delegierten wenig behagte. Ebenfalls stark historisch geprägt war der anschließende Beitrag von Käte Woltemath[357] aus Rostock, die die Zwangsvereinigung von SPD und KPD im April 1946, die Marginalisierung und Ächtung sozialdemokratischen Denkens und Handelns in der SED sowie die daraus resultierende Verfolgung ehemaliger Sozialdemokraten in der DDR aus stark autobiografisch geprägter Perspektive ins Blickfeld rückte. Als Schlussfolgerung formulierte sie:

> »Ich fordere in Übereinstimmung mit unseren Mitgliedern in Rostock von Herrn Gysi, also von der SED-PDS, auf dem Parteiabzeichen der SED unsere Hand, die Hand der Sozialdemokraten zurück. Wir sind nicht mehr Teil der Einheitspartei, davon haben wir uns frei gemacht. 44 Jahre lang hat man uns die Hand festgehalten, damit wir nicht mehr existieren konnten und nun ist es genug. Wir lassen uns auch nicht mehr und nicht wieder umarmen. Die Umarmung der Kommunisten ist für viele von uns tödlich geworden. Herr Gysi, warum suchen sie für ihre Partei nicht einen anderen Namen? Sie bezeichnen sich doch bei jeder Gelegenheit als Kommunisten. Warum nennen sie sich denn noch nicht so? Sie geben vor, sozialdemokratische Traditionen zu bewahren, welche denn? Wir haben nicht gemordet, betrogen und unser Volk bis an den Ruin gebracht. Sie haben kein Recht, jetzt auch

---

352 Vgl. ebd., S. 15.
353 Vgl. ebd., S. 22 ff.
354 Vgl. ebd., S. 27, S. 29 ff.
355 Ebd., S. 34.
356 Vgl. ebd., S. 26.
357 Vgl. ebd., S. 37 ff.

noch unsere Wurzel, die ist seit Gründung der SPD 1875 inzwischen 115 Jahre alt, nun auch noch für sich zu vereinnahmen.«[358]

In dieser Forderung konnten sich wohl alle der anwesenden Delegierten wiederfinden. Sehr viel konfliktträchtiger hingegen versprach der erste inhaltliche Tagesordnungspunkt des nächsten Verhandlungstages zu werden, der Bericht des Vorstands, der von Angelika Barbe und Stephan Hilsberg vorgestellt wurde. Barbe[359] referierte über den Prozess der Gründung sowie die andauernd schwierigen Arbeitsbedingungen des Vorstands. Sie zeigte vollstes Verständnis für die Kritik der Basis an der Vorstandsarbeit, stellte aber auch angesichts der immer weiter steigenden Arbeitsbelastung bei dünnster Personaldecke fest: »[...] es ist im Augenblick einfach nicht mehr drin.«[360] Hilsberg[361] knüpfte an Barbe an, indem er die Lernprozesse beleuchtete, in denen der Vorstand steckte. Explizit benannte er hier die Schwierigkeiten und auch persönlichen Hemmnisse bei der Professionalisierung der Vorstandsarbeit:

»Natürlich ist es jetzt auf der einen Seite möglich, Dinge zu tun, die man vorher nicht machen konnte und die wichtig sind. [...] Auf der anderen Seite ist es aber eben auch so, daß die Entscheidung, sich von seinem Beruf zu trennen, schwerfällt. Und es ist eine grundsätzliche Entscheidung, daß man eben Berufsfunktionär wird, Parteifunktionär wird und dadurch die Gefahr besteht, den Kontakt zum Alltag und zum Leben zu verlieren. [...] Diejenigen, die sich in die Vorstandsarbeit mit einem vollen Engagement hineinbegaben, die arbeiten auch von Anfang an ohne finanzielle Absicherung. [...] Es sind Funktionen zu übernehmen in der Partei und es steht die Aufgabe an, die vielen Parlamente, die wir bekommen, mit unseren Leuten selber zu besetzen. Und hier muß sich jeder fragen, wie weit er sich dazu in der Lage fühlt. Falsche Bescheidenheit ist an dieser Stelle nicht am Platz.«[362]

Inhaltlich spannte er einen weiten Bogen von den Defiziten der Presse- und Öffentlichkeitsarbeit der SDP, über die Gewerkschaftspolitik, die Schritte auf dem Weg zur Demokratisierung – also Runder Tisch, Verfassung und Parlamentswahlen im Frühjahr 1990 – bis zur Frage des Weges zur Deutschen Einheit, bei der eine »sofortige Angliederung in keinem Fall in Frage«[363] käme. Darüber hinaus thematisierte er u. a. das angestrebte Wahlbündnis mit den anderen oppositionellen Gruppen, den Aufnahmeantrag bei der Sozialistischen Internationale sowie das mittlerweile immer gedeihlichere Verhältnis zur westdeutschen SPD:

---

358 Ebd., S. 43 f.
359 Vgl. ebd., S. 61 ff.
360 Ebd., S. 63.
361 Vgl. ebd., S. 64 ff.
362 Ebd., S. 66.
363 Ebd., S. 69.

Kapitel II · Die Gründung der SDP im Kontext der Friedlichen Revolution

Abb. 11 Podium der Delegiertenkonferenz der SDP vom 12. bis 14. Januar 1990 in Berlin.

»Wir wissen den Wert der Unterstützung der SPD für uns in unserer Strukturierung und im laufenden Wahlkampf hoch einzuschätzen. Dabei wird die Eigenständigkeit von beiden Seiten anerkannt und ist die Grundlage unserer Beziehungen.«[364]

Bezüglich der anstehenden Umbenennung der Partei in SPD zog er unter tosendem Beifall des Auditoriums eine sehr bedeutsame und mit Blick auf die SED folgerichtige Konsequenz:

»Ein kleines Wort vielleicht noch, was die Umbenennung, eventuelle Umbenennung betrifft, ein weiterer Punkt, der mir jetzt schon Vergnügen bereitet ist der, dann von der SED zu verlangen, uns unsere Güter der alten SPD wieder zurückzugeben. Es entspricht dem Hohn der Geschichte, wenn Gysi sagt, er stünde in der Rechtsnachfolge von Parteien. Parteien und Werten, die ja von Anfang an in der SED unterdrückt wurden, für die kann er auch niemals die Rechtsnachfolge in Anspruch nehmen.«[365]

---

364 Ebd., S. 71.
365 Ebd.

5 Weichenstellungen – Die Delegiertenkonferenz vom 12.–14.01.1990

In der Aussprache um den Bericht des Vorstands spielte zunächst vor allem das Problem der noch defizitären Programmarbeit, des mangelnden Informationsflusses und das weitgehende Fehlen einer zentral gesteuerten Öffentlichkeitsarbeit eine Rolle, was es erheblich erschwerte, die SDP im politischen Widerstreit vor Ort in den Gliederungen klar zu positionieren.[366]

Kritische Stimmen der Basis regten sich bei der Frage des Wahlbündnisses. Meckel hatte – wohl wissend um die Tendenzen in der Versammlung und das sich wandelnde politische Umfeld – den schon oben zitierten diesbezüglichen Antrag des Vorstandes vorbereitet, der eine Bündnisaussage dem kommenden Parteitag vorbehielt, von etwaigen Partnern eine klare Organisation und Programmatik forderte und schließlich sowohl eine gemeinsame Liste mit den Gruppen der Bürgerbewegung als auch eine Koalition mit der SED-PDS kategorisch ausschloss.[367] Steffen Reiche legte nach und präzisierte die neue Position des Vorstands:

»[D]ie SDP hatte das Recht und die Pflicht, das Wahlbündnis 90 abzuschließen. Die SPD muß aber neu darüber nachdenken. […] Die SPD muß neu darüber nachdenken, zuerst einmal über das Wahlgesetz. Wollen wir, daß nur Parteien ins Parlament kommen? Wenn wir das wollen, haben wir eine wichtige Entscheidung getroffen. Ich bin für ein Wahlbündnis auf dem Boden der SPD.«[368]

Damit hatten Meckel und Reiche vielem, was noch an Kritik an der Linie des Vorstands aus den Reihen der Delegierten kommen sollte, den Wind aus den Segeln genommen. Diese bezog sich vor allem darauf, dass der Vorstand so weitreichende Weichenstellungen nicht ohne Rücksprache mit der Basis hätte vornehmen dürfen, und zudem auf die Einbeziehung der – mittlerweile ausgeschiedenen – Vereinigten Linken in das Wahlbündnis.[369] Die wenige Tage nach der Delegiertenkonferenz von der sozialdemokratischen Begleitkommission des Runden Tisches vorgelegte Erklärung zum Wahl- und Parteiengesetz[370] fasste die Ergebnisse der Diskussion zusammen, indem sie für die Volkskammerwahl ein reines Verhältniswahlrecht mit 3-Prozent-Sperrklausel forderte.[371] Darüber hinaus legten die Sozialdemokraten im Hinblick auf einen Antritt zur Wahl die Latte für die Gruppierungen der Bürgerbewegung in pro-

---

366 Vgl. etwa Wortmeldung Hinz, Halle, ebd., S. 72 f.; Wortmeldung Pallas, Potsdam, ebd., S. 75 f.; Antwort Stefan Finger, Vorstand, ebd., S. 76 f.
367 Vgl. Wortmeldung Markus Meckel, Berlin, ebd., S. 82 f.
368 Ebd., Wortmeldung Steffen Reiche, S. 83 f.
369 Vgl. div. Wortmeldungen hierzu, ebd., S. 85 ff.
370 Abgedr. i.: SPD – Dokumente und Materialien. Hg. v. Vorstand der SPD – Abteilung Öffentlichkeitsarbeit, Berlin 1990.
371 Das Papier sah als weitere Perspektive die Einführung eines personalen Verhältniswahlrechts nach dem Vorbild der Bundesrepublik vor, das jedoch im Falle der Volkskammerwahl aufgrund der Schwierigkeiten beim Zuschnitt der Wahlkreise als zu aufwändig erachtet wurde. Vgl. ebd.

grammatischer wie organisatorischer Hinsicht sehr hoch. An dieser Weichenstellung konnte auch der Appell von Werner Schulz[372] vom Neuen Forum an die Delegierten, nicht aus dem Oppositionsbündnis auszuscheren, wenig ändern. Die Hoffnung Reiches, die gesamte DDR-Opposition unter dem Dach der SPD vereinen zu können, erfüllte sich freilich ebenfalls nicht.

In der Diskussion über den Bericht des Vorstands kam ein weiterer Themenkomplex zur Sprache, der das Selbstverständnis der Partei fundamental berührte. Hatten sich etliche Vorstandsmitglieder in der kurzen Vergangenheit der SDP immer wieder mehr oder weniger explizit auf den Begriff des demokratischen Sozialismus bezogen – zuletzt Böhme in seiner Rede –, äußerten nun viele Delegierte ihr Unbehagen angesichts des Sozialismusbegriffs sowie der Anrede »Genosse« bzw. »Genossin«. Wie oben schon für den Stadtverband Rostock gezeigt[373], gab es nachvollziehbare Gründe für die Ablehnung dieser von der SED überformten und missbrauchten Begrifflichkeiten und Symbole. Die Delegierte Dagmar Materne aus dem Bezirk Cottbus etwa sprach sich dafür aus, statt »demokratischer Sozialismus« ausschließlich »soziale Demokratie« zu verwenden.[374] Anträge aus Suhl und Halle forderten, die Worte Sozialismus und demokratischer Sozialismus im Statut und in Wahlaussagen nicht mehr zu verwenden.[375] Der Bezirk Suhl schlug als Alternative Sozialdemokratie vor. Einen Aspekt des Dilemmas, das hierbei für die ostdeutschen Sozialdemokraten entstand, umriss Konrad Elmer:

»Der Begriff Sozialismus: Ich verstehe gut, mir geht es genauso, am liebsten würden wir ihn in den Mülleimer der Geschichte werfen. Aber, liebe Freunde, seien wir doch nicht provinziell. Was sollen unsere Gäste, unsere Freunde aus Spanien, aus Frankreich, aus Italien sagen, die nicht nur den Begriff Sozialdemokratie [benutzen], sondern stolz sind, sich sozialistische Parteien zu nennen. Wir wollen doch Europäer sein. Sicher werden wir nicht mit dem Begriff an der Spitze in den Wahlkampf ziehen, aber irgendwo in einer heimlichen Ecke, da sollten wir den demokratischen Sozialismus wenigstens im Statut stehen lassen.«[376]

Kontrovers war auch die Diskussion um die Anrede. Während Rainer Helmke aus Neubrandenburg forderte, »das Wort Genosse und Genossinnen für eine Zeit lang

---

372 Vgl. Protokoll der Delegiertenkonferenz, a. a. O., Grußwort Werner Schulz, Neues Forum, S. 109 f.
373 Vgl. oben ☞ Kap. II 3, S. 104 ff.
374 Vgl. Protokoll der Delegiertenkonferenz, a. a. O., Wortmeldung Dagmar Materne, Weißwasser, S. 90.
375 Vgl. ebd., S. 198.
376 Ebd., Wortmeldung Konrad Elmer, S. 96.

mal, fünf oder zehn Jahre, von der Diskussion [zu] verbannen«[377], stellte Stefan Finger fest:

> »Liebe Freunde und Freundinnen, liebe Genossinnen und Genossen, ich benutze jetzt extra schon diese Anrede. Ich denke, wir können uns endlich loslösen von der Angst, diese zu gebrauchen.«[378]

In unterschiedlicher Intensität zeigten die Gastredner der West-SPD, vor allem Johannes Rau[379] und Hans-Jochen Vogel[380], Verständnis für diese Schwierigkeiten der ostdeutschen Freunde mit sozialistischem und sozialdemokratischem Traditionsgut. Walter Momper hingegen ermahnte die Delegierten in seinem Grußwort, dieses nicht leichtfertig den falschen politischen Kräften zu überlassen:

> »Der erste Punkt ist, daß in eurem Land vieles diskreditiert ist durch die SED und ihre Politik. Ich weiß, viele Menschen bei euch haben ein Vorbehalt gegen Parteien überhaupt. Noch mehr diskreditiert ist die Anrede Genossinnen oder Genossen, oder auch der Begriff des Sozialismus. Oder auch Rosa Luxemburg. Aber ich möchte Euch sagen, wir sollten uns auch von den Kommunisten und auch von einer gewandelten SED nicht das nehmen lassen, was auch zu den besten Traditionen der deutschen Sozialdemokratie und zwar meist seit 125 Jahren gehört. *(Beifall)* Und ich kann es euch nicht ersparen, ich kann euch höchstens dabei mithelfen. Aber der Kampf um die richtigen Begriffe und die richtigen Begriffsinhalte, die [sic!] müßt ihr aufnehmen mit jedermann im politischen Spektrum und auch jeder Frau. Und dazu gehört der alte brüderliche und schwesterliche Begriff der Genossinnen und Genossen auch dazu und die selbstverständliche Tatsache – auch wenn es einem schwerfällt – mir ist es auch nicht anders ergangen, daß man sich innerhalb unserer Partei schlichtweg duzt, weil wir wie Kampfesbrüder und Kampfesschwestern um die sozialdemokratische Sache sind. *(Beifall)* Das gilt auch für den Begriff des demokratischen Sozialismus. Ich bitte euch, ihn nicht an andere preiszugeben, weil, das hat der Begriff nicht verdient. *(Beifall)* Ich weiß als Sozialdemokrat, daß Geschichte auch eine Last sein kann. Und Willy Brandt hat auch einmal gesagt, wir haben auch schon Fehler gemacht, auch historische Fehler. Aber es gilt das, was Egon Bahr eben gesagt hat. Das Land in den Dreck gerissen

---

377 Ebd., Wortmeldung Rainer Helmke, Neubrandenburg, S. 99. Ähnlich lautete auch ein Antrag aus Dresden: »Entgegen den Vorstellungen des Landesvorstandes [...] darf die Anrede Genosse oder Genossin auf dieser Delegiertenkonferenz und auch in nächster Zukunft – ca. zwei bis drei Jahre nicht als offizielle Anrede propagiert und verwendet werden. Durch diese Publikation wird der Arbeit an der Basis geschadet.« Ebd., S. 193.
378 Ebd., Wortmeldung Stefan Finger, S. 76.
379 Vgl. ebd., Grußwort Johannes Rau, S. 102 ff.
380 Vgl. ebd., Grußwort Hans-Jochen Vogel, S. 242 ff.

und einen Krieg angezettelt, das haben wir nie gemacht. Und deshalb auch die Verteidigung dessen, was demokratischer Sozialismus ist, an Freiheit, Gleichheit, der Gedanke der Egalität und Brüderlichkeit oder Schwesterlichkeit an Solidarität. Das ist das, was uns Sozialdemokraten in die Geisteslinie [...] der französischen Revolution von vor 200 Jahren stellt und um diese drei Grundbegriffe rankt sich so viel in der Geschichte und der aktuellen Politik unserer Partei.«[381]

Salomonisch fiel der Beschluss hinsichtlich der Anrede aus, indem die Versammlung auf Initiative des Vorstands keine offizielle festlegte.[382] Die Frage der Benutzung des Begriffs Sozialismus wurde an die Grundsatzkommission verwiesen und somit vertagt.[383]

Gleichfalls zeigten sich etliche Delegierte mit Hilsbergs[384] nach wie vor etwas hinhaltender Stellungnahme zur Deutschen Einheit nicht zufrieden und forderten eine sehr viel deutlichere Positionierung.[385] In diesem Sinne verabschiedete die Versammlung mit überwältigender Mehrheit eine diesbezügliche Erklärung, die über die Verlautbarung des Vorstands von Anfang Dezember weit hinausging und in ihrer Deutlichkeit kaum noch Zweifel aufkommen ließ:

»Wir Sozialdemokraten bekennen uns zur Einheit der deutschen Nation. Ziel unserer Politik ist ein geeintes Deutschland. Eine sozialdemokratisch geführte Regierung der DDR wird die notwendigen Schritte auf dem Weg zur deutschen Einheit in Abstimmung mit der Bundesregierung gehen. Was sofort möglich ist, soll sofort geschehen. Eine sozialdemokratische Regierung wird einen Wirtschafts- und Währungsverbund als vorrangige Aufgabe in Angriff nehmen. Alle Schritte des deutschen Einigungsprozesses müssen in den gesamteuropäischen Einigungsprozeß eingeordnet sein. Denn wir wollen die deutsche Einheit nur mit der Zustimmung aller unserer Nachbarn. Ihre Grenzen sind für uns unantastbar. Wir erstreben eine europäische Sicherheits- und Friedensordnung. Wir sehen dabei für

---

381 Ebd., Grußwort Walter Momper, S. 134 f.
382 Vgl. ebd., S. 193 f.
383 Vgl. ebd., S. 198 ff. Ob man nun die Überweisung eines grundlegenden Theorieproblems angesichts einer womöglich voreiligen Parteitagsentscheidung an die Grundsatzkommission als »Geschäftsordnungstrick« interpretieren will, wie das Sturm tut, sei dahingestellt. Vgl. Sturm, Uneinig, a. a. O., S. 267.
384 Vgl. etwa Wortmeldung von Wolfgang Fanzlau, Schwerin [im Protokoll fälschlich als »Wolfgang Fanzlaue, Schwerin« genannt; P. G.]: »Der Genosse Hilsberger [sic!] sagte unter anderem, wir gehen von der Zweistaatlichkeit aus. Eine sofortige Angliederung kommt für uns nicht in Frage. Ich sehe dieses etwas anders. Viele Arbeiter und Bürger in unserem Land sind anderer Meinung. Wir sollten darum nicht den Fehler begehen und auf Zweistaatlichkeit beharren, wenn die Mehrheit für eine Einheit Deutschlands in den Grenzen nach 45 ist.« Ebd., S. 90.
385 Vgl. ebd., S. 191 f., S. 238 ff.

uns die besondere Verantwortung, den Demokratisierungsprozeß und die wirtschaftliche Erneuerung in Osteuropa zu fördern.«[386]

Bereits zu Beginn der Konferenz war ein Antrag bezüglich der Umbenennung bzw. des Kürzels gestellt worden. Die Versammlungsleitung terminierte diesen »langerwarteten Tagesordnungspunkt«[387] auf den Nachmittag des zweiten Verhandlungstages. Der SDP-Vorstand hatte sich bereits seit Anfang Dezember 1989 mit dem Plan einer Namensänderung beschäftigt.[388] Dieser Gedanke hatte mehrere Väter: So hatten Gert Weisskirchen, Norbert Gansel und Willy Brandt in dieser Richtung argumentiert, und vor allem letzterer hatte die Rostocker Sozialdemokraten zu ihrem Alleingang in dieser Frage inspiriert. Auch Steffen Reiche hatte, wie oben schon erwähnt, von Beginn an wenig für das Kürzel SDP und die sich daraus ergebende Konsequenz der Abgrenzung gegenüber der West-SPD übrig gehabt. Zudem hatte es seit Ende November/Anfang Dezember 1989 immer wieder entsprechende Initiativen aus den Bezirken gegeben.[389] Äußerer Anlass dafür waren u. a. Gerüchte, dass die im Umbruch befindliche SED vorhabe, sich in Sozialistische Partei Deutschlands umzubenennen, um damit das Kürzel SPD zu usurpieren.[390] Am 12. Dezember sah der SDP-Vorstand unmittelbaren Handlungsbedarf und legte das Procedere und einen Fahrplan für die Umbenennung fest:

»– Ibrahim legt den Werdegang der Diskussion dar:
- Der Geschäftsführende Ausschuß regte eine Diskussion in den Basisgruppen an, um den Namen ›SPD‹ zu besetzen und der SED keine Chance zu geben, diesen Namen zu mißbrauchen.
- Markus Meckel weist darauf hin, daß nur eine Versammlung von Delegierten (Delegiertenkonferenz oder Parteitag) eine Namensänderung beschließen kann.
- In folgenden Regionen sind schon Namensänderungen vollzogen worden: Kreisverband Pankow, Plauen, Stadtverband Rostock.
- Anträge: I. B. schlägt vor[,] über eine Urabstimmung, gekoppelt mit einer Urabstimmung im Januar, über eine Namensänderung zu entscheiden.

---

386 Abgedr. i.: SPD – Dokumente und Materialien, a. a. O.
387 Protokoll der Delegiertenkonferenz, a. a. O., S. 114.
388 Diese Frage war zum ersten Mal offiziell am 12.12.1989 Thema einer Vorstandssitzung. Vgl. Protokoll der Vorstandssitzung am 12.12.1989, AdsD Depositum Martin Gutzeit, Materialien zur Entstehung und Geschichte der SDP/SPD, Teil IV.
389 Vgl. div. diesbezügliche Äußerungen, AdsD Depositum Martin Gutzeit, Materialien zur Entstehung und Geschichte der SDP/SPD, Teil IV.
390 Vgl. DDR-SDP fürchtet um ihre Position. Wenn neue SED sozialdemokratische Thesen besetzt. Interview mit Steffen Reiche, Allgemeine Zeitung v. 11.12.1989; vgl. auch Sturm, Uneinig, a. a. O., S. 264.

– Dieser Antrag findet eine Mehrheit (Antrag für Briefwahl und Antrag für Urabstimmung Ende Dez./Anfang Jan. finden keine Mehrheit – von Elmer bzw. Finger).«[391]

In diesem Sinne führten nun alle Gliederungen Urabstimmungen durch, die überwältigende Mehrheiten für die Namensänderung – von 69 Prozent in Berlin bis zu 97 Prozent in Leipzig – ergaben.[392] Diese Voten hatten die Delegierten im Gepäck, als die Frage in der Kongresshalle in Berlin zur Abstimmung gestellt wurde. Thomas Krüger vom linksalternativen Flügel der Berliner SDP übernahm die undankbare Rolle, Gründe für eine mögliche Beibehaltung des Kürzels SDP anzuführen.[393] Seine Argumente, die bisweilen von wütenden Unmutsäußerungen und Pfiffen unterbrochen wurden, bezogen sich auf den drohenden Verlust der Unabhängigkeit der Partei und die – in seiner Sicht – allzu stark nationalen Implikationen der Bezeichnung »Sozialdemokratische Partei Deutschlands«. Dies waren freilich nur die letzten Rückzugsgefechte einiger weniger aufrechter SDP-Befürworter, und so besiegelte die Delegiertenkonferenz die Umbenennung fast einstimmig bei nur 24 Gegenstimmen und sechs Enthaltungen.[394] Verwirrung gab es noch einmal kurz in der Frage, ob der Parteiname den Zusatz »in der DDR« erhalten solle, wie Böhme vorgeschlagen hatte.[395] Meckel[396] löste den Knoten, indem er einen Weg aufzeigte, der später so auch in § 1 des in Leipzig verabschiedeten Statuts beschritten wurde und beides vereinte:

»Die Partei führt den Namen Sozialdemokratische Partei Deutschlands (SPD). Ihr Tätigkeitsbereich erstreckt sich auf das Gebiet der Deutschen Demokratischen Republik. Sitz der Partei ist Berlin.«[397]

Eine weitere zentrale und von den Delegierten vehement vorgetragene Forderung bezog sich auf die Umstrukturierung des Vorstandes. Wie oben gesehen, fühlten sich viele Bezirke durch den amtierenden Vorstand – zu Recht – nicht ausreichend repräsentiert und hatten darüber hinaus auch manches an dessen bisheriger Arbeit auszusetzen. Da eine komplette Neuwahl des obersten Gremiums der Partei dem ersten regulären und für den 22. bis 25. Februar 1990 in Leipzig[398] anberaumten Parteitag

---

391 Protokoll der Vorstandssitzung am 12.12.1989, AdsD Depositum Martin Gutzeit, Materialien zur Entstehung und Geschichte der SDP/SPD, Teil IV.
392 Vgl. Protokoll der Delegiertenkonferenz, a. a. O., S. 118 sowie Sturm, Uneinig, a. a. O., S. 264.
393 Vgl. Protokoll der Delegiertenkonferenz, a. a. O., S. 114 ff., Rede v. Thomas Krüger.
394 Vgl. ebd., S. 126.
395 Vgl. ebd., S. 126 ff.
396 Vgl. ebd., S. 130 f.
397 SPD – Grundsatzprogramm, Statut, hg. v. Vorstand der SPD, Berlin 1990, S. 51.
398 Vgl. Protokoll der Delegiertenkonferenz, a. a. O., S. 262; vgl. auch Einladung und Tagesordnung des Leipziger Parteitags, abgedr. i.: SPD – Dokumente und Materialien, a. a. O.

5 Weichenstellungen – Die Delegiertenkonferenz vom 12.–14.01.1990

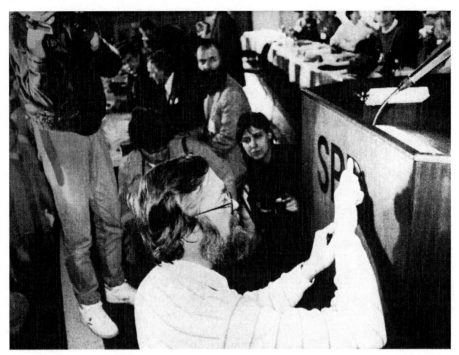

Abb. 12 Änderung des Parteilogos von SDP in SPD am Rednerpult der Delegiertenkonferenz der SDP am 14. Januar 1990 in Berlin.

vorbehalten war[399], erfuhr der bestehende Vorstand einstweilen lediglich eine Erweiterung um je ein Mitglied pro Bezirk.[400]

---

399 Vgl. Protokoll der Delegiertenkonferenz, a. a. O., S. 12.
400 Vgl. ebd., S. 219 ff. Für die mecklenburgischen Bezirke Schwerin, Neubrandenburg und Rostock kamen Hans-Joachim Hacker, Gottfried Timm und Frank Terpe neu in den Vorstand. Der zusätzliche Vertreter für Berlin war Ronald Prang. Die brandenburgischen Bezirke Potsdam, Frankfurt (Oder) und Cottbus benannten Rainer Speer, Rüdiger Natzius und Joachim Förster. Aus Sachsen-Anhalt kamen für die Bezirke Magdeburg und Halle Marion Staude und Rüdiger Fikentscher. Für Sachsen, also die Bezirke Leipzig, Dresden und Chemnitz/Karl-Marx-Stadt wurden Karl-August Kamilli, Werner Peters und Karl-Heinz Becher nominiert. Aus Thüringen, den Bezirken Erfurt, Suhl und Gera, zogen Marie-Elisabeth Lüdde, Christoph Matschie und Thomas Schmidt in den Vorstand ein. Als Ehrenmitglied gesellte sich auf Antrag eines Delegierten aus Potsdam und von der Konferenz einstimmig bestätigt Käte Woltemath aus Rostock hinzu. Käte Woltemath zog sich 1992 aus der SPD zurück, nachdem ihr Zuarbeit für das MfS nachgewiesen worden war. Vgl. Sturm, Uneinig, a. a. O., S. 343. Gleichwohl ist der Fall Woltemath bei Weitem nicht so eindeutig wie der Fall Böhme, da hier die Kategorien Opfer, Täter und Zwang zur Mitarbeit verschwimmen. Vgl. dazu: Käte Woltemath: 4 × Deutschland ... und keins für mich dabei. Schwerin 2003.

Auf eine tief gehende Analyse der ebenfalls vorgestellten und debattierten Grundaussagen des Programms der SPD[401], der Wahlaussagen[402] sowie des neuen Statuts[403] kann einstweilen verzichtet werden, da es sich jeweils um noch nicht verabschiedete Zwischenstände der innerparteilichen Diskussion handelte, die erst in Leipzig ihren vorläufigen Abschluss fand. In jedem Fall aber muss im Hinblick auf Programm und Struktur festgehalten werden, dass sich die Partei von den Grundlegungen von Schwante merklich emanzipiert bzw. – je nach Blickwinkel – entfremdet hatte. Die »kirchliche Kopfgeburt«[404] SDP war nun teilweise recht unsanft auf die Füße gefallen. Dies haben vor allem dezidierte Verfechter des Grundgedankens von Schwante wie etwa Frank Bogisch, Konrad Elmer, Stefan Finger und Sabine Leger so empfunden.[405] Letztere konnte es sich in ihrem Schlusswort auch nicht versagen, den zum Teil durchaus harschen Umgangston, der bisweilen auf der Konferenz geherrscht hatte, zu bemängeln und für die Zukunft ein demokratischeres Miteinander einzufordern.[406] Bemerkenswert ist schließlich, dass die Frage des Umgangs mit ehemaligen SED-Mitgliedern in der Partei, auf der Berliner Delegiertenkonferenz – zumindest in der im Protokoll festgehaltenen Diskussion im Plenum – noch kaum eine Rolle spielte. Dieses Thema sollte in den kommenden Wochen noch einiges an Staub aufwirbeln.

---

401 Vgl. ebd., S. 145 ff. Die Grundaussagen des Programms der SPD sind abgedr. i.: SPD – Dokumente und Materialien, a. a. O.
402 Vgl. Protokoll der Delegiertenkonferenz, a. a. O., S. 249 ff.
403 Vgl. ebd., S. 225 ff.
404 Gert Weisskirchen, zit. n. Tessmer, Parteibeziehungen, a. a. O., S. 163.
405 Vgl. Schuh, Weiden, Sozialdemokratie, a. a. O., S. 107 f.
406 Vgl. Protokoll der Delegiertenkonferenz, a. a. O., Schlußwort Sabine Leger S. 264.

III Euphorie und Ernüchterung –
Der Weg zur Volkskammerwahl

1 Politik im Interregnum –
Runder Tisch und Regierung Modrow

Die Einrichtung eines Runden Tisches[1] nach polnischem und ungarischem Vorbild als Plattform des Dialogs und Instrument der Demokratisierung war eine der zentralen Forderungen der DDR-Opposition gewesen. Seit Oktober hatten sich die verschiedenen Gruppierungen und entstehenden Parteien in der schon mehrfach erwähnten Kontaktgruppe zusammengefunden und dieses Anliegen artikuliert und vorbereitet. Knapp zwei Wochen nach der Maueröffnung, am 22. November 1989, griff das Politbüro der SED diesen Gedanken auf, indem es vorschlug, »daß die in der Koalitionsregierung vereinten politischen Parteien sich gemeinsam mit anderen politischen Kräften des Landes an einem ›Runden Tisch‹ zusammenfinden«[2] sollten. Dieses Angebot war freilich eingebunden in das nach wie vor gültige taktische Kalkül der SED, die Opposition zur Stabilisierung der DDR gezielt und selektiv in den politischen Prozeß zu integrieren und in diesem Rahmen die Initiative für die SED zurückzugewinnen.[3] So sollte der Runde Tisch auf der Ebene der jeweiligen Spitzen in loser Folge tagen und bloß ein Transmissionsriemen oppositionellen Denkens und Handelns für die eigentliche und von der SED dominierte Regierungsarbeit in Ministerrat und Volkskammer werden. Keinesfalls durfte er sich nach dem Willen der SED-Führung zu einer Nebenregierung entwickeln, wie das in Polen geschehen war.[4] Da sich die Oppositionsgruppen zu diesem Zeitpunkt gedanklich noch auf dem Boden eines demokratisch reformierten Sozialismus in einer eigenständigen DDR bewegten, schien der Runde Tisch zudem die geeignete Plattform für eine Integration des Landes und zur Abwehr der immer lauter vorgetragenen Wiedervereinigungsforderungen zu

---

1 Zur Geschichte der Runden Tische in der DDR und insbesondere des Zentralen Runden Tisches vgl. u. a.: Helmut Herles, Ewald Rose (Hg.): Vom Runden Tisch zum Parlament (= Bouvier Forum Bd. 5), Bonn 1990; Uwe Thaysen: Der Runde Tisch oder: Wo blieb das Volk, Opladen 1990; ders.: Der Runde Tisch oder: Wer war das Volk, in: Zeitschrift für Parlamentsfragen 21 (1990); ders.: (Hg.): Der Zentrale Runde Tisch der DDR, Wortprotokoll und Dokumente, 5 Bde., Wiesbaden 2000; Jäger, Überwindung, a. a. O., S. 369 ff.; siehe auch: AdsD Runder Tisch der DDR – Arbeitssekretariat 2/ZRTA000001-16.
2 Protokoll der Sitzung Nr. 55 des Politbüros der SED, zit. n. Jäger, Überwindung, a. a. O., S. 77.
3 Siehe oben ☛ Kap. I 2.2, S. 58 ff.; vgl. auch Thaysen, Wer war das Volk, a. a. O., S. 81.
4 Vier Vorlagen zur Behandlung im Politbüro v. 24.11.1989, zit. n. Jäger, Überwindung, a. a. O., S. 77.

sein.⁵ Die Opposition war sich dieses Kalküls der SED durchaus bewusst, war aber ebenso wie jene von der Virulenz des Themas »Deutsche Einheit« im Gefolge des Mauerfalls überrumpelt worden.⁶ Ein Übriges tat der immer offensichtlichere Umbruchprozess, in dem sich Partei und Staat befanden, der schließlich am 1. Dezember 1989 in den fast einstimmigen Volkskammerbeschluss mündete, das Machtmonopol der SED aus der Verfassung der DDR zu streichen.⁷ Insofern war klar, dass es zu weiterführenden Reformen kommen würde, die es – auch angesichts der anhaltenden Unruhe auf den Straßen der DDR – vonseiten der Opposition maßgeblich mitzugestalten galt.

Unter diesen Vorzeichen konstituierte sich am 7. Dezember 1989 der Zentrale Runde Tisch unter Moderation der beiden christlichen Kirchen im Dietrich-Bonhoeffer-Haus in Berlin. Paritätisch beteiligt waren einerseits die in der Volkskammer vertretenen (Block-)Parteien, also die SED-PDS, die CDU, die LDPD, die NDPD sowie die DBD und andererseits die neuen Oppositionsgruppen und Parteien der Kontaktgruppe, also die Initiative Frieden und Menschenrechte, das Neue Forum, Demokratie Jetzt, der Demokratische Aufbruch, die SDP, die Grüne Partei sowie die Vereinigte Linke.⁸ In Vorgesprächen hatte man sich darauf geeinigt, die ebenfalls in der Volkskammer präsenten sogenannten Massenorganisationen, etwa den FDGB oder die FDJ, nicht einzuladen, da es hier fast zwangsläufig zu Doppelmandaten zugunsten der SED gekommen wäre.⁹ Gleichwohl erstritten sich u. a. der FDGB aufseiten der »alten« gesellschaftlichen Kräfte sowie der neu gegründete Unabhängige Frauenverband in der ersten Sitzung die Teilhabe am Runden Tisch.¹⁰

Verfassungsrechtlich und demokratietheoretisch bewegte sich das Gremium in jedem Falle auf dünnem Eis. Der Runde Tisch pufferte in vielerlei Hinsicht die mangelnde Legitimation der Volkskammer und der Regierung durch eine genauso wenig demokratisch fundierte revolutionäre Struktur ab.¹¹ Diese Konstruktion ließ sich letztlich nur durch eine möglichst breit gestreute Teilhabe an der Verwaltung und Steuerung des Übergangs und vor allem durch die Vorbereitung baldiger freier Wahlen zur Volkskammer rechtfertigen. Gleichzeitig war der Runde Tisch – und dabei spielte die integrierende Moderation der Kirchen eine entscheidende Rolle – eine zentrale Institution der Gewährleistung der friedlichen Transformation der DDR, indem er der Konfrontation zwischen den revolutionären Gruppen und Parteien und den Vertretern der SED bzw. den Trägern des alten Regimes einstweilen die destruk-

---

5   Vgl. ebd.
6   Vgl. ebd.
7   Vgl. ebd., S. 204, 723.
8   Vgl. Thaysen, Wer war das Volk, a. a. O., S. 76 ff.
9   Vgl. ebd., S. 79.
10 Vgl. ebd., S. 84 ff.
11 Vgl. ebd., S. 88 ff.

tiven Spitzen nahm.¹² Diese Wirkung konnte er u. a. auch deshalb entfalten, weil er in vielerlei Hinsicht dem Plattform-Politikmodell der Bürgerbewegung entsprach. In diesem Sinne formulierte der Runde Tisch am 7. Dezember sein Selbstverständnis:

> »Die Teilnehmer des Runden Tisches treffen sich aus tiefer Sorge um unser in eine Krise geratenes Land, seine Eigenständigkeit und seine dauerhafte Entwicklung. Sie fordern die Offenlegung der ökologischen, wirtschaftlichen und finanziellen Situation in unserem Land. Obwohl der Runde Tisch keine parlamentarische oder Regierungsfunktion ausüben kann, will er sich mit Vorschlägen zur Überwindung der Krise an die Öffentlichkeit wenden. Er fordert von der Volkskammer und der Regierung rechtzeitig vor wichtigen rechts-, wirtschafts- und finanzpolitischen Entscheidungen informiert und einbezogen zu werden Er versteht sich als Bestandteil der öffentlichen Kontrolle in unserem Land. Geplant ist, seine Tätigkeit bis zur Durchführung freier, demokratischer und geheimer Wahlen fortzusetzen.«[13]

Die nicht einmal vier Monate währende Geschichte des Runden Tisches lässt sich chronologisch und funktional in mehrere Phasen gliedern. Zwischen Dezember 1989 und Mitte Januar 1990 stand die Formierung des Gremiums und die Auseinandersetzung mit der Politik der gewendeten SED-PDS und der ersten Regierung Modrow im Vordergrund.[14] Hier ging es vor allem um die Frage der Mitwirkungs- und Steuerungsmöglichkeiten des Runden Tisches sowie nicht zuletzt um die vollständige Auflösung des Staatssicherheitsapparats der DDR. Nach dem Quasioffenbarungseid Modrows im Januar 1990 avancierte der Runde Tisch vom bedingten Vetoorgan zur eigentlichen legislativen Steuerinstanz der DDR bis zur Volkskammerwahl im März 1990.[15] Augenfällig wurde dies in Gestalt der direkten Beteiligung der Oppositionsgruppen und -parteien in der sogenannten »Regierung der Nationalen Verantwortung« ab Ende Januar 1990.[16] Gleichzeitig entwickelte sich der Runde Tisch zum Tummelplatz eines »neuen Machtkampfes«, also des Wahlkampfes zwischen den sich nach westlichem Vorbild formierenden politischen Lagern.[17] Parallel dazu verstand er sich zunehmend als Sachwalter ostdeutscher Interessen im Rahmen der Verhandlungen der Regierung Modrow mit der Bundesregierung und damit der sich immer schneller drehenden Spirale hin zur Deutschen Einheit.[18] Schließlich erfüllte er – un-

---

12 Vgl. ebd., S. 302 f.
13 Herles, Rose, Vom Runden Tisch, a. a. O., S. 23.
14 Vgl. Thaysen, Wer war das Volk, a. a. O., S. 92 ff.; vgl. auch Thaysen, Wortprotokoll, a. a. O., Bde. 1 u. 2.
15 Vgl. Thaysen, Wer war das Volk, a. a. O., S. 259 ff., 274 ff.; vgl. auch Thaysen, Wortprotokoll, a. a. O., Bde. 3 u. 4.
16 Vgl. Thaysen, Wer war das Volk, a. a. O., S. 263 ff.
17 Vgl. ebd., S. 282 ff., 292 f.
18 Vgl. ebd., S. 293 ff.

freiwillig und auch letztlich vergeblich – als Forum zur Stiftung einer neuen DDR-Identität eine der Rollen, die ihm ursprünglich die SED zugedacht hatte.[19] Ausdruck dieser letzten Funktion ist der fragmentarische Verfassungsentwurf für eine demokratisch-sozialistisch reformierte DDR, der mehr oder minder klammheimlich wieder in der Schublade verschwand, da er den politischen Gegebenheiten des Frühjahrs 1990 nicht mehr entsprach.[20]

Die Rolle der SDP/SPD am Runden Tisch änderte sich, einerseits entlang ihres Parteiwerdungsprozesses, andererseits dem Trend des Funktionswandels des Runden Tisches selbst folgend. Zunächst hatte die SDP Böhme und Gutzeit[21] entsandt, die aber im Laufe der Zeit, rotierend, durch u. a. Markus Meckel, Christoph Matschie, Angelika Barbe und Richard Schröder ersetzt bzw. ergänzt wurden. Darüber hinaus saßen mit Lothar Pawliczak und Aigali Dshunussow, die zeitweilig die IFM vertraten, zwei weitere Personen am Tisch, die bald zur Sozialdemokratie stoßen sollten oder sich bereits in deren Umfeld bewegten.[22] Die SDP war von Anfang an Mitglied der Kontaktgruppe und hatte zusammen mit den anderen Gruppen die Einrichtung eines Runden Tisches gefordert. Dass die SDP diese Institution einstweilen sehr ernst nahm, zeigt die Einrichtung einer Begleitkommission beim Vorstand der SDP Anfang Dezember 1989:

»Für den ›Runden Tisch‹ wird eine Begleitkommission der SDP gebildet, der gegenüber die zwei Vertreter der SDP Martin Gutzeit und Ibrahim Böhme rechenschaftspflichtig über die Arbeit am ›Runden Tisch‹ sind. Die Begleitkommission orientiert sich in der Bestimmung der strategischen Linie an den im Statut festgeschriebenen Grundwerten. Vorsitzender dieser Begleitkommission der SDP wurde durch demokratische Wahl im Vorstand Markus Meckel. Jeder Bezirk ist aufgerufen, einen Vertreter für die Begleitkommission zu benennen, der möglichst demokratisch von der Parteibasis gewählt wird.«[23]

Das Konzept der SDP/SPD für die Arbeit des Runden Tisches war von Beginn an sehr viel offensiver ausgelegt, als das etwa Wolfgang Ullmann anstrebte, dem es zunächst lediglich um eine »task group fähiger Leute mit landesweiter Reputation, die zupacken, weil und wo es brennt«[24], ging. Ziel der Sozialdemokraten und auch des Neuen Forum war von vornherein die Ausgestaltung des Runden Tisches zur Neben-

---

19 Vgl. ebd.
20 Vgl. ebd., S. 296 ff.
21 Vgl. Protokoll der Vorstandssitzung am 12.12.89, AdsD Depositum Martin Gutzeit, Materialien zur Entstehung und Geschichte der SDP/SPD, Teil IV.
22 Vgl. Thaysen, Wortprotokoll, a. a. O.
23 Mitteilung an die Ortsverbände v. 03.12.1989, AdsD Depositum Martin Gutzeit, Materialien zur Entstehung und Geschichte der SDP/SPD, Teil IV.
24 Thaysen, Wer war das Volk, a. a. O., S. 85.

regierung bzw. Nebenlegislative. Einerseits forderten sie eine umfassende Mitsprache und Kontrolle des Runden Tisches bei allen Maßnahmen der Regierung, wollten aber andererseits bei gleichzeitiger bestmöglicher Stabilisierung des Kabinetts Modrow eine formelle Regierungsbeteiligung fast um jeden Preis vermeiden. Diese Linie, die Meckel in seiner Rede auf dem Berliner SPD-Parteitag am 18. Dezember noch einmal öffentlich bekräftigt hatte[25], lässt sich aus den zur ersten Sitzung der Begleitkommission am 6. Dezember überlieferten knappen Notizen ganz deutlich ablesen:

»– Kein neues Gesetz ohne Runden Tisch
Keine Entscheidung ohne Runden Tisch
➡ Krenz
Vorsitzende des Nationalen Verteidigungsrates an den Runden Tisch
– Sicherstellung der Produktion und Versorgung
RT ➡ Recht[,] zu Warnstreiks aufzufordern
– Nicht regieren
– Konzentration auf Wahlen
– Mitkontrolle über Sicherheitsrat«[26]

Im Rahmen des von Thaysen sogenannten »alten Machtkampfes«, also der Festschreibung freier Wahlen zur Volkskammer, der endgültigen Entmachtung der SED-PDS und des Sicherheitsapparates, agierte die SDP/SPD noch ganz überwiegend an der Seite der Bürgerbewegung, da dies auch in ihrem ureigensten Interesse lag. Dies gilt sowohl für die Durchsetzung einer wirksamen Kontrolle der Regierung Modrow durch den Runden Tisch als auch für die lücken- und vorbehaltslose Auflösung des MfS und seiner Nachfolgebehörde.[27] Die SDP/SPD war sich sehr frühzeitig, wie die oben zitierten Notizen zeigen, über die zentrale Bedeutung außerparlamentarischer Mittel, also etwa von politischen Streiks, im Klaren. Und in der Tat waren es Anfang Januar 1990 vor allem Ausstände und Demonstrationen, u. a. der Bauarbeiter, die Modrow in die Knie zwangen, nicht zuletzt hinsichtlich seiner Pläne zur Überführung der Reste des MfS/AfNS in einen neuen sogenannten Verfassungsschutz.[28] Gleichzeitig versuchte die SDP/SPD, wichtige Schlüsselthemen am Runden Tisch zu

---

25 »Manches ist gewiß schnell zu entscheiden in der DDR, und das gehört an den Runden Tisch; nur dort darf es entschieden werden. Er tagt heute wieder. Nur er darf die Linie festlegen, wo es langgeht. In diesem Sinne sollte die Regierung Modrow handlungsfähig gehalten werden bis zum 6. Mai.« AdsD Depositum Martin Gutzeit, Materialien zur Entstehung und Geschichte der SDP/SPD, Teil IV.
26 Sitzung der Begleitkommission der SDP zum Runden Tisch v. 06.12.1989, AdsD Depositum Martin Gutzeit, Materialien zur Entstehung und Geschichte der SDP/SPD, Teil IV.
27 Vgl. etwa: Antrag NF: Verhältnis zur Regierung Modrow v. 27.12.1989. Der Antrag bezieht sich auf zwei Anträge der SDP. Thaysen, Wortprotokoll, a. a. O., Bd. 5, S. 38. Dies wird ebenfalls klar aus den Protokollen dieser Periode insgesamt ersichtlich. Vgl. ebd., Bde. 1 u. 2.
28 Vgl. Thaysen, Wer war das Volk, a. a. O., S. 97 f.

besetzen: zum Beispiel die Fragen einer neuen Verfassung und eines Wahlgesetzes, das Problem eines Parteiengesetzes bzw. der Parteifinanzierung sowie das Feld der künftigen Wirtschaftspolitik[29], das die Bevölkerung am stärksten bedrückte.[30] Hinzu kam die für die kommenden Wahlkämpfe essenzielle Mediengesetzgebung, mit der für die Oppositionsgruppen ein gleichberechtigter Zugang zu den nach wie vor von der SED dominierten DDR-Medien erstritten werden sollte.[31] Es ging im Hinblick auf das Wahl- und Parteiengesetz zunächst darum, dass die neuen Oppositionsgruppen und -parteien auf gleicher Augenhöhe mit den sogenannten »Altparteien« der ehemaligen Nationalen Front konkurrieren konnten – vor allem also und die Finanzierung und Ausstattung aus dem Staatshaushalt.[32] Dies war auch im Sinne der Bürgerbewegung. Spätestens seit der Delegiertenkonferenz im Januar 1990 setzte die SDP/SPD in derselben Sache jedoch deutlich eigene – und letztlich gegen die Bürgerbewegung gerichtete – dezidiert parteiendemokratische Akzente. Ähnliches gilt für die Vorstellungen der SDP/SPD bezüglich einer neuen DDR-Verfassung, wie sie in einem Positionspapier von Richard Schröder vom Dezember 1989[33] zum Ausdruck kamen. Zunächst forderte er die Streichung sämtlicher Artikel, die den Charakter des realsozialistischen Staates DDR bzw. des Herrschaftssystems der SED ausmachten, so die Bestimmungen zur Nationalen Front, zur Einheitsliste und zur Benennung des Vorsitzenden des Ministerrats sowie ein Verbot jeglicher Spielarten von Geheimpolizei. Desgleichen stellte Schröder alle sozialistischen Bezüge in der Verfassung zur Disposition und mahnte die Wiederherstellung der Meinungs-, Versammlungs- und Vereinigungsfreiheit an. Als einstweiliges Resümee und als Aufgabenstellung hielt er fest:

> »Nach 40 Jahren Verfassungsmißbrauch und Verfassungsverachtung in der DDR muß ein Verständnis für die Verfassungsfragen erst wieder erwachen. Dieser Aufgabe sollte sich die Kommission des Runden Tisches widmen, indem sie Grundfragen erörtert und die Öffentlichkeit über diese Diskussionen so informiert, daß eine sachkundige breite Meinungsbildung im Volke möglich wird. Das Resultat dieser Arbeit sollten Grundsätze für die neu zu erarbeitende Verfassung sein.«[34]

---

29 Vgl. dazu die verschiedenen Vorlagen der SPD zur Frage der Preisreform und der Privatisierung von Volkseigentum, Thaysen, Wortprotokoll, a. a. O., Bd. 5.
30 Vgl. Protokoll der Vorstandssitzung am 12.12.1989, AdsD Depositum Martin Gutzeit, Materialien zur Entstehung und Geschichte der SDP/SPD, Teil IV.
31 Vgl. Antrag SDP: Gerechte Öffnung der Tagespresse für alle Parteien und Organisationen v. 03.01.1990, Thaysen, Wortprotokoll, a. a. O., Bd. 5, S. 58.
32 Vgl. Antrag SPD, IFM: Zur Parteienfinanzierung v. 18.01.1990, Thaysen, Wortprotokoll, a. a. O., Bd. 5, S. 108.
33 Vgl. Richard Schröder: Grundsätze der SDP zur Verfassung. Für die Verfassungskommission des Runden Tisches, o. D., AdsD Sozialdemokratische Partei in der DDR – SDP/SPD-Parteivorstand 2/SDPA000120.
34 Ebd.

Was er aber dem untergehenden DDR-System an westlich-repräsentativem Parlamentarismus mit einklagbaren Grundrechten, Gewaltenteilung, indirekter Demokratie, Föderalismus und kommunaler Selbstverwaltung entgegensetzte, korrespondierte nur rudimentär mit den stark basisdemokratischen und zivilgesellschaftlichen Ansätzen der Bürgerbewegung. Dies kommt besonders in den Überlegungen Schröders zur Einbeziehung von Elementen der direkten Demokratie zum Ausdruck:

> »Formen direkter Demokratie sollen sich beschränken auf:
> - die ungehinderte Wahrnehmung von Grundrechten wie: Demonstrations-, Versammlungs- und Vereinigungsfreiheit;
> - eine Pflicht der Volksvertretungen, öffentliche Anhörungen zu veranstalten, wenn dies von Bürgerinitiativen oder anderen Betroffenen verlang wird;
> - aufschiebendes Veto durch Volksentscheide.
>
> Die Letztverantwortung für politische Entscheidungen muß immer bei der Volksvertretung bzw. der Regierung bleiben, damit klar ist, wer für die Entscheidung haftbar ist.«[35]

Bemerkenswert ist schließlich – und auch darin ist letztlich eine Spitze gegen die Vorstellungen der Bürgerbewegung zu sehen – seine Feststellung bezüglich des grundsätzlichen Zuschnitts der Grundrechte:

> »Ein Verweis auf die entsprechenden Konventionen der UNO genügt nicht, weil diese Kataloge auch solche Rechte enthalten, die nicht einklagbar sind. Die Grundrechte dürfen nicht zum Wunschkatalog erweitert werden.«[36]

Damit wird deutlich, dass sich die SPD mit dem im März 1990 vom Runden Tisch vorgelegten und maßgeblich von den Gruppierungen der Bürgerbewegung geprägten Ansatz eines Verfassungsentwurfes weder inhaltlich noch prozedural anfreunden konnte. Schröder monierte in der diesbezüglichen Aussprache in der 16. Sitzung am 12. März 1990, dass das eingebrachte Papier keineswegs die Haltung aller Teilnehmer der entsprechenden Arbeitsgruppe widerspiegle:

> »[D]er Ihnen vorgelegte Text hat überhaupt nicht der versammelten Arbeitsgruppe [»Neue Verfassung«] zur Abstimmung vorgelegen, sondern ist das Ergebnis, das die Redaktionsgruppe gemacht hat. Ich bin selbst bei der Lektüre überrascht über manches, was ich darin zu lesen finde. […] Das wird nicht von der gesamten Arbeitsgruppe […] getragen.«[37]

---

35 Ebd.
36 Ebd.
37 Thaysen, Wortprotokoll, a. a. O., Bd. 5, S. 1105.

Darüber hinaus bestritt er grundsätzlich die Legitimation des Runden Tisches, über den Verfassungsentwurf in einer Volksentscheidung abstimmen zu lassen, wie das von Gerd Poppe (IFM) reklamiert worden war[38]:

»Ich würde sagen, dieses ist aristokratisch argumentiert: ›Verdienst bedingt Befugnis‹ und nicht ›demokratische Wahl bedingt Befugnis, und nur die Verdienste, die der Wähler honoriert, setzt sich in Befugnis um!‹ [...] Ich bin dafür, daß die Arbeit des Runden Tisches, mühsame Arbeit, Anfangsarbeit, eingeht in die weitere Arbeit. Aber diese Tonart, welche dem noch zu wählenden Parlament im voraus die Legitimation abzusprechen scheint, dem Volk den zur Abstimmung gedachten Verfassungsentwurf vorzulegen, kann ich nicht gut finden.«[39]

Dies war natürlich vom Grundansatz der SDP/SPD aus gesehen nur konsequent, denn nach Schleifung der Macht der SED und den nun greifbaren Wahlen, die Anfang Februar auf den vorgezogenen Termin 18. März 1990 angesetzt worden waren[40], mussten die Tage des Runden Tisches als Organ des Übergangs als gezählt gelten. Die weiteren wichtigen Weichenstellungen würden damit zwangsläufig einer demokratisch gewählten Volksvertretung vorbehalten bleiben.

Im Vor- und Umfeld der Bildung der »Regierung der nationalen Verantwortung« hatten sich bereits die Fronten des »neuen Machtkampfes« abgezeichnet. Sie verliefen zwischen der eilig gewendeten Blockpartei CDU auf der einen Seite, um die sich auf maßgebliche Initiative der westdeutschen Christdemokraten hin Anfang Februar mit dem CSU-Ableger DSU und dem Demokratischen Aufbruch die Allianz für Deutschland[41] gebildet hatte, und der Ost-SPD mit ihren westdeutschen Genossen im Rücken auf der anderen. Verlierer dieser neuen Konstellation drohten die übrigen Oppositionsgruppen zu werden, die deutliche Organisationsdefizite hatten, zerstritten waren und denen zudem einstweilen solvente westliche Partner fehlten.[42]

Das Ziel der SDP/SPD war es, über den Runden Tisch direkten Einfluss auf das Regierungshandeln zu gewinnen und zu behalten, und gleichzeitig als unbelastete Oppositionspartei nach Möglichkeit nicht in den Verdacht einer Kooperation mit der SED-PDS zu geraten.[43] Davon versprach sie sich einen entscheidenden Wahlvorteil gegenüber der CDU, die als ehemalige Blockpartei noch mit dem Geruch eines

---

38 Vgl. ebd.
39 Ebd.
40 Vgl. Jäger, Überwindung, a. a. O., S. 102 f.; vgl. Thaysen, Wer war das Volk, a. a. O., S. 269 f.
41 Vgl. dazu: Jäger, Überwindung, a. a. O., S. 216 ff., 268 ff., 276 ff.; vgl. auch Thaysen, Wer war das Volk, a. a. O., S. 282 ff. sowie Tessmer, Parteibeziehungen, a. a. O., S. 182 ff.
42 Vgl. dazu: Jäger, Überwindung, a. a. O., S. 299 ff.; vgl. auch Thaysen, Wer war das Volk, a. a. O., S. 290 ff. sowie Tessmer, Parteibeziehungen, a. a. O., S. 196 ff.
43 Vgl. Thaysen, Wer war das Volk, a. a. O., S. 265 ff.

willfährigen Vasallen der ehemaligen Einheitssozialisten behaftet war.[44] Modrows Angebot einer formellen Einbindung der Opposition in die Regierung brachte diesen Vorteil massiv in Gefahr. Insofern sicherte Böhme Modrow zwar die »volle Loyalität«[45] der SPD zu, weigerte sich aber, offiziell der Regierung beizutreten. Die CDU ihrerseits hatte sich seit Mitte Dezember 1989 bemüht, sich gegen die SED-PDS zu profilieren, ohne jedoch die Mitarbeit in der Koalitionsregierung aufzukündigen.[46] Gleichzeitig war es das Interesse der Christdemokraten, die SPD in eine Allparteienregierung einzubinden, um ihr den Nimbus der Unbeflecktheit zu nehmen. Um dies zu erreichen, drohte sie, angesichts der anhaltenden Verweigerung der SPD, ihrerseits die Regierung zu verlassen.[47] Das hätte das Scheitern des Kabinetts Modrow bedeutet, Wahlen zum nächstmöglichen Zeitpunkt erzwungen und die DDR unter Umständen in noch größeres Chaos gestürzt. In dieser Situation lenkten die Oppositionsgruppen, die sich bis dato ebenfalls geziert hatten, aber aus logistischen Gründen kein Interesse an allzu schnellen Wahlen hatten, ein.[48] Die SPD befand sich nun in der Zwickmühle, sich einerseits kaum der Verantwortung entziehen zu können, andererseits aber ihren wahltaktischen Vorteil zu verspielen.[49] Nach zähen Verhandlungen, die sich über mehrere Tage hinzogen, einigten sich die Beteiligten schließlich am 28./29. Januar 1990 darauf, dass die bisherigen Oppositionsgruppen und -parteien jeweils einen Minister ohne Geschäftsbereich in das zweite Kabinett Modrow entsenden sollten.[50] Da die SPD ungebrochen das Interesse hatte, ihre Regierungsbeteiligung möglichst niedrig zu hängen und ihr Spitzenpersonal zu schonen, versuchte sie durchzusetzen, »äußerstenfalls einen Fachmann ihres Vertrauens«[51] für die Regierungsgeschäfte abzustellen. Schließlich entsandte die SPD den bis zu diesem Zeitpunkt völlig unbekannten 41-jährigen Mathematiker Walter Romberg aus Schwerin in das Kabinett Modrow.[52] Versüßt wurde den Sozialdemokraten diese bittere Pille der formellen Regierungsbeteiligung durch die vorgezogenen Volkskammerwahlen.[53] Die Tage der

---

44 Vgl. ebd.
45 Zit. n. ebd.
46 Vgl. ebd., S. 265 f., 288.
47 Vgl. ebd., S. 266 ff.
48 Vgl. ebd.
49 Vgl. ebd.
50 Vgl. ebd.
51 Ebd., S. 271.
52 Die SPD hatte zur Frage eines Regierungsbeitritts eine außerordentliche Sitzung des Vorstands einberufen, in der Romberg als Kandidat benannt wurde. Vgl. Notizen zur außerordentlichen Vorstandssitzung am 28.01.1990, AdsD Sozialdemokratische Partei in der DDR – SDP/SPD-Parteivorstand 2/SDPA000056. Leider lassen die rudimentären Stichworte in dieser Mitschrift sowie die Notizen, die an anderer Stelle von Frank Bogisch und Sabine Leger überliefert sind, kein wirklich konkludentes Bild der Entscheidungsfindung im SPD-Vorstand zu. AdsD Depositum Martin Gutzeit, Materialien zur Entstehung und Geschichte der SDP/SPD, Teil VI.
53 Vgl. Thaysen, Wer war das Volk, a. a. O., S. 269.

»Kollaboration« mit den Vertretern des alten Systems waren also von vornherein gezählt.

Da die Regierung im Gegenzug einen ständigen Vertreter im Ministerrang zur Berichterstattung an den Runden Tisch entsandte und sich die Volkskammer mehr oder minder in Auflösung befand, avancierte der Runde Tisch nun für die bis zur Wahl verbleibenden sieben Wochen zum eigentlichen Steuerungsorgan der DDR.[54] Wie die Tagesordnungen und Protokolle belegen, beschäftigte sich der Runde Tisch mit einer breiten Palette von Politikfeldern und wichtigen Gesetzesvorhaben.[55] Um diese Herausforderungen fachlich bewältigen zu können, hatten sich insgesamt 16 Arbeitsgruppen gebildet. In den Ausschüssen für Recht und Sicherheit führten mit Gutzeit bzw. Böhme zwei Vertreter der SDP/SPD den Vorsitz.[56] Neben der essenziellen Medien-, Wahl- und Parteiengesetzgebung beschäftigten sich die von der SDP/SPD am Runden Tisch eingebrachten Vorlagen und Anträge u. a. auch mit der Zukunft der Kernenergie in der DDR[57] sowie den Zwei-plus-Vier-Verhandlungen[58] im Hinblick auf die Herstellung der Deutschen Einheit. Es ist schon erwähnt worden, dass die SPD vor allem auf dem Gebiet der Wirtschaftspolitik Punkte sammeln wollte. Auf der Vorstandssitzung am 14. Februar 1990 wurde ein Zeitplan für die Deutsche Einheit diskutiert, der auch wirtschaftspolitische Maßnahmen für die Zeit bis zu den Volkskammerwahlen enthielt:

»Phase 1: Im wesentlichen Übergangsgesetze, -verordnungen, -erlasse der Regierung Modrow aufgrund von Initiativen des Runden Tisches und der Volkskammer und in Abstimmung mit diesen.
– Preisreform 1 [...]
– (Provisorische) Betriebsräte
– Beseitigung des Außenhandelsmonopols
– Devisentender für Unternehmen [...]
– Devisenfonds
– Einreise, Zoll- und Visabestimmungen
– Melderecht für Bürger anderer Staaten verbessern
– Vereinsrecht
– Umweltschutzmaßnahmen
– Infrastrukturmaßnahmen
– Wirtschaftsförderung (u. a. Joint Ventures)

---

54 Vgl. ebd., S. 271 ff.
55 Vgl. Thaysen, Wortprotokoll, a. a. O., Bde. 3 u. 4.
56 Vgl. Thaysen, Wer war das Volk, a. a. O., S. 274 ff.
57 Vgl. Thaysen, Wortprotokoll, a. a. O., Bd. 3, S. 590 sowie Bd. 5, S. 170.
58 Vgl. ebd., S. 756 sowie Bd. 5, S. 349.

Hierzu:
Einrichtung eines Staatssekretariats für Umschulung der Verwaltung.
Eigenständigkeit eines Amtes für Preisreform (Festlegung der Warenkörbe, Berechnungen, Statistik).
Einrichtung eines Devisenmarktes für Unternehmen (vorläufig via Staatsbank)«[59]

Entsprechend finden sich in den Protokollen des Runden Tisches ab Februar Anträge und Vorlagen der SPD u. a. zur Vorbereitung der Währungsunion[60], zur Preisreform[61] und zum Betriebsverfassungsrecht.[62] Ab Ende Februar galt das größte Augenmerk der Sozialdemokraten der anstehenden Privatisierung der DDR-Wirtschaft und der Einrichtung einer Treuhandholding, was seinen Ausdruck in mehreren umfangreichen Vorlagen fand.[63]

Insgesamt ist für die Arbeit des Runden Tisches in dieser Phase festzustellen, dass er mit der Vielzahl an Themen und anstehenden fundamentalen Strukturreformen überfordert war und auch selbst dazu neigte, sich zu hohe Ziele zu stecken.[64] Dies resultierte vor allem aus dem Umstand, dass die Umsetzung der gefassten Beschlüsse gar nicht mehr Sache des Runden Tisches sein würde, sondern einer bald neu gewählten Volkskammer und somit einer demokratisch legitimierten Regierung. Insofern sind viele der im Februar und März gefällten Beschlüsse nichts weiter als bloße Willensbekundung – mit gelegentlich »utopischem« Gehalt.[65] Zudem war der Adressat nicht unbedingt nur die Regierung Modrow, sondern vor allem auch die Bundesregierung.[66] Beides gilt im Besonderen für die Sozialcharta[67] und den Verfassungsentwurf[68], die einerseits für ein geeinigtes Deutschland hohe einklagbare soziale Standards forderten und andererseits für die reformierte DDR die gleiche Augenhöhe in den Verhandlungen mit der Bundesrepublik über die Deutsche Einheit reklamierten. Es sollte nach dem Willen der Mehrheit am Runden Tisch eben keinen bloßen Beitritt der Länder der DDR nach Art. 23 GG geben, sondern eine Vereinigung nach Art. 146 GG – mit Einberufung einer verfassungsgebenden Nationalversammlung.[69] Konnte die SPD im Hinblick auf die Sozialcharta den Weg des Runden Tisches noch

---

59 Zeitplan II, Legislativer Prozeß: Auszug der unmittelbar wirtschaftspolitischen Gesetzgebung, Anlage zum Protokoll der Vorstandssitzung am 14.02.1990, AdsD Sozialdemokratische Partei in der DDR – SDP/SPD-Parteivorstand 2/SDPA000056.
60 Vgl. Thaysen, Wortprotokoll, a. a. O., Bd. 3, S. 657 f., 694.
61 Vgl. ebd., S. 660 f., Bd. 5, S. 272.
62 Vgl. ebd., S. 696 f., 762, Bd. 5, S. 315.
63 Vgl. ebd., Bd. 4, S. 958 f., 1079 ff., Bd. 5, S. 479 ff., 660 ff.
64 Vgl. Thaysen, Wer war das Volk, a. a. O., S. 276 f.
65 Vgl. ebd., S. 277.
66 Vgl. ebd., S. 295 f.
67 Vgl. ebd.
68 Vgl. ebd., S. 296 ff.
69 Vgl. ebd., S. 298 f.

mit Abstrichen mitgehen[70], liefen die Überlegungen zu einer neuen Verfassung den Vorstellungen der Sozialdemokraten – aus obengenannten Gründen – derart zuwider, dass sie den vorgelegten Fragmenten die Zustimmung verweigerten.[71]

Die letzte Sitzung des Runden Tisches fand am 12. März 1990 statt.[72] Zwar verhandelte die Arbeitsgruppe »Neue Verfassung« einstweilen weiter und legte am 4. April der Volkskammer einen Verfassungsentwurf vor. Dies war jedoch nicht mehr die Sache der beiden stärksten Parteien in der neuen Volkskammer, der CDU und der SPD, und so versandete die Vorlage als Beratungsmaterial in den Volkskammerausschüssen.[73]

2 Die politische und organisatorische Stabilisierung der SPD in der DDR

Politisch dürfte die Arbeit im Vorstand in der Zeit bis zum Leipziger Parteitag aufgrund der auf der Delegiertenkonferenz vorgenommenen Erweiterung nicht einfacher geworden sein – nicht zuletzt angesichts der zum Teil erheblichen Differenzen, die dort zwischen einem Teil der Gründungsmitglieder und Vertretern aus den Bezirken aufgebrochen waren. Die mutmaßlichen Reibereien lassen sich jedoch aus den sehr knappen Beschlussprotokollen des Vorstands[74] nicht ablesen. Eine greifbare Rivalität um die Vormachtstellung innerhalb der Partei entstand indes zwischen Markus Meckel und Ibrahim Böhme.[75] Letzterer erfreute sich u. a. aufgrund zahlreicher zündender Wahlkampfauftritte großer Beliebtheit an der Parteibasis[76] und wurde nicht zuletzt vonseiten der westlichen Parteispitzen wegen seines unbestreitbaren Charismas im Hinblick auf die anstehenden Wahlen als Spitzenkandidat favorisiert.[77] Dass es auch bei Hilsberg und Gutzeit im Spätherbst und Winter 1989/90 Verstimmungen wegen Böhme gab, ist schon angeklungen. Meckel verstand sich als der programmatische und politische Kopf der Ost-SPD und fühlte sich durch Böhmes bewusst öffentlichkeitswirksames Auftreten und sein Geschick im Umgang mit den Medien in den Hintergrund gedrängt. Dieser Umstand hätte auf dem Leipziger Parteitag fast zu einer Kampfkandidatur beider um den Parteivorsitz geführt, wären Meckel nicht frühzeitig seine vergleichsweise geringen Chancen bei den Delegierten klar geworden.[78]

---

70 Vgl. Thaysen, Wortprotokoll, a. a. O., Bd. 4, S. 963 ff.
71 Vgl. ebd., S. 1096 ff.
72 Vgl. ebd., S. 1062 ff.
73 Vgl. Thaysen, Wer war das Volk, a. a. O., S. 299 ff.
74 Vgl. AdsD Sozialdemokratische Partei in der DDR – SDP/SPD-Parteivorstand 2/SDPA000055.
75 Vgl. Sturm, Uneinig, a. a. O., S. 284 ff.
76 Vgl. ebd., S. 286 f.
77 Vgl. ebd., S. 282 f.
78 Vgl. ebd., S. 285.

Ab Januar 1990 wurde die schon mehrfach angerissene Frage nach der Aufnahme ehemaliger SED-Mitglieder tatsächlich virulent, da die SED-PDS spürbar erodierte[79] und viele der ehemals dort aktiven Genossen auf der Suche nach einer neuen politischen Heimat oder auch Karriere waren. Da die SPD nach dem Urteil der Demoskopie in der Gunst des Wahlvolks recht hoch rangierte, bot sich die Option, den Sozialdemokraten beizutreten, an.[80] Dem innerparteilichen Druck folgend, dieser Entwicklung einen Riegel vorzuschieben, und zur Bekräftigung der schon zitierten Erklärung vom 21. Januar 1990, gab der SPD-Vorstand zwei Tage später eine weitere Pressemitteilung heraus:

»Einem Großteil der SED-PDS-Mitglieder scheint erst jetzt die 40jährige verfehlte und menschenverachtende Politik ihrer Partei bewußt zu werden. Nur so lassen sich der rapide Selbstauflösungsprozeß und die steigenden Austrittwellen erklären. Genauso wenig glaubhaft wie dieser plötzliche Sinneswandel ist es jedoch, wenn nun eine Vielzahl ehemaliger SED-Mitglieder ›Zuflucht‹ in der stärksten demokratischen Kraft der DDR, der SPD, sucht. [...] Ein nahtloser Übertritt von der SED-PDS zur SPD verbietet sich allein schon aus der völlig entgegengesetzten Programmatik und dem unterschiedlichen Demokratieverständnis. Alle SED-PDS-Mitglieder, die ihre Partei verlassen haben oder diesen Schritt noch vollziehen wollen, sollten aus Gründen der Glaubwürdigkeit zumindest bis nach den Wahlen am 6. Mai parteilos bleiben und sich in demokratischer Willensbildung üben. [...] Das sollten die SPD-Basisgruppen bei ihren Entscheidungen berücksichtigen.«[81]

Die SPD musste in den Zeiten des »neuen Machtkampfes« peinlichst darauf bedacht sein, ihre Weste in dieser Hinsicht sauber zu halten. Die Parteien der Allianz erkannten diese Not recht bald und begannen einigermaßen skrupellos, die SPD in die Nähe der PDS zu rücken.[82] Der CDU gelang es auf diese Weise, fast vollständig von

---

79 Vgl. Jäger, Überwindung, a. a. O., S. 204 ff.; Suckut, Staritz, Heimat, a. a. O., S. 178 ff.
80 Es finden sich auch immer wieder einzelne diesbezügliche Zuschriften an den Vorstand der SPD-DDR. AdsD Sozialdemokratische Partei in der DDR – SDP/SPD-Parteivorstand 2/SDPA000209. Ein Mitarbeiter der Ständigen Vertretung der DDR beim RGW – und Mitglied der SED – etwa wandte sich Ende 1989 wegen einer Mitarbeit bei der SDP direkt an Böhme. Brief v. Jürgen G. an Ibrahim Böhme v. 20.12.1989, AdsD Sozialdemokratische Partei in der DDR – SDP/SPD-Parteivorstand 2/SDPA000064. Zudem sei auf Existenz der Sozialdemokratischen Plattform innerhalb der PDS bzw. des dann ab 31.01.1990 unabhängigen Sozialdemokratischen Arbeitskreises verwiesen. Vgl. Suckut, Staritz, Heimat, a. a. O., S. 179 sowie AdsD Sozialdemokratische Partei in der DDR – SDP/SPD-Parteivorstand 2/SDPA000166. Vgl. auch Sturm, Uneinig, a. a. O., S. 185 ff.
81 Mitteilung für die Presse 24/90 v. 23.01.1990, AdsD Sozialdemokratische Partei in der DDR – SDP/SPD-Parteivorstand 2/SDPA000272; auch abgedr. i.: SPD – Dokumente und Materialien, a. a. O.
82 Vgl. div. Wahlkampfmaterialien der Allianz, AdsD Sozialdemokratische Partei in der DDR – SDP/SPD-Parteivorstand 2/SDPA000227.

ihrer eigenen jahrzehntelangen Verstrickung in das DDR-System abzulenken.[83] Sogar die ehemaligen engen Kampfgefährten aus der Zeit der Kontaktgruppe, der Demokratische Aufbruch, plakatierten im Wahlkampf »SPDSPDSPDS«[84]. Die zu Recht wutentbrannten Proteste der Sozialdemokraten konnten gegen dieses zutiefst unfaire Verdikt freilich wenig ausrichten.[85] Den vorläufigen Schlusspunkt unter die Debatte um ehemalige SED-Mitglieder in der SPD setzte der Leipziger Parteitag, indem er am letzten Verhandlungstag – gegen den erklärten Willen von Böhme[86] – bei 40 bis 50 Gegenstimmen und etwa 30 Enthaltungen beschloss[87]:

> »Die Ortsverbände haben bei Aufnahmeanträgen ehemaliger SED Mitglieder wie folgt zu verfahren:
> 1. Bei Austritten vor dem 7. Oktober 1989 erscheint die Aufnahme möglich.
> 2. Bei Austritten nach dem 7. Oktober 1989 empfehlen wir eine Sperrfrist von einem Jahr zwischen dem Austritt aus der SED/PDS und der Behandlung des Aufnahmeantrags durch den zuständigen Ortsverband. [...]
> 3. Ehemalige SED-Mitglieder, die nach dem 7. Oktober 1989 aus der SED ausgetreten sind, dürfen für die Dauer von einem Jahr nach Aufnahme keine Wahlfunktion innehaben.«[88]

---

83 Zur »Wende« in der Ost-CDU und dem durchaus anfänglich auch schwierigen Annäherungsprozess an die bundesdeutsche CDU vgl. Jäger, Überwindung, a. a. O., S. 216 ff.; Helmut Kohl: Vom Mauerfall zur Wiedervereinigung. Meine Erinnerungen, München 2009, S. 178 ff.; Lothar de Maizière: Ich will, dass meine Kinder nicht mehr lügen müssen. Meine Geschichte der deutschen Einheit, Freiburg i. Br. 2010, S. 72 ff. Bezeichnend ist, mit welchem Argument der neue Vorsitzende der Ost-CDU Lothar de Maizière Helmut Kohl die Zusammenarbeit schmackhaft machte: »Herr Bundeskanzler, wer eine geschiedene Frau heiratet, muss wissen, dass sie zwei Kinder mitbringt, aber sie hat Erfahrung!«, ebd., S. 82; vgl. ähnlich: Jäger, Überwindung, a. a. O., S. 228.
84 Vgl. Sturm, Uneinig, a. a. O., S. 297.
85 Vgl. Presseerklärungen der SPD 40/90 v. 31.01.1990, 50/90 v. 05.02.1990, AdsD Sozialdemokratische Partei in der DDR – SDP/SPD-Parteivorstand 2/SDPA000272; Ja zur deutschen Einheit – eine Chance für Europa, Wahlprogramm der SPD zum ersten frei gewählten Parlament der DDR, S. 14 f., AdsD Sozialdemokratische Partei in der DDR – SDP/SPD-Parteivorstand 2/SDPA000044.
86 Böhme hatte in seiner Vorstellungsrede zur Kandidatur zum Parteivorsitz erklärt: »[I]ch betone, dass ich in der SED nicht nur Schuften und Karrieristen begegnet bin, wie das heute einige meinen. Bei meiner Loslösung im Jahre 1976 von der SED möchte ich sagen, es gibt auch in dieser Partei einige Leute, vor denen ich tief den Hut ziehe und denen ich einiges zu verdanken habe. [...] Ich möchte gegen diese Partei SED oder mit dem neuen Namen PDS einen fairen Wahlkampf führen, mit Euch zusammen, aber ich möchte den Versöhnungsprozess auch sehen, den wir zu leisten haben. Und da sind die Menschen einzeln zu betrachten in jedem Falle, mehr möchte ich jetzt nicht sagen.« Wortprotokoll Leipziger Parteitag (unkorr. Bandabschr.), S. 250 f., AdsD Sozialdemokratische Partei in der DDR – SDP/SPD-Parteivorstand 2/SDPA000016-19.
87 Vgl. ebd., S. 696 ff.
88 Ebd. Unter Punkt eins stand im ursprünglichen Entwurf der Antragskommission noch »unbedenklich« statt »möglich«, was nach einem umstrittenen mündlichen Änderungsantrag fast einstimmig angepasst wurde. Die Beschlussvorlage der Antragskommission ging auf ähnli-

2 Die politische und organisatorische Stabilisierung der SPD in der DDR

Dies kam letzten Endes einem rückwirkenden Unvereinbarkeitsbeschluss gleich, dessen organisatorische Konsequenzen für die Ost-SPD bereits umrissen worden sind. Das oben zitierte Memorandum des zeitweiligen Pressesprechers Olaf Spittel[89] vom Januar 1990 hatte den Finger in eine Wunde gelegt und die desaströsen Rahmenbedingungen und eklatante Defizite hinsichtlich der Diskussionskultur sowie der Professionalität der Arbeit des SDP/SPD-Vorstands benannt. Eine Besserung stellte sich ein mit dem Umzug des Büros in die Otto-Grotewohl-Straße, dem materiell wie logistisch segensreichen Wirken des Büros Hirschfeld sowie der Abordnung von erfahrenen Bürokräften aus Bonn, wie etwa Ursula Vollert.[90] Gleichwohl vollzog sich die Professionalisierung der Vorstandsarbeit für manche zu langsam, wie etwa für Jürgen Itzfeld vom Büro Hirschfeld, der sich in einer Vorlage für den Vorstand etliche Aspekte der Vorhaltungen Spittels zu eigen machte.[91] Trotz dieser Einflüsterungen aus dem Westen hielt die Parteispitze es offenbar noch Mitte Februar 1990 für nötig, persönlich über die Schlüsselvergabe für die Vorstandsbüros befinden zu müssen.[92] Erst in den großzügigeren Räumlichkeiten in der Rungestraße ab Februar 1990[93] und mit der Straffung der Geschäftsführung kam die Vorstandsarbeit in strukturiertere Bahnen.

Bereits im Herbst 1989 hatte der Parteivorstand versucht, den steigenden politischen Anforderungen gerecht zu werden, indem er Ansprechpartner für verschiedene Politikbereiche benannte, um die sich Arbeitsgruppen formieren sollten.[94] Diese Ver-

---

lautende Anträge des Bezirksverbandes Chemnitz und des Ortsvereins Walldorf (Thüringen) zurück. Vgl. Anträge 060-063, AdsD Sozialdemokratische Partei in der DDR – SDP/SPD-Parteivorstand 2/SDPA000012.
89 Vgl. Memorandum Olaf R. Spittel v. 21.01.1990, AdsD Sozialdemokratische Partei in der DDR – SDP/SPD-Parteivorstand 2/SDPA000270. 46 f. Spittel trat unmittelbar daraufhin zurück und wurde als Pressesprecher durch Steffen Reiche ersetzt. Er selbst gibt als Gründe für seinen Rücktritt in einer entsprechenden Presseerklärung die Aufkündigung des Wahlbündnisses und »die in jüngster Zeit in einer Mehrheit der Mitglieder des SPD-Vorstandes deutlich gewordenen Führungsschwächen« an. Vgl. Mitteilung an die Presse v. 22.01.1990, AdsD Sozialdemokratische Partei in der DDR – SDP/SPD-Parteivorstand 2/SDPA000272. Unklar ist, inwieweit dabei auch seine Forderungen nach einer angemessenen vertraglichen Absicherung und Vergütung, der Stärkung seiner Kompetenzen sowie einer personellen Aufstockung der Pressestelle eine Rolle spielten.
90 Vgl. Sturm, Uneinig, a. a. O., S. 272 ff.; vgl. auch Martin Gutzeit: Notizen zu einem Treffen mit Gerhard Hirschfeld am 28.12.1989, AdsD Depositum Martin Gutzeit, Materialien zur Entstehung und Geschichte der SDP/SPD, Teil IV.
91 Vgl. Jürgen Itzfeld: Gedanken zur Rationalisierung der Vorstandsarbeit, AdsD Sozialdemokratische Partei in der DDR – SDP/SPD-Parteivorstand 2/SDPA000055.
92 Protokoll der Sitzung des Geschäftsführenden Ausschusses am 14.02.1990, AdsD Depositum Martin Gutzeit, Materialien zur Entstehung und Geschichte der SDP/SPD, Teil VI; vgl. auch Sturm, Uneinig, a. a. O., S. 268.
93 Zu den Büros in der Rungestraße vgl. AdsD Sozialdemokratische Partei in der DDR – SDP/SPD-Parteivorstand 2/SDPA000149.
94 »Vorträge bitte dem Vorstand schriftlich zugänglich machen: Ralf Börger zu Wirtschaftsfragen ansprechen, Kontaktadressen für Arbeitsgruppen: Angelika [Barbe] für Bildung und Erziehung sowie Frauen, Markus [Meckel] für Europa und dt. Frage, Stefan H.[ilsberg] für Grundwertegruppe, Lothar Pawliczak für Ökonomie (20. Nov.), Frank [Bogisch] für Ökologie und Öko-

antwortlichkeitsbereiche wurden bis Anfang März 1990 noch erheblich ausdifferenziert.[95] Folgende Tabelle gibt eine Übersicht über diese Ansätze zu Fachreferaten und die entsprechenden Personalien:

Tab. 1 SPD-Parteivorstand (Ost) – Allgemeine Verantwortungsbereiche

I.	Wirtschaft	Frank Bogisch
II.	Finanzen, Währung	N. N.
III.	Landwirtschaft	Sabine Leger, Gottfried Timm, Rüdiger Natzius, Christine Rudolph
IV.	Ökologie Energie	Christine Rudolph, Frank Bogisch Johannes Gerlach
V.	Außenpolitik	Frank Bogisch, Frank Terpe, Karl August Kamilli, Ibrahim Böhme, Christoph Matschie, Martin Gutzeit, Britta Schellin, Johannes Gerlach, Markus Meckel
VI.	Sicherheitspolitik/Abrüstung	Johannes Gerlach, Edelbert Richter, Karl August Kamilli, Manfred Kühn, Martin Gutzeit, Rüdiger Natzius, Britta Schellin, Markus Meckel
VII.	Entwicklungspolitik	Markus Meckel, Steffen Reiche, Christoph Matschie, Christine Lucyga, Susanne Seils, Rüdiger Natzius
VIII.	Sozialistische Internationale	Steffen Reiche, Ibrahim Böhme, Angelika Barbe, Rüdiger Natzius, Stefan Finger
IX.	Deutschlandfragen	Christine Rudolph, Karl August Kamilli, Manfred Kühn, Martin Gutzeit, Steffen Reiche, Frank Terpe
X.	Innenpolitik – Verfassung – Innere Sicherheit – Verwaltung	Martin Gutzeit, Britta Schellin Martin Gutzeit N. N. Martin Gutzeit, Wilfried Machalett, Ibrahim Böhme, Susanne Seils, Karl August Kamilli
XI.	Recht und Justiz	Susanne Seils
XII.	Wissenschaft, Hochschulpolitik	Christine Rudolph, Manfred Becker, Konrad Elmer, Stephan Hilsberg, Frank Terpe
XIII.	Bildung und Erziehung	Angelika Barbe, Konrad Elmer

---

nomie sowie Ökologie und Praxis, Ibrahim [Böhme] für Ausländerrecht, Stefan F.[inger] für Gesundheitswesen, Arndt [Noack] für Wohnungspolitik, Kultur noch ohne Anlaufpunkt, Sabine [Leger] für Land- und Forstwirtschaft.« Protokoll der Vorstandssitzung am 29.10.1989, AdsD Depositum Martin Gutzeit, Materialien zur Entstehung und Geschichte der SDP/SPD, Teil II.
95 Vgl. Anlage 1 zum Protokoll der Vorstandssitzung am 02.03.1990, AdsD Sozialdemokratische Partei in der DDR – SDP/SPD-Parteivorstand 2/SDPA000055.

Tab. 1 SPD-Parteivorstand (Ost) – Allgemeine Verantwortungsbereiche

XIV.	Familie, Jugend, Kinder – Rentner, Ältere	Angelika Barbe, Dagmar Künast, Joachim Hoffmann Joachim Hoffmann, Hinrich Kuessner, Angelika Barbe, Johannes Gerlach
XV.	Gleichstellung Mann/Frau	Angelika Barbe, Christine Lucyga, Joachim Hoffmann
XVI.	Ausländer	Aigali Dshunussow, Angelika Barbe, Christoph Matschie, Christine Lucyga, Jens Richter
XVII.	Sozialpolitik – Arbeit	Hinrich Kuessner, Simone Manz Wilfried Machalett, Gottfried Timm, Karl August Kamilli
XVIII.	Gewerkschaften	Thomas Schmidt, Jens Richter
IXX.	Sport	Manfred Becker
XX.	Kultur	Christoph Matschie, Marie-Elisabeth Lüdde, Ibrahim Böhme, Stephan Hilsberg
XXI.	Gesundheitspolitik	Simone Manz, Dagmar Künast
XXII.	Medienpolitik	Manfred Becker
XXIII.	Parlamentarische Arbeit	Martin Gutzeit, Reinhard Höppner, Frank Terpe, Britta Schellin
XXIV.	Kommunalpolitik	Manfred Kühn
XXV.	Städte- und Wohnungsbau Territorialplanung	Gottfried Timm, Sabine Leger
XXVI.	Religiöse Fragen	Steffen Reiche

Stand: März 1990 | **Quelle:** AdsD, SDP/SPD-Parteivorstand 2/SDPA000055.

Tab. 2 SPD-Parteivorstand (Ost) – Verantwortungsbereich Parteiarbeit

I.	Struktur – Kontakte Bezirke/Länder	Stephan Hilsberg, Jens Richter Konrad Elmer, Stephan Hilsberg
II.	Innerparteiliche Statutenfragen	Susanne Seils
III.	Sozialdemokratische Veteranen	Ibrahim Böhme
IV.	Presse – Öffentlichkeitsarbeit	Steffen Reiche

Stand: März 1990 | **Quelle:** AdsD, SDP/SPD-Parteivorstand 2/SDPA000055.

Diese Aufstellung ist freilich nur eine exemplarische Momentaufnahme, denn es gab offenbar, wie u. a. aus den Auszeichnungen von Zuschriften[96] hervorgeht, bei den jeweiligen Zuständigkeiten immer wieder Verschiebungen. Nach dem 18. März 1990

---

96 Vgl. AdsD Sozialdemokratische Partei in der DDR – SDP/SPD-Parteivorstand 2/SDPA000048.

waren überdies viele hier genannte Personen durch ein Mandat in der Volkskammer[97] anderweitig gebunden, sodass sie wohl der Vorstandsarbeit nicht mehr unmittelbar zur Verfügung standen.

Der Ausbau der Parteistrukturen der Ost-SPD in der Fläche wäre ohne die Kooperation und logistische Unterstützung der westdeutschen Sozialdemokratie kaum in diesem Ausmaß möglich gewesen. Auf der Ebene der Gliederungen waren eine Reihe von Patenschaften von West-Landesverbänden und Bezirken für ihre ostdeutschen Gegenstücke entstanden. So entwickelte sich – um nur einige wenige Beispiele zu nennen – etwa zwischen dem Bezirk Westliches Westfalen und Leipzig eine rege Partnerschaft, der Landesverband Bremen unterhielt Beziehungen zu Rostock, Schleswig-Holstein kümmerte sich um Schwerin, Hannover war für Halle und Hessen-Süd für Suhl zuständig.[98] Die Intensität und Qualität der Zusammenarbeit hing oft von dem Grad der Empathie ab, den die westdeutschen Genossen dem Gedanken der Deutschen Einheit und damit ihren ostdeutschen Parteifreunden entgegenbrachten. Einige Gliederungen der SPD taten sich deutlich schwer damit, sei es wegen des diffizilen Verhältnisses des linken Flügels der Partei zum Begriff der Nation, sei es aufgrund von Kommunikationsschwierigkeiten, die aus der Distanz vieler Ost-Sozialdemokraten gegenüber linker Symbolik und Terminologie herrührten.[99]

Die Zusammenarbeit der Schwesterparteien lief an der Spitze zunächst über den im Dezember 1989 angekündigten und Anfang Februar 1990 konstituierten Gemeinsamen Ausschuss[100] sowie das Büro Hirschfeld. Daneben unterhielt die SPD-Bundestagsfraktion ab Ende Januar 1990 ein Kontaktbüro, das insbesondere nach der Volkskammerwahl unter der Obhut von Walter Zöller zum Bindeglied beider Fraktionen wurde.[101] Im Erich-Ollenhauer-Haus selbst war der stellvertretende Bundesgeschäftsführer Erik Bettermann für die Kontakte zur Ost-SPD zuständig.[102]

Materielle Hilfe floss zunächst vor allem in Form aller Arten von Büroausstattung, also Computern, Schreibmaschinen, Telefonen, Faxgeräten, Kopierern etc.[103]

---

97 Vgl. Volkskammer (10. Wahlperiode). Die Abgeordneten der Volkskammer nach den Wahlen vom 18. März 1990, Berlin 1990, AdsD Sozialdemokratische Partei in der DDR – SDP/SPD-Parteivorstand 2/SDPA0000124.
98 Vgl. Klaus Schäfer/Horst Wegner: Bericht über die Besuche in den Bezirksgeschäftsstellen der SPD in der DDR 26.03. – 03.04.2006 v. 04.04.1990, AdsD Sozialdemokratische Partei in der DDR – SDP/SPD-Parteivorstand 2/SDPA000167.
99 Vgl. Sturm, Uneinig, a. a. O., S. 278 ff.
100 Vgl. dazu: AdsD, SPD-Parteivorstand – Büro Stellvertreter Bundesgeschäftsführer 2/PVDG000270 sowie AdsD Depositum Hans-Jochen Vogel 1/HJVA101172.
101 Die Tätigkeit des Berliner Büros der Bundestagsfraktion spiegelt sich in: AdsD, SPD-Bundestagsfraktion 11. Wahlperiode, Berliner Büro (Walter Zöller); vgl. Sturm, Uneinig, a. a. O., S. 272 ff.
102 Vgl. AdsD, SPD-Parteivorstand – Büro Stellvertreter Bundesgeschäftsführer 2/PVDG000263-284.
103 Vgl. Michael Scholing: Vorwärts, zum Lichte empor ..., in: Vorwärts, Februar 1990, S. 13; vgl. auch Sturm, Uneinig, a. a. O., S. 272.

Vor offiziellen und direkten finanziellen Hilfen schreckte die Bonner Baracke offenbar einstweilen noch zurück, wie ein Artikel im »Vorwärts« vom Februar 1990 nahelegt.[104] Das heißt jedoch nicht, dass nicht über halboffizielle oder private Kanäle Geld aus sozialdemokratischen Säckeln in die DDR floss. Die 10.000 DM-Spende Ehrhart Körtings an die Berliner SDP vom November 1989 ist hier wohl nur die Spitze eines Eisbergs.[105] Dass gleichwohl im Februar 1990, also mitten im Wahlkampf, gerade in den Parteiorganisationen in den Bezirken der DDR vieles im Argen lag, offenbart recht ungeschminkt ein Vermerk von Walter Zöller an den Parlamentarischen Geschäftsführer der SPD-Bundestagsfraktion, Gerhard Jahn:

»[…]
2. In vielen Bezirken dürfte es weniger an Büroausstattung fehlen, als an Außerkommunikationsmöglichkeiten. Insbesondere wird wegen des mangelhaften Telefonnetzes (ganze Kreisverbände sind telefonisch nicht erreichbar) ein Auto gebraucht. […]
3. Den aktiven Mitgliedern, die sich für die Partei unbezahlt haben freistellen lassen, geht langsam das Geld für den Lebensunterhalt aus. Die Frage der Bezahlung durch die Partei scheint noch weitgehend ungelöst zu sein.
4. Die meisten für die Partei tätigen Menschen haben keine Erfahrung in der Parteiarbeit. Deshalb geht hier jede Menge Arbeitspotential verloren. Es reicht nicht aus, daß wir Menschen in die DDR entsenden; es müssen auch aus der DDR welche in die BRD kommen, um dort Erfahrungen zu sammeln. Dies gilt für die Partei auf allen Ebenen bis hinunter zu den Unterbezirken, aber auch für die Bundestagsfraktion und evtl. auch die Landtagsfraktionen der SPD.
5. Des weiteren fehlt es an Verwaltungserfahrung auf allen Ebenen des öffentlichen Dienstes. Man sollte die Möglichkeit prüfen, sozialdemokratisch geführte Landesregierungen, Landkreise und Kommunen anzuhalten, daß sie Volontäre/Praktikanten aus der DDR ausbilden und auf die Arbeit in der öffentlichen Verwaltung vorbereiten. […]«[106]

Entsprechend wurde ab Mitte Februar 1990 beraten, wie – über die anlaufende DDR-Parteienfinanzierung hinaus – u. a. die Aufwendungen der Ost-SPD während des Volkskammerwahlkampfes mitfinanziert werden könnten.[107] Weiterhin entsandte

---
104 Vgl. Scholing, Vorwärts, a. a. O. Unerfindlich ist, wie Sturm dazu kommt, sein Zitat aus diesem Artikel »Bargeld soll aus naheliegenden Gründen nicht fließen« Anke Fuchs in den Mund zu legen. Vgl. Sturm, Uneinig, a. a. O., S. 272.
105 Vgl. Sturm, Uneinig, a. a. O., S. 281.
106 Vermerk Walter Zöller für Gerhard Jahn v. 12.02.1990, AdsD, SPD-Bundestagsfraktion 11. Wahlperiode, Berliner Büro (Walter Zöller), Ordner 21.407.
107 Vermerk für Hans-Ulrich Klose v. 14.02.1990, AdsD, SPD-Parteivorstand – Büro Stellvertretender Bundesgeschäftsführer 2/PVDG000279.

der SPD-Parteivorstand erfahrene Mitarbeiter in die DDR, um den Ost-Genossen fachliche und organisatorische Hilfe zu leisten.[108] Der bis Ende März/Anfang April 1990 in dieser Hinsicht erreichte Fortschritt spiegelt sich in einem Bericht von Klaus Schäfer und Horst Wegner an das Bonner Erich-Ollenhauer-Haus.[109] Ende März 1990 existierten auf dem Gebiet der DDR bereits zwei Landesverbände: einer in Thüringen, der bereits Mitte Dezember 1989 aus der Taufe gehoben worden war und dort die Bezirke organisatorisch bereits weitgehend abgelöst hatte, und der andere in Mecklenburg-Vorpommern. Dessen Organisation und Infrastruktur steckten jedoch noch in den Kinderschuhen. In den übrigen Regionen der DDR basierten die Gliederungen der Ost-SPD noch auf den alten Verwaltungsbezirksgrenzen. An hauptamtlichem Personal verfügten die meisten Bezirke – auf die Hauptgeschäftsstelle und die Kreisverbände verteilt – über 13 bis 15 Mitarbeiter.[110] Lediglich in Berlin, Cottbus und Chemnitz waren die Stellen für die Kreise noch unbesetzt. Die Ausstattung der Bezirksorganisationen mit Pkws und technischer Büroinfrastruktur war unterschiedlich. Besaßen der Bezirk Frankfurt (Oder) fünf und der Landesverband Thüringen sogar neun Kraftfahrzeuge, mussten Rostock, Berlin und Chemnitz gänzlich ohne Motorisierung auskommen. Die Ausstattung mit modernen Telekommunikationsmitteln und PCs war uneinheitlich und teilweise sehr dürftig. Die Mitgliederregistraturen befanden sich ganz überwiegend noch bei den Ortsvereinen und Kreisverbänden. Lediglich in Magdeburg und Leipzig verfügten die Bezirksorganisationen in vollem Umfang über Mitgliederdaten. Die in dem Bericht genannten Mitgliederzahlen beruhen insofern wiederum auf optimistischen Schätzungen, die zwischen 40.800 und 45.300 Mitgliedern für das gesamte Gebiet der DDR schwankten. Der an Mitgliedern stärkste Bezirk war mit rund 8.000 eingetragenen Genossen Halle und der schwächste Schwerin mit etwa 1.000.

Wie bitter nötig die Ost-Sozialdemokraten neben materieller und organisatorischer Hilfe vor allem eine Aufstockung ihres politischen Know-hows hatten, erweist sich in der Tatsache, dass der Vorstand im März 1990 beim Schlüsselthema Finanzen und Währung keinen Sachverständigen aus den eigenen Reihen benennen konnte.[111] Illustriert wird dieser missliche Umstand durch eine Anfrage des Ministers Walter Romberg bei Hans-Jochen Vogel vom Februar 1990 nach einem sozialdemokratischen Wirtschaftsexperten aus der Bundesrepublik im Hinblick auf die Aufgaben der

---

108 Vgl. Telefaxe von Bettermann an Hirschfeld v. 29.01.1990 u. 07.02.1990, AdsD, SPD-Parteivorstand – Büro Stellvertretender Bundesgeschäftsführer 2/PVDG000272; vgl. auch Sturm, Uneinig, a. a. O., S. 273.
109 Für das Folgende vgl. Klaus Schäfer/Horst Wegner: Bericht über die Besuche in den Bezirksgeschäftsstellen der SPD in der DDR 26.03.–03.04.2006 v. 04.04.1990, AdsD Sozialdemokratische Partei in der DDR – SDP/SPD-Parteivorstand 2/SDPA000167.
110 Der Vorstand hatte jedem Bezirk 15 Mitarbeiter bewilligt, deren Verträge bis zum 31.05.1990 befristet waren. Vgl. ebd.
111 Siehe oben die Aufstellung zu den Zuständigkeitsbereichen.

Wirtschafts- und Währungsunion sowie nach Grundlagenliteratur zum Staats- und Wirtschaftsrecht.[112] Der oben schon zitierte wirtschaftspolitische Zeitplan der SPD lässt sowohl aufgrund des verwendeten Schreibmaschinentypenrads als auch hinsichtlich der Terminologie einen westlichen Ursprung vermuten. Dass sich die Ost-SPD trotzdem keineswegs im vollen Umfang über den Ernst der wirtschaftlichen Lage in der DDR im Klaren war und sich zudem hinsichtlich der weiteren Entwicklung ein wenig naiv zeigte, offenbart unfreiwillig der Schlussabsatz einer der am Runden Tisch eingebrachten Vorlagen zu Privatisierung und Treuhand:

»Werden wir nun alle reich? Sicher nicht. Die zu verteilenden Werte haben bisher einen Teil unserer Subventionen gesichert und das tut seinen Zins. Den anderen Teil der Subvention erhält man über höhere Einkommen und Renten. Hauptaufgabe der Bank ist vorerst die Sanierung der Wirtschaft, nicht die Erwirtschaftung von Profit. Auf jeden Fall kommt jetzt die Marktwirtschaft auf uns zu, und wir müssen unseren Besitz künftig selbst verwalten. Der Staat kann und will dem Bürger dabei helfen, aber die von manchen geliebte ›organisierte Verantwortungslosigkeit‹ wird vorbei sein. Die Anteile der Treuhandbank wären somit eher ein Überbrückungsgeld, eine Entschädigung für die Jahre hinter Mauern, als die Aussicht auf Reichtum für alle«[113]

Das Erich-Ollenhauer-Haus war direkt und durch Abgesandte in die inhaltliche und redaktionelle Arbeit an den organisatorischen Grundsatzdokumenten der Ost-SPD wie Statut und Finanzordnung involviert, die auf dem Leipziger Parteitag verabschiedet werden sollten.[114] Bei der Formulierung des Grundsatzprogramms wirkte Christa Müller, Diplomvolkswirtin, Angehörige der SPD-Programmkommission und Lebensgefährtin von Oskar Lafontaine maßgeblich mit.[115]

Der Gemeinsame Ausschuss trat erstmalig am 4. Februar 1990 im Palasthotel in Ostberlin zusammen.[116] Diesem Treffen war am 22. Januar eine Vorbereitungssitzung der westdeutschen Teilnehmer im Bonner Erich-Ollenhauer-Haus vorangegangen, bei dem die Grundlinien der Arbeit des Gremiums besprochen wurden.[117] Johannes Rau umriss das thematische Spektrum, das behandelt werden sollte: »1. Energie und

---

112 Vgl. Romberg an Vogel, o. D., AdsD Depositum Hans-Jochen Vogel, 1/HJVA102901; vgl. auch Sturm, Uneinig, a. a. O., S. 273.
113 Horst Schneider, Martin Wolf: Grundlagen und Fakten zur Privatisierung staatlichen Eigentums v. 26.02.1990, in: Thaysen, Wortprotokoll, a. a. O., Bd. 5, S. 485.
114 Vgl. Sturm, Uneinig, a. a. O., S. 273.
115 Vgl. ebd.
116 Rundschreiben von Johannes Rau v. 30.01.1990, AdsD, SPD-Parteivorstand – Büro Stellvertretender Bundesgeschäftsführer 2/PVDG000270.
117 Vgl. Gemeinsamer Ausschuss – Sitzung der Mitglieder aus der Bundesrepublik am 22.01.1990 im Bonner Erich-Ollenhauer-Haus – Ergebnisse v. 29.01.1990, AdsD, SPD-Parteivorstand – Büro Stellvertretender Bundesgeschäftsführer 2/PVDG000270.

Abb. 13 Präsidiumssitzung am 12. Februar 1990 in Bonn mit Vertretern der SPD in der DDR, v. l. n. r. Johannes Rau, Stephan Hilsberg, Hans-Jochen Vogel, Willy Brandt, Manfred »Ibrahim« Böhme, Markus Meckel, Gerd Döhling, Harald Ringstorff, Martin Gutzeit.

Umwelt, 2. Wohnungs- und Städtebau, 3. Gewerkschaftsfragen, 4. Europa, 5. Verfassungsfragen, 6. Währung und Wirtschaft«[118]. Als Fazit für die Arbeit des Gemeinsamen Ausschusses wurde festgehalten:

> »Angestrebt werden soll, dass der Gemeinsame Ausschuß alle zwei Wochen zusammentritt. Die Arbeit soll sich zunächst darauf konzentrieren, den Freunden in der DDR zu helfen, ein möglichst gutes Wahlergebnis zu erzielen. Einigkeit herrschte darüber, dass nicht der Eindruck erweckt werden dürfe, die Sozialdemokraten in der DDR würden von ihren Partnern aus der Bundesrepublik dominiert und ihr Wahlprogramm werde nicht von ihnen selbst formuliert.«[119]

Neben dem Vorsitzenden Rau beteiligten sich mit Egon Bahr, Hans Büchler, Klaus von Dohnanyi, Rudolf Dreßler, Horst Ehmke, Anke Fuchs, Norbert Gansel, Hans-Ulrich Klose, Walter Momper, Wolfgang Roth, Gerhard Schröder, Gert Weisskirchen, Klaus Wettig, Inge Wettig-Danielmeier und Heidemarie Wieczorek-Zeul ein

---

118 Ebd., S. 1.
119 Ebd., S. 2.

Gutteil der damaligen Politprominenz der West-SPD – ein deutliches Zeichen, welche Bedeutung dem Gremium beigemessen wurde. Die östliche Delegation bestand aus Hilsberg, Barbe, Böhme, Gutzeit, Leger, Kamilli, Meckel, Ingo Richter und Mette Tomaschek.[120] In der ersten Sitzung beschäftigte sich die Runde zunächst mit der allgemeinen Lage in der DDR und dem Handlungsbedarf bis zur Volkskammerwahl.[121] Einig war man sich schnell in der Einschätzung der katastrophalen Wirtschafts- und Finanzlage in der DDR und darüber, dass sowohl die SED als auch die Regierung Modrow in Auflösung begriffen waren und »rasch [...] Sichtbares im Wege der Soforthilfe geschehen«[122] müsse, um die Lage zu stabilisieren. Gleichzeitig wurde festgestellt, dass es in der Bevölkerung einen übermächtigen Trend zur »Einheit sofort«[123] gebe, was in weiten Teilen die Überlegungen zu einer Konföderation

Abb. 14 Die Vorsitzenden des Gemeinsamen Ausschusses, Johannes Rau und Stephan Hilsberg.

der beiden deutschen Staaten obsolet machte und das Tempo der Entwicklung erheblich forcierte. Angesichts dieser Tendenz sollte deutlich gemacht werden, dass die SPD »konsequent auf das Ziel der Deutschen Einheit zugehe«[124], und sie gestalten wolle, ohne sie zu überstürzen. Diskutiert wurden daran anschließend Fragen der Wirtschafts-, Währungs- und Sozialunion sowie Möglichkeiten der Wahlkampfhilfe und programmatischen Unterstützung für die Ost-SPD.[125] Auf dieser vorgezeichneten Linie lag auch die auf der nächsten Sitzung am 19. Februar verabschiedete Erklärung, die sich gegen einen »bedingungslosen Anschluß« wandte und im Wesentlichen

---

120 Vgl. Telefax v. D. Schäfer/Berliner Büro an Bettermann v. 29.01.1990, AdsD, SPD-Parteivorstand – Büro Stellvertretender Bundesgeschäftsführer 2/PVDG000270.
121 Vgl. Gemeinsamer Ausschuß – Erste Sitzung am Sonntag, den 4. Februar 1990 im Palast-Hotel in Berlin (Ost) – Protokoll v. 05.02.1990, S. 1, 3, AdsD, SPD-Parteivorstand – Büro Stellvertretender Bundesgeschäftsführer 2/PVDG000270.
122 Ebd., S. 2.
123 Ebd., S. 3, 4.
124 Ebd., S. 4.
125 Vgl. ebd., S. 4 ff.

die programmatische Grundposition vorformulierte[126], wie sie wenige Tage später auf dem Leipziger Parteitag im Wahlprogramm der Ost-SPD fixiert wurde.[127] Eine Woche vor der Volkskammerwahl, am 11. März, traf sich der Ausschuss in Leipzig. Trotzdem die Zusammenkunft sich mit harten programmatischen Fragen, der Wirtschafts-, Währungs- und Sozialunion sowie mit der ökologischen Partnerschaft der beiden deutschen Staaten – hierzu lagen entsprechende Papiere der SPD-Bundestagsfraktion vor[128] – beschäftigen sollte, war sie vor allem vom eskalierenden Wahlkampf geprägt.[129] Die Ost-SPD spürte, wie sie langsam durch die polemische »Material-Schlammschlacht« der Allianz in die Defensive gedrängt wurde und hoffte auf eine Trotzreaktion der eigenen Basis und der Wähler in der DDR.[130] In diesem Sinne verordnete sich die SPD das Credo »Kurs halten«, was in der an diesem Tage im Ausschuss verabschiedeten Leipziger Erklärung zum Ausdruck kam:

> »Eine starke SPD wird die Einheit zügig[,] aber nicht überstürzt organisieren. Eine starke SPD garantiert, daß die Einheit nicht verspielt wird. Wir werden sie gemeinsam mit unseren Nachbarn in Ost und West und nicht gegen sie herstellen. Eine starke SPD wird dafür sorgen, daß auf dem Weg zur deutschen Einheit niemand unter die Räder kommt.«[131]

Verbunden wurde dies u. a. mit dem Bekenntnis zur Einführung der sozialen Marktwirtschaft und der Währungsunion bei einem generellen Umtauschkurs von 1:1 nach dem 18. März, der Beibehaltung der Sozialbindung der Mieten, der Zementierung der Bodenreform sowie der Zusicherung einer deutlichen Rentenerhöhung.[132] Kurz nach der Volkskammerwahl gab es Bestrebungen, den Gemeinsamen Ausschuss organisatorisch zu unterfüttern und seine Aufgaben auszuweiten.[133] Diese Vorhaben versandete aber schließlich – wie auch weitere für April und Mai anberaumte Termine.[134]

---

126 Vgl. Erklärung des Gemeinsamen Ausschusses der SPD und der SPD in der DDR v. 12.02.1990, AdsD, SPD-Parteivorstand – Büro Stellvertretender Bundesgeschäftsführer 2/PVDG000270.
127 Siehe unten ☞ Kap. III 3, S. 165 ff.
128 Vgl. Rundschreiben Bettermann v. 01.03.1990, AdsD, SPD-Parteivorstand – Büro Stellvertretender Bundesgeschäftsführer 2/PVDG000270.
129 Vgl. Vermerk über die Sitzung des Gemeinsamen Ausschusses der SPD und der SPD in der DDR am 11.03.1990 in Leipzig, AdsD, SPD-Parteivorstand – Büro Stellvertretender Bundesgeschäftsführer 2/PVDG000270.
130 Vgl. ebd.
131 Leipziger Erklärung v. 11.03.1990, AdsD, SPD-Parteivorstand – Büro Stellvertretender Bundesgeschäftsführer 2/PVDG000270.
132 Vgl. ebd.
133 Vgl. Vermerk an Hans-Jochen Vogel v. 20.03.1990, AdsD, SPD-Parteivorstand – Büro Stellvertretender Bundesgeschäftsführer 2/PVDG000270.
134 Vgl. Rundschreiben v. 19.04.1990, AdsD, Sozialdemokratische Partei in der DDR – SDP/SPD-Parteivorstand 2/SDPA000188.

Rätselhaft ist, wie Sturm zu seinem Urteil kommt, der Gemeinsame Ausschuss habe »bei seinen langen Sitzungen kaum etwas zustande«[135] gebracht. Gemessen an der ursprünglichen Maßgabe, inhaltliche Positionen im Hinblick auf die Volkskammerwahl auf höchster Ebene abzustimmen, hat der Ausschuss seine Ziele zweifellos in weiten Teilen erreicht. Dass diese beim Wahlvolk nicht verfingen, steht auf einem ganz anderen Blatt. Wenig verwunderlich sind zudem die äußerlichen und inhaltlichen Unterschiede der Delegationen aus West und Ost, die Sturm besonders hervorhebt[136], handelte es sich doch bei den einen um langjährig gestählte Politprofis und bei den anderen um revolutionäre Homines novi.

Im Februar 1990 war der Einfluss der westdeutschen SPD auf dem Leipziger Parteitag nicht mehr zu übersehen, sowohl was die Präsenz westlicher Politprominenz, als auch was die Logistik, Gestaltung und Parteitagsregie betraf.[137] Die immer enger werdende – wenn auch nicht immer spannungsfreie – Beziehung der beiden sozialdemokratischen Parteien in Ost und West wurde durch einschlägige Passagen des in Leipzig verabschiedeten Grundsatzprogramms[138] fixiert und nicht zuletzt durch die Wahl von Willy Brandt zum Ehrenvorsitzenden der SPD-DDR auf Lebenszeit[139] bekräftigt und unterstrichen.

3 Die vermeintlich stärkste politische Kraft der DDR – Der Parteitag in Leipzig vom 22.–25. Februar 1990

Der Ort des ersten offiziellen Parteitages der Ost-SPD war wohl mit Bedacht gewählt worden. Damit zollte die Partei der zentralen Rolle Tribut, die Leipzig im Laufe der Friedlichen Revolution gespielt hatte. Gleichwohl war die revolutionäre Unruhe, die noch die Delegiertenkonferenz zu einem Gutteil geprägt hatte, in weiten Teilen verflogen. Dies war mithin der deutlich professionelleren Organisation, die maßgeblich auf den westlichen Einfluss zurückging, geschuldet.[140] Manche Delegierte, wie etwa Käte Woltemath, haben die daraus resultierende geschäftsmäßige Atmosphäre bemängelt[141], die aber wohl unumgänglich war, um das immense Arbeitspensum, das sich der Parteitag vorgenommen hatte, angemessen zu bewältigen. Es mussten

---

135 Sturm, Uneinig, a. a. O., S. 270.
136 Vgl. ebd.
137 Vgl. ebd. S. 283 f.
138 Vgl. SPD – Grundsatzprogramm, a. a. O., S. 10.
139 Vgl. Wortprotokoll Leipziger Parteitag (unkorr. Bandabschr.), S. 406 ff., AdsD Sozialdemokratische Partei in der DDR – SDP/SPD-Parteivorstand 2/SDPA000016-19. Der Antrag wurde von Böhme für den Vorstand der Ost-SPD verlesen und per Akklamation durch Erheben der Delegierten von ihren Sitzen bestätigt.
140 Vgl. Sturm, Uneinig, a. a. O., S. 282 f.
141 Vgl. Wortprotokoll Leipziger Parteitag (unkorr. Bandabschr.), S. 233., AdsD Sozialdemokratische Partei in der DDR – SDP/SPD-Parteivorstand 2/SDPA000016-19.

Abb. 15 Podium des Parteitags der SPD in der DDR vom 22. bis 25. Februar 1990 in Leipzig.

schließlich ein neuer Vorstand gewählt sowie sämtliche Grundlagendokumente der Partei, also Statut, Finanz-, Wahl- und Schiedsordnung sowie nicht zuletzt Grundsatz- und Wahlprogramm, diskutiert und verabschiedet werden.[142]

Eine Rochade vollzog sich an der unmittelbaren Parteispitze. Hilsberg, der in Schwante eher zufällig zum ersten Sprecher gewählt worden war, kandidierte nicht mehr für den Parteivorsitz, sondern für das Amt des Geschäftsführers und setzte sich mit 296 zu 181 Stimmen gegen Hinrich Kuessner aus Rostock durch.[143] Dieser wurde später zum Schatzmeister gewählt.[144] Nachdem Meckel seine Kandidatur für den Parteivorsitz zurückgezogen hatte, war Böhme der einzige Bewerber und ihm somit der Posten sicher. Sowohl an diesem Umstand als auch an der politischen Richtung Böhmes entzündete sich jedoch Kritik, vor allem aus den südlichen Bezirken der DDR. Annemarie Müller aus Dresden monierte, dass das Fehlen eines Gegenkandidaten höchst

---

142 Vgl. Rundschreiben mit vorläufiger Tagesordnung v. 23.01.1990, AdsD, Sozialdemokratische Partei in der DDR – SDP/SPD-Parteivorstand 2/SDPA000008.
143 Vgl. Kurzprotokoll Leipziger Parteitag 24.02.1990 (Vormittag), S. 2, AdsD, Sozialdemokratische Partei in der DDR – SDP/SPD-Parteivorstand 2/SDPA000022.
144 Vgl. ebd., S. 3.

3 Die vermeintlich stärkste politische Kraft der DDR – Der Parteitag in Leipzig 22.–25.2.1990

Abb. 16 Markus Meckel, Angelika Barbe, Manfred »Ibrahim« Böhme und Willy Brandt auf dem Parteitag der SPD in der DDR vom 22. bis 25. Februar 1990 in Leipzig.

bedauerlich für die innerparteiliche Demokratie sei.[145] Ein Delegierter aus Schleiz in Thüringen stellte fest, dass er mit einem bekennenden »alternativen Marxisten« als Vorsitzenden seine Schwierigkeiten habe.[146] In der Tat hatte offenbar der Bezirk Dresden vergeblich versucht, Walter Romberg zu einer Kandidatur zu bewegen.[147] Dass sich die Kritiker damit eindeutig in einer Minderheitenposition befanden, spiegelt sich in Böhmes mit knapp 92 Prozent Zustimmung glänzendem Wahlergebnis.[148] Bei der Wahl zu den drei Stellvertretern erzielte Kamilli im ersten Durchgang mit 242 Stimmen das beste Resultat vor Barbe mit 206 Stimmen und Meckel mit 180 Stimmen.[149] In einem dritten

---

145 Vgl. Wortprotokoll Leipziger Parteitag (unkorr. Bandabschr.), S. 255., AdsD Sozialdemokratische Partei in der DDR – SDP/SPD-Parteivorstand 2/SDPA000016-19.
146 Vgl. ebd., S. 253.
147 Vgl. Sturm, Uneinig, a. a. O., S. 285.
148 Böhme erhielt bei 13 Enthaltungen 438 von 478 gültigen Stimmen. Vgl. Kurzprotokoll Leipziger Parteitag 23.02.1990, S. 10, AdsD Sozialdemokratische Partei in der DDR – SDP/SPD-Parteivorstand 2/SDPA000022. Bei einer »Probeabstimmung« innerhalb des alten Vorstands hatte Böhme ebenfalls eine überwältigende Mehrheit von 21:3 Stimmen erreicht. Vgl. Schuh, Weiden, Sozialdemokratie, a. a. O., S. 111.
149 Vgl. hd.-schr. Kurzprotokoll Leipziger Parteitag 23.02.1990, S. 17, AdsD Depositum Martin Gutzeit, Materialien zur Entstehung und Geschichte der SDP/SPD, Teil VII.

Wahlgang wurden schließlich Meckel und Barbe zu den zwei weiteren Stellvertretern mit jeweils der absoluten Mehrheit der abgegebenen Stimmen gewählt.[150] Aus insgesamt 61 Bewerbern mussten die Delegierten nun die restlichen 27 Vorstandsmitglieder für das 33 Personen umfassende Gremium bestimmen, von denen aufgrund der vorher beschlossenen 30-prozentigen Frauenquote neun weiblich sein mussten.[151] Unter den dann mit jeweils einfacher Mehrheit gewählten Vorstandsmitgliedern befanden sich mit Konrad Elmer, Sabine Leger, Martin Gutzeit, Stefan Finger, Steffen Reiche, Simone Manz und Frank Bogisch immerhin sieben Angehörige des Schwanter Zirkels. Nur Joachim Kähler und Joachim Hoffmann aus dem Gründerkreis fielen bei der Wahl durch. Letzterer wurde später jedoch in den Parteirat gewählt. Damit befanden sich im Gesamtvorstand insgesamt 10 Gründungsmitglieder.[152]

Sehr viel Zeit und Engagement widmete der Parteitag der Statutenfrage[153], handelte es sich dabei doch um den Rahmen, durch den die innerparteiliche Machtbalance geregelt wurde. Darüber hinaus spielte sie vor Ort beim Aufbau der Organisation eine kaum zu unterschätzende praktische Rolle. Im Laufe der Beratungen der Statutenkommission waren die räte- und basisdemokratischen Ansätze des ersten Statutentwurfs von Elmer und Rühle weitestgehend verschwunden. Es hatte eine deutliche Umorientierung auf das Vorbild der Organisation der westdeutschen SPD gegeben. In einer Präambel definierte sich die SPD als »demokratische Volkspartei, die für alle Schichten der Bevölkerung offen ist.«[154] Sie verstand sich zudem als pluralistische Partei, »die sich der Demokratie, sozialer Gerechtigkeit sowie der Verantwortung für die Bewahrung der natürlichen Umwelt verpflichtete fühl[t]« und gleichzeitig als Teil der Sozialistischen Internationale.[155] Im Statut fehlte jeder Hinweis auf den umstrittenen Begriff des demokratischen Sozialismus, wodurch diesbezüglichen Streichungsanträgen der Boden entzogen war.[156] Desgleichen enthielten sich die Sozialdemokraten erneut einer Festlegung zur offiziellen Parteianrede, sodass auch dieses Thema – von einem Antrag abgesehen – einstweilen entschärft war.[157] Mehr Diskussion gab es um

---

150 Vgl. Kurzprotokoll Leipziger Parteitag 24.02.1990 (Vormittag), S. 2, AdsD Depositum Martin Gutzeit, Materialien zur Entstehung und Geschichte der SDP/SPD, Teil VII.
151 Vgl. Kurzprotokoll Leipziger Parteitag 24.02.1990 (Nachmittag), S. 2, AdsD Sozialdemokratische Partei in der DDR – SDP/SPD-Parteivorstand 2/SDPA000022. Es waren mit Böhme, Kamilli, Meckel, Barbe, Hilsberg als Geschäftsführer und Kuessner als Schatzmeister bereits sechs Personen gewählt.
152 Vgl. Wortprotokoll Leipziger Parteitag (unkorr. Bandabschr.), S. 603 f., AdsD Sozialdemokratische Partei in der DDR – SDP/SPD-Parteivorstand 2/SDPA000016-19.
153 Vgl. ebd., S. 56 ff., 147 ff.
154 SPD – Grundsatzprogramm, a. a. O., S. 51.
155 Ebd.
156 Vgl. AN008, AdsD Sozialdemokratische Partei in der DDR – SDP/SPD-Parteivorstand 2/SDPA000012.
157 Vgl. Initiativantrag 16, AdsD Sozialdemokratische Partei in der DDR – SDP/SPD-Parteivorstand 2/SDPA000012.

die Festschreibung einer Frauenquote.[158] Das hatte weniger mit emanzipatorischen als mit organisatorischen Fragen zu tun, denn es war keineswegs klar, dass eine hoch angesetzte Quote in der momentanen Phase des Parteiaufbaus überhaupt würde eingehalten werden können.[159] Schließlich einigte sich die Versammlung auf eine durchaus salomonische Formel:

> »Die gleichberechtigte Teilnahme von Frauen und Männern auf allen Ebenen ist dadurch zu gewährleisten, daß sie das Recht haben, in allen zu wählenden Gremien der Partei mit mindestens 30 % vertreten zu sein.«[160]

Das Kernstück des Statuts war natürlich der Parteiaufbau und die Macht- und Kompetenzverteilung zwischen Vorständen, Amts- und Mandatsträgern sowie der Basis:

> »Die SPD gliedert sich in Ortsverbände, Kreisverbände (Unterbezirke), Bezirksverbände und Landesverbände. Bei einer größeren Anzahl aktiver Mitglieder sollten Ortsverbände sich in mehrere wohnsitzorientierte, gesprächsfähige Basisgruppen untergliedern.«[161]

Die Ergänzung hinsichtlich der Basisgruppen ist einer der wenigen Reste des Elmer'schen Statuts. Auch dies war umstritten, wie Ringstorffs Wortmeldung bezüglich der Streichung des Begriffs zeigt.[162] Gänzlich verschwunden war Elmers Ansatz einer Verschränkung von Urwahl und Delegierung von unten nach oben. Die Vorstände der jeweiligen Gliederungen sollten mindestens alle zwei Jahre gewählt werden und in der Regel aus sieben Personen bestehen, dem Vorsitzenden, seiner Stellvertreter, dem Kassierer sowie drei weiteren Vorstandsmitgliedern.[163]

Die Zusammensetzung und der personelle Umfang des Parteivorstandes gehen aus der obigen Beschreibung der Vorstandswahlen hervor. Das Vorschlagsrecht zur Wahl des Vorstands lag einerseits bei diesem selbst, andererseits ergänzend beim Parteitag.[164] Zur Ausführung der Vorstandsbeschlüsse wurde ein elfköpfiges Präsidium gebildet, dem u. a. der Vorsitzende, seine Stellvertreter, der Schatzmeister und der

---

158 Vgl. AN009, AN016, Initiativantrag 4, AdsD Sozialdemokratische Partei in der DDR – SDP/SPD-Parteivorstand 2/SDPA000012; vgl. auch: Wortprotokoll Leipziger Parteitag, a. a. O., S. 159 ff.
159 Vgl. Schuh, Weiden, Sozialdemokratie, a. a. O., S. 138.
160 SPD – Grundsatzprogramm, a. a. O., S. 51.
161 Ebd., S. 52.
162 Vgl. Wortprotokoll Leipziger Parteitag (unkorr. Bandabschr.), S. 65, AdsD Sozialdemokratische Partei in der DDR – SDP/SPD-Parteivorstand 2/SDPA000016-19.
163 Vgl. SPD – Grundsatzprogramm, a. a. O., S. 52.
164 Vgl. ebd., S. 55. Die Erweiterung des Vorschlagsrechts für den Vorstand geht auf den Initiativantrag 30 zurück. AdsD Sozialdemokratische Partei in der DDR – SDP/SPD-Parteivorstand 2/SDPA000012 sowie Wortprotokoll Leipziger Parteitag (unkorr. Bandabschr.), S. 73 f., AdsD Sozialdemokratische Partei in der DDR – SDP/SPD-Parteivorstand 2/SDPA000016-19.

Geschäftsführer angehören mussten.[165] Bei Vorstandssitzungen hatte sowohl der Vorsitzende des 70-köpfigen Parteirates[166], der die Belange der Gliederungen vertrat, als auch ein Vertreter der Jungen Sozialdemokraten Antrags- und Rederecht.[167] Der Vorstand fungierte u. a. als Rechtsträger, vertrat die Partei in der Öffentlichkeit, wachte über die Einhaltung des Statuts, verwaltete das Vermögen und verrichtete »alle ihm vom Parteitag übertragenen Aufgaben«[168].

Der Parteitag als oberstes Organ setzte sich aus 300 Delegierten zusammen, die von den jeweiligen Landesparteitagen gewählt wurden, und war alle zwei Jahre vom Vorstand einzuberufen und zu organisieren.[169] Eine Besonderheit ist hier, und die wurde auf dem Leipziger Parteitag gegen den Willen des Vorstands durchgesetzt, dass er ebenfalls einberufen werden musste, wenn ein Viertel der Basis oder der Parteirat dies forderte.[170] Hier äußerte sich wohl weniger die »Tendenz einer reinen Basisdemokratie«[171], wie vom Vorstand inkriminiert, sondern vielmehr der Mitspracheanspruch der Gliederungen, der sich auch in der Stärkung des Parteirates gegenüber dem Vorstand spiegelte. Das war auch ein Ausfluss der teilweise tiefen Unzufriedenheit, die im Herbst und Winter 1989/90 mit der Arbeit des Vorstandes geherrscht hatte. Die in Elmers Entwurf noch vorgesehene Trennung von Amt und Mandat fand keine Berücksichtigung[172] mehr, u. a. mit der Begründung, dass dadurch »ganze Vorstände hier weithin entvölker[t]«[173] würden. Demgegenüber versuchte das Statut, die Ämterhäufung bei Parteifunktionen und Langzeitfunktionären nach Möglichkeit zu verhindern oder zumindest einzudämmen.[174] Insgesamt ist hinsichtlich des Statuts festzustellen, dass es so gut wie nichts mehr mit dem ohnehin umstrittenen Schwanter Entwurf gemein hatte, teilweise offen an die bundesdeutschen Regelungen angelehnt war[175], sich aber diverse Besonderheiten leistete, die aus spezifischen Erfahrungen des DDR-Alltags und hier insbesondere mit hierarchischen Parteiapparaten herrührten.

---

165 Vgl. SPD – Grundsatzprogramm, a. a. O., S. 55.
166 Vgl. ebd., S. 55 f.
167 Vgl. ebd.
168 Ebd.
169 Vgl. ebd., S. 53 f.
170 Vgl. Initiativantrag 30, AdsD Sozialdemokratische Partei in der DDR – SDP/SPD-Parteivorstand 2/SDPA000012; Wortprotokoll Leipziger Parteitag (unkorr. Bandabschr.), S. 214 ff., AdsD Sozialdemokratische Partei in der DDR – SDP/SPD-Parteivorstand 2/SDPA000016-19 sowie Schuh, Weiden, Sozialdemokratie, a. a. O., S. 140.
171 Wortprotokoll Leipziger Parteitag (unkorr. Bandabschr.), S. 215, AdsD Sozialdemokratische Partei in der DDR – SDP/SPD-Parteivorstand 2/SDPA000016-19.
172 Vgl. SPD – Grundsatzprogramm, a. a. O., S. 57.
173 Wortprotokoll Leipziger Parteitag (unkorr. Bandabschr.), S. 227, AdsD Sozialdemokratische Partei in der DDR – SDP/SPD-Parteivorstand 2/SDPA000016-19.
174 Vgl. SPD – Grundsatzprogramm, a. a. O., S. 57.
175 Vgl. Schuh, Weiden, Sozialdemokratie, a. a. O., S. 142.

3 Die vermeintlich stärkste politische Kraft der DDR – Der Parteitag in Leipzig 22.–25.2.1990

Nicht minder engagiert, aber zeitlich sehr viel bedrängter verliefen die Beratungen zum Grundsatz- und Wahlprogramm.[176] Das Grundsatzprogramm war in sechs Abschnitte[177] gegliedert. Ein erster widmete sich den Grundlagen und Quellen sozialdemokratischer Politik in der DDR, der zweite der Ausgestaltung des demokratischen Rechtsstaats. Der dritte Teil befasste sich mit der sozialen und ökologisch orientierten Marktwirtschaft, gefolgt von einem Kapitel zur solidarischen Sozialpolitik. Ein weiterer Abschnitt widmete sich dem gesamten Bereich Wissenschaft und Kultus. Abgerundet wurde das Programm durch sehr knapp gehaltene Ausführungen zur Außenpolitik. Es würde zu weit führen, hier die vielschichtige Debatte im Plenum um den Entwurf vollständig auszubreiten, zumal dies Bianca von der Weiden[178] schon recht ausführlich geleistet hat. Gleichwohl müssen, um die Gemeinsamkeiten bzw. Unterschiede mit/zu Schwante sichtbar werden zu lassen, zentrale und charakteristische Eckpunkte herausgehoben werden.

Die Ost-SPD stellte zunächst fest, dass sie zwar eine »neue«, aber keine »neuartige Partei«[179] sei. So verortete sie – entsprechend den älteren Grundsatzreferaten von Meckel und Böhme in Schwante bzw. Berlin – ihre Wurzeln in den Traditionen sowohl der Arbeiterbewegung als auch der bürgerlichen Revolution. Als weitere und sehr viel DDR-spezifischere Quellen benannte sie den christlichen Humanismus und Sozialismus sowie die Diktaturerfahrung in der DDR.[180] Damit verbunden war eine Reverenz an die Kirchen in der DDR, unter deren Dach die Opposition einen wichtigen Schutzraum gefunden hatte. An dieser Stelle bezog sich die Ost-SPD nun auch – vor dem Hintergrund der internationalen Sozialdemokratie und in Abgrenzung zum marxistisch-leninistischen Sozialismusbegriff[181] – auf den so umstrittenen demokratischen Sozialismus:

> »Er bezeichnet weder eine bestimmte Gesellschaftskonstruktion noch eine gesetzmäßige Phase im Geschichtsverlauf, sondern eine offene Form friedlichen Zusammenlebens, die den Menschen Gelegenheit gibt, ihre Freiheiten auszuweiten, ihre Beziehungen zueinander gerecht zu ordnen und wirksam Solidarität zu üben.«[182]

Gleichzeitig stellten die Ost-Sozialdemokraten – dem Begehren der eigenen Basis und einem Ratschlag Willy Brandts folgend – fest, dass aufgrund der Belastung des Begriffs

---

176 Wortprotokoll Leipziger Parteitag (unkorr. Bandabschr.), S. 284 ff., 377 ff., 512 ff., AdsD Sozialdemokratische Partei in der DDR – SDP/SPD-Parteivorstand 2/SDPA000016-19.
177 Vgl. SPD – Grundsatzprogramm, a. a. O., S. 5 f.
178 Vgl. Schuh, Weiden, Sozialdemokratie, a. a. O., S. 116 ff., 143 ff.
179 SPD – Grundsatzprogramm, a. a. O., S. 8.
180 Vgl. ebd., S. 8 f.
181 Vgl. ebd., S. 10.
182 Ebd.

Sozialismus in der DDR, soziale Demokratie zu bevorzugen sei.[183] Neben der Betonung der Würde des Menschen und der Menschenrechte sowie des Werts des Friedens, der als »Einklang mit der Natur und Versöhnung zwischen den Menschen«[184] verstanden wurde, rekurrierten sie auf die zentralen und auch heute noch gültigen sozialdemokratischen Grundprinzipien »Freiheit, Gerechtigkeit und Solidarität«[185].

In der Definition des demokratischen und sozialen Rechtsstaats orientierte sich die Ost-SPD, was hier insofern auch nicht in extenso wiederholt werden muss, weitestgehend am föderalen und parlamentarischen Modell der Bundesrepublik mit gesellschaftlichem Pluralismus, Koalitionsfreiheit und Tarifautonomie.[186] Charakteristisch für das Denken der Ost-SPD sind vielmehr spezifische Pointierungen. Hierzu zählen sowohl die besondere Betonung der Wichtigkeit einer demokratischen Öffentlichkeit sowie der Gleichberechtigung und Gleichachtung der Geschlechter, Ethnien und Lebensstile.[187] In der Eigentumsfrage lässt sich eine wahrnehmbare Akzentverschiebung[188] weg von der noch sehr sozialistisch orientierten Position in Meckels Schwanter Rede feststellen. Gleichwohl ging die SPD-DDR hinsichtlich der Sozialbindung des Eigentums deutlich über die bundesrepublikanischen Realitäten hinaus. Das zivilgesellschaftliche Denken der Bürgerbewegung schimmert durch, wenn die staatlichen Organe zur Wahrung des ausdrücklich anerkannten Gewaltmonopols des Staates als »notwendige Übel«[189] gesehen werden. Die Forderung nach der verfassungsrechtlichen Verankerung eines Verbotes jeglicher Geheimpolizei[190] ist nicht zuletzt der in der DDR allgegenwärtigen Stasierfahrung geschuldet.

In der Wirtschaftspolitik distanzierte sich die Ost-SPD in aller Schärfe von allen »neuen Experimenten mit einer ›marktorientierten Planwirtschaft‹ oder einer ›sozialistischen Marktwirtschaft‹«[191]. Dies verknüpfte sie mit einem ebenso klaren Bekenntnis zu »Markt und Wettbewerb«. Die in Schwante noch stark sozialistisch geprägten Vorstellungen Meckels traten zugunsten eines fast ungebremsten Marktoptimismus[192] in den Hintergrund. Er war lediglich durch die aus der Gründungsphase hinüber gerettete Forderung nach einer demokratischen, sozialen und ökologischen Einbettung der Wirtschaftsprozesse eingeschränkt. Stichworte sind hier u. a.

---

183 Vgl. ebd.; Sturm, Uneinig, a. a. O., S. 291.
184 SPD – Grundsatzprogramm, a. a. O., S. 13.
185 Ebd., S. 12.
186 Vgl. ebd., S. 15 ff.
187 Vgl. ebd., S. 16 f.
188 Vgl. ebd., S. 19 f.
189 Ebd., S. 22.
190 Vgl. ebd.
191 Vgl. ebd., S. 25.
192 Folgender Satz ist für ein sozialdemokratisches Programm höchst ungewöhnlich und wäre eigentlich eher im neoliberalen bzw. neokonservativen Kontext zu vermuten gewesen: »Wir Sozialdemokratinnen und Sozialdemokraten wollen Markt und Wettbewerb, damit Demokratie lebendig werden kann und individuelle Freiheit und Initiative sich zum Wohle aller entfalten kann.« Ebd.

3 Die vermeintlich stärkste politische Kraft der DDR – Der Parteitag in Leipzig 22.–25.2.1990

»mannigfaltige Eigentumsformen«, Verhinderung von Monopolbildungen, demokratische Mitbestimmung und Teilhabe aller »Bürger am Haben und Sagen in der Wirtschaft«[193], Umweltverträglichkeit als Grundprinzip allen Wirtschaftens und Produzierens sowie ökologische Haftung nach dem Verursacherprinzip.[194] Auf die vertiefte Betrachtung der in diesem Zusammenhang ebenfalls ausgeführten Überlegungen zur Landwirtschaftspolitik[195], die in weiten Teilen ökologischen Grundannahmen folgt, sei hier verzichtet. Insgesamt wirkt das von der Ost-SPD hier ausgebreitete Wirtschaftsprogramm aus heutiger Sicht wie ein allzu optimistisches und durchaus widerspruchsvolles Konglomerat wirtschaftspolitischer Wunschvorstellungen. Dies ist natürlich ein Reflex der oben schon kurz angerissenen heterogenen Diskussionslage in der Partei, die zum Teil das tatsächliche Ausmaß der wirtschaftlichen Misere in der DDR – und vor allem deren Konsequenzen – verkannt hatte. Es scheint aber auch so, als hätten sich die Verfasser der Illusion hingegeben, man könne den Markt ohne den Kapitalismus einführen. Entsprechend rief dieses Wirtschaftsprogramm auch ein geteiltes Echo bei den westdeutschen Sozialdemokraten hervor. Während der ehemalige Wirtschafts- und Finanzminister der Kabinette Kiesinger und Brandt, Karl Schiller, sich über den »Sieg des marktwirtschaftlichen Gedankens« höchst befriedigt zeigte, reagierte der linke Frankfurter Kreis eher verschnupft.[196]

Grundlage aller Sozialpolitik[197] sollte das alte sozialdemokratische Prinzip der Solidarität sein. Hier ging es sowohl um soziale Transferleistungen als auch um »Hilfe zur Selbsthilfe« ohne »Bevormundung und Diskriminierung«[198]. Soziale Gerechtigkeit bedeutete für die Ost-Sozialdemokraten nicht nur Chancengleichheit, sondern auch aktive Umverteilung von oben nach unten.[199] Die Ost-SPD bekannte sich überdies zum Recht auf Arbeit, das auch in der Sozialcharta des Runden Tisches verankert war, und forderte vor dem Hintergrund der sich abzeichnenden Beschäftigungskrise in der DDR sowohl die Einrichtung einer Arbeitslosenversicherung als auch Arbeitszeitverkürzungen.[200] Im Bereich der Gesundheitspolitik strebten die Sozialdemokraten ein »weitgehend selbstverwaltetes Gesundheitswesen« an, das »in den Eigentumsformen pluralistisch« organisiert sein sollte und eine »gesetzliche Pflichtversicherung für alle Bürger«[201] vorsah. Darüber hinaus hatte das gesundheitspolitische Programm der SPD-DDR einen u. a. durch lebensreformerische Ansätze inspirierten protektionistischen und volkspädagogischen Impetus:

---

193 Ebd., S. 26.
194 Vgl. ebd., S. 26 ff.
195 Vgl. ebd., S. 30 f.
196 Vgl. Sturm, Uneinig, a. a. O., S. 292.
197 Vgl. SPD – Grundsatzprogramm, a. a. O., S. 34 ff.
198 Ebd.
199 Vgl. ebd.
200 Vgl. ebd.
201 Ebd. S. 36 f.

»Für eine gesunde Lebensweise muß wiederum der Staat die nötigen sozialen Voraussetzungen schaffen, indem er gesundheitsschädigenden Umwelteinflüssen, Arbeitsbedingungen und Konsumgewohnheiten entgegenwirkt und gesundheitsfördernde Waren und Leistungen steuerlich begünstigt.«[202]

Die Ost-SPD brach eine Lanze für eine kinderfreundliche Gesellschaft und eine familienfreundliche Arbeitswelt, u. a. mit einem engmaschigen Netz von Kinderbetreuungseinrichtungen.[203] Hier hatte sie jedoch nicht nur die klassische Kleinfamilie im Blick:

»Wir Sozialdemokratinnen und Sozialdemokraten geben dem Zusammenleben der Menschen keine festen Leitbilder vor – nicht das der erwerbstätigen Frau und nicht das der traditionellen Familie. Wir wollen, daß Frauen und Männer ihre Lebensform und ihren Tätigkeitsbereich frei wählen können.
Alle Lebensgemeinschaften, die auf Dauer angelegt sind und Geborgenheit, Anerkennung und liebevolle Zuwendung versprechen, haben Anspruch auf Achtung und Schutz vor Diskriminierung, unabhängig von Zahl, Geschlecht, Zivilstand derer, die jeweils zusammen leben.«[204]

Das Kapitel zur Kulturpolitik[205] ist einerseits von den Erfahrungen der kulturellen Gängelungen im SED-Staat, andererseits aber von der Angst einer allzu starken Kommerzialisierung des kulturellen Lebens unter Marktbedingungen geprägt. In diesem Sinne dürfe der Staat zwar keine kulturelle Macht ausüben, sich aber auch nicht aus der kulturellen Verantwortung zurückziehen. Dies müsse »vorwiegend dezentral [...] auf der Ebene der Länder, der Städte und Gemeinden«[206] geschehen.

In der Schul- und Bildungspolitik[207] reklamierte die Ost-SPD als Ziel »Bildungschancen für alle«[208] und plädierte, auch wenn sie das nicht so offen aussprach, letztlich für die strukturelle Beibehaltung des DDR-Schulsystems. Damit wäre sie auch heute noch in der bildungspolitischen Diskussion auf der Höhe der Zeit:

»Unsere Bildungspolitik will differenziert fördern[,] statt auslesen. Die integrierte Gesamtschule mit gymnasialer Oberstufe bis zum Abitur bietet dafür nach unserer Überzeugung gute Möglichkeiten.«[209]

---

202 Ebd.
203 Vgl. ebd., S. 38 f.
204 Ebd., S. 37.
205 Vgl. ebd., S. 40 ff.
206 Ebd.
207 Vgl. ebd., S. 43 f.
208 Ebd.
209 Ebd.

Aufgrund der DDR-Erfahrung trat die Ost-SPD nachdrücklich für die Freiheit der Wissenschaft ein.[210] Gleichzeitig brachen sich aber auch einige Aspekte der Fortschritts-, Technik-, und Wissenschaftsskepsis der Ökologiebewegung der 1980er-Jahre Bahn, wenn gefordert wurde:

> »Innerhalb des wissenschaftlichen Erkenntnisprozesses darf der Forscher immer nur der Wahrheit und seinem Gewissen verpflichtet sein und sich niemals dem Diktat der Politik oder einer Ideologie beugen. Er muß aber auch bereit sein, für die möglichen ökologischen, sozialen und ethischen Konsequenzen seiner Arbeit die Verantwortung tragen. […] Notfalls muß der Verzicht auf unverantwortbare wissenschaftliche Vorhaben mit Rechtsmitteln erzwungen oder die praktische Anwendung bestimmter Forschungsergebnisse verboten werden.«[211]

In dem abschließenden kurzen Kapitel zur Außenpolitik[212] bekannten sich die Ost-Sozialdemokraten zum Selbstbestimmungsrecht der Deutschen und zu einer friedlichen und freiheitlichen »Neu«-Vereinigung der beiden deutschen Staaten im Zusammenwirken mit den Alliierten des Zweiten Weltkrieges bei gleichzeitiger Garantie der polnischen Westgrenze. Das neue deutsche Gemeinwesen sollte demokratisch, föderalistisch sowie »den europäischen antifaschistischen Traditionen«[213] verpflichtet sein. Der Prozess der Deutschen Einheit wurde als Teil der europäischen Integration und eines neu zu schaffenden europäischen Sicherheitssystems, das die Blöcke des Kalten Krieges ablösen sollte, verstanden. Das Ziel sei schließlich »ein europäischer Staatenbund mit durchlässigen Grenzen, in dem Freiheit, Demokratie und soziale Gerechtigkeit verwirklicht sind.«[214]

Dieses in Leipzig nach einer Marathonlesung und -diskussion mit einigen Änderungen der Vorlage so verabschiedete Programm basiert zweifellos auf den Grundlegungen von Schwante, und Meckels Handschrift ist immer wieder deutlich zu erkennen. Gleichwohl sind vor allem in Bezug auf die Deutsche Einheit und in der Wirtschaftspolitik zentrale Akzentverschiebungen und Anpassungen vorgenommen worden. An anderen Stellen sind nun aber auch Politikfelder abgedeckt, die Meckel im Oktober 1989 nicht oder nicht so sehr im Blick hatte, wie etwa die Landwirtschaftspolitik, Wissenschaft und Bildung oder die Gewerkschaften.[215]

Das ebenfalls in Leipzig gebilligte Wahlprogramm »Ja zur deutschen Einheit – eine Chance für Europa« ist in weiten Teilen ein pointiert formulierter Aufguss des Grundsatzprogramms. Darüber hinaus legte die SPD-DDR hier jedoch einen kon-

---

210 Vgl. ebd., S. 45.
211 Ebd.
212 Vgl. ebd., S. 47 f.
213 Ebd.
214 Ebd., S. 48.
215 Vgl. auch Schuh, Weiden, Sozialdemokratie, a. a. O., S. 143 ff.

kreten Fahrplan zur Deutschen Einheit vor.[216] Dabei gelte es, vier Aspekte zu beachten und miteinander zu verbinden:

> »1. Die Entwicklung zur europäischen Integration, damit die Rechte und Interessen der Vier Mächte und unserer Nachbarn zur Geltung kommen;
> 2. die Entwicklung gesamtdeutscher politischer Institutionen, damit die Einigung kein chaotischer Anschluß, sondern ein geordnetes Zusammenwachsen wird;
> 3. die umsichtige Reform der Rechtsordnung in der DDR, damit Marktwirtschaft, Mitbestimmung und soziale Sicherheit nicht auseinanderlaufen;
> 4. die Verwaltungsreform in der DDR, damit ein Bundesstaat der fünf Länder mit kommunaler Selbstverwaltung entsteht.«[217]

Als Stationen der internationalen Einbindung der Deutschen Einheit benannte die SPD zunächst die Anerkennung der Oder-Neiße-Linie als polnische Westgrenze durch beide deutschen Parlamente nach der Konstituierung der frei gewählten Volkskammer, die Einberufung der Zwei-plus-vier-Konferenz im April 1990 und schließlich für Herbst 1990 eine KSZE-Konferenz zur Schaffung einer neuen europäischen Friedensordnung.[218]

Bezogen auf das staatsrechtliche Zusammenwachsen der beiden deutschen Staaten sollte zunächst die Volkskammer u. a. eine Willenserklärung zur Bildung eines einheitlichen deutschen Bundesstaats verabschieden und mit den Vorbereitungen für eine neue Verfassung beginnen. Ab April sah der Fahrplan die Aufnahme von Verhandlungen über einen Einigungsvertrag und die Bildung von gemeinsamen Parlamentskommissionen sowie eines paritätisch besetzten Rates zur Deutschen Einheit als gemeinsames Organ vor.[219] Mit den für Frühjahr und Sommer 1990 vorgesehenen Kommunal- und Landtagswahlen sollten in der DDR die kommunale Selbstverwaltung und der Föderalismus wieder hergestellt werden. Parallel dazu hatten die Verfassungskommissionen und der Rat über eine neue gesamtdeutsche Verfassung zu beraten und diese nach Abschluss einer gesamtdeutschen Volksabstimmung vorzulegen. Zu guter Letzt galt es, nach Annahme der Verfassung gesamtdeutsche Wahlen durchzuführen.[220]

Für die soziale und wirtschaftliche Vereinigung der beiden deutschen Gesellschaften forderte die SPD das Primat des Sozialen, also erst die Sozialunion, dann die

---

216 Vgl. Ja zur deutschen Einheit – eine Chance für Europa, Wahlprogramm der SPD zum ersten frei gewählten Parlament der DDR, S. 1 ff., AdsD Sozialdemokratische Partei in der DDR – SDP/SPD-Parteivorstand 2/SDPA000044.
217 Ebd., S. 1.
218 Vgl. ebd., S. 1 f.
219 Vgl. ebd., S. 2.
220 Vgl. ebd.

3 Die vermeintlich stärkste politische Kraft der DDR – Der Parteitag in Leipzig 22.–25.2.1990

Währungsunion und schließlich die Wirtschaftsunion.[221] Für die DDR sahen die Sozialdemokraten in diesem Zusammenhang auf folgenden Feldern Handlungsbedarf:

> »– Eigentumsreform, Preisreform, Bankenreform, Gesetzeswerk zur Sozialunion, Mieterschutz,
> – Wirtschaftsgesetzgebung, Steuergesetzgebung, Mitbestimmungsgesetz, Einrichtung des Kapitalmarktes mit Börse in Leipzig,
> – Mietrecht, Regelung des Wohnungsmarktes.«[222]

Einen auch nur ungefähren Termin, wann der Vereinigungsprozess abgeschlossen sein sollte, benannte die SPD nicht.

Hinsichtlich des Volkskammerwahlkampfes bemühte sich die SPD, die Fronten zu klären und den eigenen Standpunkt in der neuen Parteienlandschaft der DDR zu verorten.[223] In diesem Sinne grenzte sie sich zuallererst scharf gegenüber der PDS ab, mit der es keine wie auch immer geartete Zusammenarbeit geben konnte.[224] Ansonsten hielt sich die SPD die Frage einer künftigen Koalition offen, freilich nicht ohne zwei bedeutsame und, wie sich zeigen sollte, vergebliche Seitenhiebe an die Adresse der konservativen Allianz für Deutschland zu verteilen:

> »Das Wahlbündnis ›Allianz für Deutschland‹ (CDU, DA, DSU) scheint sich ganz auf Anschluß[,] statt auf Zusammenwachsen eingestellt zu haben. Aber Anschluß ist gefährlich, weil er den europäischen und den sozialen Frieden aufs Spiel setzt.«[225]

Gleichzeitig verwahrte sich die SPD deutlich gegen den über die Maßen harten Wahlkampf der Allianz:

> »Wir Sozialdemokraten treten für die soziale Demokratie ein. Das hat nichts zu tun mit dem Staatssozialismus der SED und ist auch nicht dasselbe wie der demokratische Sozialismus der PDS: Wer uns unter der Überschrift ›Sozialismus‹ mit SED und PDS in denselben Kasten sperrt, betreibt Rufmord und zerbricht den Konsens der Demokraten.«[226]

Die SPD sah sich nach den vier Tagen von Leipzig programmatisch und politisch für den Volkskammerwahlkampf bestens aufgestellt. Mit der West-SPD, deren nahezu gesamte Politprominenz dem Parteitag die Reverenz erwies, und den Umfragen im

---

221 Vgl. ebd., S. 3.
222 Ebd.
223 Vgl. ebd., S. 14 f.
224 Vgl. ebd.
225 Ebd.
226 Ebd.

Rücken sowie schließlich mit einem in der Öffentlichkeit über die Maßen populären Spitzenkandidaten Ibrahim Böhme schritt die Ost-SPD scheinbar einem triumphalen Wahlsieg entgegen.[227] Die Machtfrage, die Gutzeit und Meckel ein gutes halbes Jahr zuvor mit wenig Aussicht auf Erfolg zu stellen gewagt hatten, harrte nun einer baldigen Antwort.

4 Die unerwartete Niederlage – Die Volkskammerwahlen am 18. März 1990

Die macht- und parteipolitische Situation am Vorabend der Volkskammerwahl war charakterisiert durch fünf konkurrierende Lager: die Ost-SPD, die christlich-konservative Allianz für Deutschland[228], das liberale Wahlbündnis Bund Freier Demokraten (BFD)[229], das sich aus der ehemaligen Blockpartei LDPD[230], der Deutschen Forumspartei[231], einer Rechtsabspaltung des Neuen Forum, sowie der neugegründeten F. D. P. der DDR[232] zusammensetzte, der postkommunistischen SED-Nachfolgepartei PDS[233] sowie die verschiedenen Organisationen der Bürgerbewegung, die gemeinsam das sogenannte Bündnis 90[234] bildeten. Die ehemaligen Blockparteien NDPD[235] und DBD[236] können hier, da sie marginale Wahlergebnisse erzielten und bald nach der Volkskammerwahl mit der LDPD bzw. der Ost-CDU fusionierten, wie auch die mannigfaltigen Splitter- und Kleinstparteien vernachlässigt werden. Die Allianz und die SPD hatten, wie ausgeführt, starke westliche Partner, die in unterschiedlicher Intensität den Wahlkampf ihrer Schützlinge unterstützten und prägten. Das Gleiche gilt für den BFD, dessen sich die bundesdeutsche F. D. P. angenommen hatte. Kom-

---

227 Dass die Ost-SPD das selbst und auch selbstbewusst so sah, erweist sich – wenn auch bescheiden formuliert – in folgender Passage des Wahlprogramms: »Wenn wir nach den Wahlen durch den Willen der Bürgerinnen und Bürger zur stärksten Partei im Parlament werden sollten, werden wir eine Regierung bilden, die einen breiten demokratischen Konsens sucht.« Ebd.
228 Vgl. dazu u. a.: Jäger, Überwindung, a. a. O., S. 228 ff., 268 ff., 276 ff.; Ute Schmidt, Transformation einer Volkspartei – Die CDU im Prozess der deutschen Vereinigung, in: Niedermayer, Stöss, Parteien, a. a. O., S. 37 ff.
229 Vgl. dazu u. a.: Thomas Pfau: Aspekte der Entwicklung liberaler Kräfte in der DDR von Herbst 1989 bis zum Herbst 1990, in: Niedermayer, Stöss, Parteien, a. a. O., S. 105 ff.
230 Vgl. dazu u. a.: Jäger, Überwindung, a. a. O., S. 232 ff.
231 Vgl. ebd., S. 286 ff.
232 Vgl. ebd., S. 289 ff.
233 Vgl. ebd., S. 197 ff., Suckut, Staritz, Heimat, a. a. O., S. 177 ff.
234 Vgl. dazu u. a.: Jäger, Überwindung, a. a. O., S. 228 ff.; Jan Wielgohs: Bündnis 90 – zwischen Selbstbehauptung und Anpassung, in: Niedermayer, Stöss, Parteien, a. a. O., S. 37 ff.
235 Vgl. dazu u. a.: Jäger, Überwindung, a. a. O., S. 246 ff.; Roland Höhne: Von der Wende zum Ende: Die NDPD während des Demokratisierungsprozesses, in: Niedermayer, Stöss, Parteien, a. a. O., S. 113 ff.
236 Vgl. Jäger, Überwindung, a. a. O., S. 241 ff.

plizierter gestalteten sich die Verhältnisse im Hinblick auf westliche Partner bei den ökologisch-alternativen Gruppierungen, die erst 1993 in der gesamtdeutschen Partei »Bündnis 90/Die Grünen« aufgehen sollten, da die West-Grünen zunächst lediglich die vom Bündnis 90 unabhängig agierende Grüne Partei unterstützten.

Die am stärksten nach Westen ausgerichteten Parteien und Bündnisse, die SPD, die Allianz und der BFD, bekannten sich klar zur Deutschen Einheit.[237] Freilich ist hier zu unterscheiden zwischen der recht vorsichtigen Position der SPD, die unter dem Slogan »Die Einheit gestalten« eher auf den Art. 146 GG zielte, und dem kompromisslosen und schnellstmöglichen Einheitskurs nach Art. 23 der Allianz. Diese feine Differenz sollte für den Wahlausgang noch eminent wichtig werden. Demgegenüber setzten Bündnis 90, die Grüne Partei und schließlich die PDS auf eine zumindest noch auf Zeit eigenständige DDR und auf die Bewahrung zentraler sozialer Errungenschaften des ostdeutschen Teilstaats in einem behutsamen und längerfristigen Einigungsprozess.[238]

Finanziell und strukturell gab es trotz der angelaufenen DDR-Parteienfinanzierung und der Westhilfe, die einige Parteien genossen, erhebliche Unterschiede unter den Kontrahenten. Die ehemalige Staatspartei sowie die Blockparteien verfügten nach wie vor über beträchtliche Vermögen und stattliche hauptamtliche Apparate.[239] Trotz der noch höchst bescheidenen Umfragewerte[240] Anfang Februar 1990 hatte die Allianz, und hier vor allem die Ost-CDU, aus dieser Perspektive die beste Ausgangsposition, konnte sie sich doch sowohl auf ihre umfangreiche personelle und logistische Infrastruktur als auch auf die uneingeschränkte Unterstützung des professionellen Wahlkampfmanagements ihrer westdeutschen Schwesterpartei stützen und verlassen.[241] Die neuen Parteien und die Gruppen der Bürgerbewegung waren mit ihrer vergleichsweise geringen Organisation und Mitgliederzahl strukturell massiv benachteiligt. Trotz der Unterstützung der West-SPD und dem Umfragehoch sah es bei genauerer Betrachtung bei der Ost-SPD – wie oben gezeigt – nicht sehr viel besser aus. Diesen logistischen Rückstand hatte offenbar auch Hans Modrow im Rahmen der Verhandlungen mit Böhme um Vorverlegung der Wahlen ins Spiel gebracht, war bei diesem jedoch auf Granit gestoßen.[242]

Die Ost-SPD begann den Wahlkampf sehr früh und setzte durchaus ehrenhaft auf einen eher sachlichen und moderaten Duktus. Erste eigene Planungen der SDP

---

237 So auch die Einschätzung einer internen Analyse der Volkskammerwahl der Ost-SPD: vgl. Uwe Hitschfeld: Über die Wahlen zur Volkskammer in der DDR am 18.03.90 – Analyse und Ausblick v. 28.03.1990 [unpag.], AdsD Sozialdemokratische Partei in der DDR – SDP/SPD-Parteivorstand 2/SDPA000073.
238 Vgl. ebd.
239 Vgl. ebd.; vgl. auch: Schmidt, Transformation, a. a. O.
240 Vgl. Jäger, Überwindung, a. a. O., S. 230.
241 Vgl. Uwe Hitschfeld: Über die Wahlen zur Volkskammer in der DDR am 18.03.90 – Analyse und Ausblick v. 28.03.1990 [unpag.], AdsD Sozialdemokratische Partei in der DDR – SDP/SPD-Parteivorstand 2/SDPA000073.
242 Vgl. Sturm, Uneinig, a. a. O., S. 295.

wurden schon Anfang Januar 1990 vorgelegt.²⁴³ Einige Aspekte dieses Urentwurfes fanden schließlich tatsächlich Eingang in die Kampagne der Ost-SPD, obwohl Hirschfeld als gelernter Journalist das Papier offenbar – wie seine Randbemerkungen zeigen – mit einiger Skepsis betrachtet hatte. Bald übernahmen westliche Werbefachleute, insbesondere die seit Langem der SPD verbundene Düsseldorfer RSCG Butter Rang GmbH, in Abstimmung mit dem Parteivorstand der Ost-SPD, das Wahlkampfzepter. Werner Butter merkte nach ersten Vorgesprächen mit dem Ostberliner Parteivorstand, dass er sich auf einen anderen Stil würde einstellen müssen. So schrieb er am 29. Januar 1990 an Hirschfeld:

»Bei meinem Besuch in Ost-Berlin ist mir klar geworden, daß auch wir als Agentur gezwungen sind zu improvisieren. Deswegen entwickeln wir alles alternativ, um schnellere Entscheidungen zu ermöglichen. [...] Ich glaube nicht, daß man ›drüben‹ etwas mit den bei uns üblichen flott-fröhlichen Sprüchen erreichen kann. Wir müssen ganz sicher ›politischer‹ argumentieren, wobei es wichtig ist, die Zukunftsziele der SPD deutlich zu machen. Wir haben bewußt eine plakative, direkte und verständliche Sprache gewählt, da wir unterstellen, daß die Kernzielgruppe der SPD im Arbeiter- und kleinbürgerlichen Milieu zu finden ist. Diese Zielgruppe ist nicht unbedingt identisch mit der hochpolitisierten Gruppe der Montagsdemonstranten.«²⁴⁴

Die Entwürfe und die Finanzierung der Basismaterialien des SPD-Wahlkampfes stammten im Wesentlichen aus der Bundesrepublik. Sie wurden umrankt von diversen lokalen und regionalen Produkten, die nicht immer mit dem einigermaßen braven Grundkonzept kompatibel waren. Mitunter stießen sich einzelne Bezirke an den in Düsseldorf ersonnenen relativ allgemeinen Slogans und ergänzten sie mit konkreteren Inhalten.²⁴⁵ Die Wahlkampfzeitung der SPD, das »Extrablatt«, stammte ebenfalls aus westlicher Feder, war von Hirschfeld und seinen Mitarbeitern konzipiert, in Bielefeld gedruckt sowie in drei Ausgaben und in großer Auflage im Volkskammerwahlkampf vertrieben worden.²⁴⁶ Insgesamt war jedoch der zunächst geplante Gesamtumfang der Wahlkampfhilfe aus der Bundesrepublik mit u. a. 250.000 Flugblättern und 125.000 Plakaten unterschiedlicher Motive und Größen für die gesamte DDR eher

---

243 Vgl. K. Wolfgang Schönau: Konzept zur Designkoordinierung (verbale und visuelle Konstanten) des Auftretens der Sozialdemokratischen Partei Deutschlands in der DDR v. 09.01.1990, AdsD SPD-Parteivorstand – Berliner Büro, Büro Gerhard Hirschfeld, 2/PVCN000156.
244 Butter an Hirschfeld v. 29.01.1990, AdsD SPD-Parteivorstand – Berliner Büro, Büro Gerhard Hirschfeld, 2/PVCN000156.
245 Vgl. Sturm, Uneinig, a. a. O., S. 305.
246 Vgl. hierzu: AdsD SPD-Parteivorstand – Berliner Büro, Büro Gerhard Hirschfeld, 2/PVCN000156 sowie AdsD, SPD-Parteivorstand – Büro Stellvertretender Bundesgeschäftsführer 2/PVDG000273.

bescheiden.[247] Hinzu kamen erhebliche finanzielle Defizite, wie Zöller am 12. Februar an Jahn berichtete:

»In der Sitzung des Bezirksparteirates von Leipzig am 10.02. ist darüber gesprochen worden, daß für den Wahlkampf praktisch kein Geld da sei. Es gibt zwar Plakate, Aufkleber usw. aus der BRD, und die Anmietung von Plakatflächen wird vom Landesverband [gemeint ist wohl der Parteivorstand in Berlin; P. G.] finanziert, aber für alles andere gebe es kein Geld. Fahrtkosten. Sachmieten usw. könnten also von der Partei nicht finanziert werden. Gesprächen mit Mitgliedern aus anderen Bezirken der SPD in der DDR und mit Leuten vom Westberliner LV [Landesvorstand; P. G.] entnehme ich, daß das anderswo ähnlich ist.«[248]

Das oben schon zitierte Lamento über die »Material-Schlammschlacht« der Allianz, die etwa Anfang März begann und der die SPD nur wenig entgegenzusetzen hatte, gewinnt Tiefenschärfe durch den entsetzten Bericht eines gemeinsamen Freundes von Butter und Hirschfeld von Anfang März:

»In einem Telefongespräch hat er mir gestern besorgt von einem Stimmungswechsel in der DDR berichtet, der vor allem auf Kosten der SPD geht. Mit einer großangelegten Angstkampagne werde die SPD mit der SED gleichgesetzt und als wirtschaftlich nicht kompetent dargestellt. Erschreckend sei hierbei der grenzenlos erscheinende Einsatz an Werbemitteln, dem die SPD auch nicht annähernd etwas entgegen halten kann. So habe er bei einer Fahrt durch Magdeburg gesehen, daß fast an jedem Haus und jeder Laterne und jedem Zaun Plakate der CDU hingen, aber keins von der SPD.«[249]

Die nun offensichtlich werdende materielle Unterlegenheit der SPD resultierte jedoch nicht nur aus knapp bemessenen Wahlkampfmitteln, sondern auch aus Verteilungsengpässen in der Fläche und nicht zuletzt mangelndem Wahlkampfpersonal vor Ort.[250]

---

247 Vgl. Aktennotiz SPD-Parteivorstand Abteilung I, Referat Produktion und Vertrieb für Erik Bettermann und Franz Borkenhagen v. 05.02.1990, AdsD SPD-Parteivorstand – Berliner Büro, Büro Gerhard Hirschfeld, 2/PVCN000156.
248 Vermerk Walter Zöller für Gerhard Jahn v. 12.02.1990, AdsD, SPD-Bundestagsfraktion 11. Wahlperiode, Berliner Büro (Walter Zöller), Ordner 21.407.
249 Butter an Hirschfeld v. 05.03.1990, AdsD SPD-Parteivorstand – Berliner Büro, Büro Gerhard Hirschfeld, 2/PVCN000156.
250 So schrieb etwa ein Landtagsabgeordneter aus Nordrhein-Westfalen an Hirschfeld und Finger: »Zwar ist uns zugesagt worden, daß die Flugblätter [...] in dem Umfeld weit gestreut werden. Wir haben aber inzwischen Zweifel, daß die Werbemittel optimal eingesetzt werden. Ich bitte Euch, über Eure jeweiligen Bezirke mitzuhelfen, daß die Wahlkampfmittel möglichst umgehend gestreut werden.« Johannes Gorlan MdL NRW an Berliner Büro v. 02.03.1990, AdsD SPD-Parteivorstand – Berliner Büro, Büro Gerhard Hirschfeld, 2/PVCN000156.

Kapitel III · Euphorie und Ernüchterung – Der Weg zur Volkskammerwahl

Abb. 17 Volkskammerwahl 1990 – Straßenwahlkampf der SPD in der DDR.

Dieser Umstand spiegelt sich in einer von Käte Woltemath nachträglich an Hans-Jochen Vogel gerichteten bitterlichen Beschwerde von Ende März 1990.[251] Es kam nun endgültig die haushohe logistische Überlegenheit der ehemaligen Blockpartei CDU zum Tragen, die die Christdemokraten in die Lage versetzte, die SPD mit einem polemischen Trommelfeuer zu überziehen, das die Sozialdemokraten fast hilflos erstarren ließ.[252] Das hatte nicht nur mit mangelnden Ressourcen zu tun, sondern auch damit, dass die Verantwortlichen der Ost-SPD nicht bereit waren, sich auf das von der Allianz vorgelegte Wahlkampfniveau[253] herabzulassen und ihren betont sachlichen und bisweilen auch betulichen Stil zu wahren suchten. Entsprechende Ermahnungen von But-

---

251 Vgl. Käte Woltemath an Hans-Jochen Vogel v. 31.03.1990, AdsD Depositum Hans-Jochen Vogel 1/HJVA101172.
252 Etwa die Flugschrift und die Broschüre zur Zwangsvereinigung oder das Flugblatt »40 Jahre Hetze sind genug«, die u. a. den Unterwanderungsgerüchten der Allianz entgegengesetzt wurden, waren zwar sachlich völlig richtig, in ihrer Weitschweifigkeit aber kaum dazu angetan, breite Wählerschichten zu erreichen. Vgl. AdsD, SPD-Parteivorstand – Büro Stellvertreter Bundesgeschäftsführer 2/PVDG000274 sowie AdsD Sozialdemokratische Partei in der DDR – SDP/SPD-Parteivorstand 2/SDPA000213.
253 Vgl. hierzu etwa: SPD-Parteivorstand, Bonn, Archiv – Dokumentation: Wahlkampf in der DDR: Unfair, schmutzig, faschistoid – Dokumentation, April 1990, AdsD SPD-Parteivorstand – Berliner Büro, Büro Gerhard Hirschfeld, 2/PVCN000156.

ter verhallten einigermaßen ungehört.[254] Intern wurde angesichts dieser Entwicklung auf höchster Ebene räsoniert, ob das Wahlkampfkonzept der SPD in der DDR nicht doch etwas »zahm« sei.[255] Friedhelm Farthmann bezeichnete die Kampagnenführung im Osten öffentlich als »durchweg deprimierend und lieblos«, was ihm prompt einen Rüffel von Vogel eintrug.[256] Die vom Präsidium der Ost-SPD am 8. März beschlossene massive Aufstockung der Wahlkampfmittel[257] sowie die von der NRW-SPD kurz vor Toresschluss noch zur Verfügung gestellten 125.000 Plakate und 1,5 Millionen Flugblätter konnten jedoch das Ruder auch nicht mehr herumreißen.[258] Die Gründe für das Straucheln der Ost-SPD in dieser Phase des Wahlkampfes hat Uwe Hitschfeld in seiner Analyse der Volkskammerwahl von Ende März 1990 sehr griffig zusammengefasst:

> »Die SPD als sich neu formierende Kraft in der DDR war trotz der Hilfen aus der Bundesrepublik strukturell und konzeptionell noch nicht kampagnenfähig. Sie zeigte sich nicht zu einer Forcierung des Wahlkampfes und einer Modifizierung ihrer zu Beginn erarbeiteten Generalthemen in der Lage. Die Kommunikationsbedingungen in der Partei sind ungenügend. Ein für die Führung einer Kampagne unerlässlicher Informationsvorsprung der Parteibasis gegenüber den zu erreichenden Wählergruppen war nicht vorhanden. Ein einheitliches Management und die Ausnutzung der Richtlinienkompetenz des Vorstandes fehlten. Die SPD begriff den Wahlkampf nicht als Form der offensiven Auseinandersetzung mit dem politischen Gegner, sondern als Möglichkeit der Selbstdarstellung.«[259]

Die West-SPD bot für die DDR-Kampagne, wie Veranstaltungslisten und Tagespläne zeigen, mit Brandt, Vogel, Rau, Schmidt, Lafontaine, Momper, Bahr, Schröder, Engholm, um nur einige zu nennen, fast ihre gesamte Politprominenz als Gastredner auf.[260] Zwar gerieten vor allem Brandts Auftritte nicht selten zu Triumphzügen, ande-

---

254 »[…] wenn man sieht, was die Konservativen drüben veranstalten, um die SPD zu diskreditieren, muß man sich ernsthaft fragen, ob es nun nicht langsam an der Zeit ist, dagegen anzugehen. Ich glaube, man müsste jetzt Plakate machen, die aggressiv den Gegner attackieren.« Butter an Hirschfeld v. 19.02.1990, AdsD SPD-Parteivorstand – Berliner Büro, Büro Gerhard Hirschfeld, 2/PVCN000156.
255 Vermerk über die Sitzung des Gemeinsamen Ausschusses der SPD und der SPD in der DDR am 11.03.1990 in Leipzig, AdsD, SPD-Parteivorstand – Büro Stellvertreter Bundesgeschäftsführer 2/PVDG000270.
256 Vgl. dpa Meldung v. 14.03.1990, AdsD Sammlung Personalia 3021 Friedhelm Farthmann; vgl. Frankfurter Rundschau v. 17.03.1990.
257 Vgl. Protokoll der Präsidiumssitzung am 08.03.1990, AdsD Sozialdemokratische Partei in der DDR – SDP/SPD-Parteivorstand 2/SDPA000061.
258 Vgl. dpa Meldung v. 14.03.1990, a. a. O.; vgl. auch Protokoll der Vorstandssitzung am 10.03.1990, AdsD Sozialdemokratische Partei in der DDR – SDP/SPD-Parteivorstand 2/SDPA000056.
259 Uwe Hitschfeld: Über die Wahlen zur Volkskammer in der DDR am 18.03.90 – Analyse und Ausblick v. 28.03.1990 [unpag.], AdsD Sozialdemokratische Partei in der DDR – SDP/SPD-Parteivorstand 2/SDPA000073.
260 Vgl. AdsD SPD-Parteivorstand – Berliner Büro, Büro Gerhard Hirschfeld, 2/PVCN000156.

Abb. 18 Volkskammerwahl 1990 – Wahlveranstaltung der SPD in der DDR in Erfurt am 3. März 1990.

re aber hatten bisweilen unter der Schwäche der SPD-Wahlkampforganisation zu leiden, wenn sie in bzw. auf spärlich gefüllten Hallen und Plätzen sprechen mussten.[261]

Der wenig kämpferische und manchmal sogar fast etwas gouvernementale Kampagnenstil der Ost-SPD mag nicht nur mit Fehlplanungen und strukturellen Defiziten, sondern auch mit der festen Erwartung eines klaren Sieges zusammenhängen. Diese basierte zunächst vor allem auf einer empirisch fragwürdigen Erhebung, die das Zentralinstitut für Jugendforschung in Zusammenarbeit mit dem Institut für Marktforschung Leipzig Ende November/Anfang Dezember 1989 unter den Leipziger Montagsdemonstranten und DDR-weit durchgeführt hatte.[262] Die Studie suggerierte für den Fall freier und geheimer Wahlen in der DDR mit nicht klar nachvollziehbaren Zahlen ein deutliches Übergewicht der SDP gegenüber allen anderen Parteien und Gruppierungen.[263] Die SDP hätte demnach 38 Prozent erhalten, das Neue Forum 17 Prozent, gefolgt von der CDU und der LDPD mit 12 bzw. 11 Prozent. Die

---

261 Vgl. Sturm, Uneinig, a. a. O., S. 298, 307 f.
262 Vgl. Hauptergebnisse der Meinungsumfrage unter Leipziger Demo-Teilnehmern am 4.12.1989, AdsD SPD-Parteivorstand – Berliner Büro, Büro Gerhard Hirschfeld, 2/PVCN000156.
263 Vgl. ebd., S. 17.

4 Die unerwartete Niederlage – Die Volkskammerwahlen am 18. März 1990

SED-PDS lag abgeschlagen bei 6 Prozent, von den übrigen Blockparteien gar nicht zu reden. Der SPD-Parteivorstand in Bonn scheint diesen Zahlen – mit guten Gründen – misstraut zu haben und gab bei dem renommierten Münchner Markt- und Meinungsforschungsinstitut Infratest eine weitere empirische Studie in Auftrag[264], die zwischen dem 19. Februar und dem 1. März 1990 mit einer Stichprobe von etwas über 1.000 Befragten erhoben wurde, aber aus einigermaßen unerfindlichen Gründen zu einem ähnlich potemkinschen Ergebnis kam.[265] Demnach rangierte die SPD mit 44 Prozent weit vor der Allianz mit insgesamt 26 Prozent und der PDS mit 10 Prozent.[266] Die Gruppen und Parteien der Bürgerbewegung kamen zusammen auf lediglich 5 Prozent. Das Institut wies freilich explizit darauf hin, dass insgesamt noch 55 Prozent des Wählerpotenzials unentschlossen seien und demnach der Endphase des Wahlkampfes eine eminente Bedeutung zukomme.[267] Die Zahlen, die parallel dazu das Bad Godesberger Institut für angewandte Sozialwissenschaft (infas) in einer Längsschnittstudie für die 5. bis 10. Woche des Jahres 1990, also den Zeitraum zwischen dem 1. Februar und 11. März, vorlegte, sollten sich als sehr viel realistischer erweisen[268]:

Tab. 3 Volkskammerwahl 1990 – Umfrageergebnisse Stichproben 5. bis 10. Kalenderwoche 1990

Kalenderwoche	5.	6.	7.	8.	9.	10.
Unentschlossen	43	45	43	52	29	25
SPD	38	36	36	24	27	19
Allianz	6	7	7	12	21	29
PDS	7	5	6	5	14	14
Liberale	1	2	2	2	2	5
Andere	5	5	6	5	7	8

Quelle: Politogramm, infas-Report, DDR 1990, S. 4 (vgl. unten Anm. 268).

---

264 Vgl. Walter Ruhland, Infratest Sozialforschung, an Hirschfeld v. 15.02.1990, AdsD SPD-Parteivorstand – Berliner Büro, Büro Gerhard Hirschfeld, 2/PVCN000156.
265 Vgl. Infratest Sozialforschung: DDR-Barometer v. März 1990, AdsD SPD-Parteivorstand – Berliner Büro, Büro Gerhard Hirschfeld, 2/PVCN000156. Die Münchner Sozialforscher waren sich der methodischen Schwierigkeiten der Studie durchaus bewusst und setzten besonders geschulte Feldinterviewer ein. Vgl. ebd., S. 2.
266 Vgl. ebd., S. 3.
267 Vgl. ebd., S. 4.
268 Vgl. Politogramm, infas-Report, DDR 1990, Wahl der Volkskammer der DDR am 18. März 1990, Analysen und Dokumente, Bonn-Bad Godesberg März 1990, S. 4; siehe auch: Uwe Hitschfeld: Über die Wahlen zur Volkskammer in der DDR am 18.03.90 – Analyse und Ausblick v. 28.03.1990 [unpag.], AdsD Sozialdemokratische Partei in der DDR – SDP/SPD-Parteivorstand 2/SDPA000073.

Unklar ist, warum diese Zahlen von der SPD erst nach der Volkskammerwahl rezipiert wurden.[269] Bei einer Quote von erheblich mehr als 40 Prozent unentschlossener Wähler begann die SPD Anfang Februar mit 38 Prozent Zustimmung mit leicht fallender Tendenz bis Mitte des Monats.[270] Die Allianz verharrte in diesem Zeitraum mit 6 bis 7 Prozent im tiefen Tal der Tränen. In der Woche vor dem Leipziger Parteitag ergaben sich jedoch dramatische Verschiebungen und die SPD stürzte auf nur noch 24 Prozent in der Wählergunst. Die meisten der verlorenen potenziellen Stimmen gingen über ins Lager der Unentschlossenen.[271] Die Allianz konnte davon zunächst nur in Maßen profitieren. Die Gründe für diese abrupten Erdrutschverluste der Sozialdemokraten sind zunächst nebulös. Butter hatte Hirschfeld am 19. Februar über den Beginn der Diffamierungskampagne der Allianz berichtet, mit der die SPD in die Nähe der PDS gerückt und eine Unterwanderung unterstellt wurde, auf die es zu reagieren gelte.[272] Es liegt nahe, diese Befunde unmittelbar in Zusammenhang zu bringen: Der aggressive Wahlkampf der Allianz trug seine ersten Früchte, ohne jedoch bislang wirklich signifikanten Zuwachs für das eigene Lager einzubringen. Aber ein Verunsicherungseffekt war erzielt. Die Klarstellungen des Parteitages der SPD stabilisierten deren Werte bzw. verbesserten sie geringfügig auf 27 Prozent.[273] Nicht nachvollziehbar ist, welche Aspekte von Leipzig zu diesem kurzfristigen Effekt führten, ob es die Wahl Böhmes zum Parteivorsitzenden und Spitzenkandidaten, der Unvereinbarkeitsbeschluss in Richtung SED-PDS oder die programmatischen Festlegungen waren. Im gleichen Zeitraum jedoch konnten die unmittelbaren Konkurrenten, die Allianz und die PDS, um jeweils 9 Prozentpunkte aus dem Lager der Unentschiedenen zulegen.[274] In der Woche darauf drehten sich die Verhältnisse zwischen Allianz und SPD komplett um: Das christlich-konservative Bündnis lag nun mit 29 Prozent um 10 Prozentpunkte vor der SPD, und die PDS stagnierte.[275] Die deutliche Feldüberlegenheit der Allianz im Wahlkampf und ihr höchst polemisches Agieren zahlten sich nun offenbar aus. Das Reservoir der unentschiedenen Wähler schrumpfte auf 25 Prozent. Zwischen dem 11. und 18. März gelang es der SPD lediglich knapp 3 Prozentpunkte von diesen für sich zu gewinnen, gut 2 Prozentpunkte gingen an die PDS sowie sage und schreibe rund 19 Prozentpunkte an die Allianz.[276]

---

269 Vgl. ebd.
270 Vgl. ebd.
271 Vgl. ebd.
272 Vgl. Schreiben v. Butter an Hirschfeld v. 19.02.1990, AdsD SPD-Parteivorstand – Berliner Büro, Büro Gerhard Hirschfeld, 2/PVCN000156.
273 Vgl. Uwe Hitschfeld: Über die Wahlen zur Volkskammer in der DDR am 18.03.90 – Analyse und Ausblick v. 28.03.1990 [unpag.], AdsD Sozialdemokratische Partei in der DDR – SDP/SPD-Parteivorstand 2/SDPA000073.
274 Vgl. ebd.
275 Vgl. ebd.
276 Vgl. die oben zitierten Zahlen für die 10. Woche 1990 und das amtliche Endergebnis der Volkskammerwahl. Wahlkommission der DDR: Wahlen zur Volkskammer der DDR am 18. März

4 Die unerwartete Niederlage – Die Volkskammerwahlen am 18. März 1990

Als am frühen Abend des 18. März die ersten Prognosen und Hochrechnungen über die Bildschirme flimmerten, wollte den Sozialdemokraten der Sekt auf der Wahlparty im Saalbau in Berlin-Friedrichshain nicht mehr so recht schmecken.[277] Die SPD landete mit enttäuschenden 21,8 Prozent weit abgeschlagen hinter der Allianz, die insgesamt 48 Prozent der Wähler hinter sich gebracht hatte. Einen unerwarteten Achtungserfolg erzielte die PDS mit immerhin 16,4 Prozent.[278] Ibrahim Böhme, der sich nach dem Besuch des Wahllokales noch in fröhlicher Zechrunde in seiner Stammkneipe am Prenzlauer Berg hatte ablichten lassen[279], reagierte, als er sich gegen 18.30 Uhr den Fernsehkameras stellte, gefasst, aber merklich wortkarg auf den Wahlausgang.[280] Andere gingen in die typische Falle für schlechte Verlierer und räsonierten über die Unerfahrenheit der Wähler in der DDR sowie den in ihren Augen unverdienten Sieg der »alten« Parteien.[281] Doch wo lagen, jenseits der schon geschilderten Wahlkampfschwächen, die tieferen Gründe für dieses Wahldebakel?

Zunächst ist anhand der von infas am Wahltag erhobenen Zahlen festzustellen, dass es der SPD-DDR in keinem Segment der Wählerschaft auch nur ansatzweise gelungen war, die Mehrheit zu gewinnen (☞ vgl. dazu Tab. 4 u. 5, S. 188). Darüber hinaus ist ein deutliches Nord-Süd-Gefälle in der Wählergunst festzustellen. In Berlin und Brandenburg lag die SPD durchweg über 30 Prozent, wohingegen sie sich in ihre einstigen Stammländern Thüringen und Sachsen mit mageren 17,6 Prozent bzw. 14,9 Prozent bescheiden musste.[282]

Nachdenklich musste die SPD vor allem stimmen, dass die eigentliche sozialdemokratische Kernwählerschaft, also vor allem die Arbeiter und kleinen Angestellten, mehrheitlich die Parteien der Allianz gewählt hatten. Gerade in den südlichen Bezirken der DDR wurde die Allianz – ähnlich wie die CSU in Bayern – zur eigentlichen Arbeiterpartei.[283] Dass die SPD bei der sogenannten Intelligenz und bei Rentnern überdurchschnittlich abschnitt, konnte nicht wirklich trösten.

Entscheidend für den Wahlausgang war, das ist oben schon herausgearbeitet worden, der Stimmungswandel Mitte Februar. Neben dem Faktor Allianz benannte infas drei politische Entwicklungen als Bausteine zur Erklärung dieses Umschwungs: die gleichermaßen institutionelle, programmatische und personelle »Läuterung« der SED,

---

1990 – Endgültiges Ergebnis, AdsD Sozialdemokratische Partei in der DDR – SDP/SPD-Parteivorstand 2/SDPA000214.
277 Vgl. Sturm, Uneinig, a. a. O., S. 311; siehe auch Einladungskarten zur SPD-Wahlparty, AdsD Sozialdemokratische Partei in der DDR – SDP/SPD-Parteivorstand 2/SDPA000213.
278 Vgl. Wahlkommission, Endergebnis, a. a. O.
279 Vgl. Foto v. 18.03.1990, abgedr. i.: Sturm, Uneinig, a. a. O., S. 312.
280 Vgl. DW-Monitordienst v. 19.03.1990, AdsD Sammlung Personalia 1281 Ibrahim Böhme.
281 Vgl. Sturm, Uneinig, a. a. O., S. 311.
282 Vgl. Politogramm, a. a. O., S. 22 ff.
283 Vgl. Uwe Hitschfeld: Über die Wahlen zur Volkskammer in der DDR am 18.03.90 – Analyse und Ausblick v. 28.03.1990 [unpag.], AdsD Sozialdemokratische Partei in der DDR – SDP/SPD-Parteivorstand 2/SDPA000073.

Kapitel III · Euphorie und Ernüchterung – Der Weg zur Volkskammerwahl

Tab. 4 Volkskammerwahl 1990 – Wählerstruktur nach Geschlecht und Alter[284]

	Allianz (in %)	SPD (in %)	PDS (in %)
Frauen	46	21	15
Männer	49	22	14
18–35 Jahre	46	20	16
36–60 Jahre	51	21	13
Über 60 Jahre	43	25	15

Quelle: Politogramm, infas-Report, DDR 1990, S. 38 (vgl. unten Anm. 284).

Tab. 5 Volkskammerwahl 1990 – Wählerstruktur nach Berufsgruppen[285]

	Allianz (in %)	SPD (in %)	PDS (in %)
Gewerbetreibende	66	14	4
Arbeiter	58	21	9
Landwirtschaftliche Berufe	50	18	9
Angestellte	47	20	17
Rentner	43	26	15
In Ausbildung	34	17	23
Intelligenz	32	23	24

Quelle: Politogramm, infas-Report, DDR 1990, S. 36 (vgl. unten Anm. 285).

die in der Umbenennung in PDS ihren Ausdruck fand und die mit ihren unbelasteten und persönlich glaubwürdigen Frontleuten Modrow und Gysi zur wählbaren Alternative zur SPD geworden war, der Misserfolg Modrows bei seinem Treffen mit Kohl, der finanzielle Hilfen nur einer demokratisch gewählten DDR-Regierung zubilligen wollte sowie die programmatische Weichenstellung der Ost-SPD in Richtung eines bedächtigen und sozial abgefederten Weges zur Einheit.[286] Mit dieser Position geriet die SPD laut infas nun zwischen die Fronten zwischen Allianz und PDS.[287] Zu einer ähnlichen Schlussfolgerung kam Hitschfeld in seiner Analyse der Volkskammerwahl. Die anspruchsvolle Frage »Einheit – wie?« der SPD wurde von der Frage »Einheit –

---

284 Vgl. ebd., S. 38.
285 Vgl. ebd., S. 36.
286 Vgl. Politogramm, a. a. O., S. 3 f.
287 Vgl. ebd., S. 4 f.

wann?« überlagert.[288] Es ist schon darauf hingewiesen worden, dass große Teile der DDR-Bevölkerung Einheit und Währungsunion zunehmend als Allheilmittel gegen die wirtschaftliche Misere begriffen; ein Trend, der durch die finanzielle Abfuhr, die Kohl Modrow erteilt hatte, wohl noch verstärkt wurde. Infratest hatte gemessen, dass in der zweiten Februarhälfte immerhin 38 Prozent der Wähler in der DDR für »eine sofortige Vereinigung ›ohne Wenn und Aber‹« waren.[289] Die eigentliche Bedeutung dieses Befundes wurde jedoch durch den Kontext der Auswertung verstellt, der scheinbar das Konzept der SPD stützte. Gemessen an der immer populäreren »Einheit sofort«-Propaganda der Allianz erschien so die differenzierte, wenn auch im Detail nicht immer ganz ausgegorene Position der SPD vielleicht als ehrenvolle, aber nichtsdestoweniger als eine zaudernde. Man könnte sogar noch weiter gehen und sagen, dass die SPD damit fast automatisch und gänzlich unwillentlich in Richtung der PDS rutschte, denn in der Zuspitzung des Wahlkampfes ist für solch feine Differenzierungen kein Platz. Wenig hilfreich waren wohl auch die Positionen Oskar Lafontaines und Gerhard Schröders, die – auch im Sinne ihrer eigenen zeitgleichen Wahlkämpfe – nicht müde wurden, die Probleme eines überhasteten Einheitsprozesses zu benennen.[290] Zwar behielt Lafontaine mit seinen Prophezeiungen in vielerlei Hinsicht Recht, das wollte jedoch in dieser Situation im Osten nur eine Minderheit hören. Sehr pointiert hat diesen gesamten Sachverhalt erneut Hitschfeld zusammengefasst:

> »Sie [die SPD] präsentierte sich nicht als Lokomotive des von Brandt beschriebenen Zuges, der zur Einheit rollt, eher als Bahnsteigaufsicht und Fahrkartenkontrolleur.«[291]

Insofern wählten die DDR-Bürger unter der Überschrift »Bewahrung von Ruhe und Ordnung« nicht die unfertige »nachdenklichere, basisdemokratisch orientierte freiheitliche neue SPD«, sondern lieber einerseits die Kräfte der moderaten Beharrung, die PDS, und andererseits mit fast absoluter Mehrheit »die Allianz, die den zügigsten Fahrplan in Richtung Einheit zu haben versprach.«[292]

---

288 Vgl. Uwe Hitschfeld: Über die Wahlen zur Volkskammer in der DDR am 18.03.90 – Analyse und Ausblick v. 28.03.1990 [unpag.], AdsD Sozialdemokratische Partei in der DDR – SDP/SPD-Parteivorstand 2/SDPA000073.
289 Vgl. Infratest, DDR-Barometer, a. a. O., S. 7.
290 Vgl. Sturm, Uneinig, a. a. O., S. 314 f.
291 Uwe Hitschfeld: Über die Wahlen zur Volkskammer in der DDR am 18.03.90 – Analyse und Ausblick v. 28.03.1990 [unpag.], AdsD Sozialdemokratische Partei in der DDR – SDP/SPD-Parteivorstand 2/SDPA000073.
292 Ebd.

Am 19. März 1990 traten Vorstand[293] und Präsidium[294] der Ost-SPD in Berlin zusammen, um das weitere Vorgehen nach der bitteren Wahlschlappe zu besprechen und die personellen Weichen für die Konstituierung der SPD-Volkskammerfraktion zu stellen. Am Ende einer längeren und auch kontroversen Diskussion im Vorstand stand der vorläufige Entschluss, in die Opposition zu gehen, zumal der designierte DDR-Ministerpräsident Lothar de Maizière die Sozialdemokraten nicht zur eigentlichen Regierungsbildung benötigte. In diesem Sinn verabschiedete das Gremium folgende Erklärung, die die tiefe Enttäuschung nicht einmal zu kaschieren versuchte und kommentarlos von Böhme auf einer kurzen Pressekonferenz[295] verlesen wurde:

»Wir interpretieren das Wahlergebnis so, daß die Parteien der Allianz von den Wählern den eindeutigen Auftrag zur Regierungsbildung erhalten haben. Dieses Wählervotum respektieren wir. Entgegen allen Spekulationen stellt der Parteivorstand der SPD fest: Die SPD sagt nach den Wahlen nichts anderes, als sie vorher gesagt hat. Für uns kommen Koalitionen unter Einschluß der PDS und der DSU nicht in Frage. Das gilt auch für unsere programmatischen Aussagen, die uns verpflichten, das soziale Gewissen der Einheit zu sein. Der Vorstand empfiehlt deshalb dem Parteirat und der Fraktion einstimmig, eine Beteiligung an einer von der Allianz geführten Regierung abzulehnen. Die demokratischen Spielregeln und die Verantwortung für unser Land gebieten es, trotz dieses eindeutigen Votums, mit allen am politischen Prozeß beteiligten Kräften Informationsgespräche zu führen.«[296]

Das Protokoll der Sitzung des Präsidiums vom selben Tag offenbart den strategischen Hintergrund dieser Entscheidung:

»Wir stehen zu unseren einmal gemachten Aussagen: keine Koalition mit der PDS, keine Koalition mit der DSU. In unserer Haltung sauber zu bleiben und das Gesicht zu wahren hat absolute Priorität. Unser Erscheinungsbild und unsere Berechenbarkeit vor den Wählern zu erhalten, ist unabdingbare Voraussetzung für die Profilierung unserer Partei in der Zukunft, besonders im Hinblick auf ein geeinigtes Deutschland. Für eventuelle Sondierungsgespräche sollten wir uns offen halten und flexibel sein, wobei hier Sachfragen Vorrang haben.«[297]

---

293 Vgl. Protokoll der Vorstandssitzung am 19.03.1990, AdsD Sozialdemokratische Partei in der DDR – SDP/SPD-Parteivorstand 2/SDPA000056.
294 Protokoll der Präsidiumssitzung am 19.03.1990, AdsD Sozialdemokratische Partei in der DDR – SDP/SPD-Parteivorstand 2/SDPA000061.
295 Vgl. AP-Meldung v. 19.03.1990, AdsD Sammlung Personalia 1281 Ibrahim Böhme.
296 Erklärung des SPD-Vorstandes, AdsD Sozialdemokratische Partei in der DDR – SDP/SPD-Parteivorstand 2/SDPA000056.
297 Protokoll der Präsidiumssitzung am 19.03.1990, AdsD Sozialdemokratische Partei in der DDR – SDP/SPD-Parteivorstand 2/SDPA000061.

Dieser letzte Satz lässt aufhorchen, hält er doch die Tür zu Gesprächen mit der Allianz weiter offen, als dies die Presseerklärung nahe legte. Als zentrale Aufgabe der Partei aus der Opposition heraus erachtete das Präsidium der Ost-SPD – angesichts der massiven kampagnentechnischen und nicht nur logistischen Unterlegenheit im Volkskammerwahlkampf – den Ausbau und die Festigung der Parteiorganisation.[298]

Der SPD-Parteivorstand (West) in Bonn empfand das Ergebnis der Volkskammerwahl gleichermaßen als »herbe Enttäuschung«, wie Hans-Jochen Vogel dies auf der Sitzung am 19. März in seinem Bericht formuliert.[299] Die Gründe dafür sah er einerseits in der Überlegenheit des Wahlkampfapparates und der »brutalen Wahlkampfführung« der Allianz sowie dem von der CDU erfolgreich hervorgerufenen Eindruck in der DDR-Bevölkerung, »Geld und Wohlstand seien nur dann schnell zu erlangen, wenn die Kräfte, die hier die Regierung tragen, Unterstützung finden.«[300] Andererseits aber konstatierte er auch, dass die Ost-SPD entsprechend der Verteilung der Wahlergebnisse in Stadt und Land noch erhebliche strukturelle Probleme habe und es ihr vor allem nicht gelungen sei, die Arbeitnehmerschaft für die Sozialdemokratie zu gewinnen, also »auf dem Sektor der Gewerkschaftsarbeit« Handlungsbedarf bestünde. Gleichzeitig wandte er sich gegen »öffentliche Kritik an unserer Schwesterpartei« und stellte – nicht zuletzt mit Blick auf die bald anstehenden Kommunalwahlen in der DDR – »zentrale Anstrengungen« in Aussicht, »um eine organisatorische Hilfestellung zu leisten.«[301] Dieser Analyse schloss sich der ebenfalls anwesende Willy Brandt im Wesentlichen an. Er nuancierte freilich manches ein wenig anders, etwa wenn er der Wahlkampfunterstützung der West-SPD hervorragende Improvisationskunst attestierte und in den »Hilfsaktivitäten der Basis« zwar hohes Engagement, jedoch keine dahinterstehende Strategie zu erkennen vermochte.[302] Bemerkenswert ist indes, welche klaren strategischen Folgerungen Brandt aus der unerwarteten Stärke der PDS zog:

> »Das Wahlergebnis habe einen heiklen Punkt hervorgebracht, denn in einigen Städten hätten SPD und PDS die Mehrheit. Diese arithmetische Konstellation ist keine politische. Die SPD könne nach den Kommunalwahlen nicht mit den Kommunisten zusammengehen, ein anderes Verhalten würde sonst erhebliche negative Rückwirkungen auch hier haben. [...] Willy Brandt warnte noch mal eindringlich vor einem Hineinstolpern in eine Zusammenarbeit von PDS und SPD. Er sprach

---

298 Vgl. ebd.
299 Vgl. Protokoll über die Sitzung des SPD-Parteivorstandes am 19.03.1990, AdsD SPD-Parteivorstand – Vorstandssekretariat; auszugsweise abgedr. i.: Ilse Fischer (Hg.): Die Einheit sozial gestalten. Dokumente aus den Akten der SPD-Führung 1989/90, Bonn 2009, S. 265 ff., hier S. 270 f.
300 Ebd.
301 Ebd.
302 Vgl. ebd.

sich für weitreichende Abkommen mit der CDU bei der Wahl der Oberbürgermeister aus.«[303]

Die anschließende Diskussion bekräftigte in weiten Teilen diese zentralen Wegmarken für das weitere Vorgehen. Lediglich Walter Momper brachte ein wenig Schärfe in die Diskussion, als er indirekt Vogels eher weiche und unterstützende Linie bezüglich der Einflussnahme auf die östliche Schwesterpartei kritisierte:

»Walter Momper warnte davor, die SPD in der DDR jetzt in ein Loch fallen zu lassen. Gerade unter dem Aspekt der bevorstehenden gesamtdeutschen Wahlen müsse durch uns dazu beigetragen werden, die Organisation aufzubauen und die Funktionäre zu qualifizieren. Die Vornehmheit im Umgang mit der Führung der SPD in der DDR sei nicht weiter zu praktizieren. Mit den Pastoren müsse deutlich geredet werden. […] Die Stärke der PDS sei ein großes Problem. Es sei durchaus denkbar, daß sich aus dieser Partei eine neue grün-alternative Linkspartei entwickle.«[304]

Gerade bezüglich der Haltung zur PDS brachten Norbert Gansel und Hans Eichel – bei aller Abgrenzung – einen beachtenswerten, wenn auch nicht neuen, Gesichtspunkt ins Spiel. Zur Schmälerung des Einflusses der PDS plädierten sie für eine Öffnung der Ost-SPD für ehemalige SED-Mitglieder, um reformorientierten Kommunalpolitikern mit realsozialistischem Hintergrund wie etwa Wolfgang Berghofer den Weg in die Sozialdemokratie zu erleichtern.[305] Die Momentaufnahmen dieser Sitzungen belegen zwischen den Zeilen oder auch offen die tiefe Verunsicherung und die Ratlosigkeit der SPD-Spitzen in Ost und West – sowie die leise Ahnung, in welche prekäre machtpolitische Zwickmühle die SPD zwischen dem bürgerlichen Lager auf der einen und der fatal stabilisierten PDS geraten war. Bei aller Vorsicht Vogels und dem ehrenhaften Respekt, den er der Entscheidung der Führung der SPD in der DDR für den Gang in die Opposition zollte, ist seine Präferenz für eine pragmatische Annäherung an die Parteien der Allianz und den designierten DDR-Ministerpräsidenten Lothar de Maizière deutlich zu spüren. Sowohl Brandts Beitrag als auch andere Wortmeldungen in der Diskussion bestärkten diese Tendenz und zielten implizit auf den eigentlich ungeliebten Kompromiss mit dem bürgerlichen Lager, um der – vor allem für die politische Stimmung im Westen – höchst gefährlichen Opposition an der Seite der PDS zu entgehen.

---

303 Ebd., S. 271 f.
304 Ebd., S. 275.
305 Vgl. ebd. S. 276.

5 Der Fall Manfred »Ibrahim« Böhme

In Ostberlin war währenddessen der unterlegene Spitzenkandidat der SPD, Manfred »Ibrahim« Böhme, vom Vorstand »mit großer Mehrheit als künftiger Fraktionsvorsitzender vorgeschlagen« worden.[306] Diese, wie sich bald zeigen sollte, wenig tragfähige Personalentscheidung wurde am 21. März 1990 auf der konstituierenden Sitzung der Volkskammerfraktion mit 76 von 82 abgegebenen Stimmen bei fünf Enthaltungen und einer Gegenstimme bestätigt.[307] Über Böhmes Spitzeltätigkeit für das MfS waren indes bereits seit dem Parteitag in Leipzig Ende Februar 1990 Gerüchte im Umlauf, die sich zum Teil aus Hinweisen von Journalisten sowie Warnungen aus dem MfS-Umfeld selbst speisten. Sie waren dem Führungszirkel der Ost-SPD bekannt, aber zu diesem Zeitpunkt nicht klar verifizierbar.[308] Zudem konnte so kurz vor der Volkskammerwahl niemandem an der Demontage des eigenen Spitzenkandidaten – noch dazu auf der Basis unklarer Hinweise und Gerüchte – gelegen sein. Böhme, der brieflich von einem alten Freund vor drohenden Angriffen gewarnt und wiederholt parteiintern zur Rede gestellt worden war, zuletzt am 17. März 1990 von Gottfried Timm, stritt alle Vorwürfe beharrlich ab.[309] Insgeheim muss er jedoch angesichts der drohenden Veröffentlichung des Artikels über seine Stasiverstrickung in der Spiegel-Ausgabe vom 26. März 1990[310] gespürt haben, dass sich die Schlinge langsam zusammenzog. Das Hamburger Nachrichtenmagazin hatte ihm am 22. März die Möglichkeit gegeben, zu den Vorwürfen Stellung zu beziehen. Das Gespräch, zu dem er in Begleitung von Gerhard Hirschfeld und Dankwart Brinksmeier erschien und das ihn mit den Aussagen seines langjährigen Führungsoffiziers aus Neustrelitz konfrontierte, ließ ihn äußerlich zunächst ungerührt.[311] Es scheinen sich jedoch erste Risse in seinem lange gepflegten Verschleierungskonstrukt gebildet zu haben, denn am nächsten Tag erklärte er in einem handschriftlichen Brief an die Volkskammerfraktion und den Vorstand, dass er sich genötigt sehe, ab sofort einen nicht genauer befristeten Urlaub anzutreten.[312] Bereits am Vortag hatte er sich bei der Fraktionssit-

---

306 Protokoll der Vorstandssitzung am 19.03.1990, AdsD Sozialdemokratische Partei in der DDR – SDP/SPD-Parteivorstand 2/SDPA000056. Unbelegt bleibt einmal mehr die Behauptung Sturms, dass Böhmes innerparteiliche Rivalen Meckel, Hilsberg und Gutzeit ihm als Spitzenkandidaten die Hauptschuld für den lauen Wahlkampf gegeben hätten. Vgl. Sturm, Uneinig, a. a. O., S. 312 f.
307 Protokoll der Fraktionssitzung am 21./.22.03.1990, AdsD SPD-Fraktion in der Volkskammer der DDR 2/VKFA000013.
308 Vgl. Baumann, Böhme, a. a. O., S. 158 ff.; siehe auch: Sturm, Uneinig, a. a. O., S. 319 ff.
309 Vgl. Baumann, Böhme, a. a. O., S. 158 ff.
310 Vgl. Der Spiegel, Jg. 44 (1990), H. 13 v. 26.03.1990, siehe auch: http://www.spiegel.de/spiegel/print/d-13499332.html (Stand Mai 2010).
311 Vgl. ebd.
312 Böhme an die SPD-Fraktion und den Vorstand der SPD v. 23.03.1990, AdsD SPD-Fraktion in der Volkskammer der DDR 2/VKFA000014.

zung mittags wegen einer eitrigen Mittelohrentzündung abgemeldet.[313] Diese führte er in seinem Schreiben zunächst erneut an, um sogleich auf den eigentlichen Grund, die Stasiverdächtigung des Hamburger Nachrichtenmagazins, zu kommen. Das sei »Verleumdung« und zudem »ehrenrührig«. Dem befürchteten »Kesseltreiben« könne er sich in Berlin weder »entziehen« noch »widerstehen«, und er erklärte, dass er sich aus diesem Grund bis auf Weiteres »an unbekanntem und von mir nicht benannten Ort aufhalten« werde. Als zeitweilige Vertreter in Vorstand und Präsidium sowie der Volkskammerfraktion bat er, Karl-August Kamilli und Richard Schröder zu benennen.[314] Am 23. März meldete sich Böhme noch einmal kurz aus Westberlin, wo er Gerhard Hirschfeld kontaktiert hatte, bei Richard Schröder. Hirschfeld beförderte ihn am darauf folgenden Tag weiter in sein Domizil in Rheinbach bei Bonn, wo er ihm für einige Tage Unterschlupf gewährte.[315] In Bonn fand noch am selben Tag ein Gespräch unter Beteiligung von Hans-Jochen Vogel, Richard Schröder, Karl-August Kamilli und Ibrahim Böhme statt, das u. a. den drohenden Spiegel-Artikel thematisierte und bei dem die möglichen Reaktionsoptionen identifiziert und festgelegt wurden:

»Zur Frage von diskriminierenden Presseberichten gegen Politiker herrscht Übereinstimmung darüber, daß jedenfalls ein eindeutiges Verfahren gewählt werden muß. Je nach Sachlage kommt in Frage:
– der Rücktritt;
– Ämter ruhen lassen bis zur endgültigen Klärung;
– die sofortige Vertrauenserklärung.
Die schlechteste Lösung für die Glaubwürdigkeit der Partei ist jedenfalls die Vertrauenserklärung, die nachträglich widerrufen wird.«[316]

Ohne Kenntnis der genauen Sachlage und ohne weiteren Kontakt zu ihrem untergetauchten bzw. einstweilen aus dem Verkehr gezogenen Vorsitzenden reagierte der

---

313 Bericht von Richard Schröder an die SPD-Fraktion v. 06.04.1990 »Liebe Freunde in der SPD«, AdsD Sozialdemokratische Partei in der DDR – SDP/SPD-Parteivorstand 2/SDPA000056.
314 Böhme an die SPD-Fraktion und den Vorstand der SPD v. 23.03.1990, AdsD SPD-Fraktion in der Volkskammer der DDR 2/VKFA000014. Kamilli lehnte die kommissarische Übernahme der Geschäfte des Vorsitzenden ab, »da er in die Aufgabe nicht eingeweiht ist und keine Übergabe stattgefunden hat.« Protokoll der Präsidiumssitzung am 26.03.1990, AdsD Sozialdemokratische Partei in der DDR – SDP/SPD-Parteivorstand 2/SDPA000061. Dieser Schritt hatte freilich auch mit seiner ablehnenden Haltung zum Eintritt der SPD in die Regierungskoalition und den diesbezüglich am 25.03.1990 beschlossenen Weichenstellungen zu tun. Vgl. Protokoll über die gemeinsame Sitzung der Präsidien der SPD in der Bundesrepublik und der DDR und der Geschäftsführenden Vorstände der SPD-Bundestagsfraktion und der SPD-Volkskammerfraktion v. 22.04.1990, abgedr. i.: Fischer, Einheit, a. a. O., S. 290 ff., hier S. 293.
315 Vgl. Sturm, Uneinig, a. a. O., S. 321.
316 Ergebnisse der Unterredung zwischen Ibrahim Böhme, Karl-August Kamilli, Richard Schröder und Jochen Vogel, 24.03.1990, Gesprächsnotiz v. Richard Schröder v. 25.03.1990, AdsD Depositum Wolfgang Thierse 1/WTAA000257.

Vorstand der Ost-SPD auf die Veröffentlichungen des Spiegel am 26. März entsprechend der dritten Variante mit einem offensiven Dementi:

> »Anonyme und durch nichts belegte Anschuldigungen von Stasi-Mitarbeitern sind nicht geeignet, die Glaubwürdigkeit und Ernsthaftigkeit von Ibrahim Böhme zu erschüttern. Das Vertrauensverhältnis zwischen Vorstand und Ibrahim Böhme wird dadurch nicht berührt.
> Diese Methoden, Menschen in Misskredit zu bringen, legen den Verdacht nahe, dass das erste frei gewählte Parlament ins Zwielicht gerückt, Unsicherheit in die Bevölkerung getragen und damit das Land destabilisiert werden soll.«[317]

Gleichzeitig hält das Protokoll der Vorstandssitzung vom 26. März Folgendes fest:

> »– Die Partei muß handlungsfähig bleiben, Entscheidungen können von Personen nicht einseitig getroffen werden, daher lehnt der Vorstand die Beurlaubung ab und wird Ibrahim Böhme bitten, von seinem Wunsch um Beurlaubung vom Parteivorstand Abstand zu nehmen.
> – Da es im Vorstand kritische Haltungen zu seinem Leitungsstil gibt, wurde beschlossen eine Gruppe zu bestimmen, die ein Gespräch mit Ibrahim Böhme führt, um ihn über die Ablehnung der Beurlaubung durch den Vorstand zu informieren und Verfahrensweisen bei Entscheidungsprozessen mit ihm zu klären.«

Die Volkskammerfraktion sprach Böhme in einer Fraktionssitzung am 27. März »bei zwölf Gegenstimmen und 5 Enthaltungen« ebenfalls ihr Vertrauen aus und schloss sich der Presseerklärung des Vorstandes an.[318]

Ohne seine Parteifreunde vorab zu informieren, erschien Böhme am 30. März in der Berliner Normannenstraße zur Einsichtnahme in die fraglichen Akten des MfS. Anwesend waren neben Böhme und seinen Anwälten, Gerhard Hirschfeld sowie Vertreter der Regierung und des Runden Tisches.[319] Die Überprüfung der einschlägigen Karteien brachte zunächst kein Ergebnis. Eine im Laufe der weiteren Untersuchungen aufgetauchte Karteikarte und die Akten des im Kontext seiner Inhaftierung 1978 eingeleiteten Ermittlungsverfahrens belasteten Böhme freilich schwer. Unsicher war allerdings einstweilen, ob die inkriminierenden Informationen authentisch oder gefälscht waren.[320] Karl-August Kamilli vermerkte in seinem Protokoll- und Notiz-

---

317 Mitteilung für die Presse v. 26.03.1990, AdsD Sozialdemokratische Partei in der DDR – SDP/SPD-Parteivorstand 2/SDPA000272.
318 Vgl. Protokoll der Fraktionssitzung am 27.03.1990, AdsD SPD-Fraktion in der Volkskammer der DDR 2/VKFA000014.
319 Vgl. Lahann, Genosse, a. a. O., S. 233.
320 Vgl. Baumann, Böhme, a. a. O., S. 162 ff.; siehe auch: Sturm, Uneinig, a. a. O., S. 321 f.

buch über die Akteneinsicht Böhmes in einer Mischung aus trockener Feststellung und Ungläubigkeit:

»Nach 3 Katalogdurchgängen erklärte MfS-Beamter, Ibrahim wäre nie informeller Mitarbeiter gewesen. Jedoch Hinweis auf weitere Akten ➡ Anforderung erbrachte die Akten.
Hierin handschriftliche Beurteilungen Dritter sowie maschinenschriftl.[iche] Darstellungen
➡ sofern Material echt, sind Beweise erdrückend.
➡ Problem: Behauptung Ibrahim: 15 Mon.[ate] Haft/l[au]t. Akten: 3 Monate Haft belegt: 3 Monate ➡ weiteres Indiz für Echtheit d.[er] Akten
Ibrahim: keine inhalt.[liche] Stellungnahme.«[321]

Auch alle anderen Beteiligten erkannten offenbar instinktiv und unmittelbar, dass hier Ungeheuerliches aufgedeckt worden war; dies legen zumindest die retrospektiven Erinnerungen einiger Zeugen nahe.[322] Hirschfeld jedenfalls hatte sofort den Ernst der Lage und die daraus für die SPD in Ost und West erwachsenden Probleme erfasst und begann wohl schon am Abend desselben Tages, mit Böhme die möglichen Konsequenzen zu diskutieren.[323] In der Nacht erlitt dieser angesichts des unaufhaltsam heraufziehenden Debakels einen Nervenzusammenbruch, verwüstete sein Charlottenburger Hotelzimmer und wurde in den frühen Morgenstunden des 31. März verletzt und unter Schock ins Krankenhaus eingeliefert.[324] Dort überredete Hirschfeld Böhme, nachdem sich dieser einigermaßen erholt hatte, zum Rücktritt. Er beteiligte sich darüber hinaus maßgeblich an der Formulierung des entsprechenden Schreibens und informierte Meckel und Schröder kurz über den Sachstand.[325] Am Vormittag des 1. April gelang es Meckel, Böhme im Krankenhaus telefonisch zu erreichen. Als er ihn jedoch am Nachmittag besuchen wollte, war dieser bereits ohne Nachricht verschwunden.[326] Eine alte Freundin, die mittlerweile in Baden-Württemberg lebte, hatte ihn abgeholt und den während der Fahrt in paranoiden Fantasien umherdriftenden

---

321 Protokoll- und Notizbuch, o. D., o. Verf. [vermutlich Karl-August Kamilli], AdsD Sozialdemokratische Partei in der DDR – SDP/SPD-Parteivorstand 2/SDPA000068. Diese Aufzeichnungen beziehen sich mit ziemlicher Sicherheit auf Richard Schröders Bericht zur Sachlage in der Sitzung der Volkskammerfraktion am 09.04.1990.
322 Vgl. Baumann, Böhme, a. a. O., S. 163 f.
323 Vgl. Sturm, Uneinig, a. a. O., S. 321 f.
324 Vgl. Bericht von Richard Schröder an die SPD-Fraktion v. 06.04.1990 »Liebe Freunde in der SPD«, AdsD Sozialdemokratische Partei in der DDR – SDP/SPD-Parteivorstand 2/SDPA000056; Lahann, Genosse, a. a. O., S. 235 f. Siehe auch Sturm, Uneinig, a. a. O., S. 322. Leider geht Sturm mit der Chronologie und den Details der Ereignisse abermals recht liberal um.
325 Vgl. Bericht von Richard Schröder an die SPD-Fraktion v. 06.04.1990 »Liebe Freunde in der SPD«, AdsD Sozialdemokratische Partei in der DDR – SDP/SPD-Parteivorstand 2/SDPA000056.
326 Vgl. ebd.

Böhme in die Nähe von Tübingen gebracht.[327] Nachdem er sich dort einige Tage aufgehalten hatte, lud ihn Hirschfeld in sein Ferienhaus in der Toskana ein. Dort verbrachte Böhme etwa eine Woche, bevor er am 18. April wieder in Berlin auftauchte und sich in der Volkskammer zurückmeldete.[328]

Der Brief vom 1. April 1990, in dem Böhme dem Ratschlag Hirschfelds folgend seine Parteiämter und den Fraktionsvorsitz niederlegte und den er kurz vor seiner Abreise nach Tübingen ins Reine geschrieben hatte, wurde der Berliner SPD-Führung am selben Tag zugestellt.[329] Böhme begründete seinen Rücktritt mit den »Belastungen«, die die Anschuldigungen für die »Arbeit der Fraktion und des Partei-Vorstandes« bedeuten würden. Gleichzeitig bemühte er sich – gleichsam als letzte Verteidigungslinie –, die gesamte Affäre als gezielt gegen ihn gerichtetes Komplott des MfS darzustellen:

»Die darin [in den Akten des MfS; P. G.] aufgefundenen Aufzeichnungen und Behauptungen des MfS sind so umfangreich und kompliziert, daß es ebenfalls umfangreicher, zum Teil kriminaltechnischer Arbeit bedarf, sie zu widerlegen. Diese Vorwürfe und Behauptungen belasten aber nicht nur mich als Person, sondern auch unsere noch junge Demokratie. Das ist gewiß auch die Absicht dieses Dossiers.«[330]

Am 2. April befasste sich der Vorstand der Ost-SPD mit Böhmes Demission, nahm diese, wie es scheint, fast geschäftsmäßig entgegen und wählte Meckel mit einer relativen Mehrheit von neun Stimmen bei sechs Gegenstimmen und fünf Enthaltungen zum kommissarischen Vorsitzenden.[331] Das schwache und eigentlich irreguläre erste Wahlergebnis sowie der Umstand, dass er einen zweiten Wahlgang in der Vorstandssitzung vom 8. April benötigte, um die denkbar knappe Mehrheit von einer Stimme zu erreichen[332], zeigen nicht nur den dürftigen Rückhalt, den Meckel im Vorstand genoss, sondern offenbaren auch das ganze Ausmaß des Führungsvakuums, das durch den »Fall Böhme« in der Ost-SPD entstanden war.

Doch wer war dieser Mann, der sich mit mannigfaltigen Legenden ausgestattet seit Ende der 1960er-Jahre im oppositionellen Milieu der DDR bewegt hatte, der durch seine Beredsamkeit, seine Bildungsbeflissenheit und scheinbare Verbindlichkeit viele

---

327 Vgl. Lahann, Genosse, a. a. O., S. 236 ff.
328 Vgl. ebd.; Baumann, Böhme, a. a. O., S. 166.
329 Vgl. Böhme an den SPD-Vorstand und die SPD-Fraktion in der Volkskammer der DDR v. 01.04.1990, AdsD Sozialdemokratische Partei in der DDR – SDP/SPD-Parteivorstand 2/SDPA000056.
330 Ebd.
331 Vgl. Protokoll der Vorstandssitzung am 02.04.1990, AdsD Sozialdemokratische Partei in der DDR – SDP/SPD-Parteivorstand 2/SDPA000056; vgl. auch Mitteilung für die Presse v. 02.04.1990, AdsD Sozialdemokratische Partei in der DDR – SDP/SPD-Parteivorstand 2/SDPA000272.
332 Vgl. Protokoll der Vorstandssitzung am 08.04.1990, AdsD Sozialdemokratische Partei in der DDR – SDP/SPD-Parteivorstand 2/SDPA000056.

zu beeindrucken wusste, der im Herbst und Winter 1989 zur zentralen Figur und zum Medienstar der SDP/SPD avancierte und doch vielfachen Verrat an seinen vorgeblichen Freunden beging und damit nicht zuletzt die neugegründete Sozialdemokratie in der DDR in die tiefste Krise ihrer noch jungen Geschichte stürzte?

***

Manfred Böhme[333] wurde am 18. November 1944 in Bad Dürrenberg in Sachsen-Anhalt als fünftes Kind des Ehepaares Kurt und Anna Maria Böhme (geb. Tuma) geboren. Der Vater war Maurer von Beruf und arbeitete seit 1936 bei den Leuna-Werken. Ab 1922 war er in der kommunistischen Bewegung organisiert, zunächst im Kommunistischen Jugendverband, dann bis 1933 in der KPD und nach 1945 wieder in der KPD bzw. SED. Bemerkenswert ist in diesem Zusammenhang, dass Kurt Böhme ab Dezember 1949 als IM »Anni« für das MfS und seine Vorläufer gearbeitet hat. Nach dem Tod der Mutter 1947 lebte Böhme bis zu seiner Einschulung 1951 in mehreren Pflegefamilien und Kinderheimen. Zu diesem Zeitpunkt kehrte er offenbar wieder in den Haushalt seines Vaters und dessen neuer Lebensgefährtin zurück und besuchte die Karl-Liebknecht-Oberschule in Bad Dürrenberg. Dort bewies er nicht nur schauspielerisches Talent in der Laienspielgruppe und dem Filmaktiv, sondern avancierte zum FDJ-Sekretär der Schule. Seine Schullaufbahn schloss Böhme 1961 mit der Note »sehr gut« ab und begann – gleichsam in den Fußstapfen seines Vaters – eine Maurerlehre bei den Leuna-Werken, die bis 1963 währte. Darüber hinaus besuchte er dazu an der Betriebsabendschule den Abiturlehrgang.[334] Abgeschlossen hat er diesen jedoch offenbar nicht, denn einem späteren Antrag zum Fernstudium an der Fachschule für Bibliothekare »Erich Weinert« Leipzig vom Februar 1967 liegt kein entsprechendes Zeugnis bei.[335] Im Laufe des Jahres 1962 hatte Böhme sein Elternhaus verlassen, war in das Lehrlingswohnheim der Leuna-Werke gezogen und

---

333 Der folgende biografische Abriss stützt sich v. a. auf die verdienstvollen und oben schon genannten biografischen Arbeiten von Christiane Baumann und Birgit Lahann. Der Nachlass von Manfred »Ibrahim« Böhme wird im Robert-Havemann-Archiv (RHA) in Berlin verwahrt.
334 Zur Kindheit, Jugend und Schullaufbahn vgl. Baumann, Böhme, a. a. O., S. 13-19; zu den Legenden, die Böhme um seine Kindheit und Jugend gesponnen hat vgl. Lahann, Genosse, a. a. O., S. 23 ff.
335 Vgl. Aufnahmeantrag für Studienbewerber v. 20.02.1967, Studentenakte Manfred Böhme, Archiv der Hochschule für Technik, Wirtschaft und Kultur Leipzig HAL-270/StA 860F. Böhme wurde auf der Basis seines sehr guten POS-Abschlusses und seines Facharbeiterbriefs zum Studium zugelassen. Nachdem der erfolgreiche Abschluss des Fernstudiums gleichzeitig eine Hochschulzugangsberechtigung für geistes- und gesellschaftliche Fächer bedeutete, besaß er ab 1972 faktisch das Abitur. Vgl. Abschlusszeugnisse v. 31.07.1971 und 19.07.1972, ebd. Böhme hat später um diesen wahren Kern eine für ihn und den Umgang mit seiner Biografie typische kleine »Heldengeschichte« gezimmerte, nämlich die Absolvierung des Abiturs parallel zu seiner Maurerlehre an der Betriebsabendschule der Leuna-Werke.

der SED beigetreten.[336] Im darauffolgenden Jahr trug ihm eine einigermaßen seltsame Affäre, bei der ihm vorgeworfen wurde, er habe »Lose der FDJ vernichtet [...], im LWH [Lehrlingswohnheim; P. G.] Diebstähle begangen [...], u. a. im eigenen Spind zur Täuschung und zusätzlich an seinem Spind Zettel mit parteifeindlichem Inhalt angeheftet«[337], seine erste Parteistrafe ein. Die Tatsache, dass Böhme die Anbringung der besagten Zettel selbst bei der Leitung des Wohnheims angezeigt hat, offenbart schon zu diesem frühen Zeitpunkt ein merkwürdig doppelgesichtiges Geltungsbewusstsein. Gleichwohl blieben die Sanktionen glimpflich. Vermutlich »zur Bewährung«[338] absolvierte Böhme ein Praktikum als Erzieher im Heim für milieugeschädigte Kinder in Leipzig. Diese Aufgabe scheint seinen Neigungen sehr entgegengekommen zu sein, denn in den Jahren 1964 und 1965 kehrte er in selbiger Funktion und zeitweilig sogar als Aushilfslehrer für Russisch in das Lehrlingswohnheim zurück.[339] In der SED fand der eifrige, aber eigentümliche Genosse Böhme in den 1960er-Jahren offenbar eine Art Ersatzfamilie. Dies kommt in einem Vernehmungsprotokoll des MfS aus dem Jahr 1978 zum Ausdruck, in dem er feststellte:

> »Während die SED für mich, wie ich heute bekennen muß, von meinem 16. bis zu meinem 20. Lebensjahr eine Art auch persönlicher Geborgenheit ermöglichte, verstand ich sie erst im Zeitraum von 1964 bis 1967 als einen Kampfbund Gleichgesinnter.«[340]

Bei aller quellenkritischen Vorsicht, die hierbei geboten ist, weist diese Aussage gleichwohl recht eindeutig darauf hin, dass Böhme sich mit seiner aktiven Parteimitgliedschaft einerseits eine persönliche wie ideologisch-intellektuelle Integration verschaffte, die ihm seine bewegte Familiengeschichte nicht oder nur kaum bieten konnte. Andererseits aber – und das ist wohl auch typisch – verhieß ihm die SED durchaus konkrete Bildungs-, Berufs- und Aufstiegsperspektiven. Und doch geriet er bald erneut in Konflikt mit der Partei. Böhme hatte zunächst intern und dann auf einer Versammlung der SED-Grundorganisation Berufsbildung, wohl ohne sich der vollen Tragweite bewusst zu sein, Partei für Robert Havemann ergriffen und diese Position auch nach Einleitung eines Parteiverfahrens nicht widerrufen.[341] Daraufhin erhielt Böhme – zunächst war sogar ein Parteiausschluss erwogen worden – eine strenge Rüge und er wurde von seiner Aufgabe als Erzieher entbunden. Dass diese

---

336 Vgl. Baumann, Böhme, a. a. O., S. 19.
337 Protokoll über die am 05.02.1963 stattgefundene Leitungssitzung der GO Berufsbildung, abgedr. i.: Baumann, Böhme, a. a. O., S. 21.
338 Baumann, Böhme, a. a. O., S. 22.
339 Vgl. ebd., S. 22 ff.
340 Zit. n. ebd., S. 24.
341 Vgl. ebd., S. 24 ff.

Entlassung erhebliche Proteste unter den Lehrlingen provozierte[342], mag nicht nur ein Beleg für Böhmes Beliebtheit, sondern auch ein Hinweis darauf sein, dass er offenbar schon zu diesem Zeitpunkt die Fähigkeit entwickelt hatte, Menschen auf besondere Art für sich einzunehmen.

Nach diesen äußerst unerfreulichen Erfahrungen kündigte Böhme im Juni 1965 bei den Leuna-Werken und übersiedelte auf Anraten eines Freundes nach Greiz im thüringischen Vogtland. Relativ schnell fand er eine Beschäftigung als Hilfskraft bei der dortigen Kreisbibliothek.[343] Indes scheint ihn das alltägliche Bibliothekarsgeschäft nur wenig interessiert zu haben, und so wurde er vor allem im Außendienst und bei der Öffentlichkeitsarbeit eingesetzt. Knapp zwei Jahre später begann er auf Initiative der Bibliotheksleitung ein Fernstudium zum Bibliothekar an der Fachschule für Bibliothekare in Leipzig. Aufschlussreich ist die in diesem Zusammenhang entstandene Charakterisierung Böhmes durch seinen Vorgesetzten:

»Sein Charakter ist recht widersprüchlich und schwer zu beurteilen. Er schwankt dauernd zwischen Überheblichkeit, Minderwertigkeitskomplexen, Bescheidenheit und überspitztem Geltungsbedürfnis. Besonders ausgeprägt ist bei ihm der Hang zum Polemisieren. Er verfügt dabei über eine Vorstellungskraft, die es ihm oft erschwert, Wirklichkeit und Phantasie zu trennen. All diese Eigenschaften wirken sich zeitweise negativ auf das Arbeitsklima im Kollektiv aus. Er hält nicht nur die Kollegen von der Arbeit ab, sondern lässt sie den intellektuellen Unterschied beleidigend fühlen. [...] Wir kennen ihn jetzt so gut, daß wir glauben, das bibliothekarische Fernstudium diene ihm nur zur Erwerbung des Titels. Unseres Erachtens wird er dem Bibliothekswesen nicht lange erhalten bleiben.«[344]

Gänzlich anders nahm ihn die Greizer Jugend wahr. Glaubt man den nachträglichen Zeugnissen aus seinem damaligen Umfeld, galt der lyrisch, literarisch und künstlerisch stark engagierte Böhme, der zudem brillante historische und ideologische Seminare für das FDJ-Studienjahr an der Erweiterten Oberschule zu halten wusste, als eine Art »Star« der jugendlichen Szene der thüringischen Kleinstadt. Dieses Engagement machte offensichtlich auch Eindruck auf die örtliche SED-Führung, die ihm Anfang 1968 die Leitung des Greizer FDJ-Jugendklubs antrug. Dieses Amt füllte er zunächst erfolgreich und mit großem Engagement aus, modifizierte und erweiterte entsprechend seinen Interessen das kulturelle Angebot des Jugendclubs und bot darüber

---

342 Vgl. ebd., S. 26.
343 Zur Übersiedelung nach Greiz und seiner Beschäftigung bei der Kreisbibliothek vgl. ebd., S. 29 ff.; vgl. auch Lahann a. a. O., S. 41 ff.
344 Brief der Stadt- und Kreisbibliothek Greiz an die Fachschule für Bibliothekare »Erich Weinert« Leipzig v. 09.03.1967 betr. Beurteilung des Kollegen Manfred Böhme, Studentenakte Manfred Böhme, Archiv der Hochschule für Technik, Wirtschaft und Kultur Leipzig HAL-270/StA 860F; vgl. auch Baumann, Böhme, a. a. O., S. 30 f.

hinaus der noch heute existierenden Greizer Jazzformation »media nox« ein erstes Podium. Böhme, der sich gerne als äußerst korrekt gekleideter, jugendlich-smarter, linientreuer aber dennoch undogmatischer und progressiver Jugendfunktionär inszenierte, gelang es in kurzer Zeit in Greiz eine bis dahin nicht gekannte Kulturszene zu entfachen.[345]

In diese Zeit fallen auch die ersten Begegnungen mit dem damals ebenfalls dort wohnhaften Lyriker Reiner Kunze, den Böhme bald darauf im Auftrag des MfS bespitzeln sollte. Es bahnte sich indes schon der nächste Konflikt Böhmes mit der Partei an. Angesichts der Niederschlagung des »Prager Frühlings« in der Tschechoslowakei planten die Mitglieder von »media nox« – mittlerweile gute Freunde Böhmes – Protestaktionen. Er brachte sie von allzu offenen Bekundungen ab, schlug dezentere Formen vor und beteiligte sich – wohl völlig aufrichtig – selbst an ihrem Protest.[346] Ein Bericht der Volkspolizei Gera vom 20. November 1968 weiß darüber Folgendes zu berichten:

> »Sie trugen teilweise bereits ab [dem] 21.08.1968 die CSSR-Flagge als Emblem offen an Ihrer Kleidung, um, wie sie selbst in Verhören aussagten, ihre Solidarität gegenüber der Konterrevolution auszudrücken. Die Jugendlichen traten in kleineren Grüppchen ausschließlich in Greiz und Elsterberge auf. […] Bei den Jugendlichen handelt es sich zumeist um Schüler der EOS Greiz. […] An dieser Gruppierungen [sic!] beteiligte sich auch das Mitglied der SED, FDJ-Funktionär und Leiter des Jugendklubhauses Greiz, Manfred Böhm [sic!], wohnhaft Greiz. Im Zusammenwirken mit [dem] MfS wurde am 26.08.1968 durch operative Auswertung und eingehende Befragung des [geschwärzt], Manfred B. und [geschwärzt], diese Gruppierung weitgehendst aufgelöst.«[347]

Als unausweichliche Konsequenz sah Böhme nun seinem zweiten offiziellen Parteiverfahren entgegen. Anfang September endete dies mit einer erneuten strengen Rüge. Damit einher ging die Entbindung von der Leitung des Greizer Jugendklubs. Die so hoffnungsfroh begonnene Karriere als Jugend- und Kulturfunktionär schien an einem jähen Ende angelangt.[348] Ganz fallen lassen wollte ihn die Partei jedoch offenbar nicht, und so wurde er erneut zur Bewährung in die Produktion geschickt. Er begann noch im selben Monat bei der Greizer Post als Briefträger, wurde ein halbes Jahr später zum Leiter der Abteilung Löhne befördert und avancierte im Oktober 1969 zum Postinspektor.[349] Im April 1971 war Böhme unversehens als SED-Kulturbund-

---

345 Vgl. Baumann, Böhme, a. a. O., S. 32-38.
346 Vgl. ebd., S. 38 ff.; vgl. auch Lahann, Genosse, a. a. O., S. 49 ff.
347 Bericht der Bezirksbehörde der Deutschen Volkspolizei Gera v. 20.11.1968, abgedr. i.: Baumann, Böhme, a. a. O., S. 41 f.
348 Vgl. Baumann, Böhme, a. a. O., S. 40 ff.
349 Vgl. ebd., S. 43 ff.

kreissekretär – ein Amt, das er bis 1977 in vielerlei Hinsicht erfolgreich bekleiden sollte – wieder zurück in der von ihm so geliebten Kulturpolitik.[350]

Doch wie kam es zu dieser wundersamen Wende in Böhmes Geschick? Im November 1968 war das MfS an ihn herangetreten und hatte ihn im Januar 1969 als »Geheimen Informator (GI)« unter dem ersten Decknamen »August Drempker« in seine Dienste genommen. Angesetzt wurde er in der Phase zwischen 1969 und 1978 u. a. auf die Junge Gemeinde und die CDU in Greiz, aber auch auf viele seiner Freunde und Bekannten aus dem Kulturleben, wie etwa Reiner Kunze, den Autor und Rocktexter Jürgen Fuchs, die Bildhauerin Elly-Viola Nahmmacher und nicht zuletzt die Band »media nox«. Anfänglich scheint er durchaus Skrupel und ein wenig Scheu vor seiner neuen Aufgabe gehabt zu haben. Dies änderte sich jedoch bald, und Böhme begann, immer eifriger zu berichten. Mit der Zeit zeigte Böhme zunehmend eigene investigative Initiative, die sich soweit steigerte, dass aus anfänglichen Spekulationen in seinen Berichten eine bisweilen heikle Gratwanderung zwischen Dichtung und Wahrheit entstand. Dies ist wohl auch seinen Führungsoffizieren beim MfS aufgefallen, was dazu führte, dass man ihn unter stärkere Kontrolle stellte und ab 1974 mit einem neuen Decknamen (»Paul Bonkarz«) versah. Es würde an dieser Stelle zu weit führen, die Verästelungen von Böhmes Spitzeltätigkeit und sämtliche Operativen Vorgänge (OV), an denen er in dieser Zeit beteiligt war, en détail nachzuvollziehen. Hierzu sei vor allem auf die mehrfach erwähnte und zitierte Studie von Christiane Baumann verwiesen. Aber festgehalten werden muss, dass er, nicht zuletzt auch im Kontext der Biermann-Ausweisung, erheblichen Flurschaden in der künstlerischen und literarischen Dissidenz in Greiz und darüber hinaus angerichtet hat.[351] Es entbehrt nicht einer gewissen Ironie, dass Böhme im Mai/Juni 1977 – neben latenten kulturpolitischen Konflikten mit der SED-Kreisleitung sowie finanziellen Unregelmäßigkeiten in seiner Amtsführung – letztlich aufgrund seiner engen Kontakte zu Reiner Kunze, die in einem Fernsehinterview nach dessen Ausreise in die Öffentlichkeit gelangt waren, seine sämtlichen Ämter in der SED und der Kulturverwaltung in Greiz verlor.[352]

Bereits im Juni 1977 finden wir Böhme als Bibliothekar bei der Wissenschaftlichen Allgemeinbibliothek (WAB) in Gera wieder, wo er sich im Bereich Öffentlichkeitsarbeit und bei »literaturpropagandistischen Aufgaben«[353] betätigte. Darüber hinaus wurde er abermals »in die Produktion geschickt« und arbeitete zeitweilig bei der Greizer Konservenfabrik. Böhme scheint in dieser Phase seines Lebens zwischen viele Stühle geraten zu sein. Das MfS misstraute offenbar zusehends seinen Berichten, wollte ihn in Gera besser unter Kontrolle halten, seine Arbeit überprüfen und hielt

---

350 Vgl. ebd.
351 Zur Anwerbung und zur IM-Tätigkeit in Greiz und Gera 1969–1977 vgl. ebd., S. 46–72; vgl. auch Lahann, Genosse, a. a. O.
352 Vgl. Baumann, Böhme, a. a. O., S. 65 ff.
353 Ebd., S. 69.

vor allem zu diesem Zweck den Kontakt aufrecht.[354] Zwar konnte er, der wegen seiner vorgeblichen Offenheit für ihre Anliegen seinen Posten verloren hatte, sich der Solidarität des kritisch-künstlerischen Milieus sicher sein. Aber wie bitter und im wahrsten Sinne des Wortes zweischneidig muss der Zuspruch derer gewesen sein, die er zuvor bespitzelt und zum Teil den Behörden ans Messer geliefert hatte!

Aus dieser Zwickmühle suchte sich Böhme mit Aktionen zu befreien, die im Muster fatal an seine erste »Selbstanzeige« im Leunaer Lehrlingsheim erinnern und ihm die Beachtung des MfS sichern sollten. Im Herbst und Winter 1977 rief er mehrmals anonym bei den SED-Kreisleitungen Gera-Stadt und Gera-Land an, um einen gewissen Böhme, der in der Konservenfabrik beschäftigt sei, subversiver Aktivitäten zu bezichtigen.[355] Nachdem dies nicht verfing, warf er Ende März 1978 im Magdeburger Hauptbahnhof mehrere selbst gefertigte Flugblätter mit regimekritischen Losungen aus dem Zug und meldete die angebliche Beobachtung dieses Vorgangs umgehend bei der Transportpolizei.[356] Relativ schnell stellte das mittlerweile eingeschaltete MfS die eigentliche Urheberschaft Böhmes fest. Er wurde daraufhin verhaftet und zunächst an das zuständige MfS-Bezirksuntersuchungsgefängnis Gera und dann nach Berlin-Hohenschönhausen überstellt. In den darauf folgenden Wochen gelang es Böhme in mehreren Verhören, die MfS-Ermittler zu überzeugen, dass er keine staatsfeindlichen Ziele hegte, sondern im Gegenteil – mit vielleicht untauglichen Mitteln – wieder auf seine wertvollen Dienste aufmerksam machen wollte:

> »Ich bin nie nur ein formales Mitglied der SED gewesen, sondern verstand mich bei allen kritischen Vorbehalten zu Verfahrensweisen, die ich in BPO-Versammlungen offen aussprach, mit vollem Herzen als Mitglied dieser marxistisch-leninistischen Partei wie als Bürger der DDR, der ich mich nicht nur heimatlich, sondern vollinhaltlich verbunden fühlte und fühle. Ich hatte nicht und habe nicht die Absicht, meine Zusammenarbeit mit dem MfS zu unterbrechen, auch wenn man mir das vorhielt. [...] Meine Mitarbeit beim MfS ist niemandem bekannt, von mir niemandem mitgeteilt worden. [...] Ich hätte, so glaube ich heute, meine Probleme anders und besser klären können, ohne Schaden zu verursachen. [...] Vielleicht kann ich nach Verbüßung meiner Strafe etwas in operativer Arbeit wieder gut machen. Beendet man meine Arbeit mit dem MfS aber, so beraubt man mich, wenn vielleicht auch zu Recht, meines wichtigsten Lebensinhaltes.«[357]

---

354 Vgl. ebd.
355 Vgl. ebd., S. 70.
356 Zu diesem Vorfall und der daraus resultierenden Verhaftung Böhmes vgl. ebd., S. 73 ff.; vgl. auch Lahann, Genosse, a. a. O., S. 169 ff.
357 Erklärung zu meiner Straftat am 25.3.1978 und den Aussagen hierzu lt. Protokoll zu den Vernehmungen vom 28., 29. u. 30.3.1978 v. 29.04.1978, abgedr. i.: Baumann, Böhme, a. a. O., S. 82 ff., hier S. 86 f.

Böhmes Strategie ging auf. Er wurde zwar aus der SED ausgeschlossen, verblieb aber, entgegen der Empfehlung eines psychologischen Gutachtens, das ihm »starke psychische Störungen«[358] attestiert hatte, in den Diensten des MfS:

> »Im Ergebnis der geführten Untersuchung und unter Berücksichtigung der in der Vergangenheit von BÖHME geleisteten inoffiziellen Tätigkeit für das MfS kann eingeschätzt werden, daß BÖHME grundlegende Schlussfolgerungen für ein künftiges verantwortungsbewußtes Verhalten gezogen hat und deshalb zu erwarten ist, daß er die sozialistischen Gesetzlichkeiten einhalten wird.«[359]

Das Verfahren wurde eingestellt und Böhme mit der höchstministeriellen Zustimmung Erich Mielkes am 25. Juli 1978 auf freien Fuß gesetzt. Um eine »Dekonspirierung« zu vermeiden, versetzte das MfS Böhme nach Neustrelitz im Bezirk Neubrandenburg. Dieses Arrangement hatte für beide Seiten erhebliche Vorteile: Böhme einerseits hatte sich aus seiner beruflichen und geheimdienstlichen Sackgasse in Gera befreit und sich auf zweifellos unorthodoxe Weise seines geheimdienstlichen Dienstherren versichert. Das MfS andererseits hatte nun einen loyalen und bestens in die oppositionelle Szene eingeführten IM, der zudem aufgrund seines Ausschlusses aus der SED wegen »staatsfeindlicher Hetze« und als ehemals von der Stasi ebendeswegen inhaftierte Person eine mutmaßlich hohe Glaubwürdigkeit besaß.[360]

In Neustrelitz wurde Böhme in der Abteilung Öffentlichkeitsarbeit des Friedrich-Wolf-Theaters untergebracht, wo er schon am 26. Juli einen Arbeitsvertrag unterzeichnete. Obwohl er es dort bis 1980 zum zeitweiligen kommissarischen Abteilungsleiter brachte, stand dieses Beschäftigungsverhältnis von Anfang an unter keinem guten Stern. Dies lag daran, dass sich Böhme offenbar von Anfang an unterfordert fühlte und – wie eine Bewerbung bei der Universität Jena, Sektion Literatur- und Kunstwissenschaft, belegt – nach höheren Weihen strebte, wobei er sich wohl durch allzu forsches und taktisch unkluges Verhalten nicht nur den Intendanten des Theaters zum Feind gemacht hatte. Entsprechend endete dieses Engagement im November 1981 mit einem Auflösungsvertrag.[361]

Während dieser Zeit berichtete Böhme unter seinem neuen Decknamen »Bernd Rohloff« dem MfS regelmäßig über die Mitarbeiter des Theaters. Gleichzeitig strickte er an seiner persönlichen biografischen Legende, indem er zu behaupten begann, »jüdisch-aramäischer Herkunft« zu sein und eigentlich Manfred Ibrahim Urbij-Böhme zu heißen. Dies wirft ein Schlaglicht auf die generelle Praxis seiner Selbstinszenierung, die nicht zuletzt 1989/90 die Beurteilung seiner Persönlichkeit so kompliziert mach-

---

358 Baumann, Böhme, a. a. O., S. 88.
359 Abschlußbericht der Untersuchung v. 17.07.1978, zit. n. Baumann, Böhme, a. a. O., S. 90.
360 Vgl. Baumann, Böhme, a. a. O., S. 90 ff.
361 Vgl. ebd., S. 93 ff.

te. Böhme ging sehr liberal mit seiner Biografie um, mischte reale Fakten mit reiner Fantasie und Wunschvorstellungen, usurpierte immer wieder Biografiesplitter von Bekannten und integrierte sie in sein Selbstbild(nis), das er mit der Zeit nach innen wie außen zusehends verfeinerte und das immer weniger mit der Realität zu tun hatte. In der Gesamtschau kann sich der Betrachter kaum des Eindrucks einer dauernden psychopathologisch bedingten Hochstapelei erwehren.[362]

In der Folge versuchte Böhme DDR-weit eine neue Anstellung in der Kulturverwaltung zu erlangen, was ihm zunächst entgegen seinen Erwartungen nicht gelang. Außer Aushilfstätigkeiten als Russischlehrer und Kellner sowie als Sägewerksarbeiter blieb Böhme bis Herbst 1983 ohne – adäquate – Beschäftigung. Als IM war Böhme 1982/83 u. a. auf den Rechtsanwalt Horst Fitzer, der seinerseits in den Diensten des MfS stand, angesetzt und beobachtete im offiziellen Auftrag den Evangelischen Kirchentag 1983 in Rostock.[363]

Erst eine Staatseingabe an Erich Honecker führte schließlich im Oktober 1983 zu einer Anstellung als Bibliothekar bei der Stadt- und Kreisbibliothek Neustrelitz, wo er sich zur Freude der Bibliotheksleitung außerordentlich engagierte, u. a. mit öffentlichen Vorträgen zu literarischen Themen.[364] Entsprechend seinen neuen Zielvorgaben aus Berlin bemühte sich Böhme nun um Kontaktaufnahme mit der kirchlichen Friedensbewegung in Mecklenburg. Wichtige Akteure in diesem Kontext – und damit Zielpersonen für seine Spitzeltätigkeit – waren u. a. Markus Meckel und Martin Gutzeit, die 1982 den oben schon erwähnten Vipperower Friedenskreis ins Leben gerufen hatten. Eine anbefohlene erste Fühlungnahme mit Meckel im Februar 1984 war zwar zunächst an widrigen Umständen gescheitert. Es gelang Böhme jedoch schon ein knappes halbes Jahr darauf, über einen anderen Mecklenburger Friedenskreis Zugang zu der Gruppe der späteren SDP-Gründer zu erlangen. Dem »interessanten Bibliothekar«[365] wurde zu dessen großer Verwunderung, die er sofort dem MfS mitteilte, keinerlei Misstrauen entgegengebracht. Im Gegenteil wurde er relativ zügig an den nächsten, ebenfalls später für die SDP-Gründung bedeutsamen, Zirkel um Peter Hilsberg weitervermittelt. Die erste Einladung zu dessen theologisch-philosophischem Gesprächskreis in die Berliner Golgatha-Gemeinde im November 1984 bedeutete für Böhme die Eintrittskarte in die oppositionelle Szene in Ostberlin.[366] Es ist im Nachhinein kaum fassbar, mit welcher teilweise übertrieben wirkenden Liebedienerei Böhme diese neuen Kontakte pflegte, wie er damit auf äußerst offene und vertrauensvolle Ohren stieß, und mit welcher Kaltblütigkeit und zum Teil auch

---

362 Vgl. ebd., S. 95 ff.; vgl. insgesamt auch Lahann, Genosse, a. a. O.
363 Vgl. Baumann, Böhme, a. a. O., S. 98 ff.
364 Vgl. ebd., S. 104 f.
365 Vgl. ebd., S. 105.
366 Zur Kontaktaufnahme mit Meckel, Gutzeit und Hilsberg vgl. ebd., S. 105 f.; vgl. auch Lahann, Genosse, a. a. O., S. 202 ff.

Gehässigkeit im Gegenzug der IM »Bernd Rohloff« die gewonnenen Erkenntnisse minutiös dem MfS weitergab.

Diese Entwicklung ließ in Böhme die Hoffnung aufkeimen, bald seinen Lebens- und Tätigkeitsmittelpunkt nach Ostberlin verlegen zu können. Diesen Plänen stand auch das MfS – angesichts der durchaus erfolgreichen und auch in Zukunft vielversprechenden Arbeit des IM – durchaus positiv gegenüber und unterstützte nach Kräften dessen Suche nach einem Arbeitsplatz in Berlin. Die maßgeblich vom MfS eingefädelten Vorstellungsgespräche beim Hoch- und Fachschulministerium sowie dem CDU-eigenen Union-Verlag blieben jedoch erfolglos.[367] Es scheint naheliegend, dass dies u. a. an den für eine wissenschaftliche Arbeit nicht ausreichenden Qualifikationen des Kandidaten – Böhme besaß, wie gesagt, lediglich einen Fachhochschulabschluss als Bibliothekar – scheiterte. Im November 1985 gelang es aber, Böhme, der knapp zwei Monate zuvor von Neustrelitz nach Berlin übersiedelt war, als Leiter des Kulturhauses »Erich Weinert« in Berlin-Pankow unterzubringen. Auch dieses Arbeitsverhältnis war wieder nicht von langer Dauer; es endete schon im Mai des nächsten Jahres mit einem Aufhebungsvertrag wegen »Nichtübereinstimmung«[368]. Zu Beginn seiner Berliner Jahre trug Böhme zunächst unvorsichtigerweise den Decknamen »Ibrahim«, der erst im April 1986 in »Maximilian«, sein letztes MfS-Pseudonym, geändert wurde.[369] Neben der Bespitzelung seiner neuen »Freunde« des Vipperower Friedenskreises, an dessen jährlichen Seminaren er ab 1985 regelmäßig teilnahm, hatte Böhme vor allem den Auftrag, den Schriftsteller Lutz Rathenow abzuschöpfen, und war ab 1987 als Hauptinformant an den Maßnahmen des MfS gegen die Initiative Frieden und Menschenrechte beteiligt.[370] Anfang 1989 finden wir ihn im Umfeld der Gruppe Gegenstimme, einer Abspaltung von der IFM, aus der während der Friedlichen Revolution die Vereinigte Linke wurde.[371] Wie oben schon herausgearbeitet worden ist, stieß Böhme im Juni 1989 zum engeren SDP-Gründungszirkel – mit den bekannten Folgen. Böhme erstattete dem MfS bis Mitte Oktober 1989 ausführlich und regelmäßig Bericht und ging dann – in einer besonderen Form des dialektischen Umschlags – total und wie im Rausch in seiner neuen Rolle als SDP/SPD-Politiker auf.

Erstaunlich ist freilich, dass er als einer der eifrigsten und in vielerlei Hinsicht auch kuriosesten Zuträger des MfS eine so hohe Glaubwürdigkeit besessen hat, nur von ganz wenigen in der Bürgerrechtsszene – wie etwa Bärbel Bohley[372] – abgelehnt wurde und zu seiner aktiven IM-Zeit nie ernsthaft in Verdacht geriet. Es spricht vieles dafür, dass – neben seinem unbestreitbaren Charisma – seine Legende und seine Selbstinszenierung, die auch vor Merkwürdigkeiten und Gebrochenheiten nicht zu-

---

367 Vgl. Baumann, Böhme, a. a. O., S. 107 ff.
368 Vgl. ebd., S. 113.
369 Vgl. ebd., S. 114.
370 Vgl. ebd., S. 115-139.
371 Vgl. ebd., S. 140.
372 Vgl. ebd., S. 135.

rückschreckte, bestens funktioniert haben.³⁷³ Ein Aspekt seiner Glaubwürdigkeit war sicherlich auch seine spartanische Lebensweise, die mit dadurch bedingt war, dass er sich seit Mitte 1986 lediglich mit Gelegenheitsjobs über Wasser hielt. Auch dies dürfte vom MfS so kalkuliert gewesen sein, denn natürlich sind mehr oder minder regelmäßige Honorarzahlungen für geleistete Dienste mit Sicherheit anzunehmen.³⁷⁴

***

Nach seiner Rückkehr aus der Obhut Hirschfelds in der Toskana im April 1990 nahm Böhme zunächst sein Abgeordnetenmandat in der Volkskammer wahr.³⁷⁵ Das Protokoll der Sitzung des Präsidiums der SPD vom 23. April 1990 vermerkt zum Zustand Böhmes:

»Markus Meckel informiert über die kurzen Kontakte, die er während der Volkskammertagung am 19.4.1990 mit Ibrahim Böhme hatte. Böhme machte einen gehetzten und erschöpften Eindruck. Ein konstruktives Gespräch kam bisher mit ihm nicht zustande. Sein gesamtes Auftreten läßt auf starke psychische Überforderung schließen. Hinrich Kuessner bestätigt diesen Eindruck und erklärt, daß Böhme z. Z. keiner Belastung gewachsen zu sein scheint und dringend einer langfristigen psychotherapeutischen Behandlung bedarf. Ein weiteres Auftreten in der Öffentlichkeit sollte unbedingt vermieden werden.«³⁷⁶

Er agierte entsprechend eher am Rande der SPD-Fraktion, tat sich das eine ums andere Mal durch abweichendes Abstimmungsverhalten hervor und legte schließlich im August 1990 sein Mandat nieder. Dies tat er freilich nicht ohne das ihm eigene Getöse:

»In diesem Zusammenhang [sein Abstimmungsverhalten in der Volkskammer am 08.08.1990; P. G.] (um 17.45) erklärte I. Böhme, der sich auch der Stimme enthalten hatte, seinen Austritt aus der Fraktion sowie seine Mandatsniederlegung und gibt bekannt, daß er für die Bundestagswahl und für die Wahlen zum Vorstand einer gesamtdeutschen SPD nicht für eine Kandidatur zur Verfügung stehen wird.

---

373 Vgl. ebd., S. 120 ff.
374 Vgl. ebd., S. 126. Aufschlussreich ist in diesem Zusammenhang die Aussage von Böhmes Führungsoffizier aus Neustrelitz gegenüber dem Spiegel: »Er habe es nie wegen des Geldes getan, bescheiden gelebt und immer nur bekommen, was er zum Leben brauchte. ›Manchmal gaben wir ihm 500 im Monat, manchmal mehr, manchmal gar nichts.‹ Den Parka, den Böhme damals hatte, ›den habe ich ihm besorgt‹«, Der Spiegel, Jg. 44 (1990), H. 13 v. 26.03.1990, siehe auch: http://www.spiegel.de/spiegel/print/d-13499332.html (Stand Mai 2010).
375 Vgl. Baumann, Böhme, a. a. O., S. 166.
376 Protokoll der Präsidiumssitzung am 23.04.1990, AdsD Sozialdemokratische Partei in der DDR – SDP/SPD-Parteivorstand 2/SDPA000061.

Er bezeichnete die Fraktion als Kinderstube und vergleicht die Aussprache mit den unangemeldet fehlenden Abgeordneten mit FDJ-Manieren. Die Ankündigung Böhmes hinsichtlich seiner Ämterniederlegung wird von der Fraktion lebhaft begrüßt. Böhme verlässt die Versammlung.«[377]

Ungeachtet der im Sommer 1990 noch keineswegs bewiesenen Stasivorwürfe wurde Böhme auf Initiative von Thomas Krüger im Juli 1990 zum Polizeibeauftragten des Ostberliner Magistrats bestellt.[378] Nachdem er dieses Amt nicht zuletzt aufgrund seines weiterhin unsteten Lebenswandels mehr schlecht als recht ausgefüllt hatte, schied er nach der ersten Gesamtberliner Wahl zum Abgeordnetenhaus am 2. Dezember 1990 regulär aus dem Amt.[379] Zuvor war er Ende September auf dem Vereinigungsparteitag der Sozialdemokratischen Parteien in Ost und West noch in den gemeinsamen Vorstand gewählt worden[380] – trotz seiner Erklärung, für die Vorstandswahl nicht mehr zur Verfügung zu stehen. Für kurze Zeit schien es so, als könne er, wenn auch auf bescheidenerem Niveau, seine politische Karriere fortsetzen. Als jedoch im Dezember 1990 Reiner Kunzes Dokumentationsband »Deckname Lyrik«[381] erschien, der auf dem Schriftgut seiner bei der vormaligen MfS-Bezirksverwaltung Gera geführten Stasiakte beruhte, und der eindeutige Beweise für die Spitzeltätigkeit Böhmes enthielt, war daran nicht mehr zu denken. Nachdem ab Januar 1992 auf der Basis des Stasi-Unterlagen-Gesetzes viele der Bespitzelten Einsicht in ihre Akten nahmen und auf diese Weise immer mehr Belege für Böhmes IM-Tätigkeit auftauchten, die sukzessive das gesamte Ausmaß des Verrats sichtbar werden ließen, reagierte die SPD und schloss ihn durch Beschluss der Landesschiedskommission am 2. Juli 1992 aus der Partei aus.[382]

Auf die Einleitung des Parteiverfahrens reagierte er nicht einmal mehr und lebte, zeitweilig von Depressionen geschüttelt, völlig zurückgezogen in seiner Wohnung am Prenzlauer Berg. Eine vermutlich 1991/92 entstandene Autobiografie, in der er viele seiner selbst gestrickten Legenden weiter perpetuierte und sich weiterhin als Opfer einer MfS-Intrige darstellte, fand keinen Verleger.[383] Seiner Vergangenheit hat Böhme sich zeit seines Lebens nicht ehrlich gestellt, seine nachgewiesene Schuld nie einge-

---

377 Protokoll der Fraktionssitzung am 21.08.1990, S. 2, AdsD SPD-Fraktion in der Volkskammer der DDR 2/VKFA000054. Vgl. auch: Protokoll der Fraktionssitzung am 28.08.1990, AdsD SPD-Fraktion in der Volkskammer der DDR 2/VKFA000058.
378 Vgl. verschiedene Agenturmeldungen und Zeitungsausschnitte hierzu, AdsD Sammlung Personalia 1282 Ibrahim Böhme.
379 Vgl. Baumann, Böhme, a. a. O., S. 167 ff.
380 Vgl. Protokoll der Parteitage der SPD (Ost), der SPD (West), Berlin 26.09.1990, Bonn 1990, S. 132.
381 Reiner Kunze: »Deckname Lyrik«. Eine Dokumentation, Frankfurt a. M. 1990.
382 Vgl. Baumann, Böhme, a. a. O., S. 177 ff. sowie diesbezügliche Agenturmeldungen und Zeitungsausschnitte, AdsD Sammlung Personalia 1282 Ibrahim Böhme.
383 Vgl. Baumann, Böhme, a. a. O., S. 176 ff.

standen und sich wohlgemeinten Gesprächsversuchen ehemaliger Weggefährten konsequent verweigert.[384] 1993 unternahm er einen Selbstmordversuch und war Mitte der 1990er-Jahre wegen eines durch seinen exzessiven Alkoholkonsum bedingten schweren Leberschadens mehrfach in stationärer Behandlung. Nach mehreren Schlaganfällen wurde er zum Pflegefall und starb am 22. November 1999 in Neustrelitz.[385]

---

384 Vgl. ebd., S. 181.
385 Vgl. ebd. sowie diesbezügliche Agenturmeldungen und Zeitungsausschnitte, AdsD Sammlung Personalia 1282 Ibrahim Böhme.

IV Der schwierige Imperativ der Realpolitik –
Die Ost-SPD in Regierungsverantwortung

1 Grundsatzkonflikt und frühe Weichenstellungen –
Die Debatte um die Regierungsbeteiligung

Schon am Tag nach der Wahl hatte der Vorsitzende der Ost-CDU und Spitzenkandidat der Allianz, Lothar de Maizière, der SPD signalisiert, eine Regierung auf möglichst breiter Basis unter Einbeziehung der Sozialdemokraten anzustreben. Dahinter stand bei de Maizière nicht nur das abstrakte Interesse, für sein Kabinett die denkbar größte Akzeptanz zu erreichen, sondern ganz handfest die Absicht, der Regierung eine verfassungsändernde Zweidrittelmehrheit in der Volkskammer zu verschaffen, die für die anstehenden fundamentalen Weichenstellungen mehr als einmal notwendig sein würde.[1] Die SPD hatte zwar, wie gezeigt, eine Regierungsbeteiligung zunächst abgelehnt, sich aber das Hintertürchen der Informationsgespräche offengehalten. Wie ebenfalls oben schon herausgearbeitet worden ist, war auch dem SPD-Parteivorstand in Bonn aus strategischen Gründen an einer weniger starren Haltung in dieser Frage gelegen. Dieser Wendung trug auch die SPD-Volkskammerfraktion in ihrer konstituierenden Sitzung am 21. März Rechnung, indem sie nach einer Einführung von Böhme und einer anschließenden längeren und auch kontroversen Diskussion[2] folgende Erklärung verabschiedete, die am 22. März veröffentlicht wurde:

> »Angesichts der schweren Probleme unseres Landes sind wir bereit, mit der CDU die im Beschluß des Parteivorstandes und des Parteirates in Aussicht genommenen Informationsgespräche unverzüglich zu führen. Die Fraktion der SPD steht zu den vor der Wahl getroffenen Aussagen: keine Koalition mit der PDS, keine Koalition mit der DSU.«[3]

In diesem Sinne fand am Abend desselben Tages ein erstes Gespräch zwischen de Maizière, Meckel, Schröder und Reinhard Höppner statt, das die SPD noch sehr distanziert als »Vorgespräch für zukünftige Informationsgespräche« verstanden wissen

---

1 Vgl. de Maizière, Kinder, a. a. O., S. 128, vgl. auch: Jäger, Überwindung, a. a. O., S. 432 f.
2 Vgl. Protokoll der Fraktionssitzung am 21.03.1990, AdsD SPD-Fraktion in der Volkskammer der DDR 2/VKFA000013.
3 Erklärung der SPD-Fraktion der Volkskammer v. 22.03.1990, AdsD Sozialdemokratische Partei in der DDR – SDP/SPD-Parteivorstand 2/SDPA000274.

wollte.⁴ Die Einladung war entsprechend seiner Ämter als Partei- und Fraktionsvorsitzender zunächst naturgemäß an Böhme gegangen. Dieser war jedoch in eigener Sache verhindert und hatte die Fraktionskollegen vorgeschickt.⁵ Tatsächliche Bewegung kam in diese Angelegenheit jedoch erst drei Tage später, als sich Kamilli und Schröder u. a. wegen der Causa Böhme in Bonn befanden. Am 25. März trafen sie sich mit Hans-Jochen Vogel und Oskar Lafontaine, nicht nur um das weitere Vorgehen abzustimmen, sondern auch um die taktischen und strategischen Optionen und Perspektiven zu diskutieren. Hierzu existiert eine von Richard Schröder angefertigte Gesprächsnotiz, die tiefe Einblicke in den Entscheidungsprozess und die dabei ausschlaggebenden Kriterien erlaubt.⁶ Dieses zentrale Aktenstück ist zwar bedauerlicherweise lediglich als ausführliches Ergebnisprotokoll ohne »Rollenverteilung« gehalten. Viele entscheidende Passagen müssen jedoch sowohl hinsichtlich des sprachlichen Duktus als auch der Schärfe der politischen Analyse und nicht zuletzt vor dem Hintergrund seiner wenige Tage vorher beschlossenen Kanzlerkandidatur Oskar Lafontaine zugeschrieben werden. Es spricht vieles dafür, dass man ihm in dieser Frage das letzte Wort zubilligte, bestimmte diese Entscheidung doch die zentralen Konstituanten der Strategie seines Bundestagswahlkampfes mit. Zunächst wurden drei grundsätzliche Leitlinien für die Behandlung der Koalitionsfrage definiert: sachpolitische Kriterien, der parteipolitische Nutzen für die SPD sowie die Frage, ob ein Notstandsfall vorliege, der parteipolitische Interessen hintanstellen würde. Gleich zu Beginn der Unterredung riet Lafontaine seinen ostdeutschen Parteifreunden davon ab, das Amt des Ministerpräsidenten anzustreben.⁷ Hiermit wandte er sich klar gegen eine Kandidatur Manfred Stolpes, die von Rainer Eppelmann in jenen Tagen ins Spiel gebracht worden war.⁸ Unabhängig von der Parteizugehörigkeit würde es zu Konflikten zwischen dem DDR-Ministerpräsidenten und dem Bundeskanzler bzw. der Bundesregierung kommen. Und, fügte Lafontaine hinzu: »Es ist ganz gut, wenn die CDU-Regierungschefs diesen Konflikt unter sich ausmachen und nicht zu einem

---

4 Protokoll der Präsidiumssitzung am 26.03.1990, AdsD Sozialdemokratische Partei in der DDR – SDP/SPD-Parteivorstand 2/SDPA000061; vgl. auch: de Maizière, Kinder, a. a. O., S. 131 sowie Jäger, Überwindung, a. a. O., S. 433. De Maizière berichtet in seinen Memoiren, dass bei diesem Gespräch bereits weitgehende Einigkeit bezüglich der Behandlung der Eigentumsfrage und des Bestandes der Bodenreform erzielt wurde.
5 Vgl. ebd.
6 Ergebnisse der Unterredung zwischen Karl-August Kamilli, Oskar Lafontaine, Richard Schröder und Jochen Vogel am 25.03.1990, Gesprächsnotiz v. Richard Schröder v. 25.03.1990, AdsD Depositum Wolfgang Thierse 1/WTAA000257.
7 Ebd., S. 2.
8 Vgl. Jäger, Überwindung, a. a. O., S. 432 f. Stolpe war freilich erst ab Juli 1990 offiziell SPD-Mitglied, galt aber als den Sozialdemokraten nahestehend. Vgl. http://manfred-stolpe.de/biografie/ (Stand Juni 2010).

1 Grundsatzkonflikt und frühe Weichenstellungen – Debatte um die Regierungsbeteiligung

Parteienkonflikt umfrisieren können«[9]. Die Genossen aus der DDR sollten sich nach Möglichkeit von politisch problematischen Ministerien wie etwa dem Wirtschafts- oder Finanzressort fernhalten und nach den erfolgs- bzw. publikumsträchtigen Feldern »Soziales, Ökologie, Außenpolitik« streben[10], die darüber hinaus inhaltlich zum Wahlkampfkonzept Lafontaines passten. In diesem Sinne musste es also das Ziel sein, möglichst viel sozialdemokratische Programmatik im Koalitionsvertrag mit der Allianz unterzubringen.

> »Das Argument, eine Koalition mit einer Gruppe von Fraktionen, die auch ohne uns die Mehrheit haben, sei sinnlos, wird zurückgewiesen. Wenn die Koalitionsvereinbarung gut ist und genug von unseren Zielen enthält, wird die andere Seite sich hüten, vor der Öffentlichkeit als diejenige Kraft zu erscheinen, die die Koalitionsvereinbarung, also die Koalition gebrochen hat. […] Es stimmt nicht, daß wir in einer solchen Situation ständig überstimmt werden könnten. In unserer Situation ist nicht zu befürchten, daß die SPD in der Regierung unbedeutend ist, weil die anderen auch ohne sie eine Mehrheit haben.«[11]

Wichtig sei es in erster Linie, aus der Regierung heraus »die öffentliche Diskussion [zu] bestimmen« und die »politischen Essentials« der Sozialdemokratie zu transportieren. Entsprechend dem Leipziger Programm ging es der SPD hierbei vor allem um die Verwirklichung der Deutschen Einheit auf dem Wege der Einberufung des paritätisch besetzten Rats zur Deutschen Einheit. Weiterhin galt der Grundsatz »Sozialunion vor Währungs- und Wirtschaftsunion«, und so schob die SPD Fragen der Transformation der Sozialversicherungssysteme der DDR und die Einführung eines Betriebsverfassungsgesetzes in den Vordergrund. Essenziell waren für die Sozialdemokraten ebenfalls Fragen der Ökologie, der Energieversorgung sowie die Gewährleistung der Freiheit der Medien unter Einbeziehung des damals noch in den Kinderschuhen steckenden elektronischen Segments. Schließlich – und dieser Punkt ist langfristig der wichtigste von allen – ging es der SPD durch die Beteiligung an der Koalitionsregierung auch darum, Einfluss auf den Bereich der politischen Beamten in der in weiten Teilen neu zu besetzenden Ministerialbürokratie ausüben zu können, mit dem Ziel, »keine SPD-freien Verwaltungen entstehen« zu lassen.[12]

Auch die Option, in die Opposition zu gehen, wurde eingehend analysiert und aus durchaus triftigen Gründen grundsätzlich verworfen:

---

9 Ergebnisse der Unterredung zwischen Karl-August Kamilli, Oskar Lafontaine, Richard Schröder und Jochen Vogel am 25.03.1990, Gesprächsnotiz v. Richard Schröder v. 25.03.1990, AdsD Depositum Wolfgang Thierse 1/WTAA000257.
10 Ebd., S. 2 u. 4.
11 Ebd., S. 3.
12 Ebd.

»Die Oppositionsrolle wird als höchst gefährlich für die SPD angesehen, denn dann würde die CDU in vielem unsere Politik machen, wir müßten zustimmen und gerieten in den Geruch, uns trotz programmatischer Nähe von der Verantwortung gedrückt zu haben. Das wäre für die Kommunalwahlen verheerend. Wir könnten uns außerdem schwer von der PDS unterscheiden. Umgekehrt liegen die Dinge so: die CDU wird ihre Versprechen nicht halten können und auf unseren Zeitplan zurückkommen müssen, der vielleicht auch noch zu optimistisch war. Wir würden erscheinen als diejenigen, die vor der Wahl gesagt haben, was die CDU erst nach der Wahl zugibt, die dennoch mitmachen, sich aber besonders der empfindlichen Bereiche annehmen, im übrigen großmütig genug sind, die Beleidigungen des Wahlkampfes wegzustecken. [...] Da jetzt die Machtstrukturen der Zukunft aufgebaut werden, werden wir uns selbst aus der Zukunft exkommunizieren, wenn wir nicht mitarbeiten und mitgestalten und uns in die Gründungszeit des vereinigten Deutschland mit einschreiben. [...] Eine konstruktive Oppositionspolitik, die vom Wähler honoriert wird, erscheint in dieser unserer Situation für die SPD unmöglich.«[13]

Bezüglich der DSU wurde ein taktisches Einlenken vereinbart, um die Regierungsbeteiligung nicht an diesem Problem scheitern zu lassen. Eine allzu starre Haltung in Bezug auf den ostdeutschen CSU-Ableger hieße, – so die Beteiligten selbstbewusst – deren Bedeutung zu überschätzen. Immerhin wollte man die eigene Position nicht kampflos räumen: »In der DSU-Frage sollten wir freilich nicht ohne Gegenleistung und also nicht allzu voreilig zurückweichen.«[14] Damit war die Marschrichtung von höchster Ebene aus im Prinzip vorgezeichnet. Allerdings mussten noch Mittel gefunden werden, den zum Teil massiven Widerständen in der Ost-SPD gegen einen Eintritt in das Kabinett de Maizière zu begegnen[15] – wenngleich man auch erwarten konnte, dass sich die Ost-SPD diesem klaren Votum der westlichen Schwesterpartei auf Dauer kaum würde entziehen können.

Aus den vorliegenden Quellen lässt sich kaum ableiten, was Sturm in seiner Studie suggeriert hat[16], dass Lafontaine in der Koalitionsfrage gleichsam zum Jagen getragen werden musste. Es entsteht vielmehr der Eindruck, dass er – zweifellos im Zusammenwirken mit Vogel und dem SPD-Parteivorstand – die zwingende taktische und strategische Notwendigkeit dieses Schachzuges erkannt und diesen offensiv gestaltet hat. Über »innere Einstellungen« zu räsonieren, wie Sturm dies tut, ist letztlich mü-

---

13 Ebd., S. 3 f.
14 Ebd.
15 So war etwa Kamilli ein erklärter Gegner der Regierungsbeteiligung. Vgl. Protokoll über die gemeinsame Sitzung der Präsidien der SPD in der Bundesrepublik und der DDR und der Geschäftsführenden Vorstände der SPD-Bundestagsfraktion und der SPD-Volkskammerfraktion am 22.04.1990, abgedr. i.: Fischer, Einheit, a. a. O., S. 290 ff., hier S. 293.
16 Vgl. Sturm, Uneinig, a. a. O., S. 333.

ßig, zumal er sich ohnehin nur auf Spekulationen in der Presse stützt.[17] Erhellend scheint hier vielmehr Lafontaines Erklärung in der Präsidiumssitzung vom 2. April 1990 zu sein:

> »Oskar Lafontaine sagte, in der ersten Enttäuschung nach dem Ausgang der DDR-Wahlen habe es bei ihm die Tendenz gegeben, nun die anderen die Sache mal machen zu lassen. Dann jedoch, nach Abwägung vieler Gesichtspunkte, sei er zu dem Schluß gekommen, daß eine Große Koalition auch für uns sinnvoll sei.«[18]

Gleichwohl konnte dieser Entschluss Lafontaines seinen langfristigen strategischen Dissens mit der Ost-SPD nicht völlig verdecken. Er hielt eine schnelle Wirtschafts- und Währungsunion aus wirtschafts- und sozialpolitischen Gründen für schädlich und begriff die Deutsche Einheit als langfristigen Prozess im europäischen Kontext, während sich die Ost-SPD bereits auf dem Leipziger Parteitag auf einen Termin zur Einführung der D-Mark in der DDR zum 1. Juli 1990 festgelegt hatte.[19] Vogel befürwortete mit der Ost-SPD eine sozial abgefederte schnelle Wirtschafts- und Währungsunion, da er angesichts der Stimmung in der DDR die fundamentalen politischen Probleme, die Lafontaines Kalkül für die SPD barg, erkannt hatte.[20] Auf dem Weg der Regierungsbeteiligung in Ostberlin sollten also in allererster Linie zentrale sozialdemokratische Inhalte in die Verhandlungen über den ersten Staatsvertrag, die sonst an der SPD nahezu völlig vorbeigelaufen wären, eingebracht werden. Die Position Lafontaines kam wegen des auf ihn am 25. April 1990 in Köln verübten Attentats vorerst nicht zum Tragen und sorgte erst im Vorfeld der Ratifizierung für erhebliche Verwerfungen.

In Ostberlin sollte nun die SPD-Volkskammerfraktion, in der das Meinungsbild hinsichtlich einer Regierungsbeteiligung günstiger war[21] als im Parteivorstand, der Motor auf dem Weg zu Koalitionsverhandlungen werden. Entsprechend legte Schröder am 27. März ein programmatisches Grundlagenpapier für die Fortführung der

---

17 Vgl. ebd.
18 Protokoll über die Sitzung des Präsidiums der SPD am 02.04.1990, AdsD SPD-Parteivorstand – Vorstandssekretariat; auszugsweise abgedr. i.: Fischer, Einheit, a. a. O., S. 282 ff., hier S. 283.
19 Vgl. Oskar Lafontaine: Das Herz schlägt links, München 1999, S. 17 ff.; vgl. auch: Protokoll der gemeinsamen Sitzung der Präsidien der SPD in der Bundesrepublik und der DDR sowie der Geschäftsführenden Vorstände der SPD-Bundestagsfraktion und der SPD-Volkskammerfraktion am 22.04.1990, abgedr. i.: Fischer, Einheit, a. a. O., S. 293 sowie Sturm, Uneinig, a. a. O., S. 392 ff.
20 Vgl. Protokoll der gemeinsamen Sitzung der Präsidien der SPD in der Bundesrepublik und der DDR sowie der Geschäftsführenden Vorstände der SPD-Bundestagsfraktion und der SPD-Volkskammerfraktion am 22.04.1990, abgedr. i.: Fischer, Einheit, a. a. O., S. 291 f. sowie Sturm, Uneinig, a. a. O., S. 392 f.
21 Vgl. Vermerk Walter Zöller für Gerhard Jahn betr. Arbeitsaufnahme der Sozialdemokratischen Volkskammerfraktion v. 29.03.1990, Archiv der Bundesstiftung Aufarbeitung, Vorlass Markus Meckel 729.

Informationsgespräche vor.[22] Dieses beinhaltete – wie mit dem SPD-Parteivorstand (West) vereinbart – zunächst den Hinweis auf den Fahrplan der SPD zur Einheit, der u. a. mit der Forderung nach der Anerkennung der Oder-Neiße-Linie als endgültiger Ostgrenze des vereinigten Deutschland und der Ablehnung der Integration Gesamtdeutschlands in die NATO verknüpft war. In Bezug auf die als vorrangig betrachtete Verwirklichung der Sozialunion stellte Schröder neben dem Schutz der Eigentumsrechte der Bürger der DDR, vor allem mit Blick auf die Bodenreform von 1946, den Mieterschutz, die Einführung einer Arbeitslosenversicherung, eine Verbesserung des Rentensystems sowie den Erhalt der Kinderbetreuungsangebote in den Vordergrund. Bemerkenswert ist in diesem Zusammenhang auch die dem Leipziger Programm folgende Forderung nach der »Schaffung von breitem Volksvermögen«[23], eine Absage also an eine rein an kapitalistischen Kriterien orientierte Privatisierung des DDR-Staatsvermögens. Die »Beseitigung des SED-Filzes, die Überführung des SED-Vermögens in Staatsbesitz« standen ebenso auf der Agenda der Ost-SPD wie schließlich die »betriebliche Demokratisierung« durch ein »Mitbestimmungs- und Betriebsverfassungsgesetz«[24]. Dieser Text wurde von der Fraktion nach kleineren redaktionellen Änderungen gebilligt und eine aus Richard Schröder, Frank Terpe, Martin Gutzeit, Markus Meckel und Wolfgang Thierse bestehende offizielle Delegation für die weiteren Verhandlungen bestimmt.[25]

In diesem Sinne fanden nun am 29. März und am 1. April die Informationsgespräche mit der CDU statt. Die DSU blieb zunächst entsprechend der diesbezüglich verabredeten Linie auf Wunsch der SPD außen vor.[26] Bei diesen Terminen kamen sich die Verhandlungspartner inhaltlich schon recht nahe. So wurden zentrale Fragen der Wirtschafts- und Währungsunion, der Länderreform sowie der Außen- und Sicherheitspolitik erörtert und in vielen Punkten Übereinstimmung erzielt.[27] Hier ist nicht zuletzt das Bekenntnis de Maizières und damit der Ost-CDU zur Oder-Neiße-Grenze zu nennen. Bemerkenswert ist weiterhin, dass sich bereits zu diesem Zeitpunkt ein Einlenken der SPD bezüglich eines möglichen Beitritts der DDR zur Bundesrepublik nach Art. 23 Grundgesetz andeutete. Im Gegenzug – so scheint es – signalisierte de Maizière die Flexibilität der CDU in der Verfassungsfrage.[28] Dieses

---

22 Vgl. Politische Grundsätze der SPD-Fraktion in der Volkskammer – Entwurf, o. D., o. Verf. sowie Protokoll der Fraktionssitzung am 27.03.1990, AdsD SPD-Fraktion in der Volkskammer der DDR 2/VKFA000014; vgl. weiterhin diverse ergänzende und detaillierende Aktenstücke in: AdsD Depositum Wolfgang Thierse 1/WTAA000044.
23 Ebd.
24 Ebd.
25 Protokoll der Fraktionssitzung am 27.03.1990, AdsD SPD-Fraktion in der Volkskammer der DDR 2/VKFA000014.
26 Vgl. Jäger, Überwindung, a. a. O., S. 434 f.
27 Vgl. Notizen von Lothar de Maizière zu den Informationsgesprächen am 29.03.1990, ACDP Ost-CDU Parteiarbeit VII-012-3917.
28 Vgl. ebd.

1 Grundsatzkonflikt und frühe Weichenstellungen – Debatte um die Regierungsbeteiligung

Zugeständnis war zwar zweifellos ernst gemeint[29], aber natürlich auf längere Sicht politisch relativ wohlfeil, denn eine eventuelle Anpassung des Grundgesetzes war Sache des künftigen gesamtdeutschen Parlaments, und es sprach wenig dafür, dass die Konstellation einer Großen Koalition auch dort Bestand haben würde. Die Ost-SPD ließ sich also zweifellos ein wenig vom Elan des Augenblicks mitreißen. Es herrschte aber offenbar eine derart »konstruktive Gesprächsatmosphäre«[30], dass die Runde am 1. April – entgegen der ursprünglichen Absicht – sogar schon Personalfragen thematisierte.[31] So berichtete de Maizière den Parteien der Allianz und der Liberalen, dass die SPD nicht weniger als sieben Ministerien gefordert hätte, von denen er ihr lediglich fünf zubilligen wolle.[32]

Vielen Mitgliedern des SPD-Parteivorstandes (Ost) waren indes Meckel, Schröder und deren Delegation in der Koalitionsfrage schon viel zu weit vorgeprescht. Insofern nahmen sie am 2. April zwar Meckels Bericht zunächst scheinbar wohlwollend entgegen, verabschiedeten aber mit zwölf zu sechs Stimmen eine »Empfehlung an die Fraktion und das Präsidium, keine Koalitionsverhandlungen zu führen.«[33] Das magere Ergebnis, mit dem Meckel zum kommissarischen Vorsitzenden bestimmt wurde, ist nicht zuletzt auch vor diesem Hintergrund zu sehen. Da die SPD-Delegation schon für den 3. April den Beginn der Koalitionsverhandlungen vorgesehen hatte, waren Präsidium und Fraktionsvorstand nun erheblich unter Zugzwang und trafen am selben Abend zu einer alles entscheidenden Sitzung zusammen. Die Empfehlung des Parteivorstandes wurde dabei lediglich »zur Kenntnis genommen«, und in der Sache bei acht zu vier Stimmen das genaue Gegenteil, nämlich »die Aufnahme der Koalitionsverhandlungen«, beschlossen.[34] Inwieweit hier das Statut der Ost-SPD[35] berührt war, das in § 19 Abs. 1 das Präsidium als ausführendes Organ des Parteivorstandes definierte, ist eine diffizile Frage. Einerseits handelte es sich ausdrücklich nur um eine Empfehlung des Parteivorstandes und andererseits konnte sich die SPD-

---

29 Vgl. de Maizière, Kinder, a. a. O., S. 135.
30 Jäger, Überwindung, a. a. O., S. 434; vgl. auch Protokoll der Vorstandssitzung am 02.04.1990, AdsD Sozialdemokratische Partei in der DDR – SDP/SPD-Parteivorstand 2/SDPA000056.
31 Eine im ACDP vorliegende undatierte Kabinettsliste, in der u. a. für das Außenressort Stolpe und Meckel alternativ genannt sind, in der Reinhard Höppner und der brandenburgische Bischof Gottfried Forck als Kandidaten für die Ämter des Volkskammerpräsidenten und des Staatspräsidenten vorgesehen sind, scheint das Ergebnis dieser Vorüberlegungen zu sein. ACDP Ost-CDU Parteiarbeit VII-012-3917.
32 Vgl. Notizen von Lothar de Maizière zu den Koalitionsgesprächen am 01.04.1990, ACDP Ost-CDU Parteiarbeit VII-012-3917.
33 Protokoll der Vorstandssitzung am 02.04.1990, AdsD Sozialdemokratische Partei in der DDR – SDP/SPD-Parteivorstand 2/SDPA000056.
34 Protokoll der gemeinsamen Sitzung SPD-Parteipräsidium und Fraktionsvorstand am 02.04.1990, AdsD SPD-Fraktion in der Volkskammer der DDR 2/VKFA000014.
35 Abgedr. i.: Dieter Dowe u. a. (Hg.): Von der Bürgerbewegung zur Partei. Die Gründung der Sozialdemokratie in der DDR. Diskussionsforum im Berliner Reichstag am 7. Oktober 1992 (= Gesprächskreis Geschichte H. 3), Bonn 1993, S. 167 ff., hier S. 173.

Volkskammerfraktion auf die Rechte freier Abgeordneter berufen, was auch der Vorstand letztlich – wenn auch zähneknirschend –, akzeptierte.[36] Meckel und Schröder bekräftigten diese Position sowohl öffentlich als auch noch einmal in einer Sitzung des Parteirates am 7. April.[37] Gleichwohl ist es ein durchaus bemerkenswerter Vorgang, wenn eine Fraktion – hier sogar nur der Fraktionsvorstand – eine so weitreichende Entscheidung gegen den erklärten Willen des eigenen Parteivorstandes fällt. Die Fraktionsspitze setzte hier wohl hauptsächlich auf die normative Kraft des Faktischen, zumal die eigentliche Weichenstellung, wenn auch unverbindlich formuliert, eine knappe Woche zuvor in Bonn vorgenommen worden war.

Die Gegner dieses Beschlusses waren, wie oben schon angedeutet in der Ost-SPD zahlreich. Doch war die Parteilinke ihrer populären Galionsfigur Böhme beraubt – und Käte Woltemath, die in dessen Fußstapfen zu steigen versuchte und Schröder und Meckel bald bei jeder sich bietenden Gelegenheit mit Angriffen überzog, konnte nicht dessen Bedeutung erreichen.[38] Die Jungen Sozialdemokraten, die neu gegründete Jugendorganisation der Ost-SPD, die ebenfalls entschieden gegen die Regierungsbeteiligung votierten[39], waren nicht in der Lage, entscheidende Impulse zu setzen. Wolfgang Thierse, der zunächst als Gegner der Koalitionsgespräche galt, konvertierte alsbald aus pragmatischen Gründen[40], und der von Böhme in Stellung gebrachte Kamilli positionierte sich nicht so eindeutig, wie sich das vielleicht mancher gewünscht hätte. Damit war die Entscheidung für die Koalitionsgespräche und letztlich auch die Regierungsbeteiligung faktisch durchgesetzt. Das Thema blieb jedoch noch für längere Zeit ein latenter Dauerkonflikt in der Partei und insbesondere in den obersten Gremien.

Doch wie sah es in den Gliederungen und an der Basis der Partei aus? Die schon erwähnte Parteiratssitzung vom 7. April 1990 lässt diesbezüglich keine klaren Schlüsse zu, da die protokollierten Wortmeldungen der Aussprache nicht besonders zahlreich sind.[41] Richard Schröder indes erwähnt in seinem Bändchen »Deutschland

---

36 Protokoll der Vorstandssitzung am 02.04.1990, AdsD Sozialdemokratische Partei in der DDR – SDP/SPD-Parteivorstand 2/SDPA000056.
37 Protokoll der Parteiratssitzung zur Wahl des Geschäftsführenden Ausschusses und des Vorsitzenden, Berlin, am 07.04.1990, AdsD Sozialdemokratische Partei in der DDR – SDP/SPD-Parteivorstand 2/SDPA000063; vgl. auch: Der Spiegel, Jg. 44 (1990), H. 15 v. 09.04.1990, S. 30.
38 Zu Käte Woltemath vgl. ihre Autobiografie: Käte Woltemath: 4 × Deutschland ... und keins für mich dabei, 2 Bde., Schwerin 2003. Zu den Auseinandersetzungen um die Koalitionsfrage und später die Regierungspolitik vgl. ebd., Bd. 2, S. 318 ff. und Offener Brief von Käte Woltemath v. 19.04.1990 sowie weitere Korrespondenz hierzu, AdsD Sozialdemokratische Partei in der DDR – SDP/SPD-Parteivorstand 2/SDPA000125.
39 Vgl. Presseerklärung der Jungen Sozialdemokraten zur Koalitionsbildung v. 19.04.1990, AdsD Sozialdemokratische Partei in der DDR – SDP/SPD-Parteivorstand 2/SDPA000181.
40 Vgl. Sturm, Uneinig, a. a. O., S. 348 f.
41 Vgl. Protokoll der Parteiratssitzung zur Wahl des Geschäftsführenden Ausschusses und des Vorsitzenden, Berlin, 07.04.1990, AdsD Sozialdemokratische Partei in der DDR – SDP/SPD-Parteivorstand 2/SDPA000063.

schwierig Vaterland« eine große Anzahl an Zuschriften, die die SPD-Parteiführung und die Fraktion in dieser Sache erreicht hätten.[42] In den Akten des SDP/SPD-Parteivorstandes sind sie erhalten geblieben.[43] Wenn auch keinesfalls ein im statistischen Sinne repräsentatives Sample, sind sie doch eine höchst wertvolle Quelle, die in vielen punktuellen historischen Tiefenbohrungen Einblicke in den durchaus heterogenen Meinungsstand an der Basis der jungen Partei erlaubt. Insofern scheint es in diesem Kontext ausgesprochen gewinnbringend, eine sowohl quantitative als auch qualitative Auswertung vorzunehmen und diese geografisch und chronologisch zu gliedern. Von insgesamt 376 vorliegenden Zuschriften stammten 141 von SPD-Mitgliedern und Gliederungen aus der DDR. Diese sollen hier besonders betrachtet werden. Das gesamte Korpus von Zuschriften ist rein quantitativ wie folgt verteilt:

Tab. 6 Zuschriften an SPD (Ost) zur Regierungsbeteiligung – quantitative Verteilung

Zuschriften insgesamt:	376
– Davon SPD-Mitglieder u. Gliederungen (DDR):	141
Ablehnende Zuschriften insgesamt:	207
– SPD-Mitglieder u. Gliederungen (DDR):	76
– Wähler (DDR) v. a. SPD:	111
– aus der BRD:	20
Zustimmende Zuschriften insgesamt:	137
– SPD-Mitglieder u. Gliederungen (DDR):	49
– Wähler (DDR) v. a. SPD:	78
– aus der BRD:	10
Bedingt zustimmende Zuschriften insgesamt:	32
– SPD-Mitglieder u. Gliederungen (DDR):	16
– Wähler (DDR) v. a. SPD:	16

Quelle: Peter Gohle/AdsD, SDP/SPD-Parteivorstand 2/SDPA000049-51 (vgl. unten Anm. 43).

Allein aus dieser Auswertung geht schon hervor, dass die die Regierungsbeteiligung ablehnenden Stimmen sowohl bei den SPD-Wählern in der DDR als auch unter den Parteimitgliedern – zumindest nach diesem Ausschnitt – bei Weitem in der Mehr-

---

42 Vgl. Richard Schröder: Deutschland schwierig Vaterland. Für eine neue politische Kultur, Freiburg i. Br. 1993, S. 43.
43 AdsD Sozialdemokratische Partei in der DDR – SDP/SPD-Parteivorstand 2/SDPA000049-51.

heit waren. Auch bei den Briefen aus der Bundesrepublik bestätigt sich dieses Bild. Werfen wir nun also einen genaueren Blick auf die Zuschriften der Mitglieder der SPD in der DDR, die geografische Verteilung sowie nicht zuletzt die vorgebrachten Entscheidungsgründe:

Tab. 7 Zuschriften an SPD (Ost) zur Regierungsbeteiligung – Bz. Berlin

Ablehnung

Nr.	Datum	Absender	Ort, Gliederung	Grund
1	o. D.	Einzelperson	Berlin-Niederschönweide	Inhaltliches Profil der SPD – handfeste Opposition
2	o. D.	Einzelperson	Berlin-Niederschönweide	Glaubwürdigkeit
3	19.03.1990	Einzelperson	Berlin-Hohenschönhausen	Beteiligung der DSU, inhaltliches Profil der SPD
4	21.03.1990	N. N.	Kreisverband Pankow	Ohne (Abstimmung in der Gliederung)
5	22.03.1990	N. N.	Basisgruppe Rahnsdorf – Wilhelmshagen – Hessenwinkel	Prinzip, politische Taktik, Glaubwürdigkeit der SPD
6	22.03.1990	Ortsverein Berlin-Lichtenberg	Ortsverein Berlin-Lichtenberg	Arbeit für Einheit Deutschlands und soziale Sicherung
7	23.03.1990	Einzelperson	Berlin-Heinersdorf	Glaubwürdigkeit
8	28.03.1990	N. N. (33 Genossen)	Berlin-Lichtenberg	Glaubwürdigkeit, Beschluß der Basisgruppe
9	28.03.1990	N. N. (25 Genossen)	Basisgruppe 08 Berlin-Lichtenberg	Glaubwürdigkeit, »fünftes Rad am Wagen«
10	28.03.1990	Einzelperson	Kreisverband Prenzlauer Berg (Basisgruppe 5)	Keine Koalition mit der DSU, Zusammenarbeit in Sachfragen
11	29.03.1990	N. N.	Kreisverband Prenzlauer Berg (Basisgruppe 7)	Ohne
12	29.03.1990	Einzelperson	Ortsverein Berlin-Niederschönweide	Glaubwürdigkeit

Zustimmung

Nr.	Datum	Absender	Ort, Gliederung	Grund
1	22.03.1990	Einzelperson	Basisgruppe 14 Berlin-Marzahn	Ohne
2	22.03.1990	Einzelperson	Basisgruppe 3 Berlin-Marzahn	Keine gemeinsame Opposition mit der PDS

1 Grundsatzkonflikt und frühe Weichenstellungen – Debatte um die Regierungsbeteiligung

Tab. 7 Zuschriften an SPD (Ost) zur Regierungsbeteiligung – Bz. Berlin

| 3 | 28.03.1990 | Einzelperson | Ortsverein Berlin-Johannisthal (Kreisverband Treptow) | Ohne (Mehrheitsentscheidung im Ortsverein) |

Bedingte Zustimmung				
Nr.	Datum	Absender	Ort, Gliederung	Grund
1	22.03.1990	Einzelperson	Johannisthal Berlin-Schöneweide	Nur ohne Beteiligung der DSU
2	27.03.1990	N. N.	Kreisverband Köpenick	Nur ohne Beteiligung der DSU
3	06.04.1990	Einzelperson	Basisgruppe Berlin-Karow	Nur ohne Beteiligung der DSU

Quelle: Peter Gohle/AdsD, SDP/SPD-Parteivorstand 2/SDPA000049-51 (vgl. Anm. 43, S. 219).

Zunächst gilt es für Berlin festzustellen, dass hier die Koalitionsfrage mit 17 Zuschriften das größte Echo fand und die überwiegende Mehrheit der Parteimitglieder, die sich zu Wort gemeldet hatten, eine Regierungsbeteiligung ablehnte. Hier standen vor allem die Frage der Glaubwürdigkeit der SPD und deren inhaltliches Profil im Vordergrund. Dies mag auch nur wenig überraschen, muss doch die Berliner Parteiorganisation als die am weitesten links stehende Gliederung der Ost-SPD betrachtet werden.

Tab. 8 Zuschriften an SPD (Ost) zur Regierungsbeteiligung – Bz. Chemnitz

Ablehnung				
Nr.	Datum	Absender	Ort, Gliederung	Grund
1	19.03.1990	Einzelperson	Werdau	Verleumdungen im Wahlkampf
2	21.03.1990	Ortsverein Schwarzenberg	Ortsverein Schwarzenberg	Befürchtete Austritte
3	21.03.1990	Einzelperson	Ortsverein Hohenstein-Ernstthal	Ohne
4	22.03.1990	Einzelperson	Unterbezirk Aue	Befürchtete Austritte
5	28.03.1990	Einzelperson	Mittweida	Glaubwürdigkeit
6	28.03.1990	Basisgruppe Chemnitz-Bernsdorf-Lutherviertel	Basisgruppe Chemnitz-Bernsdorf-Lutherviertel	Ohne – Beschluß der Basisgruppe
7	28.03.1990	Einzelperson	Ortsverein Großolberdorf	DSU, Härte im Wahlkampf
8	01.04.1990	Einzelperson	Schwarzenberg	DSU, Härte im Wahlkampf, Sündenbock SPD

Kapitel IV · Schwieriger Imperativ der Realpolitik – Ost-SPD in Regierungsverantwortung

Tab. 8 Zuschriften an SPD (Ost) zur Regierungsbeteiligung – Bz. Chemnitz

Zustimmung

Nr.	Datum	Absender	Ort, Gliederung	Grund
1	20.03.1990	N. N. (angeblich 80 Genossen)	Zschopau	Verantwortung übernehmen
2	20.03.1990	N. N. (angeblich 48 Genossen)	Zschopau	Verantwortung übernehmen
3	20.03.1990	Einzelperson	Plauen	Keine gemeinsame Opposition mit der PDS
4	21.03.1990	Einzelperson	Ortsverein Chemnitz-Grüna	Gestaltung der neuen Demokratie
5	23.03.1990	Einzelperson	Ortsverein Hohndorf	Wählerwille Kompromiss mit der Allianz für die Einheit und gegen die PDS

Bedingte Zustimmung

Nr.	Datum	Absender	Ort, Gliederung	Grund
1	21.03.1990	Einzelperson	Ortsverein Adorf/Vogtland	Nur ohne Beteiligung der DSU
2	21.03.1990	Einzelperson	Ortsverein Leubsdorf	Nur ohne Beteiligung der DSU
3	29.03.1990	N. N.	Bezirksvorstand Chemnitz	Nur ohne Beteiligung der DSU

Quelle: Peter Gohle/AdsD, SDP/SPD-Parteivorstand 2/SDPA000049-51 (vgl. Anm. 43, S. 219).

Das Echo im Bezirk Chemnitz war mit 16 Zuschriften nur knapp geringer als in Berlin. Das Meinungsbild, das sich darin spiegelt, ist jedoch weit weniger eindeutig. Tendenziell könnte hier von einem Patt beider Lager gesprochen werden. Bemerkenswert ist dabei vor allem der Beschluss des Bezirksvorstandes, eine Koalition nur unter Ausschluss der DSU eingehen zu wollen. Dies verweist auf einen zentralen Grund für die Ablehnung einer Zusammenarbeit mit der Allianz: die Härte des Wahlkampfes der Allianz, die besonders im Süden der DDR spürbar war und bei der sich vor allem die DSU hervorgetan hatte. Mit diesem Ableger der bayerischen CSU wollten sich viele Ost-Sozialdemokraten keinesfalls an einen Tisch setzen.

1 Grundsatzkonflikt und frühe Weichenstellungen – Debatte um die Regierungsbeteiligung

Tab. 9 Zuschriften an SPD (Ost) zur Regierungsbeteiligung – Bz. Cottbus

Ablehnung				
Nr.	Datum	Absender	Ort, Gliederung	Grund
1	o. D.	Einzelperson	Weißwasser	Ohne
2	20.03.1990	Ortsverein Vetschau	Ortsverein Vetschau	Ohne
3	o. D.	N. N.	Kreisverband Guben	Glaubwürdigkeit – Auflösungsdrohung
4	22.03.1990	Ortsverein Annaburg	Ortsverein Annaburg	Ohne
5	23.03.1990	N. N.	Ortsverein Schipkau, Klettwitz, Annahütte	Glaubwürdigkeit
6	29.03.1990	Einzelperson	Ortsverein Lübbenau-Calau	Härte des Wahlkampfes, befürchtete Austritte
Zustimmung				
Nr.	Datum	Absender	Ort, Gliederung	Grund
1	24.03.1990	Einzelperson	Basisgruppe Schlieben	Konstruktive Politik, keine Opposition mit der PDS

Quelle: Peter Gohle/AdsD, SDP/SPD-Parteivorstand 2/SDPA000049-51 (vgl. Anm. 43, S. 219).

Die Anzahl von insgesamt lediglich sieben Zuschriften aus dem Bezirk Cottbus kann zwar kaum zu einer repräsentativen Größe extrapoliert werden, das damit an den Parteivorstand gesandte Signal war freilich eindeutig und gegen eine Regierungsbeteiligung gerichtet. Hervorzuheben ist insbesondere, dass der Kreisverband Guben für den Fall eines Eintritts der SPD in die Regierung als Ultima Ratio sogar die Selbstauflösung androhte. Die in einer Zuschrift artikulierte Furcht vor Parteiaustritten im Falle einer Regierungsbeteiligung wird uns noch öfter begegnen.

Tab. 10 Zuschriften an SPD (Ost) zur Regierungsbeteiligung – Bz. Dresden

Ablehnungen				
Nr.	Datum	Absender	Ort, Gliederung	Grund
1	o. D.	Ortsverein Radebeul	Ortsverein Radebeul	DSU, Glaubwürdigkeit
2	o. D.	Einzelperson	Ortsverein Dresden-Nord	Inhaltliches Profil
3	o. D.	Einzelperson	Kreisverband Riesa	Härte des Wahlkampfes – Rücktrittsdrohung

Kapitel IV · Schwieriger Imperativ der Realpolitik – Ost-SPD in Regierungsverantwortung

Tab. 10 Zuschriften an SPD (Ost) zur Regierungsbeteiligung – Bz. Dresden

4	22.03.1990	Einzelperson	Dresden	Glaubwürdigkeit, »arbeiterfeindliche Allianz«
5	23.03.1990	Ortsverein Löbau	Ortsverein Löbau	Ohne bzw. konstruktive Opposition
6	23.03.1990	N. N.	Ortsverein Meißen	Einstimmiger Ortsvereinsbeschluss, aber Zusammenarbeit in Sachfragen
7	28.03.1990	Einzelperson	Dresden	DSU, Härte des Wahlkampfes
8	17.04.1990	N. N.	Dresden	Nicht ernst zu nehmende Verschwörungstheorie – »alte Genossen«

Zustimmung

Nr.	Datum	Absender	Ort, Gliederung	Grund
1	o. D.	Einzelperson	Dresden	Vertrauensverlust durch gemeinsame Opposition mit der PDS
2	20.03.1990	Einzelperson (und 10 Genossen.)	Basisgruppe Dresden-Nord	u. a. Vertrauensverlust durch gemeinsame Opposition mit der PDS (Minderheitenvotum)
3	21.03.1990	N. N. (und 75 Genossen)	Dresden	Keine gemeinsame Opposition mit der PDS
4	28.03.1990	Einzelperson	Kreisverband Görlitz	Nationale Verantwortung

Bedingte Zustimmung

Nr.	Datum	Absender	Ort, Gliederung	Grund
1	22.03.1990	N. N.	Ortsverein Dresden-West	Nur ohne Beteiligung der DSU
2	24.03.1990	Einzelperson	Kreisverband Pirna	Nur ohne Beteiligung der DSU

Quelle: Peter Gohle/AdsD, SDP/SPD-Parteivorstand 2/SDPA000049-51 (vgl. Anm. 43, S. 219).

Der Befund für den Bezirk Dresden ist insofern bemerkenswert, als sich bei vergleichsweise vielen Zuschriften ein unerwartet klares Votum gegen eine Regierungsbeteiligung ablesen lässt. Auffällig ist freilich – und dies verzerrt vermutlich den Befund –, dass die meisten Stellungnahmen aus Dresden selbst und der näheren Umgebung stammen und somit eine eher großstädtische Befindlichkeit abgebildet ist.

Tab. 11 Zuschriften an SPD (Ost) zur Regierungsbeteiligung – Bz. Frankfurt (O.)

Ablehnungen

Nr.	Datum	Absender	Ort, Gliederung	Grund
1	21.03.1990	Ortsverein Brieskow-Finkenheerd	Ortsverein Brieskow-Finkenheerd	Härte des Wahlkampfes, Glaubwürdigkeit
2	25.03.1990	Einzelperson	Ortsverein Strausberg	Härte des Wahlkampfes, Glaubwürdigkeit
3	30.03.1990	Einzelperson	Basisgruppe Schöneiche	Ohne – einstimmiger Beschluß d. Basisgruppe

Zustimmung

Nr.	Datum	Absender	Ort, Gliederung	Grund
1	21.03.1990	Einzelperson	Basisgruppe Frankfurt/O.-Nord	Nationale Verantwortung, Einbeziehung von »Bündnis 90«!
2	21.03.1990	Einzelperson	Eisenhüttenstadt	Kein »Schmollwinkel«, soziale Marktwirtschaft.
3	22.03.1990	N. N.	Schwedt – Basisgruppe Papierfabrik	Keine Opposition mit der PDS
4	22.03.1990	Unleserlich (mehrere)	Basisgruppe Eberswalde-Ostende	Verantwortung, Abgrenzung zur PDS
5	05.04.1990	Unleserlich	Ortsverein Wandlitz	Ohne
6	06.04.1990	Einzelperson	Kreisverband Schwedt/Oder	Keine Opposition mit der PDS

Bedingte Zustimmung

Nr.	Datum	Absender	Ort, Gliederung	Grund
1	20.03.1990	Unleserlich	Ortsverein Rüdersdorf b. Berlin	Nur ohne Beteiligung der DSU
2	24.03.1990	Unleserlich	Ortsverein Erkner	Nur ohne Beteiligung der DSU
3	30.03.1990	Unleserlich	Ortsverein Hennickendorf	Nur ohne Beteiligung der DSU
4	03.04.1990	Einzelperson	Kreisverband Strausberg	Nur ohne Beteiligung der DSU

Quelle: Peter Gohle/AdsD, SDP/SPD-Parteivorstand 2/SDPA000049-51 (vgl. Anm. 43, S. 219).

Bei Frankfurt (Oder) handelt es sich um den ersten Bezirksverband, in dem, bei insgesamt 13 Einsendungen aus SPD-Gliederungen, eine relative Mehrheit für den Eintritt in die Koalition und zusätzlich eine vergleichsweise hohe Stimmenanzahl für eine Zusammenarbeit mit der CDU und den Liberalen unter Ausschluss der DSU feststellbar ist. Gleichzeitig werden zwei der wichtigsten Argumente für die Regierungsbeteiligung genannt, die auch ausschlaggebend für die Entscheidung an den Parteispitzen in Ost und West waren: keine gemeinsame Opposition mit der PDS sowie die Wahrnehmung der nationalen Verantwortung für die Gestaltung der Deutschen Einheit durch die SPD.

Tab. 12 Zuschriften an SPD (Ost) zur Regierungsbeteiligung – Bz. Gera

Ablehnungen

Nr.	Datum	Absender	Ort, Gliederung	Grund
1	19.03.1990	Einzelperson	Gera	SPD kein »Erfolgsgehilfe« der CDU
2	20.03.1990	Einzelperson	Unterbezirk Gera – Gruppe Medien	Härte des Wahlkampfes, Glaubwürdigkeit, aber konstruktive Zusammenarbeit aus der Opposition
3	20.03.1990	Einzelperson	Kreisverband Schleiz	Glaubwürdigkeit, Alibifunktion
4	23.03.1990	Einzelperson	Bad Berka	Jetzt Mehrheitsbeschaffer, später Sündenbock
5	23.03.1990	N. N. (angeblich mehrere Genossen aus den Bezirken Gera, Erfurt, Halle)	Jena	Profil
6	24.03.1990	Einzelperson	Gera	Glaubwürdigkeit

Zustimmung

Nr.	Datum	Absender	Ort, Gliederung	Grund
1	26.03.1990	Einzelperson	Ortsverein Bad Blankenburg	Trotz verleumderischen Wahlkampfes pragmatische Große Koalition

Quelle: Peter Gohle/AdsD, SDP/SPD-Parteivorstand 2/SDPA000049-51 (vgl. Anm. 43, S. 219).

Das Ergebnis aus Gera scheint aufgrund der geringen Zahl an Zuschriften ebenso wenig aussagekräftig wie das des Bezirks Cottbus. Nichtsdestoweniger ist die sich daraus ergebende Tendenz gleichermaßen eindeutig gegen eine Koalitionsbildung gerichtet. Neben die bisher schon vorgetragenen Argumente tritt ein Aspekt, der bereits in abgewandelter Form bei den oben analysierten Gesprächen in Bonn eine gewisse Rolle gespielt hatte. Die SPD konnte sich keinesfalls als reiner Mehrheitsbeschaffer der Allianz vorstellen und wollte – in einer auf den ersten Blick eigentümlichen aber dennoch einleuchtenden Dialektik – weder »Erfolgsgehilfe« des bürgerlichen

Lagers noch später den »Sündenbock« für die zwangsläufig tiefen Einschnitte und auch unpopulären Entscheidungen der neuen DDR-Regierung spielen. Gleichzeitig finden wir auch in Gera die Vorstellung, dass die SPD zwar aus Gründen der Glaubwürdigkeit in die Opposition gehen, gleichzeitig aber aus dieser Position heraus eine konstruktive und gestaltende Rolle einnehmen solle. Dies war freilich eine ebenso salomonische wie unpraktikable Variante, würde man sich doch damit zwischen alle Stühle setzen und dazu noch auf jegliche Machtteilhabe verzichten.

Tab. 13 Zuschriften an SPD (Ost) zur Regierungsbeteiligung – Bz. Halle

Ablehnungen

Nr.	Datum	Absender	Ort, Gliederung	Grund
1	19.03.1990	Kreisverband Wittenberg	Kreisverband Wittenberg	Ohne
2	19.03.1990	Einzelperson	Ortsverein Radegast	Glaubwürdigkeit
3	20.03.1990	Einzelperson	Thale	Härte des Wahlkampfes – alter Genosse
4	23.03.1990	Einzelperson	Kreisverband Bitterfeld	Einheitliche Meinung im KV-Vorstand
5	23.03.1990	Einzelperson	Ortsverein Gernrode	Alibivertretung, Einbindung zur »Belastung« der SPD
6	28.03.1990	N. N.	Ortsverein Bitterfeld-Holzweißig	Glaubwürdigkeit
7	10.04.1990	10 Genossen	Kreisverband Wittenberg, Ortsverein Kemberg	DSU, Glaubwürdigkeit – »fühlen uns belogen und betrogen«

Zustimmung

Nr.	Datum	Absender	Ort, Gliederung	Grund
1	19.03.1990	Einzelperson	Kreisverband Merseburg	Chancen bei der Kommunalwahl
2	22.03.1990	Unleserlich	Ortsverein Sandersdorf	»Große Koalition der demokratischen Kräfte«
3	27.03.1990	Einzelperson	Blankenheim	Gestaltungsmöglichkeiten in der Regierung (alter Genosse)

Bedingte Zustimmung

Nr.	Datum	Absender	Ort, Gliederung	Grund
1	23.03.1990	N. N.	Ortsverein Quedlinburg	Nur ohne Beteiligung der DSU

Quelle: Peter Gohle/AdsD, SDP/SPD-Parteivorstand 2/SDPA000049-51 (vgl. Anm. 43, S. 219).

Auch die aus dem Bezirk Halle eingegangen Briefe votierten mit absoluter Mehrheit gegen ein Bündnis mit der Allianz. Dies geschah überwiegend aus oben schon diskutierten Gründen. Es taucht jedoch auch ein Argument auf, das gleichsam als Erfahrungswert aus der Zeit des zweiten Kabinetts Modrow und der damit verbundenen taktischen Misere der SPD gewertet werden kann. Die Einbindung der SPD in die Regierungsverantwortung erschien als bewusstes Mittel der bürgerlichen Parteien, die Sozialdemokraten ihrer politischen Unschuld zu berauben.

Tab. 14 Zuschriften an SPD (Ost) zur Regierungsbeteiligung – Bz. Leipzig

Ablehnungen

Nr.	Datum	Absender	Ort, Gliederung	Grund
1	o. D.	Einzelperson	Ortsverein Leipzig-Raunsdorf	Inhaltliches Profil – »Verkauf an die Lügenbarone«
2	o. D.	Ortsverein Leipzig-Südwest	Ortsverein Leipzig-Südwest	Inhaltliches Profil – notwendige unpopuläre Maßnahmen stärken die PDS
3	19.03.1990	Ortsverein Geithain	Ortsverein Geithain	Glaubwürdigkeit – Auflösungsdrohung!
4	22.03.1990	Einzelperson	Leipzig	Glaubwürdigkeit – Postenschacher
5	23.03.1990	Einzelperson	Kreisverband Döbeln	Politische Eigenständigkeit

Zustimmung

Nr.	Datum	Absender	Ort, Gliederung	Grund
1	o. D.	Einzelperson	Basisgruppe Leipzig Mitte 3	Gestaltungsmöglichkeit in der Regierung, Vertrauensverlust durch gemeinsame Opposition mit der PDS
2	20.03.1990	Einzelperson	Ortsverein Leipzig-Grünau	Keine gemeinsame Opposition mit der PDS
3	20.03.1990	Einzelperson	Ortsverein Regis-Breitingen	Keine gemeinsame Opposition mit der PDS
4	20.03.1990	Einzelperson	Kreisverband Borna	Ohne
5	21.03.1990	Einzelperson	Ortsverein Leipzig-Wiederitzsch	Gestaltungs- und Profilierungsmöglichkeiten, keine gemeinsame Opposition mit der PDS
6	21.03.1990	N. N.	Ortsverein Eilenburg	Ohne

1 Grundsatzkonflikt und frühe Weichenstellungen – Debatte um die Regierungsbeteiligung

Tab. 14 Zuschriften an SPD (Ost) zur Regierungsbeteiligung – Bz. Leipzig

7	21.03.1990	Einzelperson	Ortsverein Leipzig-Schönefeld	Keine gemeinsame Opposition mit der PDS, Pflicht zur Gestaltung der Deutschen Einheit
8	22.03.1990	Unleserlich	Ortsverein Böhlen	Einbringung sozialdemokratischer. Positionen, Abgrenzung zur PDS
9	23.03.1990	Einzelperson (»Junge Historiker«)	Leipzig	Wirre und nicht ernst zu nehmende Begründung.
10	05.04.1990	Einzelperson	Wurzen	Keine gemeinsame Opposition mit der PDS – alter Genosse

Quelle: Peter Gohle/AdsD, SDP/SPD-Parteivorstand 2/SDPA000049-51 (vgl. Anm. 43, S. 219).

Es ist oben schon deutlich geworden, wie virulent gerade im Bezirk Leipzig die – vor dem Hintergrund der Unterdrückungsgeschichte in der DDR durchaus verständliche – tief empfundene Abneigung vieler Ost-Sozialdemokraten gegenüber der PDS war. Diese Grundstimmung hat offensichtlich auch die Feder der Mehrheit derer geführt, die zur Koalitionsbildung Stellung nahmen. Sogar in einer der ablehnenden Stimmen gerieten die Postkommunisten zum Argument. Leipzig ist insofern der einzige der ausgewerteten Bezirke, in dem die Koalitionsbefürworter eine absolute Mehrheit erreichten.

Tab. 15 Zuschriften an SPD (Ost) zur Regierungsbeteiligung – Bz. Magdeburg

Ablehnungen				
Nr.	Datum	Absender	Ort, Gliederung	Grund
1	o. D.	Einzelperson	Ortsverein Niederndodeleben	Ohne
2	19.03.1990	Einzelperson	Schönebeck	Mutmaßliche weitere Stimmenverluste – alter Genosse seit 1932
3	28.03.1990	Einzelperson	Magdeburg	Profil, Gefahr entstellender Kompromisse
Zustimmung				
Nr.	Datum	Absender	Ort, Gliederung	Grund
1	21.03.1990	Einzelperson	Ortsverein Magdeburg-Ost	Ohne
2	22.03.1990	Einzelperson	Ortsverein/Kreisverband Klötze/Altmark	Keine gemeinsame Opposition mit der PDS

Kapitel IV · Schwieriger Imperativ der Realpolitik – Ost-SPD in Regierungsverantwortung

Tab. 15 Zuschriften an SPD (Ost) zur Regierungsbeteiligung – Bz. Magdeburg

| 3 | 28.03.1990 | Einzelperson | Kreisverband Haldensleben | Übernahme von Verantwortung |
| 4 | 31.03.1990 | Unleserlich | Kreisverband Halberstadt | Keine Schmollecke, handlungsfähige Regierung |

Bedingte Zustimmung				
Nr.	Datum	Absender	Ort, Gliederung	Grund
1	04.04.1990	Einzelperson	Magdeburg	Ohne DSU (alter Genosse)

Quelle: Peter Gohle/AdsD, SDP/SPD-Parteivorstand 2/SDPA000049-51 (vgl. Anm. 43, S. 219).

Ein Patt mit relativer Mehrheit für eine Regierungsbeteiligung ist für den Bezirk Magdeburg festzustellen. Neue Argumente kamen nicht in Spiel und darüber hinaus ist das Sample mit lediglich acht Wortmeldungen eher dürftig.

Tab. 16 Zuschriften an SPD (Ost) zur Regierungsbeteiligung – Bz. Potsdam

Ablehnungen				
Nr.	Datum	Absender	Ort, Gliederung	Grund
1	19.03.1990	Ortsverein Rangsdorf	Ortsverein Rangsdorf	Ohne – Auflösungsdrohung!
2	19.03.1990	N. N.	Potsdam	Programmatik
3	21.03.1990	Einzelperson	Zossen	Glaubwürdigkeit
4	22.03.1990	Einzelperson	Ortsverein Hohenstücken, Kreisverband Brandenburg/Havel	Koalition weder mit PDS noch mit DSU
5	22.03.1990	Ortsverein Bergholz-Rehbrücke	Ortsverein Bergholz-Rehbrücke	Einstimmiger Beschluss
6	23.03.1990	Ortsverein Senzig	Ortsverein Senzig	Glaubwürdigkeit, Auflösungsdrohung!
7	28.03.1990	Einzelperson	Ortsverein Eichwalde	Programm, Profil
8	23.03.1990	Einzelperson	Ortsverein Prieros/Gussow	U. a. Härte des Wahlkampfes, Sachfragen, aber Tolerierung ohne Regierungseintritt
9	24.03.1990	N. N.	AsF Bez. Potsdam	Ohne
10	24.03.1990	Einzelperson	Teltow	Keine Zersplitterung der Linken

1 Grundsatzkonflikt und frühe Weichenstellungen – Debatte um die Regierungsbeteiligung

Tab. 16 Zuschriften an SPD (Ost) zur Regierungsbeteiligung – Bz. Potsdam

Zustimmung				
Nr.	Datum	Absender	Ort, Gliederung	Grund
1	21.03.1990	Einzelperson	Rathenow-Mitte	»Schnelle Vereinigung«, keine gemeinsame Opposition mit der PDS
2	o. D.	Einzelperson	Perleberg	Keine Opposition

Quelle: Peter Gohle/AdsD, SDP/SPD-Parteivorstand 2/SDPA000049-51 (vgl. Anm. 43, S. 219).

Gänzlich anders stellt sich das Bild im Bezirk Potsdam dar. Hier ist nicht nur die Beteiligung mit 12 Stellungnahmen deutlich höher, sondern auch das Votum eindeutig gegen eine Regierungsbeteiligung gerichtet. Hier mag nicht zuletzt die Nähe zu Berlin eine gewisse Rolle spielen.

Wenig aussagekräftig – vielleicht ausgenommen die geschlossene Zustimmung des Kreisverbands Parchim zur Regierungsbeteiligung – sind aufgrund der jeweilig leider sehr geringen Anzahl von Zuschriften die Ergebnisse für die Bezirke Erfurt, Neubrandenburg, Rostock, Schwerin und Suhl. Sie seien aber hier dennoch ergänzend tabellarisch berücksichtigt:

Tab. 17 Zuschriften an SPD (Ost) zur Regierungsbeteiligung – Bz. Erfurt

Ablehnungen				
Nr.	Datum	Absender	Ort, Gliederung	Grund
1	o. D.	Ortsverein Wutha-Farnroda	Ortsverein Wutha-Farnroda	Inhaltliches Profil
2	23.03.1990	Einzelperson	Ortsverein Tabarz	Diffamierung im Wahlkampf und danach
Zustimmung				
Nr.	Datum	Absender	Ort, Gliederung	Grund
1	20.03.1990	Einzelperson	Arnstadt	»Arroganz des Schmollenden«, keine gemeinsame Opposition mit der PDS
Bedingte Zustimmung				
Nr.	Datum	Absender	Ort, Gliederung	Grund
1	20.03.1990	Einzelperson	Basisgruppe Bad Salzungen	Nur ohne Beteiligung der DSU

Quelle: Peter Gohle/AdsD, SDP/SPD-Parteivorstand 2/SDPA000049-51 (vgl. Anm. 43, S. 219).

Tab. 18 Zuschriften an SPD (Ost) zur Regierungsbeteiligung – Bz. Neubrandenburg

Ablehnungen

Nr.	Datum	Absender	Ort, Gliederung	Grund
1	01.04.1990	Einzelperson	Kreisverband Waren	Härte des Wahlkampfes, Taktik der CDU

Zustimmung

Nr.	Datum	Absender	Ort, Gliederung	Grund
1	20.03.1990	Einzelperson	Ortsverein Teterow	Ohne

Quelle: Peter Gohle/AdsD, SDP/SPD-Parteivorstand 2/SDPA000049-51 (vgl. Anm. 43, S. 219).

Tab. 19 Zuschriften an SPD (Ost) zur Regierungsbeteiligung – Bz. Rostock

Ablehnungen

Nr.	Datum	Absender	Ort, Gliederung	Grund
1	23.03.1990	Einzelperson	Grimmen	Profil, CDU = Blockflöte, Kohl
2	25.03.1990	Einzelperson	Ortsverein Lüssow	Programmatik, CDU = Blockflöte

Zustimmung

Nr.	Datum	Absender	Ort, Gliederung	Grund
1	21.03.1990	Einzelperson	Boltenhagen	Mehr Gestaltungsmöglichkeit in der Regierung
2	22.03.1990	Einzelperson	Ortsverein Kühlungsborn	Mehr Gestaltungsmöglichkeit in der Regierung, keine gemeinsame Opposition mit der PDS

Quelle: Peter Gohle/AdsD, SDP/SPD-Parteivorstand 2/SDPA000049-51 (vgl. Anm. 43, S. 219).

Tab. 20 Zuschriften an SPD (Ost) zur Regierungsbeteiligung – Bz. Schwerin

Ablehnungen

Nr.	Datum	Absender	Ort, Gliederung	Grund
1	21.03.1990	Einzelperson	Schwerin	Opposition nicht der PDS überlassen, überwiegende Meinung im Ortsverein
2	30.03.1990	Einzelperson	Schwerin	SPD ist kein Anhängsel der CDU (Anruf)

1 Grundsatzkonflikt und frühe Weichenstellungen – Debatte um die Regierungsbeteiligung

Tab. 20 Zuschriften an SPD (Ost) zur Regierungsbeteiligung – Bz. Schwerin

Zustimmung				
Nr.	Datum	Absender	Ort, Gliederung	Grund
1	21.03.1990	Einzelperson	Schwerin	Ohne (Anruf)
2	21.03.1990	Einzelperson	Ortsverein Lübz	Mehr Gestaltungsmöglichkeit, keine gemeinsame Opposition mit der PDS
3	22.03.1990	[Angeblich] 200 Genossen	Kreisverband Parchim	Ohne – Mehrheitsbeschluss

Quelle: Peter Gohle/AdsD, SDP/SPD-Parteivorstand 2/SDPA000049-51 (vgl. Anm. 43, S. 219).

Tab. 21 Zuschriften an SPD (Ost) zur Regierungsbeteiligung – Bz. Suhl

Ablehnungen				
Nr.	Datum	Absender	Ort, Gliederung	Grund
1	23.03.1990	Kotzem	Ortsverein Hildburghausen	Befürchtete Sündenbockfunktion der SPD
Zustimmung				
Nr.	Datum	Absender	Ort, Gliederung	Grund
1	22.03.1990	Zühlke	Geraberg	Keine gemeinsame Opposition mit der PDS, Politikgestaltung
2	27.03.1990	Riehm	Ortsverein Suhl, Ilmenauerstr.	Pflicht der Mitgestaltung, keine gemeinsame Opposition mit der PDS
3	27.03.1990	Jacob	Steinach	Keine gemeinsame Opposition mit der PDS (alter Genosse)
Bedingte Zustimmung				
Nr.	Datum	Absender	Ort, Gliederung	Grund
1	31.03.1990	N. N.	Ortsverein Meiningen	Nur ohne Beteiligung der DSU

Quelle: Peter Gohle/AdsD, SDP/SPD-Parteivorstand 2/SDPA000049-51 (vgl. Anm. 43, S. 219).

Auch aus diesen Auflistungen lässt sich, wenn auch keinesfalls repräsentativ, in der Summe nur ein leichtes Übergewicht der Regierungsbefürworter in diesen durchaus unterschiedlichen Bezirken ablesen.

Zusammenfassend ist also festzustellen, dass insgesamt sechs der zehn auswertbaren Parteibezirke einschließlich Berlin einer Regierungsbeteiligung mehrheitlich ablehnend gegenüberstanden. Lediglich einer – Leipzig – sprach sich mit absoluter Mehrheit für die Koalitionsbildung aus. In Frankfurt (Oder) ist zumindest eine relative Mehrheit hierfür zu konstatieren. In zwei Bezirken – Chemnitz und Magdeburg – ergab sich ein Patt der Gegner einer Regierungsbeteiligung und der bedingten und unbedingten Befürworter.

Setzen wir nun diese Willensbekundungen aus den Bezirken in Relation zur ungefähren Mitgliederzahl der jeweiligen Gliederung, so ergibt sich folgendes Bild[44]:

Tab. 22 Zuschriften an SPD (Ost) zur Regierungsbeteiligung – Tendenzen in den Bezirken in Relation zur Mitgliederzahl

Bezirk	Mitgliederzahl	Votum
Berlin	4.000	Ablehnung
Chemnitz	2.000	Patt
Cottbus	1.700	Ablehnung
Dresden	3.000–4.000	Ablehnung
Erfurt	1.700	(Patt)
Frankfurt/O.	3.500–5.000	Zustimmung
Gera	1.500	Ablehnung
Halle	8.000	Ablehnung
Leipzig	2.000	Zustimmung
Magdeburg	4.000–5.000	Patt
Neubrandenburg	2.000–3.000	(Patt)
Potsdam	2.000	Ablehnung
Rostock	1.400	(Patt)
Schwerin	1.000	(Zustimmung)
Suhl	3.000	(Zustimmung)

Quelle: Peter Gohle/AdsD, SDP/SPD-Parteivorstand 2/SDPA000049-51 (vgl. Anm. 43, S. 219).

---

44 Die Mitgliederzahlen sind den geschätzten Werten aus dem oben schon zitierten Bericht von Klaus Schäfer und Horst Wegner über die Besuche in den Bezirksgeschäftsstellen der SPD in der DDR (26.03.–03.04.1990) v. 05.04.1990 entnommen. In Klammern gesetzte Voten bedeuten, dass der Befund in keinem Fall als aussagekräftig zu werten ist. Vgl. AdsD Sozialdemokratische Partei in der DDR – SDP/SPD-Parteivorstand 2/SDPA000167.

1 Grundsatzkonflikt und frühe Weichenstellungen – Debatte um die Regierungsbeteiligung

Projiziert schließlich auf die bald zu gründenden neuen Bundesländer bzw. die künftigen SPD-Landesorganisationen auf dem Gebiet der DDR, bedeutete dies für Mecklenburg-Vorpommern – auf äußerst geringer »Datenbasis« – mit fünf zu sechs Stimmen ein leichtes Übergewicht für die Regierungsbefürworter. In Brandenburg ist mit 19 zu neun Stimmen bei zusätzlich vier Voten für eine Regierungsbeteiligung unter Ausschluss der DSU eine klare absolute Mehrheit für die Koalitionsgegner festzustellen. Noch eindeutiger ist das Ergebnis mit 12 zu drei zu drei Stimmen in Berlin. Knapper sind mit zehn zu sieben zu zwei Stimmen die Verhältnisse in Sachsen-Anhalt. In Sachsen – hier ist auch die hohe Anzahl an Wortmeldungen bemerkenswert – hatten die Regierungsgegner bei 21 zu 19 zu fünf immerhin noch die relative Mehrheit. In Thüringen schließlich ist mit neun zu fünf zu zwei Stimmen erneut eine knappe absolute Mehrheit für die Regierungsgegner zu konstatieren.

Bei aller Vorsicht, mit der diese Ergebnisse und Projektionen zu genießen sind, ergeben sich daraus jedoch durchaus belastbare Hinweise darauf, dass die Stimmungslage an der Basis der Ost-SPD mehrheitlich gegen eine Regierungsbeteiligung gerichtet war. Dies wurde beim Parteivorstand-Ost – Ausweis sind die vermutlich zur Zählung mit dickem rotem Filzstift angebrachten Auszeichnungen – sehr genau zur Kenntnis genommen. Er tat also in der Erfüllung des so artikulierten Willens der Basis durchaus gut daran, dem Präsidium und der Fraktion, den Abbruch der Gespräche mit der Allianz über eine Koalitionsbildung zu empfehlen. Diese Erkenntnis spiegelt sich auch in der wie folgt protokollierten Wortmeldung von Stephan Hilsberg in der Präsidiumssitzung der West-SPD in Bonn am 2. April 1990:

> »Der Eintritt in eine Koalition würde für die Partei [...] eine erhebliche Belastung mit sich bringen, zumal der amtierende Vorsitzende, wie bekannt, umstritten sei und zu den Befürwortern der Koalition gehöre. Denkbar sei, daß in einem solchen Prozeß in der Partei etwas wegbreche.«[45]

Was zu diesem Zeitpunkt in der West-SPD vor dem Hintergrund lange eingeübter Organisationsdisziplin noch weitestgehend abwegig erschien, führte beim Vorstand der Ost-SPD entsprechend der aus der Bürger- und Alternativbewegung in das Parteibewusstsein implementierten Basisorientierung zu unmittelbarem – wenn auch vergeblichem – politischen Handeln gegen die strategische Einsicht der eigenen Fraktion und nicht zuletzt der großen Schwester im Westen. Dass freilich auch Vogel seine Schwierigkeiten hatte, die Kohorten in der West-SPD zu disziplinieren, erweist sich in seinem durchaus ärgerlichen Einwurf auf der schon oben zitierten Präsidiumssitzung vom 2. April:

---

45 Protokoll über die Sitzung des Präsidiums der SPD am 02.04.1990, abgedr. i.: Fischer, Einheit, a. a. O., S. 282 f.

»Sein Bedauern äußerte Hans-Jochen Vogel über die öffentlichen Äußerungen von Fraktionsmitgliedern zur Koalitionsfrage. Ebenso verurteilte er eine Unterschriftenaktion innerhalb der Fraktion, die eine entgegengesetzte Zielrichtung habe. Solche Vorgänge dürften sich nicht wiederholen. Er stellte fest, zur Koalitionsfrage gebe es hier und in der DDR unterschiedliche Meinungen. Er stimme mit Oskar Lafontaine überein und warnte vor den Umarmungsversuchen der PDS. Eine Tolerierung alleine bezeichnete er als nicht ausreichend.«[46]

Es hatten sich immerhin Gerhard Schröder und Heidemarie Wieczorek-Zeul dezidiert gegen den Eintritt der SPD in die Regierung de Maizière ausgesprochen.[47]

2 Der sozialdemokratische Weg zur Deutschen Einheit – Die Koalitionsverhandlungen mit der Allianz für Deutschland

Vor diesem Hintergrund begannen nun am Dienstag, den 3. April 1990 im Haus der Parlamentarier in Ostberlin die offiziellen Koalitionsverhandlungen. Die taktischen Orientierungen der beiden Lager für die Regierungsbildung waren indes zunächst recht unterschiedlich. Hatte die SPD, die ursprünglich mit der federführenden Regierungsübernahme gerechnet hatte, umfassende programmatische Vorarbeiten geleistet, die sie maßgeblich in eine detaillierte Koalitionsvereinbarung einbringen wollte[48], hielten sich die Allianzparteien und die Liberalen mit inhaltlichen Konzepten eher zurück. Sie waren, wie das Richard Schröder in seinem Bericht an die Präsidien der sozialdemokratischen Parteien in Ost und West am 22. April formulierte, auf eine »Handschlagkoalition«[49] aus, die ihnen zwar die Loyalität der Sozialdemokraten bei der Regierungsarbeit sicherte, gleichzeitig aber politisch nicht allzu sehr die Hände band.

Bezüglich der Frage der Beteiligung der DSU hatte Christoph Matschie im Vorfeld ein Papier[50] vorgelegt, das die taktische Linie der SPD entsprechend der Vorabsprachen für die Koalitionsverhandlungen operationalisierte und konkretisierte. Es beschäftigte sich zunächst mit der Lösung des Glaubwürdigkeitsdilemmas, in dem die SPD diesbezüglich steckte, und stellte fest:

---

46 Ebd., S. 284.
47 Vgl. ebd.
48 Vgl. Jäger, Überwindung, a. a. O., S. 435, vgl. auch den entsprechenden Faszikel in den Akten der SPD-Volkskammerfraktion, AdsD SPD-Fraktion in der Volkskammer der DDR 2/VKFA000002.
49 Protokoll der gemeinsamen Sitzung der Präsidien der SPD in der Bundesrepublik und der DDR sowie der Geschäftsführenden Vorstände der SPD-Bundestagsfraktion und der SPD-Volkskammerfraktion am 22.04.1990, abgedr. i.: Fischer, Einheit, a. a. O., S. 291.
50 Vgl. Christoph Matschie: Verhandlungsposition in Bezug auf die DSU, o. D., AdsD SPD-Fraktion in der Volkskammer der DDR 2/VKFA0000012.

Abb. 19 Markus Meckel (l.) und Richard Schröder (r.) vor den Koalitionsverhandlungen mit der Allianz für Deutschland im April 1990.

»*Ausgangssituation:*
1. Wahlversprechen der SPD: keine Koalition mit der DSU.
2. Wahlversprechen der CDU: [D]ie Allianz bleibt zusammen[.]
   ➡ [E]s muß ein übergeordnetes Entscheidungskriterium gefunden werden, um eine Lösung der Situation zu ermöglichen.
Vorschlag:
[D]as Entscheidungskriterium heißt ›Verantwortung für unser Land‹.«[51]

Damit die Sozialdemokraten diese Verantwortung in einer unionsgeführten Koalitionsregierung wahrnehmen konnten, musste es aber zu erheblichen programmatischen Zugeständnissen in den Bereichen Wirtschafts- und Sozialpolitik, Eigentums- und Ökologiefragen, der Außenpolitik sowie nicht zuletzt der Gesellschaftspolitik kommen, die auch die DSU ausdrücklich und ohne Vorbehalte anzuerkennen hatte. Die offensichtliche Kompromissbereitschaft der CDU hatten die Sozialdemokraten wohlwollend zur Kenntnis genommen, eine Klärung der Haltung der DSU in dieser

---

51 Ebd., S. I.

Hinsicht fehlte jedoch weitestgehend. Entsprechend vernichtend fiel Matschies Analyse aus:

> »Die DSU hat sich bisher in folgender Weise gezeigt:
> - völlig unhaltbare Wahlversprechungen (sofortige Währungsunion, kurzfristige Vereinigung)[;]
> - unfaires bis brutales Verhalten im Wahlkampf[;]
> - weitgehende Abhängigkeit von der CSU[;]
> - massiver Einsatz von Menschen u. Material aus Bayern im Wahlkampf z. T. ohne daß DSU-Mitglieder beteiligt waren[;]
> - wichtige Entscheidungen entstehen bisher immer in der Bundesrepublik u. nur in enger Anlehnung an Politiker der CSU[;]
> - ›freche‹ Forderungen in Bezug auf die Regierungsbeteiligung (4 Ministerposten, Amt des Präsidenten oder des Volkskammerpräsidenten[;]
> - sehr allgemein gehaltenes Programm, das zwar viele Versprechungen und Forderungen enthält aber kaum Lösungswege anbietet.
> - Die DSU hat sich also bisher nicht als seriöse Partnerin darstellen können. Die Fähigkeit verantwortliche Politik für dieses Land zu gestalten ist bisher nicht erkennbar.«[52]

In diesem Sinne war es aus Sicht der Sozialdemokraten nun Sache der DSU, ihre Seriosität unter Beweis zu stellen, bevor sie als Gesprächspartner akzeptiert werden konnte. Dies sollte auf der Grundlage eines detaillierten Fragekatalogs geschehen, der alle Politikbereiche umfasste und auch zwischen der SPD und der DSU besonders umstrittene und gerade für die CSU heikle Komplexe wie Ausländerpolitik, uneheliche Partnerschaften, Gleichstellung Homosexueller und nicht zuletzt die zukünftige Regelung des Schwangerschaftsabbruchs beinhaltete.[53] De Maizière reagierte umgehend und stutzte – vielen sozialdemokratischen Forderungen folgend – in der »Allianz«-internen Runde am 1. April der DSU gehörig die Flügel.[54] Er verweigerte den Christsozialen zunächst den Zugriff auf das Landwirtschaftsressort, stellte ihnen höchstens zwei Ministerien und gegebenenfalls drei Staatssekretäre in Aussicht und zeigte sich nicht gewillt, ihnen Einfluss auf Fragen der Ausländer- und Entwicklungshilfepolitik zu gewähren.[55] Es ist unverkennbar, dass auch der künftige christdemokratische Ministerpräsident der DDR gewisse Vorbehalte bezüglich des in vielerlei Hinsicht rechtspopulistischen Kurses der von der bayerischen Schwesterpartei aus

---

52 Ebd., S. II f.
53 Vgl. ebd., S. IV f.
54 Vgl. Notizen von Lothar de Maizière zu den Koalitionsgesprächen am 01.04.1990, ACDP Ost-CDU Parteiarbeit VII-012-3917.
55 Vgl. ebd. Dass mit Ebeling später doch ein DSU-Vertreter – immerhin deren Vorsitzender – Minister für Wirtschaftliche Zusammenarbeit wurde, war also zunächst nicht vorgesehen.

dem Boden gestampften Truppe[56] um den Leipziger Pfarrer Hans-Wilhelm Ebeling hegte. Offenbar war ihm der Ausgleich mit der SPD mehr wert als die programmatische Einvernehmlichkeit mit den Christsozialen.[57] Das entschiedene Handeln de Maizières kann zudem als eine vertrauensbildende Maßnahme in Richtung der Sozialdemokraten verstanden werden und war durchaus dazu angetan, deren Gesprächsbereitschaft weiter zu befördern.

Die Sozialdemokraten erklärten in der ersten Runde der Koalitionsverhandlungen zunächst, dass sie einerseits nun das offizielle Verhandlungsmandat besäßen und andererseits grundsätzlich auch die reguläre Teilnahme von Vertretern der DSU an den Koalitionsrunden akzeptierten.[58] Gleichwohl stellte Meckel klar, dass die »Beteiligung der DSU so gering wie möglich«[59] ausfallen solle. Die einigermaßen rüde diszipliniert DSU war indes demonstrativ um Deeskalation bemüht und erklärte in Gestalt ihres Generalsekretärs Peter-Michael Diestel:

»a) DSU hat keine inhaltlichen Widersprüche zur CDU.
b) [D]ie DSU ist bereit, sich für konkretes Fehlverhalten im Wahlkampf bei der SPD zu entschuldigen und erwartet entsprechendes Verhalten von der SPD.
c) [D]ie DSU ist nicht von der CSU ferngesteuert, es gibt Dissenz (sic!) in einzelnen Sachfragen.«[60]

Nachdem das DSU-Problem einstweilen vom Tisch war, scheiterte freilich der Versuch de Maizières, der SPD mit dem Angebot, den Sozialdemokraten Reinhard Höppner zum Volkskammerpräsidenten zu wählen, eine frühzeitige Koalitionszusage abzuringen.[61] Schröder beharrte darauf, dass erst eine Koalitionsvereinbarung auf der Basis der Verhandlungen der Fachleute der jeweiligen Parteien sowie der zentralen Redaktionsgruppe feststehen müsse, die dann der SPD-Volkskammerfraktion zur Genehmigung vorgelegt werden konnte. So sah es das Mandat, das die SPD-Unterhändler erhalten hatten, vor.[62] Die unterschiedlichen Prioritäten der Verhandlungs-

---

56 Vgl. Jäger, Überwindung, a. a. O., S. 276 ff. sowie ausführlicher ders., Michael Walter: Die Allianz für Deutschland. CDU, Demokratischer Aufbruch und Deutsche Soziale Union 1989/90, Köln u. a. 1998, S. 149 ff.
57 Vgl. Kohl, Mauerfall, a. a. O., S. 231.
58 Vgl. Protokoll über das erste Koalitionsgespräch zur Regierungsbildung zwischen den Parteien der Allianz für Deutschland, den Parteien der Fraktion der Liberalen und der SPD am 03.04.1990, AdsD SPD-Fraktion in der Volkskammer der DDR 2/VKFA000011.
59 Notizen von Lothar de Maizière zum Koalitionsgespräch Allianz, Liberale, SPD am 03.04.1990, ACDP Ost-CDU Parteiarbeit VII-012-3917.
60 Protokoll über das erste Koalitionsgespräch am 03.04.1990, AdsD SPD-Fraktion in der Volkskammer der DDR 2/VKFA000011.
61 Vgl. ebd.
62 Notizen von Lothar de Maizière zum Koalitionsgespräch Allianz, Liberale, SPD am 03.04.1990, ACDP Ost-CDU Parteiarbeit VII-012-3917.

partner offenbarten sich auch in den Schwerpunktsetzungen der Diskussion, etwa wenn Eppelmann eher die Dringlichkeit eines Zeit- und Strukturplanes betonte, was Romberg und Schröder mit der Forderung nach »klare[n] und deutliche[n] Positionen in [der] Koalitionsvereinbarung« sowie der Veröffentlichung derselben konterten.[63] Die SPD versuchte also entsprechend der mit West-SPD abgesprochenen Strategie, aus der Minderheitenposition heraus ihre konservativen und liberalen Gesprächspartner auf inhaltliche Positionen festzulegen, die dann auch notfalls in und vor der Öffentlichkeit gleichsam einklagbar waren. Vor diesem Hintergrund wurden schließlich folgende fünf Fachgruppen eingerichtet, die aus jeweils einem Vertreter der DSU und der Liberalen sowie zwei Sozialdemokraten und zwei Vertretern der CDU bzw. des Demokratischen Aufbruch gebildet werden sollten:

»a) *Außenpolitik*, Abrüstungs-, Sicherheits-, Verteidigungs- und Entwicklungspolitik

b) *Wirtschaft*, Landwirtschaft, Ökologie, Finanzen, Infrastruktur, Verkehr, Bauwesen

c) *Soziales*, Gesundheit, Frauen, Familie, Jugend, Sport

d) *Innenpolitik*, Justiz, Länderbildung, Post, Inneres, Stasi-Problematik, Vermögensfragen, SED-Problematik

e) Kultur, Wissenschaft, Forschung, Bildung, Medien«[64]

Diese hatten die Aufgabe, möglichst bis Ende der Woche entsprechende Fachvorlagen für die Koalitionsvereinbarung zu erarbeiten, die dann in einer Endredaktion am Sonntag zusammengegossen und angepasst werden sollten. Die Hauptrunde, die bereits am nächsten Tag erneut zusammentrat, behielt sich darüber hinaus die Beratung über grundsätzliche Fragen wie den Weg zur Deutschen Einheit, Verfassungsfragen, Länderstruktur sowie die Regierungsbildung und -struktur vor.[65] Der Zeitplan war durchaus knapp bemessen, denn bereits am folgenden Donnerstag, den 12. April sollten der Ministerpräsident und der neue Ministerrat gewählt werden.[66]

In der zweiten Koalitionshauptrunde am 4. April teilte de Maizière den Sozialdemokraten mit, dass sich die CDU-Fraktion auf die Ärztin und langjährige Angehörige der Ost-CDU, Sabine Bergmann-Pohl aus Berlin, als Kandidatin für das Amt der Volkskammerpräsidentin geeinigt habe. Die noch am Vortag in Aussicht gestellte Wahl des Sozialdemokraten Höppner in dieses Amt war damit vom Tisch.[67] Die SPD

---

63 Vgl. ebd.
64 Protokoll über das erste Koalitionsgespräch am 03.04.1990, AdsD SPD-Fraktion in der Volkskammer der DDR 2/VKFA000011.
65 Vgl. ebd.
66 Vgl. Protokoll der zweiten Koalitionsverhandlung am 04.04.1990, AdsD SPD-Fraktion in der Volkskammer der DDR 2/VKFA000011.
67 Vgl. ebd.

scheint dies widerspruchslos als Preis für die Ablehnung einer Blankokoalitionszusage hingenommen zu haben. Nachdem der Zeitplan und die Arbeitsaufträge für die Fachgruppen präzisiert worden waren[68], widmete sich die Runde dem eigentlichen Hauptthema der Sitzung, der Frage nach dem Weg zur Deutschen Einheit. Für einen Moment blitze hier noch einmal die Auseinandersetzung um die Modalitäten der Vereinigung der beiden deutschen Staaten nach Art. 23 oder Art. 146 GG auf. Nachdem sich die CDU in dieser Angelegenheit grundsätzlich auf den Beitritt der Länder der DDR zum Geltungsbereich des Grundgesetzes nach Art. 23 festgelegt hatte[69], gab es hier eigentlich kaum Verhandlungsspielraum. Die SPD wiederum setzte dieser Linie nur ein wenig hinhaltenden Widerstand entgegen, da sich diesbezüglich schon in den Vorgesprächen ein Kompromiss abgezeichnet hatte und es ihr auch weniger um das bloße Verfahren, als vielmehr um die grundsätzliche Möglichkeit einer inhaltlichen Revision des deutschen Verfassungswerks ging. Das Protokoll vermerkt hierzu:

> »In den Verhandlungen mit der Bundesregierung über die Bedingungen über die Anwendung des Art. 23 sind Ergänzungen und Modernisierung des GG einzubringen.«[70]

Hier stand für die SPD vor allem die künftige Verankerung der sozialen Grundrechte auf Arbeit, Wohnung und Bildung im Fokus.[71] Doch auch bei den Sozialdemokraten hatte sich – sicherlich mit erheblichem Bauchgrimmen – die Erkenntnis durchgesetzt, dass diese als unmittelbar einklagbare Rechte weder durchsetzbar noch faktisch sinnvoll waren, wie das Protokoll der Sitzung als Konsens festhält.[72] Nichtsdestoweniger war diese Wertsetzung auf der Ebene der gesamtdeutschen Verfassung für die SPD eine »entscheidende Frage«[73]. Darüber hinaus hatte Schröder auch eine stärkere Berücksichtigung plebiszitärer Elemente im Blick und brachte zudem die Themen »Datenschutz, Gentechnologie, Ökologie«[74] ins Spiel. Im gerade mal sechs Wochen alten Leipziger Parteiprogramm hatte die SPD die Einrichtung eines zwischenstaat-

---

68 Notizen von Lothar de Maizière zur zweiten Koalitionsrunde am 04.04.1990, ACDP Ost-CDU Parteiarbeit VII-012-3917.
69 Vgl. Inoffizielle CDU-Linie für die Koalitionsvereinbarung, o. D., ACDP Ost-CDU Parteiarbeit VII-012-3917.
70 Protokoll der zweiten Koalitionsverhandlung am 04.04.1990, AdsD SPD-Fraktion in der Volkskammer der DDR 2/VKFA000011; vgl. auch: Der Spiegel, Jg. 44 (1990), H. 15 v. 09.04.1990, S. 30.
71 Vgl. Notizen von Lothar de Maizière zur zweiten Koalitionsrunde am 04.04.1990, ACDP Ost-CDU Parteiarbeit VII-012-3917.
72 Vgl. Protokoll der zweiten Koalitionsverhandlung am 04.04.1990, AdsD SPD-Fraktion in der Volkskammer der DDR 2/VKFA000011.
73 Notizen von Lothar de Maizière zur zweiten Koalitionsrunde am 04.04.1990, ACDP Ost-CDU Parteiarbeit VII-012-3917. Das Adjektiv »koalitionsentscheidend« hat de Maizière im Manuskript durchgestrichen.
74 Ebd.

lichen und paritätisch besetzten parlamentarischen Gremiums als Motor und Plattform des Einheitsprozesses gefordert. Dieses Modell des Rates zur Deutschen Einheit sowie die Möglichkeiten und Grenzen seiner Umsetzung standen nun auf der Tagesordnung der Koalitionsgespräche. Die Runde einigte sich zunächst relativ schnell auf die Einrichtung von entsprechenden Parlamentsausschüssen von Volkskammer und Bundestag. Deren genaue Funktion blieb jedoch vorerst unklar. Bemerkenswert ist, dass Meckel und Schröder schon relativ früh die ursprüngliche Verhandlungsposition der SPD aufweichten, indem sie den zu bildenden Rat auf eine rein parlamentarische Funktion reduzierten und die eigentliche Verhandlungsmacht im Vereinigungsprozess auf die Regierungsebene konzentrieren wollten:

> »Meckel: In die Vereinigungsprozesse wird kein zusätzliches Gremium einbezogen. Die Regelung liegt eindeutig bei der Regierung. Es geht nur um öffentliches Bild und Offenlegung des Grades der Gemeinsamkeit.«[75]

Einmütig stellten Eppelmann und Schröder zudem fest, dass die beiden Ausschüsse der Parlamente durchaus zusammen tagen, gleichzeitig aber im Wesentlichen »ohne Befugnisse« bleiben sollten, damit kein »Reibungsverlust« und kein »Kompetenzverlust der Regierung« entstünden.[76] Vor diesem Hintergrund half es dann auch wenig, dass Wolfgang Thierse – etwas abgeschwächt – die ursprüngliche SPD-Position in Erinnerung rief:

> »Rat: 1. Parität
> 2. Öffentliche Repräsentativität
> 3. Vorgriff auf gesamtdeutsche Legitimität
> ⇒ Institution für mögl.[iche] Veränderung des Grundgesetzes
> – Appellationsmöglichkeit für Menschen mit ihren Sorgen + Ängsten«[77]

De Maizière bügelte diesen Einwand relativ brüsk ab, indem er einerseits die Parität a priori als gegeben annahm und dem Rat bzw. den Ausschüssen – mit einem gewissen Recht – keinesfalls keine vorgreifende gesamtdeutsche Legitimität im legislativen Sinne zubilligen wollte.[78] Es ist unverkennbar, dass Thierse sich noch stark dem Denken des Runden Tisches verhaftet zeigte. Zudem war das ursprüngliche sozialdemokratische Modell des Rates zur Deutschen Einheit als eine Art Protonationalversammlung staatsrechtlich und demokratietheoretisch recht unausgegoren. So blieb es bei der Konstruktion der dann tatsächlich verwirklichten Ausschüsse »Deutsche Einheit«,

---

75 Ebd.
76 Ebd.
77 Ebd.
78 Vgl. ebd.

die aber, wie Jäger zutreffend bemerkt, aufgrund ihrer sehr begrenzten Kompetenzen bloße Papiertiger blieben.[79] Der Grund für diesen taktischen Schwenk der Sozialdemokraten ist wohl in den für die SPD äußerst ungünstigen Mehrheitsverhältnissen in beiden deutschen Parlamenten zu suchen. Das ursprüngliche Konzept des Rates zur Deutschen Einheit war von einem haushohen Wahlsieg der SPD bei den Volkskammerwahlen ausgegangen und sollte mit dem Mittel der Parität sowohl die Minderheitenposition der SPD im Bundestag ausgleichen, als auch Verhandlungen mit der Bundesregierung auf Augenhöhe gewährleisten. Nachdem sich jedoch die Lage in der neu gewählten Volkskammer für die SPD noch ungünstiger darstellte als im Bundestag, hatte das Modell machtpolitisch für die Sozialdemokraten keinen Sinn mehr. Bei der nun absehbaren Beteiligung der SPD an der letzten Regierung der DDR verhießen allein Verhandlungen auf Kabinettsebene eine realistische Chance, sozialdemokratische Positionen maßgeblich in den Prozess hin zur Deutschen Einheit einbringen zu können. Aufschlussreich ist in diesem Zusammenhang insbesondere Punkt 7 des wenige Tage später vorgelegten Entwurfs der SPD für die Präambel der Koalitionsvereinbarung:

»Für die Vereinigung Deutschlands bildet die Regierung einen Kabinettsausschuß, dem die folgenden Minister angehören: der Ministerpräsident, der Außenminister, der Justizminister, der Finanzminister, der Wirtschaftsminister, der Minister für Arbeit und Soziales. Die Entscheidungen des Ausschusses sind dem Kabinett zur Beschlussfassung vorzulegen.«[80]

In diesem Ausschuss hätten, so er zustande gekommen wäre, entsprechend der endgültigen Kabinettsliste drei SPD-Minister zwei Christdemokraten und einem Liberalen gegenübergesessen. Das war freilich ein allzu durchsichtiger Versuch, die Machtbalance in der Koalition zugunsten der SPD zu verbessern. So ist es wenig verwunderlich, dass de Maizière diese Passage komplett strich und sie durch die – eigentlich unnötige – Festschreibung der Richtlinienkompetenz des Ministerpräsidenten in der Deutschlandpolitik ersetzt wissen wollte.[81]

Der 5. April brachte eine Verhandlungspause der Hauptrunde, da die Konstituierung der Volkskammer anstand.[82] An diesem Tag fand jedoch die separate Aussprache

---

79 Vgl. Jäger, Überwindung, a. a. O., S. 437.
80 Organisatorische Grundsätze der Koalitionsvereinbarung zwischen den Fraktionen der CDU, der DSU, dem DA, den Liberalen und der SPD 10. April 1990 [Entwurf mit handschriftlichen Korrekturen von Lothar de Maizière], ACDP Ost-CDU Parteiarbeit VII-012-3917.
81 Vgl. ebd.
82 Vgl. Jäger, Überwindung, a. a. O., S. 437; vgl. auch: Der Spiegel, Jg. 44 (1990), H. 15 v. 09.04.1990, S. 26 ff.

zwischen SPD und DSU statt, die Ebeling und Diestel angeregt hatten.[83] Vonseiten der Sozialdemokraten bestritten Meckel, Kamilli und Matschie diese Gespräche. Die DSU zeigte sich, nachdem sich Ebeling auch öffentlich für die Entgleisungen des Wahlkampfes entschuldigt hatte, erneut »im Verhandlungsverhalten sehr entgegenkommend«, wie die Sozialdemokraten zufrieden feststellten.[84] Trotz oder vielleicht gerade wegen dieses äußerst konzilianten Verhaltens der DSU zeigten sie sich aber wenig überzeugt und beklagten abermals das fehlende programmatische Profil der Christsozialen und ihre völlige Abhängigkeit von München und Bonn. Entsprechend fielen die Beurteilungen der Gespräche aus, die von »DSU klein halten« (Schröder) bis »nicht koalitionswürdig« (Matschie) reichten.[85] Ob sich die Kontrahenten tatsächlich halbwegs versöhnt »die Hand reichten«, wie Jäger mutmaßt[86], sei dahingestellt. Das Fazit scheint vielmehr gewesen zu sein, dass man realistischerweise nicht um eine Anerkenntnis der DSU herumkommen würde, wenn man eine Koalition mit der CDU eingehen wollte. Was die Durchsetzung dieses grundsätzlichen Ziels anbetrifft, war freilich in den eigenen Gremien noch erhebliche Kärrnerarbeit zu leisten:

> »Die Diskussion über die Haltung der SPD zu den kommenden Koalitionsgesprächen war kontrovers und brachte kein eindeutiges Ergebnis. Es wurde für dringend erforderlich angesehen, in einer Vorstandssitzung noch vor den nächsten Koalitionsgesprächen zu einem einheitlichen Standpunkt des Vorstandes zu kommen.«[87]

Vor diesem Hintergrund kam am späten Nachmittag des 7. April die Hauptrunde wieder zusammen, um ihre Beratungen fortzusetzen.[88] Zu dieser Sitzung existiert bedauerlicherweise kein offizielles Protokoll, gleichwohl lassen sich Thema und Verlauf anhand der Mitschriften de Maizières und der Presseberichterstattung leidlich nachvollziehen.[89] Nach einigen Anträgen zu Protokolländerungen, die offenbar von sozialdemokratischer Seite kamen und u. a. noch einmal den Art. 146 als Grundlage des Vereinigungsprozesses ins Spiel zu bringen versuchten, war die ressortmäßige und personelle Gestaltung des Ministerrates der zentrale Gegenstand der Verhand-

---

83 Vgl. Protokoll der Präsidiumssitzung am 06.04.1990 sowie handschriftliche Notizen hierzu, AdsD Sozialdemokratische Partei in der DDR – SDP/SPD-Parteivorstand 2/SDPA000061; vgl. auch: Der Spiegel, Jg. 44 (1990), H. 15 v. 09.04.1990, S. 29.
84 Vgl. Protokoll der Präsidiumssitzung am 06.04.1990 sowie handschriftliche Notizen hierzu, AdsD Sozialdemokratische Partei in der DDR – SDP/SPD-Parteivorstand 2/SDPA000061.
85 Ebd.
86 Jäger, Überwindung, a. a. O., S. 438.
87 Protokoll der Präsidiumssitzung am 06.04.1990, AdsD Sozialdemokratische Partei in der DDR – SDP/SPD-Parteivorstand 2/SDPA000061.
88 Vgl. ebd.
89 Vgl. 3. Koalitionshauptrunde, o. D. [Notizen von Lothar de Maizière v. 03.04.1990], ACDP Ost-CDU Parteiarbeit VII-012-3917; Der Spiegel, Jg. 44 (1990), H. 15 v. 09.04.1990, S. 28 ff., H. 16 v. 16.04.1990, S. 21 ff.; vgl. auch Jäger, Überwindung, a. a. O., S. 438.

lungen. Diese verliefen äußerst kontrovers, drohten noch am selben Abend an einem Ultimatum der CDU zu scheitern, wurden wieder aufgenommen und zogen sich bis zum späten Nachmittag des darauf folgenden Sonntags hin.[90] Zunächst galt es, einige Korrekturen beim Zuschnitt einzelner Ressorts vorzunehmen. So wurde dem Gesundheitsministerium die soziale Komponente entzogen und dem Arbeits- und Sozialministerium zugeschlagen, ein eigenes Kulturministerium eingerichtet, die Kompetenz für Ausländerfragen vom Entwicklungsministerium abgekoppelt und das Amt eines Ausländerbeauftragten eingerichtet sowie ein Ministerium für Presse- und Öffentlichkeitsarbeit geschaffen.[91] Da absehbar war, dass das Amt des stellvertretenden Ministerpräsidenten zumindest zwischen SPD und DSU umstritten sein würde, einigte sich die Runde darauf, dass dieser Posten, wie übrigens im Ministerrat der DDR aus ganz anderen Gründen seit jeher üblich, »nicht an ein spezielles Ressort gebunden« sein sollte.[92] Damit war natürlich insbesondere das Außenministerium gemeint, um das heftige Kämpfe toben sollten und das die Sozialdemokraten von Anfang an beansprucht hatten. Offenbar war jedoch schon diese Forderung allein für die CDU-Führung nur schwer erträglich, sodass der SPD keinesfalls auch noch das Amt des stellvertretenden Ministerpräsidenten zugebilligt werden sollte.[93] Nachdem der Versuch Helmut Kohls, auf die Kabinettsbildung zugunsten von Ebeling, den er gerne als Innenminister gesehen hätte, Einfluss zu nehmen, am Einspruch de Maizières gescheitert war[94], galt es, die DSU angemessen zu berücksichtigen, was notwendigerweise zum Konflikt mit der SPD führen musste. Diese forderte neben dem Außenministerium die Ressorts Arbeit- und Sozialordnung, Finanzen sowie Wissenschaft und Technologie. Davon machte sie das Zustandekommen der Koalition zunächst abhängig. Weiterhin artikulierte sie Interesse an den Ministerposten für Kultur, Medien und Post.[95] Die Verhandlungen drohten also, da der Mathematiker und DSU-Spitzenkandidat Hansjoachim Walther ebenfalls das Wissenschaftsressort im Blick hatte[96], zur erneuten Machtprobe zwischen SPD und DSU zu geraten. Es scheint müßig, den mühseligen Personalpoker der darauf folgenden Stunden en détail nachzuvollziehen, da dieser in der zeitgenössischen Presse einerseits und von Jäger andererseits zur Genüge beleuchtet worden ist. Festzuhalten bleibt freilich, dass nach teilweise

---

90 Vgl. Der Spiegel, Jg. 44 (1990), H. 16 v. 16.04.1990, S. 21 ff.; vgl. auch Jäger, Überwindung, a. a. O., S. 438.
91 Vgl. 3. Koalitionshauptrunde, o. D. [Notizen von Lothar de Maizière v. 03.04.1990], ACDP Ost-CDU Parteiarbeit VII-012-3917.
92 Ebd.
93 Vgl. Jäger, Überwindung, a. a. O., S. 438.
94 Vgl. ebd., S. 437, vgl. auch: Kohl, Mauerfall, a. a. O., S. 180, 231. Im »Spiegel« wurden Ebeling darüber hinaus Ambitionen auf das Außenamt nachgesagt. Vgl. Der Spiegel, Jg. 44 (1990), H. 16 v. 16.04.1990, S. 22.
95 Vgl. 3. Koalitionshauptrunde, o. D. [Notizen von Lothar de Maizière v. 03.04.1990], ACDP Ost-CDU Parteiarbeit VII-012-3917.
96 Vgl. ebd. sowie vorläufige Kabinettsliste, o. D., ACDP Ost-CDU Parteiarbeit VII-012-3917.

turbulentem und unterbrochenem Sitzungsverlauf Walther überraschend seine Ansprüche aufgab und somit den Weg für eine Einigung frei machte.[97] Das Ergebnis sah von insgesamt 24 Ministerien einen Proporz von – neben dem Ministerpräsidenten – elf Ministerien für die CDU, sieben für die SPD, drei für die Liberalen, zwei für die DSU sowie einem für den Demokratischen Aufbruch vor. Die SPD entsandte somit – neben dem designierten Außenminister Meckel – Walter Romberg als Finanzminister, Sybille Reider als Ministerin für Handel und Tourismus, den parteilosen Peter Pollack als Minister für Ernährung, Land- und Forstwirtschaft, Regine Hildebrandt als Ministerin für Arbeit und Soziales, Emil Schnell als Minister für Post- und Fernmeldewesen und Frank Terpe als Minister für Forschung und Technologie sowie sechs parlamentarische Staatssekretäre[98] in das Kabinett de Maizière.[99] Im Gegenzug für dieses durchaus beachtliche Verhandlungsergebnis musste die SPD widerwillig und gleichsam als bittere Pille den besonders ungeliebten Ebeling als Minister für Wirtschaftliche Zusammenarbeit und Diestel als Innenminister und stellvertretenden Ministerpräsidenten schlucken. Damit schien ein fairer Interessensausgleich der Kontrahenten erreicht. Zumindest ein SPD-Minister musste jedoch in den Augen de Maizières seine Eignung erst noch nachweisen: Walter Romberg, bereits Minister ohne Geschäftsbereich im Kabinett Modrow, genoss zwar offenbar die menschliche Sympathie, aber nicht das uneingeschränkte fachliche Vertrauen des künftigen Ministerpräsidenten.[100] Dies ist bezüglich eines derartig entscheidenden Schlüsselressorts ein äußerst bemerkenswerter Umstand, der noch einmal unterstreicht, wie wichtig de Maizière eine Einigung mit den Sozialdemokraten war.

Parallel zu den Spitzengesprächen tagten seit dem 4. April die Fachgruppen[101], die die inhaltlichen Details der Koalitionsvereinbarung auszuhandeln hatten. Hier zahlten sich nun die detaillierten programmatischen Vorbereitungen der Sozialdemokraten aus.[102] Zudem stellte die SPD-Bundestagsfraktion den sozialdemokratischen

---

97 Vgl. Der Spiegel, Jg. 44 (1990), H. 16 v. 16.04.1990, S. 22. Welche Erwägungen die SPD-Delegation tatsächlich an den Verhandlungstisch zurückbrachten, ist unklar, da sich das Protokoll der Vorstandssitzung am 08.04.1990 lediglich einen Bericht Schröders und eine eingehende Diskussion darüber vermeldet, sich aber über die inhaltlichen Details ausschweigt. Vgl. AdsD Sozialdemokratische Partei in der DDR – SDP/SPD-Parteivorstand 2/SDPA000056.

98 Die diesbezüglichen Verhandlungen fanden am 23.04.1990 statt. Vgl. hierzu Protokoll der Koalitionsverhandlungen am 23.04.1990, diverse Kandidatenlisten sowie handschriftliche Notizen v. Wolfgang Thierse, AdsD Depositum Wolfgang Thierse 1/WTAA000046.

99 Vgl. diverse Kabinettslisten mit handschriftlichen Korrekturen sowie Grundsätze der Koalitionsvereinbarung zwischen den Fraktionen der CDU, der DSU, dem DA, den Liberalen (DFP, BFD, F. D. P.) und der SPD v. 12. April 1990, AdsD SPD-Fraktion in der Volkskammer der DDR 2/VKFA000011 u. 12.

100 Vgl. de Maizière, Kinder, a. a. O., S. 152; vgl. auch: Jäger, Überwindung, a. a. O., S. 439.

101 Vgl. die entsprechenden Faszikel in den Akten der SPD-Volkskammerfraktion, AdsD SPD-Fraktion in der Volkskammer der DDR 2/VKFA000003-10.

102 Richard Schröder berichtete der aus Ost und West versammelten SPD-Spitze am 22. April in Bonn, dass die Verhandlungen »fast ausschließlich auf der Basis der von den Sozialdemokraten

2 Sozialdemokratischer Weg zur Deutschen Einheit – Koalitionsverhandlungen mit der Allianz

Unterhändlern »eine Reihe von Fachleuten [...] auf Abruf zur Verfügung«[103], um sicherzustellen, dass auch die rein fachlichen Aspekte der Verhandlungen einigermaßen solide unterfüttert waren. In der zweiten Koalitionsrunde am 4. April war vereinbart worden, dass die jeweiligen Arbeitsgruppen bis zum Mittag des 7. April maximal 5-seitige Entwürfe vorzulegen hatten. In vielen Fragen waren sich die Verhandelnden relativ schnell einig. An etlichen neuralgischen Punkten, vor allem in der Sozial- und der Verfassungspolitik, zeigten sich aber zum Teil erhebliche Differenzen[104], die der Endredaktionsgruppe noch durchaus Arbeit bereiten sollte. Und so zog sich das Ringen um einen konsensfähigen Text bis zum Tag der Wahl des Ministerpräsidenten am 12. April hin und konnte erst kurz vor Toresschluss einvernehmlich beendet werden.[105]

Am unproblematischsten waren die Grundsätze der Außen- und Sicherheitspolitik.[106] Dabei ist zuallererst – neben der irreversiblen Garantie der Oder-Neiße-Linie als polnische Westgrenze – die Einbettung des Prozesses der Vereinigung Deutschlands in den europäischen Kontext zu nennen, die umfassende Abrüstung sowie das Ziel der Ablösung der bisherigen Militärbündnisse NATO und Warschauer Vertrag durch eine neue kollektive Sicherheitsarchitektur in Europa. Deutlich wird auch, dass die Verhandlungspartner hier vor allem eine diesbezügliche Weiterentwicklung der KSZE im Auge hatten. Dabei waren die künftigen Regierungspartner realistisch genug, um zu erkennen, dass das vereinigte Deutschland nicht einfach aus den jeweiligen Bündnissen austreten konnte und eine vorübergehende und bedingte Mitgliedschaft in der NATO unumgänglich war. Lediglich zwei eher nachrangige Punkte der Vorlage, die Frage nach der verfassungsrechtlichen Verankerung des Ziels der politischen Einigung Europas sowie das Problem der eventuellen Abschaffung der Wehrpflicht in der DDR, wurden an die zentrale Kommission verwiesen.[107] In der Endfassung tauchten die strittigen Passagen nicht mehr auf.

---

geleisteten Vorarbeiten verlaufen« seinen. Protokoll über die gemeinsame Sitzung der Präsidien der SPD in der Bundesrepublik und der DDR und der Geschäftsführenden Vorstände der SPD-Bundestagsfraktion und der SPD-Volkskammerfraktion am 22.04.1990, abgedr. i.: Fischer, Einheit, a. a. O., S. 291.

103 Vermerk Walter Zöller für Gerhard Jahn v. 02.04.1990 betr. Unterstützung von Verhandlungen der sozialdemokratischen Volkskammerfraktion im Vorfeld der Regierungsbildung in der DDR, AdsD SPD-Bundestagsfraktion 11. Wahlperiode, Berliner Büro (Walter Zöller), Ordner 21.407.

104 Vgl. Dissenspunkte nach den Beratungen der Fachkoalitionsrunden, o. D., sowie Dissenspapier der Arbeitsgruppe Sozialpolitik v. 06.04.1990, AdsD SPD-Fraktion in der Volkskammer der DDR 2/VKFA000012.

105 Vgl. Jäger, Überwindung, a. a. O., S. 440 f.

106 Vgl. Koalitionsvereinbarung v. 12.04.1990, S. 5 ff., AdsD SPD-Fraktion in der Volkskammer der DDR 2/VKFA000012.

107 Vgl. Außen- und sicherheitspolitische Grundpositionen, o. D., AdsD SPD-Fraktion in der Volkskammer der DDR 2/VKFA000004.

Schon ein wenig mehr Zündstoff barg die Fachgruppe Innenpolitik.[108] Einigkeit herrschte hinsichtlich der Umgestaltung der DDR in einen föderalistischen Rechtsstaat, der damit zusammenhängenden tief greifenden Reformen der Verwaltung und der Justiz, dem Umbau des Polizeiapparats sowie der Auflösung des MfS. Bemerkenswert aber – und aus der historischen Situation heraus unmittelbar einsichtig – ist die strikte Absage an die Neugründung einer »Geheimpolizei« bzw. eines »Verfassungsschutzes mit polizeilichen und strafprozessualen Befugnissen«[109]. Strittig war indes in zweierlei Hinsicht die Frage, auf welcher verfassungsrechtlichen Grundlage all das geschehen sollte; dies galt sowohl für die Übergangsregelung in der DDR als auch für die grundsätzliche Richtung einer zukünftigen Verfassungsgestaltung.[110] Die CDU favorisierte die an das Weimarer Modell angelehnte Verfassung der DDR von 1949 als vorläufige Basis, die SPD sprach sich für den – unfertigen – Entwurf des Runden Tisches bzw. eine flexible Lösung aus punktuell verfassungsändernden Gesetzen aus.[111] Hinter diesem Zwist verbarg sich freilich kaum verhüllt auch die schon mehrfach thematisierte Absicht der Sozialdemokraten, den Boden für eine Revision des Grundgesetzes zu bereiten und diese Option in der Koalitionsvereinbarung zu verankern.[112] Die Lösung im Koalitionsvertrag fiel ebenso salomonisch wie unverbindlich aus, indem sie beide Ansätze verknüpfte.[113] Kleinere Unstimmigkeiten gab es zudem in Fragen der Abschaffung des Berufsbeamtentums, der Laiengerichtsbarkeit, der Konkretisierung des Daten- und Personenschutzes sowie bezüglich der institutionellen Rolle der Bürgerkomitees bei der Auflösung des MfS.[114]

Die meisten Differenzen ergaben sich erwartungsgemäß in der Arbeitsgruppe Sozialpolitik.[115] Hier herrschte zunächst schon kein Einvernehmen bezüglich der Anzahl und des Zuschnitts der zuständigen Ministerien. Inhaltlich konnte sich die Arbeitsgruppe im Bereich Sozialunion[116] gleichwohl auf einige Eckpunkte wie die Einführung einer »gesetzlichen Regelung zum Kündigungsschutz«, die Beibehaltung der einheitlichen Rentenversicherung – verbunden mit einer strukturellen Renten-

---

108 Vgl. Koalitionsvereinbarung v. 12.04.1990, S. 13 ff., AdsD SPD-Fraktion in der Volkskammer der DDR 2/VKFA000012.
109 Ebd., S. 15.
110 Vgl. Dissenspunkte, AdsD SPD-Fraktion in der Volkskammer der DDR 2/VKFA000012.
111 Vgl. ebd.
112 In den handschriftlichen Notizen von Wolfgang Thierse zu den Vorbereitungen der SPD auf die Koalitionsverhandlungen taucht mehrfach die Formel »Kombination von Art. 23 u. 146 + Ideen Rund. Tisch« auf. AdsD Depositum Wolfgang Thierse 1/WTAA000044.
113 Vgl. Koalitionsvereinbarung v. 12.04.1990, S. 13, AdsD SPD-Fraktion in der Volkskammer der DDR 2/VKFA000012.
114 Vgl. Dissenspunkte, AdsD SPD-Fraktion in der Volkskammer der DDR 2/VKFA000012.
115 Vgl. Dissenspapier der Arbeitsgruppe Sozialpolitik v. 06.04.1990, AdsD SPD-Fraktion in der Volkskammer der DDR 2/VKFA000012.
116 Vgl. Koalitionsvereinbarung v. 12.04.1990, S. 17, AdsD SPD-Fraktion in der Volkskammer der DDR 2/VKFA000012.

erhöhung –, eine Mietpreisbindung, ein Arbeitsförderungsgesetz, ein Tarifvertragsgesetz sowie die an die DDR-Verhältnisse angepasste Einführung einer Mitbestimmungs- und Betriebsverfassungsgesetzgebung nach dem Vorbild der Bundesrepublik einigen. Die Sozialversicherung sollte aus der Trägerschaft des FDGB herausgelöst, in Kranken-, Renten- und Unfallversicherung aufgeteilt und jeweils in die Selbstverwaltung überführt werden. Mit der gleichzeitig geplanten »Krankenversicherungspflicht für alle Erwerbstätigen«[117] bei einheitlichem Beitragssatz trägt dieses Modell Züge einer Bürgerversicherung. Strittig war die institutionelle Konstruktion des Kranken- und Rentenversicherungssystems. Die SPD plädierte in der Krankenversicherung für einen regional gegliederten aber institutionell einheitlichen Träger, wohingegen die Unionsparteien und die Liberalen die Auffassung vertraten, dass eine Aufgliederung des Systems nach bundesrepublikanischem Vorbild nicht würde verhindert werden können.[118] Einen Kompromissvorschlag lieferte die Arbeitsgruppe gleich mit, der so auch in die Koalitionsvereinbarung aufgenommen wurde und es einstweilen bei einem einheitlichen Träger beließ, gleichzeitig aber die Möglichkeit einer späteren Differenzierung des Systems eröffnete. Ähnliche Probleme gab es in der Frage der Trägerschaft der Rentenversicherung. Während die SPD es bei einem einheitlichen System für Arbeiter und Angestellte belassen wollte, beharrte die DSU auf einer quasi ständischen Aufteilung.[119] Da keine Einigung erzielt werden konnte, taucht die Frage der Organisation der Rentenversicherung in der endgültigen Fassung der Koalitionsvereinbarung gar nicht erst auf.[120] Der langfristig diffizilste Punkt war freilich der Schwangerschaftsabbruch. Liberale und SPD wollten die in der DDR geltende Fristenregelung beibehalten, wohingegen beide Unionsparteien die Entscheidung – wohl mit einer künftigen Revision im Hinterkopf – einstweilen zurückgestellt wissen wollten. Die Kompromissformel lautete schließlich:

> »Umfassender Schutz des ungeborenen Lebens durch umfangreiche Aufklärungs-, Beratungs- und Unterstützungsangebote sowie kostenfreie Bereitstellung der Kontrazeptiva für Frauen bei Beibehaltung der Fristenregelung zum Schwangerschaftsabbruch.«[121]

In der Planung für die künftige Wirtschafts- und Finanzpolitik der DDR ist in der Tat sowohl die weitgehende Einmütigkeit der Koalitionspartner als auch die Ausrichtung des vorgelegten Programms bemerkenswert. Jäger hat dies mit Recht als einen »über

---

117 Ebd., S. 19.
118 Vgl. Dissenspapier der Arbeitsgruppe Sozialpolitik v. 06.04.1990, AdsD SPD-Fraktion in der Volkskammer der DDR 2/VKFA000012.
119 Vgl. ebd.
120 Vgl. Koalitionsvereinbarung v. 12.04.1990, S. 17 f., AdsD SPD-Fraktion in der Volkskammer der DDR 2/VKFA000012.
121 Ebd., S. 22.

weite Strecken [...] an Bonn gerichtete[n]« Forderungskatalog charakterisiert.[122] Das zentrale Zauberwort, das die Verhandlungspartner verband, war der Begriff der »sozial und ökologisch orientierten Marktwirtschaft«[123], der als übergeordnetes Ziel für diesen Politikbereich in der Koalitionsvereinbarung formuliert worden war. Das war natürlich in vielerlei Hinsicht eine Herausforderung, nicht zuletzt an die Adresse der West-CDU. Zwar hatte sich auch diese – dem allgemeinen gesellschaftlichen Trend folgend – seit der zweiten Hälfte der 1980er-Jahre in dieser Richtung einige Gedanken gemacht[124], besonders viel programmatische Substanz steckte jedoch noch nicht dahinter. Durch das Grundlagenpapier des Kabinetts de Maizière wurde dieser politische Terminus nun zum ersten Mal in der deutschen Geschichte zum Ziel von Regierungshandeln erhoben und noch dazu in einem Staat, der die größte wirtschafts- und finanzpolitische Herausforderung seit 1945 bzw. 1949 zu bewältigen haben würde. Das war zweifellos ein gleichermaßen hoher Anspruch an das eigene politische Handeln wie eine paradigmatische Forderung an die künftige gesamtdeutsche Politik.[125] Dass diese Aufgabe herkulisch würde, dessen waren sich die Akteure bewusst:

> »Für die Umstellung der staatlich gelenkten Kommandowirtschaft der DDR auf eine soziale Marktwirtschaft gibt es bisher kein geschichtliches Beispiel. Besonders erschwert wird dieses Vorhaben durch das Fehlen eines ökonomischen Kassensturzes der vorangegangenen Regierungen.«[126]

Mit ähnlichen Paukenschlägen ging es weiter, etwa wenn die künftigen Koalitionäre als Basis für die bis Juli 1990 in einem Staatsvertrag zu verwirklichenden Währungs-, Wirtschafts- und Sozialunion forderten, dass für Sparguthaben und Versicherungen, Löhne und Gehälter sowie Renten einen Umtauschkurs von 1:1 bei gleichzeitiger »Streichung bzw. Umbewertung der Inlandsverschuldung der VEB zur Stärkung ihrer

---

122 Jäger, Überwindung, a. a. O., S. 442.
123 Koalitionsvereinbarung v. 12.04.1990, S. 24, AdsD SPD-Fraktion in der Volkskammer der DDR 2/VKFA000012.
124 Vgl. Georg Stötzel, Martin Wengeler: Kontroverse Begriffe. Geschichte des öffentlichen Sprachgebrauchs in der Bundesrepublik Deutschland, Berlin 1995, S. 77.
125 Dieser Anspruch ist deutlich ablesbar aus folgendem abschließendem Postulat des Kapitels »Wirtschafts- und Finanzpolitik«: »Anerkennung der Rechtsfolgen, die aus der Gesetzgebung der aus den Wahlen am 18. März 1990 hervorgegangenen Volkskammer resultieren.« Koalitionsvereinbarung v. 12.04.1990, S. 34, AdsD SPD-Fraktion in der Volkskammer der DDR 2/VKFA000012.
126 Ebd., S. 24. Erstaunlich ist, dass Jäger bei seiner Analyse der Koalitionsvereinbarung diese zentrale Passage offenbar überlesen hat und aus einer anderen Stelle die falsche Schlussfolgerung zieht, die Regierung de Maizière habe das bestehende Wirtschaftssystem lediglich oberflächlich reformieren wollen. Vgl. Jäger, Überwindung, a. a. O., S. 442. Der von ihm inkriminierte Satz bezieht sich jedoch auf die Folgen des früheren Autarkiestrebens der DDR auf die Wirtschaftsstruktur, die es zu korrigieren gelte. Vgl. Koalitionsvereinbarung v. 12.04.1990, S. 32, AdsD SPD-Fraktion in der Volkskammer der DDR 2/VKFA000012.

Wettbewerbsfähigkeit« zu gelten habe.[127] Das gesamte Wirtschaftssystem sollte mit einer Vielzahl von Maßnahmen und Gesetzesvorhaben[128] einer beispiellosen marktwirtschaftlichen Rosskur unterzogen und die »kommandowirtschaftlichen Eingriffe und Strukturen« beseitigt werden. Herausgegriffen seien in diesem Zusammenhang nur die wichtigsten Punkte, wie die Schaffung der Niederlassungs-, Berufs-, Vertrags- und Gewerbefreiheit, die Erleichterung von privaten Unternehmungsgründungen, Reprivatisierung, »Entflechtung von Kombinaten« sowie die Beseitigung von Wettbewerbsbeschränkungen. Eingebettet werden sollten diese Maßnahmen in eine neue Rahmengesetzgebung zum Bankenwesen, zum Kartell- und zum Wettbewerbsrecht. Es findet sich weiterhin eine Klausel, die einem wirtschaftspolitischen Blankoscheck gleichkommt und die »Übernahme bundesdeutscher wirtschaftsrechtlicher Bestimmungen im erforderlichen Umfang«[129] ermöglichen würde. Auf dem finanzpolitischen Sektor[130] strebte die Regierung de Maizière eine ebenfalls eng an die Praxis der Bundesrepublik angelehnte Reform des gesamten Steuerrechts samt Änderung der gesamten Finanzverfassung an, einen zügigen »Übergang zu freier Preisbildung« und ein ganzes Bündel von Gesetzesvorhaben zur Regelung des Finanzdienstleistungssektors und des Kapitalverkehrs. Zur finanzpolitischen Absicherung dieses Parforcerittes wurde ein innerdeutscher Finanzausgleich angemahnt, der durch einen Staatsvertrag festzuschreiben sei und »bis zum vollen Greifen der Marktwirtschaft«[131] zu gelten habe.

In deutlichem und auch so intendiertem Widerspruch zu dieser – wenn man so will – Liberalisierungsorgie, die bis dahin nur wenige soziale Aspekte berücksichtigte, stehen die geplanten Regelungen zur Eigentumsfrage.[132] Sollten mit den oben geschilderten Maßnahmen die kreativen Kräfte des Marktes freigesetzt werden, sahen die Protagonisten hier nun das Instrumentarium, die problematischen Seiten des Kapitalismus sozial abzufedern. Hier lag gleichsam die Allmende, die es – im Gegensatz zur Praxis in der frühen Neuzeit – nun einzuhegen galt, um sie der Allgemeinheit als Basis der wirtschaftlichen und sozialen Teilhabe zu sichern:

»– Anerkennung der alliierten Rechtsprechung[133].
 – Gesetz zur Sicherung der Eigentumsrechte aus der Bodenreform.
 – Gesetz zur Sicherung sonstiger Eigentums- und Besitzrechte der DDR-Bürger, wo in Treu und Glauben Eigentums- oder Nutzungsrechte erworben wurden.

---

127 Ebd., S. 24 f.
128 Vgl. ebd., S. 25 f.
129 Ebd., S. 26.
130 Vgl. ebd., S. 26 f.
131 Ebd.
132 Vgl. ebd., S. 27 f.
133 Damit war wohl die Enteignung ehemaliger Nationalsozialisten auf der Basis des Kontrollratsgesetzes Nr. 10 und der Kontrollratsdirektive Nr. 38 gemeint.

- Rechtsvorschrift zur Bewertung von Mobilien und Immobilien. Rechtsvorschrift zu Aufgaben und Arbeitsweise der Treuhandgesellschaft.
- Rechtsvorschrift zur Rechtsstellung kommunalen, genossenschaftlichen und staatlichen Eigentums.
- Gesetz zur Sicherung des Volkseigentums an Gebäuden zur (sic!) Wohnzwecken, wobei die Bildung von Eigentum an Wohnraum durch die Mieter ermöglicht werden soll.«[134]

Die Verhandlungspartner stellten übereinstimmend fest, dass Grund und Boden zwar »grundsätzlich handelbar« sein sollte, Spekulationen aber gesetzlich zu unterbinden seien. Das von der SPD favorisierte Modell hierfür sah vor, dass für eine Dauer von 10 Jahren Grundbesitz nur auf Erbpachtbasis erworben werden konnte. Auch sonst war der gesamte Komplex Eigentumsrechte an Grund und Immobilien umrankt von Einschränkungen, die in erster Line die weitgehende Besitzstandswahrung der DDR-Bürger zum Ziel hatten.[135]

Es ist ebenfalls charakteristisch für den Zungenschlag der Koalitionsvereinbarung, dass an dieser Stelle des Vertragswerks noch einmal die Eckpunkte der Sozialunion mit Betriebsverfassungsgesetz und betrieblicher Mitbestimmung, Renten-, Sozial- und Arbeitslosenversicherung, der Einführung einer »modernen Arbeitsverwaltung mit einer aktiven Arbeitsmarktpolitik«, Mieterschutzgesetz und vorläufiger Mietpreisbindung, »Förderung des sozialen Wohnungsbaus« sowie schließlich umfassenden Regelungen zum Verbraucherschutz bekräftigt und festgeschrieben wurden.[136]

Die grundsätzlich bejahte Privatisierung von Volkseigentum dachten die künftigen Koalitionäre eng verknüpft mit dem Begriff der Vermögensbildung, der konsequenterweise in erster Linie auf die DDR-Bürger abzielte, und versahen sie mit charakteristischen Kautelen:

»Die Koalitionspartner sind sich darüber einig, daß das bisherige Volkseigentum im Sinne einer marktwirtschaftlichen Ordnung grundsätzlich innerhalb geeigneter Rechtsformen in Eigentum von Privaten und in besonders begründeten Fällen in Eigentum von Gebietskörperschaften,
- eine kapitalmäßige Bewertung über den Kapitalmarkt erfolgen soll,
- die Bürger der DDR am bisherigen Volkseigentum in geeigneter Weise partizipieren müssen,

---

134 Koalitionsvereinbarung v. 12.04.1990, S. 27, AdsD SPD-Fraktion in der Volkskammer der DDR 2/VKFA000012.
135 Vgl. ebd., S. 27 f.
136 Vgl. ebd., S. 28 f.

- eine Weitergabe von Eigentums- und Nutzungsverhältnissen am Volksvermögen erst nach einer Überprüfung und gegebenenfalls Korrektur entsprechend den gesetzlichen Vorschriften rechtswirksam werden können,
- die Bürger über eine breite Vermögensbildung am Produktivvermögen beteiligt werden.«[137]

Als Adressaten der als institutioneller Träger der Privatisierungspolitik einzuführenden Treuhandgesellschaft galten dementsprechend Personen, die bis zum 7. Oktober 1989 Bürger der DDR waren.[138] Veräußerungen des DDR-Volkseigentums auf dem gesamtdeutschen und den internationalen Kapitalmärkten sahen die Regierungspartner offensichtlich zu diesem Zeitpunkt noch nicht vor. Dies hätte im Gegenteil dem Grundgedanken des im Koalitionsvertrag vereinbarten Eigentums- und Privatisierungsmodells fundamental widersprochen. Vor diesem Hintergrund sind auch die in der Vorlage der Arbeitsgruppe festgehaltenen Differenzstandpunkte zu interpretieren:

»Die Privatisierung von Staatseigentum/Volkseigentum durch Formen privater Vermögensbildung ist eine entscheidende Grundlage für das Funktionieren der sozialen Marktwirtschaft. Die Wege der Privatisierung sind zwischen den Parteien strittig, insbesondere hinsichtlich der Ausgabe von unentgeltlichen Anteilen an die DDR-Bürger. Zwischen CDU und SPD besteht darin Übereinstimmung, daß für die Lebensfähigkeit der DDR-Unternehmen bei der Währungsunion eine Streichung der Inlandsschulden der Betriebe notwendig ist.«[139]

Es folgten nun noch einige Ausführungen zur Raumordnungs- und Städteplanung und zur Verkehrspolitik, die hier außer Acht gelassen werden können. Dieses äußerst ambitionierte Programm, Jäger hat es ex post mit einer gewissen Berechtigung als »zum Teil illusorisch«[140] bezeichnet, sollte zur Grundlage der mit der Bundesrepublik auszuhandelnden Staatsverträge zur Wirtschafts-, Währungs- und Sozialunion gemacht werden. Die im selben Atemzug von der Bundesrepublik geforderte »Anschubfinanzierung« bezog sich vor allem auf den sozialen Bereich.[141]

---

137 Ebd., S. 29 f.
138 Vgl. ebd., S. 30 f.
139 Zuarbeit zur Koalitionsvereinbarung zur Wirtschafts- und Finanzpolitik, S. 5, AdsD SPD-Fraktion in der Volkskammer der DDR 2/VKFA000008.
140 Jäger, Überwindung, a. a. O., S. 443.
141 Vgl. Koalitionsvereinbarung v. 12.04.1990, S. 33 f., AdsD SPD-Fraktion in der Volkskammer der DDR 2/VKFA000012.

Kapitel IV · Schwieriger Imperativ der Realpolitik – Ost-SPD in Regierungsverantwortung

Breiten Raum nahm folgerichtig auch der Bereich Umwelt und Energie ein.[142] Nachdem der »Schutz der natürlichen Umwelt als Lebensgrundlage« als ein Gut von Verfassungsrang definiert worden war, deklinierten die Koalitionäre den gesamten seit den 1980er-Jahren mehr oder minder gültigen umweltpolitischen Kanon herunter. Dies begann mit dem Anliegen einer breiten Förderung von Umweltbewusstsein in der Bevölkerung, der Einführung einer Umweltgesetzgebung auf der Basis des »Vorsorge- und Verursacherprinzips«, führte über die Forderungen nach einem generellen ökologischen Strukturwandel der Ökonomie und nach einem die natürlichen Ressourcen schonenden Wirtschaften bis zur Erhaltung der Flora und Fauna und der maßgeblichen Berücksichtigung »ökologie-gerechter Raumordnungsprinzipien« bei Planungsverfahren. Das Umweltparadigma prägte in weiten Teilen auch die energiepolitischen Leitsätze. Hier gab es lediglich in der Frage der weiteren Nutzung der Kernenergie Unstimmigkeiten. Dieser Zwiespalt spiegelt sich direkt in der diesbezüglichen Formulierung im endgültigen Text der Koalitionsvereinbarung:

»Die Frage des Einsatzes von bestehenden und in Bau befindlichen Kernkraftwerken zur Energieversorgung ist durch Konsens innerhalb der Koalition zu entscheiden. Die Entscheidung über den Bau weiterer Kernkraftwerke auf dem Territorium der DDR, einschließlich KKW Stendal 2. Ausbaustufe, bleibt einer künftigen gesamtdeutschen Regierung vorbehalten.«[143]

Auf dem Gebiet der Land- und Forstwirtschaftspolitik[144] bezogen sich die Differenzen lediglich auf die Frage der systematischen Verortung der bereits erwähnten Regelung von Eigentumsfragen, die den Status quo der Besitzverhältnisse an Grund und Boden in weiten Teilen festschreiben wollten, im Gesamtkontext der Koalitionsvereinbarung.[145]

Größte Einigkeit herrschte zwischen den Verhandlungspartnern auch hinsichtlich der Kultur-, Wissenschafts-, Bildungs- und Medienpolitik.[146] Der Tenor in all diesen Bereichen war umfassende Liberalisierung und Demokratisierung verbunden mit einer – wenn man so will – gründlichen Entstalinisierung bei gleichzeitiger intensiver staatlicher Förderung des Kulturbetriebes und sozialer Absicherung der Kulturschaffenden. Lediglich bei einem kleinen Nebenaspekt der Schulpolitik gab es Anlass zu geringfügiger Feinjustierung.[147]

---

142 Vgl. ebd., S. 35 ff.
143 Vgl. ebd., S. 37.
144 Vgl. ebd., S. 38 ff.
145 Vgl. Dissenspunkte, AdsD SPD-Fraktion in der Volkskammer der DDR 2/VKFA000012.
146 Vgl. Koalitionsvereinbarung v. 12.04.1990, S. 44 ff., AdsD SPD-Fraktion in der Volkskammer der DDR 2/VKFA000012.
147 Vgl. Entwürfe und Vorlagen des Arbeitskreises 6, AdsD SPD-Fraktion in der Volkskammer der DDR 2/VKFA000003.

2 Sozialdemokratischer Weg zur Deutschen Einheit – Koalitionsverhandlungen mit der Allianz

Deutlichen Diskussionsbedarf gab es erwartungsgemäß, wie auch oben schon kurz angerissen, sowohl bezüglich der Präambel, die die inhaltlichen Paradigmen der Koalition definieren sollte, als auch hinsichtlich der organisatorischen Grundsätze der Zusammenarbeit im Bündnis, da diese für die parteipolitische Machtbalance innerhalb der Regierung konstitutiv waren. Die SPD hatte einen Entwurf vorgelegt, der, wie de Maizières mannigfaltige Korrekturen zeigen, in vielen Punkten nicht die Billigung des künftigen Ministerpräsidenten fand.[148] Schon im ersten Absatz der Präambel strich de Maizière die Passage, in der die SPD die Koalition in den Vereinigungsverhandlungen mit der Bundesregierung auf die »wirksame« Vertretung der »spezifischen Interessen« der DDR-Bürger festlegen wollte. Sie wurde ersetzt durch Formulierungen, die mehr Handlungs- und vor allem Interpretationsspielraum ließen. Die Präambel enthielt demgegenüber explizit das auf die Initiative der SPD zurückgehende Verhandlungsziel, in eine Überarbeitung des westdeutschen Grundgesetzes die Festschreibung sozialer Grundrechte »als nicht einklagbare Individualrechte« einzubringen. Darüber hinaus wurde an dieser prominenten Stelle als Konsens aller Regierungspartner festgehalten, dass die Koalitionsvereinbarung die Grundlage für die Staatsverträge zur Wirtschafts-, Währungs-, und Sozialunion sein solle, und dass deren Inhalte »den heutigen Vereinbarungen [...] in ihren Grundzügen entsprechen müß[t]en.«[149] Die Beteiligung der Parlamente am Prozess der deutschen Einigung fand ebenso Erwähnung wie der Hinweis auf die Länderreform in der DDR. De Maizière setzte jedoch auch das gesamte Regierungsprogramm – und hier zeigt sich der geschickte politische Taktiker – unter einen Finanzierungsvorbehalt.[150] Mit diesem Schachzug, verbunden mit der oben schon erwähnten Richtlinienkompetenz in allen Fragen des Einigungsprozesses, gewann er den Handlungsspielraum, notfalls auch gegen den Wortlaut des Vertragswerks Politik gestalten zu können. Der Verweis auf den Koalitionsausschuss bei Streitfragen, der von der SPD an dieser Stelle als Korrektiv verankert worden war, änderte daran grundsätzlich wenig. In diesem Sinne strich er auch nahezu sämtliche Versuche der SPD aus der Geschäftsordnung der Koalition, die Regierung und deren Handeln gleichsam an die Kette der jeweiligen Parteien und Fraktionen zu legen. Als zentrales Abstimmungsgremium zwischen den Koalitionspartnern wurde der Koalitionsausschuss eingerichtet, der »regelmäßig und bei aktuellem Bedarf« zusammentreten sollte und wie folgt zusammengesetzt war:

> »Ihm gehören der Ministerpräsident, je ein Minister der anderen Koalitionsfraktionen und je ein Mitglied der jeweiligen Koalitionsvorstände an. Zu den Beratungen

---

148 Organisatorische Grundsätze der Koalitionsvereinbarung zwischen den Fraktionen der CDU, der DSU, dem DA, den Liberalen und der SPD 10. April 1990 [Entwurf mit handschriftlichen Korrekturen von Lothar de Maizière], ACDP Ost-CDU Parteiarbeit VII-012-3917.
149 Koalitionsvereinbarung v. 12.04.1990, S. 2, AdsD SPD-Fraktion in der Volkskammer der DDR 2/VKFA000012.
150 Vgl. ebd. sowie de Maizière, Kinder, a. a. O., S. 140.

des Koalitionsausschusses werden von Fall zu Fall die Fachleute der Koalitionsfraktionen hinzugezogen. Die Hinzuziehung von Beratern, die den Koalitionsfraktionen nicht angehören, bedarf der Zustimmung aller Koalitionspartner.«[151]

Am 18. April erstattete Schröder vor der SPD-Volkskammerfraktion Bericht über das Ergebnis der Koalitionsverhandlungen, erläuterte ausführlich die Gründe für die ungeliebte Einbeziehung der DSU in die Koalition sowie die notwendigen programmatischen Kompromisse im Koalitionsvertrag, etwa bezüglich des Art. 23 GG.[152] Er stieß hier auf ein zweifellos geneigtes Publikum, denn das Protokoll der Sitzung vermeldet keine kontroverse Aussprache, sondern lediglich das Anliegen, die Koalitionsvereinbarung in den Gliederungen flankiert durch einen »argumentativen Brief« bekannt zu machen.[153] Dass es weiterhin Widerstand aus der Partei geben würde, war natürlich abzusehen. Das spiegelte sich auch umgehend in der von Wolfgang Thierse am selben Tag in der Volkskammer als Erwiderung auf de Maizières Regierungserklärung gehaltenen Rede wider.[154] Die Gemüter an der Basis besänftigen sollte ein Rundschreiben von Markus Meckel, in dem er völlig zu Recht u. a. die programmatischen Verhandlungserfolge der SPD betonte. Gleichzeitig argumentierte er – allerdings nur bedingt zutreffend –, dass durch die Konstruktion des Koalitionsausschusses die SPD in der Regierung nicht einfach überstimmt werden könne.[155] All dies war indes kaum dazu angetan, die hartnäckigen Gegner der Regierungsbeteiligung zufrieden zu stellen. Bereits am 19. April meldete sich Käte Woltemath mit einem Brief zu Wort, in dem sie zunächst vehement die Beteiligung der DSU geißelte, der Delegation der SPD eine intransparente und allzu nachgiebige Verhandlungsführung vorwarf und Meckel schließlich frontal als »eitel und profilierungssüchtig« attackierte.[156] Auch für den in der Koalitionsfrage brüsk übergangenen Vorstand war in dieser Sache noch nicht das letzte Wort gesprochen. Er revanchierte sich am 23. April bei der Fraktion mit einem bitterbösen Schreiben[157], in dem ernsthafte Spannungen und mangelnder

---

151 Koalitionsvereinbarung v. 12.04.1990, S. 3 f., AdsD SPD-Fraktion in der Volkskammer der DDR 2/VKFA000012, vgl. auch: Vgl. de Maizière, Kinder, a. a. O., S. 140.
152 Vgl. Unsere Situation nach der Koalitionsvereinbarung – Rede vor der Fraktion der SPD in der Volkskammer am 18.04.1990, AdsD SPD-Fraktion in der Volkskammer der DDR 2/VKFA000022.
153 Vgl. Protokoll der Fraktionssitzung am 18.04.1990, AdsD SPD-Fraktion in der Volkskammer der DDR 2/VKFA000022.
154 Vgl. Manuskript »Zur Regierungserklärung 18.04.1990«, AdsD SPD-Fraktion in der Volkskammer der DDR 2/VKFA000022.
155 Vgl. Zur Information – An alle Mitglieder der SPD v. 21.04.1990, vgl. AdsD Sozialdemokratische Partei in der DDR – SDP/SPD-Parteivorstand 2/SDPA000056.
156 Vgl. Brief von Käte Woltemath v. 19.04.1990, AdsD Sozialdemokratische Partei in der DDR – SDP/SPD-Parteivorstand 2/SDPA000125.
157 Vgl. An die Fraktion der SPD betr. Verbesserung der Zusammenarbeit zwischen SPD-Vorstand und Fraktion v. 23.04.1990, Archiv der Bundesstiftung Aufarbeitung, Vorlass Markus Meckel 726.

Informationsfluss konstatiert, die offene Ignorierung von Vorstandsbeschlüssen und die inhaltlichen Kompromisse beim Art. 23 GG und der NATO-Mitgliedschaft des vereinigten Deutschland beklagt wurden. Der Vorstand wähnte »katastrophale Folgen, [...] Mitgliederschwund und Vertrauensverlust« und forderte:

> »Darüber hinaus muß für zukünftige schwerwiegende Entscheidungen gewährleistet werden, dass der Meinungsbildungsprozeß von Vorstand und Fraktion in enger Zusammenarbeit erfolgt und für die Mitglieder und Wähler der SPD einsichtig und überschaubar ist.«[158]

Schröders Erwiderung[159], die einige Tage auf sich warten ließ, klang entsprechend ein wenig strapaziert, wenn er einerseits Abstimmungsdefizite einräumte, andererseits aber dem Vorstand eine gehörige Mitverantwortung daran ins Stammbuch schrieb. Er appellierte an den Vorstand, in der Partei kein Misstrauen, das die Gefahr der politischen Handlungsunfähigkeit berge, aufkommen zu lassen. Die Koalitionsfrage blieb also einstweilen eine offene und weiterhin schmerzhafte Wunde in der Flanke der Ost-SPD.

Objektiv betrachtet konnte die SPD freilich mit dem Verhandlungsergebnis durchaus zufrieden sein. Die Koalitionsvereinbarung trägt eindeutig und nicht zuletzt gemessen am oben diskutierten Leipziger Programm eine deutlich sozialdemokratische Handschrift. Entsprechend selbstbewusst fiel auch der Bericht Richard Schröders an die Präsidien der SPD in Ost und West auf ihrer gemeinsamen Sitzung am 22. April in Bonn[160] aus. In der Tat schien es so, als ob die einen Monat vorher abgesprochene Strategie voll aufgegangen war. Inwieweit es gelingen würde, mit diesem zweifellos in weiten Teilen sozialdemokratischen Programm den Prozess der Deutschen Einheit entscheidend zu prägen, musste die Zeit erweisen. Das war jedoch auch abhängig vom Willen und der Fähigkeit Lothar de Maizières, den Koalitionsvertrag aktiv in praktische Politik umzusetzen, und vor allem von der Standfestigkeit des neuen Regierungschefs gegenüber Bundeskanzler Helmut Kohl und dessen Unterhändlern. De Maizière hat in seinen Memoiren betont, inhaltlich voll hinter dem mit den Sozialdemokraten erzielten Koalitionskompromiss gestanden zu haben. Er verstand den Koalitionsvertrag als die Vertretung der legitimen Interessen der DDR-Bürger und – so mag der Betrachter interpretierend hinzufügen – gleichsam als das Vermächtnis der DDR für die Deutsche Einheit.[161] Gleichzeitig war bereits im März 1990 Kohls un-

---

158 Ebd.
159 Vgl. Richard Schröder an den Vorstand der SPD v. 31.04.1990, Archiv der Bundesstiftung Aufarbeitung, Vorlass Markus Meckel 726.
160 Protokoll über die gemeinsame Sitzung der Präsidien der SPD in der Bundesrepublik und der DDR und der Geschäftsführenden Vorstände der SPD-Bundestagsfraktion und der SPD-Volkskammerfraktion am 22.04.1990, abgedr. i.: Fischer, Einheit, a. a. O., S. 290 f.
161 Vgl. de Maizière, Kinder, a. a. O., S. 138, 140 ff.

bedingter machtpolitischer Gestaltungswille überdeutlich spürbar, der, wie de Maizière beklagt, »quasi mit dem 18. März [...] die DDR als sein Operationsgebiet betrachtete.«[162] Der Bundeskanzler seinerseits hatte sowohl aus innerster Überzeugung als auch mit Rücksicht auf gewichtige Teile der CDU-Klientel in der Bundesrepublik nur relativ wenig Interesse an den sozialdemokratisch geprägten Einflüsterungen der neuen DDR-Regierung.[163] Vor diesem Hintergrund wird klar, welcher Druck bald auf den Koalitionären lasten würde und welche fundamentalen Zerreißproben ihrer harrten. Hier lag bereits der Keim des späteren Scheiterns des von Anfang an fragilen Regierungskompromisses von Allianz und Ost-SPD – Vorzeichen dafür, dass die Koalitionsvereinbarung kaum mehr als das Papier wert sein würde, auf dem sie stand.

3 Die Konstituierung der Volkskammerfraktion und die Aufnahme der parlamentarischen Arbeit

Die SPD entsandte 88 Abgeordnete in die neu gewählte Volkskammer und stellte damit die zweitstärkste Fraktion nach der CDU.[164] Nach dem Rücktritt des Vorsitzenden und gescheiterten Spitzenkandidaten Böhme von allen Ämtern stand ab dem 3. April 1990 Richard Schröder an der Spitze der SPD-Volkskammerfraktion. Er war von Böhme als sein Nachfolger vorgeschlagen worden und hatte sich bei zwei ungültigen Stimmen und vier Enthaltungen mit 62 zu 11 Stimmen gegen Walter Romberg durchsetzen können.[165] Seine Stellvertreter im Fraktionsvorstand waren zunächst Christine Lucyga und Frank Terpe. Die Posten des parlamentarischen Geschäftsführers und des Fraktionsgeschäftsführers bekleideten Martin Gutzeit und Alwin Ziel. Mit Markus Meckel, Angelika Barbe, Dankwart Brinksmeier, Konrad Elmer, Martin Gutzeit, Stephan Hilsberg, Thomas Krüger, Steffen Reiche und Gottfried Timm waren neben Böhme die profiliertesten Angehörigen des Gründerzirkels von Schwante in der SPD-Volkskammerfraktion vertreten. Dies war kein Zufall, denn um deren Einzug in die Volkskammer zu gewährleisten, hatte man Hilsberg, Elmer und Gutzeit jenseits ihrer Wohnorte in oder bei Berlin auf sicheren Listenplätzen in den Bezirken Leipzig, Frankfurt (Oder) und Schwerin untergebracht.[166] Ohne Probleme schafften auch andere wichtige Mitglieder des Parteivorstandes wie

---

162 Ebd., S. 138.
163 So insgesamt der Tenor der innenpolitischen Teile von Kohls Memoiren. Vgl. Kohl, Mauerfall, a. a. O., S. 228, 263 f., 360 f.
164 Zu Personen, Biografien und Listenplätzen der Mitglieder der SPD-Volkskammerfraktion vgl. Christoph Hausmann: Biographisches Handbuch der 10. Volkskammer der DDR (1990), Köln u. a. 2000.
165 Vgl. Protokoll der Fraktionssitzung am 03.04.1990, AdsD SPD-Fraktion in der Volkskammer der DDR 2/VKFA0000018.
166 Vgl. Hausmann, Handbuch, a. a. O., S. 44, 71, 86.

3 Konstituierung der Volkskammerfraktion und Aufnahme der parlamentarischen Arbeit

Karl-August Kamilli, Reinhard Höppner oder Susanne Seils den Sprung ins erste frei gewählte DDR-Parlament.¹⁶⁷ Darüber hinaus zogen die zentralen Protagonisten aus den Gliederungen bzw. den Bezirks- und Landesvorständen wie etwa Harald Ringstorff und Hans-Joachim Hacker aus Mecklenburg-Vorpommern, Josef Maria Bischoff, Dietmar Matterne und Constanze Krehl aus Brandenburg, Rüdiger Fikentscher, Wilhelm Polte und Ulrich Stockmann aus Sachsen-Anhalt, Paul Jacobs, Rolf Schwanitz und Volker Manhenke aus Sachsen sowie schließlich Christine Rudolph, Wieland Sorge und Bernd Brösdorf aus Thüringen für die SPD in die Volkskammer ein.¹⁶⁸ Entsprechend den Ergebnissen in den Bezirken und den Gewichtungen der Wahlkreise stellte Berlin elf sozialdemokratische Abgeordnete, die Bezirke Cottbus und Dresden jeweils vier, Erfurt sechs, Frankfurt (Oder) fünf, Gera drei, Halle neun, Karl-Marx-Stadt bzw. Chemnitz ebenso wie Leipzig sieben, Magdeburg acht, Neubrandenburg drei, Potsdam zehn, Rostock fünf, Schwerin vier sowie schließlich Suhl zwei.¹⁶⁹ Umgelegt auf die künftigen Länder auf dem Territorium der DDR entsandte somit Brandenburg mit 19 Parlamentariern knapp die stärkste sozialdemokratische Landesgruppe in die Volkskammer, dicht gefolgt von Sachsen mit 18 und Sachsen-Anhalt mit 17. Mecklenburg-Vorpommern kam auf 12 und Thüringen auf 11 Sitze innerhalb der SPD-Volkskammerfraktion.

Der Großteil der sozialdemokratischen Abgeordneten besaß einen akademischen Bildungsabschluss, der entweder an der Universität, an kirchlichen Bildungseinrichtungen oder dem akademischen Fachschulwesen der DDR erworben worden war.¹⁷⁰ Gut die Hälfte davon zählte mit 17,6 Prozent Ingenieuren, 9,9 Prozent Ärzten, 18,7 Prozent Naturwissenschaftlern und 4,4 Prozent Agrarwissenschaftlern zur sogenannten technischen Intelligenz. Hinzu kamen als die größten weiteren Gruppen 16,5 Prozent Theologen und 11 Prozent Pädagogen. Wenig vertreten waren Juristen und Geistes- bzw. Kulturwissenschaftler mit 5,5 und 4,4 Prozent. Immerhin 37 Prozent der sozialdemokratischen Abgeordneten besaßen einen Doktortitel. Zwischen dieser großen Bandbreite akademischer Berufe tummelten sich lediglich vier Abgeordnete, die einen Hintergrund als Arbeiter oder nicht akademische Angestellte hatten, vier waren Hausfrauen. Das Bild wird schließlich abgerundet durch einen Studenten und eine Rentne-

---

167 Vgl. ebd., S. 89 f., 97 f., 213 f. Einigermaßen merkwürdig ist die Behauptung von Sturm, dass der Parteivorstand u. a. deswegen im Verhältnis zur Volkskammerfraktion sukzessive an Bedeutung verloren habe, weil »dessen Mitglieder […] zumeist kein Mandat« besessen hätten. Sturm, Uneinig, a. a. O., S. 399. Nach der Anwesenheitsliste des Vorstands v. 07.05.1990 besaßen 17 der 36 Vorstandsmitglieder, also knapp die Hälfte ein Volkskammermandat. Von einer Unterrepräsentation kann also keine Rede sein, zumal zwei Vorstandssitze für Vertreter der Jungen Sozialdemokraten bzw. des Parteirats reserviert waren. Vgl. AdsD Sozialdemokratische Partei in der DDR – SDP/SPD-Parteivorstand 2/SDPA000057.
168 Vgl. Hausmann, Handbuch, a. a. O., S. 16, 27, 50, 72, 91, 119, 141, 143 f., 171, 183 f., 186, 210, 216, 223 f.
169 Vgl. ebd., S. XVI.
170 Zum Folgenden vgl. ebd., S. XXI f.

rin. Der Frauenanteil in der SPD-Fraktion lag mit 22,8 Prozent knapp höher als der der Volkskammer insgesamt.[171] Die konfessionelle Zusammensetzung verteilte sich wie folgt: 5,6 Prozent Katholiken, 56,7 Prozent Protestanten und 14,4 Prozent Konfessionslose. Zu den restlichen 23,3 Prozent liegen keine Angaben vor.

Da es sich bei sämtlichen sozialdemokratischen Abgeordneten, im Gegensatz zu vielen Angehörigen der Fraktionen der Blockparteien und der PDS, aus nahe liegenden Gründen um völlige politische Neulinge[172] handelte, war eine intensive Vorbereitung der parlamentarischen Arbeit notwendig. Hierbei benötigten die Sozialdemokraten in der DDR dringend die Hilfe des schon erwähnten Kontaktbüros der SPD-Bundestagsfraktion unter der Leitung von Walter Zöller. Zudem war im März 1990 der ehemalige Regierende Bürgermeister von Berlin und Bundestagsabgeordnete Dietrich Stobbe von Vogel persönlich mit der Kontaktpflege zu den ostdeutschen Genossen beauftragt worden.[173] Bereits ab Mitte Februar 1990 begannen die Planungen für die federführend von Zöller koordinierten Maßnahmen.[174] Zunächst war vorgesehen, die Volkskammerkandidaten ab der zweiten Februarhälfte für ihre künftigen Führungsaufgaben durch Praktika bei der Bundestagsfraktion, bei sozialdemokratischen Länderregierungen, in den entsprechenden Verwaltungen sowie den Parteiorganisationen notdürftig zu schulen. Auch die Friedrich-Ebert-Stiftung als SPD-naher Bildungsträger sollte hierzu ihren Beitrag leisten.[175] Über die Reichweite dieses Programms machte sich Zöller freilich keine Illusionen:

»Ich bin dabei nicht so vermessen zu glauben, wir könnten in ›Crash-Kursen‹ von zwei Wochen Verwaltungsfachleute aus dem Hut zaubern, aber ich halte schon die Schaffung von Problembewusstsein für notwendig und nützlich.«[176]

Vermutlich aufgrund des knappen Zeitfensters und der allseits hohen Belastung nicht zuletzt durch den Wahlkampf blieb davon schließlich lediglich eine eintägige Tagung

---

171 Vgl. ebd., S. IXX bzw. XXI.
172 Vgl. ebd., S. XVIII, vgl. auch: Konstanze Krehl: »Wir haben unsere Aufgabe so schlecht nicht gemacht«, in: SPD-Bundestagsfraktion (Hg.): »Die Handschrift der SPD muss erkennbar sein«. Die Fraktion der SPD in der Volkskammer der DDR, Berlin 2000, S. 11 f.
173 Vgl. Dietrich Stobbe: »Erstaunliches ist passiert in dieser Fraktion!«, in: Handschrift, a. a. O., S. 16 sowie Martin Gutzeit: Aufbau, Organisation und Arbeit der SPD-Fraktion der Volkskammer: in: ebd., S. 25.
174 Vgl. Vermerke Walter Zöller für Gerhard Jahn v. 15. u. 21.02.1990 betr. Vorbereitung auf die Regierungs- und Parlamentsarbeit in der DDR nach dem 18.03.1990, AdsD SPD-Bundestagsfraktion 11. Wahlperiode, Berliner Büro (Walter Zöller), Ordner 21.407.
175 Vgl. ebd. Zum Engagement der Friedrich-Ebert-Stiftung in der DDR bzw. den ostdeutschen Bundesländern vgl. insgesamt: Uwe Ziegler: Demokratie braucht Demokraten. 20 Jahre Engagement der Friedrich-Ebert-Stiftung in Ostdeutschland, Bonn 2011.
176 Vermerke Walter Zöller für Gerhard Jahn v. 15. u. 21.02.1990 betr. Vorbereitung auf die Regierungs- und Parlamentsarbeit in der DDR nach dem 18.03.1990, AdsD SPD-Bundestagsfraktion 11. Wahlperiode, Berliner Büro (Walter Zöller), Ordner 21.407.

3 Konstituierung der Volkskammerfraktion und Aufnahme der parlamentarischen Arbeit

übrig. Diese fand auf Einladung des Parteivorstands am 7. März 1990 in Berlin statt.[177] Neben Grundsatzreferaten von Gerhard Jahn zur parlamentarischen Arbeit allgemein, von Martin Gutzeit zu den anstehenden politischen Aufgaben, sowie Walter Zöller über das Kontaktbüro wurden in vier Arbeitsgruppen Organisation und Arbeit der Fraktion, die Geschäftsordnungen der Fraktion und der Volkskammer sowie die Arbeit in parlamentarischen Ausschüssen diskutiert. Beteiligt an diesen Vorbereitungen war auch der ehemalige parlamentarische Geschäftsführer der SPD-Bundestagsfraktion und spätere Präsident des Bundesnachrichtendienstes Konrad Porzner und der Hannoveraner Verfassungsrechtler Hans-Peter Schneider.[178] Offenbar galt es aber bei den künftigen Parlamentariern nicht nur in kürzester Zeit politische und fachliche Defizite auszugleichen, sondern auch psychologische Hemmnisse im Hinblick auf die Organisation des politischen Tagesgeschäfts auszuräumen:

> »Überall, auch in den Gliederungen der Partei, bestehen gegen die Beschäftigung von Menschen, denen gegenüber Weisungsbefugnis herrscht und die Zuarbeit leisten müssen, keine verstandesmäßigen, aber psychologische Barrieren. Man ist nicht gewohnt und im Grunde auch nicht vorbereitet, in einer gegliederten Ordnung Menschen um sich herum zu haben, die Weisungen ausführen. Leider besteht nicht die Zeit, diese Barrieren in einem kontinuierlichen Entwicklungsprozeß abzubauen, denn ab Ende März muß ein Apparat von Zuarbeitern zur Verfügung stehen.«[179]

Im Rahmen dieser umfangreichen Vorarbeiten entstanden sowohl ein Termin- als auch ein Gesetzgebungsplan, die beide aus der Feder Gutzeits stammten und deutlich von der Erwartung eines sozialdemokratischen Wahlsiegs geprägt waren. Angesichts der zu erwartenden immensen Aufgaben – und nicht ohne eine gewisse Ironie – hatte er Ersteren unter das Motto »Müßiggang ist aller Laster Anfang«[180] gestellt. Der politische und sachliche Gehalt dieses Diktums materialisierte sich in letzterem Dokument, das neben einer Vielzahl nach Politikfeldern gegliederten Gesetzesvorhaben auch die sachlich Verantwortlichen innerhalb der Fraktion und externe Fachleute benannte.[181] Dies offenbart auch, in welchem Ausmaß die Fraktion auf fachlichen Rat, personelle und finanzielle Hilfe von außen und insbesondere von der SPD-Bundestagsfraktion

---

177 Vgl. Einladungsschreiben v. 27.02.19901990, AdsD SPD-Fraktion in der Volkskammer der DDR 2/VKFA0000001.
178 Vgl. ebd. sowie Gutzeit, Aufbau, a. a. O., S. 26.
179 Vermerk Walter Zöller für Gerhard Jahn v. 02.03.1990 betr. Vorbereitung auf die Regierungs- und Parlamentsarbeit in der DDR nach dem 18.03.1990, AdsD SPD-Bundestagsfraktion 11. Wahlperiode, Berliner Büro (Walter Zöller), Ordner 21.407.
180 Arbeits- und Terminplan für die Vorbereitung der Parlaments- und Regierungsarbeit, o. D., AdsD SPD-Fraktion in der Volkskammer der DDR 2/VKFA0000001.
181 Vgl. Gesetzgebungsplan für die Volkskammer, o. D., AdsD SPD-Fraktion in der Volkskammer der DDR 2/VKFA0000001.

angewiesen war, die zeitweilig bis zu 16 Referenten zur Unterfütterung der Arbeit der Volkskammerfraktion abgeordnet hatte.[182] Entsprechend stand auch bei den Organisations- und Arbeitsstrukturen die SPD-Bundestagsfraktion Pate.[183] Nach deren Vorbild wurden am 18. bzw. 24. April sieben Arbeitskreise gebildet, für Außenpolitik, Innenpolitik, Wirtschaft, Arbeit und Soziales, Finanzen und Staatshaushalt, Umweltpolitik und Energie sowie Wissenschaft, Bildung und Kultur.[184] Insbesondere hier sollte die fachliche Unterstützung aus dem Westen ansetzen.[185] In diesem Sinne hatten sich wichtige Vertreter der Arbeitskreise der SPD-Bundestagsfraktion am 22. und 27. März zu entsprechenden Sitzungen in Ostberlin eingefunden, um den ostdeutschen Genossen zunächst »›strukturelle Einführungen‹ in die jeweiligen Gebiete der einzelnen Arbeitskreise«[186] zu geben und diese weiter zu vertiefen.

»Ab 15.30 Uhr an diesem Tag [27.03.1990; P. G.] soll dann mit unserer Hilfe eine erneute ›Unterrichtung‹ in Parlamentsarbeit erfolgen, und zwar getrennt nach Arbeitskreisen in eher technischem Sinn [...] Martin Gutzeit [bittet] hierfür wieder sechs bis acht erfahrene Mitarbeiterinnen und Mitarbeiter zur Verfügung zu stellen [...]. Es soll also eher um den Ablauf der Sitzungen, über Abspracheerfordernisse und Informationsquellen, über Koordinationsprobleme und Zuständigkeiten in der Fraktion und über Rechte in den Ausschüssen gesprochen werden.«[187]

Unmittelbar nach der Konstituierung der Volkskammerfraktion hatte freilich zunächst die Herstellung der grundsätzlichen Arbeitsfähigkeit absoluten Vorrang. Da die Volkskammer der DDR keinen geregelten Parlamentsbetrieb im eigentlichen Sinne kannte, fehlten hierfür jegliche gesetzliche, logistische und finanzielle Voraussetzungen. Während sich die Blockparteien und die PDS in der Übergangszeit mit ihren Parteiräumlich-

---

182 Vgl. Vermerk betr. Unterstützung beim Aufbau der SPD-Fraktion in der Volkskammer v. 18.04.1990, AdsD Depositum Wolfgang Thierse 1/WTAA000129; Stobbe, Erstaunliches, a. a. O., S. 21.
183 Vgl. Schreiben Stobbe an Schröder u. a. v. 12.04.1990 mit Organisations- und Geschäftsverteilungsplan der SPD-Bundestagsfraktion, AdsD Depositum Wolfgang Thierse 1/WTAA000127.
184 Vgl. Vorläufige Arbeitskreise der SPD-Fraktion v. 18.03.1990, AdsD SPD-Fraktion in der Volkskammer der DDR 2/VKFA0000022; vgl. auch: Gutzeit, Aufbau, a. a. O., S. 29.
185 Vgl. Vermerk betr. Unterstützung beim Aufbau der SPD-Fraktion in der Volkskammer v. 18.04.1990, AdsD Depositum Wolfgang Thierse 1/WTAA000129; Stobbe, Erstaunliches, a. a. O., S. 21.
186 Vermerk Walter Zöller für Gerhard Jahn betr. Vorbereitung der Sozialdemokratischen Volkskammerfraktion auf die parlamentarische Arbeit v. 20.03.1990, AdsD SPD-Bundestagsfraktion 11. Wahlperiode, Berliner Büro (Walter Zöller), Ordner 21.407.
187 Vermerk Walter Zöller für Gerhard Jahn betr. Vorbereitung der Sozialdemokratischen Volkskammerfraktion auf die parlamentarische Arbeit v. 23.03.1990, AdsD SPD-Bundestagsfraktion 11. Wahlperiode, Berliner Büro (Walter Zöller), Ordner 21.407.

3 Konstituierung der Volkskammerfraktion und Aufnahme der parlamentarischen Arbeit

keiten und sonstigen Ressourcen behelfen könnten[188], hingen die Fraktionen von SPD, Bündnis 90 und den anderen neuen Parteien diesbezüglich buchstäblich in der Luft. Die ersten Fraktionssitzungen der SPD fanden dementsprechend zunächst auf den Fluren des Palastes der Republik statt, in dem sich auch der Plenarsaal der Volkskammer befand, sowie in der SED-Parteihochschule.[189] Diesen höchst unbefriedigenden Zustand hat Walter Zöller in einem Aktenvermerk für Gerhard Jahn wortreich beklagt:

»Die Mitglieder der Sozialdemokratischen Volkskammerfraktion leben und arbeiten unter unzumutbaren Umständen. Die auswärtigen Mitglieder müssen auf eigene Kosten an- und abreisen und in einem jugendherbergsähnlichen Stasi-Heim übernachten, wofür sie auch noch bezahlen müssen. Erstattungen sind noch nicht geregelt. Für die Teilnahme an den Fraktionssitzungen muß Urlaub beantragt werden, weil die Arbeitgeber bisher die Mitglieder der Volkskammer weiterbezahlen müssen. Auch für die Abgeordneten gibt es natürlich keine eigenen Arbeitsmöglichkeiten in Form von Büros oder auch nur Schreibtischen. Telefonanschlüsse für jeden Abgeordneten gehören zur Zeit noch – jedenfalls für die Abgeordneten, die nicht der PDS oder CDU angehören – in das Reich der Utopie.
Das Volkskammer-Gebäude selbst ist auf einen richtigen Parlamentsbetrieb nicht eingerichtet. Es ist eigentlich eine Mehrzweck-Kongreßhalle, auch der Plenarsaal dient für Konferenzen und ist entsprechend mit Dolmetscheranlagen und anderem ausgestattet. Der Bau enthält keine Büros außer für eine relativ kleine Verwaltung, Tagungsräume können von den Seiten-Foyers durch Faltwände abgeteilt werden. Es gibt keine Bibliothek, keinen Wissenschaftlichen Dienst, keine Postfach- und Postverteilungsorganisation für die Mitglieder der Volkskammer. Ohne die umliegenden Bürogebäude (ZK der SED, Staatsrat) wird hier keine sinnvolle Arbeit rasch aufzunehmen sein. Gerade hierbei wird dem Deutschen Bundestag eine Menge an Hilfeverpflichtung gegenüber der Volkskammer erwachsen, und darauf sollte er sich rasch einstellen.«[190]

Zwar waren den Fraktionen der Volkskammer die Räumlichkeiten des Gebäudes des ZK der SED in Aussicht gestellt worden, nach dem Eindruck von Zöller verzögerte die PDS aber eine rasche Übergabe planmäßig.[191] Neben den offensichtlichen Raum-, Lo-

---

188 Vgl. Vermerk Walter Zöller für Gerhard Jahn betr. Arbeitsaufnahme der Sozialdemokratischen Volkskammerfraktion v. 29.03.1990, Archiv der Bundesstiftung Aufarbeitung, Vorlass Markus Meckel 729.
189 Vgl. Gutzeit, Aufbau, a. a. O., S. 25.
190 Vermerk Walter Zöller für Gerhard Jahn betr. Arbeitsaufnahme der Sozialdemokratischen Volkskammerfraktion v. 29.03.1990, Archiv der Bundesstiftung Aufarbeitung, Vorlass Markus Meckel 729.
191 Vgl. ebd., vgl. auch: Protokoll der Fraktionssitzung am 28.03.1990, AdsD SPD-Fraktion in der Volkskammer der DDR 2/VKFA000015.

gistik- und Personalnöten sah Zöller zudem erheblichen Beratungsbedarf insbesondere in Rechtsfragen und bei der Pressearbeit.[192] Erst ab etwa der zweiten Maihälfte konnte die SPD-Volkskammerfraktion unter räumlich einigermaßen regulären Bedingungen und geregelter finanzieller Absicherung ihrer Mitglieder durch Diäten arbeiten.[193]

Gleichwohl hatte die Fraktion bereits in dieser Zeit fundamentale gesetzgeberische Weichenstellungen mit zu beschließen, hatte doch der Ministerrat im April und Mai 1990 bereits einige wichtige wirtschaftspolitische und verfassungsrechtliche Vorhaben, wie etwa die Gesetze zur Änderung der Verfassung, zur Bildung von Ländern und zur Kommunalverfassung in der DDR auf der Agenda.[194] Darüber hinaus liefen die bereits unter Modrow begonnenen Verhandlungen mit der Bundesregierung über einen Vertrag zur Wirtschafts-, Währungs- und Sozialunion[195], die es nach dem Willen der Sozialdemokraten und im Sinne der Koalitionsvereinbarung aus dem Parlament heraus kritisch zu begleiten und zu kontrollieren galt, unter Hochdruck weiter. Die damit in Zusammenhang stehenden Gesetzesvorhaben folgten auf dem Fuße. Das Arbeitspensum der Abgeordneten war also von Beginn an immens, und der Zeitdruck verlangte den Protagonisten ein Höchstmaß an Disziplin ab[196], ohne dass sie richtig in die neuen Aufgaben hineinwachsen konnten. Dies spiegelt sich auch und nicht zuletzt in der beachtlichen Anzahl von 51 Fraktionssitzungen, die innerhalb eines guten halben Jahres absolviert wurden.[197]

Ende März/Anfang April standen zunächst neben den schon ausführlich geschilderten Koalitionsverhandlungen, die Konstituierung der Volkskammer am 5. April sowie die Überprüfung der Abgeordneten auf eine eventuelle Stasimitarbeit auf der Tagesordnung.[198] So beschlossen die sozialdemokratischen Abgeordneten in ihrer ersten Sitzung einerseits eine interne Selbstkontrolle, indem sie eventuelle Stasimitarbeiter in den eigenen Reihen aufforderte, »dieses sofort der Fraktionsführung mitzuteilen oder von ihrem Mandat zurückzutreten«[199]. Darüber hinaus verlangte die SPD-Volkskammerfraktion in einer Erklärung: »Aufgrund auftauchender Gerüchte

---

192 Vgl. Vermerk Walter Zöller für Gerhard Jahn betr. Arbeitsaufnahme der Sozialdemokratischen Volkskammerfraktion v. 29.03.1990, Archiv der Bundesstiftung Aufarbeitung, Vorlass Markus Meckel 729.
193 Vgl. Gutzeit, Aufbau, a. a. O., S. 25; Internes Rundschreiben der SPD-Volkskammerfraktion mit Raumverteilungsplan v. 22.05.1990, AdsD Depositum Wolfgang Thierse 1/WTAA000129.
194 Vgl. BArch, Ministerrat der DDR, DC 20-I/3/2945 ff.
195 Vgl. hierzu insgesamt: Dieter Grosser: Das Wagnis der Wirtschafts-, Währungs- und Sozialunion. Politische Zwänge im Konflikt mit ökonomischen Regeln (= Geschichte der deutschen Einheit Bd. 2), Stuttgart 1998, S. 211-325.
196 Vgl. Gutzeit, Aufbau, a. a. O., S. 30.
197 Vgl. Walter Zöller: Sozialdemokraten in der Volkskammer – eine Chronologie, in: Handschrift, a. a. O., S. 99 ff.
198 Zur Vergangenheitspolitik der SPD-Volkskammerfraktion insgesamt vgl.: Rolf Schwanitz: Aufarbeitung der Vergangenheit in der SPD-Volkskammerfraktion, in: Handschrift, a. a. O., S. 55 ff.
199 Protokoll der Fraktionssitzung am 21.03.1990, AdsD SPD-Fraktion in der Volkskammer der DDR 2/VKFA000013.

3 Konstituierung der Volkskammerfraktion und Aufnahme der parlamentarischen Arbeit

soll durch Akteneinsicht überprüft werden, ob gewählte Abgeordnete der VK früher mit der Stasi zusammengearbeitet haben. Die Ergebnisse sind offenzulegen.«[200] Diese Initiative mündete, da sie sowohl den Interessen der Mehrheit des neuen Parlaments, als auch der Regierung entsprach, in dem auf der zweiten Tagung der Volkskammer beschlossenen Prüfungsausschuss, dessen Arbeit das Parlament bis zu seiner Selbstauflösung auch immer wieder kontrovers beschäftigen sollte.[201] Mit zwei besonderen außenpolitischen Anliegen befasste sich die SPD-Fraktion ebenfalls im Vorfeld des 5. April: einer Resolution zur Mitschuld der DDR an der Niederschlagung des »Prager Frühlings« 1968, die u. a. von Elmer vorbereitet wurde, sowie einer Erklärung zur Unverletzlichkeit der Oder-Neiße-Linie als polnische Westgrenze.[202] Beide Initiativen wurden zwar nicht als gesonderte Anträge der SPD-Fraktion auf die Tagesordnung der Volkskammer genommen[203], jedoch in die gemeinsame Erklärung aller Fraktionen vom 12. April 1990 integriert, die um ein Bekenntnis zur Mitverantwortung für den Völkermord an Juden sowie Sinti und Roma, die Gräuel des Vernichtungskriegs Hitlers und der mörderischen Besatzungspolitik in Osteuropa, insbesondere in der Sowjetunion, erweitert worden war.[204]

Nachdem das Parlament erstmalig zusammengetreten, das Präsidium gewählt, die Geschäftsordnung beschlossen und Lothar de Maizière offiziell mit der Regierungsbildung beauftragt worden war[205], mussten nun die Koalitionsverhandlungen zügig abgeschlossen werden. Auf der 2. Tagung der Volkskammer am 12. April konnten dann der neue Ministerpräsident und die Mitglieder des Ministerrats gewählt werden.[206] Bemerkenswert und charakteristisch für die Fragilität des Regierungskompromisses ist die Tatsache, dass weder der Ministerpräsident noch der Ministerrat, über den en bloc abgestimmt wurde, die volle Stimmenzahl aller Koalitionsfraktionen erhielten. Nachdem sich noch am selben Tag der neue Ministerrat konstituiert hatte und eine Woche später die Regierungserklärung des Ministerpräsidenten intern abgestimmt worden war[207], stellte de Maizière das Verhandlungsergebnis und damit

---

200 Ebd.
201 Vgl. Stenographische Niederschrift der 2. Tagung der Volkskammer am 12.04.1990, S. 24 ff., BArch DA 1 – Volkskammer der DDR. – Teil 2: 10. Wahlperiode; Digitalisate im Internet auch abrufbar unter: http://www.bundestag.de/kulturundgeschichte/geschichte/parlamentarismus/10_volkskammer/findbuch/tagungsverzeichnis.pdf (Stand Juni 2011) sowie Schwanitz, Aufarbeitung, a. a. O., S. 56, 59 f.
202 Vgl. Protokoll der Fraktionssitzung am 27.03.1990 mit Anlagen, AdsD SPD-Fraktion in der Volkskammer der DDR 2/VKFA000014.
203 Vgl. Protokoll der Fraktionssitzung am 03.04.1990, AdsD SPD-Fraktion in der Volkskammer der DDR 2/VKFA000018.
204 Vgl. Stenographische Niederschrift der 2. Tagung der Volkskammer am 12.04.1990, a. a. O., S. 23 f.
205 Vgl. Stenographische Niederschrift der 1. Tagung der Volkskammer am 05.04.1990, a. a. O.
206 Vgl. Stenographische Niederschrift der 2. Tagung der Volkskammer am 12.04.1990, a. a. O.
207 Vgl. BArch, Ministerrat der DDR, DC 20-I/3/2943 f.

das Regierungsprogramm auf der dritten Tagung der Volkskammer am 19. April dem Plenum vor.[208] In der Debatte darüber am nächsten Tag meldeten sich für die SPD Wolfgang Thierse, Harald Ringstorff, Konrad Elmer, Angelika Barbe, Hans-Joachim Hacker und Hans-Jürgen Misselwitz zu Wort.[209] Barbe, Hacker und Misselwitz sprachen auch in ihrer Eigenschaft als Vorsitzende der Facharbeitskreise der Fraktion. Thierse machte kein Geheimnis daraus, dass dem Eintritt in die Regierung ein schwieriger Entscheidungsprozess vorausgegangen war und die Differenzen in der Partei andauerten. Er versicherte, verlässlicher Koalitionspartner sein zu wollen, lehnte es aber gleichzeitig ab, die innerparteiliche Diskussion darüber abzuwürgen. Inhaltlich nahm er zunächst Bezug auf die verfassungsrechtlichen Fragen, die sich für die SPD aus der Anerkenntnis des Beitritts der DDR zum Geltungsbereich des Grundgesetzes ergaben. Er betonte nochmals die sozialdemokratische Forderung nach einer Aufnahme sozialer Grundrechte in die gesamtdeutsche Verfassung und die Rolle der SPD als Sachwalter des Sozialen bei den Verhandlungen über die Wirtschafts-, Währungs- und Sozialunion.[210] Thierse stellte ebenfalls unmissverständlich klar: »Wichtig ist, daß diese Politik hier in Berlin gemacht und nicht von Bonn oder München einfach diktiert, sondern in Kooperation gestaltet wird. Deshalb beteiligt sich die SPD an dieser Koalition.«[211] Der Schwerpunkt von Ringstorffs Beitrag lag bei der Wirtschafts-, Umwelt- und Agrarpolitik. So sehr er die sachlichen Übereinstimmungen der Koalitionspartner in wirtschaftspolitischen Fragen hervorhob, so deutlich nuancierte er den für die SPD essenziellen Zusammenhang zwischen Privatisierung und Vermögensbildung.[212] Erstaunlicherweise ging er nicht auf die gleichermaßen zentrale Frage der Entschuldung der DDR-Betriebe ein, sondern überließ diesen Part einstweilen Jens Reich von Bündnis 90/Grüne.[213] Angelika Barbe beleuchtete in erster Linie die sozial- und frauenpolitischen Aspekte, hier insbesondere das hoch kontroverse Problem des Schwangerschaftsabbruches, und ging dabei auch durchaus kritisch mit dem Regierungsprogramm um. Entsprechend erntete sie mit Ihrem Beitrag eher Applaus von PDS und Bündnis 90/Grüne.[214] Elmer, der einen Teil seiner Redezeit zugunsten seiner Fraktionskollegin geopfert hatte, begnügte sich mit kurzen Ausführungen zur Bildungspolitik und einem Plädoyer gegen die Wiederaufgliederung des Schulsystems: »Die Bevorzugung von Kindern aufgrund einer politisch-ideologischen Orientierung ist vorüber. Es darf nun aber nicht zur Bevorteilung von Kindern einer bestimmten sozialen und ökonomischen Schicht kommen.«[215] Hacker widmete sich

---

208 Vgl. Stenographische Niederschrift der 3. Tagung der Volkskammer am 19.04.1990, a. a. O.
209 Vgl. Stenographische Niederschrift der 4. Tagung der Volkskammer am 20.04.1990, a. a. O.
210 Vgl. ebd., S. 76 f.
211 Ebd., S. 77.
212 Vgl. ebd., S. 82 f.
213 Vgl. ebd., S. 83.
214 Vgl. ebd., S. 85 f.
215 Ebd., S. 88.

3 Konstituierung der Volkskammerfraktion und Aufnahme der parlamentarischen Arbeit

der Innen- und Rechtspolitik und hob den sozialdemokratischen Beitrag zum Regierungsprogramm in diesem Bereich hervor. Insbesondere widmete er sich der Auflösung des MfS bzw. des Amtes für Nationale Sicherheit und der Rolle, die dabei die Bürgerkomitees gespielt hatten sowie deren künftiger Beteiligung.[216] Der letzte Redner der SPD, Hans-Jürgen Misselwitz, beschäftigte sich mit der Außenpolitik. Der Schwerpunkt seines kurzen Beitrags lag auf der Notwendigkeit der Einbettung der Deutschen Einheit in den europäischen Kontext. Dabei streifte er auch das Problem der künftigen Bündniszugehörigkeit des vereinigten Deutschland und hob hervor, dass es der SPD in erster Linie um die Überwindung der Bündnisstrukturen ginge.[217] Die Sozialdemokraten machten also von Beginn an klar, wo ihre politischen Schwerpunkte lagen und an welchen Kriterien die Regierungsarbeit gemessen würde. Es ist hervorzuheben, dass die gesamte Debatte relativ sachlich und unaufgeregt geführt wurde. Gelegentliche harsche Spitzen richteten sich in erster Linie gegen die PDS, die die Rolle des Prügelknaben – mit wenigen Ausnahmen – einigermaßen gelassen ertrug. Lediglich die Redner der DSU, Walther und Nowack, taten sich mit derart wirren und polemischen Beiträgen hervor, dass im Nachhinein wohl oder übel Gregor Gysi beizupflichten ist, wenn er feststellte, er verstehe »[...] den ursprünglichen Beschluß der SPD, keinesfalls mit ihr zu koalieren, wirklich gut«, er verstehe »bloß nicht, wie man das ändern konnte.«[218] Thierse hielt sich angesichts von Walthers Tiraden – vermutlich ein wenig achselzuckend – an die verabredete Linie und zog sich auf die Position zurück, dass die DSU so wichtig auch wieder nicht sei.[219]

In der nächsten Sitzung am 26. April hatten die Chefs der wichtigsten Schlüsselressorts dem Parlament Rede und Antwort zu stehen.[220] Für die Sozialdemokraten sprachen Meckel, Romberg und Pollack. Meckel äußerte sich in erster Linie – und im Sinne von Misselwitz' Beitrag vom Vortag – zum Problem einer eventuellen NATO-Mitgliedschaft Deutschlands sowie zum Plan einer Einbettung der Deutschen Einheit in eine neue europäische Sicherheitsarchitektur jenseits der bisherigen Bündnissysteme.[221] Die Debatte darüber offenbarte, dass gerade dieses Thema die Gemüter der Abgeordneten durchaus erheblich bewegte. Romberg riss zunächst die offensichtlichen Probleme des DDR-Haushalts und der geplanten Wirtschafts-, Währungs- und Sozialunion an, streifte die künftige Steuerpolitik, um schließlich bei der Frage der Zukunft der in der DDR-Wirtschaft allgegenwärtigen Subventionen zu enden.[222] Am wichtigsten waren jedoch seine Ausführungen zur Entschuldung der DDR-Betriebe, da sich hier erste Auswirkungen der Verhandlungen mit der Bundesrepublik über den

---

216 Vgl. ebd., S. 92.
217 Vgl. ebd., S. 95 f.
218 Ebd., S. 73.
219 Vgl. ebd., S. 77.
220 Vgl. Stenographische Niederschrift der 5. Tagung der Volkskammer am 26.04.1990, a. a. O.
221 Vgl. ebd., S. 102 ff.
222 Vgl. ebd., S. 113 ff.

ersten Staatsvertrag auf das politische Programm der Regierung de Maizière offenbarten. Es hatte sich früh abgezeichnet, dass sich die Bundesregierung aufgrund der darin liegenden hohen Risiken für den Bundeshaushalt darauf niemals würde einlassen können.[223] Entsprechend ruderte Romberg auf Nachfrage etwas hilflos herum, um das Scheitern der Sozialdemokraten in einem zentralen Punkt zu diesem frühen Zeitpunkt nach Möglichkeit zu kaschieren und den nun im Raum stehenden Umtauschsatz von 1:2 für Altschulden möglichst schmackhaft zu machen:

»Jeder gesunde Betrieb hat ein gewisses Maß an Kreditaufnahme. [...] Insofern gibt es keine vollständige Entschuldung in einer gesunden Wirtschaft. Und ich denke, dies gilt auch in dem Prozeß, den wir vor uns haben. Ich denke die Entschuldung, die Umbewertung muß sehr differenziert vorgenommen werden. Es gibt Bereiche, wo man dann die Schulden, die Kredite 1:2 oder 1:2,5 umbewertet. Aber es gibt wahrscheinlich auch Möglichkeiten, in besonderer Weise dann bei Unternehmen und auch in anderen Betrieben im privaten Bereich, sehr viel weitgehend[er] zu entschulden. Dies hängt wirklich von der zukünftigen Effizienz des jeweiligen Unternehmens ab.«[224]

Auf die eingehende Behandlung des Beitrags von Landwirtschaftsminister Peter Pollack, der die Schwierigkeiten der DDR-Landwirtschaft bei der kommenden Umstellung auf die Marktwirtschaft umriss, muss hier einstweilen verzichtet werden. Die Debatte über das Regierungsprogramm war also schon ein kleiner Vorgeschmack auf die Schwierigkeiten, denen die sozialdemokratischen Kabinettsmitglieder und auch die Fraktion ausgesetzt sein würden.

Die taktische und strategische Konzeption der Sozialdemokraten im Prozess zur Deutschen Einheit schuf einen immensen Abstimmungsbedarf zwischen den jeweiligen Parteigremien und Fraktionen in West und Ost, zumal die jeweiligen Rollen höchst unterschiedlich verteilt waren: im Westen Opposition, im Osten Regierungspartei. Innerhalb der Ost-SPD fiel diese Aufgabe den wöchentlich tagenden »Montagsrunden« von Präsidium, Fraktionsvorstand und SPD-Ministern zu.[225] Als Transmissionsriemen zwischen Bonn und Ostberlin sollten die oben erwähnten Büros von Zöller und Stobbe dienen.[226] Letzterer hatte bereits am 17. April in einem ausführlichen Vermerk an Vogel den Abstimmungsbedarf konkretisiert.[227] Mit Blick auf die Herstellung der »Inneren Einheit«, die abzuschließenden Staatsverträge und die

---

223 Vgl. Grosser, Wagnis, a. a. O., S. 220 ff., 247, 259, 264 sowie Gerhard A. Ritter: Der Preis der deutschen Einheit. Die Wiedervereinigung und die Krise des Sozialstaats, München 2006, S. 212 f.
224 Stenographische Niederschrift der 5. Tagung der Volkskammer am 26.04.1990, a. a. O., S. 114.
225 Vgl. Gutzeit, Aufbau, a. a. O., S. 31.
226 Vgl. ebd. sowie Stobbe, Erstaunliches, a. a. O., S. 20 f.
227 Vgl. Vermerk betr. Entscheidungs- und Handlungsbedarf für die Sozialdemokraten in der Bundesrepublik und in der DDR nach Bildung der Koalitionsregierung in Berlin (Ost) v. 17.04.1990,

3 Konstituierung der Volkskammerfraktion und Aufnahme der parlamentarischen Arbeit

Schaffung der »Äußeren Einheit«, den Zwei-plus-vier-Vertrag, stellte er prophetisch fest:

> »Will die SPD in zukünftige gesamtdeutsche Wahlen als einheitliche und geschlossene Sozialdemokratie gehen, muß sie in diesen den zukünftigen Gesamtstaat konstituierenden grundlegenden Verhandlungen sowohl in der DDR wie auch in der Bundesrepublik am Ende gemeinsame Positionen einnehmen. Damit stehen wir vor der enormen Aufgabe, eine politische Konkurrenz [verm. Diktatfehler, muss heißen: Kongruenz; P. G.] von Regierungshandeln der SPD in der DDR und Oppositionsverhalten der SPD in der Bundesrepublik herzustellen.«[228]

In diesem Sinne forderte er eine schnelle Institutionalisierung der »politischen Abstimmungsmechanismen«, gleichsam als »Vorstufe für eine künftige einheitliche Sozialdemokratie in Deutschland«[229]. Stobbe plädierte – entsprechend der taktischen Generallinie – dafür, den Inhalt der Koalitionsvereinbarung in der DDR »zu einem Gradmesser für das Bonner Regierungsverhalten und zu einem Instrument der Auseinandersetzung im Deutschen Bundestag [zu] machen.«[230] Eine in beiden deutschen Staaten einheitliche Linie im Hinblick auf die Staatsverträge, verbunden mit der Annahme, dass die neue DDR-Regierung »einen Vertragsentwurf der Bundesregierung [nicht] ohne weiteres« akzeptieren würde, sollte einerseits diese zu Zugeständnissen zwingen und andererseits der politischen Profilierung der SPD dienen.[231]

Dass freilich sowohl bei der Zusammenarbeit in der Koalition, als auch im Hinblick auf die Willensbildung innerhalb der Fraktion von Beginn an Sand im Getriebe war, zeigte, schneller als allen Beteiligten lieb war, die eigentlich von der CDU verursachte Abstimmungspanne in der Volkskammer bezüglich des Verfassungsentwurfs des Runden Tisches am 26. April.[232] Die Fraktion von Bündnis 90/Grüne hatte beantragt, den Entwurf als vorläufiges Grundgesetz der DDR in Kraft zu setzen und eine Volksabstimmung durchzuführen. In der Debatte war dieser Antrag dahingehend abgewandelt worden, den Verfassungsausschuss mit dieser Sache zu befassen. Um über den Verfassungsentwurf eine weitere parlamentarische Diskussion zu ermöglichen, hatte die SPD-Fraktion mit der Opposition votiert und eigentlich erwartet, dass

---

Archiv der Bundesstiftung Aufarbeitung, Vorlass Markus Meckel 729; vgl. auch Stobbe, Erstaunliches, a. a. O., S. 20 f.
228 Vermerk betr. Entscheidungs- und Handlungsbedarf für die Sozialdemokraten in der Bundesrepublik und in der DDR nach Bildung der Koalitionsregierung in Berlin (Ost) v. 17.04.1990, Archiv der Bundesstiftung Aufarbeitung, Vorlass Markus Meckel 729.
229 Ebd.
230 Ebd.
231 Vgl. ebd.
232 Vgl. Stenographische Niederschrift der 5. Tagung der Volkskammer am 26.04.1990, a. a. O., S. 123 ff.

es ihr die Christdemokraten gleichtun würden. Diese lehnten jedoch den Antrag – wohl aufgrund eines Missverständnisses bezüglich der Geschäftsordnung[233] – mit den Stimmen von CDU, DA und DSU ab. Damit war, vermutlich versehentlich, ein erster Bruch des Koalitionsvertrages, der wechselnde Mehrheiten ausschloss, eingetreten und zudem erhebliches Misstrauen gesät.[234] Dies spiegelt sich nicht zuletzt in der Feststellung Volker Schemmels, Mitglied der SPD-Volkskammerfraktion aus Thüringen, wider, dass die Allianzparteien absprachenwidrig gegen den Antrag stimmten, um die Verfassung des Runden Tisches von der Agenda der Volkskammer zu bekommen.[235] Gleichzeitig offenbarten aber auch die Sozialdemokraten eine erhebliche Ambivalenz bei der Verfassungsfrage. Der Fraktionsvorstand um Schröder favorisierte das sogenannte »Bausteinprinzip«, d. h. eine schrittweise Veränderung der bestehenden Verfassung, während ein gewichtiger Teil der Abgeordneten große Sympathien für eine neue Verfassung auf der Basis des Entwurfs des Runden Tisches hegte.[236] Dahinter lauerte freilich kaum verhohlen die nach wie vor virulente Unzufriedenheit von Teilen der Fraktion mit dem in der Koalitionsvereinbarung eingegangenen Verfassungskompromiss. Diese ersten Unstimmigkeiten hatten in mehrfacher Hinsicht ein Nachspiel. Einerseits beteiligte sich die SPD nach einem entsprechenden Präsidiumsbeschluss demonstrativ nur mit einem externen Experten an der von de Maizière nun in dieser Sache eingesetzten Regierungskommission.[237] Entsprechend erteilte auch Schröder schweren Herzens der Einladung des Ministerpräsidenten, daran teilzunehmen, eine Absage.[238] Andererseits aber sahen die Sozialdemokraten offenbar ausreichend Anlass zur Sorge über die interne Disziplin der Fraktion. Dies drückte sich zunächst in einem Rundschreiben Gutzeits »Zur Arbeit der Fraktion« vom 1. Mai 1990 aus:

> »Die Handschrift der SPD muß erkennbar sein. Zugleich muß aber deutlich bleiben, daß die SPD ein verläßlicher und berechenbarer Faktor in der Koalition und der politischen Landschaft der DDR ist. Das bedeutet nicht, daß Meinungsvielfalt und offene Meinungsbildung in der Fraktion unterdrückt werden sollen. [...] Der mit Achtung vor der Meinung des Anderen und mit Stil ausgetragene Konflikt ist das Lebenselixier der Demokratie. Zugleich gilt aber: ein durch Mehrheitsentscheidung zustande gekommener Kompromiß muß getragen werden, auch[,] wenn er

---

233 Vgl. Richard Schröder: Bericht zur Lage, Rede vor der Fraktion am 02.05.1990, Archiv der Bundesstiftung Aufarbeitung, Vorlass Markus Meckel 726.
234 Vgl. ebd.
235 Vgl. Volker Schemmel: Die SPD-Volkskammerfraktion und die Verfassungsfrage, in: Handschrift, a. a. O., S. 53.
236 Vgl. ebd., S. 52.
237 Vgl. Protokoll der Präsidiumssitzung am 04.05.1990, AdsD Sozialdemokratische Partei in der DDR – SDP/SPD-Parteivorstand 2/SDPA000061, Protokoll des Treffens der SPD-Minister am 04.05.1990, AdsD Depositum Wolfgang Thierse 1/WTAA000049.
238 Vgl. Schreiben Schröder an de Maizière v. 04.05.1990, AdsD Depositum Wolfgang Thierse 1/WTAA000123.

3 Konstituierung der Volkskammerfraktion und Aufnahme der parlamentarischen Arbeit

nicht gefällt, ohne politische Handlungsfähigkeit ist Demokratie nichts wert. Dies bedeutet Disziplin, auch wenn es schwer fällt.«[239]

Deutlich drastischere Worte, die erst das wahre Ausmaß des Dissenses und der Friktionen in der Partei und innerhalb der Fraktion offenbaren, fand Schröder in der Fraktionssitzung am 2. Mai. Im Rahmen zunächst eher grundsätzlich philosophischer Ausführungen über Willens- und Meinungsbildung sowie die Wichtigkeit von Vertrauen in der Welt des Politischen stellte er pointiert fest:

»Der schnelle Verdacht, daß der andere heimlich was im Schilde führt, seine wirklichen Argumente hinter Scheinargumenten verbirgt und dergleichen mehr, ruiniert jedes Mal das Vertrauen. Es ist sehr schlimm, daß solche Verdächtigungen zwischen Parteivorstand und Fraktion bestehen und es ist sehr gefährlich, wenn dergleichen vorschnell bei den Koalitionspartnern vermutet wird. [...] Meinungsbildung ist ein potentiell unendlicher Prozeß. Wenn gehandelt werden soll, muß er irgendwann abgebrochen werden, es muß zur *Willensbildung* [kursiv im Original; P. G.] kommen, entweder durch Diktat eines einzelnen [...] oder durch Abstimmung [...]. Gewiß kann hinterher noch jemand mit diesem oder jenem Argument kommen. Wir können aber einen *Beschluß* [kursiv im Original; P. G.] nur aufheben, wenn ein völlig neuer, bisher völlig unbekannter Sachverhalt hinzugekommen ist. Oder wir machen uns lächerlich und unberechenbar. Keiner kann dann vernünftig mit uns zusammenarbeiten.«[240]

Noch wesentlich schärfer ging er mit dem Verhalten der Fraktion in der konkreten Krisensituation des 26. April und darüber hinaus ins Gericht:

»Zur Verfassung des Runden Tisches haben wir vor der Volkskammer als Auffassung der SPD-Fraktion erklärt: die Einführung dieser Verfassung am 17.6.90 ist nicht akzeptabel. Die Stellungnahme, die ich in der letzten Volkskammersitzung abgegeben habe, habe ich zuvor exakt der Fraktion zur Zustimmung unterbreitet. [...] Wenn jetzt jemand verlangt: das müssen wir noch einmal diskutieren, so bedeutet das: wir müssen unseren Koalitionspartnern erklären: unsere Zustimmung zum Bausteinprinzip nehmen wir zurück, vielleicht unterstützen wir doch die baldige Einführung der Verfassung des Runden Tisches, wir wollen nämlich unsere bisherige Entscheidung aufheben und neu diskutieren. Wir werden sehen, was die Koalitionspartner dazu sagen. Bloß verlangt nicht von mir, daß ich entgegengesetz-

---

239 Martin Gutzeit: Zur Arbeit der Fraktion v. 01.05.19901990, AdsD SPD-Fraktion in der Volkskammer der DDR 2/VKFA000026.
240 Richard Schröder: Bericht zur Lage, Rede vor der Fraktion am 02.05.1990, Archiv der Bundesstiftung Aufarbeitung, Vorlass Markus Meckel 726.

te Meinungen nacheinander öffentlich vertrete. […] Wir müssen wegkommen von dem Individualismus, nach dem jeder seine Meinung durchzudrücken versucht, egal wie die bisherige Beschlußlage aussieht. […] Wer Fragen zur Verfassung hat, wende sich an den entsprechenden Arbeitskreis. […] Soll die Frage vor der Volkskammer verhandelt werden, muß der Antrag zuvor mit den Fraktionen der Koalition abgesprochen werden. Das ist die Ordnung, nach der Entscheidungen zustande kommen und an die muß sich jeder halten, oder wir können einpacken.«[241]

In vielerlei Hinsicht spiegelt sich darin freilich auch Schröders Politikauffassung, die – und hier ist Sturm einmal zuzustimmen – eher von seiner wissenschaftlichen Herkunft und von »staatspolitischer Verantwortung«[242] als von parteipolitischem Kalkül geprägt war. Ein Übriges taten das enge Vertrauensverhältnis zu de Maizière[243] und der unbedingte Wille, die Koalition zum Erfolg zu führen. Dabei gerieten bisweilen das Bedürfnis der eigenen Partei nach Profil und die latente und nicht ganz unbegründete Angst, von den Koalitionspartnern ausgespielt und an die Wand gedrückt zu werden, aus seinem Blick.

4 Die Verhandlungen über die Wirtschafts-, Währungs- und Sozialunion

Während die Fraktion derartig mit sich und den Regeln parlamentarischer Arbeit haderte und in der Regierung zudem Spannungen über Personalfragen entstanden waren – das Misstrauen innerhalb der Koalition hatte zu einer Tendenz zur Installierung von »Aufpasser«-Staatssekretären geführt[244] – waren die Verhandlungen über die Wirtschafts-, Währungs- und Sozialunion ab dem 25. April in eine erste entscheidende Phase getreten. Das diesbezügliche Entwurfspapier der Bundesregierung war in der Fassung vom 17. April seit dem 20. April in Ostberlin bekannt und lag auch der SPD-Fraktion zur Beratung vor.[245] Bereits am 22. April hatten die Präsidien und Fraktionsvorstände in einer gemeinsamen Sitzung und nach einer in manchen Punkten durchaus kontroversen Diskussion eine Entschließung verabschiedet, in der sie den Koalitionsvertrag als gemeinsame Grundlage der Verhandlungen über den ersten

---

241 Ebd.
242 Sturm, Uneinig, a. a. O., S. 342.
243 Vgl. de Maizière, Kinder, a. a. O., S. 163 f.
244 Vgl. Schreiben Stobbe an Vogel v. 30.04.1990, Archiv der Bundesstiftung Aufarbeitung, Vorlass Markus Meckel 726.
245 Vgl. Edelbert Richter: Die Volkskammerfraktion der SPD und der Vertrag über die Wirtschafts-, Währungs- und Sozialunion, in: Handschrift, a. a. O., S. 65, Grosser, Wagnis, a. a. O., S. 277 sowie Tagesordnung der Fraktionssitzung am 24.04.1990, AdsD SPD-Fraktion in der Volkskammer der DDR 2/VKFA000024.

Staatsvertrag anerkannten und diesen scharf gegen den Entwurf der Bundesregierung kontrastierten.[246] Gleichzeitig protestierten sie gegen die mangelnde Information des Bundestags und der westdeutschen Länder und forderten die Einsetzung eines Gemeinsamen Ausschusses von Bundestag und Bundesrat sowie der Volkskammer zur deutschen Einigung. Nach mehreren vorbereitenden Sitzungen[247] und parallel zu den von dem christdemokratischen Staatssekretär beim Ministerpräsidenten der DDR, Günther Krause, geführten Verhandlungen, erarbeiteten die sozialdemokratischen Minister innerhalb weniger Tage ein Arbeitspapier auf der Basis des Koalitionsvertrags, das sie bescheiden »Zuarbeit« nannten, das aber in weiten Teilen als ein »Gegenentwurf«[248] zu der Bonner Vorlage gelten muss.[249] Aus dem Koalitionsvertrag waren zum Teil wörtlich Textpassagen in den Entwurf der Bundesregierung eingearbeitet worden, um so zentrale sozialdemokratische Programmelemente im Staatsvertrag festzuschreiben. Dies begann zunächst bei der Verankerung sozialer Grundrechte in der Präambel, der Erweiterung des von der Bundesregierung verwendeten Begriffs der sozialen Marktwirtschaft durch die ökologische Komponente, der Betonung der Einheit von Wirtschafts-, Währungs- und Sozialunion und der Bildung eines gemeinsamen Parlamentsausschusses neben dem geplanten Regierungsausschuss. Die wirtschaftspolitischen Teile wurden durch die Betonung der »Mitbestimmung, der Betriebsverfassung und der Arbeitnehmerrechte«[250] ergänzt. Besonders umfangreiche Änderungen erfuhren naturgemäß die arbeits- und sozialpolitischen Artikel des Vertragsentwurfs. Hierbei stützten sich Regine Hildebrandt und ihre Mitarbeiter auf eine entsprechende Vorlage von Rudolf Dreßler vom 26. April.[251] In den Anlagen brachten sie sowohl die Bestimmungen des Koalitionsvertrages zur Handelbarkeit von Grund und Boden als auch die Möglichkeit der Entschuldung von Betrieben,

---

246 Vgl. Protokoll über die gemeinsame Sitzung der Präsidien der SPD in der Bundesrepublik und der DDR und der Geschäftsführenden Vorstände der SPD-Bundestagsfraktion und der SPD-Volkskammerfraktion am 22.04.1990, abgedr. i.: Fischer, Einheit, a. a. O., S. 292 ff. sowie Presseservice der SPD 170/90 v. 23.04.1990.
247 Vgl. Schreiben Stobbe an Vogel v. 30.04.1990, Archiv der Bundesstiftung Aufarbeitung, Vorlass Markus Meckel 726.
248 Hans-Jochen Vogel: Zum Stand der Verhandlungen und Diskussionen über den Staatsvertrag, überarb. Bandabschrift, Fraktionssitzung am 08.05.1990, AdsD Depositum Hans-Jochen Vogel 1/HJVA102908.
249 Vgl. Zuarbeit aus dem Kreis der SPD-Minister für die Erarbeitung einer gemeinsamen Verhandlungsposition des Ministerrats der DDR zum Vertrag über die Wirtschafts-, Währungs- und Sozialgemeinschaft zwischen der Bundesrepublik Deutschland und der Deutschen Demokratischen Republik v. 02.05.1990, AdsD SPD-Fraktion in der Volkskammer der DDR 2/VKFA000027, Depositum Hans-Jochen Vogel 1/HJVA102366 sowie BArch DC 20/6008; vgl. Ritter, Preis, a. a. O., S. 215 f.
250 Zuarbeit aus dem Kreis der SPD-Minister v. 02.05.1990, AdsD SPD-Fraktion in der Volkskammer der DDR 2/VKFA000027, S. 13,
251 Vgl. Ritter, Preis, a. a. O., S. 214 f.

über die das Wirtschafts- und das Finanzministerium zu entscheiden hatten[252], ein. Dieses Papier wurde am 2. Mai, nachdem Schröder einen Sachstandsbericht abgegeben hatte – eine zunächst geplante Unterrichtung durch Krause ließ sich nicht realisieren –, in der Fraktion diskutiert und verabschiedet.[253] Die Fraktion machte gleichwohl ihren Anspruch auf Mitgestaltung geltend, indem sie forderte, »daß die von den Arbeitskreisen erarbeiteten Ergebnisse in die Beratungen durch die SPD-Minister eingebracht werden.«[254] An all diesen Vorbereitungs- und Abstimmungsprozeduren waren Zöller und Stobbe aktiv beteiligt. Letzterer stellte nach Rücksprache mit Schröder gegenüber Vogel fest:

> »Anders als die SPD in Bonn muß die SPD in der DDR ihre Entscheidung zum Staatsvertrag nicht erst während der parlamentarischen Beratung zur Ratifizierung vornehmen, sondern im zeitlichen Zusammenhang mit der Entscheidung der DDR-Regierung. Der Grund hierfür ist natürlich, daß die Entscheidung der SPD-Minister im Kabinett und die der Fraktion nicht auseinanderfallen dürfen. Insofern fällt die Entscheidung der SPD in der DDR zeitlich vor die Entscheidung der SPD in Bonn.
> Dieser Umstand wirft die Frage auf, ob nicht dennoch die politische Koordinierung mit der Haltung der SPD in Bonn bereits zu diesem Zeitpunkt erfolgen muß. […] Richard Schröder regt aber an, […] Beratungszeit in Bonn zu reservieren.«[255]

In diesem Sinne tat Schröder alles dafür, sowohl seine Kohorten in der Volkskammer inhaltlich zusammenzuhalten, als auch den Koalitionsfrieden zu gewährleisten, denn er wusste sehr genau, dass die SPD gerade in sozialpolitischen Fragen des ersten Staatsvertrages mit de Maizière in weiten Teilen an einem Strang zog.[256] So forderte er in der Fraktionssitzung am 2. Mai zunächst eine grundsätzliche Zustimmung zum Staatsvertrag sowie die Unterstützung der »Zuarbeit« der SPD-Minister und forderte vehement, dieses Thema nicht »zur Profilierung der Koalitionsparteien gegen einander«[257] zu verwenden. Fast flehentlich beschwor er die Abgeordneten zudem:

---

252 Vgl. Zuarbeit aus dem Kreis der SPD-Minister v. 02.05.1990, AdsD SPD-Fraktion in der Volkskammer der DDR 2/VKFA000027, S. 24, 29.
253 Vgl. Schreiben Stobbe an Vogel v. 30.04.1990, Archiv der Bundesstiftung Aufarbeitung, Vorlass Markus Meckel 726 sowie Ergebnisprotokoll der Sitzung der SPD-Fraktion in der Volkskammer am 02.05.1990, AdsD SPD-Fraktion in der Volkskammer der DDR 2/VKFA000026.
254 Ergebnisprotokoll der Sitzung der SPD-Fraktion in der Volkskammer am 02.05.1990, AdsD SPD-Fraktion in der Volkskammer der DDR 2/VKFA000026.
255 Schreiben Stobbe an Vogel v. 30.04.1990, Archiv der Bundesstiftung Aufarbeitung, Vorlass Markus Meckel 726.
256 Vgl. de Maizière, Kinder, a. a. O., S. 138, 142 ff.
257 Richard Schröder: Bericht zur Lage, Rede vor der Fraktion am 02.05.1990, Archiv der Bundesstiftung Aufarbeitung, Vorlass Markus Meckel 726.

»Bitte bedenkt, daß nicht alle Probleme der Einigung in den ersten Staatsvertrag gehören. Wünsche an die Modernisierung des Grundgesetzes gehören in den zweiten Staatsvertrag. Es ist deshalb Unsinn, wenn gefordert wird, im ersten Staatsvertrag Sicherungen gegen Paragraph 218 einzubauen.«[258]

Parallel dazu erarbeiteten die wichtigsten Fachpolitiker und Arbeitskreisvorsitzenden der SPD-Bundestagsfraktion Stellungnahmen und Änderungsvorschläge zum Staatsvertragsentwurf der Bundesregierung sowie des Gegenentwurfs der ostdeutschen Kollegen.[259] Diese Papiere wurden in der darauf folgenden Woche Jahn und Vogel vorgelegt und auch den Genossen in Ostberlin zu Kenntnis gebracht. Am 4. Mai berieten die SPD-Minister im Beisein von Vertretern der Fraktion und von Stobbe über den Stand der Verhandlungen und das weitere Vorgehen.[260] Zunächst konstatierte Regine Hildebrandt erhebliche Schwierigkeiten im Bereich der Sozialpolitik, insbesondere bei der Frage der Organisation des Kassensystems. Pollack berichte, dass bei den Verhandlungen auf dem Sektor der Landwirtschaft, die nach den Vorstellungen der Sozialdemokraten umfassenden Übergangsschutz genießen sollte, noch kein Durchbruch im Sinne dieser Position erreicht sei. Romberg stellte fest, dass sich die DDR-Verhandlungsdelegation hinsichtlich der begrenzten Handelbarkeit von Grund und Boden und der von der SPD vorgeschlagenen Erbpachtregelung einig sei. Es scheint aber, als habe er sich und seinen Kabinettskollegen damit in dieser äußerst heiklen Frage Mut zusprechen wollen, denn eine entsprechende Weichenstellung war noch keineswegs ausgemachte Sache. Bezüglich des weiteren Vorgehens wurde u. a. beschlossen, den SPD-Entwurf den Koalitionspartnern und der Bundesregierung zukommen zu lassen und gleichzeitig »die Teilbereiche Finanzen und Soziales des Staatsvertrages […] unter Zuhilfenahme der entsprechenden Referenten der Bundestagsfraktion«[261] noch einmal durchzusehen. Gleichzeitig erfolgte eine erste – einstweilen noch bescheidene – Bilanz des bisher erreichten.[262] Um in diesem Sinne den Druck deutlich zu erhöhen, kritisierten die Sozialdemokraten in einer Pressekonferenz am selben Tag die bisherige Verhandlungsführung scharf.[263] Der Vertragstext

---

258 Ebd.
259 Vgl. die entsprechenden Stellungnahmen und Thesenpapiere von Herta Däubler-Gmelin, Ingrid Matthäus-Maier, Willfried Penner, Wolfgang Roth in: Archiv der Bundesstiftung Aufarbeitung, Vorlass Markus Meckel 638.
260 Vgl. Protokoll des Treffens der SPD-Minister am 04.05.1990, AdsD Depositum Wolfgang Thierse 1/WTAA000049; vgl. auch den diesbezüglichen Schreiben Stobbe an Vogel v. 04.04.1990, AdsD Depositum Hans-Jochen Vogel 1/HJVA102908.
261 Ebd.
262 Vgl. Wesentliche Änderungen gegenüber dem Vertragsentwurf der Bundesregierung vom 24.04.1990, die auf den Einfluß der SPD zurückzuführen sind, Stand 04.05.1990, AdsD Depositum Wolfgang Thierse 1/WTAA000049.
263 Vgl. Notizen von Wolfgang Thierse zur Pressekonferenz am 04.05.1990, AdsD Depositum Wolfgang Thierse 1/WTAA000049.

sei in der entsprechenden Ministerratssitzung lediglich verlesen und nicht diskutiert worden. Die Sozialdemokraten witterten überdies, und das war eine direkte Attacke gegen Krause, »Geheimdiplomatie« und eine »Ausschaltung des Parlaments«[264]. Gleichzeitig stellten sie fest, dass die Zustimmung der DDR zur 12-Punkte-Erklärung zur Währungsumstellung vom 2. Mai[265] nicht im Ministerrat verabschiedet worden sei.[266] Hildebrandt forderte angesichts des allgemein niedrigen Rentenniveaus in der DDR und der zu erwartenden deutlichen Erhöhung der Lebenshaltungskosten nach Wegfall der Subventionen dringende Änderungen in der Rentenpolitik, vor allem die Einführung einer Mindestrente. Darüber hinaus macht sie klar, dass die Schaffung eines einheitlichen und kassenartenneutralen Sozialversicherungsträgers bei einem Beitragssatz von »17,5 % des Bruttoeinkommens für die drei Versicherungen« für die SPD essenziell sei.[267] Es ist in der einschlägigen Literatur Konsens, dass der scheinbar harsche Konfrontationskurs der SPD zu diesem Zeitpunkt, der sowohl die Gespräche über den Staatsvertrag als auch die Regierungskoalition in der DDR zeitweilig in schwieriges Fahrwasser brachte, in ursächlichem Zusammenhang mit den Kommunalwahlen in der DDR am 6. Mai stand, in deren Kontext sich die SPD als das soziale Gewissen der Einheit darstellen wollte.[268] Dies mag durchaus eine gewisse Rolle gespielt haben, vor allem der demonstrative Gang in die Öffentlichkeit ist ein in dieser Hinsicht eindeutiges Indiz. Gleichwohl greift es aber deutlich zu kurz, als Motivation hinter dieser politischen Angriffslust allein Wahltaktik zu vermuten. Der SPD ging es im Rahmen eines längerfristig abgestimmten strategischen Konzepts um die Durchsetzung zentraler und für die generelle Gestaltung der Deutschen Einheit richtungsweisender politischer Inhalte. Wann wenn nicht jetzt – auch der immense Zeitdruck spielte eine Rolle – hätten diese Positionen sonst artikuliert und wirksam eingebracht werden sollen? So brachte die kontrollierte Offensive der Sozialdemokraten bei den Kommunalwahlen zwar keine Stimmenzuwächse, trug aber bald Früchte bei den Verhandlungen über den Staatsvertrag. Zur nicht geringen Freude der SPD und zur großen Überraschung der Bundesregierung flossen nun zentrale Inhalte der Vorlage der Ost-SPD direkt in die offizielle Verhandlungsposition der DDR mit ein. Während Stobbe ein wenig erstaunt über diesen Erfolg nach Bonn berichtete, dass »entgegen den vorhandenen Befürchtungen […] die SPD-Vorschläge offensichtlich von Anfang an, durchgehend und flächendeckend, bei den Verhandlungen eine Rolle gespielt«[269] hätten, registrierte das Bundesarbeitsministerium verschnupft, dass der

---

264 Ebd.
265 Abgedr. i.: Grosser, Wagnis, a. a. O., S. 288 f.
266 Vgl. Notizen von Wolfgang Thierse zur Pressekonferenz am 04.05.1990, AdsD Depositum Wolfgang Thierse 1/WTAA000049.
267 Ebd.
268 Vgl. Grosser, Wagnis, a. a. O., S. 294, Ritter, Preis, a. a. O., S. 215 f.
269 Schreiben Stobbe an Vogel v. 09.05.1990, AdsD SPD-Bundestagsfraktion 11. Wahlperiode, Berliner Büro (Walter Zöller), Ordner 21.407.

4 Die Verhandlungen über die Wirtschafts-, Währungs- und Sozialunion

Verhandlungsstand in etlichen Fragen vor den Stand der letzten Runde zurückgefallen sei.[270] Am 7. Mai, dem Tag nach den Kommunalwahlen, legte der Koordinierungsausschuss für die Arbeit der SPD am Staatsvertrag ein Diskussionspapier vor, das »angesichts der Fülle von Gegenvorschlägen der SPD [...] sowie des bestehenden Zeitdrucks«[271] die politischen Essentials der Sozialdemokraten zusammenfasste. Es wiederholte für den Bereich der Sozialunion die Forderungen Hildebrandts zur Sozial-, Kranken- und Rentenversicherung, setzte Akzente beim Betriebsverfassungsgesetz, dem Kündigungsschutz und dem Verbot der Aussperrung und mahnte in allen Bereichen Übergangsfristen für soziale Abfederungen an.[272] Darüber hinaus betonte es erneut die sozialdemokratischen Vorstellungen zum Erbpachtrecht und zur Verfassungspolitik.[273] Dieses Papier war auch, wie die Notizen Thierses am Rand zeigen, eine der Grundlagen für die am selben Tag stattfindende Koalitionsrunde. In dieser Sitzung betonte Krause zunächst, dass die DDR beim derzeitigen Stand der Verhandlung in erster Line im Blick habe, einerseits die Geldwertstabilität der DM nicht zu gefährden und andererseits eine soziale Absicherung bei der Umstellung der DDR-Wirtschaft auf die soziale Marktwirtschaft zu erreichen.[274] Bei der Diskussion um Details der zu gründenden Treuhandanstalt und deren Aufgaben zeigte sich recht bald, dass die sozialdemokratischen Vorstellungen einer Entschuldung der DDR-Betriebe und die Ausgabe von Anteilsscheinen zur Vermögensbildung nicht nur aus finanz- und schuldenpolitischer Sicht wenig realistisch waren, sondern auch an der Weigerung der Bundesregierung scheitern würden.[275] In Bezug auf die Verhinderung der Altersarmut und mit Blick auf die Mindestrente kam die CDU der SPD, wenn auch auf niedrigem Niveau, entgegen, indem sie zusicherte, Kleinstrenten in der DDR zumindest auf den künftig anzunehmenden Sozialhilfesatz von 440 DM aufstocken zu wollen. In der heikelsten Frage, der Handelbarkeit von Grund und Boden, warf der Ministerpräsident höchstpersönlich sein Gewicht gegen die SPD-Forderungen in die Waagschale:

»Gegenüber dem in der Koalitionsvereinbarung festgelegten Vorrang des Erbbaurechts nannte Ministerpräsident de Maizière drei Bedenken:
– mittelständische Unternehmen würden aufgrund der Abschreibungsvorschriften der BRD Investitionen in der DDR scheuen,

---

270 Vgl. Ritter, Preis, a. a. O., S. 215.
271 Wolfram von Fritsch: Diskussionsgrundlagen für die Herausarbeitung der Minimalpositionen der SPD zum Staatsvertrag v. 07.05.1990, AdsD Depositum Wolfgang Thierse 1/WTAA000130.
272 Vgl. ebd.
273 Vgl. ebd.
274 Vgl. Protokoll der Koalitionsrunde am 07.05.1990, AdsD Depositum Wolfgang Thierse 1/WTAA000047.
275 Vgl. ebd.

- es käme zu einer Abtrennung des Eigentums am Grundstück und am darauf-
stehenden Gebäude, die dem deutschen Zivilrecht eigentlich fremd sei,
- ein Erbbaurecht kann nicht in gleicher Weise wie das Eigentum an Grund und
Boden beliehen werden.

Sein Vorschlag war, daß die Gemeinden unter Beteiligung der kommunalen Parlamente fest umrissene Gebiete zu Kauf durch Ausländer vorsehen. Für diese Gebiete muß die Nutzungsart festgeschrieben werden. Der Verkauf darf nur zu den entsprechenden Bodenpreisen, die in der BRD gelten, geschehen.«[276]

Um den Konflikt einstweilen zu entschärfen und nicht zum Knackpunkt für den Staatsvertrag zu machen, regte er folgendes Vorgehen an:

»Die Eigentumsfragen werden aus dem Staatsvertrag ausgegliedert. Sie sollen aber in einem im Zusammenhang mit dem Staatsvertrag stehenden Briefwechsel zwischen de Maizière und Kohl erwähnt werden. De Maizière nannte dabei vier Punkte:
1. Die Veränderungen vor 1949 werden nicht angetastet.
2. Republikflüchtigen wird ihr Eigentum als Titel zurückgewährt, sofern es noch unter staatlicher Verwaltung steht.
3. In diesen Fällen besteht ein besonderer Schutz der Mieter und Nutzer der Grundstücke.
4. Die Eigentumspositionen, die gutgläubig von Bürgern der DDR erworben wurden, werden nicht angetastet.«[277]

Eine Reaktion oder gar Widerspruch der anwesenden Sozialdemokraten, u. a. Schröder[278] und Gutzeit, vermerkt das Protokoll nicht. De Maizières Vorschlag bedeutete zwar einen gewissen Bestandsschutz für DDR-Bürger hinsichtlich der von ihnen genutzten Liegenschaften, der oben herausgearbeitete Grundgedanke der Eigentumsregelungen im Koalitionsvertrag war jedoch in wichtigen Punkten ausgehebelt. Dieser Ansatz ließ sich zwar dennoch mit einiger Mühe mit den Positionen der SPD-Volkskammerfraktion vereinbaren, wie ein diesbezügliches Thesenpapier des Vorsitzenden

---

276 Ebd.
277 Ebd.
278 Aus einem Bericht von Stobbe an Vogel geht hervor, dass Schröder de Maizières Vorschlag akzeptiert hat: »Der MP hat die SPD in einer, wie Schröder meint, fairen Weise um eine Modifizierung der gerade von der SPD in diesem Punkt stark geprägten Koalitionsvereinbarung (ausschließlich Erbpacht) zugunsten einer Lösung, die Investoren auch den Erwerb von Grund und Boden ermöglichen soll [gebeten].« Schreiben Stobbe an Vogel v. 09.05.1990, AdsD SPD-Bundestagsfraktion 11. Wahlperiode, Berliner Büro (Walter Zöller), Ordner 21.407.

des Arbeitskreises III Wirtschaft, Frank Bogisch, zeigt[279], der Zungenschlag der Sozialdemokraten war jedoch ein grundsätzlich anderer und Konflikte mit der Bundesregierung damit vorprogrammiert. Das machte Bogisch auch von Beginn an klar:

> »Wenn wir uns nach der Speerspitze der bundesdeutschen Rücksichtslosigkeit – Otto Graf Lambsdorff – richten müßten, würde rückübertragen, privatisiert und verkauft ohne Rücksicht auf Mieter, auf jetzige Eigentümer, auf die Rechte der Städte und Gemeinden, aber auch von Handwerk, Gewerbe und Industrie.«[280]

Er stellte zutreffend fest, dass von allem in der DDR vorhandenen Vermögen allein Grund und Boden eine Wertsteigerung erfahren würde. Entsprechend bekannte er sich zunächst zur konsequenten Verhinderung der Bodenspekulation in der DDR, dem »Fortbestand der vorhandenen Nutzungsrechte«, zum Mieterschutz und zur Mietpreisbindung und warnte vor der Gefahr der »Konzentration von Grundeigentum«[281]. Als Konsequenz daraus forderte er eine möglichst weitgehende Kommunalisierung insbesondere des Volkseigentums an Grund und Boden. Neben die Erbpacht als Regelfall für die Bodennutzung stellte er den Privatbesitz an Grund und Boden lediglich für »Handwerks- und Mittelbetriebe« zum Zweck der Kapitalbildung in Aussicht.[282] Ausgehend vom – zumindest in der DDR – unstrittigen Bestand der Bodenreform wollte er in erster Linie die Enteignungen von Betriebsvermögen auf der Basis der Ministerratsbeschlüsse von Februar und Juli 1972[283] rückgängig machen. Bezüglich der Grundstücke und Liegenschaften in den Westen geflüchteter Alteigentümer stellte Bogisch unmissverständlich fest:

> »– eine generelle Rückabwicklung kommt nicht in Frage.
> – der Rechtsfrieden darf nicht gestört werden; sind Grundstücke inzwischen einer Nutzung zugeführt, so kann eine Rückgabe dann nicht erfolgen, wenn die heutigen Inhaber die Grundstücke in Treu und Glauben auf die Rechtmäßigkeit erworben haben.«[284]

Als eine Art vertrauensbildende Maßnahme besuchte der Ministerpräsident am nächsten Tag die SPD-Volkskammerfraktion und stellte sich knapp zweieinhalb Stunden lang

---

279 Vgl. Frank Bogisch: Sozialdemokratische Grundpositionen zu Grund und Boden, o. D., AdsD Depositum Hans-Jochen Vogel 1/HJVA102356.
280 Ebd.
281 Ebd.
282 Ebd.
283 Vgl. BArch, Ministerrat der DDR, DC 20-I/4/2604, DC 20-I/4/2682.
284 Frank Bogisch: Sozialdemokratische Grundpositionen zu Grund und Boden, o. D., AdsD Depositum Hans-Jochen Vogel 1/HJVA102356.

den Fragen der Parlamentarier.[285] Inhaltlich ist aus dem Protokoll außer der Feststellung, dass die »Aussprache [...] in sachlicher und freundlicher Atmosphäre«[286] verlaufen sei, nichts zu entnehmen. Ähnlich, wenngleich ein wenig differenzierter, sahen dies auch Meckel und Schröder, wie in einem Bericht hierzu von Stobbe an Vogel zu lesen ist: »atmosphärisch konsensual, Mißverständnisse ausräumend, zu einigen in den Verhandlungen noch offenen Punkten ausweichend, ansonsten präzise und sichtlich bemüht, eine positive Grundstimmung zu erzeugen.«[287] De Maizière hatte nach dem für den folgenden Samstag vorgesehenen Abschluss der Verhandlungen auf Staatssekretärsebene eine Beteiligung der Koalitionsfraktionen zugesichert, bevor die Verhandlungen auf Ministerebene zu Ende geführt würden.[288] Ganz erfolgreich war der Ministerpräsident indes mit seiner Mission zur Befriedung des Regierungsbündnisses nicht:

> »Schröder wertet das vom MP gewählte Verfahren, anders als andere Teilnehmer der Ministerrunde, als den Versuch des MP, eine breite Rückendeckung in der Volkskammer für die Verhandlungspositionen der DDR zu erhalten. Andere Teilnehmer befürchten eher, daß die aus politischen Gründen zu befürwortende Beteiligung der Koalitionsfraktionen und ggf. der Ausschüsse der Volkskammer einen ›demokratischen Schein‹ auf die Verhandlungsführung werfen, während in Wahrheit dadurch die harte Notwendigkeit zur Auflösung der noch verbleibenden Konflikte kaschiert oder unmöglich gemacht wird.«[289]

Ganz von der Hand zu weisen war der Eindruck nicht, denn in der Tat löste diese Verfahrensweise kein einziges der weiter bestehenden Sachprobleme und weitete lediglich den Kreis der an den Entscheidungen Beteiligten aus. Eine Stärkung der Positionen der SPD war davon nicht unbedingt zu erwarten.

Am selben Tag berichtete Hans-Jochen Vogel der SPD-Bundestagsfraktion über den Stand der Verhandlungen in Ostberlin sowie zwischen der DDR und der Bundesrepublik.[290] Zunächst bemängelte er den äußerst knappen Zeitplan, der eine Beschlussfassung der beiden Regierungen für den 13. Mai, die Unterzeichnung des Vertrages für den 18. Mai und die Ratifizierung in beiden Parlamenten bis Ende Juni vorsah. Die Forderung nach einer vollständigen Entschuldung der DDR-Betriebe war offenbar auch für

---

285 Vgl. Ergebnisprotokoll der Sitzung der SPD-Fraktion in der Volkskammer am 08.05.1990, AdsD SPD-Fraktion in der Volkskammer der DDR 2/VKFA000027.
286 Ebd.
287 Schreiben Stobbe an Vogel v. 09.05.1990, AdsD SPD-Bundestagsfraktion 11. Wahlperiode, Berliner Büro (Walter Zöller), Ordner 21.407.
288 Vgl. ebd.
289 Ebd.
290 Vgl. Hans-Jochen Vogel: Zum Stand der Verhandlungen und Diskussionen über den Staatsvertrag, überarb. Bandabschr. Fraktionssitzung vom 08.05.1990, AdsD Depositum Hans-Jochen Vogel 1/HJVA102908.

Vogel weitestgehend vom Tisch. So akzeptierte er nun die Teilentschuldung durch den Umtauschkurs von 1:2 für Guthaben und Verbindlichkeiten über 6.000 DDR-Mark. Er mahnte in dieser Frage nun lediglich noch »Vertragshilfeverfahren« und »befristete Schutzvorschriften« an, »damit lebensfähige Betriebe die kritische Zeit überstehen«[291]. In der Sozialpolitik griff er die Positionen der ostdeutschen Genossen zur Rentenpolitik, zur Organisation der Sozialversicherung und zum Problem der Aussperrung auf. Selbiges galt bezüglich der Eigentums- und der offenen Verfassungsfragen. Vogel stellte sich also voll hinter den Verhandlungskurs der Ost-SPD.

Für den 10. Mai hatte die Volkskammerfraktion der PDS eine aktuelle Stunde zum Stand der Verhandlungen über den Staatsvertrag über die Wirtschafts-, Währungs- und Sozialunion erwirkt.[292] Günther Krause[293] hielt das Hauptreferat und stellte sich in erster Linie den kritischen Fragen der Opposition. Nach einer relativ schonungslosen Analyse der Haushalts- und Schuldenlage sowie der wirtschaftlichen Situation in der DDR erläuterte er den Verlauf der Gespräche mit der Bundesregierung inhaltlich entlang der innerhalb der Koalition ausgehandelten Kompromisslinien. Von der SPD meldeten sich aufseiten der Regierungskoalition Romberg und Schröder mit längeren Beiträgen zu Wort. An einer Stelle drohte die in etlichen Passagen durchaus hitzig geführte Debatte zum Debakel für die Regierung zu werden. Romberg zeigte sich angesichts der von Krause vorgelegten Zahlen zu Haushalt, Verschuldung und Finanzbedarf verwundert, über diese vorab nicht informiert worden zu sein. Insofern geriet sein Beitrag im Duktus zu einer Art Anklage gegen Krause, inhaltlich zu einer etwas zusammenhanglosen Vorstellung anderer Zahlen zum Verhältnis von Haushaltsvolumen und Staatsverschuldung.[294] Es lag nun einmal mehr an de Maizière[295] und Schröder, die Dissonanzen im Kabinett zu übertünchen und die Verhandlungslinie der Regierung der DDR gegenüber der Opposition zu vertreten. Insbesondere Schröder verwies auf die zwingende Notwendigkeit eines erfolgreichen Abschlusses der Gespräche und verwahrte sich gleichzeitig gegen den Vorwurf der Geheimniskrämerei und der Missachtung des Parlaments mit dem Hinweis auf das übliche Verhandlungsgebaren zwischen Regierungen und die damit zusammenhängenden Gepflogenheiten von Informationstaktik und Vertraulichkeit.[296] Dabei übersah er freilich geflissentlich, dass es die SPD gewesen war, die nur wenige Tage zuvor mit diesen Argumenten noch Wahlkampf gemacht hatte. Nun gingen zwischen dem 11. und 13. Mai die Gespräche auf Staatssekretärsebene in Bonn in die letzte Runde.[297] Auch

---

291 Ebd.
292 Vgl. Stenographische Niederschrift der 6. Tagung der Volkskammer am 10.05.1990, a. a. O., S. 177 ff.
293 Vgl. ebd., S. 178 ff.
294 Vgl. ebd., S. 185.
295 Vgl. ebd.
296 Vgl. ebd., S. 188 f.
297 Vgl. Grosser, Wagnis, a. a. O., S. 296 ff.

hier offenbarten sich die Differenzen zwischen den Koalitionspartnern. Während Alwin Ziel, mittlerweile parlamentarischer Staatssekretär im Ministerium für Arbeit und Soziales der DDR, in den Verhandlungen über die Sozialunion möglichst viel aus dem sozialdemokratischen Entwurf von 2. Mai in den Staatsvertrag hinüberretten wollte, bremste Krause gerade hier.[298] Kritisch war weiterhin die Frage der Handelbarkeit von Grund und Boden. Die oben herausgearbeiteten sozialdemokratischen Positionen waren für die Bundesregierung erwartungsgemäß in keiner Weise akzeptabel, da damit »eine wesentliche Voraussetzung der Marktwirtschaft«[299] entfallen wäre. Insofern lief es auf die Kompromissformel von de Maizière hinaus. Die vereinbarte Erklärung der Regierung der DDR[300] aber fiel noch ein Stück weit dehnbarer aus, als es den Sozialdemokraten lieb sein konnte. Am Sonntag den 13. Mai 1990 hatten sich die Unterhändler auf einen Vertragsentwurf geeinigt, der nun den auf der Ebene der Minister und Regierungschefs abschließend beraten werden konnte.

Parallel zum Abschluss der Gespräche auf Staatssekretärsebene fand im Reichstagsgebäude in Berlin ein schon seit einigen Tagen auf Initiative von Schröder und Stobbe vorbereitetes Treffen der Fraktionsführungen der SPD in der Volkskammer und im Bundestag statt.[301] An diesem Spitzengespräch zwischen beiden Parteien nahmen vonseiten der Ost-SPD u. a. die Minister Hildebrandt, Meckel und Romberg, Staatssekretär Ziel sowie aus der Fraktionsführung Schröder, Thierse und Timm teil. Für die West-SPD waren neben Vogel die wichtigsten mit dem Staatsvertrag befassten Experten Dreßler, Jahn, Matthäus-Maier und Roth sowie Stobbe und Zöller anwesend. Auf der Tagesordnung standen die noch im Rahmen der abschließenden Verhandlungen vor der Paraphierung des Staatsvertrages anzustrebenden Änderungen, der Zeitplan für die nächsten Tage sowie noch in der Volkskammerfraktion zu klärende Sachfragen.[302] Bezüglich der Präambel und des Art. 2 sollten ökologische Bezüge durchgesetzt werden und das ebendort verankerte Bekenntnis zur Vertrags-, Gewerbe-, Niederlassungs- und Berufsfreiheit durch die Vokabel »grundsätzlich« relativiert werden, um Spielraum für Maßnahmen zum Schutz der taumelnden DDR-Wirtschaft zu bekommen. Bezüglich der in Art. 8 geregelten Verfahrensweise bei Änderungen des Vertragstextes wünschten die Sozialdemokraten eine »Mitzuständigkeit der gesetzgebenden Körperschaften«[303], also der Volkskammer und des Bundestags.

---

298 Vgl. ebd., S. 298.
299 Ebd., S. 300.
300 Auszugsweise zit. ebd., S. 300 f.
301 Vgl. Niederschrift zum Treffen der Vertreter der Fraktionsführungen der SPD in der Volkskammer und im Bundestag am Sonntag, den 13.05.1990, AdsD SPD-Bundestagsfraktion 11. Wahlperiode, Berliner Büro (Walter Zöller), Ordner 21.407; zur Vorbereitung des Treffens vgl. Schreiben Stobbe an Vogel v. 09.05.1990, ebd.
302 Vgl. Niederschrift zum Treffen der Vertreter der Fraktionsführungen der SPD in der Volkskammer und im Bundestag am Sonntag, den 13.05.1990, AdsD SPD-Bundestagsfraktion 11. Wahlperiode, Berliner Büro (Walter Zöller), Ordner 21.407.
303 Ebd.

Hinsichtlich der Regelung der Umtauschkurse in Art. 10 strebten sie Sonderbestimmungen an: Einerseits galt es, der SED bzw. nun PDS, dem FDGB und ehemaligen Mitarbeitern des MfS zu verwehren, ihre Vermögenswerte und monetären Privilegien in das gemeinsame Wirtschaftsgebiet hinüber zu retten; andererseits sollte den DDR-Betrieben die Tür zu einer Entschuldung über den Schlüssel von 2:1 hinaus offen gehalten werden. Die künftigen Länder auf dem Gebiet der DDR sollten bei der nun für das gesamte Währungsgebiet zuständigen Deutschen Bundesbank zumindest »treuhänderisch«[304] vertreten sein, und bei wirtschaftspolitischen Entscheidungen in der DDR sollte ein »*gegenseitiges* Einvernehmen«[305] [Kursiv im Original; P. G.]. beider Regierungen notwendig werden. Mit Blick auf die Strukturanpassung regten die Sozialdemokraten an, eine »Verbrauchssteuer auf West-Produkte durch Aufschläge auf [die] Endverbraucherpreise«[306] zumindest zu prüfen.« Im Bereich der durch Art. 15 geregelten Agrar- und Ernährungswirtschaft wurde eine stärkere Einbeziehung der Eigentums- und Sozialbindungsfrage sowie der Genossenschaftsproblematik eingefordert und auf dem Gebiet der Umweltpolitik (Art. 16) eine konkretere Perspektive für die Umweltunion angemahnt. Weiterhin benötigte nach der Ansicht der Sozialdemokraten auch die geplante aktive Arbeitsförderungspolitik in der DDR eine Anschubfinanzierung aus der Bundesrepublik. Mit der Durchsetzung zweier sozialpolitischer Anliegen verknüpfte die SPD ihre Zustimmung zum Gesamtpaket. Beide betrafen die in Art. 20 behandelte Rentenpolitik. Einerseits bestanden sie auf einem »Vertrauensschutz für Rentner für mindestens fünf Jahre« und der Einführung einer Mindestrente in der Höhe zwischen 470 und 500 DM, andererseits forderten sie eine Klausel, die die Kontrolle der sogenannten »Stasi-Renten«, also auf der Basis von Sonderregelungen berechneter Sätze, ermöglichte.[307] Für die Art. 26 bis 28, die die künftige Haushaltspolitik und die Höhe der Finanzzuweisungen aus dem Bundeshaushalt an die DDR regelten, verabredete die Runde:

> »Zu bevorzugen ist eine Verfahrensregel über die Finanzzuweisung statt einer konkreten Summe. Im letzteren Fall muß der Zuweisungsbedarf vom Ministerpräsidenten benannt werden, nicht vom sozialdemokratischen Finanzminister.«[308]

Der Zweck dieses Schachzuges ist unmittelbar einsichtig: Es sollte damit ein Spielraum in der Haushaltspolitik auf Kosten des Bundeshaushalts geschaffen werden, während die Verantwortung für den DDR-Haushalt vom Finanzminister, der sich, wie gesehen, immer wieder übergangen gefühlt hatte und dadurch in prekäre Situationen

---

304 Ebd.
305 Ebd.
306 Ebd.
307 Vgl. ebd.
308 Ebd.

geraten war, auf den Ministerpräsidenten abgewälzt werden sollte. Diese Verabredung führte bereits am nächsten Tag zu einem Eklat bei den Verhandlungen der Finanzminister, denn Theo Weigel bestand auf harten Zahlen für die geplante Nettokreditaufnahme der DDR für das zweite Halbjahr 1990 und für 1991. Diese konnte und wollte ihm Romberg vor dem Hintergrund der sozialdemokratischen Absprachen nicht geben.[309] Die Notizen von Gerhard Jahn zu dem Treffen am 13. Mai[310] erlauben, über das offizielle Protokoll hinaus, einen Blick auf die – wenn man so will – Seelenlage der Sozialdemokraten. Nachdem die Bilanz zwischen bereits Erreichtem und den Desiderata gezogen worden war und die Frage nach der weiteren Strategie aufkam, konstatierte Schröder knapp: »Aussteigen für uns Katastrophe«. Hans-Jochen Vogel fasste ergänzend zusammen: »In wichtigen Punkten Verbesserungen [erreicht], weitere Verbesserungen anstreben, nicht zum ›nein‹ kommen lassen.«[311]

In den folgenden Tagen vollzog sich, wie aus dem Zeitplan im Protokoll des Treffens vom 13. Mai zu entnehmen ist[312], neben den ministeriellen Verhandlungen ein wahrer Sitzungsmarathon vorbereitenden und begleitenden Charakters. Die Zusammenkünfte von Spitzenpolitikern der Ost-SPD mit de Maizière am 13. und 14. Mai lassen sich derzeit mangels greifbarer archivischer Evidenz inhaltlich kaum fassen. Sie dürften sich aber in erster Linie um die Kommunikation der oben herausgearbeiteten Änderungswünsche und das abschließende Verhandlungsgebaren der eingebundenen sozialdemokratisch geführten Ministerien gedreht haben. Am 15. Mai tagten die SPD-Volkskammerfraktion und anschließend die sozialdemokratische Ministerrunde.[313] In der Fraktion erstattete wie gewohnt Schröder Bericht über den derzeitigen Stand der Verhandlungen.[314] Nach einleitenden Erläuterungen zu Zweck und Bedeutung des Vertrages als Vorstufe der Deutschen Einheit und zum selbst mitverschuldeten Termindruck erklärte er pointiert:

> »Die Bundesrepublik Deutschland war bemüht, dafür zu sorgen, dass ihre Währung auf fruchtbaren Boden fällt. Wir waren bemüht, dafür zu sorgen, daß bei der Wirtschafts- und Währungsunion die sozialen Aspekte berücksichtigt wurden. Das Paket wurde also so groß, weil für die Bundesrepublik Währungsunion nicht ohne Wirtschaftsunion, und für uns Wirtschaftsunion nicht ohne Sozialunion akzeptabel war.

---

309 Vgl. Grosser, Wagnis, a. a. O., S. 302 f.
310 Vgl. Notizen von Gerhard Jahn zum Treffen am 13.05.1990, AdsD Nachlass Gerhard Jahn, Bd. 1046.
311 Ebd.
312 Vgl. Niederschrift zum Treffen der Vertreter der Fraktionsführungen der SPD in der Volkskammer und im Bundestag am Sonntag, den 13.05.1990, AdsD SPD-Bundestagsfraktion 11. Wahlperiode, Berliner Büro (Walter Zöller), Ordner 21.407.
313 Vgl. ebd.
314 Vgl. Bericht vor der Fraktion am 15.05.1990 über den Stand der Staatsvertragsverhandlungen, Vorlage für Richard Schröder, AdsD SPD-Fraktion in der Volkskammer der DDR 2/VKFA000028.

Als der kleinere Koalitionspartner in der DDR haben wir versucht, unsere Vorstellungen soweit wie möglich im Vertrag einzubringen. Als einzige Partei haben wir den gesamten Vertrag bearbeitet und schriftliche Gegenvorstellungen vorgelegt. Die Fraktion und ihre Arbeitskreise haben gut gearbeitet; in vielen Bereichen haben wir unsere Positionen durchsetzen können.«[315]

Nun folgte eine Bilanz der Verhandlungserfolge. Als problematisch und bisher unzureichend berücksichtigt benannte er im Wesentlichen die am 13. Mai besprochenen Punkte. Zuletzt musste Schröder einräumen, dass die SPD mit zwei zentralen Anliegen wohl endgültig gescheitert war:

> »1. Das bisherige volkseigene Vermögen wird privatisiert. Der Erlös der Privatisierung fließt aber nicht, wie noch in der Koalitionsvereinbarung vorgesehen, zurück an die Bevölkerung in Form von Anteilsscheinen. In Artikel 26 Absatz 4 des Vertragsentwurfes steht, daß das volkseigene Vermögen vorrangig für die Strukturanpassung der Wirtschaft und für die Sanierung unseres Staatshaushaltes verwendet werden soll. [...]
> 2. In den Koalitionsvereinbarungen hatten wir festgelegt, daß Bundesbürger zunächst nur ein Erbpachtrecht für 10 Jahre erwerben können mit einem damit verbundenen Vorkaufsrecht zu den dann herrschenden Preisen. Ziel dieser Regelungen war es, die Spekulationen mit unseren bisher niedrigen Grundstückspreisen zu verhindern.
> In diesem Staatsvertrag soll die Eigentumserwerbsfrage nur am Rande behandelt werden. Aufgrund der Steuerabschreibungsvorschriften der Bundesrepublik ist es aber für kleinere und mittlere Unternehmen von großem Vorteil, wenn sie von vornherein Grundstücke erwerben können.
> Um das o. g. Ziel der Spekulationsverhinderung trotzdem zu erreichen, gibt es bisher zwei Lösungsmöglichkeiten:
> – entweder ein Kaufrecht für westdeutsche Investoren innerhalb genau begrenzter und von einer örtlichen Gemeindevertretung festgelegter Gebiete. Die Gebiete würden unter Festschreibung der erlaubten Nutzung und nur zum vergleichbaren Grundstückspreis in der Bundesrepublik verkauft werden.
> – Oder westdeutsche Investoren können jetzt zu den jetzt gültigen Bodenpreisen der DDR Grundstücke erwerben, müssen aber nach einem festgelegten Zeitraum (man denkt an 5 bis 10 Jahre) die bis dahin entstandene Preissteigerung nachbezahlen.
> Diese beiden Regelungen entsprechen nicht dem Wortlaut der Koalitionsvereinbarungen. Nach meiner Meinung können wir aber damit leben.

---

[315] Ebd.

Wir müssen den Realitäten ins Auge sehen, daß Betriebe aus dem westlichen Ausland nur dann bei uns Niederlassungen errichten, wenn sie sich davon ein gutes Geschäft versprechen. Wir haben dafür zu sorgen, daß die Vermögenswerte, die die DDR zu bieten hat, nicht leichtfertig verschleudert werden. Diese Aufgabe scheint mir bei beiden Lösungsvorschlägen, die ich eben genannt habe, gewährleistet zu sein.«[316]

Entsprechend hatte der Fraktionsvorstand dem Staatsvertragsentwurf auch zugestimmt.[317] Nun war es an den Arbeitskreisen, ihre inhaltlichen Beiträge zu leisten. Die Arbeitskreise Außenpolitik und Innen/Recht hatten, da der Vertrag ihre Zuständigkeitsbereiche nur am Rande berührte, keine nennenswerten Einwände.[318] Die Kritikpunkte der Arbeitskreise Wirtschaft und Finanzpolitik gingen in eine ähnliche Richtung wie die von Schröder angedeutete und bemängelten die fehlende Beteiligung der DDR im Zentralbankrat der Bundesbank, den künftig äußerst geringen Spielraum der DDR-Regierung in der Finanz- und Haushaltspolitik, die geplanten Regelungen zur Handelbarkeit von Grund und Boden sowie schließlich verschiedene Aspekte der Schuldenfrage.[319] Der Arbeitskreis Wirtschaft wollte überdies die Zustimmung zum Staatsvertrag von Änderungen in einigen dieser Fragen abhängig machen.[320] Der Arbeitskreis Sozialpolitik war mit dem Verhandlungsergebnis im Wesentlichen zufrieden, bemängelte allerdings die Ausgliederung der Zuständigkeit für die Krankenversicherung aus dem sozialdemokratisch geführten Arbeits- und Sozialministerium. Der Arbeitskreis kündigte an, die Fraktion wolle in dieser Frage »bis an die Grenze des Koalitionszusammenhaltes gehen.«[321] Der Arbeitskreis Umwelt zeigte sich erwartungsgemäß völlig unzufrieden mit dem Verhandlungsergebnis.[322] Die Arbeitskreise wurden aufgefordert, ihre Monita für die am Abend tagende Ministerrunde schriftlich zu präzisieren.[323] In Bezug auf die schon auf der Sitzung vom 13. Mai virulenten Fragen des Umtauschkurses für Konten der SED, der ehemaligen DDR-Nomenklatura und sonstiger unrechtmäßig erworbener Gelder fasste die Fraktion einen ebenso umstrittenen wie bemerkenswerten Beschluss. Zöller berichtet darüber:

---

316 Ebd.
317 Vgl. Ergebnisprotokoll der Sitzung der SPD-Fraktion in der Volkskammer am 15.05.1990, AdsD SPD-Fraktion in der Volkskammer der DDR 2/VKFA000028.
318 Vgl. Vermerk Walter Zöller für Hans-Jochen Vogel und Gerhard Jahn betr. Beratung des Staatsvertrags in der sozialdemokratischen Volkskammerfraktion v. 15.05.1990, AdsD SPD-Bundestagsfraktion 11. Wahlperiode, Berliner Büro (Walter Zöller), Ordner 21.407.
319 Vgl. ebd.
320 Vgl. ebd.
321 Ebd.
322 Vgl. ebd.
323 Vgl. Ergebnisprotokoll der Sitzung der SPD-Fraktion in der Volkskammer am 15.05.1990, AdsD SPD-Fraktion in der Volkskammer der DDR 2/VKFA000028.

»In diesem Punkt zeichnen sich aber auch in der SPD-Volkskammerfraktion selbst heftige Meinungsverschiedenheiten zwischen jenen ab, die vermeiden wollen, daß rechtmäßig erworbene Guthaben enteignet werden, und jenen, die auf jeden Fall vermeiden wollen, daß führende Mitglieder des früheren Systems ihre hohen Guthaben im Verhältnis 1:2 umtauschen können. Hier wurde auch auf das Interesse der BRD-SPD hingewiesen, für die schwer hinnehmbar sei, wenn derartige Guthaben in einem solch günstigen Kurs umgetauscht werden könnten.«[324]

Nach lebhafter Diskussion entschied die Fraktion mit 31 zu 10 Stimmen, dass für diese Guthaben lediglich ein Kurs von 1:20 zu gelten habe, und leitete dies zur Umsetzung an die Ministerrunde weiter.[325] Die tagte ab 19.00 Uhr desselben Tages und beriet abschließend die letzten Feinheiten bezüglich der Handelbarkeit landwirtschaftlicher Flächen, der Bodenpreisbewertung, des Vertrauensschutzes in der Rentenregelung, Korrekturen bezüglich der Abführung der Umsatzsteuer sowie der von der Fraktion beschlossenen Sonderregelungen für hohe Sparkonten.[326] Schließlich versuchten die SPD-Minister auf den letzten Metern durch eine Ergänzung des Art. 14 Möglichkeiten für eine flexible Behandlung von Betriebsschulden, die Einführung von Verbrauchsteuern für Westprodukte und Konkretisierungen bezüglich der künftigen Strukturpolitik zu erreichen.[327] Am nächsten Tag trat der Ministerrat zusammen, ohne sich jedoch des Staatsvertrages anzunehmen.[328] In Bonn ging die SPD-Bundestagsfraktion mit einem Positionspapier für den Ausschuss »Deutsche Einheit« an die Öffentlichkeit, das sich inhaltlich im Wesentlichen an die bisher abgestimmte Linie hielt und darüber hinaus lediglich von der Bundesregierung mehr Kostentransparenz verlangte.[329] Am Abend versammelten sich in Berlin die geschäftsführenden Fraktionsvorstände und Präsidien der SPD aus Ost und West zur abschließenden Beratung des Staatsvertragsentwurfes.[330] Schröder berichtete zu Beginn über die grundsätzliche Zustimmung der sozialdemokratischen Kabinettsmitglieder und der Volkskammerfraktion zum Staatsvertrag sowie über noch zu klärende inhaltliche Fragen:

---

324 Vermerk Walter Zöller für Hans-Jochen Vogel und Gerhard Jahn betr. Beratung des Staatsvertrags in der sozialdemokratischen Volkskammerfraktion v. 15.05.1990, AdsD SPD-Bundestagsfraktion 11. Wahlperiode, Berliner Büro (Walter Zöller), Ordner 21.407.
325 Vgl. Ergebnisprotokoll der Sitzung der SPD-Fraktion in der Volkskammer am 15.05.1990, AdsD SPD-Fraktion in der Volkskammer der DDR 2/VKFA000028.
326 Vgl. Protokoll des Treffens der SPD-Minister am 15.05.1990, AdsD Depositum Wolfgang Thierse 1/WTAA000131.
327 Vgl. ebd.
328 Vgl. BArch, Ministerrat der DDR, DC 20-I/3/2951 ff.
329 Vgl. Positionspapier der SPD für den Bundestagsausschuss Deutsche Einheit v. 16.05.1990, abgedr. i.: Fischer, Einheit, a. a. O., S. 307 ff.
330 Vgl. Protokoll über die gemeinsame Sitzung der Präsidien der SPD in der Bundesrepublik und der DDR sowie der Vorstände der SPD-Bundestagsfraktion und der SPD-Volkskammerfraktion am 16.05.1990, AdsD SPD-Parteivorstand, Vorstandssekretariat (o. Sign.).

> »Mit de Maizière sei über diese Punkte gesprochen worden. Es herrsche weitgehendes Einvernehmen. Allerdings sei mit einer Änderung des Textes des Staatsvertrages nicht mehr zu rechnen. Angestrebt würden ergänzende Regelungen zum Vertrag.«[331]

Nach Berichten und Erläuterungen von Stobbe zur Sitzung des Bundestagsausschusses »Deutsche Einheit« und Vogel zum Positionspapier der SPD erklärte Schröder sein grundsätzliches Einverständnis zu Letzterem, merkte aber kritisch an, dass er etliche Akzente anders gesetzt hätte und zudem nicht von einer »abrupten Einführung der DM«[332] in der DDR sprechen würde. Er betonte, dass diese einerseits von der DDR-Bevölkerung begrüßt und als »Element für die soziale Sicherheit«[333] begriffen würde, dass sich andererseits die meisten DDR-Bürger aber auch der damit verbundenen Risiken bewusst seien. Offenbarten sich hier schon gewisse taktische Differenzen zwischen den Parteien in Ost und West, musste Vogel nun eine wohl von den meisten der Anwesenden unerwartete Bombe platzen lassen:

> »Hans-Jochen Vogel wies darauf hin – und dies ist keine taktische Frage –, daß das Votum der SPD der Bundesrepublik zum Staatsvertrag noch offen sei. Vor der abschließenden Beratung im Ausschuß Deutsche Einheit und der Abstimmung im Parlament werde der Parteivorstand und danach die Fraktion über das Votum entscheiden. Dabei könne nicht unberücksichtigt bleiben, daß jemand, der frühzeitig die richtige Linie zur Frage der Behandlung von Übersiedlern aufgezeigt habe, jetzt der Überzeugung sei, daß der ungeschützte Umtausch in DM für die DDR-Wirtschaft unübersehbare Probleme schaffe.«[334]

Diese Wendung löste nicht nur bei den Vertretern der Ost-SPD helle Empörung aus, sondern auch Stobbe, Bahr, Dreßler, Momper, Klose und andere reagierten mit Unverständnis. Meckel stellte klar,

> »daß es keinen Sinn mache, daß die Sozialdemokraten der DDR gegen den Vertrag stimmen, nachdem sie gerade auf dem sozialpolitischen Sektor so viel erreicht hätten. Die SPD der DDR werde dem Staatsvertrag zustimmen. Die Frage, wie lange sich die SPD-West noch zieren wolle, könne sie nur selbst beantworten. De facto sei die West-SPD schon festgelegt durch das Ja der SPD der DDR. [...]

---

331 Ebd.
332 Ebd.
333 Ebd.
334 Ebd.

4 Die Verhandlungen über die Wirtschafts-, Währungs- und Sozialunion

Wenn es richtig sei, daß beide Parteien unterschiedliche Interessen vertreten müßten, dann gebe es auch zwischen beiden Parteien Interessensgegensätze. So lange dies der Fall sei, sei es sinnvoll in getrennten Parteien zu arbeiten.«[335]

Ähnlich scharf ging auch Wolfgang Thierse mit der entstandenen äußerst prekären Situation und dem dafür Verantwortlichen ins Gericht:

»Als kapitalen Denkfehler bezeichnete Wolfgang Thierse die Annahme, nach dem 2. Juli trete ein Chaos ein. Ein langsamer Prozeß, wie ihn offenbar Lafontaine wünsche, würde jetzt zum Chaos führen. Die Linie Oskar Lafontaines habe sich bei den Volkskammerwahlen nicht positiv ausgewirkt.«[336]

Ohne dieses unerwartete fundamentale taktische und strategische Dilemma an diesem Abend auflösen zu können, ging die Runde nach ausführlicher Debatte nach Mitternacht auseinander.[337]

Der Hintergrund dieser für alle Beteiligten, aber insbesondere für Vogel äußerst unangenehmen Entwicklung – vor allem angesichts der bisher reibungslosen Abstimmung zwischen Ost und West-SPD – war, dass sich mittlerweile der nach dem Attentat rekonvaleszente Kanzlerkandidat aus Saarbrücken zu Wort gemeldet hatte.[338] Durch den Wahlsieg der SPD bei den Landtagswahlen in Niedersachsen besaßen überdies nun die sozialdemokratisch regierten Länder im Bundesrat die Mehrheit und waren so in der Lage, das dort zustimmungspflichtige Vertragswerk scheitern zu lassen. Lafontaine, der, wie oben erwähnt, ein grundsätzlicher Gegner der Wirtschafts- und Währungsunion zu diesem frühen Zeitpunkt war, hatte mit seinem Rücktritt von der Kanzlerkandidatur gedroht, falls es bei der bisherigen Linie der Kooperation mit der Bundesregierung bleiben sollte. Nun folgte eine Phase intensiven Einwirkens auf den Kandidaten, an der sich neben Vogel auch Johannes Rau und Willy Brandt beteiligten. Nach einem Wochenende intensiver Telefon- und Pendeldiplomatie mit bzw. nach Saarbrücken konnte Lafontaine am 20. Mai immerhin das Eingeständnis abgerungen werden, dass die Wirtschafts-, Währungs- und Sozialunion nicht mehr zu verhindern sei, ohne in der DDR chaotische Zustände heraufzubeschwören. Er bestand aber auf einem Nein der SPD-Bundestagfraktion und wollte das Gesetz den Bundesrat lediglich mit den Stimmen Hamburgs und gegen die Voten der übrigen SPD-regierten Länder passieren lassen. Dies erregte nicht nur den Verdruss Vogels, sondern stieß auch die Ost-SPD vor den Kopf. Schröder etwa quittierte dieses in der

---

335 Ebd.
336 Ebd.
337 Vgl. ebd.
338 Zum Folgenden vgl. Hans-Jochen Vogel: Nachsichten. Meine Bonner und Berliner Jahre, München 1996, S. 332 ff.; Fischer, Einheit, a. a. O., S. 51 ff., Grosser, Wagnis, a. a. O., S. 312 ff., Sturm, Uneinig, a. a. O., S. 399 ff.

Kapitel IV · Schwieriger Imperativ der Realpolitik – Ost-SPD in Regierungsverantwortung

Öffentlichkeit nicht nur in der DDR kaum vermittelbare Vorhaben einige Tage später mit der Bemerkung: »das ist zuviel der Taktik«[339]. Dass die SPD-Bundestagfraktion indes die – durchaus begründeten[340] – wirtschaftspolitischen Bedenken Lafontaines ernst nahm, zeigt ein am 17. Mai, also noch vor der Unterzeichnung des Staatsvertrages entstandenes »Aktionsprogramm zur Stützung und Umstrukturierung der Wirtschaft in der DDR«[341]. Insgesamt jedoch war Lafontaines kompromisslose Linie, zumal nach den mühsam erreichten Verhandlungserfolgen, in der Bundestagsfraktion nicht oder nicht mehr durchsetzbar.[342]

Vor dem Hintergrund dieser schweren innerparteilichen Verwerfungen in der West-SPD wurde am Freitag, dem 18. Mai 1990 nach abschließender Endberatung auf allerhöchster Ebene und innerhalb der Kabinette der Staatsvertrag über die Wirtschafts-, Währungs- und Sozialunion durch Theo Weigel und Walter Romberg in Bonn paraphiert.[343] Bereits am Montag, dem 21. Mai stand das entsprechende Gesetz in erster Lesung auf der Tagesordnung der Volkskammer.[344] Für die SPD traten Finanzminister Romberg, der Fraktionsvorsitzende Schröder sowie die Staatssekretäre Ziel und Kauffold aus dem Sozial- bzw. Landwirtschaftsministerium ans Rednerpult. Nachdem Romberg in groben Zügen und eher sachlich die Genese des Staatsvertrags sowie die finanz- und steuerpolitischen Kalamitäten der DDR-Regierung umrissen hatte, war es einmal mehr an Schröder, einige allgemeinpolitische Aspekte zu beleuchten und den Anwürfen der Opposition entgegenzutreten. Zunächst aber verkündete er offiziell die Zustimmung der ostdeutschen Sozialdemokraten zu dem Verhandlungsergebnis:

»Die SPD in der Volkskammer war durch ihre Minister, ihre Staatssekretäre und durch Zuarbeiten der Fraktion an der Gestaltung des Staatsvertrages beteiligt, und sie trägt das nunmehr vorliegende Ergebnis mit. [...] Es ist nach unserer Auffassung ein Kompromiß zwischen sehr verschiedenartigen Interessen, der keiner Seite, und es sind ja viele Seiten im Spiel, den Gesichtsverlust zugemutet hat. Dieser Vertrag, so denken wir, gibt uns die Chance, eine Erblast von 40 Jahren einigermaßen glimpflich hinter uns zu bringen.«[345]

---

339 Zit. n. Sturm, Uneinig, a. a. O., S. 410.
340 Vogel selbst räumt in seinen Memoiren die Richtigkeit von Lafontaines düsteren Prognosen in vielen Punkten ein. Vgl. Vogel, Nachsichten, a. a. O., S. 337.
341 Vgl. SPD-Bundestagsfraktion AK III Wirtschaftspolitik: Aktionsprogramm zur Stützung und Umstrukturierung der Wirtschaft in der DDR v. 17.05.1990, AdsD SPD-Fraktion in der Volkskammer der DDR 2/VKFA000031.
342 Vgl. Vogel, Nachsichten, a. a. O., S. 333.
343 Vgl. Grosser, Wagnis, a. a. O., S. 302 ff.; vgl. auch: BArch Ministerrat der DDR DC 20-I/3/2955 sowie DC 20/6000-6014.
344 Vgl. Stenographische Niederschrift der Sondertagung (8. Tagung) der Volkskammer am 21.05.1990, a. a. O., S. 210 ff.
345 Ebd., S. 217.

4 Die Verhandlungen über die Wirtschafts-, Währungs- und Sozialunion

Abb. 20 Paraphierung des Staatsvertrages über die Wirtschafts-, Währungs- und Sozialunion am 18. Mai 1990; sitzend v. l.: Walter Romberg, Theo Waigel, dahinter stehend Lothar de Maizière und Helmut Kohl.

Mit ähnlicher Verve wischte er den Einwand der PDS, die DDR gebe mit dem Staatsvertrag leichtfertig Souveränitätsrechte ab, beiseite. Es sei immer eine Frage, was man dafür bekomme, und hier habe die DDR nun eine »stabile konvertible Währung« eingetauscht und im Übrigen gebe man Souveränität nicht zuallererst an die Bundesregierung, sondern an die Bundesbank ab.[346] Die von der PDS in diesem Zusammenhang angesprochene Strukturpolitik zur Stützung der DDR-Wirtschaft war freilich ein wunder Punkt im Staatsvertrag, der nicht zuletzt der SPD weiterhin wehtat. Schröder konterte mit einer Mischung aus Realismus und – aus heutiger Sicht – einigermaßen naiver Zuversicht:

> »Es wird Umstellungsschwierigkeiten geben, und wir von der SPD werden uns an dieser Stelle nichts vormachen. Im Artikel 14 sind Strukturhilfen für die Wirtschaft vorgesehen. Die SPD hat großes Interesse daran, daß es hier noch zu weiteren Konkretisierungen kommt, damit Betriebe, die wettbewerbsfähig werden können, auch die Chance dazu bekommen. Wir werden uns aber nicht für die Fortschrei-

---

346 Vgl. ebd., S. 218.

bung von wirtschaftlichem Unfug einsetzen. Wer unverkäufliche Produkte produziert, handelt verantwortungslos, und zwar auf unser aller Kosten. Ich verstehe nicht, warum noch Trabant produziert werden. Der Bedarf der Museen und Kuriositätensammler ist gedeckt. [...] Es fällt uns Sozialdemokraten nicht leicht, die Schließung einer ganzen Reihe von Betrieben voraussagen zu müssen; denn das heißt – wir wissen das – Arbeitsplatzverlust und Arbeitslosigkeit. Wir hoffen und denken, daß gesagt werden kann:
Erstens: Es werden Arbeitsplätze verloren gehen, es werden auch neue entstehen. [...]
Zweitens: Wir rechnen nicht mit Dauerarbeitslosigkeit, sondern mit einer Arbeitslosigkeit der verlängerten Arbeitsplatzsuche. [...]
Und drittens: kein Arbeitsloser wird mittellos dastehen.«[347]

Schließlich beschäftigte er sich noch kurz mit den für die Sozialdemokraten ebenfalls noch unbefriedigend geregelten Eigentumsfragen sowie – etwas populistisch gekämmt – mit der Frage der Konvertierung des SED- bzw. PDS-Vermögens. Alwin Ziel[348] betonte in erster Linie die Verhandlungserfolge in der Sozialpolitik, namentlich bei der Rente. Von Konrad Weiß von Bündnis 90 auf die Handelbarkeit von Grund und Boden angesprochen, verlieh er der irrigen Hoffnung Ausdruck, in dieser Frage noch Gestaltungsspielraum zu haben. Die ausführliche Debatte endete nach etwa 3½ Stunden mit der Überweisung des Gesetzes – laut Protokoll ohne Gegenstimmen – an die Ausschüsse.[349]

Am selben Tag war auch der SPD-Parteivorstand in Bonn zu einer fast siebenstündigen Sitzung zusammengekommen, um Wege aus der aktuellen Krise zu finden.[350] Schon Herta Däubler-Gmelins politischer Bericht[351] war eindeutig geprägt vom Schock der Ereignisse der letzten Tage. Auf der einen Seite kritisierte sie den Vertragsentwurf aus sozial- und wirtschaftspolitischer Sicht scharf und äußerte die schon herausgearbeiteten Nachbesserungswünsche hinsichtlich der Umwelt- und Strukturpolitik sowie des SED-Vermögens. Sie verwendete dabei auch etliche Versatzstücke der wirtschafts- und währungspolitischen Argumentation Lafontaines und beklagte das – eigentlich selbst mitverschuldete – Tempo des Einigungsprozesses. Andererseits aber wollte sie sich auch nicht ganz auf die Seite Lafontaines schlagen, da sie die Risiken seines Kalküls erkannt hatte:

---

347 Ebd., 217 f.
348 Vgl. ebd. S. 230 f.
349 Vgl. ebd. 235.
350 Vgl. Protokoll über die Sitzung des Parteivorstandes am 21.05.1990, auszugsweise abgedr. i.: Fischer, Einheit, a. a. O., S. 309 ff.
351 Vgl. ebd., S. 310 f.

»Herta Däubler-Gmelin wies darauf hin, daß es durch die Ereignisse vom letzten Wochenende schwerer geworden sei, unsere Haltung glaubwürdig zu machen. Es gehe um grundsätzliche Entscheidungen, die durch taktische Überlegungen ergänzt werden müßten, durch sie aber nicht in Zweifel gezogen werden dürften. Bisher, so erklärte sie, habe niemand verlangt, den Vertrag scheitern zu lassen. Sie hielte das auch für falsch, die Menschen in der DDR würden das nicht verstehen.«[352]

Rau und Vogel versuchten, die von Lafontaine verursachten Verwerfungen zu glätten und eine für alle Seiten gangbare Kompromisslinie zu finden. Diese bestand darin, einerseits die Entscheidung der SPD formal offen zu halten und auf der anderen Seite klar die schon mehrfach skizzierten Bedingungen zu formulieren, unter denen eine Zustimmung möglich war.[353] In der Diskussion war es Hans-Ulrich Klose, der die Alternativen der Partei am griffigsten formulierte und auch den dann beschrittenen Weg vorzeichnete:

»1) Eine volle Ablehnung, die zum Scheitern des Vertrages führe. Dies bedeute in der Tat ein Chaos in der DDR, für das wir verantwortlich gemacht würden.
2) Die Ablehnung des Vertrags bei Sicherstellung, daß der Vertrag zustande kommt. Dies sei eine taktische Position mit für uns zweifelhafter Wirkung.
3) Ein ›Ja, aber‹. Dies bedeute das Formulieren von Bedingungen, die so formuliert werden müssten, daß ein Scheitern ausbleibe [...].
4) Ein ›Ja, und zwar wie folgt‹. Damit werde klar, daß die SPD die Verantwortung für die Verwirklichung der Verträge mit übernehme, jedoch ihre Bedingungen und ihre Kritik klar zum Ausdruck bringe.
Er neige den Punkten 3) und 4) zu.«[354]

In der anschließenden Diskussion zeichnete sich ab, dass die Mehrheit der Mitglieder des SPD-Parteivorstands unter den genannten Kritikpunkten bereit war, sich der Linie Vogels, Raus und Kloses anzuschließen. Lafontaine fand im Plenum nur relativ wenige entschiedene Fürsprecher. Es waren vor allem Personen, aus dem Kreis der sogenannten »Enkelgeneration« – ergänzt durch den Veteranen Horst Ehmke –, die zum ersten Mal versucht waren, Helmut Kohls Politik an den Mauern des Bundesrats zerschellen zu lassen.[355] Diese später so erfolgreiche Strategie war jedoch in diesem historischen Moment kaum tauglich, um sozialdemokratische Politik wirksam zu ge-

---

352 Ebd.
353 Vgl. ebd., S. 311 f.
354 Ebd., S. 313 f.
355 Vgl. ebd., S. 314 ff.

stalten. Entsprechend verabschiedete der Vorstand einstimmig eine Erklärung[356], die einerseits klarmachte, dass der Vertragsentwurf so für die SPD nicht zustimmungsfähig war, andererseits in den Fragen der Strukturpolitik und der Entschuldung der Betriebe, der Umweltpolitik und bezüglich der Behandlung des SED-Vermögens Nachbesserungen verlangte. Die SPD stellte in Aussicht, »ihre endgültige Entscheidung im Lichte der Antworten« treffen zu wollen, »die auf ihre Forderungen gegeben werden.«[357] Helmut Kohl alleine die Verantwortung für den »beispiellosen Zeitdruck«[358] in die Schuhe zu schieben, war freilich eine in vielerlei Hinsicht populistische Verdrehung der Tatsachen.

Am 22. Mai quittierte die Volkskammerfraktion diese Querelen mit der achselzuckend lapidaren Feststellung, dass »beide Parteigliederungen [...] einen konsensfähigen Weg für Übergangsregelungen finden« müssten, »der letztendlich zu einem gemeinsamen Beschluß führt.«[359] Genau genommen blieb auch kaum etwas anderes übrig, denn die Behandlung der mit dem Staatsvertrag eng verknüpften Rechtsanpassungen in der DDR folgte im Kabinett und in der Volkskammer Schlag auf Schlag.[360] Vogel appellierte an die Volkskammerfraktion, die Bundestagfraktion in ihren Forderungen, die genau genommen auch den Nachbesserungswünschen der Ost-SPD entsprachen, nach Kräften zu unterstützen und stellte seinerseits eine »möglichst genaue Synchronisierung der Ratifizierungsverfahren in beiden Parlamenten«[361] in Aussicht. Nach dem Tiefschlag Lafontaines ackerte Vogel also gleichzeitig an mehreren Fronten, um eine Quadratur des Kreises zu bewerkstelligen: Einerseits versuchte er, die bisher erfolgreiche Zusammenarbeit mit den ostdeutschen Genossen fortzusetzen und diese bei der Stange zu halten, und auf der anderen Seite den widerspenstigen Kanzlerkandidaten ins Boot zu holen oder zumindest mit einzubeziehen. Nach der Bundestagsdebatte vom 23. Mai und angesichts der zumindest theoretisch weiterhin drohenden Blockade der SPD zeigte sich auch die Bundesregierung nun gesprächsbereit für Nachverhandlungen.[362] Diese sollten Ende Mai auf höchster Ebene zwischen Kohl und Vogel stattfinden. Es ist freilich offensichtlich, dass Kohl damit in erster Linie dem Kanzlerkandidaten der SPD den Wind aus den Segeln zu nehmen und ihn innerhalb der eigenen Partei zu schwächen gedachte.[363] Dieser hatte am 28. Mai in einem

---

356 Mitteilung für die Presse v. 21.05.1990, abgedr. i.: Fischer, Einheit, a. a. O., S. 319 f.
357 Ebd.
358 Ebd.
359 Ergebnisprotokoll der Sitzung der SPD-Fraktion in der Volkskammer am 22.05.1990, AdsD SPD-Fraktion in der Volkskammer der DDR 2/VKFA000031.
360 Vgl. BArch, Ministerrat der DDR, DC 20-I/3/2958 ff.
361 Vermerk Walter Zöller für Hans-Jochen Vogel und Gerhard Jahn betr. Gespräch mit Vertretern der sozialdemokratischen Volkskammerfraktion v. 23.05.1990, AdsD SPD-Bundestagsfraktion 11. Wahlperiode, Berliner Büro (Walter Zöller), Ordner 21.407.
362 Vgl. hierzu insgesamt Grosser, Wagnis, a. a. O., S. 311 ff., Ritter, Preis, a. a. O., S. 219 ff., Sturm, Uneinig, a. a. O., S. 411 f.
363 Vgl. ähnlich Fischer, Einheit, a. a. O., S. 53.

Interview mit dem Spiegel seinen abweichenden Standpunkt noch einmal bekräftigt und in Bezug auf den Staatsvertrag von einer »eminente[n] Fehlentscheidung«[364] gesprochen. Da aus Verfahrensgründen keine Änderungen am eigentlichen Vertragstext mehr möglich waren, konnte es bei den nun folgenden Verhandlungen lediglich um Zusatzvereinbarungen gehen. So begannen also am 29. Mai die Gespräche mit der Bundesregierung, die, so weiß Sturm zu berichten, aufgrund der unterschiedlichen Charaktere des Kanzlers und des Oppositionsführers in durchaus gespannter Atmosphäre verliefen.[365] Drei Tage später trafen sich erneut die zentralen Protagonisten der SPD aus Ost und West in Berlin, diesmal direkt am Flughafen Tegel.[366] Schröder berichtete zunächst über die Verabschiedung einer Änderung des Parteiengesetzes, die das Vermögen der Parteien und Massenorganisationen der DDR unter Treuhandverwaltung der Regierung stellte.[367] Die Bundesregierung hatte die von der SPD so vehement aufgeworfene Frage nach den Vermögen der DDR-Parteien und insbesondere der SED zur Sache der DDR erklärt und damit die Angelegenheit von der Agenda der Nachverhandlungen in Bonn gestrichen.[368] Ansonsten brachte die Sitzung inhaltlich nicht viel Neues. Vogel versicherte jedoch abermals, dass der Staatsvertrag nicht scheitern werde und berichtete, dass bezüglich der zentralen Nachbesserungswünsche der SPD-Expertengruppen mit Vertretern der Bundesregierung gebildet worden waren. Ergebnisse wären bis zum 12. Juni zu erwarten. Darüber hinaus betonte er, dass »in allen Verfahrensfragen [...] Einvernehmen mit Oskar Lafontaine«[369] bestehe. Weiterhin sei »die Teilnahme von Vertretern der sozialdemokratischen Volkskammerfraktion an den Entscheidungsprozessen der sozialdemokratischen Bundestagsfraktion [...] erbeten.«[370] Dass sich Vogel damit auf sehr dünnem Eis bewegte, sollten indes die nächsten Tage zeigen, denn schon bald drohte neues Ungemach aus Saarbrücken. Lafontaine hatte sehr wohl registriert, dass trotz der formalen Einbeziehung seiner Positionen, Vogel und seine Getreuen im Kern dieselbe Politik fortzusetzen versuchten, die sie vor seinem Einspruch verfolgt hatten. So entwarf er Anfang Juni ein Rück-

---

364 Der Spiegel, Jg. 44 (1990), H. 22 v. 28.05.1990, S. 26.
365 Vgl. Sturm, Uneinig, a. a. O., S. 411, vgl. auch Grosser, Wagnis, a. a. O., S. 317 f.
366 Vgl. Vermerk Walter Zöller für Hans-Jochen Vogel und Gerhard Jahn v. 05.06.1990 betr. Niederschrift zum Gespräch der Vertreter der SPD in der BRD und in der DDR sowie ihrer Fraktionen in Bundestag und in der Volkskammer am Freitag den 1. Juni 1990, AdsD SPD-Bundestagsfraktion 11. Wahlperiode, Berliner Büro (Walter Zöller), Ordner 21.407.
367 Vgl. ebd., vgl. auch: Stenographische Niederschrift der 9. Tagung der Volkskammer am 31.05.1990, a. a. O., S. 276 ff. sowie Drucksachen der Volkskammer Nr. 51, 52.
368 Vgl. Grosser, Wagnis, a. a. O., S. 318.
369 Vermerk Walter Zöller für Hans-Jochen Vogel und Gerhard Jahn v. 05.06.1990 betr. Niederschrift zum Gespräch der Vertreter der SPD in der BRD und in der DDR sowie ihrer Fraktionen in Bundestag und in der Volkskammer am Freitag den 1. Juni 1990, AdsD SPD-Bundestagsfraktion 11. Wahlperiode, Berliner Büro (Walter Zöller), Ordner 21.407.
370 Ebd.

trittsschreiben, das er jedoch zunächst nicht abschickte.[371] Vogel schildert in seinen Memoiren, nicht ohne eine gewisse Verbitterung, den innerparteilichen Nervenkrieg, der sich nun parallel zu den so wichtigen Verhandlungen mit der Bundesregierung hinter den Kulissen vollzog.[372] Nachdem Lafontaines erneute Rücktrittsabsichten in Bonn ruchbar geworden waren, reiste zunächst Willy Brandt nach Saarbrücken, um ihn umzustimmen. Daraus resultierte jedoch nur eine kurze Atempause, denn am 8. Juni trafen sich u. a. Gerhard Schröder, Rudolf Scharping und Horst Ehmke bei Lafontaine und machten Vogels Rückzug von der Parteispitze auf dem geplanten Vereinigungsparteitag im September zur Bedingung für ein Zurückweichen in der Frage des Staatsvertrages und die weitere Kanzlerkandidatur Lafontaines. Zwei Tage später reiste Vogel nach Saarbrücken, um sich dieser immer weitere Kreise ziehenden Auseinandersetzung zu stellen. Er wollte um fast jeden Preis einen Rückzug Lafontaines verhindern, da er keine gangbare Alternative in der Partei sah und sich eine eigene Kandidatur in mehrfacher Hinsicht nicht zutraute.[373] Bei dieser heiklen Mission begleiteten ihn Björn Engholm und Reinhard Klimmt. Er setzte Lafontaine auseinander, »daß das von ihm gewünschte Abstimmungsverhalten [bezüglich des Staatsvertrags; P. G.] nicht erreichbar« sei, und bat ihn inständig, um der Parteiräson willen an der Kandidatur festzuhalten.[374] Nach einiger Überzeugungskunst konnte Lafontaine zu folgender von Vogel umrissenen Lösung bewegt werden:

»– Der Entscheidungsprozeß über die Währungsunion läuft wie von mir skizziert weiter;
– Oskar Lafontaine führt seine Kandidatur weiter;
– die Frage, ob er den Parteivorsitz schon beim Vereinigungsparteitag übernehmen soll oder will, wird zwischen uns nach seinem Erholungsurlaub weiter erörtert.«[375]

Lafontaine war mit dieser Entscheidung keineswegs glücklich, beugte sich aber letztlich der Parteidisziplin:

»Nachdem niemand aus der SPD-Führung bereit war, die Kanzlerkandidatur zu übernehmen, wusste ich, daß ich jetzt einen schweren Gang zu gehen hatte, denn ich war ein Feldherr ohne Truppen.«[376]

---

371 Der volle Wortlaut ist enthalten in: Lafontaine, Herz, a. a. O., S. 18 ff.
372 Vgl. Vogel, Nachsichten, a. a. O., S. 333 ff., vgl. auch Sturm, Uneinig, a. a. O., S. 369 ff.
373 Vgl. Vogel, Nachsichten, a. a. O., S. 335 f.
374 Ebd., S. 334.
375 Ebd., S. 335.
376 Lafontaine, Herz, a. a. O., S. 22.

4 Die Verhandlungen über die Wirtschafts-, Währungs- und Sozialunion

So schien die Krise einstweilen gemeistert. Das öffentliche Nachtreten Ehmkes, der am selben Tag in der Bild-Zeitung die baldige Ablösung Vogels gefordert hatte[377], war freilich nicht dazu angetan, die Situation weiter zu entschärfen, sondern schrieb im Gegenteil die Demontage des Vorsitzenden und damit der Glaubwürdigkeit und Politikfähigkeit letztlich der ganzen westdeutschen SPD-Führung fort. Die Führung der Ost-SPD konnte diesem Treiben letztlich nur hilflos zusehen und auf Schadensbegrenzung hoffen, um ihre bisherige Politik ohne allzu große Imageverluste weiterführen zu können. Das Verhältnis zu Lafontaine blieb distanziert und gespannt.[378] Der sonst so bedachte Richard Schröder verlor sogar kurzzeitig die Contenance und drohte auf der Sitzung der Volkskammerfraktion am 12. Juni:

»Thema in Bonn wird sicherlich auch die Frage des Kanzlerkandidaten sein. Es ist zunächst einmal Sache unserer Schwesterpartei. Wir halten uns da 'raus. Ich werde aber auch deutlich machen, daß die Frage eines gesamtdeutschen Kandidaten nicht ohne die SPD in unserem Teil des Landes geklärt werden kann.«[379]

Das waren für den Moment nicht die allerbesten Auspizien für die in absehbarer Zukunft anstehende Einheit der deutschen Sozialdemokratie und den Erfolg eines gesamtdeutschen Wahlkampfes.

Unterdessen waren in Bonn die Verhandlungen über die Nachbesserungswünsche der Sozialdemokraten weitergegangen.[380] Besonders erfolgreich war die SPD dabei indes nicht. Bezüglich der vollständigen Entschuldung der DDR-Betriebe und der angestrebten Aufnahme der Umweltunion in die Präambel erteilte die Regierung den Sozialdemokraten einigermaßen brüske Abfuhren. Auch bei der Forderung der sofortigen Stilllegung aller Kernkraftwerke der DDR blieb die SPD nahezu erfolglos. Lediglich in einigen wirtschafts- und sozialpolitischen Fragen, die ohnehin schon in den Grundzügen im Staatsvertrag angelegt waren, lenkte die Bundesregierung ein. An einer Zustimmung zu dem Vertragswerk führte indes kein Weg mehr vorbei, und insofern ging es nun trotz der dürftigen Ergebnisse der Nachverhandlungen für die SPD darum, dies einigermaßen glaubwürdig zu begründen und das eigene Gesicht sowie das des Kanzlerkandidaten zu wahren. So geriet die Erklärung des SPD-Parteivorstandes vom 14. Juni[381] zu einem ebenso wortreichen wie widersprüchlichen Werk, in dem sich die SPD einerseits als Kassandra der Deutschen Einheit gebärdete, verbliebene Defizite des Vertrages anprangerte, andererseits aber gleichzeitig ihre Verhandlungserfolge feierte und ihre konstruktive Rolle hervorhob. So Recht

---

377 Vgl. Sturm, Uneinig, a. a. O., S. 370 f.
378 Vgl. ebd., S. 372.
379 Politischer Bericht von Richard Schröder in der Fraktionssitzung am 12.06.1990, AdsD SPD-Fraktion in der Volkskammer der DDR 2/VKFA000037.
380 Vgl. hierzu Grosser, Wagnis, a. a. O., S. 317 ff. sowie Fischer, Einheit, a. a. O., S. 53.
381 Abgedr. i.: Fischer, Einheit, a. a. O., S. 324 ff.

die Sozialdemokraten in vielerlei Hinsicht damit auch hatten, so wenig waren diese Einsichten in diesem Moment politisch zu operationalisieren. Das Bild ihrer tiefen inneren Zerrissenheit konnten sie mit diesem Dokument entsprechend auch nicht nachhaltig korrigieren.

In der Volkskammer in Ostberlin waren gleichzeitig schon in Bezug auf die Finanz-, Haushalts- und Steuerpolitik, die Privatisierung des volkseigenen Vermögens sowie schließlich die Wirtschafts- und Sozialpolitik – in erster Lesung – gesetzgeberische Fakten geschaffen worden.[382] Am 12. Juni berichtete Schröder auf einer Fraktionssitzung über den Fortgang der Gespräche in Bonn und benannte erneut die inhaltlichen Schwerpunkte.[383] Allzu viel Hoffnung, auf den letzten Metern noch substanzielle Änderungen erreichen zu können, scheint er jedoch nicht mehr gehabt zu haben. Er kündigte aber an, zusammen mit Thierse abermals in Bonn Präsenz zu zeigen. Dies geschah am darauf folgenden Tag auf einer Sitzung des geschäftsführenden Vorstandes der Bundestagsfraktion und des Präsidiums im Erich-Ollenhauer-Haus in Bonn.[384] Nach den kurzen Momenten des Zorns über die vergangenen Tage waren sie aber nun bereit, ein den westdeutschen Genossen gegenüber versöhnlicheres Resümee der Anstrengungen der letzten Wochen zu ziehen. Denn bei allem Erreichten mussten sich auch die Ostberliner Unterhändler eingestehen, dass gemessen an dem ursprünglichen Programm des Koalitionsvertrages doch etliche sozialdemokratische Hoffnungen unerfüllt geblieben waren und wohl angesichts der Mehrheitsverhältnisse auch bleiben mussten. Wolfgang Thierse, der frisch gewählte Vorsitzende der Ost-SPD, erklärte sich entsprechend »mit dem Staatsvertrag zufrieden, aber nicht begeistert. Einige Punkte seien noch absolut unbefriedigend.«[385] In Richtung der West-SPD ergänzte er anerkennend, dass deren Bemühungen darauf gerichtet gewesen seien,

> »die Situation der DDR-Bevölkerung zu verbessern. Dies sei überall positiv bewertet worden. Das gemeinsame Vorgehen beider Parteien in dieser Frage sei der erste gelungene Versuch für das künftige Zusammenwirken. Schlecht wäre es allerdings, wenn nun die West-SPD sich gegen den Staatsvertrag aussprechen würde.«[386]

Hier war natürlich in erster Linie die in der Tat bestmögliche und vor allem von Zöller und Stobbe geleistete Abstimmung der Verhandlungspositionen gemeint. Dabei

---

382 Vgl. Stenographische Niederschriften der 10. bis 14. Tagungen der Volkskammer am 01., 07., 14. und 15.06.1990, a. a. O.
383 Vgl. Politischer Bericht von Richard Schröder in der Fraktionssitzung am 12.06.1990, AdsD SPD-Fraktion in der Volkskammer der DDR 2/VKFA000037.
384 Vgl. Protokoll über die gemeinsame Sitzung von geschäftsführendem Fraktionsvorstand und Präsidium am 13.06.1990, abgedr. i.: Fischer, Einheit, a. a. O., S. 321 ff.
385 Ebd., S. 322.
386 Ebd.

4 Die Verhandlungen über die Wirtschafts-, Währungs- und Sozialunion

Abb. 21 Wolfgang Thierse (l.) und Richard Schröder (r.) auf der Sitzung des Parteirates in Bonn am 14. Juni 1990.

schwang jedoch auch ein Gutteil Diplomatie mit, die die zwischenzeitlich hochgehenden Wogen zwischen den beiden Parteien glätten sollte. Thierse konnte wenig Interesse daran haben, sein neues Amt in Konfrontation mit der großen Schwester, von der die Ost-SPD letztlich in jeder Hinsicht abhängig war, zu beginnen. In diesem Sinne äußerte sich Schröder auch fast entschuldigend:

> »Die teilweise unterschiedliche Beurteilung des Vertrages zwischen West- und Ost-SPD beruhe auf der verschiedenen Herkunftsweise. Für die Sozialdemokraten in der DDR bedeute der Staatsvertrag in erster Linie eine rechtsstaatliche Absicherung und die Einführung der sozialen Marktwirtschaft, ein Ende der bisherigen materiellen Nöte. Der Staatsvertrag bringe den Bruch mit dem bisherigen System. Nach dem plötzlichen Fall der Mauer habe es kaum mehr eine Chance gegeben, einen langsamen Übergang zu organisieren. Die Einwände der westlichen Sozialdemokraten bezeichnete er als richtig.«[387]

---

387 Ebd.

Nach kurzer Debatte wurde dann auch die oben genannte Erklärung einstimmig verabschiedet.[388]

Am 21. und 22. Juni 1990 erfolgte die Ratifizierung des Vertrages über die Wirtschafts-, Währungs- und Sozialunion in beiden deutschen Parlamenten sowie im Bundesrat. Im Bundestag übernahm naturgemäß der Partei- und Fraktionsvorsitzende der SPD Hans-Jochen Vogel die nicht ganz leichte Aufgabe, den Standpunkt der westdeutschen Sozialdemokraten und deren Abstimmungsverhalten zu erklären.[389] Zunächst stellte er klar, dass es auch das Ziel der SPD sei, die »Einheit jetzt in Freiheit [zu] vollenden«[390]. Dies sei jedoch »kein Selbstzweck«, sondern geschehe »um der Menschen willen«[391]. Er stellte die Deutsche Einheit in den Kontext der Umwälzung in Osteuropa sowie der europäischen Einigung und wollte sie als Akte des Selbstbestimmungsrechtes der Völker von unten und nicht als obrigkeitsstaatlichen Akt wie Bismarcks Reichsgründung von 1871 verstanden wissen. Daraus leitete er an den Bundeskanzler gerichtet ab:

> »Auf dieser Grundlage streiten wir mit Ihnen über die deutsche Einigung. Aber wir streiten nicht über das Ob, wir streiten über das Wie. Wir streiten nicht über das Ziel, sondern den besten Weg dorthin. [...] Nehmen Sie bitte zur Kenntnis: Wer Ihre Politik, die Politik des Bundeskanzlers, in konkreten Punkten ablehnt, wer beispielsweise zu diesem Staatsvertrag nein sagt, ist noch lange kein Gegner der deutschen Einheit. Diese Gleichsetzung ist unzulässig. [...] Und wer nationales Pathos schwer erträglich findet und für mehr Nüchternheit eintritt, ist noch lange kein schlechter Deutscher.«[392]

In der Folge trug er die oben ausführlich diskutierten wirtschaftspolitischen Einwände der SPD gegen die schnelle Währungsunion vor und beklagte die mangelnde Beteiligung der Opposition im Vorfeld des Staatsvertrages. Nachdem er die Verhandlungserfolge der SPD und die weiter bestehenden Differenzen dargelegt hatte, kündigte er an, dass einige Fraktionsmitglieder »auf Grund dieser Diskussion mit Nein stimmen«[393] würden. Schließlich wagte er einen Blick in die Zukunft, artikulierte den weiteren Gestaltungswillen der SPD und forderte schließlich, dass eine aus dem Vereinigungsprozess hervorgegangene Verfassung eines geeinten Deutschland dem Volk zur Entscheidung vorgelegt werden müsse. Die Begründung des abweichenden Votums von 25 sozialdemokratischen Parlamentariern, die sich in erster Linie auf die wirtschaftspolitischen Bedenken, Mängel bei der internationalen Einbindung

---

388 Vgl. ebd.
389 Abgedr. i.: ebd., S. 331 ff.
390 Ebd., S. 331.
391 Ebd.
392 Ebd., S. 332.
393 Ebd., S. 339.

des Einheitsprozesses sowie Kohls mangelnde Einbeziehung der Parlamente in der Bundesrepublik bezog, übernahm Peter Glotz.[394] Etliche der Abweichler hatten ihre Entscheidung im Vorfeld auch schriftlich gegenüber Vogel erläutert.[395] Unter diesen Schreiben verdient das von Gert Weisskirchen[396] besondere Beachtung, da dieser einerseits einer der Ersten war, der zu den SDP-Gründern Kontakt gepflegt hatte, und er andererseits sein Votum abseits der bekannten Pfade rechtfertigte. Seine wohlformulierte und durchaus persönlich gefärbte Stellungnahme dürfte sich mit den diffusen Gefühlen vieler Sozialdemokraten in Ost und West gedeckt haben:

> »Der Staatsvertrag konsumiert etatistisch ein für uns Deutsche unerhörtes Ereignis – eine demokratische Revolution. Die Chance für einen wirklichen Neuanfang ist nicht genutzt worden. [...] Die ungebrochene Verlängerung der Bundesrepublik in die DDR hinein verfehlt die Chance eines Neubeginns. [...] Stattdessen das selbstgewisse etatistische Fortschreiten auf dem Weg zum Artikel 23 Grundgesetz mit dem schon systematischen Versuch, alle anderen denkbaren Alternativen abzuwehren. [...] Mein Nein will etwas dokumentieren, was unterzugehen droht: Ein anderer Weg zur Einheit ist möglich, einer, der die Würde der Menschen in der DDR zu wahren sucht und ihren Veränderungswillen auch auf uns bezieht. Die Mütter und Väter des Grundgesetzes haben uns auch diesen Weg offen gehalten.«[397]

Mit Blick auf die ostdeutschen Genossen und auf der Basis jüngster Gespräche stellte er zudem – wohl nicht ganz unzutreffend – fest:

> »Mein Eindruck hat sich dabei gefestigt, daß ihr Ja zum Staatsvertrag eher das Ergebnis des massiven Drucks ist, dem sie sich zum einen aus der eigenen Bevölkerung ausgesetzt sehen. Hinzu kommt die als übermächtig wahrgenommene Dominanz der Bundesregierung. Es ist wohl mehr die Einsicht in die Notwendigkeit, der sie sich nicht glauben entziehen zu können, als die Freiheit, die unsere Freundinnen und Freunde bei dieser Entscheidung bewegt.
> Ein Nein einer Reihe von Fraktionsangehörigen werde, so sagte mir vertraulich ein Genosse aus der Spitze unserer Schwesterpartei, auch bei ihnen entlastend wirken können.«[398]

---

394 Vgl. Erklärung einer Gruppe mit »Nein« zum Staatsvertrag über die Währungsunion stimmender SPD-Bundestagsabgeordneter v. 21.06.1990, abgedr. i. Fischer, Einheit, a. a. O., S. 343 ff.
395 Die entsprechenden Schreiben sind in Vogels Handregistratur überliefert, AdsD Depositum Hans-Jochen Vogel 1/HJVA102364.
396 Vgl. Schreiben Gert Weisskirchen an Hans-Jochen Vogel v. 20.06.1990, ebd.
397 Ebd.
398 Ebd.

Während diese nachdenklichen Zeilen in Bonn zu den Akten gelegt wurden, trat Richard Schröder in Ostberlin an das Rednerpult der Volkskammer, um zum letzten Mal sein persönliches Gewicht für die Verwirklichung des Staatsvertrages und damit des ersten Bausteins der Deutschen Einheit in die Waagschale zu werfen. Ebenso wollte er auch zu Beginn seiner Rede[399] die Wirtschafts-, Währungs- und Sozialunion interpretiert wissen und leitete daraus die Notwendigkeit eines zweiten Staatsvertrags ab. Gleichzeitig machte er klar, dass die weitgehende Anlehnung an das bundesrepublikanische Wirtschafts- und Sozialsystem von Beginn an auch dem Willen der Ost-SPD entsprochen habe. Bezüglich der Probleme des Strukturwandels wiederholte er seine oben schon zitierte Argumentation vom 21. Mai. Geschickt hob er den sozialdemokratischen Anteil an dem Vertragswerk hervor:

»Der jetzige Vertragsentwurf ist kein Diktat aus Bonn, oder soll ich sagen: keines aus Bonn mehr! Der erste Entwurf war für uns nicht akzeptabel. Jeder kann durch einen Textvergleich feststellen – die Zeitungen haben ja die Texte geliefert –, daß die jetzige Fassung erheblich von der ersten Fassung abweicht. [...] Das verdanken wir dem Verhandlungsgeschick unserer Regierung. Die Koalitionsparteien sind sich einig im Bekenntnis zur sozialen Marktwirtschaft, aber vielleicht darf man den Unterschied so formulieren: Während die CDU für die soziale **Markt**wirtschaft, sind wir für die **soziale** Marktwirtschaft [Herv. i. Original; P. G.]. [...]
Es wird uns Sozialdemokraten von hier und da vorgehalten, wir hätten zu wenig in diesem Verhandlungsmarathon erreicht. Wir müssen diesen Vorwurf zurückweisen. [...] Wir haben uns mit Erfolg darum bemüht, daß bei der Übernahme bundesrepublikanischer Ordnungen dieser speziell sozialdemokratische Anteil nicht draußen bleibt.«[400]

Mit Blick auf die Vollendung des Vereinigungsprozesses und die künftige gesamtdeutsche Politik bemerkte er abschließend ebenso verschmitzt wie hoffnungsfroh:

»Gewiß ist die Rechtsordnung der Bundesrepublik verbesserungsfähig. Es ist aber auch nicht aller Tage Abend, und es wird auch nach der Vereinigung ein Parlament und Stoff für seine Arbeit geben.«[401]

Dem zweiten Redner der SPD, Harald Ringstorff[402], blieb es überlassen, die letzten Fortschritte, aber auch die verbliebenen Probleme der Ost-SPD in Bezug auf die

---

399 Vgl. Stenographische Niederschrift der 16. Tagung der Volkskammer am 21.06.1990, a. a. O., S. 568 ff.
400 Ebd., S. 570.
401 Ebd.
402 Vgl. ebd., S. 181 f.

Boden- und Eigentumsfragen zu benennen und als Desiderat für den zweiten Staatsvertrag herauszustreichen. Hier hatte er insbesondere Enteignungen aus der Zeit zwischen 1945 und 1949 im Auge, die jenseits der Bodenreform im Zuge der Enteignung ehemaliger Nationalsozialisten auf der Basis des Kontrollratsgesetzes Nr. 10 und der Kontrollratsdirektive Nr. 38 erfolgt waren, aber auch insgesamt die Regelung der offenen Vermögensfragen im Sinne der DDR-Bürger.

Der Staatsvertrag wurde in der Volkskammer bei 385 abgegebenen Stimmen mit 302 Jastimmen zu 82 Neinstimmen und einer Enthaltung verabschiedet.[403] Alle Abgeordneten der SPD-Fraktion, mit der Ausnahme von Ibrahim Böhme, hatten dem Vertrag zugestimmt.[404] Tags darauf passierte das Gesetz gegen die Stimmen des Saarlandes und Niedersachsens den Bundesrat und trat damit in Kraft.[405] Die erste Hürde auf dem Weg zur Deutschen Einheit war genommen.

5 Kommunalwahlen, politische Rollenkonflikte und Professionalisierung der Strukturen

Werfen wir nun einen Blick zurück auf die Aktivitäten des Parteivorstands der Ost-SPD seit April 1990. Dessen vordringlichste Aufgabe war zunächst, nachdem die Initiative in Sachen Regierungsbildung wohl oder übel auf die Fraktionsführung übergegangen war, bis Anfang Mai den Urnengang zu den Kommunalvertretungen vorzubereiten und die nach der Niederlage bei der Volkskammerwahl einigermaßen frustrierten Mitglieder an der Basis zu motivieren.[406] Zu diesem Zweck hatte der Vorstand unter der Verantwortlichkeit von Gottfried Timm eine Arbeitsgruppe Kommunalpolitik ins Leben gerufen, deren erste Aktivitäten aber zunächst nur unzureichende Resonanz fanden.[407] Hier spielten nicht nur Motivationsprobleme eine Rolle, sondern auch Hypotheken, die das Verhältnis zwischen dem Vorstand und den Gliederungen belasteten und aus dem Volkskammerwahlkampf bzw. aus der schwierigen Kommunikation der Gründungsphase herrührten:

»Die inhaltliche Konzeption für den Kommunalwahlkampf zu erarbeiten, war insofern relativ schwierig, weil das Vertrauen der Bezirke und Länder in die Unter-

---

403 Vgl. ebd., S. 590.
404 Vgl. Sturm, Uneinig, a. a. O., S. 416.
405 Vgl. ebd., S. 417 f.
406 Dass es teilweise erhebliche Motivationsdefizite an der Basis gab, beklagte Gottfried Timm in der Vorstandssitzung am 23.04.1990, AdsD Sozialdemokratische Partei in der DDR – SDP/SPD-Parteivorstand 2/SDPA000056.
407 Vgl. Protokoll der Vorstandssitzung am 02.04.1990, AdsD Sozialdemokratische Partei in der DDR – SDP/SPD-Parteivorstand 2/SDPA000056.

stützung durch den Landesvorstand nach den Volkskammerwahlen sehr gering war. Hier mußte und muß weiterhin um Vertrauen geworben werden.«[408]

In Bonn hatte bereits am 16. März, als der Volkskammerwahlkampf in die letzte Runde ging, Peter Wardin, Referatsleiter beim SPD-Parteivorstand, in einem Vermerk für den stellvertretenden Bundesgeschäftsführer Erik Bettermann auf die Notwendigkeit einer frühzeitigen Wahlkampfplanung hingewiesen und eine groß angelegte kommunalpolitische Konferenz zusammen mit den ostdeutschen Genossen angeregt.[409] Ziel dieser Veranstaltung sollte neben der Qualifizierung der Kandidaten und Funktionäre aus der DDR vor allem die Auslotung kommunaler Handlungsspielräume, die Formulierung eines kommunalpolitischen Programms und damit die Schärfung des Profils der Ost-SPD auf diesem Feld sein. Wenige Tage später trat der Zentralverband der Sozialdemokratischen Gemeinschaft für Kommunalpolitik (Bundes-SGK) mit einem ersten umfangreichen Thesenpapier zum Wahlkampfkonzept – vermutlich aus der Feder des SGK-Vorstandsmitglieds Peter Klein – auf den Plan.[410] Inhaltlich hieb es in dieselbe Kerbe, wie dies Wardin getan hatte, indem es die SPD zum Motor der Reform der Kommunalverfassung und damit der kommunalen Selbstverwaltung in der DDR entwickeln wollte. Klein maß den Kommunalwahlen eine entscheidende strategische Bedeutung für die künftige Mehrheitsfähigkeit der Sozialdemokraten auf dem Gebiet der DDR zu, da die Kommunen wie auch die Länder als politische Körperschaften »den Vereinigungsprozess der beiden deutschen Staaten überdauern«[411] würden. Vor diesem Hintergrund forderte er sowohl eine zentrale Wahlkampfführung als auch den Ausbau und die Professionalisierung der Parteistrukturen, der internen Kommunikation sowie die Erschließung des vorpolitischen Raumes vor Ort. Ein Kardinalproblem der Ost-SPD auf kommunaler Ebene, das die Möglichkeiten indes von vornherein erheblich einschränkte, benannte er freilich auch recht ungeschminkt:

> »Die DDR [verfügt] über rund 7.500 Gemeinden. Unterstellt man die Aufstellung von jeweils 10 Kandidatinnen und Kandidaten, erfordete dies 75.000 Personen. Diese Zahl macht die enorme Aufgabe für die Partei deutlich, die zur Zeit etwa 100.000 Mitglieder umfasst.«[412]

---

408 Zum Stand des Kommunalwahlkampfes, Vorlage für die Vorstandssitzung am 08.04.1990, AdsD Sozialdemokratische Partei in der DDR – SDP/SPD-Parteivorstand 2/SDPA000056.
409 Vgl. Vermerk Peter Wardin für Erik Bettermann v. 16.03.1990, AdsD SPD-Parteivorstand – Büro Stellvertretender Bundesgeschäftsführer 2/PVDG000278.
410 Vgl. Kommunalwahlkampf in der DDR, o. Verf., o. Dat., AdsD SPD-Parteivorstand – Büro Stellvertretender Bundesgeschäftsführer 2/PVDG000278.
411 Ebd.
412 Ebd., vgl. auch: Peter Klein: Strategische Linien für die DDR-SPD. Zur Lage nach der Volkskammerwahl und den Aussichten auf die Kommunalwahlen, in: Sozialdemokratischen Pressedienst, Jg. 45, H. 55, S. 6.

5 Kommunalwahlen, politische Rollenkonflikte und Professionalisierung der Strukturen

Dass die Ost-SPD zu diesem Zeitpunkt faktisch lediglich gut ein Drittel der angenommenen 100.000 Mitglieder hatte, verschärfte die Situation zusätzlich.

Für den 30. März lud die Bundes-SGK sozialdemokratische Kommunalpolitiker und Experten aus Ost und West, wie Wardin angeregt hatte, zu einer dreitägigen Konferenz nach Berlin ein.[413] Auf dem Programm standen zentrale Aspekte der Kommunalverfassung und -politik in der Bundesrepublik, deren spezifisch sozialdemokratische Inhalte sowie der Meinungs- und Erfahrungsaustausch. Entsprechend fanden sich neben Gottfried Timm und über 40 Spitzenkandidaten aus ostdeutschen Kommunen eine größere Anzahl von sozialdemokratischen Fachleuten, einschlägigen Funktionären und kommunalen Amtsträgern im Hotel Hamburg in Westberlin ein.[414] Eine wichtige Erkenntnis des Treffens war zunächst, dass der Zerfall und die Delegitimation der bisherigen Strukturen eine »Verwaltungswillkür und -anarchie«[415] produziert hätte, die es alsbald durch neue, demokratisch legitimierte Körperschaften zu ersetzen gelte, was wiederum den frühen Wahltermin zwingend machte. Da jedoch die Volkskammer noch keine neue Kommunalverfassung verabschiedet hatte und zudem die Regelung der kommunalen Finanzen aus dem Aufgabenportfolio der Staatsbank der DDR herausgelöst worden war, herrschte nicht nur grundsätzliche Rechtsunsicherheit in den Kommunen, sondern auch tausendfach akute Haushaltsnot.[416] War damit das Ausmaß der anstehenden Aufgaben lediglich angerissen, konnte auch ein zweites zentrales Ergebnis der Tagung die sozialdemokratischen Wahlkämpfer kaum ermutigen:

»Die meisten SPD-Listen für die Kommunalwahlen am 6. Mai 1990 werden am 2. April in den meisten Städten und Gemeinden der DDR von den zuständigen Gremien offiziell verabschiedet. Allerdings kann die SPD mangels Kandidaten nicht flächendeckend in der DDR antreten, insbesondere in kleinen Städten und Gemeinden. Wie groß der Anteil der Bevölkerung ist, die [sic!] in Städten oder Gemeinden ohne SPD-Listen lebt, muß offen bleiben.«[417]

Die weitreichenden Pläne und das profunde kommunalpolitische Know-how der westdeutschen Genossen drohten also von vornherein gleichsam über den Köpfen der strukturschwachen Ost-Partei zu verpuffen.

Nichtsdestoweniger legte die SPD einen Tag später, den oben zitierten Anregungen Willy Brandts folgend[418], ihre taktische Generallinie fest, indem sie für den

---

413 Vgl. Bericht über das kommunalpolitische Seminar der Bundes-SGK mit Kommunalpolitikern der SPD in der DDR in Berlin vom 30. März bis 1. April 1990 v. 02.04.1990, AdsD SPD-Parteivorstand – Büro Stellvertretender Bundesgeschäftsführer 2/PVDG000278.
414 Vgl. ebd., beiliegende Teilnehmerliste.
415 Ebd.
416 Vgl. ebd.
417 Ebd.
418 Siehe oben ☞ Kap. III 4, S. 178 ff.

kommenden Wahlkampf die PDS zu ihrem Hauptgegner erklärte, während sie die übrigen Parteien lediglich als »Konkurrenten« betrachtete.[419] Diese Weichenstellung brachte aber sofort etliche Gliederungen der SPD in Schwierigkeiten, denn es fehlte, wie gezeigt, vielfach nicht nur in der Breite an geeigneten Kandidaten. So war, wie es scheint, die Versuchung groß, ehemalige Kommunalpolitiker der SED, von denen sich die Partei einschlägige Sachkompetenz versprach, auf die sozialdemokratischen Wahllisten zu setzen.[420] Wohl wissend um die anderslautende Beschlusslage seit dem Leipziger Parteitag, fragten dennoch viele Gliederungen in dieser Sache beim Parteivorstand an.[421] Der fürchtete indes sowohl um die Glaubwürdigkeit der SPD nach innen und außen als auch um seine eben erst verabschiedete wahltaktische Generallinie und erklärte:

»Wir möchten Euch in diesem Zusammenhang nochmals auf unseren Parteitagsbeschluß vom Februar in Leipzig, Aufnahme und Wahlfunktion von ehemaligen SED-Mitgliedern, verweisen. [...] Durch diesen Beschluß ist eindeutig geregelt, daß ehemalige SED- bzw. PDS-Mitglieder, die nach der Wende aus dieser Partei ausgetreten sind, nicht für die SPD zu den Kommunalwahlen kandidieren können, da dies eine *Wahlfunktion* [Herv. i. Original; P. G.] ist! Besteht keine ausreichende Anzahl von eigenen kompetenten Kandidaten, gibt es die Möglichkeit eines Wahlbündnisses mit anderen demokratischen Parteien oder Gruppierungen, die aufgrund ihrer Programmatik der SPD nahe stehen.«[422]

Zur Not solle auch auf parteilose Kandidaten zurückgegriffen werden.[423] Dieser Hinweis konnte freilich der Bedrängnis vieler Orts- und Kreisverbände kaum abhelfen, denn kommunalpolitisch erfahrene und parteilose Persönlichkeiten, die nicht vorher der SED oder einer Blockpartei angehört hatten, gab es aus naheliegenden Gründen in der DDR nicht oder kaum. Trotz der offensichtlich dünnen Personaldecke setzte die SPD konzeptionell in erster Linie auf einen Face-to-Face-Straßenwahlkampf, wie ein Rundschreiben vom 5. April offenbart:

»Euer Spitzenkandidat bzw. die Kandidaten könnten von Tür zu Tür gehen, man kann sich öffentlich artikulieren (Stände z. B.), es ist vieles möglich. Vielleicht schafft ihr es auch, für jeden Briefkasten ein Wahlprogramm zu machen. Jeder, der

---

419 Vgl. Protokoll der Vorstandssitzung am 02.04.1990, AdsD Sozialdemokratische Partei in der DDR – SDP/SPD-Parteivorstand 2/SDPA000056.
420 Vgl. ebd.
421 Vgl. Rundschreiben an die Bezirksvorstände v. 03.04.1990, AdsD Sozialdemokratische Partei in der DDR – SDP/SPD-Parteivorstand 2/SDPA000056.
422 Ebd.
423 Vgl. Protokoll der Vorstandssitzung am 02.04.1990, AdsD Sozialdemokratische Partei in der DDR – SDP/SPD-Parteivorstand 2/SDPA000056.

im Wahlkampf steht, sollte mit wenigen Sätzen wichtige Punkte benennen zum Thema ›Die ersten 100 Tage nach der Wahl‹, die ihr gemeinsam vertretet.«[424]

Der Vorstand lieferte im selben Atemzug ein von Gottfried Timm unter Beteiligung von Vertretern der Bezirke Cottbus und Leipzig erarbeitetes kommunalpolitisches Rahmenprogramm, das die Politikbereiche Arbeitsplatzsicherung und Wirtschaftsförderung, soziale Sicherung und Wohnungsbau, Umwelt und Stadterneuerung, Kultur, Tourismus und Freizeit, Verkehr sowie Verwaltung abdeckte.[425] Aus den darin enthaltenen programmatischen Versatzstücken konnten die Gliederungen auf die eigenen Verhältnisse zugeschnittene spezifische Wahlprogramme zusammenstellen.[426] Für den grundsätzlichen gestalterischen Zuschnitt und das Wahlkampfgrundkonzept war die DDR-Dependance der SPD-nahen Werbeagentur »Butter und Rang« zuständig, die schon für den Volkskammerwahlkampf verantwortlich gezeichnet hatte.[427] Um die organisatorischen Mängel des Volkskammerwahlkampfes von vorneherein zu vermeiden, wurde – entsprechend den Empfehlungen Kleins – ein zentraler Wahlkampfleiter berufen, der über ein hauptamtlich besetztes Wahlkampfbüro verfügte, das wiederum den kontinuierlichen engen Kontakt zu den Wahlkampfleitungen der Bezirke gewährleisten sollte.[428]

All dies konnte jedoch nicht darüber hinwegtäuschen, dass die Ost-SPD strukturell, strategisch und in weiten Teilen auch operativ substanziell auf die Hilfe aus dem Westen – zunächst in Gestalt der Bundes-SGK – angewiesen war, wie deren Abschlussbericht vom Mai 1990 zeigt.[429] Ausgehend von der Schwäche der Ost-SPD sowie den beschränkten eigenen personellen und finanziellen Ressourcen stellte die Bundes-SGK fest:

»Von Anfang an war klar, dass es nicht möglich war, durch die Bundes-SPD bzw. die SGK systematische flächendeckende Wahlkampfaktivitäten in den über 7.500 Gemeinden und kommunalen Einheiten der DDR zu organisieren.

---

424 Begleitrundschreiben zu der Broschüre »Argumente zur Kommunalwahl« v. 05.04.1990, AdsD Sozialdemokratische Partei in der DDR – SDP/SPD-Parteivorstand 2/SDPA000056.
425 Vgl. Zum Stand des Kommunalwahlkampfes, Vorlage für die Vorstandssitzung am 08.04.1990; Anregungen für ein kommunales Wahlprogramm der SPD, AdsD Sozialdemokratische Partei in der DDR – SDP/SPD-Parteivorstand 2/SDPA000056.
426 Begleitrundschreiben zu der Broschüre »Argumente zur Kommunalwahl« v. 05.04.1990, AdsD Sozialdemokratische Partei in der DDR – SDP/SPD-Parteivorstand 2/SDPA000056.
427 Vgl. Zum Stand des Kommunalwahlkampfes, Vorlage für die Vorstandssitzung am 08.04.1990, AdsD Sozialdemokratische Partei in der DDR – SDP/SPD-Parteivorstand 2/SDPA000056.
428 Vgl. ebd.
429 Vgl. Kurzer Bericht über den Kommunalwahlkampfeinsatz der Bundes-SPD bzw. der Bundes-SGK in der DDR v. 08.05.1990, AdsD SPD-Parteivorstand – Büro Stellvertreter Bundesgeschäftsführer 2/PVDG000278.

Das Hauptaugenmerk der Aktivitäten der Bundes-SGK bzw. der SPD-Gemeinde- oder Stadtratsfraktionen und SPD-Parteigliederungen mußte auf die großen Städte und Großstädte der DDR ausgerichtet sein. Dabei mußten die Aktivitäten auf den bestehenden Städtepartnerschaften bzw. Partnerschaften zwischen den Parteien auf den unterschiedlichen Ebenen aufbauen.«[430]

Entsprechend wurden Aktionsschwerpunkte in 94 Städten und Gemeinden bestimmt, zu denen bereits entsprechende Beziehungen bestanden. Um überhaupt die informationellen und logistischen Grundlagen für eine Zusammenarbeit von Ost- und Westgliederungen im anstehenden Wahlkampf zu schaffen, entsandte die Bundes-SGK in der Woche vom 26. bis 31. März fünf Mitarbeiter in die DDR, die die wichtigsten Basisdaten, etwa zu Ansprechpartnern, Kandidaten, Mitgliederzahlen, bereits bestehenden Westkontakten etc., sammelten.[431] Gleichzeitig hatten sie eine wichtige psychologische Aufgabe zu erfüllen, indem sie »in zahlreichen persönlichen Gesprächen vor Ort […], Frustrationen nach den Wahlen vom 18. März abzubauen […] und neuen Elan – auch durch die Aussicht auf argumentative Hilfe – zu wecken«[432] versuchten. Weiterhin erstellten die Mitarbeiter der Bundes-SGK in relativ kurzer Zeit einfache und für den Straßenwahlkampf konzipierte Materialien zu den »Grundprinzipien der Sozialdemokratie«, den wichtigsten kommunalpolitischen Botschaften der SPD, Argumentationshilfen gegen die politischen Gegner und Konkurrenten, Hinweise zum Wahlmodus sowie schließlich Druckvorlagen für Handzettel.[433] Dieses Bündel wurde ergänzt durch Basisinformationen zur Kommunalpolitik in der Bundesrepublik, die in einer Auflage von 2.000 Exemplaren gedruckt und zunächst an die infrage kommenden westdeutschen Parteigliederungen mit Ostkontakten weitergeleitet wurden. Damit verbunden war die Aufforderung, Mitarbeiter aus dem hauptamtlichen Apparat der Fraktionen und Gliederungen oder der Verwaltung freizustellen und sie in die DDR zu den Partnerorganisationen zu entsenden. Ausdrücklich wurde auch an »reaktivierte Pensionäre«[434] gedacht.

»Damit der Wahlkampf stattfinden kann, hat sich herausgestellt, daß es hilfreich und deswegen zwingend ist, zwei bis drei Mitarbeiter aus diesen Delegationen bis zum Wahltag in dem jeweiligen Ort fest zu implantieren, d. h., daß diese dort leben und arbeiten und im Sinne eines Managers wie auch eines Mutmachers fungieren, ohne dabei bevormundend zu sein, aber auch ohne zu nachgiebig zu sein.«[435]

---

430 Ebd.
431 Vgl. ebd.
432 Ebd.
433 Vgl. ebd.
434 Ebd.
435 Ebd.

5 Kommunalwahlen, politische Rollenkonflikte und Professionalisierung der Strukturen

Abb. 22 Kommunalwahlen 1990 in der DDR – Infostand der SPD am Alexanderplatz in Berlin.

Diese Grundlagenbroschüre wurde nach Überarbeitung auch an die Gliederungen der Ost-SPD versandt. Darüber hinaus stellte die Bundes-SGK Materialien zu den verschiedensten kommunalpolitischen Themen aus eigener Urheberschaft, von der Bundeszentrale für politische Bildung oder der Friedrich-Ebert-Stiftung zur Verfügung, zum Teil in sehr hohen Auflagen.[436] Flankiert und abgerundet wurden all diese Maßnahmen durch eine größere Anzahl kommunalpolitischer Seminare, die u. a. die Bundes- und Landes-SGKen sowie die Friedrich-Ebert-Stiftung im Laufe des gesamten April 1990 flächendeckend in den wichtigsten Städten der DDR veranstalteten.[437]

Unter den genannten schlechten strukturellen Voraussetzungen waren bei allen Bemühungen die Ergebnisse der Urnengänge am 6. Mai gleichwohl erneut enttäuschend. Mit landesweit nur 21,3 Prozent der Wählerstimmen verlor die SPD im Vergleich zur Volkskammerwahl noch einmal 0,6 Prozentpunkte.[438] Dass die Verluste der CDU mit über 6 Prozentpunkten deutlich höher ausfielen, konnte kaum trösten, da die SPD davon nicht profitierte. Die Stabilisierung der PDS auf leicht niedrigerem Niveau offenbarte überdies das weitgehende Scheitern der sozialdemokratischen Wahlkampfstrategie speziell an diesem Punkt. Insgesamt bestätigte sich das deutliche Nord-Süd-Gefälle, wenngleich die SPD auch in Mecklenburg-Vorpommern und Brandenburg, wo sie stärkste Partei blieb, Verluste hinnehmen musste.[439] Die beachtlichen Wahlergebnisse in Großstädten wie Berlin, Leipzig, Potsdam, Magdeburg, Rostock und Schwerin, wo die SPD fürderhin die Oberbürgermeister stellte, konnten zudem kaum darüber hinwegtäuschen, dass die Mobilisierung in der Fläche – zumal im Süden der DDR – weiterhin erheblich zu wünschen übrig ließ. Die Wahlkampfleitung der SPD machte für das insgesamt schwache Ergebnis einerseits die Dominanz der politischen Probleme des Staatsvertrages über die kommunalpolitischen Themen und andererseits die andauernde organisatorische Schwäche der Partei verantwortlich.[440] Hier standen zunächst sowohl die innerparteiliche Kommunikation als auch die strategische und taktische Hierarchie der Gliederungsebenen im Fokus. Letzteres bezog sich sowohl auf die nach wie vor brüchige Autorität des Vorstandes als

---

436 Vgl. ebd.
437 Vgl. Seminare zur Kommunalpolitik in der DDR April bis Juni 1990 (Auswahl), o. D., AdsD Sozialdemokratische Partei in der DDR – SDP/SPD-Parteivorstand 2/SDPA000056. Vgl. auch Ziegler, Demokratie, a. a. O., S. 84 ff.
438 Zur Analyse der Kommunalwahlen insgesamt vgl. Jürgen W. Falter: Wahlen 1990: Die demokratische Legitimation für die deutsche Einheit mit großen Überraschungen, in: Eckhard Jesse, Armin Mitter (Hg.): Die Gestaltung der deutschen Einheit. Geschichte – Politik – Gesellschaft, Bonn 1992, Jäger, Überwindung, a. a. O., S. 427 ff., Matthias Jung: Parteiensystem und Wahlen in der DDR, in: APuZ G, B 27/90. Zu den Ergebnissen im Einzelnen vgl. AdsD Sozialdemokratische Partei in der DDR – SDP/SPD-Parteivorstand 2/SDPA000218.
439 Zum Folgenden vgl.: SPD-Landesvorstand – Wahlkampfleitung, Wahlkampfanalyse, o. D., AdsD Sozialdemokratische Partei in der DDR – SDP/SPD-Parteivorstand 2/SDPA000057.
440 Vgl. SPD-Landesvorstand – Wahlkampfleitung, Grundlegende erste Erkenntnisse, o. D., AdsD Sozialdemokratische Partei in der DDR – SDP/SPD-Parteivorstand 2/SDPA000057.

5 Kommunalwahlen, politische Rollenkonflikte und Professionalisierung der Strukturen

auch auf das allzu selbstbewusste Eigenleben, das manche starke Bezirksverbände im Wahlkampf an den Tag gelegt hatten.[441] Darüber hinaus wurde die große Bedeutung der Vorfeldorganisationen, wie »Betriebsräte, Mieterbund, Arbeiterwohlfahrt«[442], die noch nicht ausreichend mit der Partei zusammenarbeiteten, für die kommunale Verankerung der SPD und als Multiplikatoren hervorgehoben. Wahlkampfleiter Uwe Walnsch zog schließlich folgendes sehr nachdenkliche Fazit:

> »Die CDU ist auch bei [sic! – muss eigentlich ›aus‹ heißen; P. G.] der Kommunalwahl als stärkste politische Kraft hervorgegangen, die[s] sollte uns nach dieser Wahl zu denken geben. [...] Ich bin der Meinung, daß wir es uns zu leicht machen, wenn wir dieses Ergebnis nur auf fehlende Organisationsstrukturen schieben. Natürlich kann man vorerst zufrieden über das gehaltene Ergebnis sein, doch sollte man auch andere Aspekte beleuchten. Die SPD versteht sich nach wie vor als das ›soziale Gewissen‹ der Einheit, doch ist dies bei den Wählern nicht so angekommen wie gewünscht. In dieser Frage müssen wir im Hinblick auf die Landtagswahlen erheblich an Konsequenz und Kompetenz zulegen.«[443]

Zudem schrieb er der Partei ins Stammbuch: »Kompetenzrangelei zwischen Vorstand und Fraktion schadet am Ende beiden und kostet Wählerstimmen.«[444]

Die Regierungsbildung und nicht zuletzt die Verhandlungen mit der Bundesregierung über die Wirtschafts-, Währungs- und Sozialunion hatten, wie gezeigt, die innerparteilichen Kräfteverhältnisse massiv zugunsten der Regierungsmitglieder und der Führung der Volkskammerfraktion verschoben. Das qua Statut eigentliche politische Machtzentrum der Partei, der Parteivorstand, sah sich unversehens an den Rand gedrängt und konnte diese fundamentale Kränkung – verständlicherweise – zunächst nur schwer verwinden und auch kaum auf sich beruhen lassen. Bereits parallel zu den von Meckel und der Fraktionsspitze geführten Koalitionsverhandlungen, also in der ersten Aprilhälfte 1990, entstand der Entwurf eines Thesenpapiers, das sich relativ nüchtern mit der Aufgabenteilung von Parteivorstand, Präsidium, Parteirat und Volkskammerfraktion auseinandersetzte.[445] Es stellte trocken fest:

---

441 Vgl. ebd.
442 Ebd.
443 SPD-Landesvorstand – Wahlkampfleitung, Wahlkampfanalyse, o. D., AdsD Sozialdemokratische Partei in der DDR – SDP/SPD-Parteivorstand 2/SDPA000057.
444 SPD-Landesvorstand – Wahlkampfleitung, Grundlegende erste Erkenntnisse, o. D., AdsD Sozialdemokratische Partei in der DDR – SDP/SPD-Parteivorstand 2/SDPA000057.
445 Vgl. Thesenpapier betr. Aufgabenteilung von Parteivorstand, Präsidium, Parteirat und Volkskammerfraktion, o. D., AdsD Sozialdemokratische Partei in der DDR – SDP/SPD-Parteivorstand 2/SDPA000061. Die Autoren sind unklar, eine Beteiligung westdeutscher Berater bei diesem Papier ist aber wahrscheinlich, denn es taucht darin der nur handschriftlich korrigierte Begriff »Bundesgeschäftsführer« auf, den es in der DDR-SPD nicht gab, wohl aber in der West-SPD.

»Der vom Parteitag gewählte Vorstand führt die Geschäfte der Partei und kontrolliert die grundsätzliche Haltung der Parteiorgane – sprich, er wacht über die Einhaltung des Grundsatzprogramms, der Satzung und der Parteitagsbeschlüsse.«[446]

Das Präsidium wurde statutengemäß als politisch und organisatorisch geschäftsführendes, aber letztlich nur als ausführendes Organ des Vorstandes definiert. Der Fraktion schrieb der Vorstand ins Stammbuch, dass Regierungen von Parteien und nicht von Parlamentsfraktionen gebildet würden, und gab ihr damit durch die Blume zu verstehen, ihre Kompetenzen mit der gleichsam eigenmächtigen Regierungsbildung weit überschritten zu haben. Als oberstes Gremium der Partei reklamierte der Vorstand zudem trotz und jenseits der Regierungsbeteiligung eine grundsätzliche politische Vordenkerfunktion, die eigentliche Federführung und nicht zuletzt ein Widerspruchsrecht für sich:

»Nicht ein Regierungsprogramm oder eine Koalitionsvereinbarung ist der Maßstab des Handelns, sondern das Parteiprogramm und Parteitags- und Vorstandsbeschlüsse. [...] Eine Partei, selbst eine in Regierungsverantwortung, muß sich den ›Luxus‹ leisten dürfen, das genaue Gegenteil dessen zu fordern und zu propagieren, was Regierung und Fraktion beschlossen haben.«[447]

Nachdem die taktischen Vorteile einer gelegentlich im Hintergrund »murrende[n] Partei«[448] hervorgehoben und einigermaßen versöhnlich die gegenseitige Abhängigkeit von Partei und Fraktion konstatiert worden war, ging das Papier in seinem Fazit unversehens zum Frontalangriff über:

»Der Fraktion muß klar sein: Die Partei wird es auch dann noch geben, wenn Fraktion/Regierung der Vereinigung zum Opfer gefallen ist. Wer glaubt, sich auf Kosten der Partei profilieren zu können, riskiert das Ende der Partei.«[449]

Waren diese Ausführungen trotz überdeutlicher Spitzen und kaum verhohlener Drohungen an die Adresse der Fraktionsführung noch relativ sachlich, brach sich die emotionale Gewalt des Konfliktes fast ungebremst Bahn auf der Vorstandssitzung am 23. April. Das Protokoll vermerkt unter dem Tagesordnungspunkt 2 eine »teilweise aggressiv« geführte Diskussion über die künftigen Aufgaben des Vorstandes, in der auch »starke negative Tendenzen in der Bewertung der Arbeit der Partei« insgesamt

---

446 Ebd.
447 Ebd.
448 Ebd.
449 Ebd.

5 Kommunalwahlen, politische Rollenkonflikte und Professionalisierung der Strukturen

artikuliert wurden.[450] Der Vorstand wiederholte seinen unbedingten Führungs- und Kontrollanspruch, übte harsche Kritik an der Vorgehensweise der Fraktion und forderte, an deren Sitzungen mit beratender Stimme teilzunehmen.[451] Ausfluss dieser Sitzung war auch der schon oben zitierte Brief an die Fraktion, für den als Redaktionsteam Simone Manz, Manfred Kühn und Christine Rudolph, Letztere immerhin auch Abgeordnete der Volkskammer, verantwortlich zeichneten.[452] Da, wie oben gesehen, der Effekt auf die Politik der Fraktionsführung letztlich marginal blieb und angesichts des abermals enttäuschenden Ergebnisses der SPD bei den Kommunalwahlen, flammte die Debatte zwei Wochen später am 7. Mai erneut auf, ohne tatsächlich gelöst werden zu können. Wie tief die innerparteilichen Gräben waren, offenbart erneut recht ungeschminkt das Sitzungsprotokoll:

> »Im Laufe der Aussprache entwickelte sich eine stark kontroverse Diskussion über das Klima in der Fraktion und speziell zur Information über die Koalitionsverhandlungen, die teilweise unsachlich und aggressiv geführt wurde und starkes Misstrauen einzelner Parteifreunde gegeneinander erkennen ließ.«[453]

Durch die derart schroffe und unversöhnliche Spaltung des Vorstandes in Koalitionsgegner und -befürworter, einen schwachen kommissarischen Interimsvorsitzenden Markus Meckel, der zudem – gebunden durch das Ministeramt – seine Parteifunktion realiter kaum ausfüllen konnte, war das zentrale Gremium der Ost-SPD zu diesem Zeitpunkt faktisch gelähmt.

Trotz allen verbalen Säbelrasselns blieb dem Vorstand daher kaum etwas anderes übrig, als seine Aufmerksamkeit einstweilen auf die unstrittigen und dringend anstehenden organisatorischen Aufgabenstellungen zu richten. Hierbei standen zunächst die Herstellung der Handlungsfähigkeit der eigenen Strukturen im Zentrum und damit in erster Linie der Geschäftsführer Stephan Hilsberg in der Pflicht. Der hatte dem Vorstand bereits am 26. März einen ersten Strukturentwurf für die Vorstands- und Präsidiumsbüros vorgelegt.[454] Dieser wurde bis Anfang April konkretisiert und sowohl im Vorstand als auch im Präsidium diskutiert und vorläufig gebilligt.[455] Als Vorbilder für den Aufbau des Apparates des Parteivorstandes und des Präsidiums

---

450 Protokoll der Vorstandssitzung am 23.04.1990, AdsD Sozialdemokratische Partei in der DDR – SDP/SPD-Parteivorstand 2/SDPA000056.
451 Ebd.
452 Ebd.
453 Protokoll der Vorstandssitzung am 07.05.1990, AdsD Sozialdemokratische Partei in der DDR – SDP/SPD-Parteivorstand 2/SDPA000057.
454 Vgl. Protokoll der Vorstandssitzung am 26.03.1990, AdsD Sozialdemokratische Partei in der DDR – SDP/SPD-Parteivorstand 2/SDPA000056.
455 Vgl. Protokoll der Vorstandssitzung am 08.04.1990, Protokoll der Präsidiumssitzung am 09.04.1990, AdsD Sozialdemokratische Partei in der DDR – SDP/SPD-Parteivorstand 2/SDPA000056, 2/SDPA000061.

dienten offensichtlich Musterorganigramme und Personalpläne der West-SPD.[456] Der erste Entwurf sah auf der Ebene des Präsidiums zunächst sieben politische Fachreferate zu den Themenbereichen Inneres und Recht, Wirtschaftsfragen, Währung und Finanzen, Außenpolitik, Familie, Jugend und Gesundheit, Arbeit und Soziales sowie Politische Planung vor.[457] In den Diskussionen des Präsidiums erweiterte sich diese Liste noch um das Ressort Umwelt/Energie/Landwirtschaft.[458] Obwohl Letzteres und die Bereiche Finanzen sowie Arbeit und Soziales einstweilen vakant blieben, benannte das Präsidium für die übrigen Fachressorts bereits zu diesem Zeitpunkt potenzielle Verantwortliche. Während Christoph Matschie dem zentralen Büro Politische Planung und Gottfried Timm dem Bereich Wirtschaft vorstehen sollten, waren Manfred Becker für Inneres und Recht, Angelika Barbe für Familie/Jugend/Gesundheit und schließlich Markus Meckel für Außenpolitik vorgesehen.[459] Es war geplant, diese Präsidiumsbüros mit jeweils einem Referenten und einer Sekretärin auszustatten.[460] Auf der Ebene des Vorstandes sollten nach dem ersten Stellenplan von April 1990[461] neben den Büros des Vorsitzenden und seiner Stellvertreter sowie des Geschäftsführers und dessen Stellvertreter ein Vorstandsbüro, eine Personalverwaltung, ein Koordinierungsbüro – wohl für die Kontakte zur West-SPD –, ein internationales Sekretariat, die Schatzmeisterei sowie die Bereiche Public Relations und Technische Dienste entstehen. Insgesamt sahen diese Planungen neben den gewählten Parteiamtsträgern einen hauptamtlichen Apparat von insgesamt 86 Mitarbeitern vor.[462] Das Erich-Ollenhauer-Haus hatte gleichwohl schon frühzeitig recht genaue Vorstellungen von der Organisation der Parteizentrale-Ost, wie ein Organigramm mit Stellenplan vom 22. März 1990 belegt.[463] Die Bonner Planungen beinhalteten sowohl die vorerst feste Institutionalisierung des Verbindungsbüros in Westberlin als auch die Abordnung von Personal aus dem Erich-Ollenhauer-Haus direkt an die Geschäftsstelle des SPD-Parteivorstandes (Ost).[464] Entsprechend mussten die vor-

---

456 Vgl. AdsD Sozialdemokratische Partei in der DDR – SDP/SPD-Parteivorstand 2/SDPA000055.
457 Vgl. Ausschreibung für die Besetzung der Präsidiumsbereiche, Vorlage zur Vorstandssitzung am 09.04.1990 [gemeint ist wohl der 08.04.1990; P. G.], AdsD Sozialdemokratische Partei in der DDR – SDP/SPD-Parteivorstand 2/SDPA000056.
458 Vgl. Protokoll der Präsidiumssitzung am 09.04.1990, AdsD Sozialdemokratische Partei in der DDR – SDP/SPD-Parteivorstand 2/SDPA000061.
459 Vgl. ebd.
460 Vgl. Ausschreibung für die Besetzung der Referenten in den Präsidiumsbereichen, Vorlage zur Vorstandssitzung am 09.04.1990 [gemeint ist wohl der 08.04.1990; P. G.], AdsD Sozialdemokratische Partei in der DDR – SDP/SPD-Parteivorstand 2/SDPA000056.
461 Vgl. Stellenplan, Vorlage zur Vorstandssitzung am 09.04.1990 [gemeint ist wohl der 08.04.1990; P. G.], AdsD Sozialdemokratische Partei in der DDR – SDP/SPD-Parteivorstand 2/SDPA000056.
462 Vgl. ebd.
463 Vgl. Vermerk für Erik Bettermann betr. Personaleinsatz für die SPD in der DDR v. 22.03.1990, AdsD SPD-Parteivorstand – Büro Stellvertretender Bundesgeschäftsführer 2/PVDG000269.
464 Vgl. ebd.

5 Kommunalwahlen, politische Rollenkonflikte und Professionalisierung der Strukturen

liegenden Entwürfe nach Rücksprache mit Bonn und der Prüfung der zur Verfügung stehenden Mittel an entscheidenden Punkten revidiert werden:

> »Stephan Hilsberg informiert über die Kürzung des Stellenplanes. Finanzielle Zwänge und die zu erwartende Vereinigung der Partei mit der SPD der Bundesrepublik erfordern einen straffen Stellenplan. Die Streichung der Präsidiumsbereiche soll ausgeglichen werden durch die Schaffung der Abteilung Politische Planung. Die inhaltliche und politische Arbeit soll durch Mitglieder der Fraktion mit geleistet werden.«[465]

Im neuen Stellenplan vom 23. April reduzierte sich das Personal immerhin um fast ein Viertel auf 64 Mitarbeiter.[466] Nach nochmaliger Revision und Umstrukturierung lässt sich ab Mai 1990 für die Geschäftsstelle in der Rungestraße folgende Struktur nachweisen[467]: zunächst die Büros des Parteivorsitzenden sowie seiner Stellvertreter. Jedes war laut Stellenplan vom Mai 1990[468] mit einem Referenten und einer Sekretärin ausgestattet. Die Büroorganisation des Vorsitzenden besorgte bereits ab der Jahreswende 1989/90 Ursula Vollert. Das Amt des Geschäftsführers mit seinen vielfältigen und überwölbenden Aufgaben bekleidete zunächst Hilsberg und nach dessen Rücktritt Detlef von Schwerin. Der Stellenplan weist für das Büro des Geschäftsführers[469] einen Referenten, zwei Sekretärinnen, zwei Justiziare sowie eine Sachbearbeiterin für die Mitgliederregistratur aus. Das Vorstandsbüro war mit einem Büroleiter, dessen persönlichem Referenten und einer Sekretärin besetzt. Im Vorstandssekretariat hatte Ute Dauß u. a. die Terminplanung, die Protokollführung für Vorstand, Geschäftsführenden Ausschuss und Präsidium, die Führung der Korrespondenz des Geschäftsführers sowie diverse andere Koordinierungs- und Verwaltungsaufgaben zu erledigen.[470] Das

---

465 Protokoll der Vorstandssitzung am 23.04.1990, AdsD Sozialdemokratische Partei in der DDR – SDP/SPD-Parteivorstand 2/SDPA000056.
466 Vorlage zur Vorstandssitzung am 23.04.1990, AdsD Sozialdemokratische Partei in der DDR – SDP/SPD-Parteivorstand 2/SDPA000056.
467 Vgl. u. a. Sozialdemokratische Partei in der DDR (Berlin, Rungestraße) [rekonstruiertes Organigramm], o. D., AdsD Registratur Handakte Parteivorstand-Ost; Vorlage zur Präsidiumssitzung am 04.05.1990, AdsD Sozialdemokratische Partei in der DDR – SDP/SPD-Parteivorstand 2/SDPA000055.
468 Vorlage zur Präsidiumssitzung am 04.05.1990, AdsD Sozialdemokratische Partei in der DDR – SDP/SPD-Parteivorstand 2/SDPA000055. Diese wurde vom Präsidium am 14.05.1990 einstimmig angenommen. Inwieweit dieser Beschluss tatsächlich voll umgesetzt wurde, ist unklar. Der am 21.05.1990 vorgelegte Personalplan weist noch etliche Lücken auf. AdsD Sozialdemokratische Partei in der DDR – SDP/SPD-Parteivorstand 2/SDPA000061.
469 Dem Büro des Geschäftsführers waren die Rechtsstelle und die Mitgliederregistratur beigeordnet. Vgl. ebd.
470 Vgl. Vorläufige Aufgabenabgrenzung der hauptamtlichen Mitarbeiter des Vorstands, o. D., AdsD Sozialdemokratische Partei in der DDR – SDP/SPD-Parteivorstand 2/SDPA000055.

Referat Politische Planung⁴⁷¹ wurde von Christoph Matschie geleitet. Es umfasste – so zumindest die Planung von Mai 1990 – vier Referentenstellen mit jeweiligen Sekretärinnen sowie einen zusätzlichen Mitarbeiter. Das Internationale Sekretariat, das vor allem für die Kontakte zu anderen sozialdemokratischen und sozialistischen Parteien sowie zur Sozialistischen Internationale zuständig war, wurde von Stefan Finger und Elke Windisch betreut. Ihnen war eine Sekretärin beigeordnet. Der Bereich Public Relations war viergeteilt in eine Pressestelle, die Abteilung Öffentlichkeitsarbeit, die Abteilung Wahlkampf und Organisation sowie das Referat Veranstaltungen und Kongresse.⁴⁷² In der Pressestelle waren insgesamt fünf Mitarbeiter tätig: der Pressesprecher, dessen Stellvertreter, ein zusätzlicher Mitarbeiter sowie zwei Sekretärinnen. Ihre Aufgabe war zunächst die Gestaltung der externen Pressearbeit, die Zusammenstellung von Pressespiegeln sowie Information und Dokumentation. Als ersten Pressesprecher der SDP hatte der Vorstand noch im Herbst 1989 Steffen Reiche benannt. Auf ihn folgten recht kurz hintereinander Anfang 1990 Olaf R. Spittel und Günter Krug. Schließlich bekleidete Jürgen Itzfeld diesen Posten. Der Bereich Öffentlichkeitsarbeit hatte insgesamt drei Mitarbeiter und wurde im Mai 1990 von Klaus Ballin geleitet. Für das Wahlkampfbüro, für das Uwe Walnsch verantwortlich zeichnete, waren insgesamt fünf Mitarbeiter vorgesehen. Detlef Behrendt schließlich stand dem Referat Veranstaltungen und Kongresse vor. Als erster Schatzmeister war im Oktober 1989 Gerd Döhling gewählt worden. Im Februar 1990 übernahm Hinrich Kuessner dieses Amt. Ihm waren insgesamt acht Mitarbeiter, ein Stellvertreter, eine Sekretärin, jeweils zwei Finanzbuchhalter und Revisoren sowie zwei Sachbearbeiter für die Personalverwaltung zugeteilt.⁴⁷³ Das Büro des Gewerkschaftsbeauftragten war unter der Leitung von Thomas Schmidt mit insgesamt vier Mitarbeitern besetzt.⁴⁷⁴ Hinzu kamen zu guter Letzt noch 13 Personen in der allgemeinen Verwaltung und im technischen Dienst.⁴⁷⁵ Es ist jedoch aus den überlieferten Restakten nicht klar nachzuvollziehen, wie die Struktur schließlich genau definiert wurde. Wahrscheinlich ist, dass die Organisation, nicht zuletzt aufgrund einer gewissen Personalfluktuation und nicht immer klar abgegrenzter Kompetenzen⁴⁷⁶, meist ein wenig in Bewegung war. Indes löste die Struktur alleine das Organisations- und Professionalisierungsproblem allenfalls zur Hälfte, denn diese musste mit effektiv ineinandergreifenden Arbeitszusammenhängen und -abläufen gefüllt werden. Dass hier im April/Mai 1990 noch vieles im Argen lag, offenbart eine Präsidiumsinformation zur Arbeitsfähigkeit der Geschäfts-

---

471 Vgl. Vorlage zur Präsidiumssitzung am 04.05.1990, AdsD Sozialdemokratische Partei in der DDR – SDP/SPD-Parteivorstand 2/SDPA000055.
472 Vgl. ebd.
473 Vgl. ebd.
474 Vgl. ebd.
475 Vgl. ebd.
476 Vgl. Protokoll der Präsidiumssitzung am 14.05.1990, AdsD Sozialdemokratische Partei in der DDR – SDP/SPD-Parteivorstand 2/SDPA000061.

5 Kommunalwahlen, politische Rollenkonflikte und Professionalisierung der Strukturen

stelle.⁴⁷⁷ Erschwerend kam in Bezug auf das – wenn man so will – »Teambuilding« hinzu, dass die Lebensdauer der Geschäftsstelle von vornherein klar begrenzt war und die eben aufgebauten Strukturen kurz- bis mittelfristig nahezu vollständig der Parteivereinigung zum Opfer fallen würden.⁴⁷⁸

Die politisch und strategisch bedeutendsten Organisationseinheiten jenseits der Vorsitzendenbüros, des Geschäftsführers und der Schatzmeisterei waren zweifellos die Abteilung Politische Planung und das Büro des Gewerkschaftsbeauftragten. Deren Zuschnitt und Aufgabenprofile müssen insofern etwas genauer beleuchtet werden. Erstere sollte gleichsam als politische Generalabteilung sämtliche Handlungsfelder von der Friedens- und Sicherheitspolitik sowie der nationalen wie internationalen Wirtschaftspolitik, über die Innen-, Sozial-, Ökologie-, Bildungs- und Familienpolitik bis hin zu Fragen des Nord-Süd-Konfliktes beackern.⁴⁷⁹ Dies umfasste sowohl die fachlich, sachliche und politische »Situationsanalyse« als auch die »Formulierung eigener Positionen und Zielvorstellungen«, also in erster Linie Programmarbeit und deren Vermittlung in die Sphäre des konkreten politischen Handelns sowie schließlich die »inhaltliche Vorbereitung von politischen Aktivitäten«⁴⁸⁰. Letzteres bedeutete konkret die Steuerung einzelner punktueller inhaltlicher Kampagnen, die längerfristige politische Bildungsarbeit sowie »Wahlkampfempfehlungen«⁴⁸¹. So herkulisch dieses Profil zunächst anmuten mag, schwebte es freilich nicht in luftleerem Raum. Einerseits sollte die Abteilung, wie oben angedeutet, eng mit den entsprechenden Facharbeitskreisen der Volkskammerfraktion vernetzt werden. Andererseits dürfte sie aber auch als gleichsam zentrale Andockstation für die von den Fachreferaten des SPD-Parteivorstandes in Bonn erarbeiteten Konzeptionen gedacht gewesen sein. Damit wuchs ihr und nicht zuletzt dem Leiter Christoph Matschie eine erhebliche politische Vermittlungs- und Schlüsselfunktion zu.⁴⁸²

Es ist schon öfter angeklungen, welche Bedeutung die Erschließung des vorpolitischen und betrieblichen Raumes traditionell und aktuell für die SPD besitzt und welche

---

477 Vgl. Präsidiumsinformation zum 30.04.1990, Frage der Arbeitsfähigkeit der Landesgeschäftsstelle 1990, AdsD Sozialdemokratische Partei in der DDR – SDP/SPD-Parteivorstand 2/SDPA000061.
478 »Die Befristung der Arbeitsverträge steigert nicht die Leistungsbereitschaft der Mitarbeiter – im Gegenteil. Probleme in der Gehaltsstruktur führten zu negativen Emotionen. Zu hohe Arbeitsbelastungen durch ständige Unterbesetzung der einzelnen Bereiche (teilweise tägliche Überstunden: 2–3 h). Folge: hohe Fluktuationsrate bei Mitarbeitern, schlechtes Arbeitsklima, sinkende Motivation.« Ebd. sowie Vorlage zur Präsidiumssitzung am 21.05.1990 betr. Aufbau des Bereichs Politische Planung, AdsD Sozialdemokratische Partei in der DDR – SDP/SPD-Parteivorstand 2/SDPA000061.
479 Vgl. Abteilung politische Planung und Forschung, Vorlage zur Vorstandssitzung am 23.04.1990, AdsD Sozialdemokratische Partei in der DDR – SDP/SPD-Parteivorstand 2/SDPA000056.
480 Ebd.
481 Ebd.
482 Umso bedauerlicher ist es, dass die Akten der Abteilung Politische Planung im AdsD weder im Bestand SPD-Parteivorstand-Ost noch im Depositum Christoph Matschie überliefert sind.

Kapitel IV · Schwieriger Imperativ der Realpolitik – Ost-SPD in Regierungsverantwortung

zentrale Rolle enge Beziehungen zu den Gewerkschaften[483] hierbei spielen. In der DDR war die Lage in dieser Hinsicht besonders defizitär und viel beklagt, sodass es nur konsequent schien, im Apparat des Vorstandes über die bisherigen Planungen hinaus einen speziellen Gewerkschaftsbeauftragten zu installieren.[484] Der gelernte Elektromonteur und Schlosser Thomas Schmidt war einer der wenigen echten »Werktätigen« im Vorstand bzw. dem Präsidium der Ost-SPD, hatte Fühlung zu den in Neuformierung befindlichen DDR-Gewerkschaften und war damit der fast logische Kandidat für diesen Posten. In seiner Entwurfsskizze für das Profil des Gewerkschaftsbeauftragten[485] stellte er ausgehend von der Notwendigkeit einer Erschließung der Arbeitnehmerschaft für die strukturelle Mehrheitsfähigkeit der SPD auf dem Gebiet der DDR fest:

> »Der Schlüssel dazu ist aber die Interessensvertretung dieser Schichten. D. h., die SPD/Ost muß sich in den Prozeß der Neugestaltung der Gewerkschaftsarbeit aktiv einschalten. Dazu gehört:
> – Sachkompetenz in Fragen westlichen Know-hows für Gewerkschaftsarbeit
> – Sachkompetenz in Fragen der Betriebsratsarbeit
> – Personenkenntnis auch in Bezug auf Büros und Beratungsnetze, die bundesdeutsche Gewerkschaften in Berlin und den Bezirken der DDR errichtet haben.
> – Insgesamt gute Kontakte zu den Einzelgewerkschaften in der DDR, aber auch in der Bundesrepublik und zum DGB
> – Kontakte soweit als möglich in die Betriebe hinein […]«[486]

Für die Organisationsbemühungen des SPD-Parteivorstandes leitete er folgende Forderungen ab:

> »Dazu braucht es:
> – einen hochrangigen Beauftragten (des SPD-Parteivorstands), der selbst diese Kompetenzen auf der zentralen Ebene erwirbt und alles auf dieser Ebene Nötige und Mögliche [sic!] unternimmt. Dazu braucht er ein Büro.
> – Beauftragte auf Bezirksebene mit den jeweils ähnlichen Aufgaben für die Regionalpartei und nach Möglichkeit Arbeitskreise für die Betriebsrats- und Gewerk-

---

483 Zur Gewerkschaftsgeschichte in der DDR der Umbruchphase 1989/90 vgl.: Manfred Scharrer: Der Aufbau einer Freien Gewerkschaft in der DDR 1989/90. ÖTV und FDGB-Gewerkschaften im deutschen Einigungsprozess, Berlin u. a. 2011. Bemerkenswert und vielleicht bezeichnend ist, dass die Ost-SPD und ihre Vertreter in dieser Studie keine Rolle spielen bzw. nicht einmal erwähnt werden.
484 Vgl. Protokoll der Vorstandssitzung am 23.04.1990, AdsD Sozialdemokratische Partei in der DDR – SDP/SPD-Parteivorstand 2/SDPA000056.
485 Vgl. Begründung für die Einsetzung eines Gewerkschaftsbeauftragten des Parteivorstands der SPD/Ost, Vorlage zur Vorstandssitzung am 23.04.1990, AdsD Sozialdemokratische Partei in der DDR – SDP/SPD-Parteivorstand 2/SDPA000056.
486 Ebd.

5 Kommunalwahlen, politische Rollenkonflikte und Professionalisierung der Strukturen

schaftsarbeit bei den Untergliederungen, die diejenigen zusammenfassen und in der Arbeit unterstützen, die die Betriebsratsarbeit und Gewerkschaftsarbeit tragen, Kontakt zu Betrieben halten und sich als Sozialdemokraten verstehen oder uns nahe stehen.«[487]

Folgerichtig stand parallel zum Ausbau der Strukturen des Parteivorstands, nicht zuletzt mit Blick auf die bald anstehenden Landtagswahlen, die Professionalisierung der Bezirks- und Kreisorganisationen auf der Tagesordnung. Bereits in der zweiten Märzhälfte hatte das Büro des stellvertretenden Bundesgeschäftsführers der SPD eine längerfristige Abordnung von 15 Organisationsreferenten in die Gliederungen der Ost-SPD angeregt.[488] Wie es scheint, sollte dabei abermals die Friedrich-Ebert-Stiftung eine gewisse Rolle spielen.[489] Zusätzlich flossen nun auch Mittel aus der DDR-Parteienfinanzierung, die es der Ost-SPD erlaubten, pro Bezirk 15 hauptamtliche Stellen auszuschreiben.[490] Trotz dieser auf allen Ebenen anlaufenden Initiativen und Hilfen zum Ausbau der Parteiorganisation stieß die Entwicklungsfähigkeit der Strukturen an die natürliche Grenze einer nach wie vor dürftigen Mitgliederzahl. Die für die politische Arbeit allenthalben benötigten Zehntausende neuer und zudem engagierter Genossen ließen sich nicht von heute auf morgen aus dem Boden stampfen, was zu einer völligen Überlastung und schleichenden Demotivierung der vorhandenen Mitgliedschaft führte:

»Die SPD ist zur Zeit, gemessen an ihrer Mitgliederzahl, eine kleine Partei. Eine Ausdehnung über bereits erobertes Gebiet hinaus findet kaum mehr statt. Im öffentlichen Leben und der politischen Diskussion ist die SPD zu schwach vertreten. Sehr viele Mitglieder sind vor allem mit der Einübung in neue Ämter und entsprechenden persönlichen und tagespolitischen Problemen beschäftigt. Der darüber hinaus noch aktive Kern unserer Mitglieder steht einer Unmenge von Aufgaben gegenüber, die kaum zu bewältigen ist. An vielen Stellen macht sich Frustration breit. Mitglieder, die hohe Ansprüche an ihre Partei stellen, nehmen zum Teil ihr Engagement aus Enttäuschung zurück – andere, die stärker auf Anleitung und bewusste Einbindung warten, ziehen sich in die Privatsphäre zurück und warten ab.«[491]

---

487 Ebd.
488 Vgl. Vermerk für Erik Bettermann betr. Personaleinsatz für die SPD in der DDR v. 22.03.1990, AdsD SPD-Parteivorstand – Büro Stellvertretender Bundesgeschäftsführer 2/PVDG000269.
489 Vgl. ebd.
490 Vgl. Protokoll der Vorstandssitzung am 23.04.1990, AdsD Sozialdemokratische Partei in der DDR – SDP/SPD-Parteivorstand 2/SDPA000056 sowie Vorlage für [den] Parteivorstand am 07.05.1990, AdsD Sozialdemokratische Partei in der DDR – SDP/SPD-Parteivorstand 2/SDPA000057.
491 Vorlage zur Präsidiumssitzung am 21.05.1990 betr. Aufbau des Bereichs Politische Planung, AdsD Sozialdemokratische Partei in der DDR – SDP/SPD-Parteivorstand 2/SDPA000061.

All diese ad hoc schwer lösbaren Struktur- und Organisationsprobleme waren entsprechend Thema auf einem gemeinsamen Planungstreffen von Sozialdemokraten aus Ost und West vom 16. bis 18. Mai 1990 in Prieros bei Berlin.[492] Ergebnisse dieser Tagung waren u. a. die baldige Durchführung demoskopischer Forschungsprojekte zum Profil der SPD in der DDR sowie die Einrichtung einer mobilen Organisationsgruppe sowohl zur Mitgliederwerbung als auch zur Gründung neuer Ortsvereine. Oskar Lafontaines Gewährsmann Jochen Flackus wusste seinem Dienstherren – bei allen erzielten Fortschritten – gleichwohl kaum Erbauliches über den Zustand der Ost-SPD zu berichten und stellte fest, dass es derzeit sowohl programmatisch als auch soziokulturell »noch keine gemeinsame Sprache« der beiden Parteien gäbe.[493] Aus seinen Zeilen lässt sich deutlich eine gewisse Ungeduld mit der Schwesterpartei und auch Unverständnis für die spezifischen Verhältnisse in der DDR ablesen. Manchen sozialdemokratischen Funktionsträgern aus der Bundesrepublik dämmerte wohl erst langsam, dass der Aufbau einer Parteiorganisation im Osten, die ihren Ansprüchen genügen konnte, eine Aufgabe von Jahren bis Jahrzehnten darstellte. Schnelle Organisationserfolge ließen sich ebenso wenig erzwingen, wie Kommunikationshemmnisse, die in 40 Jahren deutscher Teilung entstanden waren, über Nacht auflösen.

Eine versäumte organisationspolitische Chance der SPD jener Tage ist jedoch, wie es scheint, völlig in Vergessenheit geraten. Dies ist umso erstaunlicher, als für einen kurzen Moment die gravierenden Strukturprobleme der SPD im ländlichen Raum lösbar schienen. Das Protokoll der Präsidiumssitzung am 15. Mai berichtet von folgender Begebenheit:

»Markus Meckel und Hinrich Kuessner informieren über rein persönliche, inoffizielle Gespräche mit Vertretern der DBD [Demokratische Bauernpartei Deutschlands; P. G.]. Die DBD droht auseinanderzufallen und scheint an einem Zusammengehen mit der SPD interessiert. Da das Programm der DBD in Bezug auf landwirtschaftliche Fragen unserem nahekommt, andererseits die SPD auf dem Lande noch kein ausreichendes Wählerpotential hat, wäre es wünschenswert, offizielle Kontakte zu erreichen.«[494]

---

492 Vgl. Jochen Flackus: Bericht für MP [Oskar Lafontaine; P. G.] und Reinhard Klimmt über das Planungstreffen zwischen SPD West und Ost vom 16.–18. Mai 1990 in Prieros 1990, AdsD SPD-Parteivorstand – Büro Stellvertretender Bundesgeschäftsführer 2/PVDG000282 sowie Workshop der SPD-Ost und -West zum Ausbau der Organisation der SPD-Ost und zu den künftigen Wahlen, AdsD Sozialdemokratische Partei in der DDR – SDP/SPD-Parteivorstand 2/SDPA000057.
493 Vgl. ebd.
494 Vgl. Protokoll der Präsidiumssitzung am 15.05.1990, AdsD Sozialdemokratische Partei in der DDR – SDP/SPD-Parteivorstand 2/SDPA000061.

5 Kommunalwahlen, politische Rollenkonflikte und Professionalisierung der Strukturen

Die Gespräche nahmen daraufhin einen zunächst durchaus Erfolg versprechenden Weg, wie Küssner dem Präsidium knapp eine Woche später mitteilte.⁴⁹⁵ Nun aber stellte sich die Führung der Ost-SPD taktisch abermals selbst ein Bein. Das Präsidium beschloss, innerhalb der Partei eine agrarpolitische Diskussion anzuregen und diese in die Mitgliedschaft vor Ort zu tragen, welche wiederum damit die Basis der DBD ansprechen sollte.⁴⁹⁶ Der SPD schwebte also eine Vereinigung der DBD mit der SPD von unten und explizit unter Umgehung der Funktionärsebene vor.⁴⁹⁷ Dass dieses Vorgehen nicht nur die bisherigen Gesprächspartner brüskieren musste, sondern auch – angesichts des Tempos der Entwicklungen in der DDR – viel zu umständlich und skrupulös war, um zielführend zu sein, scheint niemandem in den Sinn gekommen zu sein. Offensichtlich versandeten daraufhin die Kontakte, denn das Thema taucht in den Protokollen der Gremien der SPD nicht mehr auf. Die Sozialdemokraten beschäftigten sich in erster Linie mit sich selbst und die Führung der DBD nahm Mitte Juni 1990 offiziell Kontakt zur CDU auf, mit dem Ziel der Übernahme der verbliebenen Mitgliedschaft und der Strukturen der Partei in die Union.⁴⁹⁸

---

495 Vgl. Protokoll der Präsidiumssitzung am 21.05.1990, AdsD Sozialdemokratische Partei in der DDR – SDP/SPD-Parteivorstand 2/SDPA000061.
496 Vgl. ebd.
497 Vgl. ebd.
498 Vgl. hierzu: Ute Schmidt: Transformation einer Volkspartei. Die CDU im Prozeß der deutschen Vereinigung, in: Oskar Niedermayer, Richard Stöss (Hg.): Parteien und Wähler im Umbruch. Parteiensystem und Wählerverhalten in der ehemaligen DDR und den neuen Bundesländern, Opladen 1994, S. 58. Das Ausmaß der verpassten organisationspolitischen Chance für die SPD spiegelt sich in der Feststellung Schmidts, dass »der Angliederungsbeschluß des DBD-Parteivorstandes [...] von der Mehrheit der damals noch ca. 117.000 Mitglieder nicht mitgetragen« worden sei. Ebd. Auch ihre Interpretation der Motivation der CDU-Führung für die Fusion spricht Bände: »Ging es für die DBD-Gruppe um ihr politisches Überleben, so interessierte sich die Bundes-CDU für den gut ausgebauten Apparat der Partei und das in den ländlichen Regionen der Noch-DDR weitverzweigte Ortsgruppennetz. Auch die Finanzen dürften in dem parteistrategischen Kalkül eine nicht unwesentliche Rolle gespielt haben, wenngleich die Bundes-CDU später auf das DBD-Vermögen ebenso verzichtete wie auf das der Block-CDU.« Dies.: Von der Blockpartei zur Volkspartei? Die Ost-CDU im Umbruch 1989–1994 (= Schriften des Zentralinstituts für Sozialwissenschaftliche Forschung der Freien Universität Berlin Bd. 81), Opladen 1997, S. 104.

6 Der Sonderparteitag von Halle am 9. Juni 1990

Die Vorbereitung eines Sonderparteitages zur Wahl eines neuen Vorsitzenden für die erste Junihälfte begann kurz nach dem Rücktritt Böhmes Anfang April 1990.[499] Als mögliche Tagungsorte wurden Halle und Magdeburg ins Auge gefasst und entsprechende Ausschreibungen an die zuständigen Parteibezirke versandt.[500] Zur Vorauswahl der möglichen Kandidaten sollte eine »Strategiegruppe«[501] gebildet werden, zu deren Aufgaben auch die »Gewinnung von Kandidaten aus den Bezirken«[502] zählte. Als Mitglieder dieses Gremiums schlug das Präsidium Thomas Schmidt, Hinrich Kuessner und Eva Kunz vor.[503] Aufgrund der klareren Positionierung und eines gewissen Vorbereitungsvorsprungs erhielt Halle als Tagungsort den Zuschlag vor Magdeburg.[504] Da es sich um einen Sonderparteitag handelte, behielten sowohl die Delegiertennominierungen des Leipziger Parteitages als auch dessen Gremien ihre personelle Gültigkeit.[505] Auf der Tagesordnung sollten neben der Wahl eines neuen Vorsitzenden Informationen und Aussprachen über den Rücktritt von Ibrahim Böhme, den Stand der Parteiarbeit sowie zur Regierungsbeteiligung stehen.[506] Nach einer offenbar abermals turbulenten Grundsatzdiskussion wurden diese Vorschläge des Präsidiums vom Vorstand im Wesentlichen bestätigt.[507] Bezeichnenderweise aber war der Vorstand in erster Linie an einer Diskussion über die Regierungs- und Fraktionsarbeit sowie deren Auswirkungen auf die Partei interessiert.[508] Es ist offensichtlich, dass die regierungskritischen Teile des Gremiums, zumal sie weite Teile der Basis hinter ihren Positionen wähnten, hofften, den Parteitag zum Tribunal über die Regierungsarbeit umfunktionieren zu können.

Zur Vorstandssitzung am 7. Mai waren mit Markus Meckel, Wolfgang Thierse und Gottfried Timm die ersten Kandidatenvorschläge eingegangen.[509] Meckel, wohl von Dritten nominiert, scheint indes nach seiner mehr als holprigen Wahl zum Interims-

---

499 Vgl. Protokoll der Vorstandssitzung am 08.04.1990, AdsD Sozialdemokratische Partei in der DDR – SDP/SPD-Parteivorstand 2/SDPA000056.
500 Vgl. Protokoll der Präsidiumssitzung am 18.04.1990, AdsD Sozialdemokratische Partei in der DDR – SDP/SPD-Parteivorstand 2/SDPA000061.
501 Ebd.
502 Protokoll der Präsidiumssitzung am 23.04.1990, AdsD Sozialdemokratische Partei in der DDR – SDP/SPD-Parteivorstand 2/SDPA000061.
503 Vgl. ebd.
504 Vgl. ebd.
505 Vgl. Vorlage IV zur Präsidiumssitzung am 20.04.1990, AdsD Sozialdemokratische Partei in der DDR – SDP/SPD-Parteivorstand 2/SDPA000061.
506 Vgl. ebd.
507 Vgl. Protokoll der Vorstandssitzung am 23.04.1990, AdsD Sozialdemokratische Partei in der DDR – SDP/SPD-Parteivorstand 2/SDPA000056.
508 Vgl. ebd.
509 Vgl. Protokoll der Vorstandssitzung am 07.05.1990, AdsD Sozialdemokratische Partei in der DDR – SDP/SPD-Parteivorstand 2/SDPA000057.

vorsitzenden kaum mehr einen Gedanken an eine eigene Bewerbung verschwendet zu haben und erklärte umgehend, nicht zur Verfügung zu stehen.[510] Zum Entsetzen etlicher Beteiligter war jedoch noch keineswegs klar, ob Böhme nicht erneut für den Parteivorsitz ins Rennen gehen würde. Das Protokoll der Vorstandssitzung offenbart überdies, dass Böhme durchaus noch erstaunlich viel Sympathie nicht nur in der Partei, sondern auch im Vorstand besaß:

> »Eine mögliche Kandidatur Ibrahim Böhmes ist noch offen, da dazu von ihm noch keine konkreten Äußerungen gemacht wurden. Eine anschließende Debatte beleuchtete das Für und Wider einer Kandidatur Ibrahim Böhmes, der einerseits an der Basis nach wie vor Ansehen genießt, andererseits aber durch die noch ungeklärte Sachlage der Anschuldigungen auf Stasimitarbeit sowie durch seinen offensichtlich schlechten Gesundheitszustand für eine Kandidatur zur Zeit wenig geeignet erscheint.«[511]

Für den 14. Mai beraumte der Vorstand eine Sondersitzung an, um abschließend über die Kandidatenfrage zu befinden. Per Telegramm wurden die Bezirke aufgefordert, bis zu diesem Termin noch eventuelle Anwärter zu benennen.[512] Insgesamt gingen nun acht Vorschläge, sechs aus den Bezirken und zwei durch Einzelpersonen, ein.[513] Drei der benannten Personen, Meckel, Barbe und Kamilli, bekundeten von vornherein, nicht zur Verfügung zu stehen; ein Kandidat, Hans Ness, blieb der Sitzung gänzlich fern.[514] Böhme erklärte nun offiziell, nicht für den Parteivorsitz zu kandidieren und schlug an seiner statt seinen engen Vertrauten Dankwart Brinksmeier, Studentenpfarrer aus Berlin und Angehörigen des engsten SDP-Gründerzirkels, vor.[515] Der Bezirksverband Dresden hatte den 45-jährigen promovierten Elektrotechniker, Dozenten an der TU Dresden und Abgeordneten in der Volkskammer Karl-Heinz Kunckel nominiert. Neben der parlamentarischen Tätigkeit hatte sich Kunckel intensiv der baldigen Konstituierung des Landesverbandes Sachsen gewidmet und besaß gute Chancen, dessen Vorsitz zu übernehmen. In der Vorstellungsrunde machte er entsprechend aus seinen Präferenzen für diesen Posten auch kein Geheimnis und signalisierte damit von vornherein relativ geringe Ambitionen auf das zu vergebende Amt.[516] Der knapp 33-jährige promovierte

---

510 Vgl. ebd.
511 Ebd.
512 Vgl. ebd.
513 Vgl. Protokoll der Vorstandssitzung am 14.05.1990, AdsD Sozialdemokratische Partei in der DDR – SDP/SPD-Parteivorstand 2/SDPA000057.
514 Vgl. ebd.
515 Vgl. ebd.
516 Vgl. Protokoll der Vorstandssitzung am 14.05.1990, AdsD Sozialdemokratische Partei in der DDR – SDP/SPD-Parteivorstand 2/SDPA000057 sowie Hausmann, Handbuch, a. a. O., S. 126.

evangelische Theologe und Pfarrer Gottfried Timm[517] stammte aus der Nähe von Rostock. Er war wie Brinksmeier ein SDP-Mitglied der ersten Stunde, saß für den Wahlkreis 11 des Bezirks Neubrandenburg in der Volkskammer und bekleidete das Amt des stellvertretenden Fraktionsvorsitzenden. Auf der Vorstandsebene hatte er sich unlängst als Beauftragter für die Vorbereitung der Kommunalwahl Verdienste erworben, aber gleichzeitig auch die massiven organisatorischen Defizite der Partei aus nächster Nähe erlebt. Entsprechend erklärte er den forcierten Auf- und Ausbau der Strukturen zur Hauptaufgabe eines neuen Vorsitzenden. Wolfgang Thierse[518] schließlich war ebenfalls stellvertretender Vorsitzender der SPD-Volkskammerfraktion. Der in Breslau gebürtige 46-jährige Kulturwissenschaftler und Germanist war erst Anfang Januar 1990 vom Neuen Forum zur SPD gestoßen und über die Berliner Bezirksliste in die Volkskammer gewählt worden. Er galt – wie oben gesehen – zunächst als Koalitionsskeptiker, wurde als solcher in die Verhandlungsdelegation mit der CDU abgeordnet und nach dem Ausscheiden Böhmes, Höppners und Terpes aus dem Fraktionsvorstand in diesen nachgerückt. Thierse hatte sich pragmatisch genug gezeigt, um die Chancen, aber auch die Grenzen der Regierungsbeteiligung zu erkennen. In der Vorstellungsrunde vor dem Parteivorstand vermied er es aber offensichtlich, allzu konkret Position zu beziehen und äußerte sich in erster Linie zu seiner Vision der SPD als »linke[r] Volkspartei«[519] in der DDR. Der Parteivorstand hatte sich darauf geeinigt, aus den verbliebenen vier Anwärtern in geheimer Abstimmung zwei Personen auszuwählen und diese dann dem Parteitag zu präsentieren. Es wurden für die Kandidaten folgende Kriterien definiert, die bei der Wahl entscheidungsrelevant sein sollten:

»– organisatorische Fähigkeiten
– der Wille vorwiegend Parteiarbeit (Struktur) zu machen, daher möglichst keine anderen Funktionen
– Integrationsfigur
– Mitglied der Fraktion
– Fähigkeit, die verschiedenen Strömungen innerhalb der Partei zusammenzuführen.«[520]

Bei einer Anzahl von 23 anwesenden und jeweils doppelt stimmberechtigten Vorstandsmitgliedern benötigten die Kandidaten zwölf Stimmen für eine Nominierung.

---

517 Vgl. Protokoll der Vorstandssitzung am 14.05.1990, AdsD Sozialdemokratische Partei in der DDR – SDP/SPD-Parteivorstand 2/SDPA000057 sowie Hausmann, Handbuch, a. a. O., S. 230.
518 Vgl. Protokoll der Vorstandssitzung am 14.05.1990, AdsD Sozialdemokratische Partei in der DDR – SDP/SPD-Parteivorstand 2/SDPA000057 sowie Hausmann, Handbuch, a. a. O., S. 227 f., vgl. auch Sturm, Uneinig, a. a. O., S. 345 ff.
519 Protokoll der Vorstandssitzung am 14.05.1990, AdsD Sozialdemokratische Partei in der DDR – SDP/SPD-Parteivorstand 2/SDPA000057.
520 Ebd.

Im ersten Wahlgang erhielt Brinksmeier 15, Kunckel drei, Timm und Thierse jeweils acht Stimmen. Brinksmeier war damit mit erstaunlich deutlichem Vorsprung direkt nominiert und Kunckel erwartungsgemäß ausgeschieden.[521] Den zweiten Wahlgang, bei dem nur eine einfache Stimmabgabe möglich war, entschied Timm mit zwölf zu elf Stimmen denkbar knapp für sich.[522] Damit waren Brinksmeier und Timm die bevorzugten Kandidaten des Vorstandes. Thierse schien also einstweilen aus dem Rennen zu sein. Gleichwohl war den Bezirken die Möglichkeit eingeräumt worden, zum Parteitag weitere Kandidaten zu benennen[523] – eine Chance, die Thierse später nutzen sollte.

Gleichwohl war es noch nicht gänzlich klar, ob der Parteitag überhaupt wie geplant würde stattfinden können, denn es gab ernsthafte Probleme bei der Mobilisierung der Delegierten.[524] Zwar hatte das Präsidium bereits auf seiner Sitzung am 23. April festgestellt, dass laut § 13, Abs. 4 des Statuts der Parteitag auch mit nur 50 Prozent der Delegierten beschlussfähig war.[525] Das hätte jedoch einen gewissen Makel im Hinblick auf die Legitimation des neuen Vorsitzenden bedeutet. Vor diesem Hintergrund hatte das Präsidium beschlossen, dass dort, wo Delegierte des Leipziger Parteitages nicht mehr greifbar oder gar aus der Partei ausgetreten waren, auf der Basis des damaligen Delegiertenschlüssels Nachwahlen erfolgen sollten.[526] Nichtsdestoweniger veranlasste diese unklare Situation den Geschäftsführer Stephan Hilsberg in der Vorstandssitzung am 28. Mai zu einer erstaunlich radikalen Initiative:

»Stephan Hilsberg trägt seine Erkenntnisse aus der aktuellen Situation der Partei (Durchführung mehrerer Landesparteitage) vor. Danach sieht er die Partei in einem führungslosen Zustand und ein starkes Abdriften einiger Regionen in Richtung Vereinigung der beiden Parteien (z. B. Berlin). Von mehreren Bezirken liegen Anträge vor, keinen neuen Parteivorsitzenden zu wählen.
Er stellt daher den Antrag, den Sonderparteitag am 9.6. abzusagen und dafür einen ordentlichen Parteitag im Herbst einzuberufen mit neuem Delegiertenschlüssel und der Aufgabe, einen neuen Vorstand zu wählen und ein Konzept für die Vereinigung der beiden Parteien vorzubereiten.«[527]

---

521 Vgl. ebd.
522 Vgl. ebd.
523 Vgl. ebd.
524 Vgl. Protokoll der Vorstandssitzung am 07.05.1990, AdsD Sozialdemokratische Partei in der DDR – SDP/SPD-Parteivorstand 2/SDPA000057. Dies ergibt sich auch aus der Tatsache, dass Anfang Juni lediglich 210 von 270 nötigen Delegiertenanmeldungen vorlagen. Vgl. Protokoll der Vorstandssitzung am 05.06.1990, ebd.
525 Vgl. Vorlage IV zur Präsidiumssitzung am 20.04.1990, AdsD Sozialdemokratische Partei in der DDR – SDP/SPD-Parteivorstand 2/SDPA000061.
526 Vgl. Protokoll der Präsidiumssitzung am 21.05.1990, AdsD Sozialdemokratische Partei in der DDR – SDP/SPD-Parteivorstand 2/SDPA000061.
527 Protokoll der Vorstandssitzung am 28.05.1990, AdsD Sozialdemokratische Partei in der DDR – SDP/SPD-Parteivorstand 2/SDPA000057.

Der Antrag wurde zwar mit nur einer Gegenstimme und einer Enthaltung abgelehnt und Maßnahmen zur Sicherung der Beschlussfähigkeit des Parteitages eingeleitet.[528] Die Motive hinter Hilsbergs Vorstoß bleiben jedoch einigermaßen rätselhaft, da sie keiner nachvollziehbaren politischen Logik folgen. Wollte er die Wahl von Brinksmeier oder Timm, die beide nur mir Ach und Krach die vom Parteivorstand formulierten Maßstäbe erfüllen konnten, verhindern, die Selbstblockade der in sich tief zerstrittenen Spitzengremien der Partei durch einen Handstreich auflösen oder sich als ehrlicher Sachwalter der Belange der Basis präsentieren? Vermutlich von allem etwas; gleichwohl wäre gerade dadurch die beklagte Führungslosigkeit und Agonie der Partei in einer entscheidenden politischen Phase um etliche Monate verlängert worden. Daran konnte eigentlich niemand ein Interesse haben.

Im Windschatten der Kandidatenkür und der Vorbereitungswirren schickte sich der Vorstand seit Anfang Mai an, einen Beschluss des Leipziger Parteitages, der sich als kolossales Organisationshemmnis erwiesen hatte, zu korrigieren.[529] Die Stagnation bei der Mitgliederentwicklung, die damit verknüpften Strukturprobleme sowie die oben umrissenen personellen Schwierigkeiten im Vorfeld der Kommunalwahl verdeutlichten drastisch, dass es sich die SPD nicht leisten konnte, die Hürden, die seit dem Leipziger Parteitag bezüglich der Aufnahme ehemaliger Mitglieder der SED und der Blockparteien errichtet worden waren, aufrechtzuerhalten. Der von Reinhard Höppner[530] formulierte Antrag, der zur Vorstandssitzung am 5. Juni vorlag und dem Sonderparteitag unterbreitet werden sollte[531], erwähnte die SED nicht einmal mehr und verzichtete weitestgehend auf die Beschränkungen in Bezug auf Wahlfunktionen. Beibehalten wurden indes die individuellen Prüfungen der Motive beitrittswilliger Personen. Diese hatten zu begründen, warum sie aus ihrer ehemaligen Partei ausgetreten waren und mussten sich von deren politischen Zielen, soweit diese sozialdemokratischen Grundsätzen widersprachen, distanzieren. Die Aufnahmeprozeduren blieben also im Kern die gleichen, lediglich die offene – wenn man so will – Diskriminierung ehemaliger SED-Mitglieder sollte wegfallen. An der offensichtlichen Zielrichtung ließ Höppner indes keinerlei Zweifel aufkommen:

»Durch solche gründliche individuelle Prüfung von Aufnahmeanträgen soll erleichtert werden, daß nicht Bürger, die sich im linken Spektrum der politischen

---

528 Vgl. ebd.
529 Protokoll der Vorstandssitzung am 07.05.1990, AdsD Sozialdemokratische Partei in der DDR – SDP/SPD-Parteivorstand 2/SDPA000057.
530 Vgl. ebd.
531 Vgl. Antrag des Vorstandes der SPD in der DDR betr. Parteimitgliedschaft von Bürgern, die früher anderen Parteien angehörten, o. D., AdsD Sozialdemokratische Partei in der DDR – SDP/SPD-Parteivorstand 2/SDPA000057. Das Aktenstück trägt folgenden Vermerk: »als Antrag an PT angenommen, 5.6.90«

6 Der Sonderparteitag von Halle am 9. Juni 1990

Abb. 23 Podium des Sonderparteitages der SPD in der DDR am 9. Juni 1990 in Halle/Saale.

Parteien engagieren wollen, in die Arme der PDS getrieben werden. Die notwendige Abgrenzung [zu] dieser Partei muß aber immer deutlich bleiben.«[532]

Ob damit die entscheidenden psychologischen Hürden gesenkt wurden, sei dahingestellt. Weiter konnte aber der Vorstand, ohne die Basis zu brüskieren, kaum gehen.

Am 9. Juni 1990 strömten nun die sozialdemokratischen Delegierten aus allen Regionen der Republik nach Halle zu ihrem dritten Parteitag innerhalb kaum eines halben Jahres. Auf der Tagesordnung[533] standen neben der Wahl eines neuen Vorsitzenden Berichte und Aussprache über die Arbeit von Regierung, Fraktion und Vorstand. Weiterhin galt es, etliche Anträge, u. a. die gerade skizzierte Vorlage des Vorstandes, zu beraten. Gastreden und Grußworte wurden von Hans-Jochen Vogel, Willy Brandt sowie Vertretern der Gewerkschaften und der Sozialistischen Internationale erwartet. Da nur ein Tag zu Verfügung stand und die abzusehende Generaldebatte über die

---
532 Ebd. Die Passage »im linken Spektrum« ist handschriftlich entsprechend korrigiert.
533 Vgl. verschiedene Entwürfe der Tagesordnung als Vorlagen für Präsidiumssitzungen, AdsD Sozialdemokratische Partei in der DDR – SDP/SPD-Parteivorstand 2/SDPA000061 sowie Protokoll vom Parteitag Halle 09.06.1990 (unkorr. Fassung), AdsD Sozialdemokratische Partei in der DDR – SDP/SPD-Parteivorstand 2/SDPA000032.

Politik der Partei in den letzten Monaten von vornherein auszuufern drohte, schärfte der Vorstand der Versammlungsleitung ein: »Straffe Versammlungsführung ist unbedingt erforderlich, eventuell ist eine Begrenzung der Redezeit vorzusehen.«[534] Um 10.00 Uhr vormittags eröffnete Meckel den Parteitag, erläuterte den Grund und die Umstände seiner Einberufung und begrüßte die Gäste aus der Bundesrepublik und dem Ausland, sozialdemokratische Kabinettmitglieder und frisch gekürte kommunale Amtsträger sowie Beobachter anderer Parteien.[535] Nach der Verabschiedung der Geschäftsordnung benannte der Versammlungsleiter Michael Lersow die zur Wahl stehenden Personen. Neben den vom Vorstand präsentierten Kandidaten Brinksmeier und Timm trat überraschend abermals Wolfgang Thierse an, der vom Landesverband Brandenburg und dem Bezirksverband Halle buchstäblich in letzter Minute durch einen Antrag an den Parteitag nachnominiert worden war.[536] Nach Vogels[537] Grußwort, in dem er u. a. die Organisationsleistungen der Ost-SPD seit ihrer Gründung lobte, die bei den Verhandlungen um den ersten Staatsvertrag erreichten Verbesserungen hervorhob – und damit direkt Schröder und Meckel beisprang – sowie seine Vision von der Deutschen Einheit anriss, ging es in medias res der Berichterstattung. Den ersten Teil zur Arbeit der Fraktion bestritt Richard Schröder.[538] Ausgehend von den technischen, organisatorischen und politischen Anfangsschwierigkeiten umriss er die aus seiner Sicht für die Sozialdemokratie erfolgreichen Koalitionsverhandlungen und verteidigte die getroffenen Entscheidungen. Im Zusammenhang mit der Wirtschafts-, Währungs- und Sozialunion hob er vor allem die gedeihliche Zusammenarbeit mit der West-SPD hervor. Er verschwieg auch nicht die innerhalb der Fraktion und noch mehr im Verhältnis zum Vorstand entstandenen Konflikte und stellte sich offen dieser Diskussion. Auf Schröder folgte eine Rede Frank Bogischs über die schwierige Frage der Eigentumsverhältnisse an Grund und Boden.[539] Da er jedoch in weiten Teilen den Wortlaut seines oben schon diskutierten Thesenpapiers hierzu vortrug, braucht darauf nicht weiter eingegangen werden. Meckel versuchte die Delegierten zunächst bei ihrer politischen Ehre zu packen, um damit um Verständnis für das Agieren der Fraktion und der sozialdemokratischen Regierungsmitglieder zu werben:

---

534 Protokoll der Vorstandssitzung am 07.05.1990, AdsD Sozialdemokratische Partei in der DDR – SDP/SPD-Parteivorstand 2/SDPA000057.
535 Protokoll vom Parteitag Halle 09.06.1990 (unkorr. Fassung), AdsD Sozialdemokratische Partei in der DDR – SDP/SPD-Parteivorstand 2/SDPA000032, S. 1 ff.
536 Vgl. ebd. sowie die entsprechenden Anträge in: AdsD Sozialdemokratische Partei in der DDR – SDP/SPD-Parteivorstand 2/SDPA000028, vgl. auch Sturm, Uneinig, a. a. O., S. 345.
537 Vgl. Protokoll vom Parteitag Halle 09.06.1990 (unkorr. Fassung), S. 6 ff., AdsD Sozialdemokratische Partei in der DDR – SDP/SPD-Parteivorstand 2/SDPA000032.
538 Vgl. ebd., S. 10 ff.
539 Vgl. ebd., S. 15 ff.

»Es ist etwas anderes in der Opposition in einem stalinistischen System zu sein, eine Regierung zu stürzen, oder eben selbst Regierungsarbeit zu leisten. Viele von Euch erleben dies jetzt in den Kommunen [...] und erfahren am eigenen Leib den Unterschied zwischen dem Auf-der-Straße-Sein, dem im Arbeitskreis Arbeiten und der Tatsache, dann plötzlich mit gewähltem Mandat Entscheidungen treffen zu müssen. Es reicht nicht, nur die eigenen hehren Vorstellungen und Überzeugungen auszusprechen und der oft widersprüchlichen Wirklichkeit gegenüberzustellen. [...] Und es gibt eben die Notwendigkeit zum Kompromiß, von der schon gesprochen wurde. [...] Wer alles oder nichts will, beraubt sich allzu oft der Möglichkeit zu gestalten.«[540]

Anschließend schilderte er den immensen administrativen Handlungsbedarf, die Schwierigkeiten der Regierungsarbeit, insbesondere das Problem der Amtsübernahme in dem unvertrauten und bürokratischen Umfeld eines vormals diktatorischen Ministerialapparats sowie den allenthalben überbordenden Zeitdruck. Auch er dankte der SPD-Bundestagsfraktion für ihre unverzichtbare Beratung und Unterstützung, um fast im selben Atemzug auf die mit Oskar Lafontaine entstanden Unstimmigkeiten zu sprechen zu kommen. Bemerkenswert ist die Geschicklichkeit, mit der er einerseits vehement die Weichenstellungen des Staatsvertrages verteidigte und legitimierte, andererseits aber auch die Einwände des künftigen gemeinsamen Kanzlerkandidaten ernst nahm und damit versuchte, ihn ins Boot zu holen. Da in der West-SPD und der SPD-Bundestagsfraktion, wie oben geschildert, auf Betreiben Lafontaines die Zustimmung zu dem Vertragswerk auf der Kippe stand, war dies ein wichtiges Signal an die westdeutschen Genossen und nicht zuletzt die Öffentlichkeit. Nach Verweisen auf die Notwendigkeit eines zweiten Staatsvertrages über eine neue gemeinsame deutsche Verfassung sowie die außenpolitische Einbindung der Deutschen Einheit appellierte er an die Delegierten, dazu beizutragen, den unversöhnlichen innerparteilichen Streit ins Konstruktive zu wenden:

»Große Verantwortung liegt auf uns, wir können sie in der Regierung nur wahrnehmen durch einen intensiven Gesprächs- und Kommunikationsprozeß mit der Fraktion und mit der Partei. Das heißt nicht, daß man immer in allem einer Meinung sein muß. Es muß den Streit über die Richtung geben. Gleichzeitig muß auch die notwendige Klarheit herrschen, daß die Partei zu dieser Arbeit steht, aber auch, daß sie sagt, wo der Punkt ist, an dem sie sagt: Da können wir nicht mehr mitmachen! Beides, denke ich, gehört in unser Gespräch. Diese Verantwortung nehmen wir gemeinsam wahr.«[541]

---

540 Ebd., S. 17.
541 Ebd., S. 21.

Nun trat Karl-August Kamilli für den Vorstand ans Rednerpult.[542] Wer indes den Beginn der Abrechnung mit Schröder und Meckel erwartet hatte, sah sich getäuscht. Außerordentlich sachlich zog er die Bilanz aus den enttäuschenden Ergebnissen der vergangenen Wahlen und merkte selbstkritisch an, dass die Ost-SPD neben den offensichtlichen konzeptionellen und strukturellen Defiziten »die gesellschaftliche Situation zu jeder Zeit falsch eingeschätzt«[543] habe. In seiner Analyse der politischen Zerstrittenheit und organisatorischen Stagnation benannte er zwar klar den Konflikt um die Regierungsbildung und die daraus resultierende Konfrontation von Vorstand und Fraktion als das zentrale auslösende Moment. In seiner Bilanz der Regierungsarbeit schlug er sich jedoch fast gänzlich auf die Seite von Schröder und Meckel, auch wenn er sich eine Schärfung des sozialdemokratischen Profils im Kabinett wünschte. Er beklagte ebenfalls entschieden die mangelnde Kommunikation, die wenig konstruktive Art des Streits und forderte eine Versachlichung der Auseinandersetzung:

> »Liebe Freunde, ist es nicht so, daß sich in unserer Partei ein Klima breitmacht, das geprägt ist von Eifersüchteleien, Kompetenzgerangel und Intoleranz der Parteiflügel rechts und links? Dieses Gebaren mag alten verkrusteten Parteien anstehen. Der SPD als junger Volkspartei mit großer Tradition steht dies schlecht zu Gesicht. Es ist für uns lebenswichtig, zu lernen, daß innerhalb einer Partei verschiedene Standpunkte bestehen und kontrovers diskutiert werden können. [...] Liebe Freunde, ich finde es gut, wenn ein fruchtbarer Streit um den besten Weg zum Ziel, um das beste Argument oder eine kühne These in unserer SPD gepflegt wird. Ja, ich finde, es wird sogar noch viel zu wenig um Sachfragen gestritten! [...] Fortwährende Personaldiskussionen und Selbstdarstellungen bringen uns nicht voran. Sie müssen beendet werden, damit wir uns in Ruhe mit der Konsolidierung unserer Partei und mit der Lösung der vorhandenen Probleme auf dem Weg zur deutschen Einheit befassen können.«[544]

Da die genuine Aufgabe der Partei »politische Arbeit« sei, müsse die strukturelle Arbeitsfähigkeit hergestellt werden, die Arbeiterschaft für die SPD zurück gewonnen, die Vereinigung mit der West-SPD vorbereitet und die Bündnisfähigkeit gestärkt werden. Besonders wichtig war ihm hierbei die »Integration linker Kräfte«[545] jenseits der PDS. Letzteres war ein klarer Fingerzeig auf die entsprechende Beschlussvorlage zum Aufnahmeverfahren, über die nach der Mittagspause debattiert und abgestimmt werden sollte. War der Vormittag für Meckel und Schröder weitestgehend glimpflich und vermutlich nach Wunsch verlaufen, lauerte am frühen Nachmittag schon mehr

---

542 Vgl. ebd., S. 22 ff.
543 Ebd.
544 Ebd., S. 25.
545 Ebd., S. 27.

Ungemach – in Gestalt von Käte Woltemath. Zuvor jedoch hatte sich der Ehrenvorsitzende Willy Brandt zu einer Rede[546] angekündigt. Auch dieser suchte nach Kräften die Position der Fraktion und der Kabinettsmitglieder zu stärken und soweit als möglich die Irritationen um Oskar Lafontaine zu dämpfen:

> »Eine wirklich bösartige Entstellung ist es, Sozialdemokraten wie Oskar Lafontaine als Gegner der deutschen Einheit abzustempeln. (Beifall) Das stimmt nicht, das Gegenteil ist richtig, und ich weiß, wovon ich spreche. Tatsache ist, daß eine Reihe der von Oskar Lafontaine vorgebrachten, zumal auch sozialen Besorgnisse im Staatsvertrag berücksichtigt werden, und er sieht das auch so. Wir haben erst vorgestern darüber gesprochen. Tatsache ist weiter, daß Lafontaine gegen das zur Währungseinheit vorgesehene Verfahren wegen der vermuteten schweren wirtschaftlichen Verwerfungen ernste Bedenken geltend gemacht hat. Aber er und ich stimmen voll darin überein, daß es jetzt unmöglich und unsinnig wäre, die Übertragung der D-Mark auf die DDR stoppen zu wollen.«[547]

Abschließend plädierte er für die Einrichtung eines paritätischen Gremiums zur Vorbereitung der baldigen Parteivereinigung.

Zwar war von Käte Woltemath[548] als Ehrenmitglied ebenfalls nur ein kurzes Grußwort vorgesehen, aber sie machte schon zu Beginn ihres Beitrages deutlich, dass sie etwas weiter auszuholen gedachte. Um es vorab zu sagen: Die Rede von Woltemath goss keinesfalls in erster Linie Wasser auf die Mühlen der Gegner einer Regierungsbeteiligung im Vorstand, sondern sie geriet zu einer Generalabrechnung mit der Partei- und Fraktionsführung insgesamt. Und so redete sie sich in einen wahren Furor, der ihre Worte zur Philippika wider all jene formte, die ihre eigene Sicht sozialdemokratischer Orthodoxie nicht teilten. Ausgehend von den besorgniserregenden Mitgliederzahlen erinnerte sie die Genossinnen und Genossen daran, dass die SPD zunächst Arbeiterpartei zu sein habe und erst hernach Volkspartei, nicht umgekehrt. Ihre Argumentation basierte auf diesem impliziten Klassenverständnis, wenn sie der SPD in der Großen Koalition eine »verschwommene Identität« ankreidete, die sie in der Wählerschaft nicht als linke Alternative zu den bürgerlichen Parteien und der PDS wahrnehmbar machte. Nun nahm sie etwas unerwartet den stark gescholtenen linksalternativen Flügel des Gründerzirkels der Ost-SPD in Schutz:

> »Ich anerkenne den Mut und Einsatz der überwiegend jungen Leute, die im vorigen Spätsommer die Initiative zur Neugründung der Sozialdemokratischen Partei in unserem Teil Deutschlands unter bewusster Hinnahme großer Risiken ergriffen

---

546 Vgl. ebd., S. 29 ff.
547 Ebd., S. 32.
548 Vgl. ebd., S. 34 ff.

haben. Viele derer, die diese jungen Leute heute aber kritisieren [...], waren damals – ich denke an den Herbst vorigen Jahres – noch ängstliche, angepaßte und brave DDR-Bürger. (Beifall) Bei manchem habe ich den Eindruck, es ist mehr Zufall, daß er in unserer Partei gelandet ist – es war keine Entscheidung vom Herzen her.«[549]

Das war natürlich keinesfalls auch auf Markus Meckel gemünzt, den sie umgehend direkt und persönlich aufs Korn nahm, da dieser mit dem Präsidium und der Fraktionsführung aus opportunistischen Gründen und persönlichem Ehrgeiz »das nach ihren Vorstellungen nun Beste aus den schlechten Wahlergebnissen« herauszuholen versucht habe, anstatt »ehrlich kämpfend« in die Opposition zu gehen.[550] Dem Vorstand warf sie vor, zu schwach gewesen zu sein, der Abnabelung der Fraktion Einhalt zu gebieten. An der nun geschlossenen Koalition gab es aus Woltemaths Sicht eine Menge auszusetzen, von der allzu nachgiebigen Verhandlungsführung über die fehlende Einbeziehung von Bündnis 90 bis hin zu einzelnen Personalien im Kabinett. Schröder sah sich in Bezug auf die sozialen Folgen der Wirtschafts-, Währungs- und Sozialunion gar dem Vorwurf einer apologetischen Verzerrung der zu erwartenden Massenarbeitslosigkeit ausgesetzt. Entsprechend schlug sie sich in dieser Frage auch voll auf die Seite Oskar Lafontaines und forderte die West-SPD auf, »die Notbremse [zu] ziehen, denn die Gefahr, daß zu viele unter die Räder kommen« sei »angesichts des zu frühen Aufgebens und Sichabfindens in unserer Fraktionsführung zu groß geworden.«[551] Vor diesem Hintergrund forderte sie die Wahl eines neuen Vorstandes, der die Kraft habe, »sich von manchen Fraktionsentscheidungen zu distanzieren [...] und der in der Lage ist, an der Seite Oskar Lafontaines in einer gemeinsamen SPD um andere Mehrheiten zu kämpfen.«[552] Dem Karrierismus, der sich ihrer Ansicht nach in der Partei breitzumachen drohe, setzte sie eine Rückbesinnung auf sozialdemokratische Identität und Grundwerte entgegen:

»Wer sich Sozialdemokrat nennt und das Rot unserer Fahnen nicht erträgt, weil es missbraucht wurde, wer – G e n o s s i n n e n und G e n o s s e n [Spationierung i. Original; P. G.] – bei dieser Anrede immer noch zusammenzuckt, wer nach dem Missbrauch unserer Ideale und Träume von einer gerechten Gesellschaft dieselben über Bord werfen möchte, der sollte sich gründlich befragen und befragen lassen, ob er auf der für ihn richtigen Seite steht.«[553]

---

549 Ebd., S. 35 f.
550 Ebd.
551 Ebd., S. 38.
552 Ebd.
553 Ebd., S. 39.

6 Der Sonderparteitag von Halle am 9. Juni 1990

Die Versammlung quittierte Woltemaths Rede, wie das Protokoll vermerkt, mit intensivem lang anhaltendem Applaus.

Greifen wir nun aus systematischen Gründen der Parteitagsdramaturgie, die hier nun den Bericht der Antragskommission und die Vorstellung der Kandidaten einschob, ein wenig vor und werfen einen Blick auf die Aussprache.[554] Diese verlief erstaunlich unaufgeregt, sieht man von der Empörung über die Begrenzung der Redezeit auf drei Minuten[555] ab. Gelegentliche Kritik an der Informationspolitik des Vorstandes mischte sich mit auch missbilligenden Bemerkungen zu einzelnen Sachaspekten der Regierungspolitik. Insgesamt lässt sich ein gewisses Unbehagen vieler Delegierter vor den ungewissen wirtschaftlichen und sozialen Folgen des Staatsvertrages konstatieren. Ein offenes Aufbegehren gegen das Vertragswerk, wie von Woltemath gefordert, war jedoch zu keinem Zeitpunkt auch nur im Ansatz greifbar. Dies spiegelt sich nicht zuletzt in der Tatsache, dass sich lediglich eine Delegierte positiv auf deren Rede bezog.[556] Entsprechend knapp fielen Schröders und Kamillis Erwiderungen aus.[557] So bleibt festzuhalten, dass Meckel und Schröder zwar nicht ohne Blessuren, aber doch als Punktsieger aus der Debatte hervorgingen. Die von den einen ersehnte und von den anderen befürchtete Rebellion der Parteibasis gegen die Regierungspolitik war ausgeblieben.

Die Wahl des künftigen Vorsitzenden war für den späteren Nachmittag angesetzt. Zuvor hatten alle drei Kandidaten die Möglichkeit, sich mit einer Vorstellungsrede dem Plenum zu präsentieren. Den Anfang machte Dankwart Brinksmeier[558], und er gebärdete sich, wie zu erwarten gewesen war, als Kandidat des linken Flügels. Dies machte er alleine schon durch die Anrede »Genossinnen und Genossen« und die verwendete Terminologie deutlich. Seine inhaltlich etwas unstrukturierte und rhetorisch schwache Rede ging von der unstrittigen Grundthese aus, dass die SPD in der DDR die Interessensvertretung der Arbeitnehmer sein und der PDS glaubhaft das Attribut »links« streitig machen musste. Sein Parteiverständnis war in erster Linie von der Basis aus gedacht, die es zu stärken gelte. Die Fraktion verstand er lediglich als parlamentarischen Arm der von der Partei gesammelten »politischen Meinungsbildung im Lande«[559]. Auch dürfe niemals der Eindruck entstehen, dass die Fraktion »Partei in der Partei« sei und bestimme, »was die Partei zu glauben, zu handeln und zu entscheiden hat.«[560] In Bezug auf die Parteivereinigung plädierte er für Verhandlungen auf Augenhöhe und regte für die Verbreitung und Entwicklung der Parteibasis die

---

554 Vgl. ebd., S. 68 ff.
555 Vgl. ebd., S. 69 f.
556 Vgl. ebd., S. 86 f.
557 Vgl. ebd., S. 89 f.
558 Vgl. ebd., S. 41 ff.
559 Ebd., S. 42.
560 Ebd., S. 43.

Zusammenarbeit mit Verbänden und die Gründung von zielgruppenspezifischen Arbeitsgemeinschaften an.

Bei der darauf folgenden Rede von Wolfgang Thierse[561] wurde vom ersten Satz an deutlich, dass er seinem Vorredner sowohl taktisch als auch sprachlich weit überlegen war. Allein die Eröffnung mit einer Würdigung von Käte Woltemaths Gedanken- und Wortkaskade zielte gekonnt auf die Unterstützung des linken Parteiflügels. Die darauf folgenden Erläuterungen zur eigenen Biografie und zur Genese der Kandidatur signalisierte einerseits eine gewisse Selbstbescheidung und stellten andererseits eine Brücke dar zur Formulierung des Wertekanons, an dem sich Thierse zu orientieren versprach: »Redlichkeit, Unabhängigkeit [...] Wahrhaftigkeit und Sachlichkeit«[562]. Als Rahmen für die Darstellung und Interpretation der politischen Situation und des galoppierenden Wandels in der DDR entlehnte er das dreistufige theoretische Grundmodell der französischen Kultur- und Mentalitätsgeschichte. In dieses passte er nun seine politischen Botschaften ein. Auf der obersten Ebene, die sich nach der Theorie am schnellsten verändert, verortete er den ökonomischen Wandel. Er deutete die Situation als einstweiligen Zusammenbruch mit der Perspektive eines mittel- bis langfristig zu erhoffenden Aufschwungs – und mittendrin die Sozialdemokraten, die durch die zu erwartenden sozialen Spannungen auf ihrem Kerngebiet gefordert sein würden. Auf der zweiten, etwas langsamerem Wandel unterworfenen, Ebene verortete er die Veränderungen der politischen Kultur. Geschickt nutzte er dies als Metapher für die eigene politische Entwicklung vom Demonstranten auf den Straßen Ostberlins bis hinein in die Volkskammer und an den Verhandlungstisch der Koalition:

> »Ich selbst – es ist vorhin schon gesagt worden, bin in bestimmter Hinsicht ein Beispiel für einen mühseligen Lernvorgang. Ich bin in die Koalitionsgespräche gegangen als ein entschiedener Gegner der Koalition mit der Allianz. Ich habe an diesen Gesprächen teilgenommen und gesehen, wie viel gegenüber der CDU an unseren Vorstellungen durchsetzbar war, welches Ausmaß an politischer Übereinstimmung gefunden war. Es schien mir dann nicht mehr politisch vertretbar zu sein, zu sagen: Nein, wir dürfen das nicht tun, sondern wir haben die Chance etwas zu tun – dann müssen wir sie auch ergreifen.«[563]

Nun transzendierte er gewissermaßen diesen Prozess zum Paradigma der kollektiven Entwicklung der Partei vom Träger einer politischen Befindlichkeit zu einem politischen Akteur aus den Kommunen heraus bis auf die Länderebene. In diesem »massenhafte[n]«[564] Vorgang verorte er den eigentlichen Parteiwerdungsprozess. Auf der

---

561 Vgl. ebd., S. 44 ff.
562 Ebd.
563 Ebd., S. 45.
564 Ebd.

dritten Ebene siedelte er den Wandel der geistigen Kultur an. Das meinte den Wandel von der Welt der Diktatur in die der Demokratie, den Weg von der Planwirtschaft in die Marktwirtschaft. Thierse machte jedoch auch die Grenzen der Transformation für die SPD deutlich:

> »Wir haben aber auch die Erinnerung an das allmähliche Scheitern einer Utopie, an der wir doch auch teilhatten, zu der wir als Sozialdemokraten in der Tradition der Arbeiterbewegung und europäischen Freiheitsbewegung geschichtlich zählen. Ich sage es wieder – der Traum von einer sozial gerechten Welt wird den Bankrott des realen Sozialismus überleben, weil die Gründe für diesen Traum immer noch bestehen oder immer wieder entstehen. Auch hier bei uns in Deutschland! (Beifall) Wir werden in den nächsten Monaten ganz schnell ganz viel zu lernen haben. Marktwirtschaft müssen wir lernen. Ich kann es auch böser sagen: Wir müssen den realen Kapitalismus lernen. [...] Ich denke, wir sollten uns nicht gewöhnen – an Arbeitslosigkeit, an Armut, an erhebliche soziale Unterschiede. Darin sollten wir nicht lernfähig sein.«[565]

Mit Blick auf die Frage der Parteivereinigung und dem Beitrag, den die Ost-SPD hierzu leisten konnte, musste er einräumen, dass dies mangels Masse nicht allzu viel sein konnte. Insofern transferierte er das Problem auf eine ideelle Ebene, auf der die ostdeutschen Sozialdemokraten sehr wohl etwas zu bieten hätten, und erklärte den Vereinigungsprozess zu einer in erster Linie politisch-inhaltlichen Frage. Überhaupt sei sowohl die Einheit der Sozialdemokratie als auch die Deutsche Einheit als Ganzes in erster Linie ein Problem des Interessensausgleiches. Wohl nicht nur für die abschließende Forderung, dass ein Vereinigungsparteitag der deutschen Sozialdemokratie nur in Berlin stattfinden könne, erhielt Thierse lang anhaltenden Beifall.[566]

Nach dieser sprachlich brillanten, intellektuell ansprechenden und politisch gehaltvollen Rede Thierses hatte es der darauf folgende Kandidat Gottfried Timm[567] recht schwer, bei den Delegierten zu punkten. Auf eine sehr viel nüchternere Art und einer deutlich weniger bildhaften Semantik schlug er sich indes tapfer. Zunächst stellte er einen direkten Zusammenhang zwischen der Entwicklung des politischen Profils der SPD und der Organisationsentwicklung her. Analog zu Thierse forderte er einen Wandel der Partei vom Träger der Friedlichen Revolution zu einer pragmatisch handelnden politischen Organisation, in der es sowohl »konstruktiven Streit über [die] politischen Ziele als auch eine gut ausgeprägte innerparteiliche Solidarität«[568] geben solle. Die Politik der SPD habe in erster Linie und gegen alle Widerstände für die

---

565 Ebd., S. 46.
566 Vgl. ebd., S. 47.
567 Vgl. ebd., S. 47 ff.
568 Ebd., S. 47.

Menschen da zu sein. Hier zog er einen Vergleich zu den Auseinandersetzungen in der Bundesrepublik um die Ostpolitik der sozialliberalen Koalition. Nun sei die »Kernaufgabe« in der DDR – im Sinne der Bevölkerung – die Formulierung und Durchsetzung »einer sozial gerechten und ökologisch verantwortlichen Politik.«[569] Dies sah er verknüpft mit der Positionierung der SPD inmitten ihrer Konkurrenten und Gegner. Das erklärte Ziel der Sozialdemokratie müsse sein, »die Einigung sozial verträglich für die Menschen in der DDR [zu] organisieren«[570], während einerseits die CDU – etwa mit ihrem Augenmerk auf der Stabilität der D-Mark – in erster Linie die staatlichen Interessen der Bundesrepublik wahrnahm und andererseits die PDS in vielerlei Hinsicht mit der Vergangenheitsbewältigung ihrer staatstragenden Rolle in der DDR beschäftigt war. Er konstruierte also gleichsam das Bild eines Gegensatzes zwischen Basis und Überbau, in dem die SPD an der Seite der Basis stand und stehen musste. Die Partei bewege sich zweifellos in der Tradition der deutschen Arbeiterbewegung, habe daran aber realiter noch nicht wieder anknüpfen können. Insofern erachtete er den Aufbau der Arbeitsgemeinschaft für Arbeitnehmerfragen (AfA) in der DDR als zentrale Aufgabe der künftigen Organisationsbemühungen. Andere Zielgruppen sollten mit Klientelorganisationen analog zur Bandbreite der Arbeitsgemeinschaften in der West-SPD erschlossen werden. Seine Perspektive auf die Parteivereinigung deckte sich in weiten Teilen mit der von Thierse. Eine Spitze gegen die Querelen in und mit der West-SPD konnte er sich dennoch nicht verkneifen, wenn er für die Ost-SPD die Mitsprache in der Frage der gesamtdeutschen Kanzlerkandidatur forderte. Abschließend packte er den Stier der innerparteilichen »Pfarrermüdigkeit«[571] bei den Hörnern, indem er diese als sein persönliches Handicap selbst ansprach und dagegen seine in der Kirche erworbene politische Organisationskompetenz in die Waagschale warf.

Nach einer relativ kurzen Fragerunde[572], die sich in erster Line auf die organisatorische Vergangenheit der Kandidaten in der DDR und deren Standpunkte zu einigen zentralen politischen Problemen bezog, hatten diese noch einmal die Gelegenheit, ihre Statements zu präzisieren. Ein für manche Delegierte überaus wichtiger Aspekt war die Konzentration des künftigen Vorsitzenden auf die Parteiaufgaben und eine stärkere Abgrenzung zur Fraktionsarbeit. Gottfried Timm[573] plädierte für eine Fortsetzung der politischen Verzahnung von Parteivorsitz und der Arbeit der Fraktion und votierte klar für den Staatsvertrag, nicht zuletzt deshalb, weil die sozialdemokratischen Unterhändler »gut gearbeitet« hätten und der »Verhandlungsspielraum [...] ausgeschöpft«[574] sei. In Bezug auf den weiteren Vereinigungsprozess nach Art. 23 GG pochte er auf die Aushandlung eines zweiten Staatsvertrags. In diesen

---

569 Ebd., S. 48.
570 Ebd., S. 49.
571 Ebd.
572 Vgl. ebd., S. 53 ff.
573 Vgl. ebd., S. 59 ff.
574 Ebd., S. 60.

könne sich die SPD, etwa bei der Frage der Regelung des Schwangerschaftsabbruchs, durchaus noch einbringen.[575] Wolfgang Thierse[576] hingegen sagte zu, seine bisherigen Funktionen zugunsten des Parteivorsitzes niederzulegen. Hinsichtlich der Repräsentation von Frauen in der Partei bekräftigte er die in Leipzig beschlossene Quotenregelung. In Bezug auf das Verfahren der Vereinigung der beiden deutschen Staaten vertrat er eine leicht modifizierte Variante seiner diesbezüglichen Haltung während der Koalitionsgespräche. Einerseits sprach er sich für den Art. 23 als grundsätzlichen Weg aus. Andererseits stellte er aber auch klar, dass dies mit dem Art. 146, also einer »Novellierung des Grundgesetzes«[577] verbunden und durch eine Volksabstimmung über das modernisierte Verfassungswerk legitimiert werden müsse. Im Hinblick auf den Staatsvertrag äußerte er sich analog zu der weiter oben schon zitierten Stellungnahme bei den letzten Abstimmungen mit der West-SPD. Als wichtige aktuelle und künftige Verhandlungsfelder stellte er die Eigentumsfrage und »die Verteidigung der Schwangerschaftsregelung, wie sie in der DDR getroffen worden ist« besonders heraus. Dankwart Brinksmeier[578] äußerte sich lediglich zu zwei Themenkomplexen. Zunächst brach er eine Lanze für den Antrag des Vorstandes zur Lockerung der Aufnahmeprozeduren. Darüber hinaus erklärte er sein Einverständnis mit der Währungsunion, kündigte aber im Hinblick auf einen zweiten Staatsvertrag eine sehr viel härtere Verhandlungslinie der SPD an. Alle Kandidaten versicherten, nicht für das MfS gearbeitet zu haben und räumten ein, in ihrer Jugend in der FDJ organisiert gewesen zu sein. Bei Timm und Thierse kam hierzu noch die Mitgliedschaft in gewerkschaftlichen Organisationen.

Nun schritten die 414 Delegierten[579] zur Abstimmung, bei der die Kandidaten, um im ersten Wahlgang gewählt zu werden, die absolute Mehrheit der abgegebenen gültigen Stimmen erreichen mussten. Wenig später verkündete der Vorsitzende der Zählkommission das in dieser Deutlichkeit durchaus überraschende Ergebnis: Von 393 gültigen Stimmen entfielen bei sechs Enthaltungen 51 auf Gottfried Timm, 65 auf Dankwart Brinksmeier und satte 271 auf Wolfgang Thierse.

Die Gründe für diesen phänomenalen Wahlsieg Thierses sind indes vielschichtig. Zunächst war sicherlich die Präsentation des Kandidaten der Parteilinken, Dankwart Brinksmeier, trotz all seiner Verdienste um die Parteigründung und die Abwicklung des MfS allzu unausgegoren und fahrig, um eine Mehrheit der Parteitagsdelegierten zu überzeugen. Zudem mag die keck von Gottfried Timm in den Ring geworfene Theologenmüdigkeit[580] in der Partei ebenso wie die anhaltende Unzufriedenheit der Basis mit dem Agieren vieler Angehöriger des Gründungszirkels eine gewisse

---

575 Vgl. ebd.
576 Vgl. ebd., S. 61 ff.
577 Ebd., S. 32.
578 Vgl. ebd., S. 63 f.
579 Vgl. ebd., S. 64.
580 Vgl. auch Sturm, Uneinig, a. a. O., S. 345.

Kapitel IV · Schwieriger Imperativ der Realpolitik – Ost-SPD in Regierungsverantwortung

Abb. 24 Willy Brandt gratuliert Wolfgang Thierse zur Wahl zum Vorsitzenden der SPD in der DDR auf dem Sonderparteitag am 9. Juni 1990 in Halle/Saale.

Rolle gespielt haben. Timm hatte sich aber sicherlich auch allzu bedingungslos auf die Seite Meckels und Schröders geschlagen und sich deren Positionen zu eigen gemacht. Thierse hingegen wusste sowohl durch seine vorzügliche Rede als auch seine abwägend realistischen und dennoch eigenständigen politischen Positionierungen zu überzeugen. Er nahm in vielerlei Hinsicht eine Mittlerposition zwischen beiden Parteiflügeln ein, verband sozialdemokratische Prinzipientreue mit politischem Pragmatismus. Zudem hatte er sich aus dem wochenlangen Kleinkrieg zwischen Vorstand und Fraktion wohlweislich herausgehalten[581] und besaß als ursprünglich ausgewiesener Kritiker der Regierungsbeteiligung, der offen zugab, sich pragmatisch gewandelt zu haben, eine hohe Glaubwürdigkeit. Schließlich machte ihn vermutlich auch sein unkonventioneller Habitus[582], der bewusst die Wurzeln in der DDR betonte für die Delegierten zusätzlich attraktiv. Darin unterschied er sich wohltuend von manchem Karrieristen in den Reihen der Allianzparteien, wie etwa Günther Krause oder Peter-Michel Diestel, die sich nicht früh genug an den glatten Stil der Westpolitiker anpassen konnten. Das Image des »Ossi-Bären« mag vor diesem Hintergrund wie

---

581 Vgl. ebd., S. 350.
582 Vgl. ebd., S. 346.

ein Element identitätsstiftender Volkstümlichkeit gewirkt haben. Der Begriff freilich wurde erst vier Jahre später von der Satirezeitschrift »Titanic« ersonnen und hatte im Westen bemerkenswerterweise einen auch despektierlichen Beigeschmack. Gepaart mit seiner unbestreitbaren Eloquenz und rhetorischen Brillanz hatte Thierse einerseits das Potenzial, in der Außenwirkung Böhmes Charisma vergessen zu machen, und andererseits hatte er ungleich mehr politische Substanz zu bieten, die von seinem Vorgänger lediglich suggeriert worden war. Dass er zudem den spezifischen alternativ-protestantischen Stallgeruch der DDR-Opposition vermissen ließ, bedeutete sicherlich einen Dämpfer für den Gründerkreis der SDP, signalisierte aber gleichzeitig den Aufbruch der Ost-SPD in die postrevolutionäre Phase.

Nach der Wahl des Vorsitzenden standen die Aussprache über die Reden des Vormittags und die Entscheidung über eine Reihe wichtiger Anträge auf der Tagesordnung, u. a. den des Vorstandes zu den Richtlinien der Mitgliederaufnahme. Dieser war von der Antragskommission zwar zur Annahme empfohlen, jedoch in einem wichtigen Detail verschärft worden. In der Neufassung war für die Aufnahme eines ehemaligen Mitglieds einer anderen Partei in die SPD eine Zweidrittelmehrheit im jeweilig betroffenen Ortsverein notwendig.[583] In der kurzen Debatte[584] darüber sprachen sich trotzdem etliche Delegierte mit dem gleich bleibenden Argument der Gefahr der Unterwanderung für die Beibehaltung der alten Regelung aus. Reinhard Höppner, der eine Ablehnung des Antrages befürchten musste, betonte, dass sich die Initiative des Vorstandes nicht nur um SED-Mitglieder, sondern auch Angehörige anderer Blockparteien drehte, etwa der DBD, mit der kürzlich über eine Vereinigung verhandelt worden war.[585] Die Vorlage wurde schließlich mit 162 zu 112 Stimmen angenommen[586], hatte aber durch die Zweidrittelregelung vermutlich die intendierte Öffnungswirkung nahezu gänzlich verloren. Wie viel Sprengkraft in dieser Frage dennoch lag, spiegelt sich in der Tatsache, dass nach einem eigentlich eindeutigen Ergebnis der Abstimmung per Handzeichen, auf Antrag die Zahlkommission das Votum auszählen musste.[587] Weiterhin verabschiedete der Parteitag u. a. eine Präzisierung des Grundsatzprogramms bezüglich der Frage des Schwangerschaftsabbruchs[588] und beauftragte auf Antrag des Bezirks Leipzig den Parteivorstand, »unverzüglich Kontakt mit dem Parteivorstand der SPD der Bundesrepublik aufzunehmen, mit dem Ziel, die Vereinigung der SPD in der DDR und der Bundesrepublik einzuleiten.«[589] Einige Anträge später schloss der neue Vorsitzende nach einem knappen Ausblick auf die

---

583 Vgl. Protokoll vom Parteitag Halle 09.06.1990 (unkorr. Fassung), AdsD Sozialdemokratische Partei in der DDR – SDP/SPD-Parteivorstand 2/SDPA000032, S. 90.
584 Vgl. ebd., S. 91 ff.
585 Vgl. ebd., S. 94 f.
586 Vgl. ebd., S. 95 f.
587 Vgl. ebd.
588 Vgl. ebd., S. 96 f.
589 Ebd., S. 98 f.

anstehenden Aufgaben den Parteitag mit einer Bitte um die künftige Entwicklung einer toleranten Diskussionskultur und Meinungsfindung, die »Basisdemokratie und Handlungsfähigkeit miteinander verbindet.«[590]

Entsprechend lobte das Präsidium zwei Tage später das »konstruktive Klima«[591] des Parteitages. Kontrovers war freilich die Beurteilung der Rede Käte Woltemaths: »Die Einschätzung reichte von parteischädigend bis [der] Stimmung der Basis entsprochen.«[592] Als Konsequenz daraus wurde festgestellt, »daß der Kontakt zu K. Woltemath verbessert werden muß«[593] und zu diesem Zweck beschlossen, ihr u. a. – gleichsam als Aufpasser – einen persönlichen Referenten an die Seite zu stellen.[594] Insbesondere Richard Schröder konnte mit seinem Ärger über die Rede Woltemaths kaum hinter dem Berg halten, zeigte sich aber ansonsten auf der Fraktionssitzung am 12. Juni[595] ebenfalls sehr zufrieden mit den Ergebnissen des Parteitages. Er gratulierte Thierse zu seiner Wahl und verlieh der Hoffnung Ausdruck, dass sich durch diese wichtige Personalentscheidung das Verhältnis von Vorstand und Fraktion entscheidend verbessern würde. Er verband dies jedoch gleichzeitig mit der Frage, »ob es wirklich sinnvoll ist, daß Wolfgang Thierse den stellvertretenden Fraktionsvorsitz aufgibt«, und ob es nicht besser wäre, wenn »Partei und Fraktion auch personell eng verzahnt sind.«[596]

7 Einigungsvertrag, Wahlvertrag und das Ende der Großen Koalition

Der 17. Juni 1990 markiert nicht nur den ersten »Tag der Deutschen Einheit« unter dem Vorzeichen der fundamentalen Umwälzungen in der DDR, sondern sah auch eine in vielerlei Hinsicht denkwürdige Sondersitzung der Volkskammer, die sich zu einem durchaus unerfreulichen Zwischenspiel für die Regierungskoalition und insbesondere die SPD-Volkskammerfraktion auswuchs.[597] Im Beisein hoher Gäste aus der Bundesrepublik wie Bundeskanzler Helmut Kohl, Vertretern der Fraktionen im Deutschen Bundestag und internationalen Besuchern hatten sich die Parlamentarier

---

590 Ebd., S. 110.
591 Protokoll der Präsidiumssitzung am 11.06.1990, AdsD Sozialdemokratische Partei in der DDR – SDP/SPD-Parteivorstand 2/SDPA000061.
592 Ebd.
593 Ebd.
594 Vgl. ebd.
595 Vgl. Politischer Bericht von Richard Schröder in der Fraktionssitzung am 12.06.1990, AdsD SPD-Fraktion in der Volkskammer der DDR 2/VKFA000037.
596 Ebd.
597 Vgl. Stenographische Niederschrift der 15. Tagung (Sondertagung) der Volkskammer am 17.06.1990, a. a. O., S. 533 ff.; vgl. zu dieser Sitzung insgesamt auch: de Maizière, Kinder, a. a. O., S. 178 ff.

vorgenommen, in zweiter Lesung die ebenso bedeutsamen wie trockenen Gesetze zu den bis zur Vereinigung der beiden deutschen Staaten in der DDR gültigen Verfassungsgrundsätzen und zur Treuhandanstalt zu behandeln. Zur Überraschung des Volkskammerpräsidiums und eines Großteils des Plenums nutzte die DSU jedoch sowohl die Gunst der symbolgeladenen Stunde als auch die illustre Kulisse zu einem Propagandacoup erster Güte. Unmittelbar zu Beginn der Sitzung beantragte der Abgeordnete Jürgen Schwarz für die DSU-Fraktion eine Änderung der Tagesordnung und unterbreitete dem erstaunten und teilweise empörten Parlament eine Beschlussvorlage zum sofortigen Beitritt der DDR zum Geltungsbereich des Grundgesetzes nach Art. 23 GG.[598] Der Fraktionsvorsitzende Walther begründete diese Initiative damit, dass die Friedliche Revolution die alte DDR-Verfassung »prinzipiell außer Kraft gesetzt« habe und diese »darüber hinaus sogar schädlich für die weitere Entwicklung«[599] sei, was die schnellstmögliche Einführung des Grundgesetzes in der DDR erfordere. Bei aller formalen und staatsrechtlichen Fragwürdigkeit dieser Interpretation[600] artikulierte die DSU somit, und darauf kam es ihr an, das zu diesem Zeitpunkt konsequenteste Bekenntnis zur Deutschen Einheit auf der alleinigen Basis der bundesdeutschen Ordnung. Gleichzeitig stand sie so für den denkbar radikalsten Bruch mit dem Erbe der DDR und erklärte damit letztlich sowohl die Verabschiedung der Verfassungsgrundsätze als auch die Aushandlung eines zweiten Staatsvertrages für obsolet. Insofern war der Vorwurf »Annexion wollen Sie«[601], der sofort im Plenum laut wurde, kaum von der Hand zu weisen. In der sich daran anspinnenden, durchaus hitzigen, Debatte war es an de Maizière und Schröder, klarzumachen, dass es ungeachtet dieses Intermezzos bei dem vorgesehenen Fahrplan bleiben würde und auch musste.[602] Der Ministerpräsident ging – zwar wohl ein wenig zähneknirschend – trotzdem relativ konziliant mit der DSU um, indem er empfahl, deren Antrag trotz aller Unsinnigkeit an den Verfassungsausschuss zu überweisen. Indes ließ sich der Zorn Schröders unmittelbar greifen, als er dem Plenum entgegenschmetterte, dass über die Aufgabe der Volkskammer, »sich überflüssig zu machen«, durchaus Konsens herrsche, »aber bitte nach getaner Arbeit!« Die Wurzeln dieser Empörung lagen jedoch nicht allein im Verhalten der DSU begründet. Im Vorfeld der Sitzung hatte eine interfraktionelle Gruppe von Abgeordneten, die von Bündnis 90 angeführt wurde, zu der aber auch Mitglieder der SPD-Fraktion gehörten, eine ähnliche Initiative vor-

---

598 Vgl. Stenographische Niederschrift der 15. Tagung (Sondertagung) der Volkskammer am 17.06.1990, a. a. O., S. 534.
599 Ebd., S. 538.
600 Bemerkenswert und vielleicht bezeichnend ist, dass der Münchner Verfassungsrechtler und ehemalige Bundesverteidigungsminister Rupert Scholz diese Ansicht stützte. Vgl. Jäger, Überwindung, a. a. O., S. 481 f.
601 Stenographische Niederschrift der 15. Tagung (Sondertagung) der Volkskammer am 17.06.1990, a. a. O., S. 534.
602 Vgl. ebd., S. 353, 341.

bereitet, wenngleich aus gänzlich anderen Motiven.[603] Konrad Weiß von Bündnis 90 fiel die Aufgabe zu, die Beweggründe und Argumente zu erläutern. Mit ihrem Antrag bezüglich eines sofortigen Beitritts zum Geltungsbereich des Grundgesetzes wollten sie gegen eine fortschreitende »Entmündigung der Volkskammer«[604] – und damit letztlich auch gegen die in ihren Augen relative Machtlosigkeit der DDR-Regierung gegenüber der Bundesregierung – protestieren. Die anstehenden Verhandlungen zum Einigungsvertrag hielten sie für »eine Hatz in die Einheit, die jegliche politische Vernunft vermissen lässt.«[605] Sämtlich waren sie Verfechter eines Beitritts nach Art. 146 und der Einberufung einer verfassunggebenden Nationalversammlung.[606] Steine des Anstoßes waren darüber hinaus das Schicksal des Verfassungsentwurfes des Runden Tisches, der mehr oder minder sang- und klanglos in die Schublade gewandert war, und die Verwendung des »Volksvermögen[s] zur Haushaltssanierung«[607] durch das Treuhandgesetz.

> »Deshalb, meine Damen und Herren, hat sich eine Gruppe von Abgeordneten entschlossen, das kleinere Übel zu wählen, nämlich den gesetzlosen Zustand, der durch die zu erwartenden Verfassungsgrundsätze hergestellt wird, zu beenden und den Beitritt zum Grundgesetz der Bundesrepublik Deutschland zu beantragen, allerdings unter konkreten Konditionen.«[608]

Dies waren in außenpolitischer Hinsicht zunächst die einstweilige Wahrung der Rechte der Alliierten auf deutschem Boden bis zu einer allfälligen vertraglichen Regelung, der generelle Verzicht Deutschlands auf militärische Gewalt auf der Basis der KSZE-Schlussakte von 1975 sowie die endgültige Anerkennung der Oder-Neiße-Linie als deutsche Ostgrenze. Innenpolitisch sollte alsbald nach Art. 146 GG eine verfassunggebende Nationalversammlung einberufen werden, eine neue Verfassung erarbeitet und diese in einem Volksentscheid verabschiedet werden.[609] Diese Version eines sofortigen Beitritts zum Geltungsbereich des Grundgesetzes bezweckte also das genaue Gegenteil des Antrages der DSU, nämlich die grundsätzliche Neuorientierung von Staat und Gesellschaft in der DDR und der Bundesrepublik. Dass das zutiefst unrealistisch war, muss Weiß und den anderen Mitgliedern der interfraktionellen Gruppe bewusst gewesen sein. Insofern traf Konrad Elmers Bemerkung, es handele sich hierbei in erster Linie um eine »Trotzreaktion«[610], ziemlich ins Schwarze. Dahinter stand

---

603 Vgl. ebd. S. 534, 536 f.
604 Ebd., S. 536.
605 Ebd.
606 Vgl. ebd., S. 536.
607 Ebd.
608 Ebd.
609 Vgl. ebd.
610 Ebd., S. 537.

jedoch, nicht zuletzt bei den beteiligten SPD-Abgeordneten, durchaus ein, wenn auch reichlich unausgegorenes, politisches Konzept. Christine Rudolph, eine der Dissidentinnen aus der SPD-Fraktion, hatte es wenige Tage zuvor in einem ausführlichen Memorandum zur Deutschen Einheit formuliert.[611] Dieses Dokument gewährt tiefe Einblicke in die politische Gedankenwelt des linken Flügels der Ost-SPD, der trotz der Niederlage auf dem Parteitag von Halle weiterhin in schroffer Opposition zu der von Schröder, Meckel und auch Thierse getragenen – und von der Führung der West-SPD inspirierten und beförderten – Realpolitik in der DDR-Regierung stand. Einleitend interpretierte Rudolph die verschiedenen Positionsbestimmungen der SPD zur Deutschen Einheit als Kette von Fehleinschätzungen und unglaubwürdigen Kurskorrekturen, die die SPD »vom Konzept einer linken Volkspartei« entfremdet hätten. Mit der Regierungsbeteiligung habe sie sich zum »linke[n] Flügel und bloße[n] Appendix der CDU«[612] degradiert. In Bezug auf die Konsequenzen des Vertrags über die Wirtschafts-, Währungs- und Sozialunion für die politische Handlungsfähigkeit der DDR stellte sie nüchtern fest:

> »Nach dem Inkrafttreten des Staatsvertrages ist die Volkskammer nur noch ein Schattenparlament. [...] Wir sind überheblich genug zu glauben, die DDR werde auch dann noch ins Gewicht fallende Kompetenzen und politischen Handlungsspielraum haben, wenn die wesentlichen Souveränitätsrechte aufgegeben und ein allumfassendes Primat der Wirtschaft begründet worden ist.«[613]

Die Schlussfolgerungen, die sie aus dieser nicht ganz abwegigen Analyse zog, sind freilich bemerkenswert: sofortiger Beitritt zur Bundesrepublik Deutschland nach Art. 23, Implementierung eines »Freistaates Ostdeutschland« auf dem Gebiet der DDR als zwölftes Bundesland unter Beibehaltung der DDR-Verwaltungsgliederung sowie der Volkskammer als Landesparlament, das eine Landesverfassung ausarbeiten und verabschieden sollte.[614] Von diesem Modell erhoffte sie sich einerseits eine Milderung des bestehenden Zeitdrucks und andererseits eine Klärung der Verantwortlichkeiten und politischen Fronten:

> »Die Verantwortung für die Entwicklung in der DDR wird auch de iure dahin übergeben, wo sie schon heute tatsächlich liegt, nach Bonn. Die Volkskammer kann nicht mehr als Feigenblatt für die Absegnung der Bonner Politik in Anspruch genommen werden. Damit entspannt sich zudem augenblicklich das Dilemma so-

---

611 Vgl. Christine Rudolph: Wie sieht unsere Zukunft aus? Ein Memorandum über den Weg der SPD zur deutschen Einheit v. 13.06.1990, AdsD SPD-Fraktion in der Volkskammer der DDR 2/ VKFA000134.
612 Ebd.
613 Ebd.
614 Vgl. ebd.

zialdemokratischer Zweigleisigkeit: Ost-SPD in der Koalition, SPD-West in der Opposition.«[615]

Dem Provisorium »Ost-Staat« billigte sie durchaus »zwei bis drei Jahre« Existenzdauer zu, ein Zeitraum, in dem die »Erfahrungen des Beitritts« zu »neuen Einsichten« gerinnen könnten. Abschließend stellte sie mit Blick auf die Länderbildung eine »gesamtdeutsche Neugliederung aus einem Guß« in den Raum, legte damit ganz nebenbei die Axt an die bisherige Struktur des bundesdeutschen Föderalismus und bekannte sich klar zu Oskar Lafontaine und dessen deutschlandpolitischen Positionen.[616] Die Ereignisse des 17. Juni waren entsprechend auch ein zentraler Tagesordnungspunkt der nächsten Sitzung der SPD-Volkskammerfraktion.[617] Schröder artikulierte deutlich sein »Mißfallen«[618] über das Verhalten seiner Fraktionskollegen und ging darüber hinaus auch mit den dahinter stehenden Erwägungen scharf ins Gericht:

»Es gab aber noch einen Vorgang, der grundsätzliche Fragen aufwirft. Das war die Sache mit Art. 23. [...] Ich habe den Antrag gelesen. Er enthält verfassungsrechtlichen Blödsinn die Masse. Kurz: [D]ie DDR tritt dem Geltungsbereich des Grundgesetzes bei – das heißt, sie gibt ihre Eigenstaatlichkeit und Souveränität auf – und die DDR behält für eine Übergangszeit ihre volle Souveränität. Wasch mir den Pelz, aber mach mich nicht naß. Solchen Unfug kann nur jemand unterschreiben, der keinen Durchblick hat, oder jemand, der das Chaos wünscht. [...] Das Schlimmere aber ist dies: [H]ier agieren einige von uns, als lebten sie im Untergrund. Konspiration gegen die Fraktion. Offenbar haben sie die Lebensbedingungen im totalitären Staat so verinnerlicht, daß sie sich nicht umstellen können auf die Handlungsbedingungen in einer Demokratie.«[619]

Diese überaus harten Bandagen hatten natürlich auch damit zu tun, dass Schröder nun um etliche Stimmen aus dem sozialdemokratischen Lager für die Ratifizierung des ersten Staatsvertrages bangen musste, die wenige Tage später stattfinden sollte. Der Eklat um den interfraktionellen Antrag und der Umstand, dass bei der Abstimmung über die Verfassungsgrundsätze etliche sozialdemokratische Abgeordnete gefehlt oder dagegen gestimmt hatten[620], ließ in dieser Hinsicht Übles ahnen. Dieser Vorfall zeigte drastisch, dass die innerfraktionelle Opposition weder durch Zuckerbrot noch Peitsche anhaltend

---

615 Ebd.
616 Vgl. ebd.
617 Vgl. Ergebnisprotokoll der Fraktionssitzung am 19.06.1990, AdsD SPD-Fraktion in der Volkskammer der DDR 2/VKFA000039.
618 Ebd.
619 Richard Schröder: Zur politischen Lage – Rede vor der Fraktion am 19.06.1990, S. 4, AdsD SPD-Fraktion in der Volkskammer der DDR 2/VKFA000039.
620 Vgl. ebd., S. 3.

in den Griff zu bekommen war. Die Chancen, dass sich das in den nächsten Wochen bessern würde, standen ungünstig, zumal bei den Verhandlungen um den Einigungsvertrag sicherlich noch manch andere Kröte zu schlucken sein würde. In der Tat musste sich Schröder um die Erosion seiner Autorität ernsthafte Sorgen machen, wie die Wahlen zum Fraktionsvorstand einen Monat später offenbarten.[621] Die Fraktion hatte nicht nur unerwartet einen Gegenkandidaten nominiert, sondern Schröder sah sich zudem massiver Kritik auch ehemals loyaler Abgeordneter ausgesetzt[622]:

»Richard Schröder wurden vor allem Mängel bei der Zusammenarbeit mit seinen Kollegen im Fraktionsvorstand, bei der Informationspolitik gegenüber der Fraktion und bei der Öffentlichkeitsarbeit sowie zu große Nachgiebigkeit in der Koalition vorgeworfen. Er sprach sich strikt dagegen aus, von sich aus den Ausstieg aus der Koalition zu suchen, während eine starke Minderheit in der Fraktion es durchaus für diskussionswürdig hielt, einen solchen Schritt ins Auge zu fassen.«[623]

So wenig neu diese Vorwürfe waren, umso besorgniserregender musste ihr wachsendes Echo in dieser abermals entscheidenden politischen Phase sein. Der rapide Gezeitenwechsel in der SPD-Volkskammerfraktion gegen Schröders Verständigungspolitik und damit die massive Verschlechterung des ohnehin schon immer fragilen Koalitionsklimas[624] waren eng verknüpft mit der Konstruktion und dem Verlauf der Verhandlungen um den Einigungsvertrag und insbesondere den Auseinandersetzungen um den Zeitpunkt und die Konditionen der anstehenden ersten gesamtdeutschen Bundestagswahl.

In der Bundesregierung hatten die Vorbereitungen für einen Vertrag zur Vereinigung der beiden deutschen Staaten bereits im Februar 1990 begonnen.[625] Die Federführung lag beim Bundesinnenministerium und damit bei dessen Ressortchef Wolfgang Schäuble.[626] Ziel des Vertrages war nichts Geringeres als die Setzung des verfassungsrechtlichen Rahmens der Vereinigung sowie eine umfassende Grundle-

---

621 Vgl. Telefax von Walter Zöller an Hans-Jochen Vogel, Gerhard Jahn u. a. v. 19.07.1990 betr. Neuwahl des Vorstandes der sozialdemokratischen Volkskammerfraktion am 17. Juli 1990, 1990, AdsD SPD-Bundestagsfraktion 11. Wahlperiode, Berliner Büro (Walter Zöller), Ordner 21.411.
622 Vgl. ebd.
623 Ebd.
624 In der Sitzung des Koalitionsausschusses am 02.07.1990 hatte de Maizière die SPD scharf attackiert: »Beim gemeinsamen Antrag von SPD und Bündnis 90 handelt es sich nach Aussage des Ministerpräsidenten um einen glatten Verstoß gegen die Koalitionsvereinbarung, die gemeinsame Anträge einer Regierungsfraktion mit der Opposition ausschließe.« Protokoll der Sitzung des Koalitionsausschusses am 02.07.1990, S. 3, Archiv der Bundesstiftung Aufarbeitung, Vorlass Markus Meckel 649.
625 Vgl. Ritter, Preis, a. a. O., S. 241 f., Jäger, Überwindung, a. a. O., S. 486 ff.
626 Vgl. Ritter, Preis, a. a. O., S. 241 f. sowie Wolfgang Schäuble: Der Vertrag. Wie ich über die deutsche Einheit verhandelte, Stuttgart 1991.

gung für die Rechtsanpassung im künftigen gesamtdeutschen Staat.[627] Da der Beitritt der DDR zur Bundesrepublik nach Art. 23 GG vorgesehen war, hätte hier zwar grundsätzlich auch der Weg einer Überleitungsgesetzgebung beschritten werden können.[628] Beide Regierungen bevorzugten jedoch aus »psychologische[n][629] Gründen eine Vertragslösung. Die verfassungsändernde Qualität des Vorhabens bedeutete aber, dass die sozialdemokratische Opposition relativ frühzeitig mit einbezogen werden musste, denn einerseits war im Bundestag für die Verabschiedung des Gesetzes eine Zweidrittelmehrheit notwendig und andererseits beherrschte die SPD seit Kurzem den Bundesrat.[630] Insofern war es nicht ausschließlich guter Wille, der Schäuble die Verhandlungsposition der Bundesregierung zunächst formal offen gestalten ließ.[631] Natürlich baute er aber auch darauf, »daß der vorhandene Zeitdruck einen Zwang zum Konsens«[632] erzeugen würde. Zudem war die mögliche Drohkulisse der Sozialdemokraten, den Einigungsvertrag bei unzureichenden inhaltlichen Zugeständnissen seitens der Bundesregierung scheitern zu lassen, ähnlich begrenzt wie beim ersten Staatsvertrag. Aufseiten der DDR pochten zwar de Maizière und Schröder gleichermaßen auf gründliche Verhandlungen, in denen die Standpunkte und Bedürfnisse des östlichen Teilstaates gebührend berücksichtigt würden.[633] Sie hatten allerdings im Hinblick auf die Stärke ihrer Ausgangsposition mit mehreren Handicaps zu kämpfen. Zunächst knirschte es, wie gezeigt, im Gefüge der Koalition gewaltig, da insbesondere an ihren Rändern nahezu unvereinbare Vorstellungen herrschten. Weiterhin mangelte es den DDR-Unterhändlern angesichts der abzuarbeitenden komplexen Rechtsfragen vielfach an der nötigen Fachkompetenz, was ohne westliche Berater nicht zu kompensieren war.[634] Schließlich geriet die Regierung der DDR zusätzlich unter massiven Druck, da die sich, insbesondere nach der Einführung der D-Mark, dramatisch zuspitzende wirtschaftliche Situation die DDR an den Rand des Zusammenbruchs brachte.[635] Nicht zuletzt dieser Umstand machte klar, dass die Finanzierung der Deutschen Einheit in allererster Linie eine Aufgabe des Westens sein würde und dass die DDR dazu aus eigener Kraft nur wenig beizutragen in der Lage war.[636] Insofern ist es durchaus plausibel, wenn Jäger den Handlungsspielraum und die Funktion der DDR-Delegation auf zwei Momente reduziert: die spezifisch ostdeutsche Problembeschreibung und die Symbolpolitik.[637] Insbesondere bei Letzterem sollte

---

627 Vgl. Ritter, Preis, a. a. O., S. 241 f. sowie Fischer, Einheit, a. a. O., S. 56.
628 Vgl. Ritter, Preis, a. a. O., S. 241 f.
629 Fischer, Einheit, a. a. O., S. 56.
630 Vgl. ebd.
631 Vgl. Ritter, Preis, a. a. O., S. 242, Jäger, Überwindung, a. a. O., S. 488.
632 Ebd.
633 Vgl. ebd., S. 479.
634 Vgl. ebd., S. 482 f.
635 Vgl. ebd., S. 479 f.
636 Vgl. ebd., S. 483.
637 Vgl. ebd.

de Maizière bei Kohl, wie dessen Memoiren belegen, mehrfach auf Granit beißen, »trat [doch] die DDR der Bundesrepublik bei und nicht umgekehrt«[638].

In der SPD-Bundestagsfraktion zeichnete die Rechtsexpertin Herta Däubler-Gmelin für die Vorbereitung der Verhandlungen zum zweiten Staatsvertrag und zum weiteren Fortgang des Einigungsprozesses insgesamt federführend verantwortlich.[639] Ein erstes Thesenpapier in dieser Sache legte sie bereits am 1. Juni 1990[640] vor. Zunächst arbeitete sie die Gründe heraus, die aus der Sicht der SPD für einen Einigungsvertrag und gegen eine Überleitungsgesetzgebung sprachen. Hier hatte sie drei Stoßrichtungen bzw. Adressaten im Blick. In Bezug auf die DDR legte sie zunächst besonderes Gewicht auf den Willen der SPD zur »partnerschaftliche[n] Überwindung der Teilung«[641] und die einvernehmliche Rechtsangleichung in einem Staatsvertrag. Unübersehbar zielte sie hier vor allem auf die psychologischen Aspekte von Verhandlungen zwischen der Bundesrepublik und der DDR auf Augenhöhe. Die Vorbereitung des Staatsvertrages sah sie gleichzeitig als perfekte Plattform zur Präsentation der sozialdemokratischen Vision eines künftigen vereinigten Deutschland.[642] Insbesondere legte sie hierbei Wert auf die Reform des Grundgesetzes und die plebiszitäre Legitimation einer »neue[n] deutschen Verfassung«[643]. Schließlich betonte sie besonders den gleichberechtigten sozialdemokratischen Gestaltungsanspruch, der sich mit einem Staatsvertrag besser verwirklichen ließe:

> »Wir Sozialdemokraten haben die Forderung erhoben, an den weiteren Schritten zur deutschen Einheit gleichberechtigt beteiligt zu sein, über Beitritt und Beitrittstermin, Wahltermin und Ausgestaltung des Wahlrechts mitbestimmen zu können. Bei Festlegung dieser Fragen in einem Staatsvertrag ist unser Einfluss größer.«[644]

Im Hinblick auf das zur Verfügung stehende Zeitfenster ging sie relativ realistisch von einem Beitritt der DDR zum Geltungsbereich des Grundgesetzes im Winter 1990, von gesamtdeutschen Wahlen im Dezember 1990 oder Januar 1991 sowie dem Beginn der Verhandlungen über den Einigungsvertrag im Laufe des Juli 1990 aus. Daraus leitete sie ab, dass »die abgestimmten Vorstellungen der Sozialdemokraten in Grundzügen [...] spätestens bis Anfang Juli vorliegen«[645] müssten. Folgerichtig formulierte sie nun die

---

638 Kohl, Mauerfall, a. a. O., S. 360.
639 Vgl. Protokoll über die gemeinsame Sitzung von geschäftsführendem Fraktionsvorstand und Präsidium v. 13.06.1990, abgedr. i.: Fischer, Einheit, a. a. O., S. 323 f.
640 Herta Däubler-Gmelin: Weitere Schritte zur staatlichen Einheit v. 01.06.1990, AdsD SPD-Fraktion in der Volkskammer der DDR 2/VKFA000134.
641 Ebd., S. 1.
642 Vgl. ebd.
643 Ebd.
644 Ebd.
645 Ebd., S. 2.

wichtigsten Eckpunkte der politischen Forderungen der Sozialdemokraten. Die höchste Priorität hatten für die SPD Termin und Modalitäten der ersten gesamtdeutschen Wahl, die nach einem identischen Wahlrecht, in einem einheitlichen Wahlgebiet und nach dem Beitritt der DDR zur Bundesrepublik erfolgen sollte.[646] Das dahinter liegende wahltaktische und parteistrategische Kalkül ist offensichtlich. Das von der Union bevorzugte Modell einer Wahl in getrennten Wahlgebieten und ohne gesamtdeutsche 5-Prozent-Hürde würde die PDS mit ziemlicher Sicherheit in den Bundestag bringen sowie der DSU und Bündnis 90 realistische Chancen hierzu einräumen. Dies musste die SPD, da vor allem das parlamentarische Überleben der PDS die strukturelle Mehrheitsfähigkeit des rot-grünen Lagers auf Jahre hinaus blockieren würde, um fast jeden Preis verhindern. Inhaltlichen Verhandlungsbedarf sah Däubler-Gmelin auf mehreren Rechtsfeldern, die in der DDR und der Bundesrepublik unterschiedlich geregelt waren. Insbesondere hatte sie hier den Schwangerschaftsabbruch und das Familienrecht, Verkehrsvorschriften wie Tempolimit und Alkoholgrenzen, den Mieterschutz sowie eine Reihe von Sozialleistungen im Auge.[647] Ferner strebte Däubler-Gmelin im Sinne der Berliner und Leipziger Parteiprogramme eine Reihe richtungsweisender Verfassungsänderungen und -ergänzungen an. Bereits in der Präambel sollten einerseits die freiheitlich-demokratische und rechtsstaatliche Grundordnung durch die Attribute sozial und ökologisch ergänzt sowie andererseits das Territorium des vereinigten Deutschland auf den Bestand der Bundesrepublik und der DDR begrenzt und damit die Oder-Neiße-Linie als endgültige deutsche Ostgrenze verfassungsrechtlich zementiert werden.[648] Der Verweis auf die Einbindung Deutschlands in den europäischen Kontext hatte das Ziel, die deutsche Einigung postnational umzudeuten.[649] In Bezug auf die gesamtdeutsche Regelung des Schwangerschaftsabbruches strebte die SPD eine Ausweitung der in der DDR geltenden Fristenregelung auf Gesamtdeutschland an und wollte das grundgesetzliche Gebot zum Schutz des ungeborenen Lebens staatlicherseits in erster Linie durch »Beratung und Hilfe«[650] gesichert wissen. Die Festschreibung des Umweltschutzes als Staatsziel sowie die Einführung indirekter sozialer Grundrechte war in dem sozialdemokratischen Forderungskatalog ebenso enthalten wie der Verzicht auf ABC-Waffen und die Stärkung des Föderalismus.[651] Schließlich sollte vor dem Hintergrund der Zwei-plus-vier-Verhandlungen auch die Wehr- und Notstandsverfassung auf den Prüfstand gestellt werden.[652]

---

646 Vgl. ebd., S. 3.
647 Vgl. ebd.
648 Vgl. ebd., S. 4.
649 Vgl. ebd.; zur Verwendung des analytischen Begriffs »postnational« in diesem Zusammenhang vgl. Fischer, Einheit, a. a. O., S. 33.
650 Herta Däubler-Gmelin: Weitere Schritte zur staatlichen Einheit v. 01.06.1990, AdsD SPD-Fraktion in der Volkskammer der DDR 2/VKFA000134.
651 Vgl. ebd., S. 5.
652 Vgl. ebd., S. 6.

Däubler-Gmelins Thesenpapier war entsprechend auch die Grundlage der Beratungen des Parteivorstandes der West-SPD am 25. Juni in Bonn über die programmatische und taktisch-strategische Position zum Einigungsvertrag.[653] In ihrem Einleitungsreferat bekräftigte Däubler-Gmelin das Ziel einer Volksabstimmung über ein substanziell geändertes Grundgesetz und ergänzte ihren Forderungskatalog um die Gewährleistung der Finanzierung von »DDR-Institutionen insbesondere auf dem kulturellen und sozialen Sektor«, sowie »Maßnahmen zum Schutz der DDR-Wirtschaft« durch den Einigungsvertrag.[654] In der Diskussion wurde besonderer Wert auf den § 218 und auf die wahlrechtlichen Aspekte gelegt, was die entscheidende politische Bedeutung dieser Fragen für die West-SPD zusätzlich betonte. Wie es scheint, hatte die SPD – wohl zu Recht – wenig Zutrauen in Kohls Verständigungsbereitschaft im Bundestag und setzte in erster Linie auf das Druckmittel des Bundesrats. Insofern waren die sozialdemokratisch regierten A-Länder der wichtigste Trumpf der SPD im Spiel um die Konditionen der Deutschen Einheit. Entsprechend sagte der nordrhein-westfälische Ministerpräsident Johannes Rau »eine aktive Rolle bei den Arbeiten am zweiten Staatsvertrag« zu und »warnte [gleichzeitig] dringend davor«, in diesen »den Länderfinanzausgleich und die Hauptstadtfrage« einzubeziehen.[655] Wohl wissend, dass von Kohl kaum Geschenke zu erwarten waren und dieser zur Minderung des sozialdemokratischen Einflusses auf sein politisches Meisterstück jederzeit gnadenlos die nationale Karte spielen würde, tat Vogel abschließend gut daran, die nach wie vor bestehende machtpolitische Zwickmühle und damit die Grenzen der Verhandlungsposition der SPD aufzuzeigen:

»Zur generellen Haltung der Partei gegenüber dem Staatsvertrag sagte Hans-Jochen Vogel, die Mehrzahl der Entscheidungen, die zu treffen seien, wolle auch unsere Partei. Die andere Seite komme nach der Fertigstellung des zweiten Staatsvertrages wieder mit der Frage nach einem Ja oder Nein auf uns zu. Unsere Antwort, auf die wir uns rechtzeitig vorbereiten müßten, werde mit Oskar Lafontaine frühzeitig abgestimmt. Sie werde von der anderen Seite gewiß erneut mit der Haltung gegenüber der Einheit Deutschlands gleichgesetzt. Darauf müsse sich unsere Partei rechtzeitig einstellen. Er unterstrich, Parteivorstand, Bundestagsfraktion und die A-Länder gingen von den realen Möglichkeiten aus.«[656]

Zwei Tage später trat der Parteirat der West-SPD mit einer Presseerklärung[657] an die Öffentlichkeit, die den Forderungskatalog der Sozialdemokraten noch um einige

---

653 Vgl. Protokoll über die Sitzung des Parteivorstandes der SPD am 25.06.1990, AdsD SPD-Parteivorstand – Vorstandssekretariat; abgedr. i.: Fischer, Einheit, a. a. O., S. 347 ff., hier S. 356 ff.
654 Ebd., S. 356.
655 Ebd., S. 357.
656 Ebd., S. 358.
657 Vgl. Stellungnahme des Parteirats der SPD zum Zweiten Staatsvertrag v. 26.06.1990, in: Presseservice der SPD, Nr. 265/90 v. 27.06.1990, auch abgedr. i.: Fischer, Einheit, a. a. O., S. 358 f.

wichtige Punkte wie etwa die Stärkung der betrieblichen Mitbestimmung, das Verbot der Aussperrung sowie die Zulassung und Erweiterung unmittelbarer Bürgerbeteiligung auf allen administrativen Ebenen erweiterte. Zudem legte der Parteirat Wert darauf, dass u. a. die Nord-Süd-Politik in der Verfassung verankert, das Asylrecht erhalten sowie eine aktive Gleichstellungspolitik als Staatsaufgabe definiert werden sollten.[658]

Nahezu zeitgleich bereiteten sich in Ostberlin die DDR-Regierung und die an ihr beteiligten Parteien auf die Verhandlungen vor. Am 22. Juni 1990 vereinbarte der Koalitionsausschuss, dass die fachspezifischen Zuarbeiten aus den jeweiligen Arbeitskreisen der Fraktionen bis Anfang Juli eingereicht werden sollten, damit auf dieser Basis eine gemeinsame Konzeption entwickelt werden konnte.[659] In den Akten der SPD-Volkskammerfraktion ist eine Vielzahl dieser Thesenpapiere, zum Teil in noch recht rohen Fassungen und unterschiedlicher thematischer Tiefe, überliefert.[660] Allen ist gemeinsam, dass sie die Eckpunkte der Vorarbeiten und Grundlagenpapiere aus Bonn aufgriffen und mit einer Fülle DDR-spezifischer Programmdetails, auch aus dem Koalitionsvertrag, anreicherten. Am 2. Juli standen die Verhandlungsvorbereitungen erneut auf der Tagesordnung der Sitzung des Koalitionsausschusses.[661] Krause stellte den anvisierten Zeitplan und den einstweiligen Themenkatalog der DDR-Regierung vor.[662] Es wurde vereinbart, die Vorsitzenden der Koalitionsfraktionen an den Vorbereitungen der Verhandlungskommission zu beteiligen und dass Änderungsvorschläge bis zum 5. Juli einzureichen seien.[663] Am 3. Juli benannte die SPD-Volkskammerfraktion im Beisein der westdeutschen Finanzexpertin Ingrid Matthäus-Maier mit Dieter Rudorf aus dem Finanzministerium, Peter Kauffold aus dem Landwirtschaftsministerium und Alwin Ziel aus dem Arbeits- und Sozialministerium die Unterhändler der Ost-SPD für die Vorgespräche der Staatssekretäre auf Ressortebene.[664] In der Aussprache bekräftigte Wolfgang Thierse die Wichtigkeit der wahltechnischen Fragen und hoffte auf eine schnelle interne Einigung mit der Ost-CDU:

»Wolfgang Thierse meinte, der 2. Dezember als Wahltermin ist aus der Sicht der CDU wichtig und für die SPD ist das das einheitliche Wahlrecht auf einheitlichem

---

658 Vgl. ebd.
659 Vgl. Protokoll der Sitzung des Koalitionsausschusses am 22.06.1990, S. 4, AdsD Depositum Wolfgang Thierse 1/WTAA000048.
660 Vgl. AdsD SPD-Fraktion in der Volkskammer der DDR 2/VKFA000134.
661 Vgl. Protokoll der Sitzung des Koalitionsausschusses am 02.07.1990, Archiv der Bundesstiftung Aufarbeitung, Vorlass Markus Meckel 649.
662 Vgl. ebd., S. 4 f.
663 Vgl. ebd., S. 5.
664 Vgl. Protokoll der Fraktionssitzung am 03.07.1990, S. 3 f., AdsD SPD-Fraktion in der Volkskammer der DDR 2/VKFA000044.

7 Einigungsvertrag, Wahlvertrag und das Ende der Großen Koalition

Gebiet. Das sind Forderungen auf gleichem Niveau. In einer Koalition muß eine Einigung darüber möglich sein.«[665]

Bis zum 4. Juli gelang es Susanne Kschenka und Martin Gutzeit, ein erstes – zwar noch keineswegs vollständig ausgearbeitetes, wiewohl doch recht umfangreiches – Positionspapier aus den einzelnen Beiträgen zusammenzuführen und der Volkskammerfraktion sowie dem Kabinett vorzulegen.[666] Bereits einen Tag später übermittelte Herta Däubler-Gmelin Martin Gutzeit ein 22-seitiges Arbeitspapier aus der SPD-Bundestagsfraktion, das zunächst vor allem innerhalb der West-SPD abgestimmt war.[667] Obwohl schon etliche der zentralen Vorstellungen der Ost-SPD integriert waren, wie etwa in der Eigentumsfrage[668], sah sie gerade aus Ostberlin durchaus noch substanziellen Ergänzungsbedarf: »Andere Punkte, gerade solche, die für die Freunde in der DDR wichtig sind, werden von dort zusätzlich eingearbeitet.«[669] Bei aller Verhandlungsflexibilität, die Däubler-Gmelin betonte, goss sie die oben skizzierten sozialdemokratischen Kernforderungen in teilweise doch schon sehr konkrete Textentwürfe. Keinen Zweifel ließ sie erneut an der essenziellen Bedeutung der Konditionen der ersten gesamtdeutschen Wahl für die SPD.[670] Besonders hervorzuheben in Däubler-Gmelins Vorlage sind darüber hinaus einige neue und detaillierende Akzentsetzungen. So sah sie für die Zeit nach der ersten gesamtdeutschen Bundestagswahl die Einberufung eines Verfassungsrates vor und formulierte für die künftige Verfassung Ergänzungen zur Einführung von Elementen direkter Demokratie.[671] Eine Reform der Finanzverfassung und des Länderfinanzausgleichs mit dem Ziel der »Beseitigung wirtschaftlicher Disparitäten« sowie der vorgesehene besondere verfassungsrechtliche Schutz für »Bürgerbewegungen« zielten auch direkt auf ostdeutsche Bedürfnisse und Befindlichkeiten.[672] All dies floss unmittelbar in die von der SPD-Volkskammerfraktion am 7. Juli vorgelegten Essentials und das Positionspapier zum Zweiten Staatsvertrag[673] ein. Dass die konkreten Textentwürfe noch stark differierten, mag dem Zeitdruck und der terminlichen Überschneidungen geschuldet sein, doku-

---

665 Ebd., S. 4.
666 Vgl. Positionspapier zum II. Staatsvertrag, Stand: 4. Juli 1990, AdsD SPD-Fraktion in der Volkskammer der DDR 2/VKFA000134.
667 Vgl. Staatsvertrag über die Herstellung der deutschen Einheit zwischen der Bundesrepublik Deutschland und der Deutschen Demokratischen Republik, Stand 05.07.1990 [Arbeitspapier], AdsD SPD-Fraktion in der Volkskammer der DDR 2/VKFA000134.
668 Vgl. ebd., S. 20.
669 Ebd., Begleitschreiben hierzu v. 05.07.1990.
670 Vgl. ebd.
671 Vgl. ebd., S. 5, 10.
672 Vgl. ebd., S. 14, 16.
673 Vgl. Essentials zum II. Staatsvertrag, Stand: 07.07.1990, AdsD SPD-Fraktion in der Volkskammer der DDR 2/VKFA000134 sowie 1. Positionspapier der SPD-Fraktion zum II. Staatsvertrag, Stand 07.07.1990, Archiv der Bundesstiftung Aufarbeitung, Vorlass Markus Meckel 645.

mentiert aber auch den immer noch ungebrochenen eigenen Gestaltungswillen der Ost-SPD. Einen Tag vorher hatte die erste Verhandlungsrunde zwischen der Bundesregierung und der DDR-Delegation über den Einigungsvertrag stattgefunden.[674] Der Verlauf und manche Ergebnisse mussten freilich die Sozialdemokraten auf das Höchste alarmieren. De Maizière hatte nachdrücklich für eine Wahl zum gesamtdeutschen Parlament vor dem Beitritt der DDR zum Geltungsbereich des Grundgesetzes und in getrennten Wahlgebieten plädiert.[675] In Bezug auf den von der SPD gewünschten Wahlmodus hatte er zudem festgestellt, dass es vor dem Hintergrund des Bundeswahlgesetzes hier »unüberwindliche praktische Schwierigkeiten« gäbe und überdies die in der Friedlichen Revolution neu gebildeten politischen Gruppierungen massiv benachteiligt würden, was zur Folge habe, »daß bei Zugrundelegung des Ergebnisses der Volkskammerwahl etwa 30 Prozent der Wähler in den 5 neu gebildeten Ländern nicht im ersten gesamtdeutschen Parlament repräsentiert wären.«[676] Zwar war diese Argumentation nicht gänzlich von der Hand zu weisen, sie widersprach aber fundamental den oben skizzierten Interessen der SPD. De Maizière dürfte sich der strategischen Nützlichkeit dieser Erwägungen für die Union durchaus bewusst gewesen sein[677], zumal die Ost-CDU in internen Sitzungen ihre Absicht einer Schwächung der SPD zugunsten der PDS keineswegs verbarg:

> »Die CDU argumentierte, daß die Bevölkerung der DDR in ihrem Meinungsspektrum im künftigen gesamtdeutschen Parlament vertreten sein muß. Dazu gehöre auch, daß die 1,9 Millionen DDR-Bürger, die PDS gewählt haben, ihre Vertretung haben müssten.«[678]

Schäuble ließ sich formal im Wahlrechtsstreit nicht festlegen und erklärte beide Optionen für verfassungsrechtlich denkbar.[679] Es kann jedoch unterstellt werden, dass er für ein Wahlverfahren, das die Erfolgschancen der Sozialdemokraten auch mittel-

---

674 Vgl. Vertrag über die Herstellung der Einheit Deutschland (Einigungsvertrag), 1. Verhandlungsrunde am 6. Juli 1990 in Berlin – Ergebnisprotokoll, Archiv der Bundesstiftung Aufarbeitung, Vorlass Markus Meckel 645; vgl. auch: Jäger, Überwindung, a. a. O., S. 489 f.
675 Vgl. Vertrag über die Herstellung der Einheit Deutschland (Einigungsvertrag), 1. Verhandlungsrunde am 6. Juli 1990 in Berlin – Ergebnisprotokoll, S. 4 f., Archiv der Bundesstiftung Aufarbeitung, Vorlass Markus Meckel 645.
676 Ebd., S. 5.
677 In seinen Memoiren erwähnt er lediglich die taktische Komponente und stellt fest: »Mir war beides [Wahlgebiet und Sperrklausel; P. G.] relativ egal. Die CDU hatte sowohl in der Bundesrepublik als auch in der DDR etwa gleich hohe Prognosen, die deutlich über 40 % lagen. Der Sieg schien in jedem Fall gewiss.« De Maizière, Kinder, a. a. O., S. 261.
678 Protokoll der Sitzung des Koalitionsausschusses am 02.07.1990, S. 3, Archiv der Bundesstiftung Aufarbeitung, Vorlass Markus Meckel 649.
679 Vgl. Vertrag über die Herstellung der Einheit Deutschland (Einigungsvertrag), 1. Verhandlungsrunde am 6. Juli 1990 in Berlin – Ergebnisprotokoll, S. 5 f., Archiv der Bundesstiftung Aufarbeitung, Vorlass Markus Meckel 645.

fristig deutlich begrenzte, parteipolitisch durchaus Sympathien hegte. Davon abgesehen ließ Schäubles erklärte Absicht, im Einigungsvertrag verfassungsrechtlich nur das Nötigste zu regeln[680], in Bezug auf das sozialdemokratische Kalkül, mit diesem Vehikel eine breiter angelegte Verfassungs- und Rechtsreform in ganz Deutschland zu erwirken, Übles ahnen. Dass de Maizière unter Hinweis auf den Koalitionsvertrag entschieden für die »Aufnahme neuer Staatszielbestimmungen und sozialer Sicherungsrechte als nicht einklagbarer Individualrechte«[681] eintrat, konnte in dieser Hinsicht nicht wirklich beruhigen. Nach der Einigung über den Zeitplan der weiteren Verhandlungen auf Ressort- und Spitzenebene übergab die DDR-Delegation Schäuble einen Themenkatalog, der u. a. die Hauptstadtfrage, die Finanzen der neuen Länder sowie die Treuhandanstalt umfasste und über den Einvernehmen erzielt wurde.[682] Das Präsidium der Ost-SPD reagierte prompt und beschloss auf der Sitzung am 9. Juli, bei der nächsten Sitzung des Koalitionsausschusses eine offizielle Missbilligung auszusprechen angesichts des Vorgehens von »Krause und de Maizière, die Parteimeinung der CDU-Ost als Regierungsmeinung darzustellen«[683]. Gleichzeitig verständigte sich die Führung der Ost-SPD sowohl in der Wahlrechtsfrage als auch in inhaltlichen Streitpunkten des Einigungsvertrages auf eine deutlich härtere Gangart:

> »– Es soll dargelegt werden, daß die SPD nicht weiter an den Verhandlungen teilnehmen kann, wenn denen nicht eine Abstimmung in der Koalition vorangegangen ist. Das betrifft insbesondere die Ressortfragen, in denen die SPD nicht vertreten ist.«[684]

Zu diesem Zweck forderte die Ost-SPD ultimativ die Einrichtung von »Koalitionsgruppen« zur Abklärung aller strittigen Felder, angefangen bei der Eigentumsproblematik, über Finanzen und Wahlrecht bis hin zur Außenpolitik.[685] Auf der für denselben Tag anberaumten Sitzung des Koalitionsausschusses[686] berichtete Krause zunächst über den Verlauf der ersten Verhandlungsrunde. Im Zentrum der Diskussion standen jedoch die in den »Papieren der Koalitionsfraktionen aufgeworfenen

---

680 Vgl. ebd., S. 8.
681 Ebd.
682 Vgl. ebd., S. 9.
683 Protokoll der Präsidiumssitzung am 09.07.1990, S. 2, AdsD Sozialdemokratische Partei in der DDR – SDP/SPD-Parteivorstand 2/SDPA000061.
684 Ebd.
685 Vgl. ebd., S. 3.
686 Zu dieser Sitzung existieren zwei z. T. erheblich voneinander abweichende Protokolle, die einerseits von Ulrich Wendte für die SPD-Fraktion und andererseits von Mitarbeitern des Büros des Ministerpräsidenten erstellt wurden. Beide werden im Folgenden parallel zitiert, mit den Zusätzen (Wendte) und (Büro MP) voneinander unterschieden, und befinden sich in: AdsD Depositum Wolfgang Thierse 1/WTAA000048.

Meinungsunterschiede«[687]. Zur Besprechung – und nach Möglichkeit Lösung – dieser Widersprüche setzte der Koalitionsausschuss eine Arbeitsgruppe ein, die am 13. Juli unter Leitung de Maizières zusammenkommen sollte.[688] Das Büro Krause wurde beauftragt, als Grundlage hierfür eine Synopse zu erstellen, die einerseits die Forderungen der SPD den Verhandlungsthemen zuordnete und andererseits feststellte, ob diese notwendigerweise im Einigungsvertrag behandelt werden mussten, vor dem Beitritt separat geregelt oder nach der Herstellung der Deutschen Einheit diskutiert werden konnten.[689] Im Anschluss versuchte Schröder, den von Thierse angeregten Handel mit der CDU über Wahltermin und -modalitäten einzufädeln, indem er eine Zustimmung der SPD für den 2. Dezember als Datum der Bundestagswahl zumindest in Aussicht stellte. Die Abfuhr, die er sich mit diesem Vorstoß einhandelte, konnte brüsker kaum sein:

> »Die Frage ›Wahlgebiet‹ wird im Koalitionsausschuß nicht entschieden. Es stehen sich die Forderungen der CDU nach zwei getrennten Wahlgebieten und die Forderung der SPD nach einem einheitlichen Wahlgebiet gegenüber. Die DSU schließt sich der CDU-Position, die Liberalen der SPD-Forderung an. Die CDU läßt Kompromißbereitschaft in der Frage der Einführung einer 5-Prozent- anstelle einer 3-Prozent-Sperrklausel erkennen. Zur Frage nach dem Zeitpunkt des Beitritts nach Artikel 23 Grundgesetz werden die unterschiedlichen Standpunkte debattiert, ohne dass es in der Sache zu einer Annäherung kommt.«[690]

Erstaunlich ist, dass diese krisenhafte Zuspitzung der Situation innerhalb der Koalition zunächst noch keinen Niederschlag in der folgenden Sitzung der SPD-Volkskammerfraktion fand. Gutzeit stellte lediglich fest, dass in den Arbeitskreisen laufend am Vertragsentwurf weitergearbeitet würde.[691] Parallel dazu tagten seit dem 9. Juli in Berlin und Bonn die Verhandlungsdelegationen auf Ressortebene. Es herrschte wohl einstweilen gespannt arbeitsame Ruhe, denn für den 13. Juli standen in der Volkskammer die von Bündnis 90/Grüne beantragte Aktuelle Stunde zum Einigungsvertrag und die Sitzung der Koalitionsrunde zu den koalitionsinternen Differenzen beim Ministerpräsidenten an. Im Plenarsaal des Palastes der Republik eröffnete an diesem

---

687 Protokoll der Sitzung des Koalitionsausschusses am 09.07.1990 (Wendte), S. 2, ebd.
688 Protokoll der Sitzung des Koalitionsausschusses am 09.07.1990 (Büro MP), S. 1, ebd.
689 Vgl. ebd. Das entsprechende Aktenstück befindet sich in den Handakten von Markus Meckel. Synopse über die Verhandlungsthemen des Einigungsvertrages (Verhandlungsthemen, Stand 06.07.1990) und das Positionspapier der SPD-Fraktion (SPD) sowie eine zeitliche Zuordnung der einzelnen Regelungen v. 08.07.1990, Archiv der Bundesstiftung Aufarbeitung, Vorlass Markus Meckel 645.
690 Protokoll der Sitzung des Koalitionsausschusses am 09.07.1990 (Büro MP), S. 2, AdsD Depositum Wolfgang Thierse 1/WTAA000048.
691 Vgl. Protokoll der Fraktionssitzung am 10.07.1990, S. 2, AdsD SPD-Fraktion in der Volkskammer der DDR 2/VKFA000046.

Freitagvormittag Hans-Jochen Tschiche für Bündnis 90 die Debatte[692], die durch und durch von den Auseinandersetzungen um den Wahlmodus geprägt war. Er mahnte zunächst Nachbesserungen bezüglich der sozialen Folgen des ersten Staatsvertrages an und formulierte die Mindestanforderungen von Bündnis 90 an den Einigungsvertrag.[693] Diese deckten sich inhaltlich in weiten Teilen mit den Verhandlungspositionen der SPD. Als Kernstück seiner Rede analysierte er ebenso trocken wie zutreffend die widerstrebenden wahltaktischen Kalküle der Koalitionsparteien. Als die CDU sich gegen die Unterstellung angeblich »unlautere[r] Motive« verwahrte, konterte er:

> »Keine Partei ist eine Heilsarmee. Sie will zur politischen Macht. (Beifall) Und da rechnet man vorher durch, was günstig ist, und das ist auch ihr legitimes Recht. Ich habe nicht gesagt, daß die SPD etwa unlauter ist. Die SPD ist clever und will zur politischen Macht und rechnet sich die besten Chancen aus. Das machen die Freien Demokraten, das machen Sie und wir denken natürlich auch darüber nach.«[694]

Der Beitrag des parlamentarischen Geschäftsführers der CDU-Fraktion, Udo Kamm[695], fiel in Bezug auf die inhaltliche Ausgestaltung des Einigungsvertrages erstaunlich nichtssagend aus. Umso aufschlussreicher waren seine Ausführungen bezüglich der Wahlrechtsfrage. Er verneinte erneut »wahlarithmetisches Taktieren« und pochte darauf, dass die CDU »zwei Wahlgebiete für ein Gebot der Fairness«[696] halte. An die Adresse der Sozialdemokraten gerichtet, zitierte er unverhohlen drohend Helmut Kohl: »Ich möchte den sehen, der am Wahlrecht die deutsche Einheit scheitern lässt.«[697] Davon unbeeindruckt trat für die SPD der neue Vorsitzende Wolfgang Thierse ans Rednerpult.[698] Einleitend legte er für seine Partei ein klares Bekenntnis zum Einigungsvertrag ab, stellte aber auch klar, dass die SPD darin keinesfalls »so wenig wie möglich geregelt« wissen wollte, sondern dass im Gegenteil »soviel wie möglich von dem zu vereinbaren versucht wird, was vernünftigerweise im Interesse der Bürger dieses Teils Deutschlands geregelt werden kann.«[699] Mit dem Hinweis auf die geänderten Machtverhältnisse im westdeutschen Bundesrat parierte er die Attacke Kamms und versuchte seinerseits Druck auf die CDU auszuüben. Die Koalition würde vonseiten der SPD solange Bestand haben, »wie die Koalitionspartner zu Kompromissen untereinander fähig und bereit sind und sich gegenseitig fair

---

692 Vgl. Stenographische Niederschrift der 24. Tagung der Volkskammer am 13.07.1990, a. a. O., S. 1009 ff.
693 Vgl. ebd.
694 Ebd., S. 1011.
695 Vgl. ebd., S. 1012 ff.
696 Ebd., S. 1013.
697 Ebd.
698 Vgl. ebd., S. 1014 f.
699 Ebd.

behandeln.«[700] Nun breitete er die oben schon vielfach genannten und diskutierten für die SPD »wesentlich[en] und unverzichtbar[en]« Eckpunkte aus, angefangen beim Beitritts- und Wahlmodus über die Verfassungsreform und die Rechtsangleichung bis hin zur »Sicherung der Eigentumsrechte der DDR-Bürger« und der sozialen Abfederung der ökonomischen Folgen der Deutschen Einheit.[701] Die Botschaft, die er damit der CDU übermittelte, war ziemlich eindeutig: Der weitere Bestand der Koalition hing für Thierse von substanziellen politischen Zugeständnissen ab. Schröders Position einer dialogischen Kompromissfindung auf der Basis einer grundsätzlichen Loyalität zu de Maizière war so ein Stück weit relativiert und aufgebrochen worden. Ob dieser Fingerzeig aus dem Parlament von der Koalitionsrunde, die bald darauf zusammentrat, zur Kenntnis genommen und beherzigt würde, sollte sich bald erweisen. Die Sitzung[702] stand freilich von Beginn an unter keinem besonders guten Stern. Bereits zu Beginn entbrannten offene Auseinandersetzungen sowohl darüber, dass Schröder entgegen der ursprünglichen Absprache nicht erschienen war, als auch über die Verhandlungsgrundlagen.[703] Darüber hinaus taten sich inhaltlich im Verlauf der Besprechung, an der für die SPD allein Martin Gutzeit verantwortlich teilnahm, tiefe Gräben auf.

Es sollen im Folgenden auf der Basis der Vorlagen und des Sitzungsprotokolls die zentralen Streitpunkte herausgearbeitet werden. Das Positionspapier der SPD ist in zwei Hauptteile gegliedert, deren erster die im Einigungsvertrag zu regelnden allgemeinen Fragen und weiterhin die konkret zu behandelnden Rechtsfelder auflistete, erläuterte und durchnummerierte. Das Protokoll der Sitzung, das von Gutzeit erstellt worden ist, folgte derselben Struktur und zeigt die Dissenspunkte auf. Uneinigkeit in der Koalition herrschte zuallererst hinsichtlich des Beitrittstermins und dessen Verknüpfung mit den Wahlen.[704] De Maizière und die CDU wichen also einstweilen kein Jota von ihrer Position ab und zeigten keinerlei Entgegenkommen. Auch in Bezug auf die Änderungen des Grundgesetzes sind an etlichen Stellen Differenzen festzustel-

---

700 Ebd.
701 Vgl. ebd.
702 Vgl. Protokoll der Koalitionsrunde am 13.07.1990, AdsD Depositum Wolfgang Thierse 1/ WTAA000047.
703 Vgl. ebd. Im Protokoll heißt es, dass Streit »über den Zustand des Dissenspapieres« entbrannt sei. Unklar ist, was mit »Zustand« gemeint ist und ob dies die Synopse von Krause oder das 1. Positionspapier der SPD in der Fassung vom 07.07.1990 betraf. Es spricht vieles dafür, dass der Stein des Anstoßes Krauses Vorlage war. Angesichts dieser Auseinandersetzung verließ die neben Gutzeit für das SPD-Positionspapier mitverantwortliche Susanne Kschenka laut Protokoll vorzeitig die Sitzung. Beide Aktenstücke befinden sich in den Handakten von Markus Meckel. 1. Positionspapier der SPD-Fraktion zum II. Staatsvertrag, Stand 07.07.1990 sowie Synopse über die Verhandlungsthemen des Einigungsvertrages (Verhandlungsthemen, Stand 06.07.1990) und das Positionspapier der SPD-Fraktion (SPD) sowie eine zeitliche Zuordnung der einzelnen Regelungen v. 12.07.1990, Archiv der Bundesstiftung Aufarbeitung, Vorlass Markus Meckel 645.
704 Vgl. Protokoll der Koalitionsrunde am 13.07.1990, S. 1, AdsD Depositum Wolfgang Thierse 1/ WTAA000047.

len. Dies betraf zunächst den Art. 2 Abs. 3 zum Schutz des ungeborenen Lebens.[705] In der Frage der Aufnahme neuer Staatszielbestimmungen zum Umweltschutz und zur Sicherstellung von Wohnraum bestand zwar grundsätzlich Einigkeit, aber zumindest Nachverhandlungsbedarf in Verfahrensfragen.[706] Als strittig zeichnete sich ab, welche verfassungsrechtlichen Voraussetzungen für eine eventuelle Länderneugliederung, hier insbesondere die Zusammenlegung von Berlin und Brandenburg, zu schaffen waren.[707] Konsens herrschte in weiten Teilen über die zeitweilige Aussetzung von Grundgesetzbestimmungen für das Gebiet der DDR in Bezug auf die Wehrverfassung, den Lastenausgleich sowie die einstweilige Weitergeltung der Fristenlösung beim Schwangerschaftsabbruch.[708] Die SPD hatte, wie oben herausgearbeitet, eine größere Anzahl von materiellen Verfassungsänderungen in den Bereichen der Grundrechte und der Staatszielbestimmungen sowie im Staatsbürgerschaftsrecht vorbereitet, die sie nach der Vereinigung durch Volksentscheid bestätigen lassen wollte. Mochte zwar inhaltlich zwischen den Koalitionspartnern in vielen Punkten Einigkeit bestehen, sperrten sich die Christdemokraten doch gegen das Instrument einer plebiszitären Legitimation einer künftigen deutschen Verfassung.[709] Hinsichtlich der Übergangsvorschriften für die Verfassungsorgane herrschten erhebliche Differenzen in Bezug auf die Interpretation des Bundeswahlgesetzes, da sich hier die Wahlmodalitäten niederschlugen, und bei der Frage der Bildung eines Rates der Ministerpräsidenten auf dem Gebiet der DDR, der nach den Vorstellungen der SPD für die Übergangsfrist zwischen gesamtdeutscher Wahl und Konstituierung der neuen Regierung beratend an den Sitzungen des geschäftsführenden Kabinetts teilnehmen und zentrale hoheitliche Aufgaben der ehemaligen DDR-Regierung wahrnehmen sollte.[710] Konsens bestand weitgehend bei der übergangsweisen Fortgeltung von DDR-Regelungen im Wehr- und Zivildienstrecht, beim Schwangerschaftsabbruch sowie dem Familien-, Miet- und Teilen des Sozialrechts.[711] Dies galt nicht für das Beamten- und Verkehrsrecht. Bei Letzterem sperrte sich insbesondere die DSU, vermutlich nach Einflüsterungen aus München, gegen die Beibehaltung des Tempolimits auf DDR-Autobahnen und die 0,0 Promillegrenze.[712] Weitere Differenzen ergaben sich beim Asylrecht und der von den Sozialdemokraten geforderten Einrichtung eines Altlastenkatasters.[713] Methodische, aber offenbar keine sachlichen Unstimmigkeiten herrschten in der Fra-

---

705 Vgl. ebd.
706 Vgl. ebd.
707 Vgl. ebd.
708 Vgl. ebd.
709 Vgl. ebd.
710 Vgl. ebd. sowie 1. Positionspapier der SPD-Fraktion zum II. Staatsvertrag, Stand 07.07.1990, S. 3, Archiv der Bundesstiftung Aufarbeitung, Vorlass Markus Meckel 645.
711 Vgl. Protokoll der Koalitionsrunde am 13.07.1990, S. 2, AdsD Depositum Wolfgang Thierse 1/ WTAA000047.
712 Vgl. ebd.
713 Vgl. ebd., S. 2 f.

ge des Verzichts auf ABC-Waffen und beim Waffenexportverbot.[714] Das sozialdemokratische Projekt einer vollständigen Kommunalisierung der bisherigen volkseigenen Wohnungswirtschaft und deren Eingliederung in den sozialen Wohnungsbau lehnten die Koalitionspartner hingegen ab.[715] Weiteren Klärungsbedarf konstatierten die Koalitionäre insbesondere beim gesamten Komplex der künftigen Finanzverfassung[716], ein Thema, das noch für erheblichen Verdruss sorgen sollte. Die Bilanz des Treffens musste also für die Sozialdemokraten sehr gemischt ausfallen, denn viele ihrer Kernanliegen waren nach wie vor strittig. Zudem waren etliche der schon recht differenziert ausformulierten Vorstellungen der Sozialdemokraten in Krauses Synopse kaum berücksichtigt worden. Es konnte sich der Verdacht einschleichen, dass diese von der Verhandlungsführung entweder nicht ernst genommen oder gar bewusst übergangen wurden. Von einer gemeinsamen Verhandlungsstrategie der DDR-Regierung, wie sie Anfang des Monats angestrebt worden war, konnte also einstweilen keine Rede sein. Mit dieser durchaus problematischen Erkenntnis verabschiedeten sich die Akteure ins sicherlich wohlverdiente Wochenende. Für die nächste Woche stand immerhin in der Volkskammer am 19. Juli die Fortsetzung der ersten Lesung des Haushalts für das zweite Halbjahr 1990 an.[717] Zuvor fand jedoch am 17. Juli im Beisein von Oskar Lafontaine die oben schon erwähnte Wahl zum Vorstand der SPD-Volkskammerfraktion statt, bei der Schröder, trotz nach wie vor respektablem Wahlergebnis, doch erheblich Federn lassen musste.[718] In dieser Sitzung berichtete Gutzeit auch über die zwiespältigen Ergebnisse der Koalitionsrunde. Eine Debatte hierüber ist im Protokoll zwar nicht vermerkt, die durch Zöller überlieferte offene Kritik an Schröders bisheriger Amtsführung und die zunehmenden koalitionskritischen Stimmen in der Fraktion, die sogar einen Ausstieg der SPD ins Auge zu fassen begannen, sprechen jedoch Bände.[719] Lafontaine seinerseits dürfte die Wendung zu einem härteren Kurs innerhalb der Koalition sicherlich mit Wohlwollen zur Kenntnis genommen und nach Kräften befördert haben. Am 20. Juli verschärfte sich die Situation in der Wahlproblematik weiter durch einen Antrag der Liberalen in der Volkskammer, den Beitritt der DDR zum Geltungsbereich des Grundgesetzes zum 1. Dezember 1990 zu erklären.[720] Dies zielte allein darauf ab, angesichts des Fahrplanes der CDU – 14. Oktober Land-

---

714 Vgl. ebd., S. 2.
715 Vgl. ebd., S. 4.
716 Vgl. ebd., S. 3.
717 Vgl. Stenographische Niederschrift der 25. Tagung der Volkskammer am 19.07.1990, a. a. O., S. 1051 ff.
718 Vgl. Protokoll der Fraktionssitzung am 17.07.1990, AdsD SPD-Fraktion in der Volkskammer der DDR 2/VKFA000048.
719 Vgl. Telefax Walter Zöller an Hans-Jochen Vogel, Gerhard Jahn u. a. v. 19.07.1990 betr. Neuwahl des Vorstandes der sozialdemokratischen Volkskammerfraktion am 17. Juli 1990, AdsD SPD-Bundestagsfraktion 11. Wahlperiode, Berliner Büro (Walter Zöller), Ordner 21.411.
720 Vgl. Stenographische Niederschrift der 26. Tagung der Volkskammer am 20.07.1990, a. a. O., S. 1117 ff.; vgl. auch: de Maizière, Kinder, a. a. O., S. 262 f.

tagswahlen, 2. Dezember Bundestagswahl – für Letztere ein gemeinsames Wahlrecht zu erzwingen. Schröder machte aus der Sympathie der Sozialdemokraten für dieses Vorhaben kaum einen Hehl, und so trat die SPD dem Antrag bei. Dass CDU und DSU zusammen mit der PDS dagegen stimmten, schuf erheblich böses Blut bei SPD und Liberalen und brachte die Koalition an den Rand des sofortigen Kollapses. Um über die dadurch entstandene höchst schwierige Situation – die Verhandlungen über den Einigungsvertrag waren schließlich in vollem Gange – zu beraten, trafen sich am 22. Juli in Berlin die wichtigsten Führungspersönlichkeiten der Sozialdemokratie aus Ost und West.[721] Die westdeutsche Delegation wurde von Hans-Jochen Vogel angeführt und umfasste Dietrich Stobbe, Herta Däubler-Gmelin, Reinhard Klimmt und Karlheinz Bentele. Klimmt war als Gewährsmann Lafontaines und Bentele als Vertreter der nordrhein-westfälischen Staatskanzlei anwesend. Die Ost-SPD war durch Thierse, Schröder, Meckel und Gutzeit sowie die stellvertretenden Fraktionsvorsitzenden Constanze Krehl und Volker Schemmel vertreten. Während die Ost-SPD noch zögerte, sahen die westdeutschen Genossen ausreichende Gründe, die Koalition zu verlassen:

»Die Vertreter der SPD in der DDR und der Sozialdemokratischen Volkskammerfraktion sind der Meinung, daß die Modalitäten der gesamtdeutschen Wahlen kein geeignetes Thema sind, um die Koalition in Frage zu stellen. Man könne aber bei der Form der Wahlen nicht zurückweichen, ohne völlig das Gesicht zu verlieren. Die Koalitionsfrage müsse deshalb gestellt werden, auch weil die SPD noch beim 2. Staatsvertrag und beim Beitritt gebraucht werde. [...]
Die Vertreter der SPD in der Bundesrepublik und der Sozialdemokratischen Bundestagsfraktion halten die Modalitäten der gesamtdeutschen Wahlen für ein wesentliches Thema, und die Argumente von Ministerpräsident de Maizière seien vorgeschoben und nicht stichhaltig. Für die Vertreter der SPD in der Bundesrepublik Deutschland und der Sozialdemokratischen Bundestagsfraktion sei das Verhalten von de Maizière nicht hinnehmbar; insbesondere die Abstimmgemeinschaft mit der PDS gegen den eigenen Koalitionspartner SPD dürfe nicht folgenlos bleiben. Die von de Maizière hervorgerufene Problemlage sei ernst, sie eigne sich durchaus als Anlaß, die Koalitionsfrage zu stellen.«[722]

Schließlich wurde beschlossen, die Entscheidung über das Schicksal der Koalition der Volkskammerfraktion zu überlassen. In der Sache jedoch konnte es indes kein

---

721 Vgl. Vermerk Walter Zöller für Hans-Jochen Vogel, Gerhard Jahn und Dietrich Stobbe v. 30.07.1990 betr. Niederschrift des Gesprächs von Führungsmitgliedern der Sozialdemokratischen Parteien in der Bundesrepublik und der DDR sowie der Sozialdemokratischen Fraktionen im Bundestag und in der Volkskammer am Sonntag, dem 22.07.1990, über die Koalitionsfrage, AdsD SPD-Bundestagsfraktion 11. Wahlperiode, Berliner Büro (Walter Zöller), Ordner 21.411.
722 Ebd.

Zurückweichen der Sozialdemokraten geben.[723] Daraufhin ließ die SPD die für den kommenden Montag einberufene Koalitionsrunde platzen und begründete das Fernbleiben in einem Brief.[724] Am Dienstag trat die Volkskammerfraktion zu einer alles entscheidenden Sitzung zusammen. Nach einem Sachstandsbericht stellte Thierse folgende Optionen in den Raum:

> »1. Sofortiger Austritt aus der Koalition (aber anhand eines falschen Themas)
> 2. Ankündigung des Austritts (ultimativer Versuch, etwas erreichen zu wollen)
> 3. Beendigung der Koalition nach Beendigung des Staatsvertrages
> 4. Beendigung der Koalition zum 14.10.1990.«[725]

Mit großer Mehrheit entschieden sich die Abgeordneten für die zweite Variante. Für den Nachmittag hatten sich sowohl die Liberalen als auch der Ministerpräsident angekündigt. Um ihm den Ärger der Fraktion und den Ernst der Lage klar vor Augen zu führen, wurde beschlossen, zu den Ausführungen de Maizières lediglich Verständnisfragen zu stellen und »keine vertrauensvolle Diskussion« zuzulassen.[726] Nach dessen Besuch, der den Umständen entsprechend frostig abgelaufen sein dürfte, zeichnete sich am späteren Nachmittag ab, dass die Liberalen die Koalition verlassen würden.[727] Parallel zu diesen Ereignissen hatten die Sozialdemokraten eine Erklärung diskutiert und verabschiedet[728], in der sie Verständnis für die Entscheidung der Liberalen bekundeten, gleichzeitig aber klarstellten, dass sie »einen allerletzten Versuch unternehmen« wollten, ihre »Verantwortung für die Bürger unseres Landes wahrzunehmen.«[729] In einer Zeit, in der »entschlossenes und gemeinsames Regierungshandeln« erforderlich gewesen wäre, habe »die CDU immer stärker die Regierungsarbeit zu parteipolitischen Zwecken einseitig ausgenützt.« Die SPD setzte eine Frist bis zum Freitag, dem 30. Juli, bis zu dem die CDU die zentralen inhaltlichen Forderungen in Bezug auf den Einigungsvertrag als gleichberechtigt anzuerkennen habe und weiterhin, dass die »Sicherung der Gleichheit der Wahlbedingungen und der wirklichen Gemeinsamkeit der Wahlen zum ersten gesamtdeutschen Parlament [...] unverzichtbar« seien.[730] Andernfalls würde sie dem Beispiel der Liberalen folgen und die Koalition verlassen.[731] Dieser Erklärung waren entsprechende Beschlüsse des Präsidiums

---

723 Vgl. ebd.
724 Vgl. de Maizière, Kinder, a. a. O., S. 264 f.
725 Protokoll der Fraktionssitzung am 22.07.1990, S. 2, AdsD SPD-Fraktion in der Volkskammer der DDR 2/VKFA000049.
726 Ebd.
727 Vgl. ebd.
728 Vgl. Beschluß der SPD-Volkskammerfraktion v. 24.07.1990, AdsD SPD-Fraktion in der Volkskammer der DDR 2/VKFA000049.
729 Ebd.
730 Ebd.
731 Vgl. ebd.

und des Vorstandes der Ost-SPD vorausgegangen.⁷³² Nun lenkte de Maizière, der die Aussicht, »mit einer Minderheitenregierung das nach der Währungsunion in erheblichen wirtschaftlichen Turbulenzen befindliche Land«⁷³³ zu regieren, wenig erbaulich fand, in der Wahlrechtsfrage ein. Drei Tage später berichtete Schröder der Volkskammerfraktion über die diesbezügliche Einigung in den Ausschüssen Deutsche Einheit. Am 8./9. August sollten Bundestag und Volkskammer einen zusätzlichen Wahlvertrag verabschieden, in der Absicht, auf diesem Weg sowohl ein einheitliches Wahlgesetz für beide deutschen Staaten als auch ein einheitliches Wahlgebiet zu gewährleisten.⁷³⁴ Die akute Krise schien also vorerst beigelegt. Wenige Tage später wurde dieses Ergebnis jedoch völlig durch den Vorstoß de Maizières konterkariert, den Beitritt der DDR zur Bundesrepublik und die Bundestagswahl auf den 14. Oktober vorzuziehen.⁷³⁵ Die taktischen Erwägungen der SPD nach diesem Manöver de Maizières spiegeln sich abermals in einem umfangreichen Vermerk von Walter Zöller⁷³⁶ wider. Er interpretierte den Schachzug der Christdemokraten als Versuch, sich das »derzeitige demoskopische Hoch« unmittelbar zunutze zu machen:

»Auf diese Weise würden die Erfolgsaussichten der Koalitionsparteien in der Bundesrepublik Deutschland ein Maximum erreichen; die CDU/CSU könnte mit großer Nähe zur Realität auf eine absolute Mehrheit spekulieren.«⁷³⁷

Für die SPD prognostizierte er »ein Absacken unter ein Drittel der Stimmen«, u. a. da sie als Regierungspartei unmittelbar für die wirtschaftliche Misere in der DDR mitverantwortlich gemacht werden würde und Bundeskanzler Kohl sich gleichsam

---

732 Vgl. Protokoll der Vorstandssitzung am 23.07.1990, S. 2 f., AdsD Sozialdemokratische Partei in der DDR – SDP/SPD-Parteivorstand 2/SDPA000057 sowie Protokoll der Präsidiumssitzung am 23.07.1990, S. 2, AdsD Sozialdemokratische Partei in der DDR – SDP/SPD-Parteivorstand 2/SDPA000061. Das Verbleiben in der Koalition beinhaltete für die Ost-SPD aber allenfalls noch eine taktische Perspektive mit Blick auf den Einigungsvertrag: »Der Austritt aus der Koalition erscheint unvermeidbar. Der Beitrittstermin und die Wahlbedingungen können aber nicht alleiniger Grund sein. Er muß unbedingt mit anderen Themen begründet werden. Die Verhandlungsbereitschaft der CDU ist durch einen ultimativen Forderungskatalog zur Ausarbeitung des 2. Staatsvertrages zu prüfen und in Abhängigkeit vom Ergebnis die Notwendigkeit des Koalitionsaustrittes endgültig zu beraten.« Ebd.
733 De Maizière, Kinder, a. a. O., S. 265 f.
734 Vgl. Protokoll der Fraktionssitzung am 27.07.1990, S. 1, AdsD SPD-Fraktion in der Volkskammer der DDR 2/VKFA000050.
735 Zu den Ereignissen um de Maizières Besuch bei Helmut Kohl am Wolfgangsee und die Posse um die diesbezügliche Pressekonferenz am 3. August 1990 vgl.: de Maizière, Kinder, a. a. O., S. 267 ff., Kohl, Mauerfall, a. a. O., S. 363 ff. sowie Sturm, Uneinig, a. a. O., S. 435.
736 Vgl. Vermerk Walter Zöller für Hans-Jochen Vogel und Gerhard Jahn v. 06.08.1990 betr. Rascher Beitritt der DDR zum Geltungsbereich des Grundgesetzes, Trennung des Beitrittstermins vom Termin für gesamtdeutsche Wahlen, AdsD SPD-Bundestagsfraktion 11. Wahlperiode, Berliner Büro (Walter Zöller), Ordner 21.411.
737 Ebd., S. 1.

als »Retter der Menschen im Land« gerieren könnte.[738] Als Ausweg aus diesem Dilemma schlug er gleichzeitig einen möglichst schnellen Beitritt der DDR vor, damit »Entscheidungsbefugnis und Verantwortung jetzt in eine Hand fallen, nämlich die der Bundesregierung« – und eine Entkopplung von Beitritt und Wahltermin. Zwar müsse die SPD dann mit einem schnellen »Sofortprogramm [für die DDR; P. G.] aufwarten«, allerdings würde die taktische Bredouille zumindest ein wenig gemildert.[739] Bei einem Beitritt im Frühherbst sei der Zenit der Einheitseuphorie vermutlich zum Wahltermin am 2. Dezember überschritten, zumal dann die Bundesregierung mit einem »Programm zur Sanierung der DDR« in der Pflicht sei.[740]

> »Dann kann die Bundesregierung auch die Verantwortung für die Lage in der DDR nicht mehr lange nach Ost-Berlin abschieben, wo insbesondere in der Finanzpolitik nur noch vollzogen wird, was in Bonn entschieden wird.«[741]

Weiterhin erhoffte er sich einen gewissen Auftrieb für die SPD bei den Landtagswahlen in den neuen Ländern am 14. Oktober, für die er sich zumindest in Brandenburg und Mecklenburg-Vorpommern verhalten optimistisch zeigte.[742]

> »Diese Aussichten [...] würden durch das Zusammenlegen der Landtagswahlen mit der gesamtdeutschen Wahl erheblich geschmälert, weil natürlich jedes landes- und regionalpolitische Thema durch die Themen der gesamtdeutschen Wahl überlagert und bedeutungslos würden. Sowohl für das neue deutsche Parlament als auch für die neue gesamtdeutsche Ländervertretung hätte dies lang anhaltende negative Folgen für das sozialdemokratische Gewicht in Deutschland. Auch die Wahl in Gesamt-Berlin litte unter dem Primat der gesamtdeutschen Wahl und könnte zu einer Gefährdung der dortigen sozialdemokratischen Führungsposition führen.«[743]

Die Lage des Regierungsbündnisses in Ostberlin würdigte er mit keiner Silbe, vermutlich da es so oder so bald Geschichte sein würde. In der Ost-SPD plädierte daraufhin der stellvertretende Parteivorsitzende, Karl-August Kamilli, für den sofortigen Ausstieg aus der Koalition und den Beitritt der DDR mit Abschluss der Zwei-plus-vier-Verhandlungen sowie der Paraphierung des Einigungsvertrages.[744] Es ist bemerkenswert, mit welcher Zähigkeit gleichzeitig Schröder, trotz dieses Verwirrspiels und

---

738 Vgl. ebd., S. 2.
739 Vgl. ebd., S. 3.
740 Vgl. ebd.
741 Ebd., S. 4.
742 Ebd. S. 5 f.
743 Ebd., S. 6.
744 Vgl. Rundschreiben von Karl-August Kamilli v. 07.08.1990, Archiv der Bundesstiftung Aufarbeitung, Vorlass Markus Meckel 649.

der offenen Brüskierung der SPD durch den Ministerpräsidenten, am Bündnis mit der CDU festhielt. Als er einen den Vorschlägen Zöllers und Kamillis in Bezug auf den Beitrittstermin folgenden Antrag der SPD-Fraktion am 8. August in der Volkskammer etwas halbherzig begründete, erwähnte er den Zustand der Koalition mit keinem Wort.[745] Die Tagung der Volkskammer war in erster Linie geprägt von dem unveränderten Willen der CDU, eine Vereinigung der beiden deutschen Staaten zum 15. Oktober bei gleichzeitiger Bundestagswahl zu erreichen. Die Debatte um den Antrag der CDU-Fraktion wuchs sich notwendigerweise zur Grundsatzdiskussion aus, die die Zerrüttung des Regierungsbündnisses auch sachpolitisch offen zutage treten ließ.[746] Der am selben Sitzungstag zu behandelnde Wahlvertrag[747] ging gleichwohl weitestgehend auf die Forderungen der SPD und der Liberalen ein und sah darüber hinaus ein sogenanntes »Huckepack-Verfahren« für kleine Parteien vor, also die Möglichkeit von Listenverbindungen nicht konkurrierender Parteien. Dies sollte in erster Linie dem Demokratischen Aufbruch, der DSU und Bündnis 90 ermöglichen, auf dem Ticket ihrer Partner in der Bundesrepublik in den Bundestag zu gelangen. Die PDS konnte in dieser Hinsicht allein auf die völlig marginalisierte DKP zurückgreifen, ein Umstand, auf den Walther von der DSU und Schwanitz für die SPD nicht ohne eine gewisse Portion Zynismus hinwiesen.[748] Dass die Verabschiedung des Gesetzes über den Wahlvertrag in zweiter Lesung weit nach Mitternacht unerwartet misslang[749], lag darin begründet, dass viele Abgeordnete das Plenum bereits verlassen hatten und damit die Koalition die erforderliche Zweidrittelmehrheit der Stimmen nicht mehr mobilisieren konnte.[750] Diese Abstimmungspanne sorgte in der SPD-Fraktion für erheblichen Ärger, da sozialdemokratische Abgeordnete nicht nur gefehlt, sondern sich etliche – im Gegensatz zur CDU – auch der Stimme enthalten hatten:

> »– Von der SPD-Fraktion fehlten 12 statt der sieben gar nicht angereisten MdV, wobei ich vor allem bei Angelika Barbe und Gert Hartmann vermute, sie wollten sich vor der Abstimmung drücken.
> – Andreas Amende, Ibrahim Böhme, Dankward Brinksmeier und Frank Jauch enthielten sich entgegen ihrer Zusicherung der Stimme, Rüdiger Natzius machte sein ›Ja‹ nachträglich durch Einwurf seiner beiden anderen Stimmkarten ungültig. [...]
> Dies wird als gravierend betrachtet. Mitglieder des Fraktionsvorstandes berichten von empörten Reaktionen aus der Fraktion und Partei, das sich auch gegen die

---

745 Vgl. Stenographische Niederschrift der 28. Tagung der Volkskammer am 08.08.1990, a. a. O., S. 1298 f.
746 Vgl. ebd., S. 1299 ff.
747 Vgl. ebd., S. 1320 ff.
748 Vgl. ebd., S. 1324 f., 1331.
749 Vgl. ebd., S. 1348.
750 Vgl. de Maizière, Kinder, a. a. O., S. 274.

›Wegbleiber‹ richtet [sic!]. Es wird um Rat gebeten, welche geeigneten Sanktionen es gegen diese Fraktionsmitglieder gibt. [...]
Insgesamt befürchte ich, daß dieser Vorgang der Fraktion schwer geschadet hat, und zwar weniger nach außen als nach innen. Trotz aller inneren Schwierigkeiten war die Fraktion bisher immer in der Lage, auch auseinanderstrebende Teile beieinander zu halten und bei allen Konflikten die Fraktionseinheit zu wahren. Künftig schließe ich nicht mehr aus, daß diese Einigkeit sich nicht mehr auf alle Mitglieder der Fraktion erstrecken wird. Das wird sie bei ihrer ohnehin geringen Größe schwächen. Auch die Bundestagsfraktion wird helfen müssen, wenn versucht werden soll, dies zu vermeiden.«[751]

Erst gut zwei Wochen später passierte der Wahlvertrag beide deutschen Parlamente, nur um schließlich nach Klagen von PDS und Bündnis 90 vor dem Bundesverfassungsgericht Ende September 1990 endgültig zu scheitern.[752]

Gleichwohl hatte sich das Regierungsbündnis nicht alleine am Einigungsvertrag und an der Wahlrechtsfrage aufgerieben. Dass de Maizière zunehmend dünnhäutig gegenüber seinem Koalitionspartner wurde, zeigte sich offen im Zusammenhang mit den Ereignissen am 17. Juni. In der Koalitionsrunde hatte er, ohne das eigentlich auslösende Verhalten der DSU auch nur zu erwähnen, den »gemeinsamen Antrag von SPD und Bündnis 90« als »glatten Verstoß gegen die Koalitionsvereinbarung« gebrandmarkt.[753] Darüber hinaus hegte er spätestens seit Ende Juni bzw. Anfang Juli erhebliches Misstrauen gegen etliche seiner sozialdemokratischen Minister oder hielt sie offenbar schlicht für unfähig. Zunächst geriet Regine Hildebrandt ins Visier, die er nach einer Beschwerde Helmut Kohls über eine Nachforderung an den Bundeshaushalt von drei Milliarden DM aus dem DDR-Arbeitsministerium massiv wegen Verschwendung von Mitteln beim Aufbau der Arbeitsverwaltung attackierte.[754] Hildebrandt war erneut die Adressatin, als der Ministerpräsident in der Koalitionsrunde am 2. Juli »mangelnde Kabinettsdisziplin« beklagte und hierbei insbesondere die in seiner Sicht allzu pessimistischen Beschäftigtenzahlen, die vom zuständigen Ministerium bekannt gegeben worden waren, monierte.[755] Eine Woche später traf die beißende Kritik de Maizières zwei andere sozialdemokratische Ressortchefs:

---

751 Vermerk Walter Zöller für Hans-Jochen Vogel, Gerhard Jahn und Dietrich Stobbe v. 08.08.1990 betr. Abstimmung in der Volkskammersitzung vom 08.08.1990 über die Anträge zum Beitritt, zur gesamtdeutschen Wahl und zum Wahlvertrag, AdsD SPD-Bundestagsfraktion 11. Wahlperiode, Berliner Büro (Walter Zöller), Ordner 21.411.
752 Vgl. Sturm, Uneinig, a. a. O., S. 435 f., de Maizière, Kinder, a. a. O., S. 275 f.
753 Protokoll der Sitzung des Koalitionsausschusses am 02.07.1990, S. 3, Archiv der Bundesstiftung Aufarbeitung, Vorlass Markus Meckel 649.
754 De Maizière, Kinder, a. a. O., S. 265 f.
755 Vgl. Protokoll der Sitzung des Koalitionsausschusses am 02.07.1990, S. 2, Archiv der Bundesstiftung Aufarbeitung, Vorlass Markus Meckel 649.

»Der Ministerpräsident kritisierte erheblich die Amtsführung des Ministers für Landwirtschaft, Prof. Pollack. Es gebe nach wie vor kein Förderungsgesetz, in dem die Kriterien für die Vergabe von Strukturanpassungsgeldern aufgeführt seien. Diese Strukturanpassungsgelder sind gemäß dem Staatsvertrag in den Haushalt eingestellt worden. Ca. 800.000 Beschäftigte in der Landwirtschaft wären von diesen Maßnahmen betroffen. Aus diesem Grund sei es unvertretbar, daß Prof. Pollack in dieser Situation in den Urlaub fährt. Zum anderen wurde der Auftritt der Ministerin für Handel und Tourismus, Frau Reider, am vergangenen Freitag in der Volkskammer als unglücklich empfunden. Der Ministerpräsident wird am 10. Juli mit ihr ein Gespräch führen.«[756]

Abb. 25 Regine Hildebrandt im Gespräch mit Lothar de Maizière in der Volkskammer am 14. Juni 1990.

Zwischen Außenminister Markus Meckel und de Maizière stimmte von Beginn an »die Chemie« nicht, wie Ines Lehmann in ihrer Studie zur DDR-Außenpolitik 1989/90 zu berichten weiß.[757] Die Auswirkungen dieses Umstands reichten von kleineren und größeren Unverträglichkeiten und Animositäten der Apparate im alltäglichen Umgang bis hin zum Vorwurf der eigenmächtigen Amtsführung an die Adresse des Ministers.[758] In dieses Bild passten auch die frontalen und teilweise grobschlächtigen Attacken, die Krause gegen die wichtigsten sozialdemokratischen Ressortchefs in der Volkskammersitzung am 8. August ritt.[759] Zöller berichtete darüber empört nach Bonn:

»Der Abstimmung war eine kurze Debatte vorausgegangen, in deren Verlauf der CDU/DA-Fraktionsvorsitzende Krause einige SPD-Minister (Romberg, Hildebrandt, Pollack/Kauffold) in grobem Ton der Unfähigkeit und Untätigkeit zieh.

---

756 Protokoll der Sitzung des Koalitionsausschusses am 09.07.1990 (Wendte), S. 3, AdsD Depositum Wolfgang Thierse 1/WTAA000048.
757 Vgl. Lehmann, Außenpolitik, a. a. O., S. 305 ff.
758 Vgl. ebd.
759 Vgl. Stenographische Niederschrift der 28. Tagung der Volkskammer am 08.08.1990, a. a. O., S. 1299 ff.

Nach beträchtlicher Empörung in der Fraktion haben Romberg und Hildebrandt dem Angriff auf sehr sachliche, milde, noble und respektheischende Weise geantwortet.«[760]

Im Zentrum der Kritik des Ministerpräsidenten stand aber Finanzminister Walter Romberg, der bereits von Beginn an unter besonderer Beobachtung gestanden und in einigen Situationen – oft ohne eigene Verantwortlichkeit – unglücklich agiert hatte. Nun aber waren die Gründe dafür sach- und parteipolitischer Natur, denn im Kontext der Vorbereitung des Einigungsvertrages vertrat er in Bezug auf die künftige Finanzverfassung des vereinten Deutschland und insbesondere der neuen Länder eine dezidiert andere Auffassung als de Maizière und zog damit offen dessen Richtlinienkompetenz in Zweifel.[761] In einer vertraulichen Anweisung hatte Romberg am 12. Juli die sachlichen Eckpunkte für die Delegation des Ministeriums für Finanzen in den Ressortverhandlungen zum Einigungsvertrag umrissen.[762] Darin sah er, um die eigenständige finanzpolitische Handlungsfähigkeit der Gebietskörperschaften auf dem Territorium der DDR auch nach der Vereinigung zu gewährleisten und einer Überschuldung vorzubeugen, u. a. vor:

> »a) Die fünf DDR-Länder behalten alle in ihren Gebieten anfallenden *Steuereinnahmen*, auch wenn sie im Bundesgebiet dem Bund zustehen. Die Aufteilung auf die einzelnen Länder und Gemeinden wird nach auszuarbeitenden Schlüsseln und Kriterien vorgenommen.
> b) Die Länder nehmen bis 1994 nicht am *Länderfinanzausgleich* teil. Das ist so im Beschluß der Regierungschefs des Bundes und der Länder vom 18.5.1990 bei der Schaffung des Fonds ›Deutsche Einheit‹ festgelegt und vom Bundesgesetzgeber beschlossen.
> c) Statt dessen ist eine *Finanzhilfe* des Bundes vorzusehen, um einen auf andere Weise nicht auszugleichenden Fehlbedarf in den Haushalten der Länder und Gemeinden zu decken und eine Anpassung der Wirtschaft an die Wirtschaftsstruktur und Wirtschaftsentwicklung im übrigen Geltungsbereich des Grundgesetzes zu fördern.

---

760 Vermerk Walter Zöller für Hans-Jochen Vogel, Gerhard Jahn und Dietrich Stobbe v. 08.08.1990 betr. Abstimmung in der Volkskammersitzung vom 08.08.1990 über die Anträge zum Beitritt, zur gesamtdeutschen Wahl und zum Wahlvertrag, AdsD SPD-Bundestagsfraktion 11. Wahlperiode, Berliner Büro (Walter Zöller), Ordner 21.411.
761 Vgl. de Maizière, Kinder, a. a. O., S. 274 f.
762 Vgl. Anweisung von Walter Romberg v. 12.07.1990, AdsD SPD-Fraktion in der Volkskammer der DDR 2/VKFA000135.

d) Außerdem müssen die im Grundgesetz vorgesehenen Möglichkeiten der Mitfinanzierung des Bundes bei Aufgaben der Länder unverzüglich für die DDR-Länder gesetzlich geregelt und angewandt werden.«[763]

Der dahinter stehende Gedankengang Rombergs und dessen parteipolitische Grundierung sind offensichtlich. Er griff die oben diskutierten Überlegungen Däubler-Gmelins zur Neuregelung der Finanzverfassung im vereinten Deutschland auf und goss sie in ein Modell, das bei maximal möglichem finanzpolitischem Spielraum der neuen Länder die Haushalte in den alten Ländern nach Möglichkeit nur wenig belasten sollte und daher in erster Linie den Bund für die zu erwartenden Kosten der Deutschen Einheit in die Pflicht nahm. Es kann vermutet werden, dass er hier auch die Interessen der sozialdemokratisch regierten Länder der alten Bundesrepublik mit im Blick hatte.[764] Folgerichtig musste das DDR-Finanzministerium mit diesem Ansatz in den Ressortverhandlungen mit der Bundesregierung einstweilen auf ganzer Linie scheitern.[765] Entsprechend offenbart das zum 27. Juli aktualisierte Positionspapier der SPD zum Einigungsvertrag, das jetzt auch die Standpunkte der Bundesregierung berücksichtigte, in Bezug auf die zwei Wochen zuvor noch als klärungsbedürftig bezeichneten Haushalts- und Finanzfragen nun fundamentale Differenzen:

»Streitig:
– vertikale Steuerverteilung Bund – beitretende Länder
(Position DDR: bis Ende 1994 Zuweisung des gesamten Steueraufkommens einschl.[ießlich] Bundessteuern an beitretende Länder,
Position Bund – Altländer: Verteilung nach Art. 106 GG, Arg.[umentation]: Bund übernimmt zentrale Aufgaben für bisherige DDR und braucht dafür Steuereinnahmen) […]
– Aufteilung der Mittel im ›Fond deutsche Einheit‹

---

763 Ebd., S. 2 f.
764 Zu den Verhandlungen über die mit dem Einigungsvertrag zusammenhängenden Finanzfragen und die Beteiligung der Länder vgl. Jäger, Überwindung, a. a. O., S. 519 ff.
765 »Wir haben den Verhandlungspartnern anhand einer Modellrechnung dargelegt, daß die Vorschläge des BMF völlig unakzeptabel sind und zu einer wachsenden Kreditaufnahme in den beitretenden 5 Ländern führen [werden], die wesentlich über der in den 11 Bundesländern liegt. Trotz gründlicher Erörterung dieser Probleme wurde keine Übereinstimmung erreicht. Da es sich jedoch um grundsätzliche Positionen der wirtschaftlichen Absicherung der Autonomie der beitretenden 5 Länder handelt, ergeben sich hier für uns nur dann Spielräume, wenn die BRD auf unsere Vorschläge mit entsprechenden Kompromissen eingeht.« Vermerk Ministerium der Finanzen betr. Bisherige Ergebnisse der Arbeitsgruppe Haushalts- und Finanzwesen zur Vorbereitung des Einigungsvertrages zwischen der Bundesrepublik Deutschland und der Deutschen Demokratischen Republik v. 27.07.1990, AdsD SPD-Fraktion in der Volkskammer der DDR 2/VKFA000135.

- Zuordnung der Defizite und Neuverschuldung auf einzelne Gebietskörperschaften [...]
- Nutzung von Mischfinanzierungstatbeständen,
- Verteilung des öffentlichen Vermögens auf die staatlichen Ebenen [...]«[766]

Da de Maizière und Krause seit einiger Zeit dazu übergegangen waren, bei den Einigungsvertragsverhandlungen die Bonner Vorlagen 1:1 zu übernehmen[767] und insbesondere in der Finanzfrage keinerlei Versuche mehr unternommen wurden, innerhalb der Koalition Kompromisse zu finden[768], wurde Romberg am 14. August zum Rapport beim Ministerpräsidenten einbestellt. Auch ein am selben Tag vorgelegtes Kompromisspapier des Ministeriums[769] verhallte ungehört. Noch vor der dritten Verhandlungsrunde in Bonn, deren Beginn für den 20. August angesetzt worden war, sollte der widerspenstige Minister bedingungslos zur Räson gebracht werden. Zur Wahrnehmung der sich im Finanzministerium abspielenden Vorgänge seitens des sozialdemokratischen Regierungslagers ist die Schilderung des parlamentarischen Staatssekretärs Dieter Rudorf aufschlussreich, die er wenige Tage später seinen Fraktionskollegen gab:

»Am Montag hat die letzte Verhandlungsrunde über den Einigungsvertrag in Bonn begonnen. Am Freitag sollen diese Beratungen abgeschlossen werden. Der Teil Finanzwesen soll in seinem derzeitigen Beratungsstand (›1. Entwurf‹) von der DDR-Delegation akzeptiert werden. Kritik daran ist nicht erlaubt. Unterordnung wird verlangt. Schweig und bleib! So war die Weisung des Regierungschefs einer Koalitionsregierung an den zuständigen Ressortminister. Nicht die fachliche Kompetenz des Finanzministeriums ist gefragt, sondern die Meinung des CDU-Fraktionsvorsitzenden Krause. Um dies für die kommende Beratungsrunde in Bonn zu erreichen, hat der Ministerpräsident mit seiner angeblichen Richtlinienkompetenz gedroht. Worüber soll ab Montag denn noch in Bonn verhandelt werden, wenn der

---

766 Essentials zum II. Staatsvertrag mit Darstellung der innerhalb der Koalition bestehenden Dissenspunkte und der sich nach BMI-Bericht über Stand und Ergebnisse der Fachgespräche zum Einigungsvertrag abzeichnenden Tendenzen in Bonn, Stand 27.07.1990, S. 14, AdsD SPD-Fraktion in der Volkskammer der DDR 2/VKFA000135.
767 Vgl. Jäger, Überwindung, a. a. O., S. 482 f.
768 »Beim Länderfinanzausgleich soll in den Verhandlungen die Beteiligung der DDR-Länder ab sofort gemäß Art. 107 GG entsprechend der Einwohnerzahl angestrebt werden. Im übrigen verwies der Ministerpräsident auf seine Richtlinienkompetenz.« Ergebnisprotokoll der Sitzung des Koalitionsausschusses am 13.08.1990 zum Einigungsvertrag, S. 1, AdsD Depositum Wolfgang Thierse 1/WTAA000048.
769 Vgl. Standpunkt zur Vorbereitung der nächsten Verhandlungsrunde zum Einigungsvertrag v. 14.08.1990, Archiv der Bundesstiftung Aufarbeitung, Vorlass Markus Meckel 637.

Ministerpräsident schon jetzt gewillt und bereit ist, den ›1. Entwurf‹ als endgültiges Ergebnis hinzunehmen?«[770]

Da sich Romberg auch nach der ihm eingeräumten Frist von 24 Stunden weiter unbeugsam zeigte, wurde er am 15. August, zusammen mit dem ebenfalls in Ungnade gefallenen Peter Pollack, vom Ministerpräsidenten entlassen. De Maizière scheint diese Entscheidung durchaus schwergefallen zu sein, da er sich offenbar Romberg persönlich verbunden gefühlt hatte. Entsprechend schilderte er die Umstände der Entlassung des Finanzministers in zwei Passagen seiner Memoiren ausführlich.[771] Erstaunlich ist freilich die Legende, die er dabei um diesen Vorgang gestrickt hat. Er spricht bezüglich der Pläne Rombergs einerseits von »einer die ostdeutschen Länder stark benachteiligenden Variante« und unterstellt ihm an anderer Stelle, vorgehabt zu haben, zugunsten der vollen Steuereinnahmen aus dem Gebiet der DDR auf »jegliche Zuschüsse aus dem Westen« zu verzichten.[772] Davon kann jedoch keinerlei Rede sein. Der Ausgleich für die zu erwartenden Haushaltsdefizite der neuen Länder sollte im Gegenteil nicht nur aus dem Fond »deutsche Einheit« und durch Verschuldung, sondern zusätzlich direkt aus dem Bundeshaushalt aufgefangen werden. Dass dies Bundesfinanzminister Theo Weigel keinesfalls akzeptieren konnte, liegt auf der Hand. Es ging also alleine um die Lastenverteilung zwischen Bund und Ländern. De Maizière und Krause erledigten hier also offensichtlich und direkt das Geschäft des Bonner Finanzministeriums.

In der SPD-Volkskammerfraktion hatte es, wie schon herausgearbeitet wurde, in der Koalitionsfrage seit einiger Zeit rumort. Mit Kamilli stellte nun auch der brandenburgische Abgeordnete Stefan Körber in der Fraktionssitzung am 7. August einen Antrag zum sofortigen Ausstieg der SPD aus der Koalition, der aber in namentlicher Abstimmung mit 42 zu 22 Stimmen bei drei Enthaltungen einstweilen noch abgelehnt wurde.[773] Nach der Entlassung Rombergs und Pollacks, die durchaus auch als gezielte Provokation an die Adresse der SPD gedeutet werden muss, trat am 16. August zunächst der sozialdemokratische Fraktionsvorstand und das Parteipräsidium zu einer gemeinsamen Krisensitzung zusammen, an der neben einigen Kabinettsmitgliedern wie Romberg, Misselwitz, Hildebrandt und Ziel auch Gerhard Jahn teilnahm.[774] Politisch interpretierte die SPD das Vorgehen de Maizières als Suche nach einem »Sün-

---

770 Dieter Rudorf: An die Mitglieder der sozialdemokratischen Volkskammerfraktion, Archiv der Bundesstiftung Aufarbeitung, Vorlass Markus Meckel 637.
771 Vgl. de Maizière, Kinder, a. a. O., S. 165 f., 274 f.
772 Ebd.
773 Vgl. Protokoll der Fraktionssitzung am 07.08.1990, S. 2 f., AdSD SPD-Fraktion in der Volkskammer der DDR 2/VKFA000051.
774 Vgl. Protokoll der Fraktionsvorstandssitzung am 16.08.1990, AdSD SPD-Fraktion in der Volkskammer der DDR 2/VKFA000080.

denbock […], um von der Krise der Wirtschaft und der Regierung abzulenken.«[775] Einstimmig wurde eine Empfehlung an die Fraktion beschlossen, »die Koalition für beendet zu erklären.«[776] Darüber hinaus sollten die Abgeordneten für eine Sondersitzung am 19. August aus dem Urlaub zurückgerufen werden. Inzwischen analysierte Zöller für Vogel, Jahn, Thierse und Gutzeit die verfassungsrechtlichen Aspekte der Ministerentlassung und die Optionen, die sich für die SPD daraus ergaben.[777] Zunächst stellte er fest, dass der Ministerpräsident nach der nach wie vor gültigen DDR-Verfassung zu einer Ministerentlassung gar nicht befugt und diese damit »vom rein rechtlichen Standpunkt aus nichtig«[778] war. Die Richtlinienkompetenz des Regierungschefs sei zwar verfassungsrechtlich nicht vorgesehen, aber durch den Koalitionsvertrag und die bisherige Regierungspraxis gedeckt. Gleichwohl stellte Zöller fest, dass es keinerlei »spürbare juristische Sanktionsmöglichkeiten« gegen de Maizières verfassungswidriges Verhalten gebe. Insofern blieb den Sozialdemokraten, außer der völligen Kapitulation, als einzig gangbarer Weg nur der Auszug aus der Koalition. Zur Vorbereitung der Fraktionssitzung am 19. August trat erneut der Fraktionsvorstand in erweiterter Runde zusammen.[779] Im Zentrum stand zunächst die abschließende Klärung der rechtlichen Situation. Zu diesem Zweck war die Volkskammerpräsidentin Sabine Bergmann-Pohl eingeladen worden, die die Auffassung Zöllers im Wesentlichen bestätigte. Darüber hinaus überbrachte Schröder ein Gesprächsangebot von de Maizière, das aber nach Lage der Dinge nur abgelehnt werden konnte:

»Es wurde die Frage laut, welchen Zweck dieser Besuch haben sollte, da offensichtlich dieser Schritt kein Einlenken in der Sache bedeuten soll. Es wurde dahinter ein neuerlicher Winkelzug vermutet, dem Ansehen der SPD zu schaden. Es wurde einstimmig beschlossen, der Fraktion zu empfehlen, für den Fall, daß er das Gespräch sucht, um die Ministerentlassung zu revidieren, ihn anzuhören, im anderen Fall aber sein Angebot abzulehnen.«[780]

Kurz darauf trat das Plenum der Fraktion zusammen und besiegelte bei zwei ungültigen Voten und zwei Enthaltungen mit 60 zu fünf Stimmen das Ende der gemeinsamen Regierung mit den Allianzparteien.[781] Schröder bemühte sich trotz der verfahrenen

---

775 Ebd., S. 1.
776 Ebd., S. 2.
777 Vermerk Walter Zöller für Hans-Jochen Vogel, Gerhard Jahn, Wolfgang Thierse und Martin Gutzeit, o. D., betr. Entlassung der Minister Romberg und Pollack, AdsD SPD-Bundestagsfraktion 11. Wahlperiode, Berliner Büro (Walter Zöller), Ordner 21.407.
778 Ebd.
779 Vgl. Protokoll der Fraktionsvorstandssitzung am 19.08.1990, AdsD SPD-Fraktion in der Volkskammer der DDR 2/VKFA000081.
780 Ebd., S. 2.
781 Vgl. Protokoll der Fraktionssitzung am 19.08.1990, AdsD SPD-Fraktion in der Volkskammer der DDR 2/VKFA000053.

7 Einigungsvertrag, Wahlvertrag und das Ende der Großen Koalition

Abb. 26 Pressekonferenz von Wolfgang Thierse zum Austritt der SPD aus der Regierung de Maizière am 19. August 1990 in Berlin.

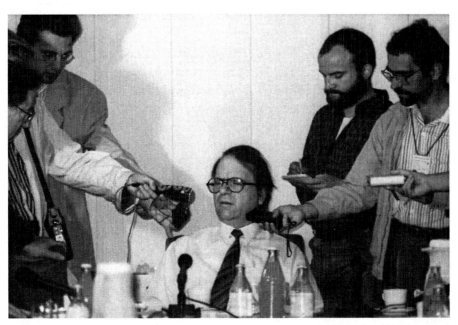

Abb. 27 Rücktritt Richard Schröders vom Amt des Fraktionsvorsitzenden der SPD in der Volkskammer am 21. August 1990 in Berlin.

Situation noch einige Tage um Vermittlung zwischen den ehemaligen Koalitionären.[782] Nachdem er die Nutzlosigkeit seines Unterfangens einsehen musste und die Fraktion die Einbringung eines Missbilligungsantrages gegen den Ministerpräsidenten vorbereitete, trat er am 21. August als Fraktionsvorsitzender zurück.[783] Als Begründung führte er an, dass er sich außerstande sehe, »die Wendung der Fraktion, bedingt durch den Koalitionsaustritt mitzutragen sowie die Rolle des Oppositionsführers zu übernehmen.«[784] An seine Stelle trat, mit einer überwältigenden Mehrheit gewählt, Wolfgang Thierse.[785]

Wie sind jedoch nun der Koalitionsbruch und die Rolle des Ministerpräsidenten dabei zu interpretieren? De Maizière und Kohl geben sich in ihren Memoiren alle Mühe, die Schuld der SPD in die Schuhe zu schieben und ihrer zeitweiligen parlamentarischen Unzuverlässigkeit, der Kompromissunfähigkeit ihrer Minister sowie insbesondere dem Wahlkalkül Oskar Lafontaines anzulasten.[786] In der Tat hatten interne Zwistigkeiten und schlichte Disziplinlosigkeiten immer wieder zu Merkwürdigkeiten im Abstimmungsverhalten der SPD-Volkskammerfraktion geführt. Zweifellos wollte eine weitere Regierungsbeteiligung in der DDR auch nicht so recht zum konfrontativen Wahlkampfkonzept des Kanzlerkandidaten[787] passen. Trotzdem galt bis zum Ende des Bündnisses die strategische Entscheidung vom März, durch die Regierungsbeteiligung ein Höchstmaß an sozialdemokratischem Programm in den Einigungsprozess einzubringen. Dies macht nicht zuletzt die höchst engagierte Zuarbeit beider SPD-Fraktionen zum Einigungsvertrag überdeutlich. Mancher Kompromiss hatte die Partei, wie gezeigt, vor harsche innere Zerreißproben gestellt. Insofern folgte Thierse mit seiner inhaltlich härteren Linie zuallererst dem Votum der Partei, stellte aber die Grundstrategie zu keinem Zeitpunkt infrage. Die genauere Betrachtung hat gezeigt, dass die Ost-SPD in dieser Phase trotz aller taktischen Erwägungen – und trotz aller Zumutungen – seit Mitte Juni eher nach Gründen gesucht hat, so lange wie möglich in der Regierung zu verbleiben als nach Anlässen, diese schnell zu verlassen, obwohl sich die dahingehenden Stimmen mehrten. Es ist auch zu keinem Moment greifbar, dass die West-SPD in dieser Frage auf ihre ostdeutschen Freunde Druck ausgeübt hat, eher im Gegenteil. Die Regierungsbeteiligung war nach wie vor ein Mittel, den Bundeskanzler mit sozialdemokratischer Programmatik in die Zange zu nehmen und de Maizière gleichsam als Speerspitze hierzu zu benutzen. Kohl aber wusste sehr genau, wie weit er den Sozialdemokraten entgegenzukommen gedachte, und dabei stand das Wirtschafts-,

---

782 Vgl. Protokolle der Fraktionsvorstands- und Fraktionssitzung am 21.08.1990, AdsD SPD-Fraktion in der Volkskammer der DDR 2/VKFA000054 und DDR 2/VKFA000082.
783 Vgl. Protokoll der Fraktionssitzung am 21.08.1990, S. 3, AdsD SPD-Fraktion in der Volkskammer der DDR 2/VKFA000054.
784 Ebd.
785 Vgl. ebd.
786 Vgl. de Maizière, Kinder, a. a. O., S. 265 ff., 275; Kohl, Mauerfall, a. a. O., S. 366 f.
787 Vgl. hierzu insgesamt: Sturm, Uneinig, a. a. O., S. 355 ff.

Sozial- und Verfassungsmodell der alten Bundesrepublik zu keinem Zeitpunkt auch nur ein Jota zur Disposition.[788] In dieser Hinsicht hatte er de Maizière, als dieser sich für die mit der SPD abgestimmte Modernisierung des Grundgesetzes starkgemacht hatte, sehr schnell die Grenzen aufgezeigt. Spätestens an diesem Punkt geriet das – zugegebenermaßen überambitionierte – Programm des Koalitionsvertrages, das auch der DDR-Ministerpräsident in weiten Teilen aus Überzeugung mitgetragen hatte, zur Makulatur und de Maizière in eine heikle politische Zwickmühle. Es kann spekuliert werden, dass Kohl de Maizière bei dessen Besuch am Wolfgangsee Anfang August[789], wahrscheinlich aber schon erheblich früher, deutlich zu Verstehen gegeben hat, dass er mit seiner bankrotten DDR und schlingernden Regierung politisch völlig von ihm abhängig war, zumal der Bundeskanzler mit Staatssekretär Günther Krause bereits einen sehr viel wendigeren Erfüllungsgehilfen im DDR-Kabinett sitzen hatte. Da er ohnehin nicht vorhatte, weiter auf die grundsätzlichen Forderungen der SPD einzugehen und diese damit ihren Nutzen als Mehrheitsbeschaffer verloren hatte, war sie auf den nun beginnenden letzten Metern als Regierungspartner in der DDR überflüssig. Kohls eigenes Wahlkampfkonzept basierte auf dem ebenso einfachen wie wirksamen Rezept, die Sozialdemokraten und insbesondere ihren Kanzlerkandidaten als Gegner der Einheit[790] zu diffamieren. Insofern musste ihm an einer schnellen Frontbegradigung[791] in dieser Sache gelegen sein, denn ein sich eifrig um die Konditionen der Einheit mühender Koalitionspartner in Ostberlin passte nicht ins Konzept. Die darauf folgende Stafette politischer und persönlicher Demütigungen der SPD konnte nur deren Ausstieg aus der Koalition zum Ziel haben. Sturm hat zu Recht die Frage aufgeworfen, was de Maizière, der fraglos als einer der auch inhaltlich überzeugten Architekten der Großen Koalition gelten muss, zum brüsken Abbruch dieses Modells bewegt hat.[792] Ob dabei eine Drohung mit der Veröffentlichung seiner Verbindungen zum MfS[793] eine Rolle gespielt hat,

---

788 »Wolfgang Thierse, der Vorsitzende der SPD im Osten, drohte ganz offen, das Vertragswerk scheitern zu lassen, wenn die Vorstellungen seiner Partei nicht gebührend berücksichtigt würden. Die SPD verlangte ultimativ die Stärkung der Finanzkraft von Ländern und Gemeinden, die endgültige Festschreibung der Zwangskollektivierung in der DDR sowie eine neue gesamtdeutsche Verfassung statt einer Übernahme des Grundgesetzes. Dennoch gelang es Wolfgang Schäuble, seine Linie weitgehend durchzusetzen und die Eingriffe in das Grundgesetz auf das für den Einigungsprozess erforderliche Minimum zu beschränken. Die SPD setzte durch, Artikel 146 des Grundgesetzes dahingehend neu zu formulieren, dass es dem deutschen Volk vorbehalten bleibe, über eine neue Verfassung zu beschließen. Wir konnten damit leben, denn wir waren sicher, dass es für eine Totalrevision des Grundgesetzes keine Mehrheit geben würde.« Kohl, Mauerfall, a. a. O., S. 367.
789 Vgl. Sturm, Uneinig, a. a. O., S. 354.
790 Vgl. de Maizière, Kinder, a. a. O., S. 269; Kohl, Mauerfall, a. a. O., S. 262 ff.
791 Vgl. Richard Schröder: Die politische Gestaltung des Einigungsprozesses 18. März bis 3. Oktober, in: Andreas H. Apelt, Martin Gutzeit, Gerd Poppe (Hg.): Die deutsche Frage in der SBZ und DDR. Deutschlandpolitische Vorstellungen von Bevölkerung und Opposition 1945–1990, Berlin 2010, S. 275.
792 Vgl. Sturm, Uneinig, a. a. O., S. 354.
793 Vgl. ebd.

muss Spekulation bleiben. Viel naheliegender scheint, dass er sich, wollte er einstweilen in der Politik bleiben, keinesfalls weiter mit Helmut Kohl, zu dem das Verhältnis ohnehin gespannt war, anlegen durfte. Was hätte es außer der eigenen Isolation in der Partei auch gebracht, sich gegen den »Kanzler der Einheit« zu stellen, dem das gesamte konservative Lager nicht zuletzt wegen der glänzenden Wahlprognosen bedingungslos zu Füßen lag? So dürfte er sich in das Unvermeidliche gefügt und den Büttel gespielt haben – genutzt hat es ihm freilich wenig.

Während dieser Tage, in denen sich die politischen Ereignisse überschlugen, gingen die Verhandlungen der Delegationen aus beiden deutschen Staaten indes ungebrochen weiter. Zum 24. August gelang es, einen inhaltlich abgestimmten, aber noch nicht unterschriftsreifen Vertragsentwurf vorzulegen.[794] Zwei Tage zuvor hatte sich die Volkskammer in einer turbulenten Sondersitzung für den Beitritt der DDR zum 3. Oktober 1990 entschieden.[795] Zwar fanden sich hier noch einmal die ehemaligen Koalitionäre zu einem gemeinsamen Votum zusammen. Der Eindruck einer scheinbaren Einigkeit trügt jedoch, und der gemeinsame Beschluss änderte am Bruch des Regierungsbündnisses nichts. Es standen zeitweilig fünf verschiedene Anträge mit unterschiedlichen Beitrittsdaten im Raum, und der Streit darüber vertiefte die Gräben eher, als dass er sie zuschüttete.[796] Dass mitten in der Nacht doch noch eine Entscheidung zustande kam, ist allein einer Initiative der Liberalen zu verdanken, die die SPD-Volkskammerfraktion einmal mehr vor eine innere Zerreißprobe stellte.[797] Schröder hatte sich zuvor, da er mit de Maizière den 15. Oktober als Beitrittstermin favorisierte, in der Fraktion weitgehend isoliert. Nur ein mühseliger Kraftakt Thierses konnte die in mehrere Richtungen auseinanderstrebenden Strömungen bündeln. Über die Stimmung in der Fraktion berichtet Zöller nur wenig Motivierendes:

> »In der Fraktion haben die Ereignisse der Woche, vor allem aber der Beitrittsbeschluß viel Resignation und Überdruß ausgelöst. Schon beginnen sich personelle Veränderungen insbesondere in den politisch exponierteren Positionen (AK-Vorsitze, Ausschuß-Vorsitze) abzuzeichnen. Vielen stellt sich die Frage nach dem Sinn ihrer Arbeit, vor allem weil sie durch die sich häufenden Fälle der Nichteinhaltung von Absprachen durch de Maizière und seine Fraktion immer stärker behindert wird.«[798]

---

794 Vgl. Jäger, Überwindung, a. a. O., S. 493.
795 Vgl. Stenographische Niederschrift der 30. Tagung (Sondertagung) der Volkskammer am 22.08.1990, a. a. O., S. 1371 ff.
796 Vgl. Vermerk Walter Zöller für Hans-Jochen Vogel, Gerhard Jahn und Dietrich Stobbe betr. Beitrittsbeschluß der Volkskammer vom 23.08.1990 v. 23.08.1990, AdsD SPD-Bundestagsfraktion 11. Wahlperiode, Berliner Büro (Walter Zöller), Ordner 21.407.
797 Vgl. ebd., S. 2.
798 Ebd., S. 4.

Nicht zuletzt diese Ereignisse riefen die Führung der West-SPD auf den Plan, die nun Helmut Kohl in einem offenen Brief vom 24. August ultimativ zu einem Spitzengespräch über die noch strittigen Fragen des Einigungsvertrages aufforderte.[799] Da die ersten Konsultationen nicht das gewünschte Ergebnis brachten, verschärfte die SPD ihren Tonfall, indem sie bei einer andauernden »Verweigerungshaltung« der Bundesregierung »den Weg der Überleitungsregelung«, also die Ablehnung des Einigungsvertrages, androhte.[800] Erst dies machte ausreichend Eindruck auf Kohl, sodass er der SPD, die ihr Drohpotenzial freilich nicht allzu hoch einschätzte, an einigen Punkten, wie u. a. der Regelung offener Vermögensfragen, dem § 218, dem Fond »deutsche Einheit« und der Verfassungsfrage, einige wenige Schritte entgegenkam.[801] Bei genauerer Betrachtung waren manche dieser Zugeständnisse des Bundeskanzlers nichts weiter als Beteuerungen, dass die von den Sozialdemokraten vorgeschlagenen Optionen möglicherweise auch praktikabel seien, getreu der Devise Schäubles »Lieber ausklammern, als die Einheit aufs Spiel setzen«[802]. Realisiert wurden sie nie, wie wir heute wissen, oder es handelte sich von vornherein um temporäre Übergangsregelungen. Vor diesem Hintergrund fiel der Jubel im Erich-Ollenhauer-Haus auf der gemeinsamen Vorstandsitzung von West- und Ost-SPD am 31. August[803] gemessen an den ursprünglichen deutschlandpolitischen Zielsetzungen und dem tatsächlichen Verhandlungsergebnis etwas zu laut aus. Es ist bemerkenswert, mit welch demonstrativem Gleichklang Vogel, Thierse und Lafontaine anlässlich der Paraphierung des Einigungsvertrages den gemeinsamen Schulterschluss übten. Lediglich Norbert Gansel wagte es, ein wenig Wasser in den tiefroten Wein der Selbstvergewisserung zu gießen. Die nun anstehende Phase des kurzen aber heftigen Bundestagswahlkampfes läutete unversehens Markus Meckel ein:

> »Er erinnerte daran, daß der Koalitionsbruch in der DDR durch einen Verrat der CDU-Verhandlungsführung zustande gekommen sei. Bei den Gesprächen über den Einheitsvertrag seien die DDR-Interessen weder von de Maizière und Krause noch von Schäuble, sondern von der West-SPD vertreten worden. Im Zusammenhang mit den zentralen Themen des Bundestagswahlkampfes, Beschäftigung und soziale Probleme, müßte deutlich gemacht werden, daß de Maizière und Krause

---

799 Vgl. Presseservice der SPD Nr. 369/90 v. 24.08.1990, auch abgedr. i.: Fischer, Einheit, a. a. O., S. 364 f.
800 Vgl. Presseservice der SPD Nr. 372/90 v. 27.08.1990, auch abgedr. i.: Fischer, Einheit, a. a. O., S. 365 f.
801 Vgl. Kohl, Mauerfall, a. a. O., S. 367, Jäger, Überwindung, a. a. O., S. 494, Vogel, Nachsichten, a. a. O., S. 341, Fischer, Einheit, a. a. O., S. 58.
802 Zit. n. Jäger, Überwindung, a. a. O., S. 494.
803 Vgl. Protokoll der Gemeinsamen Sitzung des Parteivorstandes West und Ost am 31.08.1990, abgedr. i.: Fischer, Einheit, a. a. O., S. 367.

Wahlkampfhilfe für Kanzler Kohl betrieben hätten und es die West-SPD gewesen sei, die für die Menschen in der DDR und der Bundesrepublik eingetreten sei.«

Zweifellos ist aber festzuhalten, dass es der SPD auch jenseits der großen überwölbenden Themen durchaus gelungen war, vor allem in der Wirtschafts- und Sozialpolitik[804] eine Fülle von Detailregelungen in den Einigungsvertrag einzubringen. In diesem Zusammenhang hatten die Arbeitskreise der Volkskammerfraktion Anfang September noch einmal etliche Zuarbeiten vorgelegt.[805] Die Bilanz der Ost-SPD in Bezug auf das nun vollendete Vertragswerk spiegelt sich in dem von Martin Gutzeit erstellten Entwurf einer entsprechenden Handreichung, die vermutlich Ende September 1990 entstanden ist.[806] Diese fiel im Hinblick auf die Finanz- und Haushaltsfragen weitgehend negativ aus, wenngleich die Bildung des Fonds »deutsche Einheit« und dessen neuer Zuschnitt gelobt wurden.[807] Im Bereich Wirtschafts-, Wohnungs- und Bodenpolitik[808] konnte sich die SPD einige Erfolge an ihre Fahnen heften, wie etwa die Ausweitung der Investitionsförderung für die neuen Länder. Insbesondere ist hier auch die bei der Regelung offener Vermögensfragen nach 1949 erreichte Aufweichung und Modifizierung des ursprünglich von der Bundesregierung geplanten Grundsatzes »Rückgabe vor Entschädigung« zu nennen. Von einer gänzlichen Umkehrung des Prinzips, wie sie Gutzeit bejubelt[809], kann jedoch nicht die Rede sein und er erkannte auch die interpretatorischen Schlupflöcher, die sich Schäuble offen gehalten hatte[810], nicht. Wichtige Erfolge der SPD auf diesem Gebiet waren weiterhin die Möglichkeiten zu Überführung volkseigenen Wohneigentums in kommunale oder genossenschaftliche Trägerschaft und die Einführung einer Mietpreisbindung für den sozialen Wohnungsbau auf Gebiet der DDR.[811] Wermutstropfen stellten die abermals nicht gelungene umfassende Entschuldung der DDR-Betriebe und die Möglichkeit erheblicher Mietpreissteigerungen in relativ kurzer Frist im privaten Wohnungssektor dar.[812] Im Bereich Arbeit und Soziales hatte die SPD bei den Sozialversicherungsbeiträgen für niedrige Einkommen einen Sozialausgleich ausgehandelt, eine günstige Kurzarbeiterregelung und häufigere Rentenanpassungen in der DDR erreicht sowie die einstweilige Weiterfinanzierung der Kinderbetreuungseinrichtun-

---

804 Zu den sozialpolitischen Ergebnissen des Einigungsvertrages vgl. insb. Ritter, Preis, a. a. O., S. 241 ff.; zum Verhandlungsergebnis insgesamt vgl. Jäger, Überwindung, a. a. O., S. 498 ff.
805 Diese sind überliefert in: AdsD SPD-Fraktion in der Volkskammer der DDR 2/VKFA000134.
806 Vgl. Entwurf einer Handreichung, o. D., AdsD SPD-Fraktion in der Volkskammer der DDR 2/VKFA000135.
807 Vgl. ebd., S. 1.
808 Vgl. ebd., S. 2 f.
809 Vgl. ebd., S. 2.
810 Vgl. Jäger, Überwindung, a. a. O., S. 511.
811 Vgl. Entwurf einer Handreichung, o. D., S. 2, AdsD SPD-Fraktion in der Volkskammer der DDR 2/VKFA000135.
812 Vgl. ebd., S. 3.

gen gesichert. Negativ zu Buche schlugen Mängel bei der Vorruhestandsregelung, der Überleitung bzw. Abwicklung des öffentlichen Dienstes sowie insgesamt bezüglich der Gleichberechtigung von Frauen in der Arbeitswelt.[813] Kaum Positives konnten die Sozialdemokraten den Regelungen des Einigungsvertrages bei Energie und Umwelt abgewinnen. Deutlich besser fiel die Bilanz bei der Außen- und Sicherheitspolitik[814] aus, was auch mit dem Ergebnis der Zwei-plus-vier-Verhandlungen zu tun hatte. Entsprechend begrüßte die SPD u. a. die Feststellung der Mitverantwortung der DDR für den Holocaust, die Anerkennung der Oder-Neiße-Grenze gegenüber Polen, den Abzug der sowjetischen Streitkräfte, der verbunden war mit einer allgemeinen Reduzierung alliierter Truppen auf deutschem Boden sowie der Begrenzung der Stärke der Bundeswehr auf 370.000 Mann, die Absage Deutschland an den Besitz von ABC-Waffen sowie die »Übergangsregelungen zur Einbeziehung des Gebietes der DDR in die EG«[815]. Negativ zu Buche schlug wiederum, dass weder die Zivildienstordnung der DDR in das geeinte Deutschland hinübergerettet noch ein Transport- und Stationierungsverbot für ABC-Waffen durchgesetzt werden konnte. Darüber hinaus bemängelte die SPD das einstweilige Fehlen ausreichender »Übergangsregelungen zur sozialen Absicherung der Soldaten der NVA« sowie eine »Absichtserklärung zur Visa-Freiheit mit osteuropäischen Ländern.«[816] In Bezug auf die Regelung des Schwangerschaftsabbruches[817] feierten die Sozialdemokraten ihren Sieg bei der Durchsetzung des Tatortprinzips bei gleichzeitiger Weitergeltung der Fristenregelung auf dem Gebiet der DDR bis Ende 1992. Längerfristig strebten sie eine Ablösung des Straftatbestandes der Abtreibung im § 218 durch die verfassungsrechtliche Verankerung der Formel »Hilfe statt Strafe« an. Vermutlich war den Akteuren vor dem Hintergrund des Scheiterns der Reform des § 218 in den Jahren 1974/75 in der Bundesrepublik klar, dass eine dauerhafte Beibehaltung der Fristenlösung in ganz Deutschland einer entsprechenden Grundgesetzänderung bedurfte, um vor dem Bundesverfassungsgericht Bestand zu haben. Im Gesundheitswesen begrüßten sie die einstweilige Sicherung der Polikliniken, beklagten aber gleichzeitig Probleme bei der Abgrenzung zwischen ambulanter und stationärer Behandlung, der ungeklärten Defizitdeckung bei der Finanzierung des Gesundheitswesens sowie die Ärztevergütung in den neuen Ländern.[818] Von besonderer Bedeutung war für die Sozialdemokraten die erreichte Überführung eines Großteils der Vermögen der SED bzw. PDS und der

---

813 Vgl. ebd., S. 5 f.
814 Vgl. ebd., S. 6 f.; vgl. hierzu insgesamt auch: Lehmann, Außenpolitik, a. a. O., S. 263 ff.
815 Entwurf einer Handreichung, o. D., S. 6 f., AdsD SPD-Fraktion in der Volkskammer der DDR 2/ VKFA000135.
816 Ebd.
817 Vgl. ebd., S. 8.
818 Vgl. ebd., S. 9.

Blockparteien in das Treuhandvermögen.[819] Sie versprach sich davon ein wenig mehr an struktureller Angleichung der Ausgangsvoraussetzungen im Parteienwettbewerb in den neuen Bundesländern. Auf den letzten Metern gelang es schließlich auch noch, eine die Besetzer der MfS-Zentrale in der Normannenstraße befriedigende und auch heute noch im Wesentlichen gültige Regelung für die Erhaltung und Verwaltung der Stasiakten sowie die Gewährleistung des individuellen Zugangs für die Betroffenen zu finden.[820]

Bei allen Verhandlungserfolgen im Großen wie im Kleinen bleibt jedoch festzuhalten, dass die SPD ein weiteres zentrales Ziel neben der großen Verfassungsreform nicht erreicht hat: die Übertragung einiger sozialer Errungenschaften aus der DDR in das vereinigte Deutschland im Rahmen der Rechtsangleichung. Die Bundesregierung achtete peinlichst genau darauf, dass es gerade in der Sozial-, Arbeitsmarkt- und Frauenpolitik keinerlei dauerhafte Besserstellungen zum Status quo der Bundesrepublik gab.[821] Diese Entwicklung wurde dann auch sehr nachdrücklich von Wolfgang Thierse in seiner Rede am 13. September bei der ersten Lesung zur Ratifizierung des Einigungsvertrags in der Volkskammer bemängelte:

»Im rechtlichen Bereich entsteht zunächst eine vergrößerte Bundesrepublik. Dies hängt vor allem damit zusammen, daß die Politik in der DDR unter einem ungeheuren Zeitdruck stand und wir in einem sehr geringen Umfang die erhoffte Chance hatten, aus der erdrückenden Konkursmasse des SED-Regimes diejenigen Elemente zu benennen und zu formen, die für das bundesrepublikanische System eine sinnvolle Ergänzung, ein fruchtbarer, ein menschlicher Impuls gewesen wären. […].

Ein zweiter großer Schwachpunkt des Vertrages ist der Umgang mit den sozialen Rechten und den sozialen Einrichtungen. Andere Redner unserer Fraktion werden gerade zu dieser Frage ausführlich sprechen. Ich nenne dabei nur einige Beispiele: Freistellungsanspruch zur Pflege erkrankter Kinder, erhöhter Grundurlaub für Mütter, staatlich garantierte Stillpausen und Kindergartenfinanzierung. Dies sind soziale Rechte, die wir Sozialdemokraten für das vereinigte Deutschland zu erreichen versucht haben. Wenn ein System zu Recht abgelehnt wird, heißt das

---

819 Vgl. Rede von Herta Däubler-Gmelin bei der Sitzung des Deutschen Bundestages am 05.09.1990, abgedr. i.: Fischer, Einheit, a. a. O., S. 381.
820 Vgl. Entwurf einer Handreichung, o. D., S. 9 f., AdsD SPD-Fraktion in der Volkskammer der DDR 2/VKFA000135 sowie Jäger, Überwindung, a. a. O., S. 517 f.
821 Vgl. Essentials zum II. Staatsvertrag mit Darstellung der innerhalb der Koalition bestehenden Dissenspunkte und der sich nach BMI-Bericht über Stand und Ergebnisse der Fachgespräche zum Einigungsvertrag abzeichnenden Tendenzen in Bonn, Stand 27.07.1990, S. 17, AdsD SPD-Fraktion in der Volkskammer der DDR 2/VKFA000135.

nicht, daß nicht einzelne Elemente es wert wären, als Vorbild für das vereinigte Deutschland zu dienen.«[822]

Insgesamt ging die Ratifizierung des Einigungsvertrages in beiden Parlamenten erstaunlich glatt und weitgehend ohne schrille Wahlkampftöne über die Bühne. In der entsprechenden Sitzung des Bundestages am 20. September votierte die SPD-Bundestagsfraktion bei einer Enthaltung geschlossen für das Vertragswerk.[823] Gleichzeitig hatte die SPD aber auch ihr zentrales Wahlkampfthema in der einstweilen fast notwendigerweise ungeklärten Finanzierung der Lasten der Deutschen Einheit gefunden.[824]

Nicht ganz reibungslos verlief die Meinungsbildung abermals in der SPD-Volkskammerfraktion. Am Tag der zweiten Lesung und Verabschiedung des Einigungsvertrages in der Volkskammer legte eine Gruppe von zwölf SPD-Abgeordneten, darunter Till Backhaus, Angelika Barbe, Dankwart Brinksmeier, Karl-August Kamilli, Luise Morgenstern, Christine Lucyga, Christine Rudolph und Walter Romberg, eine Erklärung vor, in der sie die bekannten Kritikpunkte aufführten und feststellten:

»Die Unterzeichner dieser Erklärung haben sich dennoch dazu entschlossen, dem Einigungsvertrag und der Vereinbarung vom 18. September 1990 mit ernstzunehmenden Bedenken zuzustimmen, weil sie davon überzeugt sind, daß die nicht durchgesetzten Forderungen der SPD in einem Überleitungsgesetz noch weniger berücksichtigt werden.«[825]

Dennoch votierten in der namentlichen Abstimmung mit Gert Hartmann und Peter Kauffold zwei SPD-Abgeordnete gegen das Vertragswerk. Die Ratifizierung war dadurch jedoch zu keinem Zeitpunkt in Gefahr, denn lediglich die Fraktionen von PDS und Bündnis 90 sowie der Abgeordnete der Vereinigten Linken verweigerten die Zustimmung.[826] Damit waren sowohl der Zeitplan als auch der »Bauplan« für die Deutsche Einheit, wie Herta Däubler-Gmelin den Einigungsvertrag genannt hat[827], glücklich unter Dach und Fach. Und so hauchte die DDR mit der 38. und letzten Ta-

---

822 Stenographische Niederschrift der 35. Tagung der Volkskammer am 13.09.1990, a. a. O., S. 1643, 1646.
823 Vgl. Fischer, Einheit, a. a. O., S. 58.
824 Vgl. Ingrid Matthäus-Maier: Ungehemmte Schuldenpolitik der Bundesregierung muß ein Ende haben – Bundesregierung muß endlich sparen – Die Steuerlüge muß vom Tisch, in: Die SPD im Deutschen Bundestag Nr. 1966 (19.09.1990), abgedr. i.: Fischer, Einheit, a. a. O., S. 388 ff.
825 Erklärung v. 20.10.1990, AdsD SPD-Fraktion in der Volkskammer der DDR 2/VKFA000135. Sie wurde von Christine Lucyga auch im Plenum der Volkskammer am selben Tag verlesen; vgl. Stenographische Niederschrift der 36. Tagung der Volkskammer am 20.10.1990, a. a. O., S. 1754 f.
826 Vgl. Stenographische Niederschrift der 36. Tagung der Volkskammer am 20.10.1990, a. a. O., S. 1795 ff.
827 Vgl. Rede von Herta Däubler-Gmelin bei der Sitzung des Deutschen Bundestages am 05.09.1990, abgedr. i.: Fischer, Einheit, a. a. O., S. 377.

gung der Volkskammer am 2. Oktober 1990[828], die aufgrund der Asbestbelastung des Palastes der Republik sinnigerweise ins Gebäude des ehemaligen Staatsrates verlegt worden war und zur durchaus versöhnlichen »Festsitzung« geriet, ihr Leben aus, um zu Mitternacht im vereinigten Deutschland aufzugehen.

---

828 Vgl. Stenographische Niederschrift der 38. Tagung der Volkskammer am 02.10.1990, a. a. O., S. 1863 ff.

V Die Einheit der deutschen Sozialdemokratie

1 Organisatorische und politische Vorbereitungen

Der Beschluss des Parteitags von Halle, unverzüglich die Verhandlungen über die Vereinigung der beiden Sozialdemokratischen Parteien in Ost und West aufzunehmen[1], wäre fast im Getümmel um die Regierungsarbeit und die Neuwahl des Vorsitzenden untergegangen. Gleichwohl stellte er mit Abstand die für die Geschicke der jungen Partei und die deutsche Parteiengeschichte insgesamt wichtigste Weichenstellung dar, bedeutete er doch nicht mehr und nicht weniger als den offiziellen Einstieg in die Wiederherstellung der Einheit der deutschen Sozialdemokratie nach über 57 bzw. 44 Jahren Verbot, Unterdrückung und Teilung. Wie bereits herausgearbeitet wurde, war seit spätestens Februar 1990 die gegenseitige Abstimmung der beiden Parteien auf politischer Ebene wie in organisatorischen Fragen immer enger verzahnt worden. Mit Beschluss des Präsidiums der West-SPD vom 2. April wurde die Zusammenarbeit durch turnusmäßig stattfindende gemeinsame Sitzungen der Präsidien und der geschäftsführenden Fraktionsvorstände fest institutionalisiert.[2]

Im Erich-Ollenhauer-Haus in Bonn liefen parallel dazu die Vorüberlegungen für eine organisatorische Vereinigung der beiden Parteien an, da spätestens seit der Volkskammerwahl der Zug zur Deutschen Einheit spürbar Fahrt aufnahm. In diesem Sinne loteten Mitarbeiter des SPD-Parteivorstandes die organisatorischen Möglichkeiten und juristischen Rahmenbedingungen hierfür aus und entwarfen verschiedene Szenarien und Zeitpläne. Bereits Anfang April 1990 hatte Peter Wardin, Referatsleiter in der Abteilung Organisation, im Vorfeld seiner Abordnung zum Berliner Büro in dieser Sache ein erstes umfangreiches Thesenpapier vorgelegt.[3] Nach den Verlautbarungen der Bundesregierung zum Zeitplan für die Deutsche Einheit prognostizierte er vor dem Hintergrund der Wahlgesetzgebung, dass die Parteivereinigung spätestens bis Mitte 1991 abgeschlossen sein müsse.[4] Zur Herstellung einer gesamtdeutschen SPD stellte er grundsätzlich zwei Modelle in den Raum: entweder die Ausdehnung der

---

1   Vgl. Protokoll vom Parteitag Halle 09.06.1990 (unkorr. Fassung), AdsD Sozialdemokratische Partei in der DDR – SDP/SPD-Parteivorstand 2/SDPA000032, S. 98 f.
2   Vgl. Protokoll über die Sitzung des Präsidiums der SPD am 02.04.1990, AdsD SPD-Parteivorstand – Vorstandssekretariat; auszugsweise abgedr. i.: Fischer, Einheit, a. a. O., S. 282 ff., hier S. 288.
3   Vgl. Vermerk Peter Wardin für Erik Bettermann v. 06.04.1990 betr. Zusammenwachsen der beiden Parteien, AdsD SPD-Parteivorstand – Büro Stellvertretender Bundesgeschäftsführer 2/PVDG 000281.
4   Vgl. ebd., S. 1.

West-SPD auf das Gebiet der DDR bei gleichzeitiger Auflösung der Ost-SPD und deren Überführung in die nun gesamtdeutsche Partei oder eine Parteiverschmelzung nach § 36 des Organisationsstatuts, der einen entsprechenden Beschluss eines »außerordentlichen Parteitages mit anschließender Urabstimmung in der Mitgliedschaft«[5] vorsah. Aus in erster Linie politischen aber vermutlich auch psychologischen Gründen, die mit der Gleichberechtigung von Ost und West zusammenhingen, bevorzugte er die zweite Variante.[6] Eingedenk eines mutmaßlichen Termins für gesamtdeutsche Wahlen im September 1991 ergab sich daraus folgender vorläufiger Zeitplan[7]: Im Oktober/November 1990 sollten beide Parteivorstände für Januar 1991 einen Parteitag zur Frage der Parteiverschmelzung einberufen, auf den bei einem entsprechenden Beschluss im Januar und Februar 1991 die Urabstimmungen in Ost und West zu folgen hätten. Nach der Feststellung des Ergebnisses sah er im März die Einberufung eines Vereinigungsparteitages für Mai oder Juni 1991 vor, der einen neuen und gemeinsamen Vorstand zu bestimmen und einen Wahlparteitag für August 1991 vorzubereiten hatte. Nur so konnte die dann gesamtdeutsche Sozialdemokratie wahlgesetzkonform am Urnengang zum ersten Bundestag des geeinten Deutschland teilnehmen. Dies war für Wardin jedoch nur der äußere Rahmen für eine Vielzahl ineinandergreifender organisationspolitischer Maßnahmen, die er für das Zusammenwachsen der beiden Parteien und vor allem für die schnelle Herstellung der vollen Kampagnenfähigkeit für unabdingbar hielt. Zuallererst galt es, die Arbeit der zentralen Gremien und Geschäftsführungen in Bezug auf Verfahren und Abläufe zu synchronisieren und die Kommunikation zu intensivieren.[8] Hierbei hatte er sowohl die regelmäßige Abstimmung und wechselseitige Teilnahme an Präsidiums-, Vorstands- sowie Kommissions- und Arbeitskreissitzungen im Blick als auch die Installierung gemeinsamer politischer und technischer Wahlkampfleitungen spätestens im Laufe des Jahres 1991.[9] In Bezug auf die Vereinigung der Parteiapparate und hauptamtlichen Stäbe machte er sich für sofortige gemeinsame Qualifizierungsmaßnahmen sowie für den Einstieg in eine übergreifende Haushalts-, Investitions- und Personalplanung stark. Eine Reihe von Projekten zielte darüber hinaus auf den Aufbau bzw. die Intensivierung und Verstetigung der innerparteilichen Organisations-, Kommunikations-, Bildungs- und Informationsstrukturen.[10] Hier sind zunächst die Einrichtung einer Mitgliederzeitung, eines Informationsdienstes und interner Vertriebsstrukturen zu nennen. Des Weiteren standen für Wardin die Etablierung einer EDV-gestützten Mitgliederverwaltung, die Verzahnung der Öffentlichkeitsarbeit sowie nicht zuletzt die innerparteiliche Aus- und Weiterbildung des Funktionärskorpus weit oben auf der Agenda. In diesen

---

5 Ebd.
6 Vgl. ebd.
7 Vgl. ebd., S. 2.
8 Vgl. ebd.
9 Vgl. ebd.
10 Vgl. ebd., S. 3 f.

Kontext gehören auch die Angleichung der Statuten, Schieds- und Finanzordnungen, der Austausch bzw. Transfer von Veranstaltungskompetenz sowie schließlich die übergreifende Information und Dokumentation.[11] Zu guter Letzt regte Wardin einige zeitlich befristete Kampagnen an, von denen er sich sowohl eine Verbesserung der Außenwirkung als auch eine strukturelle Stabilisierung nach innen versprach.[12] Hier ging es ihm vor allem um die Verbesserung des Images, insbesondere der Ost-SPD, »auf der Basis von Felduntersuchungen«[13] und, damit verbunden, um eine differenzierte Mitgliederwerbung. Zusätzlich empfahl er gezielte Strukturkampagnen zum Aufbau und zur Stärkung defizitärer Gliederungsebenen und Arbeitsgemeinschaften im Osten.

Am 2. Mai kam es in Ostberlin zu einem Spitzengespräch der beiden Geschäftsführer Anke Fuchs und Stephan Hilsberg, dessen wichtigste Grundlage die Überlegungen Wardins darstellten.[14] Entsprechend wurde ein gemeinsamer organisationspolitischer Workshop für Mitte Mai anberaumt, die regelmäßige gegenseitige Teilnahme an Sitzungen der zentralen Gremien, die engere Verzahnung der Wahlkampfleitungen sowie eine Intensivierung der Zusammenarbeit in Bezug auf viele der von Wardin umrissenen organisationspolitischen Felder vereinbart.[15] Knapp eine Woche später folgte ein deutlich umfangreicheres und konkreteres Papier, an dessen Entstehung neben dem Abteilungsleiter Organisation des SPD-Parteivorstands Franz H. U. Borkenhagen, dem Büroleiter der Bundesgeschäftsführerin Arnold Knigge erneut auch Wardin als Bindeglied zwischen Bonn und Berlin beteiligt war und das Mitte Mai 1990 von Anke Fuchs zur verbindlichen Richtlinie in dieser Frage erklärt wurde.[16] Es umriss die wichtigsten Aktions- und Problemfelder und legte die kurz- und mittelfristige Aufgabenverteilung für die zuständigen Arbeitsbereiche des SPD-Parteivorstandes fest. Ausgehend von den Grundannahmen Wardins, dass die gesamtdeutsche SPD fristgerecht vor den Bundestagswahlen zu konstituieren sei und dies nach § 36 des Organisationsstatuts bewerkstelligt werden müsste, wurde eine Projektgruppe für die Parteivereinigung gebildet, der neben Borkenhagen, Knigge und Wardin auch Rüdiger Feiden, Mitarbeiter im Referat Organisation, und der Rechtsexperte des Parteivorstands, Rainer Stura, angehörten.[17] Da die Organisationsstruktur

---

11 Vgl. ebd.
12 Vgl. S. 4.
13 Ebd.
14 Vgl. Vereinbarungen nach dem Gespräch zwischen Anke Fuchs und Stephan Hilsberg am 2. Mai 1990 in Ost-Berlin, AdsD SPD-Parteivorstand – Abteilungsleitung I Organisation 2/PVBJ 000457.
15 Vgl. ebd.
16 Vgl. Vermerk Franz H. U. Borkenhagen, Arnold Knigge, Peter Wardin für Anke Fuchs v. 07.05.1990 betr. Organisatorische Vorbereitungen für eine Vereinigung der SPD in der Bundesrepublik und der DDR sowie internes Rundschreiben von Anke Fuchs v. 16.05.1990, AdsD SPD-Parteivorstand – Büro Stellvertretender Bundesgeschäftsführer 2/PVDG000281.
17 Vgl. ebd., S. 2 f.

der Ost-SPD zu diesem Zeitpunkt noch recht uneinheitlich und nur sehr bedingt zu den Gliederungsebenen der SPD in der Bundesrepublik kompatibel war, zählte es zu den allerersten Aufgaben Wardins, hier Klarheit zu schaffen.[18] Damit eng verknüpft war das Problem der Statutenangleichung. Als Grundlage für den Vergleich und die Abwägung der wechselseitigen Anpassung sollte Rainer Stura eine Synopse der Organisationsstatuten sowie der Wahl- und Schiedsordnungen erstellen.[19] Die Vereinheitlichung der Finanzordnungen blieb indes der Federführung der Schatzmeisterei vorbehalten.[20] Unklarheiten bestanden weiterhin in Bezug auf die derzeitige und künftige hauptamtliche Struktur der Ost-SPD, nicht zuletzt aufgrund der Tatsache, dass die Finanzierung einstweilen nur bis Ende Mai 1990 gesichert war. Dieses Feld zu beackern war ebenfalls die Aufgabe Wardins.[21] Die Vorbereitung der Schulungs- und Bildungsarbeit fiel in die Zuständigkeit der Parteischule und damit der Referenten Helga Ziemann und Günter Wehrmeyer.[22] In Planung waren zunächst Schwerpunktseminare zur Organisationspolitik, zur Zukunft der Einheitsgewerkschaft sowie zum Bundestagswahlkampf. Weiterhin schlugen Ziemann und Wehrmeyer für die Funktionäre der Ost-SPD Grundlagenveranstaltungen zu Organisation, Kommunikation, Institutionenkunde und allgemeiner politischer Theorie vor. Nach der Bedarfsermittlung bei den Landes- und Bezirksgeschäftsstellen der Ost-SPD sollte das in Aussicht genommene Bildungsangebot der Parteischule mit dem der Friedrich-Ebert-Stiftung abgeglichen und bis Juni 1990 ein gemeinsames Konzept vorgelegt werden.[23] Schon Wardin hatte darauf hingewiesen, welch wichtige Rolle die interne Öffentlichkeitsarbeit für die politische und strukturelle Vernetzung der Partei spielte. Entsprechend oblag es nun den u. a. für den »Vorwärts« zuständigen Redakteuren im Referat Öffentlichkeitsarbeit, Christoph Charlier und Klaus Schmuck, alsbald »Möglichkeiten zum Aufbau einer – später dann einheitlichen Öffentlichkeitsarbeit in der DDR-SPD aufzuzeigen.«[24] Das Referat EDV wurde beauftragt, aufsetzend auf dem bisherigen Bestand in der DDR funktionstüchtige IT-Strukturen aufzubauen sowie ein Kommunikationskonzept zu erarbeiten, das auch die Möglichkeit einer zukünftigen zentralen Mitgliederverwaltung und ein EDV-Trainingsprogramm umfasste.[25] Neben dem Mitarbeiteraustausch und der allgemeinen technischen Beratung standen für die West-SPD insbesondere der Auf- und Ausbau der zielgruppenorientierten Arbeitsgemeinschaften im Zentrum. Von zentraler strategischer Bedeutung war hier die Arbeitsgemeinschaft für Arbeitnehmerfragen, da diese das Bindeglied zu den Ge-

---

18 Vgl. ebd., S. 3.
19 Vgl. ebd.
20 Vgl. ebd.
21 Vgl. ebd., S. 4.
22 Vgl. ebd.
23 Vgl. ebd., S. 5.
24 Ebd.
25 Ebd., S. 5 f.

werkschaften darstellte. Walter Edenhofer, der Leiter des AfA-Referats, sollte sich höchstpersönlich um die eklatanten Defizite der Ost-SPD auf diesem Gebiet kümmern und die »Möglichkeiten der politischen Betriebsarbeit«[26] ausloten. Die Aufgabe der fachlichen Beratung in Bezug auf die allgemeine Programmarbeit übernahm – eine durchaus erstaunliche aber in Anbetracht der Wurzeln der Ost-SPD nicht ganz abwegige Wahl – zunächst der Kirchenreferent Burkhard Reichert.[27] Schließlich wurde, neben dem monatlichen Jour fixe der Geschäftsführer Anke Fuchs und Stephan Hilsberg, eine feste gegenseitige Teilnahme an Vorstandssitzungen festgelegt, die in Bonn durch den Referatsleiter Politische Planung der Ost-SPD Christoph Matschie und in Ostberlin durch Arnold Knigge und Peter Wardin wahrgenommen wurde.[28] Die Federführung für all diese Maßnahmen und Projekte lag bei Borkenhagen und Knigge, also arbeitsteilig bei der Abteilung I Organisation/Parteiarbeit und der Bundesgeschäftsführung.[29] Da das Thema auf der Tagesordnung der nächsten Präsidiumssitzung am 14. Mai stand und zudem der Zeithorizont für die Herstellung der Deutschen Einheit und damit bis zur Parteivereinigung immer enger wurde, folgten die ersten Ausarbeitungen aus dem Apparat des Parteivorstandes relativ zügig. Zunächst nahm Rainer Stura Stellung, prüfte von vornherein nur den Weg der Parteiverschmelzung bei vorheriger Urabstimmung und konnte keine grundsätzlichen juristischen Hindernisse ausmachen.[30] Allerdings wies er darauf hin, dass »zwischen den alten Parteien und der neuen Partei keine rechtliche Identität« mehr bestünde und sie so »den verschärften Anerkennungserfordernissen gegebenenfalls auch durch die Wahlausschüsse«[31] unterliege. Mehr Zündstoff barg der nur einen Tag danach vorgelegte Vermerk des Revisors des SPD-Parteivorstandes, Hans Feldmann, an die Schatzmeisterei.[32] Fundamentale Probleme sah Feldmann auf der Basis der satzungsrechtlichen Bestimmungen und des Parteiengesetzes bezüglich der Delegiertenermittlung für den Vereinigungsparteitag. Einerseits sei deren Grundlage die Zahl jener Mitglieder, die in den vorangegangenen vier Quartalen nachweislich Mitgliedsbeiträge gezahlt hatten. Da die Ost-SPD erst im Oktober 1990 gegründet worden war und die Mitgliederregistraturen erst langsam geordnete Formen annahmen, ergaben sich hier gravierende praktische Schwierigkeiten.[33] Andererseits würden aufgrund des erheblichen Ungleichgewichts bei den Mitgliederzahlen – die West-SPD konnte 920.000 Mitglieder

---

26 Ebd., S. 7.
27 Vgl. ebd.
28 Vgl. ebd., S. 7 ff.
29 Vgl. ebd.
30 Vgl. Vermerk der Rechtsstelle v. 08.05.1990 betr. Verschmelzung der SPD-BRD mit der SPD-DDR, AdsD SPD-Parteivorstand – Büro Stellvertretender Bundesgeschäftsführer 2/PVDG000281.
31 Ebd., S. 2 f.
32 Vermerk Hans Feldmann für Hans-Ulrich Klose v. 09.05.1990 betr. Satzungsrechtliche Aspekte und materielle Auswirkungen der Wiederherstellung der Einheit der SPD, AdsD SPD-Parteivorstand – Büro Stellvertretender Bundesgeschäftsführer 2/PVDG000281.
33 Vgl. ebd., S. 1.

aufbieten, während die Ost-SPD nur rund 30.000 umfasste – bei einer Gesamtdelegiertenzahl von 500 lediglich 16 aus den Bezirken der DDR entsandt werden können.[34] Als Lösung schlug er vor:

> »[Die] Parteitage in BRD und DDR beschließen im Herbst 1990 die Außerkraftsetzung der Bestimmungen über Delegiertenermittlung in den jeweiligen Statuten und beschließen stattdessen:
> a) Gesamtzahl der Delegierten für den gemeinsamen Parteitag (z. B. 500) [...]
> b) Ermittlung der Zahl der Delegierten je LV/Bez. Aufgrund der in der EDV namentlich erfaßten Mitglieder zu einem bestimmten Stichtag (z. B. 01. Oktober 1990)
> c) Nächstfolgender ordentlicher Parteitag im Herbst 1992 mit regulärer Delegiertenermittlung (wie bisher)«[35]

Unter diesen Voraussetzungen ließe sich, so stellte Feldmann fest, bei »Ausschöpfung der gesetzlich zulässigen Grenzen« die Delegiertenanzahl der Ost-SPD auf immerhin 85 anheben.[36] In Bezug auf die Vereinheitlichung der Finanzordnung sah er kaum Schwierigkeiten. Zwar läge hierzu über allgemeine Regelungen hinaus in der Ost-SPD lediglich ein Entwurf vor, der aber weitgehend auf der Finanzordnung der West-SPD basiere und in den Abweichungen eher bedenkenswerte Verbesserungen enthalte.[37] Die Finanzierung der Vereinigung der beiden Parteien indes und vor allem die dauerhafte Unterhaltung der Strukturen im Osten würde den SPD-Parteivorstand nach der Auffassung Feldmanns vor erhebliche Herausforderungen stellen.[38] Das lag nicht allein an der Mitgliederschwäche der Ost-SPD, sondern in erster Linie am Wegfall der DDR-Parteienfinanzierung nach der Vereinigung der beiden deutschen Staaten: »Mit Erreichen der formalen staatlichen Einheit kann es keine derartigen Zuschüsse mehr geben, daß das BVerfG solche Zuschüsse grundsätzlich für unzulässig erklärt hat.«[39] Dies hatte nicht nur Auswirkungen auf die Möglichkeiten bei der Unterhaltung des hauptamtlichen Apparats und der Dichte der Geschäftsstellen, sondern direkt auf die Etats der Parteibezirke, die nicht nur übergangsweise auf zusätzliche Mittel vom Parteivorstand angewiesen sein würden. Selbst erhebliche Mitgliederzuwächse versprachen hier einstweilen keine Besserung, da die daraus generierten Mittel zunächst dazu verwendet werden müssten, um die Zuschüsse aus Bonn zurückzufahren.[40] In Bezug auf den grundsätzlichen juristischen Modus der Vereinigung warf er schließ-

---

34 Vgl. ebd. sowie Anlage 4 hierzu.
35 Ebd., S. 2.
36 Ebd., Anlage 4.
37 Vgl. ebd., S. 2.
38 Vgl. ebd., S. 2 f.
39 Ebd., S. 3.
40 Vgl. ebd., S. 7.

lich eine allen anderen bisher vorgebrachten Meinungen zu diesem Thema diametral entgegengesetzte Argumentation in den Ring:

> »Zugleich sollte – rein vorsorglich – beschlossen werden, daß die SPD auf deutschem Territorium in den Grenzen von nach 1945 wiederhergestellt wird und dafür die Bestimmungen über Urabstimmungen keine Anwendung finden. Diese waren eingeführt worden, um das Unrecht der zwangsweisen Vereinigung mit einer anderen – konkurrierenden – Partei wenigstens satzungsrechtlich unmöglich zu machen, nicht aber um die Beseitigung dieses Unrechts satzungsmäßig zu erschweren.«[41]

Gerade diese letzte Einschätzung Feldmanns dürfte wie eine Bombe eingeschlagen haben, stellte Sie doch die bisherigen Modelle völlig auf den Kopf. Zudem kam eine von Arnold Knigge angeforderte juristische Stellungnahme von Martin Morlock vom Lehrstuhl Dimitris Tsatsos der Fernuniversität Hagen ebenfalls zu dem Ergebnis, dass es für eine Parteivereinigung aus historischen Gründen keiner Urabstimmung bedürfe.[42] Am 14. Mai unterrichtete Anke Fuchs das SPD-Präsidium umfassend über die bisher in der Frage der Parteivereinigung angestoßenen Aktivitäten.[43]

> »Außerdem machte sie auf ein Gutachten der Universität Hagen zur Frage der Vereinigung aufmerksam. Es sei denkbar, den Weg über eine Urabstimmung zu gehen oder aber – wie seinerzeit das Saarland – durch Entscheidung des Landesparteitages einen Beitritt zur SPD zu vollziehen.«[44]

Wie es scheint, zeigte sich Vogel ernstlich beeindruckt vom sich erst andeutenden Ausmaß der im Zuge der Parteivereinigung zu bewältigenden Aufgaben und Lasten:

> »Was die organisationspolitische Leistungskraft der Schwesterpartei anbelange, sei er in seiner Beurteilung in der Vergangenheit offenbar zu optimistisch gewesen. Er kündigte an, daß er nach dem 9. Juni mit dem neugewählten Parteivorsitzenden im Detail über die Vereinigung sprechen werde.«[45]

---

41 Ebd., S. 2.
42 Vgl. Martin Morlock: Kurze Überlegungen zu den rechtlichen Bedingungen für eine Vereinigung von Parteien im Zuge der deutschen Einigung v. 11.05.1990, AdsD SPD-Parteivorstand – Büro Oskar Lafontaine 2/PVDE000764.
43 Vgl. Protokoll der Präsidiumssitzung am 14.05.1990, AdsD SPD-Parteivorstand – Vorstandssekretariat (o. Sign.).
44 Ebd., S. 6.
45 Ebd.

Mit diesem Rückenwind legte Feldmann wenige Tage später nach.[46] Zunächst nahm er die juristische Grundlage genauer unter die Lupe. Die Regelungen zur Urabstimmung bei Parteiverschmelzungen seien angesichts der Zwangsvereinigung von SPD und KPD getroffen worden. 1946 wurden in der damaligen sowjetischen Besatzungszone zwei konkurrierende Parteien fusioniert, und zwar durch Beschlüsse und Übereinkommen der jeweiligen Führungen. Die heutige Situation sei eine ganz andere. Da es der Sozialdemokratie zwischen 1946 und 1989 nicht möglich gewesen sei, sich zu organisieren, und zudem die deutsche Vereinigung gleichsam als eine »Erweiterung des Staatsgebietes«[47] zu interpretieren sei, handelte es sich nach Feldmanns Auffassung nun keinesfalls um eine Situation, auf die die Bestimmungen des Parteiengesetzes und des Organisationsstatuts der SPD anzuwenden seien:

> »Die SPD in der DDR ist im Verhältnis zur SPD in der BRD keine ›andere Partei‹. Sie kann allenfalls aus formalen Gründen der noch gegebenen Zweistaatlichkeit als Parallelorganisation bezeichnet werden.«[48]

Auch der Vergleich mit der von der SPD geforderten plebiszitären Unterfütterung und Legitimierung der Deutschen Einheit sei nicht statthaft, denn dabei stand nicht die Frage der staatlichen Vereinigung an sich zur Abstimmung, sondern die Inhalte einer gesamtdeutschen Verfassung. Da es bei einer parteiinternen Urabstimmung »um die Frage ›Zusammenlegung ja oder nein‹« ginge, seien diese Fragestellungen »nicht vergleichbar«[49]. Es bleibt zu ergänzen, dass Feldmann wohl der Auffassung war, dass diese Alternative an sich sinnlos sei, denn wer konnte in der SPD in Ost und West schon ernsthaft gegen die Einheit der deutschen Sozialdemokratie sein? Insofern hätte sich neben dem rein symbolischen Wert aus einer Urabstimmung keinerlei Nutzen für die Partei ergeben. Im Gegenteil, es wären ohne Not große Mengen an Zeit, juristischem Sachverstand und nicht zuletzt erhebliche finanzielle Mittel an ein im Kern obsoletes Projekt der Selbstvergewisserung verschwendet worden. Weitere gewichtige Argumente Feldmanns stellten die These von der lediglich durch Unrechtsmaßnahmen gebrochenen Kontinuität der deutschen Sozialdemokratie seit 1864 und die zweifelsfrei festgestellte Rechtsnachfolge der West-SPD dar:

> »Auch dieser Gesichtspunkt spricht dafür, daß die in der DDR entstandenen Teile der SPD der Gesamtpartei beitreten. Im übrigen kann auch ohne empirische Forschung davon ausgegangen werden, daß die Menschen, die in den vergangenen

---

46 Vgl. Hans Feldmann: Thesen zur Urabstimmung auf der Grundlage des Gutachtens der Fernuniversität Hagen v. 17.05.1990, AdsD SPD-Parteivorstand – Büro Stellvertreter Bundesgeschäftsführer 2/PVDG000281.
47 Ebd., S. 1.
48 Ebd.
49 Ebd.

7 Monaten in die SPD eingetreten sind, eben in ›die SPD‹ und nicht in eine eigenständige andere Partei, die nur zufällig den gleichen Namen trägt, eingetreten sind. Dies geschah auch im Bewusstsein der baldigen Vereinigung. […] Die nach der Beseitigung des Unrechts spontan entstandenen sozialdemokratischen Gliederungen können doch nicht ernsthaft als eine ›andere Partei‹ betrachtet werden. Sie stehen schließlich auch nach eigenem bekundeten Selbstverständnis in der Tradition der deutschen Sozialdemokratie seit 1864.«[50]

Vom 16. bis 18. Mai fand in Prieros bei Berlin die oben schon kurz erwähnte Planungsklausur statt, die die »organisatorische Vorbereitung für die Vereinigung der SPD in der BRD und der DDR sowie für die gesamtdeutschen Wahlen«[51] zum Thema hatte. Neben Hilsberg, Timm, Walnsch und Krug aus der Ostberliner Parteizentrale, Borkenhagen, Hartung und Wardin aus der Abteilung Organisation des Erich-Ollenhauer-Hauses waren Vertreter der Gliederungen in der DDR, der wichtigsten Partnerbezirke in der Bundesrepublik sowie nicht zuletzt des Planungsstabes von Oskar Lafontaine beteiligt.[52] Inhaltlich bewegte sich die Tagung weitestgehend in den von Wardin und den Bonner Mitarbeitern des SPD-Parteivorstandes vorgezeichneten Bahnen. Am Beginn stand die wenig erbauliche Erkenntnis, dass es der Ost-SPD »an einem fest definierten Profil und einer Botschaft, an einem klaren Erscheinungsbild« und »der Wählerschaft einer linken Volkspartei«[53] fehle. Darüber hinaus bestünden »erhebliche Unterschiede in Programmatik und Wählermilieus«, die in Bezug auf einen gemeinsamen Wahlkampf »dringend erörtert und abgestimmt werden«[54] müssten. Vor diesem Hintergrund sollten die Parteivereinigung forciert, die Wahlkampfapparate auf den verschiedenen Ebenen enger koordiniert und das Konzept »Fortschritt '90« zum Umbau und der Modernisierung der Industriegesellschaft in Bezug auf die Belange der DDR erweitert und modifiziert werden.[55] Die in diesem Sinne diskutierten und auf den Weg gebrachten organisationspolitischen Maßnahmen zur Stärkung der Ost-SPD entsprachen bis ins Detail den Planungen der Arbeitsgruppe Parteivereinigung des Erich-Ollenhauer-Hauses.[56] Als besonders wichtig für die Ost-SPD stellte Hilsberg neben der Mitgliederwerbung die demoskopische Erforschung des Profils der Ost-SPD und die personelle und organisatorische Hilfe aus dem Wes-

---

50 Ebd., S. 2.
51 Vermerk Peter Wardin v. 25.05.1990 betr. Organisatorische Vorbereitung für die Vereinigung der SPD in der BRD und der DDR sowie für die gesamtdeutschen Wahlen, mit drei Anlagen, AdsD SPD-Parteivorstand – Abteilungsleitung I Organisation 2/PVBJ000457.
52 Vgl. ebd.
53 Anlage 1 hierzu, S. 1.
54 Ebd.
55 Vgl. ebd.
56 Vgl. ebd., S. 2.

ten heraus.[57] Gleichzeitig mahnte er an, dass »alle Maßnahmen – auch personelle Verstärkung – [...] auf die jetzt auf den Parteitagen definierten Strukturen Rücksicht [zu] nehmen«[58] hätten. Die anschließend vereinbarte Aufgabenverteilung[59] sah vor, dass das Erich-Ollenhauer-Haus sich alleinverantwortlich in erster Linie um die EDV, die Schulung, die technische, fachliche, juristische und steuerrechtliche Beratung sowie um den Rednereinsatz und die Veranstaltungsorganisation kümmern sollte. Eine enge Zusammenarbeit der beiden Parteizentralen wurde in Bezug auf die innerparteiliche Öffentlichkeitsarbeit der Ost-SPD, die politische, organisatorische, wahlkampftechnische und personelle Verzahnung sowie den Aufbau der Arbeitsgemeinschaften in Aussicht genommen.[60] Schließlich wurden gemeinsame Arbeitsgruppen für die organisatorische Basisarbeit in der DDR sowie die Vereinheitlichung der Statuten und die Vorbereitung des Vereinigungsparteitages eingesetzt.[61]

Im Laufe der nächsten drei Wochen legten die beauftragten Projektgruppen und Verantwortlichen in Bonn ihre Expertisen und Maßnahmenkataloge vor. Den Anfang machte am 21. Mai Günter Wehrmeyer von der Parteischule.[62] Nach Gesprächen in Ostberlin stellte diese einschlägige Publikationen und Tagungen zur innerparteilichen Bildungsarbeit in Aussicht, die speziell auf die Bedürfnisse der Ost-SPD zugeschnitten waren. Der Verein für politische Bildung und soziale Demokratie e. V., der Ableger der Friedrich-Ebert-Stiftung in der DDR, hatte u. a. Seminare zu politischem Management, Presse- und Medientraining, der Personal- und Verhandlungsführung sowie EDV und Fremdsprachen zugesagt, die sich an die unterschiedlichen Funktionsebenen der jungen Partei richteten.[63] Die Parteischule steuerte schließlich mehrtägige Kurse zu Büroorganisation, Führungskompetenz, Rhetorik und zur Gewerkschaftspolitik bei.[64] Nachdem somit die grundlegenden und unmittelbar notwendigen Fertigkeiten der Parteiarbeit abgedeckt schienen, setzten die Verantwortlichen des SPD-Parteivorstands für das Jahr 1991 weitere Unterweisungen in Geschichte, europäischer Einigung und Ökonomie sowie Organisationspolitik auf die innerparteiliche Bildungsagenda.[65]

---

57 Anlage 2 hierzu, S. 1.
58 Ebd.
59 Anlage 3 hierzu.
60 Vgl. ebd.
61 Vgl. ebd.
62 Vgl. Vermerk Günter Wehrmeyer für Anke Fuchs v. 21.05.1990 betr. Gespräch mit Gerd Döhling, SPD-DDR, am 17. Mai 1990, AdsD SPD-Parteivorstand – Abteilungsleitung I Organisation 2/PVBJ000460.
63 Vgl. ebd., S. 2 f.
64 Vgl. Ergebnisprotokoll über das Gespräch mit Gerd Döhling, Berlin, Rungestraße am 12. Juni 1990, AdsD SPD-Parteivorstand – Abteilungsleitung I Organisation 2/PVBJ000460.
65 Vgl. ebd.

Naturgemäß recht umfangreich fiel Wardins Analyse der in der DDR vorhanden Parteistrukturen aus, die er zum 31. Mai vorlegte.[66] Einleitend stellte er fest, dass realistischerweise von einem Mitgliederstand von 25.000 bis 30.000 ausgegangen werden müsse, von denen lediglich 13.000 Personen im Erich-Ollenhauer-Haus namentlich bekannt seien. Weiterhin berichtete er von der sukzessiven Gründung der Landesverbände auf der Basis der 15 Bezirksorganisationen und den Bemühungen der Ost-SPD, auf der Ebene der Verwaltungskreise der DDR hauptamtliche Strukturen und Geschäftsstellen einzurichten. Die Mittel hierfür stammten nach den Regelungen der DDR-Parteienfinanzierung aus den beim Staatsrat der DDR vormals für die SED vorgesehenen Etatteilen und galten bis Ende 1990 als gesichert.[67] Die grundsätzliche Finanz- und Personalhoheit lag beim Parteivorstand in Ostberlin, der plante, diese nach dem Ende der Finanzierungszusage Anfang 1991 auf die Landes- und Bezirksverbände zu übertragen.[68] Sorgen machten Wardin die vier bzw. fünf Gliederungsebenen – Basisgruppe/Ortsverein, Kreisverband/Unterbezirk, Bezirks- und Landesverband –, die in der Ost-SPD existierten, und das nicht nur aus Gründen der Satzungsanpassung:

> »Es stellt sich als außerordentlich nachteilig heraus, daß die Zahl der Gliederungsebenen gemäß Statut der SPD in der DDR sehr hoch ist. Da man davon auszugehen hat, daß ab der Unterbezirksebene hauptamtliche Strukturen vorzuhalten sind, sind die Organisationsgliederungen insgesamt völlig überfordert, eine ausreichende finanzielle Deckung zu erwirtschaften. Im Zuge der Anpassung an das Statut der SPD in der Bundesrepublik dürfte davon auszugehen sein, daß schon aus finanziellen Gegebenheiten es unproblematisch wäre, eine Reform in Richtung von drei Organisationsgliederungen durchzuführen.«[69]

Als Konsequenz entwarf er auf der Basis der vorhandenen Struktur ein zum Statut der West-SPD kompatibles Dreiebenenmodell bzw. interpretierte sie entsprechend um.[70] Als unterste Ebene definierte er die »den überschaubaren Wohnbereich« erfassenden Ortsvereine. Deren Anzahl sollte – gleichsam als erweiterbare Organisationskerne –, entgegen der Tendenz, mehrere schwache Gliederungssegmente zusammenzufassen, vergrößert werden. Konsequenterweise mussten damit die Basisgruppen völlig wegfallen bzw. zu Ortsvereinen umgewidmet werden. Darüber siedelte er die Unterbezirke an, die territorial nach Möglichkeit den künftigen Bundeswahlkreisen entsprechen

---

66 Vgl. Vermerk Peter Wardin für Franz H. U. Borkenhagen und Arnold Knigge v. 31.05.1990 betr. Organisationsstruktur der SPD in der DDR, AdsD SPD-Parteivorstand – Abteilungsleitung I Organisation 2/PVBJ000460.
67 Vgl. ebd., S. 1.
68 Vgl. ebd.
69 Ebd.
70 Vgl. ebd., S. 2.

sollten. Land- oder Stadtkreisverbände wollte er allenfalls als Wahlkampfplattformen auf kommunaler Ebene, nicht aber als offizielle Parteistrukturen akzeptieren. Als höchste Gliederungsebene definierte er, analog zu den Parteibezirken in der Bundesrepublik, die bereits bestehenden oder noch zu gründenden Landesverbände. Da damit die 15 Bezirksorganisationen obsolet wurden, diese aber vor allem in Brandenburg und Sachsen stark ausgeprägte Traditionen hatten, deuteten sich hier, auch angesichts der gerade von Hilsberg artikulierten Warnung, beschlossene Strukturen nicht anzutasten, gewisse Konflikte an.[71] Wardin baute jedoch auf die normative Kraft des Faktischen und nicht zuletzt auf die heilsamen Wirkungen der aus dem Parteienfinanzierungsgesetz erwachsenden Zwänge:

»Ich gehe davon aus, daß es durch die stärkere Einbeziehung von Vertretern der SPD in der DDR in die Arbeit unserer organisationspolitischen Kommission möglich wird, diese Empfehlungen in eine behutsame Umstrukturierungsphase für die Gliederungsebenen der SPD in der DDR einzuleiten.«[72]

Die Finanzordnungen sollten nach dem Willen Wardins so gestaltet werden, dass die Finanzhoheit grundsätzlich bei den Landesverbänden lag, die damit die Strukturen auf der Landes- und Unterbezirksebene zu unterhalten hatten.[73] Gleichzeitig dämpfte er allzu hohe Erwartungen:

»Für eine Übergangszeit ist mit Sicherheit davon auszugehen, daß ein Geschäftsführer mehrere Unterbezirke betreuen muß (was gewissen Strukturen in Baden-Württemberg und Südbayern entspräche).«[74]

Keine Illusionen machte er sich, wohl auch in Kenntnis der Projektionen Feldmanns, über die Notwendigkeit eines langfristigen besonderen Förderprogramms des Parteivorstands für die Partei auf dem Gebiet der DDR, wohl aber bei der Erwartung des Mitgliederwachstums, wenn er von einer Verdreifachung der Mitgliederzahlen ausging.[75] Ebenfalls sehr optimistisch war seine Erwartung von Ausgleichszahlungen aus der Parteienfinanzierung »im Sinne einer Gleichbehandlung mit der CDU und der FDP« angesichts der jahrzehntelangen Finanzierung der Apparate der Blockparteien aus dem DDR-Staatssäckel.[76] Besonderen Zündstoff barg das Papier Wardins in Bezug auf die Zukunft der Strukturen des Vorstandes der Ost-SPD in Berlin.[77] In

---

71 Vgl. ebd.
72 Ebd., S. 3.
73 Vgl. ebd.
74 Ebd.
75 Vgl. ebd.
76 Vgl. ebd., S. 4.
77 Vgl. ebd.

der Rungestraße existierten starke Tendenzen, die Geschäftsstelle als »politisches Koordinationsgremium« für die SPD in den neuen Bundesländern erhalten zu wollen. Dagegen wandte sich Wardin scharf und mit durchaus guten Argumenten, denn dem Vorstand war es auch in der Vergangenheit nur bedingt gelungen, seine Führungsrolle gegenüber den Gliederungen auch tatsächlich auszufüllen:

> »Spätestens nach Wegfall der Voraussetzungen (Auflösung der Volkskammer und Durchführung von gesamtdeutschen Wahlen) erwiese sich ein politisches Gremium DDR-Landesverband eher als hinderlich für den gewünschten Integrationsprozeß.
> – Die innerparteiliche Willensbildung liefe an diesem vorbei, da die Landesverbände der DDR die eigentliche Grundlage der Organisation bleiben werden.
> – Die Grundlage für eine notwendige politische Koordination existiert nach der staatlichen Einheit nicht mehr, so daß zu erwarten wäre, daß das Interesse der Parteigliederungen aus der heutigen DDR an diesem Gremium rapide abnehmen würde.
> – Es ist nicht vorstellbar, daß die Landesverbände der SPD in der heutigen DDR einen zwischengeschalteten Filter für ihre politischen Initiativen überhaupt akzeptieren werden.«[78]

Wohl aber konnte er sich eine »organisationspolitische Serviceeinheit des Parteivorstandes«[79] vorstellen, die den Gliederungen im Osten gezielt zuarbeiteten. Den Landesverbänden indes traute er durchaus die Integration in die gesamtdeutsche Partei ohne die Vermittlung eines Treuhändergremiums zu.[80]

Ebenfalls Ende Mai reichte Stura seine Synopse[81] zum inhaltlichen und juristischen Vergleich der Statuten der beiden Schwesterparteien ein. Er konstatierte zahlreiche Unterschiede in den jeweiligen Definitionen und Bestimmungen, angefangen bei der Mitgliedschaft und der Gliederungsstruktur über die Partei- und Wahlämter bis hin zu den Parteigremien und der Kontroll- und Schiedskommission. Eine Vielzahl dieser Abweichungen betraf lediglich Nuancen, vereinzelt gab es aber auch substanzielle Unterschiede. In vielerlei Hinsicht war freilich das Statut der West-SPD lediglich differenzierter und ausformulierter, an manchen Stellen aber hatten die Genossen aus dem Osten auch bewusst andere Akzente gesetzt. Insofern ergab sich allein aus dem Statutenvergleich ein respektabler Anpassungsbedarf, der nicht in allen Punkten unproblematisch zu werden versprach. Diese Zwischenergebnisse der Sachverständigen des Erich-Ollenhauer-Hauses gingen zwar noch nicht explizit in die Verhandlungen

---

78 Ebd.
79 Ebd.
80 Vgl. ebd.
81 Vgl. Vermerk der Rechtsstelle für Franz Borkenhagen v. 31.05.1990 betr. Synopse, mit Anlage, AdsD SPD-Parteivorstand – Abteilungsleitung I Organisation 2/PVBJ000460.

des nächsten monatlichen Treffens von Fuchs und Hilsberg am 31. Mai ein, dürften aber im Hinterkopf der Beteiligten aus der Bundesrepublik durchaus schon präsent gewesen sein.[82] Als Ergebnis der Unterredung wurden – den Bonner Vorarbeiten folgend – wichtige Weichen in Richtung Parteivereinigung gestellt. Zunächst modifizierten die Beteiligten den Zuschnitt der in Prieros vereinbarten gemeinsamen Arbeitsgruppen, indem die Aufgabe der Organisationsangleichung und Personalplanung der Vorbereitung des Vereinigungsparteitages zugeschlagen und eine neue Runde für ein gemeinsames Wahlprogramm geschaffen wurde. Die Gruppen sollten jeweils paritätisch aus Ost und West mit sechs hauptamtlichen Mitarbeitern besetzt werden und ihre Arbeit unmittelbar nach dem Parteitag von Halle am 9. Juni aufnehmen.[83] Die Verschränkung der Arbeit der Wahlkampfleitungen wurde konkretisiert: Insbesondere auch im Hinblick auf die Vorbereitung der kommenden Landtagswahlkämpfe sollten ab Sommer aus dem Erich-Ollenhauer-Haus und den Gliederungen der West-SPD jeweils drei hauptamtliche Mitarbeiter für ein Jahr an die ostdeutschen Landesverbände abgeordnet werden.[84] Die mobile Mitgliederwerbegruppe, für die zehn Angehörige der Ost-SPD und zwei aus der Bundesrepublik vorgesehen waren, wurde ebenso auf den Weg gebracht wie weitere organisationspolitische Konferenzen in Aussicht genommen.[85] Ganz im Sinne der Bonner Arbeitsgruppe gingen nun auch sämtliche Maßnahmen in Bezug auf die innerparteiliche Kommunikation und Informationsversorgung, die Schulungs- und Bildungsarbeit sowie zum Aufbau tragfähiger EDV-Strukturen in die Umsetzungsphase.[86] Bemerkenswert ist, dass Borkenhagen, Knigge und Wardin, ohne dass dies mit Hilsberg explizit besprochen worden wäre, in ihren Ratschlägen für Vogel und Fuchs bezüglich der Angleichung der Organisationsstrukturen, der Personalplanung, aber auch der Satzungsfragen Vorentscheidungen im Sinne der oben diskutierten Situationsanalysen nahe legten.[87] Allzu viel

---

82 Vgl. Vermerk Franz H. U. Borkenhagen, Arnold Knigge und Peter Wardin für Hans-Jochen Vogel und Anke Fuchs v. 06.06.1990 betr. Parteivereinigung, hier: Vorbereitung von Gesprächen auf dem Parteitag in Halle am 9. Juni 1990, AdsD SPD-Parteivorstand – Abteilungsleitung I Organisation 2/PVBJ000459 sowie Vermerk Franz H. U. Borkenhagen, Arnold Knigge und Peter Wardin für Anke Fuchs v. 30.05.1990 betr. Gespräch mit Stephan Hilsberg, AdsD SPD-Parteivorstand – Bundesgeschäftsführerin Anke Fuchs 2/PVDZ000272 bzw. SPD-Parteivorstand – Abteilungsleitung I Organisation 2/PVBJ000460. Letzterer Vermerk diente der inhaltlichen Vorbereitung der Bundesgeschäftsführerin. Er liegt in zwei Ausfertigungen mit jeweils handschriftlichen Notizen von Borkenhagen und Knigge vor, die die Ergebnisse der Unterredung dokumentieren.
83 Vgl. Vermerk Franz H. U. Borkenhagen, Arnold Knigge und Peter Wardin für Hans-Jochen Vogel und Anke Fuchs v. 06.06.1990 betr. Parteivereinigung, hier: Vorbereitung von Gesprächen auf dem Parteitag in Halle am 9. Juni 1990, S. 2, AdsD SPD-Parteivorstand – Abteilungsleitung I Organisation 2/PVBJ000459.
84 Vgl. ebd., S. 4.
85 Vgl. ebd., S. 4 f.
86 Vgl. ebd., S. 5 ff.
87 Vgl. ebd., S. 3.

Verhandlungsspielraum scheint die Abteilung I des SPD-Parteivorstandes jedenfalls nicht gesehen zu haben; das insinuiert zumindest folgende Formulierung:

> »Beide Fragen (Organisationsstruktur und hauptamtliche Struktur) sollten in der zu bildenden Arbeitsgruppe eingehend erörtert und mit einem entscheidungsfähigen Vorschlag beantwortet werden.«[88]

Auch auf die Gefahr hin, einige technische Details aus den Augen zu verlieren, können die weiteren Beiträge der Referate Öffentlichkeitsarbeit, EDV und der Parteischule weitestgehend übergangen werden.[89] Eine Erkenntnis, die eine Mitarbeiterin der Pressestelle von einer Reise in die DDR mitbrachte, benennt jedoch ein grundlegendes Organisationshemmnis, das noch lange bestehen und sich sogar noch verschärfen sollte:

> »Für eine Mitgliederstabilisierung fehlen alle Mittel und insbesondere bei der Beratung, was denn vor Ort zu tun sei, ist kein Angebot vorhanden [...] Die Problematik der Mitgliederwerbung wird außerdem dadurch erschwert, daß viele DDR-Bürger nach den Erfahrungen der letzten Jahrzehnte außerordentlich parteiorganisationsmüde sind. Verständlich.«[90]

Nicht nur vor diesem Hintergrund war Walter Edenhofers Plan zum Aufbau der AfA in der DDR, den er am 6. Juni vorlegte[91], von besonderer Bedeutung. Zum einen sollten damit grundsätzlich organisationsaffine DDR-Bürger an die Sozialdemokratie herangeführt werden, zum anderen wollte man damit endlich den Schulterschluss mit den Gewerkschaften als wichtigste Partnerverbände der SPD im vorpolitischen Raum erreichen, der bislang in der DDR so gründlich misslungen war. Insofern setzte er auf der politischen Makroebene an und stellte einleitend fest, dass die SPD in den Verhandlungen über den ersten Staatsvertrag zwar sozial- und arbeitsmarktpolitisch etliches erreicht habe, gleichwohl den Arbeitnehmern in der DDR eine zentrale Botschaft zu vermitteln sei: Die »sozialpolitischen Forderungen von Sozialdemokraten und Gewerkschaften« deckten sich nicht mit dem Begriff der Sozialen Marktwirtschaft – sie gingen darüber hinaus, weil das gemeinsame Ziel die »Ausrichtung der Gesamtpolitik am Prinzip der sozialen Gerechtigkeit und einer solidarischen Gesell-

---

88 Ebd.
89 Sie befinden sich sämtlich in: AdsD SPD-Parteivorstand – Abteilungsleitung I Organisation 2/PVBJ000460.
90 Notizen zum Besuch bei der SPD in der DDR, o. D., o. Verf. [verm. Barbara Schwehn], S. 1, AdsD SPD-Parteivorstand – Abteilungsleitung I Organisation 2/PVBJ000460.
91 Vgl. Aktionsprogramm für den Aufbau und die Entwicklung der Arbeitsgemeinschaft für Arbeitnehmerfragen (AfA) in der DDR v. 06.06.1990, AdsD SPD-Parteivorstand – Abteilungsleitung I Organisation 2/PVBJ000460.

schaft« sei.[92] Wie auch im Westen sollte die AfA in der DDR als organisatorisches Bindeglied zwischen Arbeitnehmern, Betriebsräten, Gewerkschaften und SPD die genuinen Arbeitnehmerinteressen in der Partei artikulieren und in deren Willensbildungsprozess einbringen.[93] Konkrete Ansatzpunkte für eine bessere Verankerung der SPD in der Arbeiterschaft sah Edenhofer einerseits in der Unterstützung der Gewerkschaften bei der konkreten Umsetzung etwa des Betriebsverfassungsgesetzes und der betrieblichen Mitbestimmung sowie andererseits der Kandidatur von Sozialdemokraten bei Betriebs- und Personalratswahlen.[94] Als öffentlichkeitswirksame Initialzündung für die Gründung der AfAs auf Landes-, Bezirks- und Kreisebene projektierte er eine überregionale Arbeitnehmerkonferenz von Parteivertretern, Betriebsräten und Gewerkschaftern für September 1990, der weitere Treffen dieser Art auf den jeweiligen Ebenen der Gliederungen zu folgen hatten. Gleichwohl war er sich klar darüber, dass die eigentliche Basisarbeit in den Betrieben selbst durch Vertrauensleute geleistet werden musste. Neben allgemeiner Informations- und Bildungsarbeit waren also zuallererst die Intensivierung der Zusammenarbeit mit den in Gründung befindlichen freien Gewerkschaften und die Vorbereitung der Betriebsratswahlen das Gebot der Stunde.[95] Zwar waren die Überlegungen Edenhofers in sich schlüssig und stringent, wirken aber doch ein wenig wie die etwas starre und schematische Übertragung westlicher Konzepte, die in einer völlig anderen organisatorischen Umgebung und Tradition sinnvoll und erfolgreich waren, auf die DDR. Ansatzpunkte, um den Teufelskreis aus völliger Überspannung der personellen Möglichkeiten der Ost-SPD, mangelnder Bindung an die Gewerkschaften und allgemeiner Organisationsmüdigkeit aufzubrechen, sucht der Betrachter vergeblich. Insofern blieb es abzuwarten, ob sich die durchaus beachtlichen Mittel, die Edenhofer für sein Programm einforderte[96], auszahlen würden.

In der Ost-SPD wurden die organisatorischen und juristischen Probleme der Parteivereinigung auf Vorstands- und Präsidiumsebene offenbar zunächst nur wenig und allenfalls oberflächlich diskutiert. In den Gremienprotokollen taucht das Thema einigermaßen ausführlich erst am 28. Mai 1990 im Zusammenhang mit der Vorbereitung des Parteitages von Halle auf, zu einem Zeitpunkt also, als die Bonner Planungen schon relativ weit gediehen waren und Hilsberg schon praktisch in diesen Prozess eingebunden war:

»Die Vereinigung ist rechtzeitig anzudenken und zu diskutieren, eine schnelle Vereinigung löst aber die innerparteilichen Probleme nicht. Es ist im Gegenteil wich-

---

92 Ebd., S. 1 f.
93 Vgl. ebd., S. 2.
94 Vgl. ebd.
95 Vgl. ebd., S. 4 f.
96 Vgl. ebd., S. 6.

tig, erst für innere Stabilität zu sorgen, bevor ein Konzept für die Vereinigung der Parteien erarbeitet wird. Die Partnerschaft zwischen beiden Parteien muß auf dem aktuellen Stand entsprechend qualifiziert werden.«[97]

In dieser knappen Notiz deuten sich nicht nur gewisse Kommunikationsdefizite zwischen Geschäftsführung und Vorstand der Ost-SPD an, sondern sie offenbart mit ihrer Reduzierung auf die Binnenperspektive eine erstaunliche Verkennung der gesamten Tragweite der Vorbereitungen der Parteivereinigung. Die hinhaltenden Aspekte dieser Grundposition bekräftigte der Vorstand noch einmal eine Woche später am Vorabend des Parteitags.[98]

Über den vollen Umfang und die inhaltliche und organisatorische Tiefendimension der Verhandlungen mit dem Erich-Ollenhauer-Haus unterrichtete Hilsberg das Präsidium der Ost-SPD erst zur Sitzung am 15. Juni.[99] Um die Interessen der Ost-SPD wirkungsvoll artikulieren zu können, regte er zur Unterfütterung der geplanten gemeinsamen Kommissionen und Arbeitsgruppen eigene Verhandlungsdelegationen an, die in erster Linie die politisch-programmatische Ebene des Wahlprogramms im Auge behalten sollten.[100] Für die künftigen gemeinsamen Gremien sowie den Parteitag forderte er eine Quotierung von 40 Prozent für die Ost-SPD, die gleichzeitig eine Sperrminorität beinhaltete, mit einer Geltung von mindestens vier Jahren. Darüber hinaus strebte er an der Parteispitze »2 gleichrangige Parteivorsitzende [...] sowie 4 Stellvertreter, davon 2 aus den Ländern der DDR«[101] an. Dass die Parteivereinigung nur auf dem Wege der Urabstimmung legitimiert und durchgeführt werden konnte, stand für ihn außer Frage.[102] Diese Linie wurde ohne Abstriche vom Präsidium bekräftigt und beschlossen:

»Wir müssen rechtzeitig, wenn nötig in harten Verhandlungen, unsere Bedingungen für die Parteivereinigung einbringen.

---

97 Protokoll der Vorstandssitzung am 28.05.1990, AdsD Sozialdemokratische Partei in der DDR – SDP/SPD-Parteivorstand 2/SDPA000057.
98 »Der Vorstand sollte vom Parteitag legitimiert werden, die Vereinigung der Parteien inhaltlich zügig vorzubereiten, ohne jedoch den frühen Termin zu fördern.« Protokoll der Vorstandssitzung am 08.06.1990, AdsD Sozialdemokratische Partei in der DDR – SDP/SPD-Parteivorstand 2/SDPA000057.
99 Vgl. Vorlage für die Präsidiumssitzung am 15.06.1990 zur Parteivereinigung v. 14.06.1990, Sozialdemokratische Partei in der DDR – SDP/SPD-Parteivorstand 2/SDPA000061 sowie Aktennotiz für die Präsidiumssitzung vom 15.06.1990 betr. Zusammenarbeit der SPD (DDR) und SPD (BRD) v. 14.06.1990, ebd.
100 Vgl. Vorlage für die Präsidiumssitzung am 15.06.1990 zur Parteivereinigung v. 14.06.1990, Sozialdemokratische Partei in der DDR – SDP/SPD-Parteivorstand 2/SDPA000061.
101 Ebd.
102 Vgl. ebd.

- Obwohl die Parteien unterschiedlich groß sind, sollten sie gleichberechtigt bewertet werden.
- Eine klare Quotierung zugunsten unserer Partei für die Besetzung der Gremien in einer Übergangszeit ist unabdingbar.
- Der Vereinigungsparteitag muß in Berlin stattfinden.
- Für eine Übergangszeit sollte eine gewisse Eigenständigkeit des Teils der SPD auf ehemaligem DDR-Territorium gewährleistet werden, da die Probleme in diesem Teil andere sind, als im westlichen Teil.
- bei der funktionalen Besetzung im gemeinsamen Parteivorstand (GF, SM) müssen wir Forderungen für uns einbringen.«[103]

Angesichts der oben analysierten Planungen des Erich-Ollenhauer-Hauses versprachen die Verhandlungen also unerwartet schwierig zu werden, zumal sich nach dem Vereinigungsbeschluss von Halle in Bonn der Diskussionsprozess immer weiter zugunsten der Position Feldmanns entwickelt hatte. Anders ist das leidenschaftliche Plädoyer Wardins, der die Stimmungslage in der Ost-SPD aus eigener Anschauung bestens kannte, für die Urabstimmung kaum zu verstehen.[104] Zwar ließ die Spitze der West-SPD bei ihrem Votum für die Einleitung der Parteivereinigung vom 13. Juni diese Frage bewusst offen, aber die Stimmen, die sich gegen eine Urabstimmung und für die Ausdehnung der West-SPD auf das Gebiet der DDR nach dem Feldmann'schen Modell aussprachen, waren deutlich vernehmbar.[105] Bei den anwesenden Vertretern der Ost-SPD müssen spätestens in diesem Moment die Alarmglocken überdeutlich geschrillt haben. Verstärkt wurde dieser Effekt durch eine für die ostdeutschen Genossen offensichtlich höchst unerfreuliche Besprechung der beiden Schatzmeistereien, die am selben Tag in Bonn stattfand.[106] Nach Kloses ausführlicher Bilanz der finanziellen Schwierigkeiten, Herausforderungen und auch Belastungen, die die Parteivereinigung für die Parteikasse bedeutete, protokollierten die Mitarbeiter Kuessners erzürnt:

»Den Vertretern der DDR-SPD ist die Behandlung als Konkursmasse nicht neu. […] Die Bonner Vorstellungen lassen Kollegialität, sonst betonte Bescheidenheit und Solidarität vermissen und zeigen deutliche Alleinentscheidungsansprüche

---

103 Protokoll der Präsidiumssitzung am 15.06.1990, AdsD Sozialdemokratische Partei in der DDR – SDP/SPD-Parteivorstand 2/SDPA000061.
104 Vgl. Vermerk Peter Wardin für Franz H. U. Borkenhagen und Arnold Knigge v. 11.06.1990 betr. Verschmelzung der beiden Parteien, hier: Durchführung einer Urabstimmung, AdsD SPD-Parteivorstand – Abteilungsleitung I Organisation 2/PVBJ000460.
105 Vgl. Protokoll über die gemeinsame Sitzung von geschäftsführendem Fraktionsvorstand und Präsidium v. 13.06.1990, abgedr. i.: Fischer, Einheit, a. a. O., S. 324.
106 Vgl. Niederschrift über ein Gespräch zwischen Vertretern der beiden SPD am 13.06.1990 in Bonn v. 17.06.1990, AdsD SPD-Fraktion in der Volkskammer der DDR 2/VKFA000112.

(H.-U. Klose verneint einen DDR-SPD-Politiker als stellv. Vorsitzenden einer gesamtdeutschen SPD).«[107]

Darüber hinaus hatte Klose unmissverständlich klargemacht, dass aus Sicht der Schatzmeisterei im Erich-Ollenhauer-Haus der hauptamtliche Personalbestand der Ost-SPD, insbesondere auch in der Rungestraße, »stark reduziert« werden müsse, es sei denn, die Gliederungen in den neuen Ländern wären in der Lage, diesen Apparat selbst zu finanzieren.[108] Kurz darauf tagte zum ersten Mal die gemeinsame Kommission zur Parteivereinigung[109], an der von westlicher Seite u. a. Vogel, Fuchs, Klose, Däubler-Gmelin und Stobbe sowie von östlicher Seite Thierse, Hilsberg, Kamilli, Kuessner und Ringstorff beteiligt waren. Thierse plädierte zunächst dafür, den Parteitag zu einem positiven Signal für den sozialdemokratischen Blick auf die staatliche Einigung zu machen und vor diesem Hintergrund Ostberlin als Tagungsort zu wählen. Ganz auf dieser Linie setzte er sich entsprechend der zuvor gefassten Beschlüsse für eine Quotierung der Delegierten und Gremien ein. Hilsberg sekundierte und brachte zusätzlich seine Forderung nach einer zeitweiligen Sperrminorität für die Ost-SPD ins Spiel.[110] Vogel hütete sich wohlweislich, hier klar Position zu beziehen und verschanzte sich, gerade was Quotierung und Sperrminorität anbetraf, hinter dem bundesdeutschen Parteiengesetz. Lediglich mit Blick auf die Delegiertenfestsetzung für den Vereinigungsparteitag stellte Vogel ein Entgegenkommen im Rahmen der Argumentation Feldmanns in Aussicht.[111] Gleichzeitig bezweifelte er aber grundsätzlich die Notwendigkeit der insbesondere von Teilen der Ost-SPD befürworteten Urabstimmung und löste damit eine offene Kontroverse bei den ostdeutschen Genossen aus.[112] Während Hilsberg und Kamilli sich vehement für die Befragung der Basis einsetzten, sprachen sich Ringstorff und Kuessner dagegen aus. Nachdem der neue Vorsitzende Thierse Letztere mit einer bemerkenswert salomonischen Formulierung unterstützt hatte, war das Thema faktisch vom Tisch:

»Wolfgang Thierse kündigte an, daß man die Beteiligung der Parteimitglieder über eine breite Meinungsbildung vom Ortsverein bis zum Bezirk auf andere Weise sicherstellen werde.«[113]

---

107 Ebd.
108 Vgl. ebd.
109 Vgl. Protokoll betr. Sitzung der Gemeinsamen Kommission zur Parteivereinigung am 17.06.1990, AdsD Depositum Wolfgang Thierse 1/WTAA000021.
110 Vgl. ebd.
111 Vgl. ebd.
112 Vgl. ebd.
113 Ebd.

Ein Vermerk von Knigge für den Lafontaine-Vertrauten Pitt Weber offenbart, dass für diese grundlegende Weichenstellung nicht nur organisatorische, terminliche und praktische Gründe ausschlaggebend waren, sondern dass im Hintergrund noch ganz andere Ängste rumorten:

> »Es ist nicht zu erwarten, daß es bei einer Urabstimmung zu einer hohen Wahlbeteiligung käme. Außerdem stünde zu befürchten, daß ein nicht geringer Teil sich gegen die Vereinigung aussprechen würde (als Ventil einer ablehnenden Haltung gegenüber der deutschen Einheit insgesamt).«[114]

Ob Knigge dieses Urteil nur auf die Mitgliedschaft in der Bundesrepublik bezog, geht aus dem Aktenstück leider nicht hervor. Da er hier in seiner offiziellen Funktion des Büroleiters von Anke Fuchs sprach, kann davon ausgegangen werden, dass diese Einschätzung von der Bundesgeschäftsführung insgesamt geteilt wurde. Auch ansonsten machte Knigge, dessen Ausführungen sich weitestgehend mit einer Vorlage für die nächste Präsidiumssitzung deckten, kaum einen Hehl aus den Verfahrenspräferenzen der Bonner Parteizentrale: Beitritt der Ost-SPD nach dem Modell der Sozialdemokratischen Partei des Saarlandes 1956 ohne Urabstimmung, Öffnung des Statuts der West-SPD und Erweiterung des bestehenden Vorstandes durch Mitglieder aus der DDR.[115] Am 22. Juni griff Norbert Gansel in die Debatte ein und argumentierte vehement dagegen:

> »Die gesamtdeutsche SPD wird durch eine Vereinigung herbeigeführt, in der die junge Sozialdemokratie der DDR ihre eigene Identität einbringt, die Identität einer SPD, die die Rechtsnachfolge der durch die Zwangsvereinigung in der SBZ zerschlagenen SPD angetreten hat, sich auf ihre Traditionen und sich im Kampf gegen das SED-Regime ihre eigene Geschichte, Organisation und Programmatik geschaffen hat. Die Vereinigung ist deshalb keine Ausdehnung der SPD der Bundesrepublik auf die DDR [...]. Deshalb gilt für die Bundesrepublik das Parteiengesetz und für beide Parteien ihr Statut, das bei einer ›Verschmelzung‹ [...] eine Urabstimmung vorsieht.«[116]

Gleichzeitig erkannte er an, dass diese wegen organisatorischer Schwierigkeiten nicht mehr bis zur Jahreswende durchgeführt werden konnte, und plädierte insofern da-

---

[114] Vermerk Arnold Knigge für Pitt Weber betr. Variationen zur Parteivereinigung v. 19.06.1990, S. 3, AdsD SPD-Parteivorstand – Bundesgeschäftsführerin Anke Fuchs 2/PVDZ000322.
[115] Vgl. ebd.
[116] Norbert Gansel: Vorschläge zur Vereinigung der SPD der Bundesrepublik und der SPD der DDR v. 22.06.1990, Archiv der Bundesstiftung Aufarbeitung, Vorlass Markus Meckel 56; siehe auch: AdsD Sozialdemokratische Partei in der DDR – SDP/SPD-Parteivorstand 2/SDPA000035.

1 Organisatorische und politische Vorbereitungen

für, sie im Frühjahr 1991 nachzuholen.[117] Das Ruder herumreißen konnte Gansel jedoch nicht mehr, obwohl seine Meinung bei Vogel durchaus ein gewisses Gewicht hatte. Am 25. Juni versammelten sich nacheinander Präsidium und Parteivorstand der West-SPD in Bonn[118], um u. a. über den Weg zur Parteivereinigung zu debattieren und zu beschließen. Zunächst berichtete Vogel über die bisherige Beschlusslage und die Empfehlungen des Präsidiums. Diese folgte weitestgehend dem bisherigen Diskussionsstand im Erich-Ollenhauer-Haus. In Bezug auf die Quotierung ging die Präsidiumsvorlage über die Feldmann'schen Berechnungen hinaus und kam der Ost-SPD in ihren Bedürfnissen relativ weit entgegen. Von einer wie auch immer gearteten Sperrminorität für die Schwesterpartei war freilich nicht mehr die Rede:

> »Auf dem Vereinigungsparteitag soll die Schwesterpartei durch 100 stimmberechtigte Delegierte und mit 34 stimmberechtigten Vorstandsmitgliedern vertreten sein. Dies sei eine optimale Relation. Auf dem ersten ordentlichen Parteitag im Frühjahr 1991 solle nach dem günstigeren der im Parteiengesetz vorgesehenen beiden Schlüssel verfahren werden. Danach erhielten die Vertreter aus den Landesverbänden der DDR eine Delegiertenzahl, die aus der Zahl der abgegebenen Wählerstimmen und der Mitgliederzahl ermittelt werden. Auf dem darauffolgenden ordentlichen Parteitag solle dann wieder der bislang gültige Delegiertenschlüssel – also nur nach der Mitgliederzahl – zur Anwendung kommen. Analog dazu sollen durch den Vereinigungsparteitag 10 Vertreter der SPD der DDR in den Parteivorstand aufgenommen werden, darunter ein weiterer stellvertretender Vorsitzender und ein Präsidiumsmitglied. Auf dem Parteitag 1991 soll diese Zahl auf 5 heruntergehen und ab 1993 soll der PV wieder aus 40 Mitgliedern bestehen.«[119]

Die Nominierung des Kanzlerkandidaten Oskar Lafontaine und die Verabschiedung des Wahlprogramms, das unter maßgeblicher Beteiligung von Thierse erarbeitet werden sollte, war für eine gemeinsame Vorstandssitzung am 31. August und dem darauf folgenden Tag vorgesehen.[120] Thierse[121] gab zunächst seiner Genugtuung über den geplanten Ort des Vereinigungsparteitags Ausdruck – Berlin, die Stadt, »in der die Zwangsvereinigung vollzogen wurde«. Darüber hinaus begrüßte er die Quotierungsvorschläge als Signal der »Gleichberechtigung« und akzeptierte das westdeutsche Rahmenkonzept Fortschritt '90 als Grundlage des Wahlprogramms. Er bedauerte jedoch auch, dass keine Neuwahl des Vorstandes stattfinden würde, erklärte sich aber angesichts der vorhandenen Bedenken mit der vorgeschlagenen Lösung einver-

---

117 Vgl. ebd.
118 Vgl. Protokoll über die Sitzung des Parteivorstandes der SPD v. 25.06.1990, AdsD SPD-Parteivorstand – Vorstandssekretariat; auszugsweise abgedr. i.: Fischer, Einheit, a. a. O., S. 347 ff.
119 Ebd., S. 348.
120 Vgl. ebd.
121 Vgl. ebd., S. 349.

401

standen. Der neue Vorsitzende der Ost-SPD, der offensichtlich die Schwäche der Verhandlungsposition ebenso wie die völlige logistische und materielle Abhängigkeit seiner Partei von der West-SPD genau einzuschätzen wusste, zeigte also einmal mehr taktisch-politisches Geschick, indem er das wenige Erreichte symbolisch aufzuwerten wusste. Die anschließende Debatte[122] drehte sich in erster Linie um die Fragen der Urabstimmung und die Neuwahl des Vorstandes der gesamtdeutschen SPD. Für die direkte Basisbeteiligung machten sich insbesondere Peter von Oertzen, natürlich Norbert Gansel, Henning Scherf, Peter Conradi, Rudolf Scharping, Dieter Spöri, Anke Brunn und schließlich Katrin Fuchs stark. Dem standen die gewichtigen Stimmen und Argumente von u. a. Johannes Rau, Klaus von Dohnanyi, Walter Momper und Inge Wettig-Danielmeier, aus der Bundestagsfraktion Herta Däubler-Gmelin und Rudolf Dreßler sowie schließlich der Bundesgeschäftsführerin Anke Fuchs gegenüber. Die Befürworter einer Neuwahl des Vorstandes[123] wurden bezeichnenderweise u. a. von Rudolf Scharping und Gerhard Schröder angeführt, die nur wenige Wochen zuvor im Sinne Lafontaines den Aufstand gegen Vogel geprobt hatten und damit einstweilen gescheitert waren. Entsprechend wurde dieses Schlachtfeld – nicht zuletzt aufgrund der höchst schädlichen Außenwirkung von Führungsstreitigkeiten – recht schnell wieder geschlossen. Die Ausführungen Kloses[124] zu den finanziellen Aspekten der Parteivereinigung dürften zudem eindrücklich klar gemacht haben, dass es zu den Plänen des Erich-Ollenhauer-Hauses keine realistischen Alternativen gab. Er rechnete vor, dass für den Auf- und Ausbau der Parteiorganisation im Osten in den nächsten Jahren zwischen 25 und 45 Millionen DM erforderlich sein würden. Seine hauptamtliche Strukturplanung sah vorerst »eine Kopfstelle des gemeinsamen Parteivorstandes in Berlin«, fünf Landes- und etwa 10 Regionalgeschäftsstellen mit insgesamt rund 160 Mitarbeitern vor. Zur Finanzierung der daraus entstehenden Lasten sei neben den Bemühungen um Wiedergutmachung für verlorenes Parteivermögen eine Erhöhung der Mitgliedsbeiträge unumgänglich. Anke Fuchs[125] stellte abschließend klar, dass diese Aufgabe »einige Jahre« in Anspruch nehmen und ein »langer Atem« erforderlich sein würde. Mit den darauf folgenden Abstimmungen konnten das Präsidium und die Parteizentrale dann auch entsprechend zufrieden sein, denn sämtliche Vorlagen wurden einstimmig oder mit ganz überwiegender Mehrheit angenommen.[126]

Obwohl sich Thierse demonstrativ zufrieden gezeigt hatte, wurden die Bonner Entscheidungen in Ostberlin eher verhalten aufgenommen. Die Führung der Ost-

---

122 Vgl. ebd., S. 350 ff.
123 Vgl. ebd., S. 351 f.
124 Vgl. ebd. S. 353; vgl. hierzu auch: Vermerk Hans Feldmann für Hans-Ulrich Klose betr. Schätzung des voraussichtlichen Zuschußbedarfes der Partei im Bereich der DDR für die Jahre 1991–1994, AdsD Sozialdemokratische Partei in der DDR – SDP/SPD-Parteivorstand 2/SDPA000061.
125 Vgl. Protokoll über die Sitzung des Parteivorstandes der SPD v. 25.06.1990, AdsD SPD-Parteivorstand – Vorstandssekretariat; auszugsweise abgedr. i.: Fischer, Einheit, a. a. O., S. 354.
126 Vgl. ebd., S. 355.

SPD fühlte sich offensichtlich – und auch nicht ganz zu Unrecht – vor vollendete Tatsachen gestellt:

> »Es scheint Konsens darüber zu bestehen, daß man die Beschlüsse des Parteivorstandes SPD-West akzeptieren kann. Einige Präsidiumsmitglieder äußerten ihr Befremden über die Art und Weise des Zustandekommens der Beschlüsse. Eine Einberufung des gemeinsamen Rates zur formellen Bestätigung der Positionen der SPD-West als gemeinsames Ergebnis zur Parteienvereinigung wurde nicht beschlossen.«[127]

Der Parteivorstand der Ost-SPD signalisierte zwar eine Woche später, am 2. Juli, seine Zustimmung, formulierte aber etlichen Nachverhandlungsbedarf, insbesondere in Bezug auf die Quotierungen, die Vertretung in den gemeinsamen Gremien sowie der Schieds- und Kontrollkommission.[128] Diese Forderungen hatten jedoch teilweise kaum mehr Chancen auf Verwirklichung als die völlig unrealistische Vorstellung von der Etablierung zweier gleichberechtigter Parteizentralen in Bonn und Berlin.[129] Aus einer reichlich schwachen Ausgangsposition heraus rang die Ost-SPD um mehr Mitspracherechte und um mehr Autonomie für die Zeit nach dem Parteivereinigungsprozess, was zu einem kaum auflösbaren Spannungsverhältnis zwischen Anspruch und Wirklichkeit führte. Ein prominentes Opfer dieser Konstellation war Mitte Juli der nicht immer glücklich agierende Geschäftsführer der Ost-SPD Stephan Hilsberg. Am 18. Juli 1990 erreichte den Parteivorstand ein Schreiben, in dem Hilsberg mitteilte:

> »Im Vorfeld der Vereinigung der SPD-West und SPD-Ost sowie im Vorfeld der SPD-Landtagswahlen in der DDR benötigt die Sozialdemokratie klare Planungs- und Entscheidungsstrukturen. Diese Klarheit wird nicht durch die Verdoppelung und Verdreifachung von Strukturen herbeigeführt. Um einen Beitrag zur notwendigen Bündelung von Entscheidungsstrukturen zu leisten, trete ich als Geschäftsführer der Sozialdemokratischen Partei Ost zurück.«[130]

Der Vorstand nahm diese überraschende Demission in der Sitzung vom 23. Juli scheinbar ungerührt zur Kenntnis und bestimmte den westdeutschen Politologen und Entwicklungspolitikexperten Detlef von Schwerin, der bereits Hilsbergs Stell-

---

127 Protokoll der Sonderpräsidiumssitzung am 26.06.1990, AdsD Sozialdemokratische Partei in der DDR – SDP/SPD-Parteivorstand 2/SDPA000061.
128 Vgl. Protokoll der Vorstandssitzung am 02.07.1990, AdsD Sozialdemokratische Partei in der DDR – SDP/SPD-Parteivorstand 2/SDPA000057.
129 Vgl. ebd.
130 Vgl. Stephan Hilsberg an den SPD-Vorstand v. 18.07.1990, AdsD Sozialdemokratische Partei in der DDR – SDP/SPD-Parteivorstand 2/SDPA000057.

vertreter gewesen war, zum »technisch-organisatorischen« Geschäftsführer.[131] Die politische Federführung wurde Hinrich Kuessner übertragen.

Angesichts des Wortlautes von Hilsbergs Rücktrittsschreiben ist die Interpretation, die Sturm zu diesem Vorgang anbietet und die unter Rückgriff auf Arne Grimm in erster Linie mangelnde Sensibilitäten der West-SPD hierfür verantwortlich macht, zumindest einseitig.[132] De facto prangerte Hilsberg in seinem Brief auch die Forderungen seiner Parteifreunde nach umfangreichen ostdeutschen Reservatlösungen an, die weder politisch und organisatorisch sinnvoll noch finanzierbar waren. Hilsberg verspürte sicherlich wenig Neigung, zwischen den in fast allen Belangen zwingenden Argumentationen des Erich-Ollenhauer-Hauses und den vielfach unrealistischen organisationspolitischen Ansprüchen in der Ostberliner Rungestraße zerrieben zu werden. Dass die westdeutsche Vorgehensweise zweifellos Züge eines pragmatisch begründeten Oktroi trug, ist gleichwohl ausdrücklich festzuhalten.

In den Verhandlungen der Statutenkommissionen versuchte Elmer, verschiedene Elemente aus dem ursprünglichen SDP-Statut, etwa in Bezug auf die weltanschauliche Ausrichtung, Gliederungsstruktur und Basisdemokratie, Ämterhäufung und Verschränkung der Gremien, in die gemeinsame Satzung hinüberzuretten.[133] Ob nun tatsächlich Erik Bettermann, wie Sturm mit Bezug auf Arne Grimm berichtet, die erste Sitzung der Statutenkommission mit den Worten eröffnete, »Die Sozialdemokratische Partei Deutschlands ist über 120 Jahre alt. Die SPD hat ein Statut!«[134], sei dahingestellt. Fakt ist jedoch, dass von den Änderungswünschen der Ost-SPD am Schluss nicht allzu viel übrig blieb.[135] Bei aller Unnachgiebigkeit im sachlichen Kern ist aber auch immer wieder das Bemühen erkennbar, in bestimmten Formulierungen auf Sensibilitäten der ostdeutschen Genossen Rücksicht zu nehmen oder Übergangsregelungen einzuräumen.[136] Die merkwürdigen Ähnlichkeiten mit der Verhandlungsstrategie Schäubles beim Einigungsvertrag sind sicherlich nicht ganz zufällig und in vielerlei Hinsicht der Situation des Einigungsprozesses insgesamt geschuldet. Am Ende konnte Elmer in seiner Bilanz der Arbeit der Statutenkommission im September

---

131 Vgl. Protokoll der Vorstandssitzung am 23.07.1990, AdsD Sozialdemokratische Partei in der DDR – SDP/SPD-Parteivorstand 2/SDPA000057. Zu Detlef von Schwerin vgl.: Immer quer, immer daneben. Spiegel-Reporter Jürgen Leinemann über zwei deutsche Familien und die Last der Vergangenheit, in: Der Spiegel Nr. 4 (1993) sowie AdsD Depositum Detlef von Schwerin.
132 Vgl. Sturm, a. a. O., S. 380.
133 Vgl. Konrad Elmer: Änderungen und Ergänzungen am Organisationsstatut-West v. 23.07.1990, AdsD Sozialdemokratische Partei in der DDR – SDP/SPD-Parteivorstand 2/SDPA000057.
134 Zit. n. Sturm, a. a. O., S. 379 f.
135 Vgl. Synopse zum Organisationsstatut, Stand 27.07. bzw. 15.08.1990 sowie Abteilung I/1 Organisation – Rudolf Hartung, Vorlage für die Sitzung des Präsidiums am 27.08.1990, AdsD SPD-Parteivorstand – Büro Stellvertretender Bundesgeschäftsführer 2/PVDG000408; vgl. auch Sturm, a. a. O., S. 380.
136 Vgl. ebd.

1990 lediglich auf kosmetische Änderungen in der Präambel und die leichte Stärkung des Parteirates verweisen.[137]

Die Verhandlungen der gemeinsamen Kommission zur Erarbeitung eines Regierungsprogramms begannen Ende Juni 1990 mit einem Gespräch des Sekretärs der Arbeitsgruppe Fortschritt '90, Joachim Hofmann-Göttig, mit Thierse, Hilsberg und Matschie.[138] Die Runde einigte sich zunächst auf die Kommissionsmitglieder[139], den Zeitplan und den grundsätzlichen Zuschnitt des anzustrebenden Programms. Es sollte möglichst knapp ausfallen und sich auf die nach Ansicht der Sozialdemokraten »wahlentscheidenden Themen«[140] konzentrieren. Die Basis stellte das Ergebnis der Arbeitsgruppe Fortschritt '90 dar, das auf seine politische und sachliche Anwendbarkeit und Übertragbarkeit auf ein vereinigtes Deutschland hin überprüft und gegebenenfalls überarbeitet werden musste.[141]

»Dabei soll darauf geachtet werden, daß dem Anliegen des Kanzlerkandidaten – nur zu versprechen, was auch gehalten werden kann – weiterhin Rechnung getragen wird. Das bedeutet: Aus Gründen der Glaubwürdigkeit auf Finanzierbarkeit und administrative und politische Machbarkeit achten.«[142]

Besonderen Wert legten die Beteiligten darauf, dass keine »programmatische Anschlußpolitik«[143] betrieben werde und die Ost-SPD umfassend zu beteiligen sei. Als inhaltliche Schwerpunkte wurden der ökologische Umbau der Industriegesellschaft, die soziale Gerechtigkeit und die umfassende Abrüstung nach dem Ende des Kalten Krieges identifiziert.[144] In Bezug auf das Gebiet der DDR mahnte Thierse zusätzliche Akzente hinsichtlich der Anpassung der Landwirtschaft auf die Bedingungen der EG, der besonderen dortigen Situation im Bereich Umwelt und Energie sowie bei Infrastruktur und Investitionen an.[145] Insgesamt verliefen die darauf folgenden Gespräche wohl ohne größere Kontroversen, denn zum einen offenbarte die abschließende Behandlung des Regierungsprogramms in der gemeinsamen Präsidiumssitzung am

---

137 Vgl. Konrad Elmer: Erläuterungen zum gemeinsamen neuen Statut der SPD v. 26.09.1990, AdsD SPD-Parteivorstand – Büro Stellvertretender Bundesgeschäftsführer 2/PVDG000408.
138 Vgl. Vermerk betr. Vorbereitung des gesamtdeutschen Regierungsprogramms v. 02.07.1990, AdsD SPD-Fraktion in der Volkskammer der DDR 2/VKFA000111.
139 Vonseiten der Ost-SPD sollten Timm, Bogisch, Ziel, Barbe, Grimm, Meckel, Leger, Schröder und Kauffold beteiligt werden. Vgl. ebd., S. 3. Vgl. auch Protokoll der Vorstandssitzung am 18.06.1990, AdsD Sozialdemokratische Partei in der DDR – SDP/SPD-Parteivorstand 2/SDPA000057.
140 Vermerk betr. Vorbereitung des gesamtdeutschen Regierungsprogramms v. 02.07.1990, S. 2, AdsD SPD-Fraktion in der Volkskammer der DDR 2/VKFA000111.
141 Vgl. ebd.
142 Ebd.
143 Ebd., S. 3.
144 Vgl. ebd., S. 4 f.
145 Vgl. ebd., S. 5.

27. August in München keine sichtbaren Bruchlinien.[146] Zum anderen floss im Endergebnis eine Vielzahl der programmatischen Positionen der Ost-SPD, wie es scheint anstandslos, in das gemeinsame Regierungsprogramm ein.[147] Nachdem die Ost-SPD ihre Kandidaten für den gemeinsamen Vorstand benannt[148] hatte und neben Hans-Jochen Vogel auch die graue Eminenz sozialdemokratischer Grundwerte, Erhard Eppler, für die Beteiligung an der Formulierung eines Manifests zur Wiederherstellung der Einheit der deutschen Sozialdemokratie[149] gewonnen worden war, harrten nun die beiden Teile in Ost und West jener entscheidenden Parteitage Ende September 1990 in Berlin, die die ungleichen Schwestern zusammenführen sollten.

2 Der Vereinigungsparteitag vom 26. bis 28. September 1990 in Berlin

Mit der Billigung der Übereinkunft zur Wiederherstellung der Einheit der Sozialdemokratie durch den Vorstand der Ost-SPD Anfang Juli 1990 stand nun auch der Zeitplan für die Parteivereinigung einvernehmlich fest.[150] Da die separaten Vorparteitage am 26. September und der Vereinigungsparteitag an den beiden darauf folgenden Tagen abgehalten werden sollten, blieb nun nicht mehr allzu viel Zeit für die Vorbereitungen. Insofern hatte sich Wardin unverzüglich auf Quartiersuche in Ostberlin gemacht.[151] Nachdem mehrere Hallenoptionen geprüft und eine Zeltlösung nicht zuletzt aus Kostengründen verworfen worden waren, fiel die Wahl auf den Palast der Republik. Die ebenfalls ins Auge gefasste Werner-Seelenbinder-Halle sowie die Dynamo-Sporthalle und der Friedrichstadtpalast standen aufgrund anderer Buchungen nicht zur Verfügung. Letzterer lag überdies in unmittelbarer Nähe des Admiralspalastes, wo 1946 der Vereinigungsparteitag von KPD und SPD stattgefunden

---

146 Vgl. Protokoll der gemeinsamen Präsidiumssitzung am 27.08.1990, AdsD SPD-Parteivorstand, Vorstandssekretariat (o. Sign.).
147 Vgl. die entsprechenden Entwürfe v. 17. und 20.08.1990 in: AdsD Sozialdemokratische Partei in der DDR – SDP/SPD-Parteivorstand 2/SDPA000057 sowie Protokoll der gemeinsamen Präsidiumssitzung am 27.08.1990, AdsD SPD-Parteivorstand, Vorstandssekretariat (o. Sign.).
148 Vgl. Protokoll der Vorstandssitzung am 23.07.1990, AdsD Sozialdemokratische Partei in der DDR – SDP/SPD-Parteivorstand 2/SDPA000057.
149 Vgl. Der neue Weg. Ökologisch, sozial, wirtschaftlich stark, Regierungsprogramm 1990–1994, beschlossen vom SPD-Parteitag in Berlin am 28. September 1990, hg. v. Vorstand der SPD, Bonn o. J. [1990].
150 Vgl. Protokoll der Vorstandssitzung am 02.07.1990, Übereinkunft zwischen der SPD in der DDR und der SPD in der BRD zur Wiederherstellung der Einheit der Sozialdemokratie in Deutschland v. 02.07.1990, Materialien zur Parteivereinigung – Terminplan v. 25.06.1990, sämtlich AdsD Sozialdemokratische Partei in der DDR – SDP/SPD-Parteivorstand 2/SDPA000057.
151 Vgl. Vermerk Peter Wardin für Erik Bettermann v. 13.07.1990 betr. Brief von Hermann Scheer an Hans Jochen Vogel zur Durchführung des Vereinigungsparteitages der SPD in Berlin, AdsD SPD-Parteivorstand – Bundesgeschäftsführerin Anke Fuchs 2/PVDZ000316.

hatte, und weckte somit bei der Ost-SPD »negativ emotional[e]«[152] Assoziationen an die Zwangsvereinigung. Aber auch der Palast der Republik war nicht unumstritten. So attestierte etwa Hermann Scheer, Mitglied des Bundesvorstandes der West-SPD, dem geplanten Tagungsort in einem Brief an Vogel eine »ambivalente psychologische Wirkung«[153]. Der Parteivorsitzende nahm diesen Einwand immerhin so ernst, dass er über Bettermann eine ausführliche Stellungnahme Wardins in dieser Sache verlangte. Der konterte die Anwürfe Scheers mit dem Hinweis darauf, dass in Ostberlin aufgrund der Vergangenheit als Hauptstadt der DDR nahezu jedes offizielle Gebäude vorbelastet sei und es gelte, die nun »leeren Hüllen des alten Regimes mit einem neuen demokratischen Bewußtsein«[154] zu füllen. Darüber hinaus lehnte er eine »›Sippenhaft‹ für Gebäude«[155] ab und stellte ebenso polemisch wie prophetisch in den Raum:

> »Die Position von Hermann Scheer erinnert mich etwas an die Äußerung einiger Abgeordneter der DSU, die es für notwendig halten, den Palast der Republik komplett abzureißen, um an dessen Stelle dann das alte Stadtschloß zu rekonstruieren.«[156]

Als gangbare Alternativen zum Palast der Republik hatte Wardin nur die Bonner Beethovenhalle und das ICC in Westberlin ins Auge gefasst.[157] Die Prüfung des letzteren Standortes sollte sich als sehr segensreich erweisen, denn ab Mitte September kursierten in der Presse Gerüchte über ein neues Gutachten zur Asbestbelastung des Palastes der Republik. Die SPD reagierte sofort und stellte in einer ersten Presseerklärung den Tagungsort zunächst indirekt infrage.[158] Drei Tage später beschloss das Präsidium, das Gebäude nicht für den Parteitag zu nutzen, kam damit der Sperrung des Palastes der Republik durch den Ministerrat der DDR zuvor und gab am 21. September das ICC als Ausweichquartier bekannt.[159] Gleichzeitig drohte das Erich-Ollenhauer-Haus mit Schadensersatzforderungen und orakelte wohl auch über eventuell parteipolitische Motive des obersten Dienstherrn der Ministerratsverwaltung, Ministerpräsident Lothar de Maizière.[160]

---

152 Ebd., S. 2.
153 Ebd., S. 3.
154 Ebd., S. 4.
155 Ebd.
156 Ebd.
157 Vgl. ebd., S. 6.
158 Vgl. Presseservice der SPD 397a/90 v. 14.09.1990.
159 Vgl. Presseservice der SPD 399/90 v. 17.09.1990, 408/90 v. 21.09.1990 sowie Der Spiegel, Jg. 44 (1990), H. 39 v. 24.09.1990, S. 131.
160 Vgl. Presseservice der SPD 399/90 v. 17.09.1990, 408/90 v. 21.09.1990 sowie Sturm, a. a. O., S. 381. Letzteres bleibt bei Sturm freilich, wie so oft, unbelegt und ist somit, zumal die Presseerklärungen des SPD-Parteivorstandes keine diesbezüglichen Vorwürfe enthalten, mit einer gewissen Vorsicht zu genießen.

Die erste Maßnahme der Rungestraße im Hinblick auf den bzw. die Parteitage war Ende Juni/Anfang Juli die Bestimmung des Delegiertenschlüssels. Hierfür hatte das Büro des Geschäftsführers auf der Basis der aktuellen Mitgliederzahlen eine Vorlage erarbeitet.[161] Bei insgesamt 38.500[162] offiziell eingetragenen Genossinnen und Genossen und einer durch das Statut vorgeschriebenen Delegiertenzahl von 300 für den Vorbereitungsparteitag vertrat ein Delegierter 128 Mitglieder. Nach Landesverbänden aufgeschlüsselt, entsandte Mecklenburg-Vorpommern 47, Sachsen-Anhalt 62, Thüringen 58, Sachsen 58, Brandenburg 53 und schließlich Ostberlin 22 Delegierte zum Vorbereitungsparteitag in die Hauptstadt. Nach den mit der West-SPD ausgehandelten Vereinigungskonditionen konnten von diesen dann 130 bzw. 134 auf den gemeinsamen Parteitag delegiert werden, 16 aus Mecklenburg-Vorpommern, 21 aus Sachsen-Anhalt, jeweils 19 aus Thüringen und Sachsen, 18 aus Brandenburg sowie sieben aus Ostberlin. Die Vorlage wurde zwar auf der Vorstandssitzung am 2. Juli[163] noch nicht behandelt, vom Präsidium aber eine Woche später unverändert bestätigt.[164] Die Frist für die Delegiertenmeldung lief bis zum 31. August.[165] Am 23. Juli nominierte der Vorstand der Ost-SPD seine Kandidaten für die gemeinsame Parteispitze.[166] Zunächst wurde erwartungsgemäß Thierse mit 21 Jastimmen bei zwei Gegenstimmen und zwei Enthaltungen zum Kandidaten für den stellvertretenden Parteivorsitz gewählt. Von den 32 ursprünglich für den Vorstand aufgestellten Personen hatten Susanne Kschenka, Stefan Finger und Christoph Matschie ihre Kandidaturen schon zu Beginn der Abstimmung zurückgezogen. Bereits im ersten Wahlgang fielen u. a. Meckel, Elmer, Brinksmeier, Reiche und Schröder durch, Kamilli aber wurde direkt nominiert. Nach mehreren Durchgängen waren Böhme, Barbe, Schmidt, Ringstorff, Leger, Hildebrand, Gutzeit und Grimm als weitere Kandidaten des Vorstandes gewählt. Erstaunlich sind hier insbesondere die guten Ergebnisse von Böhme und Barbe, stand Ersterer doch nach wie vor im Schatten seiner ungeklärten Stasivergangenheit und Letztere nicht unbedingt für besonnenes politisches und parlamentarisches Handeln. Gutzeit erzielte in den verschiedenen Wahlgängen trotz seiner zweifellos großen Verdienste um die Parteigründung und die Organisation der Arbeit der Volkskammerfraktion eher mäßige Ergebnisse, während Schröder und Meckel für ihre en-

---

161 Vgl. Vorlage für die Vorstandssitzung am 02.07.1990 betr. Vorläufiger Delegiertenschlüssel v. 25.06.1990, AdsD Sozialdemokratische Partei in der DDR – SDP/SPD-Parteivorstand 2/SDPA000057.
162 Diese Zahl dürfte aufgrund des schon erwähnten desolaten Zustandes der Mitgliederregistraturen in der DDR einmal mehr eine grobe und wahrscheinlich auch großzügige Schätzung sein.
163 Vgl. Protokoll der Vorstandssitzung am 02.07.1990, AdsD Sozialdemokratische Partei in der DDR – SDP/SPD-Parteivorstand 2/SDPA000057.
164 Vgl. Protokoll der Präsidiumssitzung am 09.07.1990, S. 3, AdsD Sozialdemokratische Partei in der DDR – SDP/SPD-Parteivorstand 2/SDPA000061.
165 Vgl. ebd.
166 Vgl. Protokoll der Vorstandssitzung am 23.07.1990 mit Anlagen, AdsD Sozialdemokratische Partei in der DDR – SDP/SPD-Parteivorstand 2/SDPA000057.

2 Der Vereinigungsparteitag vom 26. bis 28. September 1990 in Berlin

gagierte Tätigkeit in Volkskammer und Regierung regelrecht abgestraft wurden. Im Gegensatz dazu hatte Regine Hildebrandt als einziges Kabinettsmitglied gerade durch ihr Engagement als Arbeits- und Sozialministerin deutlich an Statur und Bedeutung gewonnen. Ihr unbestreitbar herbes Charisma tat sicherlich ein Übriges. Unter den zehn für den Vorstand nominierten Kandidaten befanden sich somit nur noch vier Schwante-Veteranen. Weiterhin waren zunächst der sächsische Volkskammerabgeordnete Johannes Gerlach für die gemeinsame Schiedskommission und Hinrich Kuessner für die Kontrollkommission vorgesehen.[167] Anfang August lagen die ersten Tagesordnungsentwürfe und Vorschläge für die Besetzung der Parteitagsgremien vor.[168] Diese wurden zunächst vom Präsidium, das die Organisation auch des Vorparteitages der Ost-SPD an Wardin übertrug, diskutiert und mit zwei Ausnahmen gebilligt.[169]

»Die Zusammensetzung der Antragskommission ist noch einmal zu überprüfen und zu verändern. Aus den Landesvorständen sollte je ein Vertreter benannt werden. Es sollten Fachleute aus politischen Schwerpunktbereichen ausgewählt werden. Vorschläge: R. Weiß, S. Ücker, G. Sept-Hubrich.«[170]

Damit sollte wohl eine allzu große Dominanz des Vorstandes in der Antragskommission verhindert und Sachorientierung bei der Antragsbearbeitung befördert werden. Letztlich wich diese Modifizierung aber nur marginal von den ursprünglichen Planungen ab. Sehr viel bedeutsamer aber war die Frage, wie viel Gewicht Oskar Lafontaine eingeräumt werden sollte, der für das Grundsatzreferat und damit als Hauptredner des Vormittags auf dem Parteitag der Ost-SPD vorgesehen war.[171] Im Präsidium wurden Stimmen laut, dem Kanzlerkandidaten lediglich eine Stunde Redezeit zuzugestehen und zusätzlich ein Gründungsmitglied der SDP 30 Minuten zu Wort kommen zu lassen.[172] Der entsprechende Beschluss platzierte den hierfür ausersehenen Arndt Noack nach Thierse, der den Parteitag eröffnete, und vor Lafontaine auf der Rednerliste.[173] Eine weitere Änderung der Tagesordnung verlegte schließlich auch das Grußwort Willy

---

167 Vgl. ebd.
168 Vgl. Vorlage zu TOP 3 der Präsidiumssitzung am 07.08.1990, AdsD Sozialdemokratische Partei in der DDR – SDP/SPD-Parteivorstand 2/SDPA000061.
169 Vgl. Protokoll der Präsidiumssitzung am 07.08.1990, S. 3, AdsD Sozialdemokratische Partei in der DDR – SDP/SPD-Parteivorstand 2/SDPA000061.
170 Vgl. ebd. Bei den Personalvorschlägen sind der Diplomingenieur Reinhard Weis aus Stendal, die Chemieingenieurin Sabine Uecker aus Teltow bei Berlin sowie die Pastorin Gisela Sept-Hubrich, sämtlich Angehörige der SPD-Volkskammerfraktion, gemeint.
171 Vgl. Vorlage zu TOP 3 der Präsidiumssitzung am 07.08.1990, AdsD Sozialdemokratische Partei in der DDR – SDP/SPD-Parteivorstand 2/SDPA000061.
172 Vgl. Protokoll der Präsidiumssitzung am 07.08.1990, S. 3, AdsD Sozialdemokratische Partei in der DDR – SDP/SPD-Parteivorstand 2/SDPA000061.
173 Vgl. Vorlage zur Vorstandssitzung am 31.08.1990 betr. Parteitage Sept. 1990, AdsD Sozialdemokratische Partei in der DDR – SDP/SPD-Parteivorstand 2/SDPA000058.

Brandts, das eigentlich zunächst als Auftakt für die Nachmittagssitzung gedacht gewesen war, zwischen Thierse und Noack ebenfalls auf den Vormittag.[174] Auf diese Weise war der in der DDR so umstrittene Kanzlerkandidat aus dem Saarland nun wohl eingehegt zwischen der sozialdemokratischen Symbolfigur der Einheit einerseits und, wenn man so will, dem Geist und der Tradition von Schwante andererseits. Ohne die Wirkmächtigkeit der Parteitagsregie überzubewerten, sollte Lafontaine damit offensichtlich klargemacht werden, dass er diesem Kontext Rechnung zu tragen hatte und ausschließlich Argumente und »Überzeugungskraft«[175] dazu führen konnten, die psychologischen und politischen Hürden beim Parteivolk-Ost zu überspringen oder einzureißen. Im Laufe des September reichten die Landesverbände ihre Kandidatennominierungen für den gemeinsamen Vorstand ein.[176] Für Brandenburg gingen der Landesvorsitzende Steffen Reiche und Constanze Krehl, für Thüringen Irene Ellenberger und Peter Laskowski, für Sachsen Michael Lersow und Nikolaus Voss, für Sachsen-Anhalt Reinhard Höppner und Gerlinde Kuppe, für Mecklenburg-Vorpommern Käte Woltemath und Hinrich Kuessner, und schließlich für Berlin Tino Schwierzina, der Ostberliner Oberbürgermeister, und Stephan Hilsberg nun zusätzlich ins Rennen.[177] Acht dieser 13 Kandidaten gehörten der SPD-Volkskammerfraktion an. Auf dem Parteitag wurden auf den letzten Metern vor der Abstimmung noch Konrad Elmer und Richard Schröder nachnominiert.[178] Mit diesem erweiterten Kandidatentableau besaßen nun wieder deutlich mehr Angehörige des Gründerzirkels von Schwante die Chance, in die Führung der gemeinsamen Partei einzuziehen, als sich dies nach den Vorwahlen durch den Vorstand der Ost-SPD angedeutet hatte.

In der letzten Vorstandssitzung am 25. September[179] entbrannte eine heftige Debatte um die Kandidatur Böhmes. Susanne Kschenka hatte den Antrag gestellt, ihn von der Kandidatenliste zu streichen. Ihre Gründe gehen aus dem Protokoll nicht hervor, aber es ist davon auszugehen, dass diese in der Stasibelastung und seiner zwiespältigen Rolle in der Volkskammerfraktion zu suchen sind. Böhme hatte Matschie gegenüber jedoch seine diesbezüglichen Absichten bekräftigt. Da Böhme nach wie vor beachtliche Unterstützung im Vorstand besaß, und wohl auch um den Eindruck einer undemokratischen Verfahrensweise zu vermeiden, wurde beschlossen, diese Entscheidung dem Parteitag zu überlassen und Kschenkas Antrag abgelehnt.[180] Darüber hinaus mussten für die ge-

---

174 Vgl. Protokoll der Präsidiumssitzung am 10.09.1990, S. 3, AdsD Sozialdemokratische Partei in der DDR – SDP/SPD-Parteivorstand 2/SDPA000061 sowie Protokoll der Parteitage der SPD (Ost), der SPD (West), Berlin 26.09.1990, Bonn, o. J. [1990], S. 5 bzw. 12 ff.
175 Protokoll der Parteitage, a. a. O., S. 9.
176 Vgl. Kandidaten für den gemeinsamen Vorstand v. 18. u. 24.09.1990 [zwei Versionen], AdsD Sozialdemokratische Partei in der DDR – SDP/SPD-Parteivorstand 2/SDPA000058.
177 Vgl. ebd.
178 Vgl. Protokoll der Parteitage, a. a. O., S. 105.
179 Vgl. Protokoll der Vorstandssitzung am 25.09.1990, AdsD Sozialdemokratische Partei in der DDR – SDP/SPD-Parteivorstand 2/SDPA000058.
180 Vgl. ebd.

2 Der Vereinigungsparteitag vom 26. bis 28. September 1990 in Berlin

meinsamen Kommissionen, da Gerlach und Kuessner nicht mehr zur Verfügung standen, neue Kandidaten benannt werden. Für die Schiedskommission stellten sich u. a. Susanne Kschenka und der bulgarischstämmige Dresdner Kommunalpolitiker Roland Nedeleff zur Verfügung.[181] Vorstandsmitglied Frank Bogisch, die Biochemikerin Petra Hoffmann aus Halle und der Berliner Manfred Becker, zeitweilig Staatssekretär im Medienministerium, wurden für die Kontrollkommission nominiert.[182]

Nach der Sperrung des Palastes der Republik erwies es sich als glückliche Fügung, dass die West-SPD für ihren Vorparteitag einen Saal im ICC[183] gebucht hatte. So konnte trotz der gleichzeitig stattfindenden Jahrestagung des IWF und der Weltbank die Ost-SPD hierher ausweichen und nach einigen Mühen auch der Vereinigungsparteitag dorthin verlegt werden. Für den Vorparteitag der West-SPD hatte sich kurzfristig das Audimax der Technischen Universität als Tagungsort gefunden.[184] Um 10:35 Uhr des 26. September 1990 trat nun Wolfgang Thierse zur Eröffnung des vierten Parteitages der Ost-SPD innerhalb nur eines Jahres, der auch gleichzeitig der letzte sein sollte, ans Rednerpult von Saal 2 des Westberliner ICC. Sein Eingangsstatement verband die Begrüßung aller Delegierten und Gäste mit dem Hauch einer Bilanz und dem knappen Umriss der verschiedenen Spannungsbögen und Dialektiken des Parteitages.[185] Willy Brandt widmete sich dem Vereinigungsprozess insgesamt, seiner Geschwindigkeit und seinen Schwierigkeiten, beschwor aber auch die langfristig positiven Wirkungen für die Partei.[186] Die Einheit der deutschen Sozialdemokratie, die »keinen Tag zu früh«[187] komme, stelle für die Gesamtpartei eine Bereicherung dar. Gleichzeitig sicherte er den ostdeutschen Genossen sein besonderes Augenmerk und seine Unterstützung zu:

»Aber ich kann mir denken, es wird dann auch nicht immer ganz leicht sein, sich im großen Haufen, im erheblich größeren Haufen zurechtzufinden. Hoffentlich wird es dann trotzdem Spaß machen, wenn wir gemeinsam Neuland erschließen und die Zeichen neuer Erfolge an unsere Fahnen heften. Aber sollte Euch jemand beiseiteschubsen wollen, dann wehrt Euch. Und wenn Ihr meint, daß es helfen kann, wendet Euch an Euren scheidenden und dann auch doch wieder neuen Ehrenvorsitzenden. Dann wird er versuchen zu helfen.«[188]

---

181 Vgl. ebd. sowie die Kandidatenvorstellungen auf dem Parteitag: Protokoll der Parteitage, a. a. O., S. 129 ff. Der Hintergrund des dritten Kandidaten Matthias Weise bleibt unklar, da er nicht zum Parteitag erschienen war.
182 Vgl. Protokoll der Vorstandssitzung am 25.09.1990, AdsD Sozialdemokratische Partei in der DDR – SDP/SPD-Parteivorstand 2/SDPA000058.
183 Vgl. Vorlage zur Vorstandssitzung am 31.08.1990 betr. Parteitage Sept. 1990, AdsD Sozialdemokratische Partei in der DDR – SDP/SPD-Parteivorstand 2/SDPA000058.
184 Vgl. Sturm, Uneinig, a. a. O., S. 381.
185 Vgl. Protokoll der Parteitage, a. a. O., S. 7 ff.
186 Vgl. ebd., S. 12 ff.
187 Ebd.
188 Ebd., S. 13 f.

Diese Solidaritätsbekundung verband er jedoch auch mit einem Appell an den inneren Zusammenhalt und nicht zuletzt die Partei- und Beschlussdisziplin, denn er hatte die inneren Querelen der Ost-SPD und das teilweise undisziplinierte Verhalten mancher Abgeordneten der Volkskammerfraktion offensichtlich aufmerksam verfolgt. Als aktuelle und zukünftige Aufgaben schrieb er den ostdeutschen Genossen vor allem »zähe Organisationsarbeit« ins Stammbuch, um einerseits eine »lebendige Verbindung zu den breiten Schichten der Arbeitnehmer in den Ländern der bisherigen DDR« herzustellen und andererseits verbliebene sozialdemokratische Traditionslinien wiederzubeleben.[189] Schließlich sprach er den Anwesenden stellvertretend für die gesamte Partei Mut für die anstehenden Wahlkämpfe trotz mäßiger Umfragewerte zu und formulierte als Ziel:

»Wir müssen bitte noch etwas zulegen, denn das ist einfach notwendig, damit das Gesamtergebnis am 2. Dezember dieses Jahres für und mit Oskar Lafontaine so deutlich wird, daß Deutschland nicht gegen die Sozialdemokraten regiert werden kann.«[190]

Wie nicht anders zu erwarten war, rekurrierte Arndt Noack zunächst auf die Gründung der SDP vor ziemlich genau einem Jahr.[191] Er betonte als besonderes Erbe von Schwante den grundsätzlichen Grassroots-Ansatz der Partei und nahm für die SDP in Anspruch, zwar das Machtmonopol der SED fundamental infrage gestellt, aber niemals »Machtpolitik um jeden Preis«[192] angestrebt zu haben. Salomonisch fielen seine Ausführungen zur Haltung der SDP zur deutschen Frage aus und er räumte ein, dass die Partei die emotionale Brisanz des Themas zunächst verkannt habe und dann der Entwicklung letztlich immer hinterher gelaufen sei. In Bezug auf die Regierungsarbeit konnte sein Urteil naturgemäß nur ambivalent sein. Offen bekannte er sich dazu, den Eintritt in die Koalition vorsichtig befürwortet zu haben und attestierte den sozialdemokratischen Regierungsmitgliedern, dem Kabinett de Maizière »Selbstbewusstsein, Vertrauenswürdigkeit und Ausstrahlungskraft«[193] verliehen zu haben. Gleichzeitig kritisierte er jedoch, dass die Politik der Kabinettsmitglieder mit wenigen Ausnahmen »nicht genügend an die Bevölkerung verkauft wurde.«[194] Hart ins Gericht ging er mit der Rolle Diestels als Innenminister, dem Verhalten Kohls und de Maizières in der Endphase der Koalition und zollte gleichzeitig dem Durchhaltevermögen der Partei in dieser Phase Tribut:

---

189 Ebd., S. 14.
190 Ebd., S. 15.
191 Vgl. ebd., S. 18 ff.
192 Ebd.
193 Ebd., S. 23.
194 Ebd.

»Wir haben der Fraktion und dem Vorstand der Partei dafür zu danken, daß sie diese Zeit der notwendigen und harten Kompromisse doch mit erhobenem Kopf durchgestanden haben und bis zum äußersten gegangen sind, um die Interessen unserer Bürger zu vertreten. (Beifall) Wir danken den Genossen der SPD der Bundesrepublik dafür, daß sie nach dem Bruch der Koalition unser Anliegen in den Verhandlungen weitergebracht haben.«[195]

Drei künftige Aufgaben hinterließ er den Delegierten: »Aufarbeitung der Vergangenheit, Basisarbeit der Partei und eine an der Zukunft orientierte Politik«[196]. Ersteres meinte vor allem die Entmachtung der Reste der alten Nomenklatura und das Erbe des MfS. Dabei plädierte er aber für Augenmaß, das auf die Befriedung der Gesellschaft abzielte und die Schaffung einer »Atmosphäre der Menschlichkeit und Offenheit«[197]. In Bezug auf die Organisationsarbeit brach er nach den Erfahrungen des Zentralismus in der DDR eine Lanze für Basisorientierung und innerparteiliche Demokratie. Als zukunftsweisende Politik identifizierte er schließlich vor allem die ökologische Umorientierung und begrüßte in diesem Zusammenhang ausdrücklich die entsprechenden Eckpunkte im Regierungsprogramm.[198] Dies war sicherlich eine wohl kalkulierte Steilvorlage für die unmittelbar anschließende Rede des Kanzlerkandidaten.[199]

Lafontaine war sich der Schwierigkeit seiner Mission durchaus bewusst und trug dem allein schon durch das Weglassen der klassischen »Genossen«-Anrede Rechnung. Der erste Teil seiner Rede widmete sich der Außen- und Sicherheitspolitik, sicherlich auch, weil hier kaum strittige Themen zu erwarten waren. So entfaltete er einleitend seine Interpretation des Umbruchs 1989, der Rolle, die die sozialdemokratische Ostpolitik und der KSZE-Prozess für dessen Vorgeschichte gespielt hatten, bettete die Friedliche Revolution in der DDR in den osteuropäischen Kontext ein und gab damit auch der Deutschen Einheit ein gesamteuropäisches Gewand. Er wandte sich scharf gegen Kohls nationales Pathos, mit dem dieser 1989 zum Jahr der Deutschen gekürt hatte, und stellte fest, dass es sich dabei eigentlich um »das Jahr der Freiheitsbewegungen in Osteuropa überhaupt«[200] gehandelt habe. Ersten lebhaften Applaus erntete er, als er hier einflocht, dass es eben nicht nur um die Herstellung der staatlichen, sondern auch und vor allem der gesellschaftlichen Einheit ginge. Von der These der Deutschen Einheit im gesamteuropäischen Kontext, die nicht an der Oder-Neiße-Grenze als deutscher Ostgrenze enden konnte, leitete er über zu seiner Vorstellung von einer neuen europäischen Sicherheitsarchitektur, die geprägt sein sollte von umfassender Abrüstung und einer grundsätzlichen Änderung der NATO-Strategie. Dies beinhal-

---
195 Ebd., S. 24.
196 Ebd.
197 Ebd., S. 26.
198 Vgl. ebd., S. 27.
199 Vgl. ebd., S. 28 ff.
200 Ebd., S. 31.

tete auch einige sehr konkrete sicherheits- und wehrpolitische Forderungen, wie etwa ein atomwaffenfreies Deutschland, den Verzicht auf aktuelle Rüstungsprojekte wie den Jäger 90, die Gleichstellung von Wehr- und Zivildienst, dem Verbot von Waffenexporten und schließlich die endgültige Absage an das von der Bundesregierung vorangetriebene Projekt von Auslandseinsätzen der Bundeswehr.[201] Ins Zentrum des innenpolitischen Teils rückte Lafontaine zunächst das Problem der Herstellung gleicher Lebensverhältnisse in ganz Deutschland und zäumte daran ein ganzes Bündel von Themen auf, die ihm zum Teil heftige Kritik eingetragen hatten. Insofern trägt dieser Teil der Rede in vielerlei Hinsicht Züge sowohl einer nachträglichen Rechtfertigung als auch eines Generalangriffs auf die bisherige Deutschlandpolitik der Bundesregierung.[202] Im Mittelpunkt von Lafontaines Argumentation lagen durchweg die Erhaltung der wirtschaftlichen Strukturen und damit der Arbeitsplätze in der DDR. Dies erklärte er als das Leitmotiv seiner Positionen zum Übersiedlerproblem, zur Frage der Zahlung frühzeitiger Strukturhilfen an die Regierung Modrow und nicht zuletzt zur Wirtschafts-, Währungs- und Sozialunion. Nachdem die Einführung der D-Mark den Zusammenbruch von weiten Teilen der Industrie und des Binnenmarktes mit sich gebracht hatte, erschwere nun die Bundesregierung durch eine verfehlte Eigentums- und Bodenpolitik Investitionen und damit den Aufbau der DDR. In der Wirtschaftspolitik plädierte Lafontaine statt für Privatisierung und Mittelstandsförderung für eine staatliche Industriepolitik, um die DDR-Wirtschaft für eine Übergangszeit zu stützen und schrittweise die Wettbewerbsfähigkeit herzustellen:

»Deswegen brauchen wir unverzüglich eine Industriepolitik für die DDR, die an dem industriellen Bundesvermögen nach dem Krieg anknüpft, aus dem Betriebe hervorgegangen sind, wie das Volkswagenwerk und VEBA, die immer noch in staatlichem Besitz sind, eine Industriepolitik, die in staatlicher Regie die Kernstandorte der DDR so lange durchfinanziert, bis ihre Wettbewerbsfähigkeit erreicht wird. Wenn dies nicht geschieht, dann gibt es keinen ökonomischen Aufbau in der DDR. [...] Es ist für mich unerträglich, daß die Regierungsparteien in Bonn tatenlos zusehen, wie Millionen Menschen in der DDR jetzt über Arbeitslosengeld oder Kurzarbeit Null für Nichtstun bezahlt werden. Richtig wäre es Arbeit zu organisieren, Arbeit zu bezahlen für den Wiederaufbau der DDR.«[203]

Bei dieser Argumentation verschwieg er freilich, dass die Strukturpolitik an Rhein, Ruhr und Saar, auf die er sich explizit bezogen hatte[204], auch zu diesem Zeitpunkt nur bedingt erfolgreich gewesen war und in der Rückschau das Siechtum und den lang-

---

201 Vgl. ebd., S. 33 ff.
202 Vgl. ebd., S. 35 ff.
203 Ebd., S. 40.
204 Vgl. ebd., S. 41.

2 Der Vereinigungsparteitag vom 26. bis 28. September 1990 in Berlin

samen Tod der Schwerindustrie in Westdeutschland langfristig nicht aufhalten konnte. Wahr ist jedoch auch, dass der völlige industrielle Kahlschlag in der DDR nach wie vor einer der Hauptgründe für die anhaltende Strukturschwäche der neuen Bundesländer war und ist. Den Bereich der Sozialpolitik streifte er nur kurz und kritisierte lediglich die Weichenstellungen des Einigungsvertrages in Bezug auf die Renten- und Familienpolitik.[205] Abschließend widmete er sich dem Zusammenwachsen der beiden deutschen Gesellschaften und insbesondere dem Umgang mit der Diktaturerfahrung in der DDR.[206] Hierbei hob er insbesondere die Verdienste der Bürgerbewegung hervor und geißelte das – aus seiner Sicht – »aufkommende Pharisäertum und die aufkommende Heuchelei«[207]. Hier hatte er zuallererst viele gewendete Vertreter der Blockparteien und der PDS im Blick, die sich nun besonders publikumswirksam als »Helden der Freiheit«[208] in Szene zu setzen suchten. In Bezug auf die Sozialdemokratie stellte er fest:

> »Ich bin stolz darauf, daß die Sozialdemokratische Partei in der DDR eine wirklich neue Partei ist. Nein, wir haben uns nicht schnell einmal umgetauft. Wir sind stolz auf unsere Genossinnen und Genossen, die in der DDR noch zu Zeiten des Honecker-Staates eine neue Sozialdemokratische Partei gegründet haben. […] Wir sind die Partei des aufrechten Ganges in Deutschland und darauf können wir stolz sein angesichts der Tradition unserer Mütter und Väter in den 100 Jahren. (Beifall) Wir sind die Partei der sozialen Gerechtigkeit, die gerade jetzt in der DDR gefordert wird, aber auch die Partei der ökologischen Erneuerung, die die große neue Aufgabe sozialdemokratischer Parteien in einer Welt ist.«[209]

Ein sowohl kämpferischer als auch zuversichtlicher Ausblick auf die kommenden Wahlschlachten rundete diese durchaus gelungene Rede ab, die von den Delegierten mit lang anhaltenden Standing Ovations[210] quittiert wurde. Lafontaine hatte sein Publikum offensichtlich erreicht, und der Parteitag verabschiedete sich in die Mittagspause.

Für den Nachmittag standen die Rechenschaftsberichte des Vorstandes, der Schatzmeisterei, der Kontroll- und der Statutenkommission sowie die Wahlen für den gemeinsamen Parteivorstand und die Kommissionen auf der Tagesordnung. Kamilli eröffnete die Debatte für den Vorstand.[211] Ein erster Fokus lag auf den Schwierigkeiten der Berliner Parteizentrale, in kürzester Zeit in die politischen Managementaufgaben hineinzuwachsen und aus dezentralen und höchst heterogenen Organisationskernen eine halbwegs geschlossen handelnde Partei zu formen. Hierbei berührte er

---

205 Vgl. ebd., S. 42 f.
206 Vgl. ebd., S. 43 ff.
207 Ebd., S. 43.
208 Ebd.
209 Ebd., S. 44, 46.
210 Vgl. ebd., S. 46.
211 Vgl. ebd., S. 48 ff.

auch das Problem der innerparteilichen Willensbildung, die Gegensätze von elitärem Denken und Basisorientierung, Mehrheitsentscheidungen und Organisationsdisziplin. Gleichwohl habe die Partei bei allen Klippen, die es zu umschiffen galt, einen beachtlichen Professionalisierungsschub erlebt.[212] Politisch jedoch habe die Partei in einem entscheidenden Moment einen Kardinalfehler begangen:

> »Wir haben damals, im vergangenen Winter, den schlimmsten Fehler gemacht, den man in der Politik machen kann. Wir haben unsere politischen Auffassungen für die Meinung der Wähler gehalten. Wir haben die Lage in der DDR damals falsch einschätzt. Durch unsere damals als zu zögerlich empfundenes Bekenntnis zur Einheit Deutschlands haben wir die Initiative verloren und uns damit der Möglichkeit beraubt, den Einigungsvertrag stärker mitgestalten zu können.«[213]

In der Folge deklinierte er die verschiedenen Defizite der Parteiarbeit in der DDR durch, angefangen bei der Außendarstellung über die interne Kommunikation und die mangelnde Verwurzelung in der Arbeitnehmerschaft bis hin zum Dauerkonflikt zwischen Vorstand und Fraktion. Bei Letzterem sei zwar die kategorische Ablehnung der Regierungsbeteiligung ein Fehler gewesen, viele der damit verbundenen Befürchtungen hätten sich jedoch bewahrheitet.[214] Trotzdem zog er angesichts des Erreichten sowie der kommenden Wahlkämpfe ein insgesamt positives Fazit und wies mit bemerkenswerter Schärfe manche Belehrungen aus Bonn zurück.[215] Danach nahm er die politischen Kontrahenten aufs Korn. Der PDS und ihrem neuen Image sprach er mit Dreßlers Diktum »Künstlername PDS«[216] jegliche Glaubwürdigkeit ab. Die CDU kam angesichts der Polizei- und Stasipolitik Diestels einerseits und der neuerlichen Marktgläubigkeit mancher christdemokratischen Regierungsangehörigen andererseits kaum besser weg.[217] Im selben Atemzug rechnete Kamilli mit vielen Regierungsentscheidungen ab, die der ehemalige Koalitionspartner gegen die SPD durchgesetzt hatte.

> »Im März dieses Jahres haben viele die CDU gewählt, weil sie glaubten, die CDU wäre die Partei des großen Geldes. Sie mussten bald spüren, daß das große Geld allerdings auch eine unangenehme Eigenschaft hat. Es teilt ungern, es versucht, eigene Interessen zu realisieren, die meistens nicht die Interessen der Mehrheit sind, und so hat die CDU auch den versprochenen Wirtschaftsaufschwung eben noch nicht eingeleitet, nicht nach dem 18. März, nicht nach dem 2. Juli, und er wird

---

212 Vgl. ebd., S. 50.
213 Ebd., S. 51.
214 Vgl. ebd., S. 52.
215 Vgl. ebd.
216 Ebd., S. 53.
217 Vgl. ebd., S. 54 ff.

auch so lange nicht kommen, wie die Marktideologen das Sagen haben. Auch das sollten wir den Wählern immer wieder deutlich machen.«[218]

Am Schluss seiner nur mäßig inspirierten Rede stellte er in einer eigentümlichen Mischung aus Selbstkritik und Provokation in den Raum, dass zwar kaum einer dem Vorstand der Ost-SPD eine Träne nachweine, ihn aber wohl zukünftig als Prügelknaben vermissen würde. Gleichzeitig aber formulierte er auch die Hoffnung, dass in der gesamtdeutschen SPD die gefestigten Strukturen der West-Sozialdemokratie eine gute Grundlage für die Entwicklung der Partei in den neuen Ländern bilden würden.

Der Bericht Hinrich Kuessners[219] braucht nur kurz gestreift zu werden, da er lediglich die unter den Bedingungen der DDR-Parteienfinanzierung einigermaßen stabilisierten Parteifinanzen, den Stand der Restituierung des Altvermögens der SPD von vor 1933, den aktuellen Vermögensstand generell sowie schließlich die finanziellen Aspekte der künftigen Strukturplanungen rekapitulierte. Die Aussprache über die Berichte[220], an der sich u. a. Woltemath, Ringstorff, Barbe, Schmidt, Voss und Böhme beteiligten, beschäftigte sich eingehender u. a. mit der Frage der Stasiakten, der Familien-, der Wirtschafts- und Arbeitsmarktpolitik sowie der Organisationsentwicklung. Besonders inhaltlich hervorstechende Beiträge sind, abgesehen von der mehrfachen lobenden Erwähnung Oskar Lafontaines und des Regierungsprogramms, nicht zu vermelden.[221] Nach der Entlastung des Vorstandes und dem Bericht Elmers über die Ergebnisse der Arbeit der Statutenkommission wurde das Gesamtpaket – Finanzordnung, Schiedsordnung und Organisationsstatut – ohne Gegenstimmen bei fünf Enthaltungen durchgewunken und damit die organisatorischen Voraussetzungen für die Parteivereinigung geschaffen.[222] Nun verblieb den Delegierten noch die Aufgabe, die Vertreter der Ost-SPD in den Spitzengremien der gesamtdeutschen SPD zu bestimmen.[223] Keine Überraschung war, dass Wolfgang Thierse mit einer überwältigenden Mehrheit von 211 Stimmen bei 11 Enthaltungen und 19 Gegenstimmen bereits im ersten Wahlgang zum stellvertretenden Parteivorsitzenden gewählt wurde.[224] Für die neun nun noch zu vergebenden Vorstandssitze standen insgesamt 24 Kandidaten zur Auswahl. Nach der Vorstellungsrunde[225], in der Schröder süffisant ver-

---

218 Ebd., S. 57.
219 Vgl. ebd., S. 60 ff.
220 Vgl. ebd., S. 69 ff.
221 Erstaunlich ist freilich, dass Sturm, nach der Kolportage einer weiteren Trunkenheitsanekdote Böhmes, dessen Debattenbeitrag als »begeisternde Rede« qualifiziert hat, ein Befund, der weder durch die Lektüre des Protokolls an sich noch durch die dort vermerkten Beifallsbekundungen zu stützen ist. Vgl. Sturm, Uneinig, a. a. O., S. 382 sowie Protokoll der Parteitage, a. a. O., S. 87 ff.
222 Protokoll der Parteitage, a. a. O., S. 92 ff., 100.
223 Vgl. ebd., S. 102 ff.
224 Vgl. ebd., S. 116.
225 Vgl. ebd., S. 105 ff.

merkt hatte, zwar Theologe zu sein, aber sich nicht dafür entschuldigen zu wollen[226], musste sich Böhme eine unangenehme Rückfrage zu seinem Verhältnis zur PDS und zur radikalen Linken gefallen lassen.[227] Im ersten Wahlgang, bei dem eine absolute Stimmenmehrheit erforderlich war, wurden Regine Hildebrandt mit 220 Stimmen, Reinhard Höppner mit 153 Stimmen und Käte Woltemath mit 138 Stimmen direkt gewählt.[228] Für den zweiten Wahlgang, bei dem nur noch relative Mehrheiten notwendig waren, zog der Vorsitzende der Jungen Sozialdemokraten Arne Grimm, der im ersten Wahlgang lediglich 28 Stimmen erhalten hatte, seine Kandidatur zugunsten von Böhme und Barbe zurück.[229] Das Siegerfeld dieses zweiten Durchgangs[230] führte bei 218 abgegebenen und gültigen Stimmzetteln mittlerweile nicht mehr ganz unerwartet Böhme mit 106 Stimmen an. Darauf folgten Ringstorff mit 95, Barbe mit 85, Schmidt mit 81, Ellenberger mit 70 und schließlich Kamilli mit 62 Stimmen. Mit zum Teil deprimierenden Ergebnissen mussten sich die noch im Feld verbliebenen Angehörigen des Gründerzirkels begnügen. Elmer erhielt 39 Stimmen, Gutzeit 36, Reiche 26 und Hilsberg landete mit gerade mal 20 Stimmen auf dem letzten Platz. Vor diesem Hintergrund konnten die 59 bzw. 58 auf Schröder und Leger entfallenen Stimmen durchaus als Achtungserfolge gewertet werden. Nachzutragen bliebe nun noch, dass bei den Wahlen für die Kontrollkommission Petra Hoffmann und für die Schiedskommission Susanne Kschenka obsiegte. So endete um genau 20:39 Uhr des 26. September 1990 nach einem deutlichen Punktgewinn Lafontaines sowie teilweise überraschenden Wahlergebnissen der letzte Parteitag der Ost-SPD und damit ihre nicht einmal ein Jahr währende Geschichte mit einem kurzen Schlusswort Thierses und der Hoffnung, sich in der gesamtdeutschen Sozialdemokratie behaupten zu können.[231]

Parallel dazu hatte in deutlich geschäftsmäßigerer Atmosphäre zwischen 14:00 und 16:00 Uhr die West-SPD in der TU getagt, ging es doch ausschließlich um die Anpassung der Satzung.[232] Gleichwohl, ein wenig Emotion und Polemik konnte sich Anke Fuchs[233], die die Sitzung eröffnete, trotz des eigentlich trockenen Themas nicht versagen. Sie zeigte sich einerseits, wie schon Lafontaine kurz zuvor andernorts, befriedigt darüber, dass die Sozialdemokratie unbelastet in die Parteivereinigung und damit auch die Deutsche Einheit gehe. Andererseits aber war sie mehr als empört über das Gebaren der Parteien der Bonner Regierungskoalition, die sich »schamlos« die christlich-konservativen und liberalen Blockparteien, die »Teil des Unterdrückungs-

---

226 Vgl. ebd., S. 119.
227 Vgl. ebd., S. 122 f.
228 Vgl. ebd., S. 131.
229 Vgl. ebd., S. 134.
230 Vgl. ebd., S. 135 ff.
231 Vgl. ebd., S. 137 ff.
232 Vgl. ebd., S. 141 ff.
233 Vgl. ebd., S. 145 ff.

2 Der Vereinigungsparteitag vom 26. bis 28. September 1990 in Berlin

Abb. 28 Vereinigungsparteitag der SPD vom 26. bis 28. September 1990 in Berlin, am Podium Hans-Jochen Vogel.

apparates« gewesen waren, einverleibt hätten.[234] Bemerkenswert, aber keinesfalls verwunderlich ist der Gleichklang zur Diktion, wie sie wenige Stunden zuvor bereits Lafontaine verwendet hatte:

> »Wir machen uns auf den ehrlicheren Weg, aber bei der CDU und bei der FDP gibt es diese Aufarbeitung der Vergangenheit nicht, und ich sage ganz deutlich: Diese geeinigten Parteien haben die Einigkeit der Heuchler und Pharisäer an sich, gestern ideologisch spinnefeind und heute ein Herz und eine Seele. Statt Ehrlichkeit gibt es nur Begehrlichkeit, Genossinnen und Genossen, bei diesen Parteien.«[235]

Nach diesem, wie Vogel vermerkte, »temperamentvollen« Auftakt, machte sich der Parteivorsitzende daran, den Delegierten das Verfahren für die Parteivereinigung sowie dessen Genese zu erläutern und zu begründen.[236] Offensichtlich erklärungs-

---

234 Ebd., S. 148, 150.
235 Ebd., S. 149.
236 Vgl. ebd., S. 152 ff.

bedürftig war insbesondere, dass sich die Parteiführung gegen eine Urabstimmung entschieden hatte.

»Ich weiß, Genossinnen und Genossen, daß im Frühjahr auch über die Frage einer Urabstimmung und darüber diskutiert worden ist, ob nicht auf dem gemeinsamen Parteitag Neuwahlen stattfinden sollten. In einigen Gliederungen sind ja auch entsprechende Anträge gestellt worden. Meines Erachtens sind sie vom Vorstand zu Recht nicht aufgegriffen worden. Eine Urabstimmung ist, da es sich, wie dargelegt, nicht um eine Fusion miteinander konkurrierender Parteien handelt, weder nach dem Parteiengesetz noch nach dem Statut erforderlich. Sie dennoch zu veranstalten – was möglich gewesen wäre – hätte die Kräfte der Partei in einem Zeitraum gebunden, in dem andere Aufgaben weiß Gott noch dringlicher waren. Außerdem hat sich niemand in der Partei gegen die Feststellung ausgesprochen, die wir morgen über die wiedergewonnene Zusammengehörigkeit der Sozialdemokratinnen und Sozialdemokraten treffen wollen.«[237]

Es scheint fast, als hätte Vogel gegen Ende seiner Rede zusätzlich Druck aus diesem Kessel »Basisbeteiligung« entweichen lassen wollen, indem er abermals, was mit dem Thema des Parteitages eigentlich nichts zu tun hatte, die plebiszitäre Legitimation eines aktualisierten Grundgesetzes als neuer deutscher Verfassung forderte.[238] Nachdem zu den Ausführungen des Parteivorsitzenden aus dem Plenum keine weiteren Wortbeiträge laut wurden, fuhr der Vorsitzende der Antragskommission, Peter von Oertzen[239], mit der Vorstellung der konkreten Statutenänderungen fort, die entweder auf Wunsch der Ost-SPD oder nach den Verhandlungen der gemeinsamen Statutenkommission nun zur Abstimmung standen. Kein weiterer Diskussionsbedarf bestand bezüglich der Anpassung des Organisationsstatuts sowie der ohnehin unveränderten Schiedsordnung.[240] Hinsichtlich der neuen Finanzordnung, die u. a. einen 10-prozentigen Solidarbeitrag für die DDR beinhaltete, gab es – wie immer, wenn es ums Geld geht – einige kritische Stellungnahmen.[241] Es bedurfte einer längeren Erläuterung des Schatzmeisters[242] höchstpersönlich, um diese Einwände zu neutralisieren. Danach wurden die Satzungsänderungen mit großen Mehrheiten und teilweise fast einstimmig beschlossen.[243] Nach der Behandlung der wenigen verbliebenen Anträge endete der letzte Parteitag der West-SPD nach weniger als zwei Stunden mit einem Schlusswort von Friedhelm Farthmann.

---

237 Ebd., S. 157 f.
238 Vgl. ebd., S. 158 ff.
239 Vgl. ebd., S. 161 ff.
240 Vgl. ebd., S. 168.
241 Vgl. ebd., S. 168 ff.
242 Vgl. ebd., S. 173 ff.
243 Vgl. ebd., S. 181 ff.

2 Der Vereinigungsparteitag vom 26. bis 28. September 1990 in Berlin

Die nächsten beiden Tage gehörten dem gemeinsamen Vereinigungsparteitag[244], für den nun der große Saal des ICC zur Verfügung stand. Auf der Tagesordnung des 27. September standen nach der Eröffnung durch Willy Brandt, Grußworten der beiden Berliner Bürgermeister Walter Momper und Tino Schwierzina sowie Grundsatzreden der beiden Parteivorsitzenden, der Bericht über die statutarischen Änderungen sowie schließlich die Debatte und Beschlussfassung über das Manifest zur Wiederherstellung der Einheit der Sozialdemokratischen Partei Deutschlands.[245] Dieser erste Tag war noch sehr stark von einer paritätischen Dramaturgie und Symbolik geprägt. Während Willy Brandt[246] die Einheit der deutschen Sozialdemokratie in einem großen rhetorischen Bogen in ihren historischen und politischen Kontext einbettete, oblag es Reinhard Höppner[247], die Delegierten und Gäste, unter denen sich mit Josef Felder aus Augsburg auch der letzte noch lebende Angehörige der Reichstagsfraktion befand, zu begrüßen. Mit einem kleinen Utensil aus dem Sitzungsalltag der Volkskammer, deren Vizepräsident er war, stellte er zudem gleichsam spielerisch den wichtigen Bezug zum ersten und letzten frei gewählten Parlament der DDR und zur Friedlichen Revolution her.[248] Die beiden Berliner Stadtoberhäupter lenkten den Blick auf die alte und erhoffte neue Hauptstadt, in der die Chancen und Probleme der Deutschen Einheit wie in einem Brennglas greif- und sichtbar wurden, sowie die Konsequenzen, die die sozialdemokratische Politik daraus ziehen sollte.[249] Wolfgang Thierse[250] unternahm nichts Geringeres als den weitreichenden Versuch, den westdeutschen Genossen zu erklären, wen sie nun in die altehrwürdige sozialdemokratische Familie aufnahmen:

»Auch wir Ost-Sozialdemokraten kommen aufrecht zu Euch, Ihr West-Sozialdemokraten, und ich hoffe sehr, daß wir unsere Biographien künftig nicht werden verleugnen müssen. (Erneuter Applaus) Aber ich weiß auch, daß es viele Fremdheiten zu überwinden gibt. Wie die deutsche Einheit ist auch unsere Parteivereinigung eine Aufgabe, ein politischer, sozialer, kultureller, menschlicher Prozeß, der heute nicht abgeschlossen wird, sondern einen weiteren Anstoß, eine hoffentlich große Beschleunigung erhält. Es gibt Irritationen zwischen uns, wie ich beobachte, etwa folgende eigentümliche Erscheinung: Die Linken in der bundesdeutschen SPD fürchten, wir seien Rechte und die sogenannten Rechten fürchten, wir seien

---

244 Vgl. Protokoll vom Parteitag Berlin 27.–28.09.1990, Bonn o. J. [1990].
245 Vgl. ebd., S. 3.
246 Vgl. ebd., S. 5 ff.
247 Vgl. ebd., S. 17 ff.
248 Vgl. ebd.
249 Vgl. ebd., S. 23 ff.
250 Vgl. ebd., S. 34 ff.

Linke. Beide haben Angst, wir würden die gegenwärtigen Verhältnisse in der Partei verändern. Ich hoffe, wir tun es!«[251]

Als konstituierendes Element ostdeutscher Identität identifizierte er die Erfahrung von Scheitern und Neuanfang, das Scheitern des real existierenden Sozialismus als Doktrin, Wirtschaftssystem und politische Ordnung, das gleichzeitig eine »Befreiung von Mißwirtschaft, von Not und Unterdrückung, auch in geistiger und wissenschaftlicher Hinsicht«[252], gewesen sei. Damit verknüpfte er das Dilemma, das sich für Linke, als die sich Ost-Sozialdemokraten durchaus verstanden wissen wollten, daraus ergab. Einerseits war der einzige Versuch der Verwirklichung der sozialistisch-kommunistischen Utopie untrennbar verbunden mit politischem Terror. Andererseits und gleichzeitig speisten sich die Werte, auf denen ein Gutteil der Kritik am DDR-System basierte, die »Idee von Gerechtigkeit, Toleranz, Freiheit und Demokratie«[253], aus einer anderen Definition des Begriffs »Sozialismus«. Vor diesem Hintergrund beschrieb er die Ost-Sozialdemokraten als, auch in der Abgrenzung, ebenso untrennbar wie unfreiwillig biografisch verwoben mit der »Verwirklichungsgeschichte des Sozialismus«. Davon ausgehend eilte er schlaglichtartig durch die Geschichte der Ost-SPD, von den utopischen Hoffnungen des Herbstes 1989, der Suche der SDP nach einem »Dritten Weg« und das anfänglich zwiespältige Verhältnis zur Machtpolitik über die zwangsläufigen Lernprozesse der Realpolitik in Parlament und Regierung bis hin zu den Schwierigkeiten des demokratischen Prozesses und der Parteiorganisation.[254] Als »hoffentlich gemeinsame Ziele«[255] umriss er nun die Sicherung des »Industriestandortes DDR«, eine an der »Chancengleichheit« orientierte Wirtschafts-, Arbeitsmarkt-, Bildungs- und Sozialpolitik, den ökologischen Umbau und die europäische Integration einschließlich einer neuen Sicherheitsarchitektur. Damit benannte er also exakt – und sicherlich nicht zufällig – jene Themenfelder, die der designierte Kanzlerkandidat ins Zentrum gerückt hatte, und bei denen das am nächsten Tag zu beschließende Regierungsprogramm seine Schwerpunkte setzte. Nach einem kurzen Exkurs zur Hauptstadtfrage und einem Bekenntnis zu Berlin kehrte er an den Ausgangspunkt seiner Betrachtungen zurück und beschäftigte sich noch einmal mit den Schwierigkeiten des Sozialismusbegriffes für ostdeutsche Sozialdemokraten:

»Umfassende Kritik, historische Selbstkritik ist notwendig, nicht weil wir von der Idee des demokratischen Sozialismus lassen wollen, sondern im Gegenteil, um ihr überhaupt weiter anhängen zu können. (Beifall) Der niederschmetternde, aber un-

---

251 Ebd., S. 36.
252 Ebd., S. 37.
253 Ebd.
254 Vgl. ebd., S. 38 ff.
255 Ebd., S. 41.

abweisbare Befund lautet, so meine ich: Die Verwirklichungsgeschichte der sozialistischen Theorie kann diese selber nicht in jungfräulichem Zustand belassen. Wenn ich den Begriff ›demokratischer Sozialismus‹ aus den angeführten Gründen nur zögernd, aber dennoch verwenden will, muß er demnach weit mehr aussagen, als die Beschreibung einer Gesellschaftsordnung. Er muß unsere Visionen, unsere Grundwerte und unsere Strategie zusammenfassen. Sozialismus verstehe ich nicht als Ziel im Sinne eines Endzustandes, sondern eine sich permanent verändernde und sich entwickelnde Idee von Freiheit, Gleichheit, Solidarität, von Mitbestimmung und Emanzipation, von Menschenrechten, besonders von den Rechten der Frau, von der Gleichberechtigung und einem jeweils neu zu definierenden Begriff von Arbeit und Lebenswelt.«[256]

Diese Begriffsbestimmung deckte sich wohl ebenso wenig zufällig mit dem Verständnis, das Willy Brandt mehrfach in Bezug auf den demokratischen Sozialismus formuliert hatte. Eine Solidaritätsadresse an die Besetzer der Stasizentrale in der Ostberliner Normannenstraße, die Feststellung, dass die DDR nun integraler Teil Deutschlands und nicht etwa eine Kolonie würde sowie die Hoffnung auf ein gutes Zusammenwachsen und einen fairen Interessensausgleich zwischen Ost und West standen am Ende von Thierses Rede.[257] Damit überließ er nun Vogel[258] das Feld. Nachdem dieser einmal mehr die historische Dimension dieses Parteitages beschworen hatte, begab er sich auf eine nicht weniger grundsätzliche Reise durch die Geschichte, die Grundfesten und die Perspektiven der Sozialdemokratie. Sein Ausgangspunkt war die Feststellung einer letztlich seit 1863 ungebrochenen organisatorischen Kontinuität der SPD. Die Grundwerte und Ideale der Partei seien stärker gewesen als das Kaiserreich, der Nationalsozialismus und nun auch die stalinistische Ausformung des Sozialismus in der DDR. Bewusst stellte er damit eine direkte Verbindung zwischen Otto Wels' unbeugsamer Rede anlässlich des Ermächtigungsgesetzes Hitlers am 23. März 1933 im Reichstag und den Sozialdemokraten in der DDR des Herbstes 1989 her. Mit der Betonung der Organisationskontinuität postulierte er ebenfalls eine Parallelität des Neubeginns 1945 mit dem des Herbstes 1989. Die Arbeit der Partei sei jeweils nur »gewaltsam unterbrochen«[259] gewesen. Entsprechend gehörten die neuen Sozialdemokraten in der DDR ebenso genuin zur SPD wie jene, die ab 1946 für ihre Überzeugungen in Haft gesessen bzw. deswegen aus der DDR hatten fliehen müssen. Als Protagonisten einer erfolgreichen demokratischen Revolution bereicherten sie zudem die Partei:

---

256 Ebd., S. 45 f.
257 Vgl. ebd., S. 46 f.
258 Vgl. ebd., S. 48 ff.
259 Ebd., S. 49.

»Wir danken Euch dafür, und wollen das, was Ihr mitbringt, in unserer Gemeinschaft wirksam werden lassen. Umgekehrt wollen wir Euch auf den Gebieten helfen, auf denen es bei Euch zwangsläufig einen Nachholbedarf gibt, etwa auf den Gebieten der Organisation, der Mitgliederwerbung, der politischen Vertrauens- und Tagesarbeit und der Auseinandersetzung mit Gegnern, die ihre materielle Überlegenheit rücksichtslos ausnutzen und auch ansonsten nicht zimperlich sind.«[260]

Entsprechend nahm er nun, wie Lafontaine und Fuchs vor ihm, die konservativen und liberalen Parteien und ihr Gebaren bei der Übernahme der Blockparteien und ihrer Strukturen ins Visier. Neben die mehr oder minder rein materiellen Aspekte trat bei Vogel jedoch zusätzlich eine weitere eminent politische Komponente:

»Genossinnen und Genossen, welche Unverfrorenheit, nein, ich sage, welche Infamie gehört dazu, jetzt eben mit dem bankrotten Kommunismus die Sozialdemokratie in einen Topf zu schütten, ohne die es die es die Überlegenheit und Anziehungskraft unserer Gesellschaftsordnung im Vergleich mit den zusammengebrochenen Systemen nie und nimmer gegeben hätte. (Beifall) Diese Überlegenheit beruht nicht auf frühkapitalistischen oder hierarchisch autoritären Traditionen. Sie beruht auf den Elementen der Freiheit, der Demokratie und der sozialen Gerechtigkeit, die wir in dieser Ordnung gegen den erbitterten Widerstand der Konservativen eingeführt haben und mit denen wir diese Ordnung immer aufs neue reformiert haben.«[261]

Noch viel härter ging er gleichwohl mit der postkommunistischen PDS ins Gericht, der er ein Existenzrecht neben der SPD rundweg absprach.

»Aber [was geht] auch in den Köpfen derer [vor], die noch vor Jahresfrist auf Lenin und den Kommunismus schworen und sich neuerdings auch demokratische Sozialisten nennen? Denen sage ich: Entweder Ihr meint es ernst, dann seid ihr überflüssig, oder Ihr tarnt Euch, dann seid Ihr unglaubwürdig. Etwas Drittes gibt es nicht.«[262]

Abschließend beschwor er noch einmal die politische Wirkmächtigkeit und Relevanz der Ideale der sozialen Demokratie nicht zuletzt für die Gestaltung der Deutschen Einheit und bekannte sich, entschiedener als Thierse zuvor, aber inhaltlich letztlich deckungsgleich, zum demokratischen Sozialismus.

---

260 Ebd., S. 52.
261 Ebd., S. 53 f.
262 Ebd.

2 Der Vereinigungsparteitag vom 26. bis 28. September 1990 in Berlin

Nach der Mittagspause und einer kurzen Rede Klaus Klingners[263], des Spitzenkandidaten der SPD in Mecklenburg-Vorpommern für die Landtagswahl, bestätigte der Parteitag nahezu einstimmig die notwendigen Satzungsänderungen.[264] Die mit Bedacht gewählten und politisch immens symbolträchtigen Gastansprachen des Vorsitzenden der Fraktion der Bürgerkomitees im polnischen Sejm, Bronisław Geremek[265], und des Ersten Sekretärs der Sozialistischen Partei Frankreichs, Pierre Mauroy, betteten die Einheit Deutschlands und die Vereinigung der Sozialdemokratie ein in die Versöhnung mit den unmittelbaren europäischen Nachbarn in Ost und West. Gleichzeitig boten sie den Delegierten kurze Momente des Innehaltens, bevor es an die Beschlussfassung über das Manifest zur Wiederherstellung der Einheit der Sozialdemokratischen Partei Deutschlands ging. Die Vorstellung des Entwurfes übernahm Johannes Rau[266], der, vor dem Hintergrund des Godesberger Programms und auch seiner persönlichen Geschichte, die SPD als nach wie vor »keine geschlossene Gesellschaft« definierte und ihren anhaltenden Gestaltungswillen in Bezug auf die Deutsche Einheit betonte:

> »Wir haben Einigkeit und Recht und Freiheit erreicht. Jetzt geht es darum, in ganz Deutschland soziale Gerechtigkeit, ökologische Verantwortung und Wohlstand für alle zu verwirklichen. Auf diesem Wege muß und auf diesem Wege kann vieles als Gemeinsamkeit neu entstehen.«[267]

Die Redebeiträge von Dieter Rieke, der als Gegner der Zwangsvereinigung und Kontaktmann des Ostbüros acht Jahre in Bautzen inhaftiert war, Josef Felder und Käte Woltemath repräsentierten sowohl die historische als auch die gesamtdeutsche Dimension der Parteivereinigung.[268] Mit Beate Weber, der aussichtsreichen Kandidatin der SPD für das Oberbürgermeisteramt in Heidelberg, und Martin Gutzeit sprachen danach zwei Vertreter der Nachkriegsgeneration aus Ost und West. Während Weber ihren Fokus in erster Linie auf die ökologische Erneuerung lenkte, beschäftigte sich Gutzeit einmal mehr mit der Geschichte der Ost-SPD und ihrem Blick auf die Deutsche Einheit.[269] Substanzielles zur sozialdemokratischen Deutschlandpolitik konnte von Erhard Eppler erwartet werden, der sich als einer der Autoren des Manifestes nun als Letzter zu Wort meldete.[270] Mit Rückgriff auf das Godesberger Programm charakterisierte er die SPD als die über weite Strecken deutschlandpolitisch glaubwürdigste Partei der Bundesrepublik. Seine vielfachen Ostkontakte der Vergangenheit erlaubten

---

263 Vgl. ebd., S. 58 f.
264 Vgl. ebd., S. 61 ff.
265 Vgl. ebd., S. 65 ff.
266 Vgl. ebd., S. 78 ff.
267 Ebd., S. 83.
268 Vgl. ebd., S. 83 ff.
269 Vgl. ebd., S. 94 ff.
270 Vgl. ebd., S. 101 ff.

ihm einen recht persönlichen Rückblick auf die Chronologie des Umbruchs in der DDR, dessen Protagonisten in einer ersten Welle zunächst eine reformierte DDR im Sinn gehabt hatten. Erst die zweite Welle der »lange schweigende[n] Mehrheit«[271] habe dann den Ruf nach der Deutschen Einheit gebracht.

> »Liebe Freunde, ich habe es immer für eine linke Tugend gehalten, daß man den Willen der Basis auch dann respektiert, wenn er einem nicht in den Kram paßt. (Beifall) Mir hat er in den Kram gepaßt, und ich habe diesen Prozeß begrüßt, auch wenn er geprägt war von den Peinlichkeiten, die nun einmal mit unserem real existierenden Bundeskanzler untrennbar verbunden sind. (Beifall) Aber nicht er hat die Tür zur Einheit aufgestoßen, sondern die Zivilcourage einer Friedensbewegung, von der übrigens die Union zuerst einmal gar nichts wissen wollte.«[272]

Mit der feierlichen Unterzeichnung des Manifests ging der erste Durchgang des Vereinigungsparteitages am späten Nachmittag zu Ende.[273] Für den Abend hatte der Parteivorstand zu einem großen Fest in den Hamburger Bahnhof direkt am ehemaligen Grenzübergang Invalidenstraße geladen.

Nach einer rauschenden Ballnacht eröffnete Marie-Elisabeth Lüdde, ehemals Vorstandsmitglied der Ost-SPD, am nächsten Vormittag um kurz nach 10:00 Uhr das Plenum.[274] Bevor jedoch der Kanzlerkandidat zur Vorstellung des Regierungsprogramms das Wort ergriff, forderten Grußworte des Vorsitzenden des DGB, Heinz-Werner Meyer[275], des Vorsitzenden der DAG, Roland Issen[276], sowie des indischen Finanzministers, Madhu Dandavate[277], die Aufmerksamkeit der Delegierten. Für den Vereinigungsparteitag hatte Lafontaine[278] die Rede, die er bereits auf dem Vorparteitag der Ost-SPD gehalten hatte, deutlich erweitert. Insbesondere aber die Passagen mit im weitesten Sinne deutschlandpolitischen Bezügen waren naturgemäß in der Substanz deckungsgleich. Im außenpolitischen Teil[279], der dieselben Interpretationsmuster und Forderungen enthielt wie zwei Tage zuvor, legte er zusätzlich einen besonderen Fokus auf die Beziehungen zu Frankreich und Polen. Den Einstieg in den innenpolitischen Teil[280] bildeten zunächst klassische Westthemen, wie etwa die Forderung nach der Stärkung des Föderalismus, die Einführung plebiszitärer Elemente

---

271 Ebd., S. 103.
272 Ebd., S. 104 f.
273 Vgl. ebd., S. 106 ff.
274 Vgl. ebd., S. 129.
275 Vgl. ebd., S. 129 ff.
276 Vgl. ebd., S. 134 ff.
277 Vgl. ebd., S. 137 ff.
278 Vgl. ebd., S. 142 ff.
279 Vgl. ebd., S. 145 ff.
280 Vgl. ebd., S. 151 ff.

2 Der Vereinigungsparteitag vom 26. bis 28. September 1990 in Berlin

Abb. 29 Vereinigungsparteitag der SPD vom 26. bis 28. September 1990 in Berlin. V. l. n. r.: Hans-Jochen Vogel, Willy Brandt, Wolfgang Thierse und Oskar Lafontaine mit dem »Manifest zur Wiederherstellung der Einheit der Sozialdemokratischen Partei Deutschlands«.

auf der Bundesebene, der Ausbau der betrieblichen Mitbestimmung, der ökologische Umbau der Industriegesellschaft, die Stärkung des öffentlichen Nahverkehrs, aktive Gleichstellungspolitik und nicht zuletzt die Vereinbarkeit von Familie und Beruf. Etwas länger verweilte er bei der Familienpolitik und forderte in Bezug auf die Frage des Schwangerschaftsabbruchs die Fristenlösung für ganz Deutschland. Weitere Wegmarken stellten der Ausbau des sozialen Wohnungsbaus, eine moderne Einwanderungspolitik sowie die Bewahrung des Asylrechts dar. In der Sozialpolitik lag Lafontaines Fokus fast ausschließlich bei der Mindestrente und dem Einstieg in die soziale Grundsicherung. Steuer- und Gesundheitspolitik streifte er nur kurz. Den Bereich Wirtschafts- und Finanzpolitik nutze Lafontaine zum Generalangriff auf die Bonner Regierungskoalition und die Staatsverträge zur Deutschen Einheit. In diesem Zusammenhang wiederholte er im Wesentlichen dieselben Argumente, die er zwei Tage zuvor angeführt hatte. Ähnliches gilt für den Problemkreis des Zusammenwachsens der beiden deutschen Gesellschaften. Auch im gemeinsamen Parteitagsplenum erntet er derart stürmischen Beifall und stehende Ovationen, dass sich der aktive Parteitagspräsident, Karl-Heinz Hiersemann, zu einem akklamatorischen Kommentar genötigt fühlte:

»Liebe Genossinnen und Genossen: Das war Oskar, wie wir ihn alle kennen. Wer in den letzten Tagen manche Kommentare gelesen hat, konnte immer wieder den Satz finden: Recht zu haben alleine reicht nicht. – Das ist wohl wahr. Aber es ist schon einmal gut, daß geschrieben wird, wir hätten recht gehabt. Das unterscheidet sich von früheren Äußerungen. Nur: Wer nach der heutigen Rede von Oskar mit Anspruch auf Redlichkeit noch behaupten will, Sozialdemokraten hätten kein Konzept, dem ist nicht mehr zu helfen. (Beifall) Im übrigen: Wer außer Oskar und der SPD hat denn Konzepte! Wir wollen keinen Prozeß der deutschen Einheit, bei dem sich einige wenige eine goldene Nase verdienen und die Millionen arbeitender Menschen die Zeche zu zahlen haben. Dafür, daß dies nicht passiert, ist Oskar Lafontaine der Garant. Er ist der Garant der sozialen Gerechtigkeit für alle Deutschen.«[281]

Erstaunlich und fast irritierend, da sie sich in der Diktion fast in der Nähe eines eigentlich überwunden geglaubten Personenkults bewegten, sind die Lobpreisungen, die Lafontaine aus dem Munde der ostdeutschen Parteiratsvorsitzenden Sabine Riebe entgegengebracht wurden:

»Lieber Oskar, wir baldige Bundesrepublikaner möchten natürlich nicht unsere neue Demokratie gegen den aufgeklärten Absolutismus eintauschen. Aber Deine Entscheidung zum Kanzlerkandidaten – das sei mir an dieser Stelle gestattet zu sagen – freut mich besonders, denn Du bist für unsere Partei zu einem unermüdlichen Vorkämpfer geworden. Du hast mit Deinen Reden am Dienstag im Parteirat, am Mittwoch auf dem letzten Parteitag der SPD in der DDR und auch heute dies bewiesen. Dort hast Du nicht nur unsere Köpfe, sondern auch unsere Herzen gewonnen. [...] Oskar, wir brauchen Dich! Aber Du brauchst auch uns, unsere uneingeschränkte, zuverlässige, kämpferische Unterstützung. Denn Deine Forderungen sind unsere Identität, die Identität der Sozialdemokratie. Deshalb müssen wir mit Dir an der Spitze diese Ziele den Menschen unseres Landes nahe bringen. Oskar, Du sollst unser Kanzler in einer sozialdemokratischen geführten Bundesregierung werden!«[282]

Wäre da nicht der geschickt im Absolutismusbild verpackte Hinweis auf den Hang Lafontaines zu einsamen Entscheidungen sowie die ähnlich verbrämte aber dennoch deutliche Mahnung zur gedeihlichen Zusammenarbeit mit der Basis insbesondere im Osten gewesen, wäre wohl kaum jemand der Idee verfallen, dass es zwischen Kanzlerkandidaten und den Gliederungen in den künftigen neuen Bundesländern immer

---

281 Ebd., S. 175 f.
282 Ebd., S. 178.

wieder Friktionen gegeben hatte. Norbert Gansel[283] äußerte sich ähnlich salomonisch affirmativ, indem er einerseits Lafontaines persönliche wie politisch-programmatische Qualitäten lobte, ihn andererseits aber auch ermahnte, sich gegenüber der erweiterten Partei und ihrer Führung nicht beratungsresistent zu zeigen:

> »Ein neues Deutschland braucht auch einen neuen Kanzler. (Beifall) Für diese Aufgabe wollen wir Dich nominieren. Aber wir fordern von Dir auch etwas dafür: Bleib offen für Kritik und Rat, hör auf den Rat von Willy Brandt, von Hans-Jochen Vogel und Wolfgang Thierse, auf den Rat der Partei und auf den Parteirat, geh auf unserem Weg voran, aber verlier nicht die Partei aus den Augen. Bewahre und erneuere unser soziales Bündnis mit den Gewerkschaften. Bleib Dir treu und vermeide Rechthaberei. Bleib populär, indem Du den Mut besitzt, unpopulär zu sein. Erhalte Dir die Fähigkeit zum Wagnis in der Politik. Bleibe entscheidungs- und angriffsfreudig. Behalte Augenmaß und die Kraft zum Visionären.«[284]

Dass Lafontaine die Partei einstweilen auf ganzer Linie sowohl inhaltlich als auch persönlich überzeugt hatte, zeigt das nahezu einstimmige Ergebnis, mit dem er wenig später zum Kanzlerkandidaten der SPD für die kommende Bundestagswahl nominiert wurde.[285] Während die Zählkommission noch mit der Auszählung beschäftigt war, hatte der Parteitag bereits mit der Diskussion des Wahlprogramms begonnen.[286] Dieses wurde bald darauf weitestgehend unverändert gebilligt und verabschiedet. Eine wichtige Ergänzung, die die Münchner Delegierte Ulrike Mascher eingebracht hatte, war im Zusammenhang mit dem sozialen Wohnungsbau das Ziel einer sozialen Reformierung des Bodenrechts.[287] Keinen Erfolg hatte hingegen der Vorstoß des türkischstämmigen Delegierten und IG-Metall-Funktionärs Yilmaz Karahasan aus Frankfurt-Sossenheim zur Ausweitung des Wahlrechts insbesondere auch in Bezug auf eine künftige Verfassung der Bundesrepublik auf die in Deutschland lebenden Ausländer.[288] Bevor der Parteitag mit dem traditionellen »Wann wir schreiten Seit' an Seit'« beendet wurde, schwor Vogel die Partei auf das gemeinsame Programm und den Kanzlerkandidaten ein. Gleichzeitig stellte er klar, dass die SPD bei ihrer bisherigen Linie in Bezug auf die soziale Gestaltung der Deutschen Einheit bleiben und es im Wahlkampf auch keine Konzessionen an den eher national geprägten Geist des Augenblicks geben würde:

---

283 Vgl. ebd., S. 179 ff.
284 Ebd., S. 182 f.
285 Vgl. ebd., S. 197.
286 Vgl. ebd., S. 185.
287 Vgl. ebd., S. 201 ff.
288 Vgl. ebd., S. 205 ff.

»Wir sind die Deutschland-Partei – nicht im Sinne pathetischen Überschwangs oder der Neubelebung eines ›Nationalismus‹, dessen Übersteigerung – daran müssen wir auch heute erinnern – eine der Ursachen der deutschen und europäischen Katastrophe in diesem Jahrhundert war und dessen Überwindung zu den großen Errungenschaften der letzten Jahrzehnte gehört. Ich tue nichts weg, was andere aus anderen Parteien dazu geleistet haben, das zu überwinden, aber ich werde nicht müde werden zu sagen: Ohne Willy Brandt, ohne Helmut Schmidt und ohne einen Gustav Heinemann wären wir nicht in der Lage zu sagen, daß wir diesen Abschnitt der Geschichte ein für allemal beendet haben. (Beifall) Wenn ich sage[:] ›Wir sind die Deutschland-Partei‹, dann im Sinne einer Gestaltung unseres Landes, die allen, die hier leben – es war gut, daß ein ausländischer Genosse hier das Wort ergriffen und uns daran erinnert hat –, die Identifizierung mit ihrer Heimat erlaubt, weil es ihnen menschenwürdige Lebensbedingungen bietet und weil es sich – darauf sollten wir stolz sein; wenn Patriotismus, dann ist es dieser – im Kreise der Nationen durch Freiheitlichkeit, Friedfertigkeit und internationale Hilfsbereitschaft auszeichnet.«[289]

Die Sozialdemokratie hatte nun zum ersten Mal seit 1933 eine einheitliche Organisation in ganz Deutschland, einen gesamtdeutschen Kanzlerkandidaten sowie ein in sich schlüssiges Wahlprogramm, das in jedem Falle auf vielen Politikfeldern eine klare Alternative zur Politik der Regierungskoalition – nicht nur in Bezug auf die Gestaltung der Deutschen Einheit – formulierte. Dass 40 Jahre Teilung nicht spurlos an den Menschen in Ost und West und schon gar nicht an der Sozialdemokratie vorbeigegangen war, ist evident. Entsprechend konnte der formale Akt der Parteivereinigung diese mentalen Differenzen, die durch die Sozialisation in völlig unterschiedlichen Lebenswelten entstanden waren, kaum von heute auf morgen auflösen, noch nicht einmal übertünchen. Die Überführung eines Teils der Volkskammerabgeordneten der Ost-SPD in die sozialdemokratische Bundestagsfraktion nach dem 3. Oktober 1990 bot die Möglichkeit für einige Angehörige des erweiterten Gründerzirkels der SDP, die bei den Vorstandswahlen durchgefallen waren, wie Meckel, Hilsberg, Elmer und auch Schröder, ihre politischen Karrieren auf diesem Wege fortsetzen zu können. Die tatsächliche Verwirklichung der Einheit der Sozialdemokratie aber sollte politisch und organisatorisch – ebenso wie die Deutsche Einheit selbst – ein langer und schwieriger Prozess werden, der bis heute auch noch keineswegs als abgeschlossen gelten kann.

---

289 Ebd., S. 217 f.

Zusammenfassende Schlussbetrachtung[1]

Die Wiedergründung der Sozialdemokratie in der DDR 1989/90 war ein in vielerlei Hinsicht widerspruchsvoller und in der eingetretenen Art und Weise nicht erwartbarer Vorgang. Die Friedliche Revolution in der DDR 1989/90 beinhaltete im Rahmen des umfassenden politischen, ökonomischen und sozialen Umbruchs auch eine tief greifende Transformation und vor allem Demokratisierung des vormals diktatorischen Parteiensystems. Ein Element dieses Wandels war die durch den Machtverlust bedingte rapide Erosion der vormaligen Staatspartei SED und deren Neuformierung auf deutlich niedrigerem Niveau und unter postkommunistischen bzw. reformsozialistischen Vorzeichen.[2] Damit einher ging die Neuorientierung der ehemaligen Blockparteien CDU, DBD, LDPD und NDPD, die schließlich in der Übernahme der verbliebenen Mitgliedschaften, von tatsächlich, vermeintlich oder vorgeblich unbelasteten Kadern und vor allem der vorhandenen Organisationsstrukturen durch die westdeutschen Christdemokraten und die FDP mündete.[3] Andererseits kam es aus dem oppositionellen Milieu der Bürgerbewegung zur Neugründung von Gruppierungen wie dem Neuen Forum, Demokratie Jetzt und der Initiative Frieden und Menschenrechte, die sich zunächst gar nicht als Parteien im eigentlichen Sinne verstanden und erst nach einer längeren inneren Klärungsphase im Bündnis 90 aufgingen.[4] Nach der Logik der Traditionslinien der deutschen Parteiengeschichte wäre demgegenüber ein Wiedererstehen der Sozialdemokratie in der DDR als Sezession reformsozialistischer Teile der SED oder sozialdemokratischer Restbestände aus der Konkursmasse der Einheitspartei naheliegender gewesen als eine völlige Neugrün-

---

1 Dieses abschließende Resümee folgt für die Phase zwischen der Gründung der SDP und der Volkskammerwahl im März 1990 in Teilen einem bereits veröffentlichten Aufsatz und inkorporiert etliche Textpassagen daraus wörtlich. Vgl. Peter Gohle: Gründungsgeschichte und Politik der Sozialdemokratischen Partei in der DDR 1989/90, in: »Wir haben die Machtfrage gestellt!« SDP-Gründung und Friedliche Revolution. Eine Ausstellung der Friedrich-Ebert-Stiftung, Bonn 2009. Dieser wiederum basiert auf den Erkenntnissen meiner im Jahr 2008 am Fachbereich Informationswissenschaften der FH Potsdam eingereichten Diplomarbeit, die in weiten Teilen in diese Studie eingegangen ist. Vgl. Peter Gohle: Von der SDP zur SPD-DDR. Die Gründung der Ost-SPD während der revolutionären Übergangsphase in der DDR 1989/90, Diplomarbeit FH Potsdam, München/Potsdam 2008.
2 Vgl. u. a. Suckut, Staritz, Heimat, a. a. O. sowie neuerdings auf der Basis des aktuellen Kenntnisstandes zur PDS: Michael Koß: Von der SED zur PDS. Die Partei zwischen Niedergang, Selbstauflösung und Neuanfang, in: Martin Gutzeit, Helge Heidemeyer, Bettina Tüffers (Hg.): Opposition und SED in der Friedlichen Revolution. Organisationsgeschichte der alten und neuen politischen Gruppen 1989/90, Berlin 2011.
3 Vgl. hierzu insgesamt zusammenfassend: Niedermayer, Stöss, Parteien, a. a. O.
4 Vgl. ebd.

dung. Dass diese nun in Gestalt der SDP aus den Reihen der Bürgerbewegung erfolgt war, in erster Linie von Personen, die aus der evangelischen Kirche heraus agierten und zum Erbe der sozialdemokratischen Arbeiterbewegung kaum mehr als einen intellektuellen Bezug hatten, war und ist zumindest bemerkenswert.

Die Betrachtung der Geschichte der Unterdrückung der Sozialdemokratie in der SBZ/DDR seit 1945 hat gezeigt, dass die SED-Führung zwischen 1946 und 1952 mit mannigfaltigen Zwangs-, Säuberungs- und Terrormaßnahmen nachhaltig dafür gesorgt hat, das sozialdemokratische Element weitestgehend aus der Partei zu tilgen. Die diktatorische Durchdringung der Gesellschaft und die Kontrolle von Reservaträumen tat ein Übriges, das sozialdemokratische Milieu und seine Reproduktionsfelder sukzessive auszutrocknen. Es spricht vieles dafür, dass es darüber hinaus gelungen ist, mithilfe der durch die sozialistische Wirtschafts- und Sozialpolitik generierten sozialen Aufstiegschancen für Angehörige der »Arbeiterklasse« einerseits sowie durch eine spezifische Vergangenheitspolitik und Pflege der Traditionen der Arbeiterbewegung andererseits, Hunderttausende politisch atomisierter ehemaliger Sozialdemokraten, die nicht den Weg nach Westen gesucht hatten, zu neutralisieren, zu einer passiven Loyalität oder gar aktiven Unterstützung des neuen Staatswesens zu bewegen. Der Faktor Zeit und der damit verbundene Generationenwechsel führten dazu, dass im Herbst 1989 in der DDR nur noch quantitativ zu vernachlässigende und letztlich politisch anachronistische Restbestände des vormals so stolzen sozialdemokratischen Milieus existierten.

Die oppositionelle Szene der 1970er- und 1980er-Jahre in der DDR, die sich vor allem unter dem Dach der evangelischen Kirche versammelt hatte und der auch die SDP-Gründer entstammten, hatte sich – nicht zuletzt bedingt durch zum Teil massive staatliche Repression – innerhalb der DDR-Gesellschaft weitgehend alternativlebensweltlich abgekapselt. Politisch mischten und überlagerten sich Pazifismus, das Eintreten für Menschenrechte und Ökologie mit postmaterialistischem und basisdemokratisch-zivilgesellschaftlichem Denken. Soweit überhaupt wirtschafts- oder sozialpolitische Vorstellungen entwickelt worden waren, bewegten sich diese im Wesentlichen auf der Basis mehr oder minder sozialistisch geprägter Grundannahmen. Eine Orientierung am westlichen Parlamentarismus oder am marktwirtschaftlichen Modell fand bis in den Herbst und Winter 1989 hinein kaum statt. Von diesen Ansätzen waren auch Meckel, Gutzeit und ein Großteil ihrer frühen Mitstreiter grundsätzlich inspiriert. In den ersten programmatischen Dokumenten der SDP wird dies, wie gezeigt wurde, klar sichtbar. An zwei zentralen Punkten brachen die SDP-Gründer jedoch mit den impliziten »Axiomen« der DDR-Opposition. Indem sie die Selbstgettoisierung und das harmonisierende Plattformpolitikmodell des oppositionellen Milieus aufzubrechen trachteten, öffneten sie sich parlamentarisch-demokratischem Denken und machten damit eine Parteigründung erst möglich. Die SDP erhob folgerichtig als einzige der Neugründungen aus dem Umfeld der Bürgerbewegung explizit und von Beginn an den Anspruch, »Partei« und eben nicht »Bewegung« oder

»Plattform« zu sein. Darüber hinaus verfolgte sie ebenfalls von Anfang an, bedingt durch die Erfahrung des offenkundig völligen Versagens der realsozialistischen Planwirtschaft, das zunächst noch relativ schemenhafte Ziel der Etablierung einer ökologisch-sozialen Marktwirtschaft in der DDR, das freilich noch stark gemeinwirtschaftliche und letztlich sozialistische Züge trug. Insofern lag eine Ausrichtung an der sozialdemokratischen Tradition und Programmatik nahe, folgte aber gleichwohl eher akademischen Erwägungen als einer tatsächlichen Verwurzelung in der politischen Lebens- und Gedankenwelt der sozialdemokratischen Arbeiterbewegung.

Die Gründung der SDP im September und Oktober 1989 vollzog sich zunächst zwar im Windschatten der Massendemonstrationen und der öffentlichen Beachtung, die das Neue Forum auf sich zog, wurde jedoch ebenfalls genauestens vom MfS registriert und beobachtet. Obwohl das MfS mit Ibrahim Böhme mitten in der Zentrale des SDP-Gründerzirkels einen IM platziert hatte, konnte die SDP nach vergeblichen anfänglichen Einwirkungs-, Steuerungs- und Obstruktionsversuchen ihre Aktivitäten relativ frei entfalten. Dies hatte in erster Linie mit dem rapiden Machtverlust der SED, den damit schwindenden Handlungsmöglichkeiten des MfS sowie Krenz' Einbindungs- und Umarmungstaktik in Bezug auf die Opposition zu tun. Insofern konnte die minutiöse Weitergabe parteiinterner Informationen an das MfS durch Böhme spätestens ab Mitte November 1989 keinen wirklichen Schaden mehr anrichten. Problematisch für die SDP war intern eher sein bisweilen erratisches Agieren als Geschäftsführer der Partei, während sie gleichzeitig in der Außenwirkung stark von seinem Charisma profitierte. So absurd das im ersten Augenblick klingen mag, scheint zudem ein Teil seiner offenbar multiplen Persönlichkeitsstruktur es ermöglicht zu haben, das Engagement für die SDP/SPD als subjektiv aufrichtig und durchaus ernst gemeint zu begreifen.

Im Spätherbst und Winter 1989 gründeten sich in allen Bezirken der DDR mit Bezug auf den Berliner Gründerzirkel – aber aufgrund der miserablen Kommunikationsinfrastruktur und der verschwindend geringen Ressourcen des provisorischen Landesvorstands letztlich dezentral und relativ autonom – eine Vielzahl von lokalen und regionalen SDP-Gliederungen. Im Dezember 1989 zählte die SDP immerhin schon rund 12.000 Mitglieder. Die Fluktuation war freilich relativ hoch und die eigentlich klassische sozialdemokratische Klientel, Arbeiter und kleine Angestellte, kaum vertreten. Die Kerngruppen kamen an vielen Orten zunächst aus dem alternativen, kirchlichen und intellektuellen Milieu. Hierzu gesellten sich bald auch viele Vertreter der sogenannten technischen Intelligenz. Eine breite Reaktivierung von Resten der alten sozialdemokratischen Basis, auf die viele gehofft hatten, gelang nicht. Wo sich vereinzelt alte sozialdemokratische Kader, die in der DDR überwintert hatten, zu Wort meldeten, stieß dies – wie am Beispiel Dresdens gezeigt – vielfach auf Unverständnis. Die eigentliche Hauptkonfliktlinie innerhalb der SDP/SPD verlief ab dem Winter 1989/90 zwischen dem linksalternativen Parteivorstand in Berlin und den aus den Gründungswirren in den Bezirken überwiegend als Sieger hervorgegangenen

Vertretern der technischen Intelligenz. Diese waren von Beginn an bereit, mit der DDR sehr viel radikaler zu brechen als die Gründer von Schwante, hatten mit der Idee des Experiments eines »Dritten Weges« in der DDR nicht das Mindeste im Sinn und setzten auf Einheit und Marktwirtschaft. Den Traditionsbeständen der Arbeiterbewegung, etwa Anrede und Parteifarbe, dem Begriff Sozialismus generell etc., standen sie äußerst skeptisch gegenüber, da diese in ihren Augen von der SED usurpiert und damit weitestgehend diskreditiert waren. Vor diesem Hintergrund erwies sich die von Teilen des Gründerzirkels und einigen Vertretern der westdeutschen SPD-Parteiführung anfänglich erhoffte Integration sozialdemokratisch gesinnter Reformsozialisten aus der SED-PDS als unmöglich. Es stellt sich freilich auch die Frage, ob dies in der aufgeheizten Stimmung der Jahreswende 1989/90 überhaupt politisch legitimierbar gewesen wäre. In jedem Fall aber wurde so eine organisationspolitische Chance und Perspektive frühzeitig und dauerhaft verspielt.

Der planmäßige Aufbau von Parteistrukturen wäre ohne die Unterstützung der West-SPD nicht möglich gewesen. Die Anfänge dieser Zusammenarbeit gestalteten sich zunächst jedoch schwierig. Einerseits pochten SDP-Vertreter demonstrativ auf ihre Eigenständigkeit, was u. a. Ausdruck in der Ablehnung der Grundlegungen des Godesberger Programms fand. Andererseits aber setzten zeitweilig Teile der bundesdeutschen SPD-Führung weiter auf den lange eingeübten quasietatistischen Dialog mit der SED.[5] Zudem misstrauten sie in der unübersichtlichen Situation des Herbstes 1989 der Organisations- und Integrationsfähigkeit der »kirchlichen Kopfgeburt« SDP und hatten strategisch die gesamte oppositionelle Szene als potenzielle Partner im Blick. Nach zunächst nur punktuellen Berührungen kam mit dem eigenmächtigen Besuch Steffen Reiches in Bonn und der in diesem Kontext erreichten Präferenzerklärung der SPD für die SDP Bewegung in das Verhältnis der beiden ungleichen Schwesterparteien. Hatte es seit Oktober 1989 immer wieder spontane Solidaritätskundgebungen und Spenden aus SPD-Gliederungen gegeben, institutionalisierte sich diese Zusammenarbeit beider Parteien ab Winter 1989/90 zunehmend auf allen Ebenen. Dies war verbunden mit entsprechenden logistischen, organisatorischen, finanziellen und nicht zuletzt auch programmatischen Transfers von West nach Ost. Trotz der Unterstützung durch die West-SPD gerade im Volkskammerwahlkampf gelang es aber nicht einmal annähernd, den organisatorischen und logistischen Vorsprung der ehemaligen Blockparteien des bürgerlichen Lagers und der PDS aufzuholen, geschweige denn wettzumachen. Die planmäßige Hilfe der West-SPD zeigte in Bezug auf die Arbeits- und Kampagnenfähigkeit des Parteivorstandes und der Gliederungen erst ab Mitte 1990 ihre Wirkung. In dem Maße, in dem das Thema der Deutschen Einheit an politischer Bedeutung gewann, trat das spezifische DDR-Profil der SDP in den Hintergrund und machte einer zunehmenden – und auch in vielerlei Hinsicht zwangsläufigen – Orientierung an der West-SPD Platz. Dies beinhaltete auch schon sehr frühzeitig, wie Martin Gutzeit kürz-

---

5   Vgl. Sturm, Uneinig, a. a. O., S. 93 ff., 147 ff.; Neugebauer, SDP/SPD, a. a. O., S. 77, 83 f.

lich offenbart hat, die Abstimmung zentraler strategischer Entscheidungen der SDP-Führung mit dem Bonner Erich-Ollenhauer-Haus.[6]

Die SDP-Gründer bzw. der provisorische Landesvorstand der SPD in der DDR durchlebte in nicht einmal einem halben Jahr in zentralen Politikfeldern fundamentale Lern- und Anpassungsprozesse. Diese waren bedingt durch die rasante Geschwindigkeit des Umbruchs in der DDR, die kontroversen inhaltlichen Auseinandersetzungen mit den Repräsentanten der Parteibezirke und der Basis sowie schließlich den Einfluss der West-SPD auf die Politikentwürfe der SPD in der DDR. Hier ist zunächst das Verhältnis zum Begriff des Sozialismus zu nennen, der bei der Gründung der Partei in Schwante noch als wichtiger, wenn auch umgedeuteter Bezugspunkt auftaucht, im Leipziger Wahlprogramm jedoch weitestgehend an den Rand gedrängt ist. Ähnliches lässt sich in Bezug auf den Terminus »soziale und ökologische Marktwirtschaft« feststellen. Die in Schwante noch stark sozialistisch geprägten Vorstellungen Meckels treten in Leipzig zugunsten eines fast ungebremsten Marktoptimismus in den Hintergrund. Beinhaltete die Schwanter Erklärung Meckels noch eine demonstrative Einladung an »alle SED-Mitglieder« zur »demokratische[n] Mitarbeit«, führte die ab der Jahreswende 1989/90 steigende Unterwanderungsangst der Basis, die auch eine Konkurrenzangst der Bezirksfunktionäre war, zu den Weichenstellungen von Leipzig, die letzten Endes einem rückwirkenden Unvereinbarkeitsbeschluss gleichkamen. Nicht minder radikal veränderte sich zwischen Oktober und Dezember 1989 die Haltung der SDP zur Frage der Deutschen Einheit. In Schwante wurde die »Zweistaatlichkeit Deutschlands als Folge der schuldhaften Vergangenheit« noch als Gegebenheit anerkannt. Zwar wurde die weitere Entwicklung dieser Frage offen gehalten, das Thema spielte jedoch für die SDP-Führung einstweilen keine tragende Rolle. Umso unvorbereiteter traf sie der Fall der Mauer, der wie sie sofort erkannten, über kurz oder lang das Ende der DDR bedeuten würde. Nicht dass sie den Mauerfall nicht begrüßt hätten – ganz im Gegenteil –, aber diese Entwicklung lenkte vom eigentlichen Thema, der Demokratisierung der DDR, ab. Nun war ihnen – quasi zur Unzeit – die Beschäftigung mit der deutschen Frage aufgezwungen worden. Einen Monat später bekannte sich die SDP in einer Presseerklärung uneingeschränkt »zur Einheit der Deutschen Nation«. Dass sogar diese eindeutige Festlegung, die lediglich durch den Anspruch ergänzt war, den Prozess zur Deutschen Einheit vonseiten der DDR zumindest mitzubestimmen, für weite Teile der DDR-Bevölkerung zu viel der Einschränkung bedeutete, hat wohl auf dem Leipziger Parteitag im Februar 1990 kaum einer auch nur geahnt.

Die praktische Politik der SDP im Herbst 1989 zielte zunächst auf die Zulassung und politische Teilhabe der Oppositionsgruppen, die Herstellung der Presse- und

---

6 Vgl. Martin Gutzeit: SDP/SPD und Zentraler Runder Tisch, in: Martin Gutzeit, Helge Heidemeyer, Bettina Tüffers (Hg.): Opposition und SED in der Friedlichen Revolution. Organisationsgeschichte der alten und neuen politischen Gruppen 1989/90, Berlin 2011, S. 156 ff.

Meinungsfreiheit, die Entmachtung der SED, des MfS und anderer diktatorischer Institutionen sowie schließlich auf die vollständige Demokratisierung der DDR durch freie Wahlen. Soweit zogen alle Oppositionsgruppen an einem Strang, was seinen Ausdruck in der »Kontaktgruppe« bzw. dem angestrebten Wahlbündnis in Gestalt einer gemeinsamen Liste fand. Gleichwohl ist relativ frühzeitig festzustellen, dass die SDP dies, aufgrund ihres parlamentarischen Politikverständnisses, nur als Übergangsphase begriff und durchaus versuchte, ihr eigenes parteipolitisches Profil auch gegen die anderen Gruppen zu schärfen. Zeitweilig gaben sich einzelne Ost-Sozialdemokraten wohl auch der Illusion hin, sich gleichsam an die Spitze der Bewegung setzen bzw. die gesamte oppositionelle Szene unter dem Dach der SDP/SPD vereinigen zu können. Am Runden Tisch galt das Hauptaugenmerk der SDP/SPD einer wirksamen Kontrolle der nicht demokratisch legitimierten Übergangsregierung von Hans Modrow. Nachdem man baldige Wahlen durchgesetzt hatte und das Regierungshandeln des Kabinetts Modrow letztlich vom Runden Tisch abhängig war, versuchten die Sozialdemokraten mit dem Mittel des Wahl- und Parteienrechts relativ hohe Hürden für ihre vormaligen Partner in der Kontaktgruppe einzuziehen. Gegen die Vertreter der Bürgerbewegung agierte die SDP/SPD auch in der Verfassungsfrage und lehnte den maßgeblich von diesen geprägten und vom Runden Tisch vorgelegten Entwurf ab. Dahinter stand die dezidiert parlamentarisch-demokratische Orientierung der Partei im Allgemeinen und des späteren Fraktionsvorsitzenden Richard Schröder im Besonderen. Im Rahmen des sich anbahnenden Wahlkampfs galt es schließlich, gegenüber dem sich abzeichnenden bürgerlichen Lager unter Führung der gewendeten Block-CDU vor allem mit einer Kombination wirtschafts- und sozialpolitischer Themen zu punkten. Dabei unterschätzte die SDP/SPD sträflich die sich immer klarer abzeichnende Stimmung in der Bevölkerung, die Einheit möglichst bald – und zu jedem Preis – erreichen zu wollen, und nicht zuletzt den unbedingten Willen Helmut Kohls, diese Karte gnadenlos auszuspielen. Wahltaktische Gründe gaben ebenfalls den Ausschlag bei der lange durchgehaltenen Weigerung, formal einer Allparteienregierung unter Modrow beizutreten. Dies konnte zwar nicht durchgehalten werden, aber durch das Vorziehen des Termins zur Volkskammerwahl schien diese Liaison zeitlich allzu begrenzt, um wirklichen Schaden anrichten zu können.

Der Volkskammerwahlkampf der SPD ging in mehrfacher Hinsicht von falschen Voraussetzungen aus. Zunächst erwiesen sich die ersten Erhebungen, auf denen die Siegesgewissheit der SPD fußte, als empirisch fragwürdig. Weitere Studien, die zur Überprüfung dieser Tendenzen in Auftrag gegeben worden waren, verzeichneten die Situation, wurden missinterpretiert und führten so zu falschen Schlüssen. Das darauf basierende eher sachpolitisch orientierte Kampagnenkonzept erwies sich als zu zahm und zu unflexibel, um dem polemischen Trommelfeuer, das die bundesdeutschen Unionsparteien für die Allianz für Deutschland in der Wahlkampfendphase entfachten, etwas entgegensetzen zu können. Hier zeigte sich auch – trotz Westunterstützung – die hoffnungslose strukturelle und logistische Unterlegenheit der Ost-SPD. Die eigentliche offene Flanke der Sozialdemokraten war jedoch ihr deutschlandpolitisches Programm. Das in Absprache mit der West-SPD entstandene Konzept wandte sich gegen einen »bedingungslosen Anschluß« und zielte auf eine Vereinigung nach Art. 146 GG. Darin spiegelt sich nicht zuletzt die Hoffnung von Teilen der bundesdeutschen Sozialdemokratie, in diesem Prozess – und nach einer gewonnenen Volkskammerwahl demokratisch legitimiert – die verfassungsrechtliche Achse des vereinigten Deutschland nach links verschieben zu können. So war es für die CDU ein Leichtes, die Ost-SPD unter dem Slogan »Nie wieder Sozialismus« in Richtung der PDS zu rücken und den sozialdemokratischen Ansatz als erneutes sozialistisches Experiment auf deutschem Boden zu diffamieren. Die christdemokratische Unterstellung, die Ost-SPD sei von ehemaligen SED-Mitgliedern unterwandert, war nur ein – wenn auch wirkungsvoller – Aspekt dieser Wahlkampfstrategie. Die SPD war somit für viele des Realsozialismus gründlich überdrüssige und auf die Einheit als Allheilmittel fixierte DDR-Bürger kaum wählbar.

So stutzte die Volkskammerwahl die junge Partei auf ein, gemessen an den hoch gespannten Erwartungen, dürftiges Mittelmaß zurück. Kurz darauf stützte zudem der durch die Enthüllung seiner massiven Stasibelastungen ausgelöste Rücktritt Ibrahim Böhmes von allen Ämtern die Ost-SPD in eine schwere und länger andauernde Führungskrise. Das damit an der Parteispitze entstandene Machtvakuum konnte der programmatische Vordenker und intellektuelle Kopf der SDP, Markus Meckel, der erst im zweiten Anlauf mit denkbar geringster Mehrheit vom Vorstand zum Interimsvorsitzenden bestimmt worden war und kaum Rückhalt an der Parteibasis besaß, zu keinem Zeitpunkt füllen. Während die SPD-Führung in Ostberlin in der ersten Enttäuschung über das Wahlergebnis den Gang in die Opposition verkündete, zeichneten sich im SPD-Parteivorstand in Bonn aus einer ähnlichen Seelenlage heraus gänzlich andere Einsichten und strategische Schlussfolgerungen ab. Nach einem Gesprächsangebot des designierten Ministerpräsidenten und Vorsitzenden der Ost-CDU Lothar de Maizière wurde weiterhin offenbar, dass gewichtige Teile der SPD-Volkskammerfraktion um Markus Meckel, Martin Gutzeit und Richard Schröder der etwas apodiktischen Festlegung des Vorstands nicht folgen wollten und Koalitionsverhandlungen mit den Allianzparteien und den Liberalen anstrebten. Am 25. März 1990 fand in Bonn im engsten Führungskreis der SPD aus Ost und West eine Besprechung statt, die nicht nur die strategische Grundlinie der Sozialdemokraten für die nächsten Monate bestimmen, sondern auch der Ostberliner Fraktionsführung die nötige Rückendeckung und Schubkraft zur Durchsetzung des Projektes Regierungsbeteiligung gegen den eigenen Vorstand geben sollte. Diese frühe Weichenstellung folgte der Einsicht, dass für die SPD in der Volkskammer keine konstruktive Oppositionsrolle – zumal an der Seite der PDS – möglich sein würde. Eine Regierungsbeteiligung hingegen versprach, so sie durch einen detaillierten Koalitionsvertrag im Sinne der sozialdemokratischen Programmatik abgesichert war, direkten Einfluss sowohl auf die Verhandlungen über die Konditionen der Deutschen Einheit als auch auf den Neuaufbau

437

der Verwaltung in Ostdeutschland. Dahinter verbarg sich zudem die Hoffnung, den künftigen DDR-Ministerpräsidenten Lothar de Maizière, der in vielerlei Hinsicht mit sozialdemokratischen Standpunkten sympathisierte, gegebenenfalls auch gegen Bundeskanzler Helmut Kohl und die West-CDU positionieren zu können. Hinsichtlich der DSU, mit der die SPD aufgrund des mehr als hemdsärmeligen Wahlkampfes jede Zusammenarbeit ausgeschlossen hatte, die aber dennoch integraler Bestandteil der Allianz für Deutschland war, wurde ein taktisches Zurückweichen vereinbart. Hervorzuheben ist, dass diese Linie von dem designierten Kanzlerkandidaten Oskar Lafontaine nicht nur mitgetragen, sondern offensiv mitgestaltet wurde – ungeachtet der späteren strategischen Differenzen bezüglich der Wirtschafts- und Währungsunion. Diese Planungen widersprachen aber sowohl der Mehrheitsmeinung im Vorstand der Ost-SPD, der bei der Entscheidung für die Aufnahme von Koalitionsverhandlungen vom Präsidium und der Fraktionsführung hart an der Grenze der Möglichkeiten des Statuts ausgekontert wurde, als auch der Stimmung an der Basis. Die Analyse der Zuschriften aus den Gliederungen an die Parteiführung zur Frage einer Regierungsbeteiligung hat eindeutige und durchaus belastbare Hinweise dahingehend erbracht, dass die überwiegende Mehrzahl der Parteibezirke einem Eintritt der SPD in eine Große Koalition unter christdemokratischer Führung skeptisch bis ablehnend gegenüberstand. Die Gründe dafür reichten von der Härte des Wahlkampfes der Allianz über das Problem der Glaubwürdigkeit der Sozialdemokraten bis hin zur nicht ganz aus der Luft gegriffenen Furcht, in der Regierung von den weitaus stärkeren Christdemokraten ihrerseits als bloße Erfüllungsgehilfen missbraucht und übervorteilt zu werden.

Der Verlauf und das Ergebnis der Koalitionsverhandlungen schienen diese Ängste zunächst in weiten Teilen nicht zu bestätigen. Die Ost-CDU, die eigentlich ein weniger formell unterfüttertes Regierungsbündnis angestrebt hatte, zeigte sich bereit, den Sozialdemokraten sowohl bezüglich der DSU als auch hinsichtlich des Koalitionsvertrages recht weit entgegen zu kommen. Nach einem in der SPD ebenso heftig umstrittenen wie taktisch motivierten Ausgleich mit den Christlich-Sozialen schritten die Koalitionsverhandlungen recht schnell voran. Als Modus für die Vereinigung der beiden deutschen Staaten musste die SPD zwar entgegen ihrer Zielsetzung den Art. 23 GG akzeptieren, bekam aber dafür die Zusage, dass sich die DDR-Regierung für eine Revision des Grundgesetzes und insbesondere für die Einführung sozialer Grundrechte einsetzen würde. Im Ergebnis trug der Koalitionsvertrag eine stark sozialdemokratisch geprägte Handschrift. Dies galt für nahezu alle Politikfelder: In der Außenpolitik etwa sah der Vertrag sowohl die endgültige Anerkennung der Oder-Neiße-Grenze als auch das Ziel einer neuen kollektiven europäischen Sicherheitsarchitektur auf der Basis der KSZE vor. Insbesondere die Passagen zur Sozial- und Arbeitsmarktpolitik lesen sich fast wie Auszüge eines sozialdemokratischen Parteiprogramms. Bemerkenswert sind gleichermaßen die Regelungen zur Wirtschafts- und Finanzpolitik. Sie enthalten zwar einerseits ein beispielloses marktliberales Reformprogramm, andererseits aber auch sehr stark sozial und teilweise gemeinwirtschaftlich ausgerichtete Vorstellungen in Eigentums- und Bodenfragen. Das schloss auch drei Kernforderungen der SPD ein: Privatisierung in erster Linie mit Blick auf Bürger der DDR, die Verhinderung von Bodenspekulation durch mittelfristige Handelsbeschränkungen und die vollständige Entschuldung der DDR-Betriebe. Die allgemeine Zielsetzung des Regierungsprogramms, die Entwicklung einer sozialen und ökologischen Marktwirtschaft in der DDR, entsprach überdies relativ punktgenau sozialdemokratischer Programmatik. Weiterhin beanspruchte der Koalitionsvertrag explizit gesamtdeutsche Relevanz und sollte Grundlage für die Verhandlungen über die Deutsche Einheit sein. Damit schien das strategische Kalkül der SPD vorerst weitestgehend aufgegangen zu sein. Mit sieben Ministern und sechs parlamentarischen Staatssekretären konnte die SPD auch hinsichtlich der personellen Repräsentation im Kabinett zufrieden sein. Es gelang den Sozialdemokraten jedoch nicht, quasiparitätische und an die Fraktionen gekoppelte Entscheidungsstrukturen in der Koalition zu implementieren. Gleichzeitig beschränkten ein Finanzierungsvorbehalt und die Richtlinienkompetenz des Ministerpräsidenten in deutschlandpolitischen Fragen, die beide ebenfalls explizit im Koalitionsvertrag verankert waren, stark die Möglichkeiten der SPD, de Maizières Handlungsspielraum unter Hinweis auf den Wortlaut der Vereinbarung allzu sehr zu begrenzen. An diesem nichtsdestoweniger unerwartet erfreulichen Verhandlungsergebnis waren, insbesondere in fachlich-programmatischer Hinsicht, Mitarbeiter der SPD-Bundestagsfraktion maßgeblich beteiligt. Viele hartnäckigen Gegner der Regierungsbeteiligung im Vorstand, der Fraktion und den Gliederungen der Ost-SPD konnten jedoch trotzdem nicht für das Projekt Große Koalition gewonnen werden, und so blieb ein lähmender Dauerkonflikt bestehen, der insbesondere die politische Arbeit des Parteivorstandes – jenseits unstrittiger organisatorischer Aufgabenstellungen – nachhaltig blockierte.

Parallel zu den Koalitionsverhandlungen hatte sich die SPD-Volkskammerfraktion[7] konstituiert und nach dem Rücktritt Böhmes den Theologiedozenten Richard Schröder zum Vorsitzenden gewählt. Die meisten der sozialdemokratischen Abgeordneten besaßen einen akademischen Bildungsabschluss und rekrutierten sich gut zur Hälfte aus der sogenannten technischen Intelligenz. Eine weitere wichtige Gruppe bildeten die evangelischen Theologen, darunter auch die exponiertesten Vertreter des Schwanter Gründungskreises. In der sozialen Zusammensetzung der Fraktion spiegeln sich nicht nur die zentralen Trägergruppen der SDP bzw. der SPD in der DDR, sondern sie illustriert auch die nahezu vollständig fehlende Verankerung der

---

7   Zur Volkskammerfraktion vgl. neuerdings auch: Ilse Fischer (Hg.): Von der frei gewählten Volkskammer zum vereinten Deutschland. Politik- und Alltagserfahrungen sozialdemokratischer Volkskammerabgeordneter. Dokumentation einer Tagung der Friedrich-Ebert-Stiftung am 23./24. September 2010 in Berlin, Bonn 2013. Die Erträge dieser Tagung konnten leider nicht mehr im Haupttext dieser Studie berücksichtigt werden.

Partei im klassisch sozialdemokratischen Arbeiter- und Arbeitnehmermilieu. Bei den meisten der Mandatsträger handelte es sich um völlige Neulinge auf der politischen Bühne. Daraus ergab sich die Notwendigkeit einer intensiven Vorbereitung der Kandidaten auf ihre zukünftigen Aufgaben – was nur ansatzweise gelang – sowie der fachlichen und politischen Unterfütterung der parlamentarischen Arbeit durch geschultes Personal aus der Bundesrepublik. Beides konnte nur von der SPD-Bundestagsfraktion geleistet werden, die eigens zu diesem Zweck ein Kontaktbüro unter Leitung von Walter Zöller einrichtete, Schulungsseminare anberaumte und etliche Fachreferenten nach Ostberlin abordnete. Die SPD-Volkskammerfraktion entlehnte nicht nur ihre funktionalen Strukturen weitestgehend aus Bonn, sondern ihre Arbeit war auch von Beginn an auf das Engste politisch mit der SPD-Bundestagsfraktion verzahnt. Darüber hinaus wäre ohne deren Hilfe die Aufnahme eines geregelten parlamentarischen Betriebes nicht möglich gewesen, denn hierfür fehlten der Volkskammer anfänglich selbst die rudimentärsten räumlichen, logistischen und finanziellen Voraussetzungen. Dies stand in krassem Missverhältnis zu dem von Beginn an herkulischen Arbeitsaufkommen und der fundamentalen Qualität der gesetzgeberischen Weichenstellungen. Der Fraktionsvorstand um Schröder war weitestgehend dominiert von Befürwortern der Regierungsbeteiligung, die sich redlich darum bemühten, die Fraktion in dieser Hinsicht zu lenken. Gleichwohl befanden sich unter den Abgeordneten auch etliche Gegner und Skeptiker der Koalition, die in der parlamentarischen Praxis den Grundsatzkonflikt in der Partei immer wieder spür- und sichtbar machten. Darüber hinaus taten sich manche, die lediglich die Debattenkultur der Basisgruppen oder die politische Artikulationsform der Demonstration kannten, schwer, die Regeln des parlamentarischen Geschäfts zu akzeptieren und zu adaptieren. Und so kostete es Schröder manche Schweißperle im Plenum und einige Brandreden bei internen Sitzungen, um etwa Beschluss- und Abstimmungsdisziplin anzumahnen und herzustellen. Gelungen ist ihm dies freilich nie vollständig.

Trotz des relativ hoffnungsfrohen und für die Sozialdemokraten eigentlich erfolgreichen Starts stand die Zusammenarbeit in der Großen Koalition unter keinem guten Stern. Sie war von Beginn an geprägt von gegenseitigem Misstrauen, persönlichen Animositäten und fundamentalen politischen Differenzen, was immer wieder zu absichtlichen oder versehentlichen Abstimmungspannen, harschen Auseinandersetzungen im Koalitionsausschuss und bisweilen offenen Brüskierungen im Plenum der Volkskammer führte. Daran konnte auch das enge Vertrauensverhältnis zwischen de Maizière und Schröder nichts oder nur wenig ändern. Gerade der vorbehaltlose Pragmatismus des SPD-Fraktionsvorsitzenden und dessen unbedingter Wille, die Koalition zum Erfolg zu führen, ließ ihn bisweilen Kompromisse eingehen, die ursprüngliche SPD-Positionen fast bis zur Unkenntlichkeit verwässerten. Dies war weder dazu angetan, die Akzeptanz der Regierungsarbeit in der Partei zu verbreitern, noch das Profil der SPD mit Blick auf kommende Wahlkämpfe zu schärfen. Insbesondere die Verhandlungen über den Staatsvertrag zur Wirtschafts-, Währungs- und

Sozialunion, die von Beginn an in engster fachlicher, politischer und taktischer Abstimmung mit der SPD-Bundestagsfraktion und dem Erich-Ollenhauer-Haus geführt wurden, zeigten relativ schnell die Möglichkeiten und Grenzen der strategischen Planungen der SPD auf. Ein erster Vorstoß, die Verhandlungsvorlage der Bundesregierung im Sinne des Koalitionsvertrages umzuschreiben, war freilich noch vor allem auf sozialpolitischem Gebiet von erstaunlichem Erfolg gekrönt. Dies hing in erster Linie damit zusammen, dass de Maizière dies mit Verve unterstützte und das Ergebnis ohnehin nur die Übertragung westlicher Sozialstandards auf das Gebiet der DDR umfasste, sodass sich die sozialdemokratische Initiative weitgehend innerhalb des Verhandlungsspielraums der Bundesregierung bewegte. Scheitern musste die SPD indes vollständig in Ihren Versuchen, soziale Errungenschaften der DDR in das vereinte Deutschland hinüber zu retten. Dies gilt auch für zwei Kernanliegen der Sozialdemokratie, die charakteristisch für den spezifischen wirtschaftspolitischen Zungenschlag des Koalitionsvertrages waren: die umfassende Entschuldung der DDR-Betriebe zur Verhinderung eines völligen Kahlschlages in der Industrie und dem produzierenden Gewerbe sowie ihre Vorstellungen bezüglich der Privatisierung und mittelfristigen Beschränkung der Handelbarkeit von Grund und Boden zur Verhinderung von Spekulationen. Ersteres lehnte die Bundesregierung mit Hinweis auf finanz- und währungspolitische Erwägungen über den Umtauschkurs von 2:1 für größere Vermögen bzw. Verbindlichkeiten hinaus rundweg ab. Letzteres wurde als zentrales Investitionshemmnis und – nicht ganz zu Unrecht – als Aushebelung markwirtschaftlicher Mechanismen interpretiert und unter dem Vorwand rechtssystematischer Widersprüche in einem Formelkompromiss derart aufgeweicht, dass von dem ursprünglichen Ansatz kaum noch etwas blieb. Gleichwohl waren die Sozialdemokraten in Ost und West trotz erheblicher Bedenken und nicht zuletzt aufgrund der Alternativlosigkeit in der gegebenen politischen Situation bereit, das Verhandlungsergebnis vorbehaltlich einiger Nachbesserungen grundsätzlich zu akzeptieren. Mitten in die abschließenden Beratungen platzte nun der Einspruch Oskar Lafontaines, der eine schnelle Währungsunion aus nicht ganz von der Hand zu weisenden Gründen als ruinös für die ohnehin am Boden liegende DDR-Ökonomie erachtete und eine taktische Ablehnung des Staatsvertrages durch die SPD in Bundestag und Bundesrat verlangte. Was wohl als Fanal wirtschafts- und finanzpolitischer Vernunft der Sozialdemokratie gedacht war, geriet unter Inkaufnahme der Brüskierung der Ost-SPD und der Demontage der Autorität von Hans-Jochen Vogel zum Desaster für die deutschlandpolitische Glaubwürdigkeit der SPD. Das in den Jahren 1995 bis 1998 so erfolgreiche Rezept Lafontaines, die Politik Helmut Kohls an den Klippen des Bundesrates zerschellen zu lassen, war in dieser Situation kein taugliches Druckmittel, um sozialdemokratische Vorstellungen durchzusetzen oder auch nur die Verhandlungsposition der SPD zu verbessern.

Mit Blick auf die für Mai 1990 anberaumten Kommunalwahlen versuchte die SPD von Anfang an, die Fehler der Kampagne zur Volkskammerwahl zu vermeiden, da sie um deren strategische Bedeutung für die künftige Mehrheitsfähigkeit der Sozialdemokratie auf dem Gebiet der DDR wusste. Insofern hatten bereits Mitte März 1990 im Erich-Ollenhauer-Haus unter Federführung der Bundes-SGK die Vorbereitungen hierfür begonnen. Die Planungen hatten zwei grundsätzliche Schwerpunkte. Zum einen zielte man auf die programmatisch-inhaltliche Unterfütterung der Kampagne sowie die Auslotung und Bestimmung kommunalpolitischer Problemlagen und Handlungsspielräume in der DDR. Resultat dieser Bemühungen war ein im Grundsatz vom Parteivorstand in Ostberlin erarbeitetes, aber massiv mit einschlägiger kommunalpolitischer Kompetenz der West-SPD angereichertes Rahmenprogramm für die DDR, das als Grundlage und Steinbruch für den Wahlkampf vor Ort dienen sollte. Die Vielzahl von Konferenzen und Seminaren, mit denen dies in die Gliederungen in den Kommunen der DDR transferiert wurde, organisierten die Bundes-SGK bzw. deren Pendants auf Länderebene sowie die Friedrich-Ebert-Stiftung. Zum anderen galt das Augenmerk der organisatorischen Schwäche der Ost-SPD – aus Mitgliedermangel war es unmöglich, flächendeckend anzutreten. Dies erforderte erhebliche personelle, logistische und operative Unterstützung aus dem Westen, die hauptsächlich seitens der regionalen und kommunalen Gliederungen der West-SPD getragen wurde. Bei der ohnehin außerordentlich dünnen Personaldecke der Ost-SPD wurden zudem nun die Leipziger Beschlüsse, die es unmöglich machten, erfahrene aber unbelastete Kommunalpolitiker der SED oder der Blockparteien auf sozialdemokratische Wahllisten zu nehmen, zur schweren Hypothek. Weder die frühzeitige Planung noch die Hilfe aus der Bundesrepublik konnten indes den Organisationsvorsprung der politischen Konkurrenten wettmachen. Und so blieb das Gesamtergebnis der SPD – trotz einiger Achtungserfolge vor allem in Großstädten – sogar knapp unter dem der Volkskammerwahl und damit erneut enttäuschend. Das hatte freilich nicht nur mit der strukturellen Schwäche der Partei und der Dominanz der Themen, die sich um den Staatsvertrag und die Deutsche Einheit rankten, zu tun, sondern auch mit dem öffentlich durchaus wahrnehmbaren Dauerkonflikt um die Regierungsarbeit in der Ost-SPD. Dieser war seit der Volkskammerwahl unvermindert heftig weitergegangen und hatte zu einer Handlungsblockade des Vorstandes bei gleichzeitigem Übergang der politischen Initiative auf die Fraktionsführung und die Regierungsmitglieder geführt. Insofern verblieb dem Parteivorstand in der Rungstraße einstweilen und notgedrungen nur die unstrittige Aufgabe, den Ausbau und die Professionalisierung der hauptamtlichen Strukturen sowohl in der Parteizentrale als auch in den Gliederungen voranzutreiben. Auch dies geschah in enger Zusammenarbeit mit der westdeutschen Schwesterpartei, bei teilweiser Mitfinanzierung des Apparates durch das Erich-Ollenhauer-Haus. Vor diesem Hintergrund entstand in Ostberlin bei genauerer Betrachtung keine selbstständige Organisationszentrale Ost, sondern lediglich eine funktionell und personell privilegierte Filiale mit einer bis zur Parteivereinigung begrenzten Halbwertszeit. Folgerichtig wurde gleichzeitig – und weitgehend unter konzeptioneller Federführung der Bonner Baracke – der Organisationsaufbau in den

Bezirken der DDR vorangetrieben. Dabei hatten die Akteure, wie die große Bedeutung des Gewerkschaftsbeauftragten beim Parteivorstand (Ost) illustriert, in erster Linie die Erschließung der Arbeitnehmerschaft in der DDR im Blick. Angesichts der eklatanten Schwäche der Partei in den ländlichen Regionen ist es dennoch erstaunlich, dass die SPD die Möglichkeit einer zumindest teilweisen Übernahme der Demokratischen Bauernpartei (DBD) aus taktischem Ungeschick verstreichen ließ und diese damit fast zwangsläufig in die Arme der CDU trieb.

Zur Wahl eines neuen Vorsitzenden und damit der Auflösung der Führungskrise war für den 9. Juni ein Sonderparteitag nach Halle einberufen worden. Allein gestaltete sich die Kandidatensuche zunächst schwierig und war überdies – zumindest im Vorstand – massiv geprägt von den anhaltenden Auseinandersetzungen um die Regierungsarbeit. Dies spiegelte sich nicht zuletzt in der Vorauswahl des Vorstands, der dem Parteitag mit Dankwart Brinksmeier, der ein enger Vertrauter Böhmes und dezidierter Exponent des linken Flügels war, und mit Gottfried Timm, der sich klar auf die Seite Meckels und Schröders geschlagen hatte, eher polarisierende Kandidaten präsentierte. Der Anwärter, der politisch und persönlich am ehesten der selbst gesetzten Messlatte einer Integrationsfigur entsprach, der stellvertretende Fraktionsvorsitzende Wolfgang Thierse, fiel bei der internen Nominierung knapp durch. Nicht nur das wies darauf hin, dass die Gegner des Regierungskurses den Sonderparteitag vor allem zur Generalabrechnung mit der Regierungspolitik und ihren Trägern umzufunktionieren versuchten. Umso mehr erstaunt, dass das in der erwarteten Form ausblieb und sogar ein erklärter Kritiker der Koalition wie Karl-August Kamilli im Parteitagsplenum eher moderat und ausgleichend argumentierte. Obwohl sie sich von Käte Woltemath manch harsche Schelte anhören mussten, gingen Schröder und Meckel zwar mit Blessuren, aber letztlich als Punktsieger aus der Debatte hervor. Noch überraschender war der Ausgang der Wahl des neuen Vorsitzenden. Der kurz vor Toresschluss doch noch nachnominierte Wolfgang Thierse schlug im ersten Wahlgang mit überwältigender Mehrheit seine beiden Mitbewerber aus dem Feld. Das hatte nicht nur mit seiner rhetorisch und intellektuell brillanten Rede, die Timms und vor allem Brinksmeiers Beiträge bei Weitem überstrahlte, zu tun, sondern auch mit der überzeugend transportierten Botschaft, tatsächlich als Vorsitzender des Ausgleichs zwischen beiden Flügeln wirken zu können. Das Votum der Delegierten, mit dem Schröder und Meckel politisch eigentlich recht gut leben konnten, bedeutete indes zweifellos eine Enttäuschung für alle Fraktionen des evangelisch-alternativen Gründerzirkels[8], die auch Aspekte einer narzisstischen Kränkung barg, da der neue Vorsitzende nicht mehr aus ihrer Mitte kam. Gleichzeitig war es aber – bei aller Pfarrermüdigkeit – in erster Linie ein in Stimmzetteln geronnenes Plädoyer für innerparteiliche Vernunft und das endgültige Signal für den Aufbruch der Ost-SPD in die postrevolutionäre Phase.

---

8 Vgl. Sturm, Uneinig, a. a. O., S. 349.

Daneben hatte der Parteitag, was gerne übersehen wird, auch in zweierlei Hinsicht eine eminente organisationspolitische Bedeutung. Die vergangenen Wahlkämpfe und die mehr als schleppende Mitgliederwerbung hatten dem Vorstand drastisch vor Augen geführt, dass sich die SPD, nicht zuletzt angesichts der drückenden strukturellen Überlegenheit der politischen Konkurrenz, Organisationshemmnisse erster Güte, wie sie die durch die Leipziger Beschlüsse vorgeschriebenen Aufnahmeprozeduren darstellten, nicht mehr leisten konnte. In diesem Sinne war Reinhard Höppner beauftragt worden, einen Antrag zu formulieren, der die entsprechenden Bestimmungen weitgehend entschärfte und gleichzeitig – es handelte sich an der Basis um ein sehr sensibles Thema – die Zustimmung der Delegierten erhalten konnte. Zwar passierte die Vorlage den Parteitag, wurde aber soweit verändert, dass sie die intendierte Öffnungswirkung nur noch sehr bedingt entfalten konnte. Die fundamentalere organisatorische Richtungsentscheidung fiel jedoch mit dem offiziellen Beschluss, mit der West-SPD Verhandlungen über eine Parteivereinigung aufzunehmen.

Die Geschehnisse der Volkskammersitzung am 17. Juni 1990 zeigten eindrucksvoll, dass innerhalb der Regierungskoalition nahezu unüberbrückbare Differenzen über den Weg zur Deutschen Einheit herrschten. Während die DSU mit ihrer Parlamentsinitiative den Willen zum sofortigen und bedingungslosen Anschluss der DDR an die Bundesrepublik unmissverständlich klar gemacht hatte, forderte eine durchaus vernehmbare Minderheit in der SPD-Volkskammerfraktion zusammen mit der Opposition das genaue Gegenteil, nämlich die Einberufung einer verfassungsgebenden Nationalversammlung nach Art. 146 GG sowie für eine mehrjährige Transformationsphase die Quasiautonomie eines Oststaates innerhalb eines neuen deutschen Gemeinwesens. Gleichwohl hatten de Maizière und Schröder noch einmal unisono verkündet, dass für sie der Weg zur Deutschen Einheit nur über einen zweiten Staatsvertrag denkbar war. Zumindest für den Fraktionsvorsitzenden der SPD wurde jedoch in seiner fast bedingungslosen Loyalität zur Koalition die Luft innerhalb des eigenen Lagers zusehends dünner. Das resultierte nicht so sehr aus dem Stabwechsel an der Parteispitze, als vielmehr aus dem für die SPD zunehmend unerfreulichen Verlauf der Verhandlungen um den Einigungsvertrag. Diese waren zwar vonseiten der Bundesregierung aufgrund der neuen Machtverhältnisse im Bundesrat formal relativ offen angelegt worden. Gleichwohl war der Bewegungsspielraum recht begrenzt, und allen voran der Bundeskanzler hatte seinem ostdeutschen Gegenüber mehr als deutlich gemacht, dass die Federführung bei der Gestaltung des Einigungsvertrages weitestgehend in Bonn lag und nach Maßgabe der Dinge auch liegen musste. Seit Juni liefen in der SPD-Bundestagsfraktion unter Leitung von Herta Däubler-Gmelin und in Zusammenarbeit mit den Genossen in der Volkskammer die inhaltlichen Vorbereitungen für das Tauziehen um den Gehalt des Vertragswerks. Schnell schälten sich die sozialdemokratischen Grundpositionen heraus, die vom gemeinsamen Wahlrecht über die Verfassungsreform, den § 218, das Familien-, Verkehrs- und Mietrecht bis hin zur Regelung offener Vermögens- und Eigentumsfragen reichten. Analog zum ersten Staatsvertrag brachte nun die SPD-Volkskammerfraktion diese inhaltlichen Eckpunkte in Gestalt entsprechender Thesenpapiere und Textentwürfe in den Koalitionsausschuss ein. Es zeigte sich jedoch recht schnell, dass die CDU – und insbesondere Krause – inhaltlich eigentlich kaum mehr verhandlungsbereit war, sondern die aus Bonn kommenden Vertragsentwürfe im Wesentlichen 1:1 zu übernehmen gedachten. Besonders erhitzten sich die Gemüter an der Wahlrechtsfrage. Für die SPD war es essenziell, dass die ersten gesamtdeutschen Bundestagswahlen in einem Wahlgebiet mit einheitlicher 5-Prozent-Hürde nach der staatlichen Vereinigung stattfinden mussten. Bei diesem Wahlmodus erschien es relativ unwahrscheinlich, dass sich die PDS im gesamtdeutschen Parteiensystem dauerhaft würde etablieren können und damit die strukturelle Mehrheitsfähigkeit des rot-grünen Lagers längerfristig blockieren würde. Die CDU hingegen setzte auf Bundestagswahlen in zwei getrennten Wahlgebieten in der offenkundigen Absicht, eine strategische Schwächung der SPD zugunsten der PDS zu erreichen, und camouflierte dies mit dem allzu durchsichtigen Argument, so Sachwalter der Wahlinteressen der Organisationen der Bürgerbewegung zu sein. Die Unversöhnlichkeit der Positionen in dieser Frage brachte die Koalition Ende Juli unversehens an den Rand des Zusammenbruchs. Nur ein Einlenken de Maizières in allerletzter Sekunde, die Einsicht der Ost-SPD, dass das Wahlrecht nicht der geeignete Anlass für einen Koalitionsbruch war, sowie das strategische Ziel der Einflussnahme auf den Einigungsvertrag aus der Regierung heraus, retteten das Kabinett noch einmal für wenige Wochen. Gleichwohl strebte das Klima in der Regierung, das nie unproblematisch gewesen war, einem absoluten Nullpunkt zu. In der SPD herrschte spätestens ab Ende Juli nahezu Konsens darüber, dass die Koalition nicht mehr allzu lange tragfähig sein würde. Zudem mehrten sich die Stimmen, die für einen sofortigen Austritt plädierten. Trotzdem hielten die Sozialdemokraten einstweilen an ihrer strategischen Grundkonzeption fest und zögerten diesen eigentlich unausweichlichen Schritt so lange als möglich hinaus. Das endgültige Aus für das Bündnis leitete Mitte August 1990 unversehens der Ministerpräsident selbst ein, was auch für die CDU eine taktische Frontbegradigung bedeutete. Den Anlass dafür boten fundamentale Differenzen über die künftige Finanzverfassung der neuen Bundesländer und damit indirekt über die Finanzierung der Lasten der Deutschen Einheit. Romberg hatte vorgeschlagen, dass sämtliche Steuereinnahmen auf dem Gebiet der DDR, also auch die Bundesanteile, in den Ländern verbleiben sollten und diese dafür nicht am Länderfinanzausgleich teilnehmen würden, was ohnehin zunächst nicht vorgesehen war. Fehlbeträge hatten aus dem einzurichtenden Fonds Deutsche Einheit sowie direkt aus dem Bundeshaushalt zu kommen. Dieses Modell schonte einerseits die Länderhaushalte im Westen, die nun in der Mehrzahl von sozialdemokratischen Finanzministern verantwortet wurden, begrenzte andererseits die Neuverschuldung in den neuen Ländern, gewährleistete damit relativen finanzpolitischen Handlungsspielraum und bürdete die Kosten dafür weitestgehend dem Bund auf. Da das für das Bundesfinanzministerium keinesfalls akzeptabel sein konnte, forderte de Maizière seinen Finanzminister ultimativ auf, seine Pläne zurückzuziehen. Nachdem Romberg dazu nicht bereit war, wurde er zusammen mit Landwirtschaftsminister Pollack vom Ministerpräsidenten entlassen. Da auch sonst die Verhandlungen über eine gemeinsame Linie der Koalition zum Einigungsvertrag auf der Stelle traten, sah die SPD keinen Sinn mehr in der Zusammenarbeit und zog auch die verbliebenen Minister zurück. Damit war nicht nur die Große Koalition, sondern auch die sozialdemokratische Strategie gescheitert. Helmut Kohl, Wolfgang Schäuble und Lothar de Maizière hatten den Spieß umgedreht. Nun blieb für die Sozialdemokraten nur noch das Druckmittel ihrer Mehrheit im Bundesrat, um Änderungen des Vertragswerkes zu erzwingen – ein Instrument, das an Wirkmächtigkeit kaum gewonnen hatte. Und so konnte die SPD, abgesehen von einer Anzahl vor allem sozialpolitischer Detailregelungen, bei ihren Kernanliegen etwa in Bezug auf die Verfassungsreform, den § 218 und die Behandlung offener Vermögensfragen unterm Strich nur relativ wenig erreichen. Die Zugeständnisse der Bundesregierung beschränkten sich in weiten Teilen auf Übergangsregelungen und später nie gezogene Optionen. Gleichwohl gab es bei der Ratifizierung des Einigungsvertrages vonseiten der SPD nur zwei Gegenstimmen in der Volkskammer. Durch den heraufziehenden Wahlkampf waren die Sozialdemokraten gleichsam dazu verdammt, ihre wenigen Erfolgserlebnisse über Gebühr zu feiern und sich deutschlandpolitisch tunlichst keine Blöße mehr zu geben.

Lange bevor in Ostberlin jemand überhaupt konkret darüber nachzudenken begonnen hatte, wurden im Erich-Ollenhauer-Haus ab Anfang April 1990 Szenarien und Zeitpläne für die Vereinigung der beiden Parteien entworfen und diskutiert. Da diese Überlegungen von Beginn an auch die längerfristigen organisationspolitischen Perspektiven und finanziellen Konsequenzen im Blick haben mussten, lag die Federführung hierfür unter Beteiligung der Schatzmeisterei arbeitsteilig bei der Abteilung I Organisation und der Bundesgeschäftsführung. Erste Überlegungen gingen fast selbstverständlich davon aus, dass vor dem Hintergrund des bundesdeutschen Parteiengesetzes der Weg einer Verschmelzung nach § 36 des Organisationsstatuts, das eingedenk der Zwangsvereinigung von 1946 u. a. Urabstimmungen in beiden Parteien vorschrieb, beschritten werden musste. Im Vorfeld sollten die Entscheidungsmechanismen und Apparate in Bonn und Berlin sukzessive verzahnt und synchronisiert werden und parallel dazu eine Fülle organisationspolitischer Maßnahmen zur Professionalisierung der Strukturen und nicht zuletzt zur Mitgliederentwicklung im Osten anlaufen. Nach der Bildung einer Projektgruppe entstand nun eine Vielzahl von Expertisen aus den Fachreferaten des Parteivorstands zu Detailfragen des Vereinigungsprozesses. Eine dieser Stellungnahmen stellte jedoch die bisherigen Planungen völlig auf den Kopf. Der Revisor des Erich-Ollenhauer-Hauses, Hans Feldmann, argumentierte einerseits satzungsrechtlich und andererseits historisch. Aufgrund der Mitgliederschwäche der Ost-SPD würden deren Gliederungen auf der Basis der geltenden Bestimmungen bei einem Vereinigungsparteitag nur mit einer sehr geringen Anzahl von Delegierten vertreten sein, und es wäre gleichzeitig höchst problematisch, diese statutenkonform angemessen aufzustocken. Gleichzeitig interpretierte er die Neugründung der Sozialdemokratie in der DDR in der Rechtsnachfolge der alten SPD, deren Organisationsfähigkeit durch den rechtswidrigen Akt der Zwangsvereinigung mit der KPD lediglich gehemmt gewesen sei. Die Definition der Ost-SPD als durch die deutsche Teilung bedingte Parallelorganisation und eben nicht als andere Partei wurde zusätzlich durch ein rechtshistorisches Gutachten der Fernuniversität Hagen gestützt. Folgerichtig erschien die Abhaltung von Urabstimmungen nicht nur als inhaltlich sinnloses, sondern auch unnötig aufwändiges und vor allem kostspieliges Verfahren. Diese gewichtigen Argumente wurden sehr schnell von Anke Fuchs und mehrheitlich vom Parteivorstand aufgenommen und gerannen nach dem Vorbild der Wiedervereinigung mit der Saar-SPD 1956 zum Modell für die Integration der Ost-SPD in eine gesamtdeutsche Sozialdemokratie. Die organisationspolitischen Maßnahmen, die spätestens ab Mitte Mai 1990 anliefen, blieben davon unberührt. So segens- und erfolgreich diese vielfach für die Parteistrukturen waren, es gelang den westdeutschen Experten freilich nicht, langfristig überzeugende Konzepte gegen die grundsätzliche Organisationsmüdigkeit vieler DDR-Bürger zu entwickeln.[9]

Bemerkenswert ist, dass die Ost-SPD zwar über ihren Geschäftsführer von diesen Aktivitäten in Kenntnis gesetzt, konzeptionell aber nicht oder nur kaum eingebunden war. Auch scheint der Informationsfluss darüber innerhalb der Ostberliner Parteiführung recht schleppend gewesen zu sein. Erst als der Beschluss des Sonderparteitages von Halle dazu zwang, beschäftigte sich der Parteivorstand ernsthaft mit diesen Fragen, trat mit völlig unrealistischen Forderungen zu Quotierungen, Teilautonomie und Reservatlösungen auf den Plan und beharrte auf Urabstimmungen. Angesichts der finanziellen und juristischen Zwänge hatten diese jedoch von Beginn an zumeist keinerlei Erfolgsaussichten. Auch Thierse hatte wohl erkannt, dass es wenig zielführend war, die Hand zu beißen, die einen über einen längeren Zeitraum würde alimentieren müssen. Diese schwierige Gemengelage führt zum Rücktritt Hilsbergs als Geschäftsführer der Ost-SPD, was jedoch keine greifbaren Auswirkungen auf den Modus der Parteivereinigung und ihre strukturelle Ausgestaltung hatte. Ehrlicherweise gab es auch keine realistische Alternative zu den in fast allen Belangen zwingenden Argumentationen des Erich-Ollenhauer-Hauses. Dennoch muss dessen Konzept zweifellos auch als pragmatisch begründeter Oktroi interpretiert werden. Folgerichtig hatte sich die Ost-SPD auch in den Verhandlungen der gemeinsamen Statutenkommission weitgehend den organisatorischen Vorstellungen Bonns zu beugen. Deutlich mehr Spielraum gab es in der gemeinsamen Programmkommission, die das Versprechen, keine programmatische Anschlusspolitik zu betreiben, im Großen und Ganzen einlöste.

---

9   Zu den Organisationsschwierigkeiten der SPD-Gliederungen in den neuen Bundesländern in den frühen 1990er-Jahren vgl.: Heiko Tammena: Volkspartei ohne Parteivolk. Organisationsaufbau der SPD in Ostdeutschland 1990–1994 und organisationspolitische Perspektiven, Göttingen 1994.

Von der SDP-Gründung zur gesamtdeutschen SPD

Der Vereinigungsparteitag Ende September 1990 in Berlin bedeutete insbesondere für die Ost-SPD Ende und Neuanfang zugleich. Die Hauptredner aus ihren Reihen, Thierse, Noack und Kamilli, beschworen einerseits noch einmal die Tradition von Schwante und zogen andererseits durchaus auch selbstkritisch Bilanz des so ereignisreich vergangenen letzten Jahres. Willy Brandt schlüpfte einmal mehr erfolgreich in die Rolle des Elder Statesman, indem er versuchte, Ängste zu nehmen und zusammenzuführen. Sein Hilfsangebot an die ostdeutschen Sozialdemokraten für den innerparteilichen Notfall verband er freilich nicht ganz zufällig mit der Ermahnung zur Parteidisziplin und zur »zähen Organisationsarbeit«. Mit großer Spannung wurde die Rede des ungeliebten designierten Kanzlerkandidaten Oskar Lafontaine erwartet. Im Vorfeld hatten sich die Organisatoren in der Rungestraße alle Mühe gegeben, seinen Auftritt gebührend einzuhegen und ihm damit zu signalisieren, dass im Osten durchaus noch erhebliche Überzeugungsarbeit zu leisten war. Dies stellte jedoch für den virtuosen Debattenredner Lafontaine eher eine Herausforderung dar, und so traf er nicht nur den richtigen Ton, sondern es gelang ihm auch durch seine politischen Akzentsetzungen, die Delegierten der Ost-SPD weitgehend auf seine Seite zu ziehen. Neben seinem Plädoyer für die Herstellung gleicher Lebensverhältnisse in ganz Deutschland ist sicherlich insbesondere die Forderung nach einer staatlich finanzierten Industriepolitik in der DDR zum Ausgleich der durch die Einführung der D-Mark hervorgerufenen schweren wirtschaftlichen Verwerfungen entscheidend gewesen. Nachdem die für die Parteivereinigung notwendigen Statutenanpassungen anstandslos den Parteitag passiert hatten, barg nun die Nominierung der Kandidaten für den gemeinsamen Vorstand einige handfeste Überraschungen. Erwartungsgemäß wurde zwar Thierse als einziger Kandidat mit großer Mehrheit für das Amt des stellvertretenden Parteivorsitzenden der gesamtdeutschen Sozialdemokratie gewählt. Die nicht zuletzt wohl auch durch Lafontaine beeinflusste Grundstimmung der Delegierten ließ indes überproportional viele Vertreter des linken Parteiflügels mit zum Teil glänzenden bis respektablen Ergebnissen in den neuen SPD-Parteivorstand einziehen. Die angetretenen Exponenten des Gründerzirkels von Schwante hingegen mussten sich – abgesehen von Böhme und Barbe – mit zum Teil deprimierenden Voten abfinden. Ob dabei nun das nicht immer segensreiche Wirken des alten Vorstands, das Scheitern der Regierungspolitik oder die viel zitierte Pfarrermüdigkeit ausschlaggebend war, ist kaum zu klären. In jedem Fall aber spiegelt sich darin die Sehnsucht nach sozialdemokratischer Identität, ohne jedoch eine klare Vorstellung über deren konkreten Gehalt zu haben. Das gemeinsame Plenum des Vereinigungsparteitags feierte einerseits die historische Dimension des Augenblicks der Wiedervereinigung der deutschen Sozialdemokratie und eröffnete andererseits mit der Verabschiedung des Wahlprogramms die Fronten des kommenden Bundestagswahlkampfes. Die gesamtdeutsche Sozialdemokratie scharte sich gleichwohl nicht nur mangels sinnvoller Alternativen demonstrativ um ihren schwierigen Kanzlerkandidaten, sondern sicherlich meistenteils auch aus ehrlicher inhaltlicher Überzeugung. Kritische oder relativierende Töne findet der Betrachter insofern allenfalls sehr versteckt zwischen den Zeilen. Angesichts der drückenden Übermacht Helmut Kohls und der CDU blieb der Partei auch kaum etwas anderes als trotzige Selbstvergewisserung übrig.

Vor dem Hintergrund der von Kohl und den Christdemokraten im Wahlkampf entfachten stark national geprägten Rhetorik, die die Sozialdemokraten bei jeder sich bietenden Gelegenheit als Gegner der Einheit diffamierte, und der davon mitgeprägten politischen Stimmung in Deutschland hat Sturm der SPD vorgeworfen, mit den Weichenstellungen des Vereinigungsparteitages den Kairos insbesondere in dieser Hinsicht verpasst zu haben.[10] Als Kronzeugen hierfür führt er vor allem Schröder und Hilsberg mit ihren Lafontaine-kritischen Äußerungen im Nachgang des Parteitages an. Diese Argumentation ist in vielerlei Hinsicht schief. Tatsächlich funktionierten viele Aspekte des Nationalen im Laufe des Prozesses hin zur Deutschen Einheit immer wieder als Surrogat für notwendigerweise fehlende lebensweltliche Gemeinsamkeiten und als überbrückende Verheißung. Diesen Weg als eine besondere Form der politischen Autosuggestion konnte und wollte die SPD in West wie Ost – abgesehen von einigen wenigen Ausnahmen – bewusst nicht gehen. Dies lag auch jenseits der Logik ihres politischen Handelns und der programmatischen Aneignung der Verwirklichung der staatlichen Einheit Deutschlands. Zweifellos war auch in der SPD die Freude über den Fall der Mauer groß. Willy Brandts unermüdliches Engagement in Berlin und in der DDR seit dem 9. November 1989 einerseits sowie andererseits der Umstand, dass – noch vor dem 10-Punkte-Plan Helmut Kohls – erste Überlegungen[11] zu möglichen Wegen zur Deutschen Einheit unversehens aus den Reihen der SPD-Bundestagsfraktion gekommen waren, seien als einige wenige Schlaglichter genannt. Gleichwohl tat sich die West-SPD mit ihrer im Laufe der Jahre der Bundesrepublik ausgebildeten spezifischen Form des Verfassungspatriotismus, der in Teilen bereits postnational geprägt und gesamteuropäisch ausgerichtet war, sowie aufgrund mancher deutschlandpolitischer Akzentverschiebungen der 1980er-Jahre[12] einigermaßen schwer mit der plötzlichen »Wiederkehr des Nationalen«[13] als zeitweilig alles überwölbende politische Kategorie. Dies gilt aber für die Ost-SPD teilweise in ähnlicher Weise, stand doch an deren Wiege in Schwante weniger die deutsche Frage als vielmehr eine ökologisch-soziale Utopie in einer demokratisch runderneuerten DDR, die durchaus mit Lafontaine'schem Denken kompatibel war. Die Annäherung an die politischen Konsequenzen des Zusammenbruchs des real existierenden Sozialismus,

---

10 Vgl. Sturm, Uneinig, a. a. O., S. 386.
11 Vgl. Fischer, Einheit, a. a. O., S. 36 ff., S. 154 ff.
12 Vgl. Mike Schmeitzner: Die SPD und die deutsche Frage, in: Klaus-Dietmar Henke (Hg.): Revolution und Vereinigung 1989/90. Als in Deutschland die Realität die Phantasie überholte, München 2009, S. 404 ff. Zur Anwendung des analytischen Begriffs »postnational« in Bezug auf die deutschlandpolitischen Positionen und die diesbezügliche Diskussion in der SPD im Herbst 1989 sowie deren Bewertung in der einschlägigen Literatur vgl. Fischer, Einheit, a. a. O., S. 31 ff.
13 Schröder, Vaterland, a. a. O., S. 16.

die Abwicklung seiner Hinterlassenschaften sowie an die pragmatische Gestaltung der gemeinsamen gesellschaftlichen und staatlichen Zukunft war in den sozialdemokratischen Parteizentralen in Ostberlin und Bonn insbesondere in Bezug auf deren nationale Dimension sowie die damit verbundenen Symboliken und massenpsychologischen Aspekte ein gleichermaßen mühseliger wie widerspruchsvoller Prozess. Die »innere Distanz«[14] mancher Sozialdemokraten in Ost und West gegenüber – plastisch ausgedrückt – unreflektierten schwarz-rot-goldenen Fahnenmeeren überlagerte zudem vielfach ihr ehrliches und aktives Bemühen um eine soziale Gestaltung der Einheit bzw. machte sie verwundbar für die holzschnittartigen Wahlkampfparolen der politischen Konkurrenz. Diese Dialektiken waren demzufolge in der vereinigten Sozialdemokratie des Herbstes 1990 – trotz allen Bemühens und demonstrativer Schulterschlüsse – weit- und weiterhin sichtbar. Um die erste gesamtdeutsche Bundestagswahl realistischerweise gewinnen zu können, bot die wiedervereinigte SPD somit einerseits ein zu vielstimmiges und zu prozessuales Bild. Andererseits aber wollte die Mehrheit der Deutschen in Ost und West die daraus resultierenden und in vielerlei Hinsicht realistischen oder zumindest bedenkenswerten Einschätzungen und Schlussfolgerungen in baldiger Erwartung der blühenden Landschaften Helmut Kohls auch kaum zur Kenntnis nehmen.

Die Geschichte der Wiedergründung der Sozialdemokratie in der DDR begann im Herbst 1989 zweifellos zunächst als aus der oppositionellen Szene heraus erwachsene soziale Bewegung[15], die einstweilen lediglich den Anspruch erhob, eine Partei zu sein. Alle Organisationsbemühungen und formalen Rahmensetzungen der Frühzeit konnten daran grundsätzlich nur wenig ändern. Der eigentliche Prozess der Parteiwerdung begann erst nach der Umbenennung in SPD, im Vorfeld der Volkskammerwahl und in erster Linie angestoßen durch die zunehmende Hilfe und organisatorische Präsenz der westdeutschen Genossen. Im Zuge der Konstituierung der Volkskammerfraktion und der Regierungsbildung wuchs der Einfluss Bonns, sowohl der SPD-Bundestagsfraktion als auch des Erich-Ollenhauer-Hauses, stetig an. Dies gilt nicht nur für sämtliche politischen Entscheidungen, die nicht mehr ohne Rücksprache mit den westlichen Partnern denkbar waren, sondern auch für die operative Arbeit in Parlament und Regierung, die ohne die fachliche Unterfütterung aus der Bundeshauptstadt nicht zu bewältigen gewesen wäre. So agierte die Ost-SPD zwar weiter als nominell selbstständige Organisation, war aber dennoch spätestens ab April 1990 in nahezu allen Belangen völlig abhängig von ihren westlichen Partnern. Bei allem Respekt vor ihrer revolutionären Leistung sahen die westdeutschen Politprofis in ihren ostdeutschen Kollegen oft nur wenig mehr als hoffnungsvolle Amateure. Kaum eine Quelle spiegelt das damit verbundene Rollen- und Hierarchieverständnis eindrucksvoller, als eine am 30. Mai 1990 von Stobbe an Schröder gerichtete Beschwerde des Sozialex-

---

14 Fischer, Einheit, a. a. O., S. 33; vgl. ähnlich Schmeitzner, SPD, a. a. O., S. 411 ff., insb. S. 414 f.
15 Vgl. Neugebauer, SDP/SPD, a. a. O., S. 78 ff.

perten der SPD-Bundestagsfraktion, Rudolf Dreßler, über die DDR-Sozialministerin Regine Hildebrandt:

»Lieber Richard, dies ist erstmalig ein Beschwerdebrief. Ich muß ihn schreiben, weil mich einige Beobachtungen im Zusammenhang mit DDR-Minister-Reisen nach Bonn dazu veranlassen. Dr. Hildebrandt kommt nach Angaben von Rudolf Dressler morgen erneut nach Bonn. Zum 3. Mal hintereinander hat sie keinen Kontakt zur SPD-Bundestagsfraktion gesucht. Rudolf Dressler ist darüber sehr verprellt – gerade er hat Eurer Sozialministerin in intensiver Form geholfen. Das gilt für den Bereich Soziales in der Koalitionsvereinbarung – genauso für den Staatsvertrag. […] Meine Bitte an Dich: In der ›Ministerrunde‹ darauf hinwirken, daß Eure Minister bei politischen Terminen in Bonn darauf achten, stets auch Gespräche mit der SPD-Bundestagsfraktion anzusetzen.«[16]

Welcher westdeutsche Minister hätte es sich gefallen lassen müssen, von einem Fraktionssprecher – pointiert ausgedrückt – zum Rapport zitiert zu werden? Das hatte aber wohl weniger mit einer grundsätzlichen westlichen Hybris zu tun als vielmehr mit dem Umstand, dass in der DDR gar keine Zeit vorhanden war, eine eigene demokratische politische Kultur zu entwickeln, die dann mit bundesrepublikanischen Gepflogenheiten in einen Dialog auf Augenhöhe hätte treten können. Die Übertragung westlicher Politik- und Organisationsstandards auf die DDR folgte schlicht der Notwendigkeit, in einer sich immer schneller drehenden Handlungsspirale überhaupt politisch gestalten zu können. So wurde unversehens auch die Ost-SPD zum verlängerten Arm weitgehend in Bonn formulierter Politikentwürfe. Die ostdeutschen Sozialdemokraten fanden, trotz der durchaus intensiven Einbeziehung ihrer Initiativen und Standpunkte, als eigenständige Akteure immer weniger statt. Die Herstellung der Einheit der deutschen Sozialdemokratie unter in erster Linie westlich geprägten Vorzeichen war allein vor dem Hintergrund der zahlenmäßigen Stärkeverhältnisse nur konsequent, die bewusste zeitweilige Aufwertung der ostdeutschen Gliederungen im Machtgefüge der Gesamtpartei in jedem Falle ehrenhaft. Die gern bemühte »frische Tradition des Herbstes 1989«[17] allerdings war ein Jahr später nicht nur mit den wichtigsten Protagonisten des Gründerzirkels von Schwante aus dem Vorstand gewählt, sondern auch durch die neuen innerparteilichen und gesamtdeutschen Realitäten gründlich überformt worden.

Mit ihrer Revolutionserfahrung und der eng damit verknüpften basisdemokratischen, zivilgesellschaftlichen und nicht zuletzt ökologisch orientierten Grundierung bereicherten die neuen ostdeutschen Genossen zweifellos die gesamtdeutsche So-

---

16 Schreiben Stobbe an Schröder v. 30.05.1990, AdsD SPD-Fraktion in der Volkskammer der DDR 2/VKFA000113.
17 Vgl. Gröf, Tradition, a. a. O.

zialdemokratie erheblich. Die Parteivereinigung brachte aber auch ein gravierendes organisationspolitisches und parteistrategisches Problem[18] mit sich, das wiederum aus dem unmittelbaren Erleben der Diktatur herrührte. Die scharfe Abgrenzung der ostdeutschen Sozialdemokraten gegenüber der postkommunistischen PDS war aus der Geschichte der DDR sowie der konkreten Situation der Jahre 1989/90 heraus durchaus nachvollziehbar und verständlich. Gleichwohl verhinderte sie – wie mehrfach herausgearbeitet – die frühzeitige Integration reformsozialistischer und demokratiebereiter ehemaliger SED-Mitglieder in die SPD. Dies bedeutete, dass Käte Woltemaths auf der Berliner Delegiertenkonferenz verkündete Rückforderung der sozialdemokratischen Hand aus dem Parteiwappen der SED allenfalls symbolischen, keinesfalls aber organisationspolitischen Gehalt haben konnte. Während die CDU und die Liberalen ohne größere Probleme oder Skrupel die bestens ausgebauten Strukturen und Mitgliedschaften ihrer ostdeutschen Blockpendants übernahmen, begann der sozialdemokratische Parteiaufbau um die Jahreswende 1989/90 bei null und stagnierte, wie gezeigt, in einem wenig organisationsaffinen gesellschaftlichen Umfeld auf nur mäßigem Niveau.[19] Gleichzeitig gelang der PDS in den neuen Bundesländern nicht nur die politische Stabilisierung, sondern im Laufe der 1990er-Jahre auch eine erstaunliche Renaissance, die sie in den einstigen Stammländern der Sozialdemokratie in Sachsen und Thüringen sogar stärker werden ließ als die SPD. Damit bewahrheitete sich die düstere Warnung Walter Mompers vom März 1990 vor der Etablierung der PDS als neuer Linkspartei neben der SPD im Osten der Republik. Dies bedeutete für die Sozialdemokratie nicht nur eine strukturelle Schwächung im Parteiensystem des vereinigten Deutschland, sondern brachte sie – und mit ihr das rot-grüne Lager – angesichts einer in eine politische Pariaposition gedrängten postkommunistischen Konkurrenz in eine prekäre machtstrategische Zwickmühle, die von den Regierungsparteien genüsslich ausgekostet und befördert wurde. Aus diesem Dilemma konnte sich die Sozialdemokratie erst bei der Bundestagswahl 1998 mittels eigener Stärke – wenn auch nur zeitweilig – befreien.

---

18 Vgl. hierzu neuerdings: Thorsten Holzhauser: »Niemals mit der PDS«? Zum Umgang der SPD mit der SED-Nachfolgepartei zwischen Ausgrenzungs- und Integrationsstrategie (1990–1998), in: VfZ 62 (2014), S. 285 ff.
19 Vgl. hierzu auch mit Ausblick bis 1994: Tammena, Volkspartei, a. a. O.

Anhang

Anhang

Abkürzungsverzeichnis (Institutionen, Parteien, Verbände etc.)

ACDP	Archiv für christlich-demokratische Politik der Konrad-Adenauer-Stiftung	infas	Institut für angewandte Sozialwissenschaft GmbH
AdsD	Archiv der sozialen Demokratie der Friedrich-Ebert-Stiftung	Kominform	Kommunistisches Informationsbüro (offiziell: Informationsbüro der Kommunistischen und Arbeiterparteien)
AfNS	Amt für Nationale Sicherheit		
AfS	Archiv für Sozialgeschichte	KPD	Kommunistische Partei Deutschlands
AG	Aktiengesellschaft		
APuZ	Aus Politik und Zeitgeschichte	KPdSU	Kommunistische Partei der Sowjetunion
ARD	Arbeitsgemeinschaft der öffentlich-rechtlichen Rundfunkanstalten der Bundesrepublik Deutschland	KSZE	Konferenz über Sicherheit und Zusammenarbeit in Europa
BArch	Bundesarchiv	LDPD	Liberal-Demokratische Partei Deutschlands
BFD	Bund Freier Demokraten		
BRD	Bundesrepublik Deutschland	MdI	Ministerium des Inneren der DDR
BStU	Bundesbeauftragter für die Unterlagen des Staatssicherheitsdienstes der ehemaligen Deutschen Demokratischen Republik	MfS	Ministerium für Staatssicherheit
		NATO	North Atlantic Treaty Organization
		NDPD	National-Demokratische Partei Deutschlands
BVerfG	Bundesverfassungsgericht		
CDU	Christlich Demokratische Union Deutschlands	NF	Neues Forum
		NRW	Nordrhein-Westfalen
CSU	Christlich-Soziale Union in Bayern	NSDAP	Nationalsozialistische Deutsche Arbeiterpartei
DA	Demokratischer Aufbruch		
DBD	Demokratische Bauernpartei Deutschlands	NVA	Nationale Volksarmee
		o. D.	ohne Datum
DDR	Deutsche Demokratische Republik	ÖTV	Gewerkschaft Öffentliche Dienste, Transport und Verkehr
DGB	Deutscher Gewerkschaftsbund		
DJ	Demokratie Jetzt	OV	Operativer Vorgang des Ministeriums für Staatssicherheit
DKP	Deutsche Kommunistische Partei		
DSU	Deutsche Soziale Union	PDS	Partei des Demokratischen Sozialismus
EG	Europäische Gemeinschaft		
EKD	Evangelische Kirche in Deutschland	RP	Regierungspräsident
		SBZ	Sowjetische Besatzungszone
ESG	Evangelische Studentengemeinde	SDP	Sozialdemokratische Partei in der DDR
FDGB	Freier Deutscher Gewerkschaftsbund		
		SED	Sozialistische Einheitspartei Deutschlands
FDJ	Freie Deutsche Jugend		
F.D.P.	Freie Demokratische Partei (ab 2001 abgekürzt: FDP)	SGK	Sozialdemokratische Gemeinschaft für Kommunalpolitik
FES	Friedrich-Ebert-Stiftung	SI	Sozialistische Internationale
GG	Grundgesetz	SMAD	Sowjetische Militäradministration
GmbH	Gesellschaft mit beschränkter Haftung	Sopade	Sozialdemokratische Partei Deutschlands – Parteivorstand im Exil
ICC	Internationales Kongresszentrum Berlin		
		SPD	Sozialdemokratische Partei Deutschlands
IFM	Initiative Frieden und Menschenrechte	RGW	Rat für gegenseitige Wirtschaftshilfe
IGM	IG Metall		
IM	Inoffizieller Mitarbeiter des Ministeriums für Staatssicherheit	UN/UNO	Vereinte Nationen

Abkürzungsverzeichnis (Institutionen, Parteien, Verbände etc. · Standardabkürzungen)

USPD	Unabhängige Sozialdemokratische Partei Deutschlands	VL	Vereinigte Linke
		ZA	Zentralausschuss
VfZ	Vierteljahrshefte für Zeitgeschichte	ZfG	Zeitschrift für Geschichtswissenschaft
VK	Volkskammer der DDR		
		ZK	Zentralkomitee

Abkürzungsverzeichnis (Standardabkürzungen)

a. a. O.	am angegebenen Ort	hg. v.	herausgegeben von/vom
a. D.	außer Dienst	i.	in/im
a. M.	am Main	i. Br.	im Breisgau
abgedr.	abgedruckt	i. Westf.	in Westfalen
Abs.	Absatz	insbes.	insbesondere
Absch.	Abschnitt	Jg.	Jahrgang
Abt.	Abteilung	Kap.	Kapitel
aktual.	aktualisiert	korr.	korrigiert
Art.	Artikel	l.	links
Aufl.	Auflage	m.	mit
Ausg.	Ausgabe	Ms.	Manuskript
b.	bei	n.	nach
Bandabschr.	Bandabschrift	Nachdr.	Nachdruck
Bd. / Bde.	Band / Bände	Nachw.	Nachwort
Bearb.	Bearbeiter/in	NC	North Carolina
bearb. v.	bearbeitet von/vom	Neuaufl.	Neuauflage
bes.	besonders	Neuausg.	Neuausgabe
Bl.	Blatt	Neudr.	Neudruck
Bz.	Bezirk	No.	Nummer (engl.)
bzw.	beziehungsweise	Nr.	Nummer
ca.	circa	o. D.	ohne Datum
d. h.	das heißt	o. J.	ohne Jahr
dass.	dasselbe	o. O.	ohne Ort
ders.	derselbe	o. O. u. o. J.	ohne Ort und ohne Jahr
dies.	dies.	S.	Seite
Diss.	Dissertation	s.	siehe
dt.	deutsch	Sp.	Spalte
durchges.	durchgesehen	Tab.	Tabelle(n)
e.	ein / einer	Tl./Tle.	Teil/Teile
e. V.	eingetragener Verein	u.	und
ebd.	ebenda	u. a.	und andere / unter anderem
eingel.	eingeleitet	überarb.	überarbeitet
engl.	englisch	unkorr.	unkorrigiert
erg.	ergänzt	unveränd.	unverändert
ersch.	erscheint	usw.	und so weiter
erw.	erw.	v.	von/vom
et al.	et altera	v. a.	vor allem
etc.	et cetera	v. l. n. r.	von links nach rechts
f. / ff.	folgende/fortfolgende	vgl.	vergleiche
Fn.	Fußnote	z. B.	zum Beispiel
geb.	geboren	z. T.	zum Teil
gest.	gestorben	zit. b.	zitiert bei
H.	Heft	zit. i.	zitiert in
Hg.	Herausgeber(in)	zit. n.	zitiert nach
hg. i. A. d.	herausgegeben im Auftrag der/des	zus.-gest.	zusammengestellt

Anhang

Abbildungsverzeichnis (Rechte, Copyright)

Abb. 1 (S. 39): BPK – Bildarchiv Preußischer Kulturbesitz.
Abb. 2 (S. 56): Michael Beleites.
Abb. 3 (S. 64): Rechteinhaber nicht ermittelbar.
Abb. 4 (S. 76): Archiv der sozialen Demokratie der Friedrich-Ebert-Stiftung.
Abb. 5 (S. 81): Archiv der sozialen Demokratie der Friedrich-Ebert-Stiftung.
Abb. 6 (S. 99): BPK – Bildarchiv Preußischer Kulturbesitz.
Abb. 7 (S. 108): Archiv der sozialen Demokratie der Friedrich-Ebert-Stiftung.
Abb. 8 (S. 113): Rainer Cordes.
Abb. 9 (S. 122): Fotoarchiv Jupp Darchinger im Archiv der sozialen Demokratie der Friedrich-Ebert-Stiftung.
Abb. 10 (S. 128): Fotoarchiv Jupp Darchinger im Archiv der sozialen Demokratie der Friedrich-Ebert-Stiftung.
Abb. 11 (S. 132): Ullstein.
Abb. 12 (S. 139): Bundesarchiv: Sign. 183-1990-0113-027, Fotograf: Holger Busch.
Abb. 13 (S. 162): Fotoarchiv Jupp Darchinger im Archiv der sozialen Demokratie der Friedrich-Ebert-Stiftung.
Abb. 14 (S. 163): Rechteinhaber nicht ermittelbar.
Abb. 15 (S. 166): Ullstein.
Abb. 16 (S. 167): Fotoarchiv Jupp Darchinger im Archiv der sozialen Demokratie der Friedrich-Ebert-Stiftung.
Abb. 17 (S. 182): Rechteinhaber nicht ermittelbar.
Abb. 18 (S. 184): Fotoarchiv Jupp Darchinger im Archiv der sozialen Demokratie der Friedrich-Ebert-Stiftung.
Abb. 19 (S. 237): dpa/picture alliance.
Abb. 20 (S. 291): Fotoarchiv Jupp Darchinger im Archiv der sozialen Demokratie der Friedrich-Ebert-Stiftung.
Abb. 21 (S. 299): Fotoarchiv Jupp Darchinger im Archiv der sozialen Demokratie der Friedrich-Ebert-Stiftung.
Abb. 22 (S. 309): Toni Nemes.
Abb. 23 (S. 327): dpa/picture alliance.
Abb. 24 (S. 338): Ullstein.
Abb. 25 (S. 365): dpa/picture alliance.
Abb. 26 (S. 371): Bundesarchiv: Sign. 183-1990-0819-019, Fotograf: Axel Kull.
Abb. 27 (S. 371): Bundesarchiv: Sign. 183-1990-0807-019, Fotograf: Axel Kull.
Abb. 28 (S. 419): Fotoarchiv Jupp Darchinger im Archiv der sozialen Demokratie der Friedrich-Ebert-Stiftung.
Abb. 29 (S. 427): Fotoarchiv Jupp Darchinger im Archiv der sozialen Demokratie der Friedrich-Ebert-Stiftung.

Für die Abbildungen 3, 14 und 17 konnte trotz sorgfältiger Recherche kein Rechteinhaber ermittelt werden.

Tabellenverzeichnis

Kap. III
Tab. 1 (S. 156 f.):   SPD-Parteivorstand (Ost) – Allgemeine Verantwortungsbereiche.
                       Stand: März 1990 | *Quelle:* AdsD.
Tab. 2 (S. 157):   SPD-Parteivorstand (Ost) – Verantwortungsbereich Parteiarbeit.
                       Stand: März 1990 | *Quelle:* AdsD.
Tab. 3 (S. 185):   Volkskammerwahl 1990 – Umfrageergebnisse Stichproben 5. bis 10. Kalenderwoche 1990.
                       Quelle: infas.
Tab. 4 (S. 188):   Volkskammerwahl 1990 – Wählerstruktur nach Geschlecht und Alter. *Quelle:* infas.
Tab. 5 (S. 188):   Volkskammerwahl 1990 – Wählerstruktur nach Berufsgruppen. *Quelle:* infas.

Kap. IV
Tab. 6 (S. 219):   Zuschriften an SPD (Ost) zur Regierungsbeteiligung – quantitative Verteilung.
                       Quelle: Peter Gohle/AdsD.
Tab. 7 (S. 220 f.):   Zuschriften an SPD (Ost) zur Regierungsbeteiligung – Bz. Berlin.
                       Quelle: Peter Gohle/AdsD.
Tab. 8 (S. 221 f.):   Zuschriften an SPD (Ost) zur Regierungsbeteiligung – Bz. Chemnitz.
                       Quelle: Peter Gohle/AdsD.
Tab. 9 (S. 223):   Zuschriften an SPD (Ost) zur Regierungsbeteiligung – Bz. Cottbus.
                       Quelle: Peter Gohle/AdsD.
Tab. 10 (S. 223 f.):   Zuschriften an SPD (Ost) zur Regierungsbeteiligung – Bz. Dresden.
                       Quelle: Peter Gohle/AdsD.
Tab. 11 (S. 225):   Zuschriften an SPD (Ost) zur Regierungsbeteiligung – Bz. Frankfurt (O.).
                       Quelle: Peter Gohle/AdsD.
Tab. 12 (S. 226):   Zuschriften an SPD (Ost) zur Regierungsbeteiligung – Bz. Gera.
                       Quelle: Peter Gohle/AdsD.
Tab. 13 (S. 227):   Zuschriften an SPD (Ost) zur Regierungsbeteiligung – Bz. Halle.
                       Quelle: Peter Gohle/AdsD.
Tab. 14 (S. 228 f.):   Zuschriften an SPD (Ost) zur Regierungsbeteiligung – Bz. Leipzig.
                       Quelle: Peter Gohle/AdsD.
Tab. 15 (S. 229 f.):   Zuschriften an SPD (Ost) zur Regierungsbeteiligung – Bz. Magdeburg.
                       Quelle: Peter Gohle/AdsD.
Tab. 16 (S. 230 f.):   Zuschriften an SPD (Ost) zur Regierungsbeteiligung – Bz. Potsdam.
                       Quelle: Peter Gohle/AdsD.
Tab. 17 (S. 231):   Zuschriften an SPD (Ost) zur Regierungsbeteiligung – Bz. Erfurt.
                       Quelle: Peter Gohle/AdsD.
Tab. 18 (S. 232):   Zuschriften an SPD (Ost) zur Regierungsbeteiligung – Bz. Neubrandenburg.
                       Quelle: Peter Gohle/AdsD.
Tab. 19 (S. 232):   Zuschriften an SPD (Ost) zur Regierungsbeteiligung – Bz. Rostock.
                       Quelle: Peter Gohle/AdsD.
Tab. 20 (S. 232 f.):   Zuschriften an SPD (Ost) zur Regierungsbeteiligung – Bz. Schwerin.
                       Quelle: Peter Gohle/AdsD.
Tab. 21 (S. 233):   Zuschriften an SPD (Ost) zur Regierungsbeteiligung – Bz. Suhl.
                       Quelle: Peter Gohle/AdsD.
Tab. 22 (S. 234):   Zuschriften an SPD (Ost) zur Regierungsbeteiligung – Tendenzen in den Bezirken in Relation zur Mitgliederzahl. *Quelle:* Peter Gohle/AdsD.

Anhang

Quellen- und Literaturverzeichnis

1 Ungedruckte Quellen

Archiv der Bundesstiftung zur Aufarbeitung der SED-Diktatur

Vorlass Markus Meckel

Archiv für christlich-demokratische Politik der Konrad-Adenauer-Stiftung (ACDP)

Ost-CDU Parteiarbeit

Archiv der Hochschule für Technik, Wirtschaft und Kultur Leipzig

Studentenakte Manfred Böhme

Archiv der sozialen Demokratie der Friedrich-Ebert-Stiftung (AdsD)

Abteilung I – Nachlässe und Deposita
    Depositum Martin Gutzeit
    Depositum Stefan Hilsberg
    Nachlass Gerhard Jahn
    Depositum Wolfgang Thierse
    Nachlass Stanislaw Trabalski
    Depositum Hans-Jochen Vogel

Abteilung II – Zentrale SPD-Bestände und Fraktionen
    Runder Tisch der DDR – Arbeitssekretariat
    Sozialdemokratische Partei in der DDR – SDP/SPD-Parteivorstand
    SPD-Bundestagsfraktion (11. Wahlperiode) – Berliner Büro
    SPD-Fraktion in der Volkskammer der DDR
    SPD-Parteivorstand
        Abteilungsleitung I Organisation
        Berliner Büro
        Büro Bundesgeschäftsführerin Anke Fuchs
        Büro Fritz Heine
        Büro Oskar Lafontaine
        Büro Stellvertretender Bundesgeschäftsführer
        Sammlung Personalia
        Vorstandssekretariat

Abteilung III – Regionale SPD-Bestände und Fraktionen
    SPD-Landesverband Berlin
    SPD-Landesverband Brandenburg
    SPD-Landesverband Mecklenburg-Vorpommern
    SPD-Landesverband Sachsen
    SPD-Landesverband Sachsen-Anhalt
    SPD-Landesverband Thüringen
    SPD-Unterbezirk Leipzig

Bundesarchiv Berlin – Abteilung DDR (BArch)

Bestand DA 1 – Volkskammer der DDR. – Teil 2: 10. Wahlperiode
Bestand DC 20 – Ministerrat der DDR. – Regierung Lothar de Maizière (April bis Oktober 1990)

2 Gedruckte Quellen, Memoirenliteratur, Zeitzeugen

Albrecht, Willy (Hg.): Kurt Schumacher – Reden, Schriften, Korrespondenzen 1945–1952 (= Internationale Bibliothek Bd. 107), Berlin, Bonn 1985.
Barbe, Angelika: Sozialdemokratische Partei (SDP), in: Gewerkschaftliche Monatshefte 40 (1989).
Elmer, Konrad: Es kommt auf den Anfang an! In: Die Neue Gesellschaft/Frankfurter Hefte 38 (1991).
Erler, Peter u. a. (Hg.): »Nach Hitler kommen wir«. Dokumente zur Programmatik der Moskauer KPD-Führung 1944/45 für Nachkriegsdeutschland (=Studien des Forschungsverbundes SED-Staat an der Freien Universität Berlin), Berlin 1994.
Fischer, Ilse (Hg.): Die Einheit sozial gestalten. Dokumente aus den Akten der SPD-Führung 1989/90, Bonn 2009.
Dies. (Hg.): Von der frei gewählten Volkskammer zum vereinten Deutschland. Politik- und Alltagserfahrungen sozialdemokratischer Volkskammerabgeordneter. Dokumentation einer Tagung der Friedrich-Ebert-Stiftung am 23./24. September 2010 in Berlin, Bonn 2013.
Gesamtdeutsches Institut, Bundesanstalt für Gesamtdeutsche Aufgaben (Hg.): Dokumentation zur Entwicklung der neuen Parteien in der DDR (November 1989–Februar 1990), Bonn 1990.
Gesamtdeutsches Institut, Bundesanstalt für Gesamtdeutsche Aufgaben (Hg.): Dokumentation zur Entwicklung der neuen Parteien in der DDR (Februar 1990–April 1990), Bonn 1990.
Gniffke, Erich: Jahre mit Ulbricht, Köln 1966.
Gutzeit, Martin: Der Weg in die Opposition. Über das Selbstverständnis und die Rolle der »Opposition« im Herbst 1989 in der ehemaligen DDR, in: Walter Euchner (Hg.): Politische Opposition in Deutschland und im internationalen Vergleich, Göttingen 1993.
Ders./Hilsberg, Stephan: Die SDP/SPD im Herbst 1989, in: Eberhard Kuhrt u. a. i. A. d. Bundesministeriums des Inneren (Hg.): Opposition in der DDR von den 70er Jahren bis zum Zusammenbruch der SED-Herrschaft, Opladen 1999.
Ders./Meckel, Markus: Opposition in der DDR. Zehn Jahre kirchliche Friedensarbeit – kommentierte Quellentexte, Köln 1994.
Herles, Helmut/Rose, Ewald (Hg.): Vom Runden Tisch zum Parlament (= Bouvier Forum Bd. 5), Bonn 1990.
Herzberg, Wolfgang/von zur Mühlen, Patrik (Hg.): Auf den Anfang kommt es an. Sozialdemokratischer Neubeginn in der DDR 1989. Interviews und Analysen, Bonn 1993.
Hildebrandt, Regine: »Bloß nicht aufgeben«. Fragen an eine deutsche Sozialministerin (Brandenburg), Berlin 1992.
Dies.: Wie ich zur SPD gekommen bin, in: SPD-Landesverband Brandenburg (Hg.): 10 Jahre SPD in Brandenburg. Eine Chronik des Wiederanfangs auf dem »Brandenburger Weg«, Potsdam o. J. [2000].
Hilsberg, Stephan: Von der SDP zur Ost-SPD, in: Arbeitshefte zur sozialistischen Theorie und Praxis. Beiträge zur Arbeit der Juso-Hochschulgruppen 102 (2001).
Historische Kommission beim Parteivorstand der SPD (Hg.): Von der SDP zur SPD (= Geschichtsarbeit in den neuen Ländern Bd. 8), Bonn, 1994.
Höppner, Reinhard: Wunder muß man ausprobieren. Der Weg zur deutschen Einheit, Berlin 2009.
Kohl, Helmut: Vom Mauerfall zur Wiedervereinigung. Meine Erinnerungen, München 2009.
Kunze, Reiner: »Deckname Lyrik«. Eine Dokumentation, Frankfurt a. M. 1990.
Lafontaine, Oskar: Das Herz schlägt links, München 1999.
Maizière, Lothar de: Ich will, dass meine Kinder nicht mehr lügen müssen. Meine Geschichte der deutschen Einheit, Freiburg i. Br. 2010.
Malycha, Andreas: Auf dem Weg zur SED. Die Sozialdemokratie und die Bildung einer Einheitspartei in den Ländern der SBZ. Eine Quellenedition (= Archiv für Sozialgeschichte, Beiheft 16), Bonn 1995.
Meckel, Markus: Selbstbewusst in die Deutsche Einheit. Rückblicke und Reflexionen, Berlin 2001.
Mittner, Armin/Wolle, Stefan (Hg.): »Ich liebe Euch doch alle ...«. Befehle und Lageberichte des MfS Januar bis November 1989, Berlin 1990.

Anhang

Neugebauer, Gero/Niedbalski, Bernd: Die SPD in der DDR 1989–1990. Aus der Bürgerbewegung in die gesamtdeutsche Sozialdemokratie. Text, Chronik und Dokumentation, (Berliner Arbeitshefte und Berichte zur sozialwissenschaftlichen Forschung Bd. 74), Berlin 1992.

Politogramm, Infas-Report, DDR 1990, Wahl der Volkskammer der DDR am 18. März 1990, Analysen und Dokumente, Bonn-Bad Godesberg März 1990.

Programmatische Dokumente der deutschen Sozialdemokratie, hg. u. eingel. v. Dieter Dowe u. Kurt Klotzbach, 3., überarb. u. aktual. Aufl., Bonn 1990.

Protokoll – Delegiertenkonferenz der Sozialdemokratischen Partei in der DDR 12.1.–14.1.1990 Berlin, Kongresshalle Alexanderplatz, [Berlin-Ost 1990].

Protokoll der Parteitage der SPD (Ost), der SPD (West), Berlin 26.09.1990, Bonn o. J. [1990].

Protokoll vom Parteitag Berlin 27.–28.09.1990, Bonn o. J. [1990].

Reiche, Steffen: Neubeginn oder Kollaps, in: Die Neue Gesellschaft/Frankfurter Hefte 36 (1989).

Ders.: Die Gründung der SDP in der DDR und die erste Kontaktaufnahme mit der SPD: ein Bericht zur Deutschen Geschichte im 20. Jahrhundert, in: Stefan Goch, Franz-Josef Jelich (Hg.) Geschichte als Last und Chance, Festschrift für Bernd Faulenbach, Essen 2003.

Rein, Gerhard (Hg.): Die Opposition in der DDR. Entwürfe für einen anderen Sozialismus. Texte, Programme, Statuten von Neues Forum, Demokratischer Aufbruch, Demokratie Jetzt, SDP, Böhlener Plattform und Grüne Partei in der DDR, Berlin 1989.

Rudloff, Michael/Schmeitzner, Mike (Hg.): Die Wiedergründung der sächsischen Sozialdemokratie 1989/90. Erinnerungen, Dresden 2000.

Schäuble, Wolfgang: Der Vertrag. Wie ich über die deutsche Einheit verhandelte, Stuttgart 1991.

Schröder, Richard: Zum Bruch der Großen Koalition der letzten DDR-Regierung, in: Zeitschrift für Parlamentsfragen 22 (1991).

Ders.: Deutschland schwierig Vaterland. Für eine neue politische Kultur, Freiburg i. Br. 1993.

Ders.: Einsprüche und Zusprüche. Kommentare zum Zeitgeschehen, Stuttgart, Leipzig 2001.

Ders.: Die wichtigsten Irrtümer über die deutsche Einheit, Freiburg i. Br. 2007.

Ders.: Die SPD-Fraktion in der Volkskammer, in: Hans Misselwitz u. a. (Hg.): Mandat für die deutsche Einheit, Opladen 2000.

Soziale Demokratie in und für Thüringen. Zeitzeugenberichte und Dokumente zur Wiedergründung der Thüringer SPD 1989/90, zus.-gest. u. bearb. durch Michael Klostermann. Hrsg. durch das Landesbüro Thüringen der Friedrich-Ebert-Stiftung, Erfurt, 2009.

SPD – Dokumente und Materialien, hg. v. Vorstand der SPD – Abteilung Öffentlichkeitsarbeit, Berlin 1990.

SPD – Grundsatzprogramm, Statut, hg. v. Vorstand der SPD, Berlin 1990.

Stolpe, Manfred: Schwieriger Aufbruch, Berlin 1992.

Thaysen, Uwe (Hg.): Der Zentrale Runde Tisch der DDR, Wortprotokoll und Dokumente, 5 Bde., Wiesbaden 2000.

Ursachen und Folgen. Vom deutschen Zusammenbruch 1918 und 1945 bis zur staatlichen Neuordnung Deutschlands in der Gegenwart. Eine Urkunden- und Dokumentensammlung zur Zeitgeschichte, hg. u. bearb. v. Herbert Michaelis u. a., Bd. XXIV, Deutschland unter dem Besatzungsregime. Die Viermächteverwaltung – Schuld und Sühne, die Kriegsverbrecherprozesse, die Vertreibung aus den Ostgebieten, Berlin o. J. [1977].

Vogel, Hans-Jochen: Nachsichten. Meine Bonner und Berliner Jahre, München 1996.

Willy Brandt in Rostock, hg. v. d. Sozialdemokratischen Partei Deutschlands in der DDR, Rostock [1989].

Woltemath, Käte: 4 × Deutschland ... und keins für mich dabei, 2 Bde., Schwerin 2003.

3 Sekundärliteratur

Alsmeier, Bernd: Wegbereiter der Wende. Die Rolle der evangelischen Kirche in der Ausgangsphase der DDR, Pfaffenweiler 1994.

Ammer, Thomas: Die Anfänge eines demokratischen Parteiensystems in der DDR, in: Außenpolitik 41 (1990).

Ansorg, Leonore/Gehrke, Bernd/Klein, Thomas/Kneipp, Danuta (Hg.): »Das Land ist still – noch!« Herrschaftswandel und politische Gegnerschaft in der DDR (1971–1989) (= Zeithistorische Studien Bd. 40), Köln 2009.

Apelt, Andreas H./Gutzeit, Martin/Poppe, Gerd (Hg.): Die deutsche Frage in der SBZ und DDR. Deutschlandpolitische Vorstellungen von Bevölkerung und Opposition 1945–1990, Berlin 2010.

Badstübner, Rolf: Gründung der SED. Zur Selbstzerstörung einer Legende, in: Utopie kreativ 1996, H. 65.

Quellen- und Literaturverzeichnis · 3 Sekundärliteratur

Bahrmann, Hanne/Links, Christoph: Chronik der Wende. Die DDR zwischen dem 7. Oktober und 18. Dezember 1989, Berlin 1994.
Baumann, Christiane: Manfred »Ibrahim« Böhme. Ein rekonstruierter Lebenslauf (= Schriftenreihe des Robert-Havemann-Archivs Bd. 15), Berlin 2009.
Beckert, Rudi: Lieber Genosse Max. Aufstieg und Fall des ersten Justizministers der DDR Max Fechner, Berlin 2003.
Benser, Günter: Antifa-Ausschüsse – Staatsorgane – Parteiorganisationen, in: Zeitschrift für Geschichtswissenschaft 9 (1978).
Ders.: Die KPD im Jahre der Befreiung. Vorbereitung und Aufbau der legalen kommunistischen Massenpartei (Jahreswende 1944/1945 bis Herbst 1945), Berlin 1985.
Boehling, Rebecca L.: A question of priorities. Democratic reforms and economic recovery in postwar Germany (= Monographs in German History 2), Providence u. a. 1996.
Bösch, Frank/Danyel, Jürgen: Zeitgeschichte. Konzepte und Methoden, Göttingen 2012.
Boll, Friedhelm/Bouvier, Beatrix/von zur Mühlen, Patrik: Politische Repression in der SBZ/DDR und ihre Wahrnehmung in der Bundesrepublik (= Gesprächskreis Geschichte H. 30), Bonn 1999.
Bouvier, Beatrix: Antifaschistische Zusammenarbeit, Selbständigkeitsanspruch und Vereinigungstendenz. Die Rolle der Sozialdemokratie beim administrativen und parteipolitischen Aufbau in der sowjetischen Besatzungszone 1945 auf regionaler und lokaler Ebene, in: Archiv für Sozialgeschichte 16 (1976).
Dies.: Ausgeschaltet! Sozialdemokraten in der sowjetischen Besatzungszone und in der DDR 1945–1953 (= Reihe Politik- und Gesellschaftsgeschichte 45), Bonn 1996.
Dies.: Friedliche Revolution und deutsche Einheit. Ein Rückblick auf die Jubiläumsjahre 2009 und 2010, in: Archiv für Sozialgeschichte 51 (2011)
Dies.: Widerstand und Verfolgung von Sozialdemokraten in der SBZ und frühen DDR, in: Die DDR – Politik und Ideologie als Instrument, hg. von Heiner Timmermann (= Dokumente und Schriften der Europäischen Akademie Otzenhausen e. V. Bd. 86), Berlin 1999.
Brandt, Peter: Antifaschismus und Arbeiterbewegung. Aufbau, Ausprägung, Politik in Bremen 1945/46 (= Hamburger Beiträge zur Sozial- und Zeitgeschichte Bd. 11, Hamburg 1976.
Braunthal, Gerard: The German Social Democrats since 1969. A party in power and opposition, Boulder/Colo u. a. 1994.
Broszat, Martin/Weber, Hermann (Hg.): SBZ-Handbuch. Staatliche Verwaltungen, Parteien, gesellschaftliche Organisationen und ihre Führungskräfte in der Sowjetischen Besatzungszone Deutschland 1945–1949, unveränd. Aufl., München 1993.
Buchholz, Matthias u. a. (Hg.): Samisdat in Mitteleuropa. Prozess – Archiv – Erinnerung, Dresden 2007.
Buschfort, Wolfgang: Das Ostbüro der SPD. Von der Gründung bis zur Berlin-Krise (= Schriftenreihe der Vierteljahrshefte für Zeitgeschichte 63), München 1991.
Chatzoudis, Georgios: Die Deutschlandpolitik der SPD in der zweiten Hälfte des Jahres 1989, hg. v. d. Friedrich-Ebert-Stiftung, Historisches Forschungszentrum (= Gesprächskreis Geschichte Bd. 60), Bonn 2005.
Choi, Sung-Wang: Von der Dissidenz zur Opposition. Die politisch-alternativen Gruppen in der DDR von 1978–1989, Köln 1999.
Deutscher Bundestag (Hg.): Materialien der Enquete-Kommission »Aufarbeitung von Geschichte und Folgen der SED-Diktatur in Deutschland« (12. Wahlperiode des Deutschen Bundestages), 9 Bde., Baden-Baden 1995.
Ders. (Hg.): Materialien der Enquete-Kommission »Überwindung der Folgen der SED-Diktatur im Prozeß der Deutschen Einheit« (13. Wahlperiode des Deutschen Bundestages), 8 Bde., Baden-Baden 1999.
Dowe, Dieter u. a. (Hg.): Von der Bürgerbewegung zur Partei. Die Gründung der Sozialdemokratie in der DDR. Diskussionsforum im Berliner Reichstag am 7. Oktober 1992 (= Gesprächskreis Geschichte H. 3), Bonn 1993.
Eckert, Detlef: Die Liquidierung der SED als Einheitspartei. Zu den Veränderungen in Organisation und Personalstruktur, in: Elke Scherstjanoi: »Provisorium für längstens ein Jahr«, Protokoll des Kolloquiums Die Gründung der DDR, Berlin 1993.
Faulenbach, Bernd u. a. (Hg.): Die deutsche Sozialdemokratie und die Umwälzung 1989/1990, Essen 2001.
Fink, Hans-Jürgen: Die SPD in der DDR, in: Deutschland Archiv 23 (1990).
Florath, Bernd (Hg.): Das Revolutionsjahr 1989. Die demokratische Revolution in Osteuropa als transnationale Zäsur (= Analysen und Dokumente/Bundesbeauftragter für die Unterlagen des Staatssicherheitsdienstes der Ehemaligen Deutschen Demokratischen Republik Bd. 34), Göttingen 2011.
Foitzik, Jan: Die stalinistischen Säuberungen in den ostmitteleuropäischen kommunistischen Parteien. Ein vergleichender Überblick, in: Zeitschrift für Geschichtswissenschaft 40 (1992).

Anhang

Fricke, Karl Wilhelm: Die DDR im vierzigsten Jahr, in: Deutschland Archiv 22 (1989).
Ders.: Die Staatsmacht und die Andersdenkenden, in: Deutschland Archiv 21 (1988).
Garton Ash, Timothy: Ein Jahrhundert wird abgewählt. Aus den Zentren Mitteleuropas 1980–1990, München 1990.
Geisel, Christoph: Auf der Suche nach einem dritten Weg. Das politische Selbstverständnis der DDR-Opposition, Berlin 2005.
Geschichte der deutschen Einheit, 4 Bde., Stuttgart 1998.
Gibowski, Wolfgang: Demokratischer Neubeginn in der DDR, in: Zeitschrift für Parlamentsfragen 21 (1990).
Glaeßner, Gert-Joachim: Eine deutsche Revolution. Der Umbruch in der DDR, seine Ursachen und Folgen, 2. Aufl., Frankfurt a. M. 1992.
Ders.: Vom »realen Sozialismus zur Selbstbestimmung, in: Aus Politik und Zeitgeschichte 40 (1990).
Gohle, Peter: Die Aktionsgemeinschaft zwischen SPD und KPD in München nach dem Ende des Nationalsozialismus. Ein Vergleich innerhalb der amerikanischen und britischen Besatzungszone, Magisterarbeit München 1995.
Ders.: Gründungsgeschichte und Politik der Sozialdemokratischen Partei in der DDR 1989/90, in: »Wir haben die Machtfrage gestellt!« SDP-Gründung und Friedliche Revolution. Eine Ausstellung der Friedrich-Ebert-Stiftung, Bonn 2009.
Ders.: Neu erschlossene Quellen zur Geschichte des sozialdemokratischen Neubeginns in der DDR 1989/90 – Bestand SDP/SPD-DDR im AdsD, in: Archiv-Nachrichten, Internetnewsletter aus dem Archiv der sozialen Demokratie 2/2007 [http://www.fes.de/archiv/adsd_neu/inhalt/newsletter/newsletter/NL_2007/NL_02_2007/newsletter022007.html].
Ders.: Von der SDP zur SPD-DDR. Die Gründung der Ost-SPD während der revolutionären Übergangsphase in der DDR 1989/90, Diplomarbeit FH Potsdam, München/Potsdam 2008.
Ders.: Zur Geschichte des sozialdemokratischen Neubeginns in der DDR 1989/90 [Electronic, Hg.], Friedrich-Ebert-Stiftung, OnlineAkademie, Bonn 2010 [http://library.fes.de/pdf-files/akademie/online/08326.pdf].
Graf, Rüdiger: Zeitgeschichte in der Welt der Sozialwissenschaften, in: Vierteljahrshefte für Zeitgeschichte 59 (2011).
Gröf, Wolfgang: »In der frischen Tradition des Herbstes 1989«. Die SDP/SPD in der DDR: Von der Gründung über die Volkskammerarbeit zur deutschen Einheit (= Beiträge aus dem Archiv der Sozialen Demokratie Bd. 1), 3. Aufl., Bonn 1996.
Gutzeit, Martin/Heidemeyer, Helge/Tüffers, Bettina (Hg.): Opposition und SED in der Friedlichen Revolution. Organisationsgeschichte der alten und neuen politischen Gruppen 1989/90, Berlin 2011.
Haufe, Gerda/Bruckmeier, Karl (Hg.): Die Bürgerbewegung in der DDR und in den ostdeutschen Bundesländern, Opladen 1993.
Hausmann, Christoph: Biographisches Handbuch der 10. Volkskammer der DDR (1990), Köln u. a. 2000.
Henke, Klaus-Dietmar (Hg.): Revolution und Vereinigung 1989/90. Als in Deutschland die Realität die Phantasie überholte, München 2009.
Heydemann, Günther u. a. (Hg.): Revolution und Transformation in der DDR 1989/90 (= Schriftenreihe der Gesellschaft für Deutschlandforschung Bd. 73), Berlin 1999.
Holzhauser, Thorsten: »Niemals mit der PDS«? Zum Umgang der SPD mit der SED-Nachfolgepartei zwischen Ausgrenzungs- und Integrationsstrategie (1990–1998), in: Vierteljahrshefte für Zeitgeschichte 62 (2014).
Israel, Jürgen (Hg.): Zur Freiheit berufen. Die Kirche in der DDR als Schutzraum der Opposition 1981–1989, Berlin 1991.
Jäger, Manfred/Walter, Michael: Die Allianz für Deutschland. CDU, Demokratischer Aufbruch und Deutsche Soziale Union 1989/90, Köln u. a. 1998.
Jesse, Eckhard (Hg.): 1989 und die Perspektiven der Demokratie (= Veröffentlichungen der Deutschen Gesellschaft für Politikwissenschaft Bd. 28), Baden-Baden 2011.
Ders./Mitter, Armin (Hg.): Die Gestaltung der deutschen Einheit. Geschichte – Politik – Gesellschaft, Bonn 1992.
Joppke, Christian: East German Dissidents and the Revolution of 1989, New York 1995.
Jung, Matthias: Parteiensystem und Wahlen in der DDR, in: Aus Politik und Zeitgeschichte 40 (1990).
Ketterle, Christian: Die Haltung der ostdeutschen SPD zur Wirtschafts- und Währungsunion, Magisterarbeit, München 1995.
Kleßmann, Christoph: Arbeiter im »Arbeiterstaat« DDR. Deutsche Traditionen, sowjetisches Modell, westdeutsches Magnetfeld (1945 bis 1971) (= Geschichte der Arbeiter und der Arbeiterbewegung in Deutschland seit dem Ende des 18. Jahrhunderts Bd. 14), Bonn 2007.
Klotzbach, Kurt: Der Weg zur Staatspartei. Programmatik, praktische Politik und Organisation der deutschen Sozialdemokratie 1945–1965, (= Die deutsche Sozialdemokratie nach 1945 Bd. 1), 2. Aufl. Bonn 1996.

Knabe, Hubertus: Politische Opposition in der DDR, in: Aus Politik und Zeitgeschichte 40 (1990).
Ders.: Sprachrohr der Außenseiter? Zur gesellschaftlichen Relevanz der unabhängigen Gruppen der DDR – Aus Analysen des Staatssicherheitsdienstes, in: Aus Politik und Zeitgeschichte 46 (1996).
Kouteynikoff, Louise: Die SPD und die Vereinigung Deutschlands, Magisterarbeit, Paris 1997.
Kowalczuk, Ilko-Sascha: Endspiel. Die Revolution von 1989 in der DDR, München 2009.
Ders.: Politischer Samisdat in der DDR, in: Matthias Buchholz u. a. (Hg.): Samisdat in Mitteleuropa. Prozess – Archiv – Erinnerung, Dresden 2007.
Ders./Wolle, Stefan/Mittner, Armin (Hg.): Der Tag X – 17. Juni 1953. Die »innere Staatsgründung« der DDR als Ergebnis der Krise 1952/54 (= Forschungen zur DDR-Geschichte Bd. 3), Berlin 1995.
Krause, Udo: Die Entstehung der SDP/SPD in den Bezirken Magdeburg und Halle. Die Entwicklung der Ortsvereine Dessau, Halle, Magdeburg und Stendal bis zur Gründung des SPD-Landesverbandes Sachsen-Anhalt 1990, Magisterarbeit, Magdeburg 2010.
Kühnel, Wolfgang/Schulz, Marianne/Wielgohs, Jan: Die neuen politischen Gruppierungen auf dem Weg vom politischen Protest zur parlamentarischen Interessensvertretung, in: Zeitschrift für Parlamentsfragen 21 (1990).
Lahann, Birgit: Genosse Judas. Die zwei Leben des Ibrahim Böhme, Reinbek b. Hamburg 1994.
Lehmann, Ines: Die Außenpolitik der DDR 1989/90. Eine dokumentierte Rekonstruktion, Baden-Baden 2010.
Leonhard, Elke: Eine junge Partei mit alter Tradition. Erster Parteitag der neuen SPD in der DDR, in: Deutschland Archiv 23 (1990).
Löbler, Frank/Schmid, Josef/Tiemann, Heinrich (Hg.): Gesamtdeutsche Zusammenschlüsse von Parteien und Verbänden, Bochum 1991.
Loeding, Matthias: Führungsanspruch und Einheitsdrang. Der Zentralausschuss der SPD im Jahr 1945, Hamburg 2002.
Malycha, Andreas: Partei von Stalins Gnaden? Die Entwicklung der SED zur Partei neuen Typs in den Jahren 1946 bis 1950, Berlin 1996.
Mayer, Tilman (Hg.): Deutscher Herbst 1989 (= Schriftenreihe der Gesellschaft für Deutschlandforschung Bd. 99), Berlin 2010.
Mehringer, Hartmut: Widerstand – Exil – Wiederaufbau 1933–1949. Waldemar von Knoeringen und der Weg vom revolutionären zum demokratischen Sozialismus, Univ., Habil.-Schr., Erlangen-Nürnberg 1987.
Michelmann, Jeannette: Aktivisten der ersten Stunde. Die Antifa in der sowjetischen Besatzungszone, Köln u. a. 2002.
Milbradt, Jörg: Das Leipziger Programm, In: Historische Kommission beim Parteivorstand der SPD: Die programmatische Entwicklung der deutschen Sozialdemokratie (= Geschichtsarbeit in den neuen Ländern Bd. 1), Bonn 1994.
Moraw, Frank: Die Parole der »Einheit« und die Sozialdemokratie. Zur parteiorganisatorischen und gesellschaftspolitischen Orientierung der SPD in der Periode der Illegalität und in der ersten Phase der Nachkriegszeit 1933–1948 (= Schriftenreihe des Forschungsinstituts der Friedrich-Ebert-Stiftung 94), Bonn-Bad Godesberg 1973.
Moritz, Torsten: Gruppen der DDR-Opposition in Ost-Berlin – gestern und heute. Eine Analyse der Entwicklung ausgewählter Ost-Berliner Oppositionsgruppen vor und nach 1989, Berlin 2000.
Musiolek, Berndt/Wuttke, Carola (Hg.): Parteien und politische Bewegungen im letzten Jahr der DDR, Berlin 1991.
Müller, Werner/Mrotzek, Fred/Köllner, Johannes: Die Geschichte der SPD in Mecklenburg-Vorpommern, Bonn 2002.
Müller-Enbergs, Helmut (Hg.): Von der Illegalität ins Parlament. Werdegang und Konzepte der neuen Bürgerbewegungen, Berlin 1991.
Ders.: Welchen Charakter hatte die Volkskammer nach den Wahlen vom 18. März? In: Zeitschrift für Parlamentsfragen 22 (1991).
Neubert, Ehrhart: Geschichte der Opposition in der DDR 1949–1989 (= Forschungen zur DDR-Gesellschaft), 2. Aufl., Bonn 1998.
Ders.: Eine protestantische Revolution, Osnabrück 1990.
Ders.: Unsere Revolution. Die Geschichte der Jahre 1989/90, München 2008.
Niedermayer, Oskar/Stöss, Richard (Hg.): Parteien und Wähler im Umbruch. Parteiensystem und Wählerverhalten in der ehemaligen DDR und den neuen Bundesländern, Opladen 1994.
Niethammer, Lutz (Hg.): Arbeiterinitiative 1945. Antifaschistische Ausschüsse und Reorganisation der Arbeiterbewegung in Deutschland, Wuppertal 1976.

Anhang

Overmanns, Marcus: DDR-Wirtschaftspolitik und der Mauerfall – Die Regierung Modrow im Zeichen des Systemerhalts, Diss., Bonn 2001.
Peterson, Fabian: Oppositionsstrategie der SPD-Führung im deutschen Einigungsprozess 1989/90. Strategische Ohnmacht durch Selbstblockade, Hamburg 1998.
Plener, Ulla: »Sozialdemokratismus« – Instrument der SED-Führung im Kalten Krieg gegen Teile der Arbeiterbewegung (1948–1953), in: Utopie kreativ, H. 161 (März 2004).
Pollack, Detlev: Außenseiter oder Repräsentanten? Zur Rolle der politischen alternativen Gruppen im Umbruchsprozess der DDR, in: Deutschland Archiv 23 (1990).
Ders. (Hg.): Die Legitimität der Freiheit. Politische alternative Gruppen unter dem Dach der Kirche, Frankfurt a. M. 1990.
Ders.: Politischer Protest. Politisch alternative Gruppen in der DDR, Opladen 2000.
Ders.: Was ist aus den Bürgerbewegungen und Oppositionsgruppen der DDR geworden, in: Aus Politik und Zeitgeschichte 45 (1995).
Rein, Gerhard (Hg.): Die Opposition in der DDR. Entwürfe für einen anderen Sozialismus, Berlin 1989.
Ritter, Gerhard A.: Hans-Dietrich Genscher, das Auswärtige Amt und die deutsche Vereinigung, München 2013.
Ders.: Der Preis der deutschen Einheit. Die Wiedervereinigung und die Krise des Sozialstaats, München 2006.
Rödder, Andreas: Deutschland einig Vaterland. Die Geschichte der Wiedervereinigung, München 2009.
Röder, Werner: Die deutschen sozialistischen Exilgruppen in Großbritannien 1940–1945. Ein Beitrag zur Geschichte des Widerstandes gegen den Nationalsozialismus, 2. Aufl., Bonn 1973.
Rudolph, Karsten: Neugründung ohne Tradition? Die SPD in den Neuen Bundesländern, in: Arbeiterbewegung und Sozialdemokratie in Thüringen, Erfurt o. J. [2001].
Sabrow, Martin (Hg.): 1989 und die Rolle der Gewalt, Göttingen 2012.
Scharrer, Manfred: Der Aufbau einer Freien Gewerkschaft in der DDR 1989/90. ÖTV und FDGB-Gewerkschaften im deutschen Einigungsprozess, Berlin u. a. 2011.
Schmidt, Ute: Von der Blockpartei zur Volkspartei? Die Ost-CDU im Umbruch 1989–1994 (= Schriften des Zentralinstituts für Sozialwissenschaftliche Forschung der Freien Universität Berlin Bd. 81), Opladen 1997.
Schmitz, Dieter: Chronik der SDP/SPD Treptow-Köpenick. Die friedliche Revolution 1989 und 1990 in Treptow, [Hg.: SPD, Kreis Treptow-Köpenick], Berlin 2010.
Schneider, Michael: Unterm Hakenkreuz. Arbeiter und Arbeiterbewegung 1933 bis 1939, (= Geschichte der Arbeiter und der Arbeiterbewegung in Deutschland seit dem Ende des 18. Jahrhunderts Bd. 12), Bonn 1999.
Schnell, Carsten: Die Ost-SPD. Zur Reorganisation der Sozialdemokratie in den neuen Bundesländern, Zulassungsarbeit, Freiburg i. Br. 1994.
Schuh, Petra/von der Weiden, Bianca M.: Die deutsche Sozialdemokratie 1989/90. SDP und SPD im Einigungsprozess (= Schriftenreihe der Forschungsgruppe Deutschland Bd. 9) München 1997.
Schuller, Wolfgang: Die deutsche Revolution 1989, Berlin 2009.
Segert, Dieter: The SPD in the Volkskammer in 1990. A new party in search of a political profile, in: Michael Waller (Hg.): Social democracy in a post-communist Europe, Ilford u. a. 1994.
Siegfried, Detlef: Zwischen Einheitspartei und »Bruderkampf«. SPD und KPD in Schleswig-Holstein 1945/46 (= Veröffentlichung des Beirats für Geschichte der Arbeiterbewegung und Demokratie in Schleswig-Holstein/ Gesellschaft für Politik und Bildung Schleswig-Holstein 12), Kiel 1992.
SPD-Bundestagsfraktion (Hg.): »Die Handschrift der SPD muss erkennbar sein«. Die Fraktion der SPD in der Volkskammer der DDR, Berlin 2000.
Spanger, Hans-Joachim: Die SED und der Sozialdemokratismus. Ideologische Abgrenzung in der DDR, Köln 1982.
Staritz, Dietrich: Sozialismus in einem halben Lande. Zur Programmatik und Politik der KPD/SED in der Phase der antifaschistisch-demokratischen Umwälzung in der DDR, Berlin 1976.
Ders.: Ein »besonderer deutscher Weg« zum Sozialismus? In: Aus Politik und Zeitgeschichte (1982), B 51-52.
Stötzel, Georg/Wengeler, Martin: Kontroverse Begriffe. Geschichte des öffentlichen Sprachgebrauchs in der Bundesrepublik Deutschland, Berlin 1995.
Sturm, Daniel Friedrich: Uneinig in die Einheit. Die Sozialdemokratie und die Vereinigung Deutschlands (= Willy-Brandt-Studien), Bonn 2006.
Süß, Walter: Revolution und Öffentlichkeit in der DDR, in: Deutschland Archiv 23 (1990).
Ders.: Staatssicherheit am Ende. Warum es den Mächtigen nicht gelang, eine Revolution zu verhindern. Analysen und Dokumente (= Wissenschaftliche Reihe des Bundesbeauftragten für die Unterlagen des Staatssicherheitsdienstes der ehemaligen DDR Bd. 15) Berlin 1999.

Tammena, Heiko: Volkspartei ohne Parteivolk. Organisationsaufbau der SPD in Ostdeutschland 1990 – 1994 und organisationspolitische Perspektiven, Göttingen 1994.
Tessmer, Carsten: Innerdeutsche Parteibeziehungen vor und nach dem Umbruch in der DDR, Erlangen 1991.
Tiemann, Heinrich: Die SPD in den neuen Bundesländern – Organisation und Mitglieder, in: Zeitschrift für Parlamentsfragen 24 (1993).
Timmer, Karsten: Vom Aufbruch zum Umbruch. Die Bürgerbewegung in der DDR (= Kritische Studien zur Geschichtswissenschaft Bd. 142), Göttingen 2000.
Thaysen, Uwe: Der Runde Tisch oder: Wo blieb das Volk?, Opladen 1990.
Ders.: Der Runde Tisch oder: Wer war das Volk?, in: Zeitschrift für Parlamentsfragen 21 (1990).
Torpey, John: Intellectuals, Socialism and Dissident. The East German Opposition and its Legacy, Minneapolis/London 1995.
Urich, Karin: Die Bürgerbewegung in Dresden 1989/90 (= Schriften des Hannah-Arendt-Instituts für Totalitarismusforschung Bd. 18), Köln 2001.
Veen, Hans-Joachim u. a. (Hg.): DDR-Parteien im Vereinigungsprozess (= Interne Studien Nr. 20/1990 des Forschungsinstituts der Konrad-Adenauer-Stiftung), St. Augustin 1990.
Ders. u. a. (Hg.): Parteien im Aufbruch. Nichtkommunistische Parteien und politische Vereinigungen in der DDR (= Deutschland-Report 8, Konrad-Adenauer-Stiftung), St. Augustin 1990.
Voeltz, Nicole: Staatsjubiläum. Planung und Scheitern des 40. Jahrestages der DDR 1989 (= Schriften zur sächsischen Geschichte und Volkskunde Bd. 31), Leipzig 2009.
Vollnhals, Clemens (Hg.): Jahre des Umbruchs. Friedliche Revolution in der DDR und Transition in Ostmitteleuropa – (= Schriften des Hannah-Arendt-Instituts für Totalitarismusforschung Bd. 43), Göttingen 2011.
Vogel, Hans-Jochen: Zur Gründung der Sozialdemokratischen Partei in der DDR in Schwante vor 10 Jahren. Rede anlässlich der ersten Präsentation der Wanderausstellung der Friedrich-Ebert-Stiftung »Wir wollen ein Hoffnungszeichen setzen ...« Die Gründung der Sozialdemokratischen Partei in der DDR« am 29. September 1999 im Willy-Brandt-Haus in Berlin, (Gesprächskreis Geschichte H. 28), Bonn 1999.
von zur Mühlen, Patrik: Die Opposition gegen die SED und die Gründung der Sozialdemokratie in der DDR, in: Dieter Dowe (Hg.): Partei und soziale Bewegung. Kritische Beiträge zur Entwicklung der SPD seit 1945, Bonn 1993.
Walter, Franz/Dürr, Tobias/Schmidtke, Klaus: Die SPD in Sachsen und Thüringen zwischen Hochburg und Diaspora. Untersuchungen auf lokaler Ebene vom Kaiserreich bis zur Gegenwart, Bonn 1993.
Weber, Hermann: Geschichte der DDR, 2. Aufl., Erftstadt 2004.
Weiden, Bianca von der: Das Profil der Sozialdemokratische Partei in der DDR (SDP/SPD): von ihrer Gründung bis zum ersten Parteitag (1989/90), Magisterarbeit, Mainz 1995.
Weidenfeld, Werner/Korte, Karl-Rudolf (Hg.): Handbuch zur deutschen Einheit 1949–1989, Bonn 1999.
Weil, Francesca: Räte im Deutschen Reich 1918/1919 – Runde Tische in der DDR 1989/90. Ein Vergleich, in: Deutschland Archiv 44 (2011).
Wielgohs, Jan: Auflösung und Transformation der ostdeutschen Bürgerbewegung, in: Deutschland Archiv 26 (1990).
»*Wir haben die Machtfrage gestellt!*« SDP-Gründung und Friedliche Revolution. Eine Ausstellung der Friedrich-Ebert-Stiftung, Bonn 2009.
»*Wir wollen ein Hoffnungszeichen setzen ...*« Die Gründung der Sozialdemokratischen Partei in der DDR. Bilder und Texte einer Ausstellung der Friedrich-Ebert-Stiftung, Bonn 1999.
Wolle, Stefan: Die heile Welt der Diktatur. Alltag und Herrschaft in der DDR 1971–1989, Berlin 1998.
Wuthe, Gerhard: Einheit der Nation. Traum oder Trauma der Sozialdemokratie? In: Deutschland Archiv 24 (1991).
Ziegler, Uwe: Demokratie braucht Demokraten. 20 Jahre Engagement der Friedrich-Ebert-Stiftung in Ostdeutschland, Bonn 2011.

Personenregister

A

Ackermann, Anton 32, 44
Amende, Andreas 363
von Ardenne, Manfred 121

B

Backhaus, Till 379
Bahr, Egon 101, 118, 121, 126, 135, 162, 183, 288
Bahro, Rudolf 52
Ballin, Klaus 316
Barbe, Angelika . 74, 77 f., 80, 82, 88, 96, 106, 114, 121 ff., 131, 144, 155 ff., 163, 167 f., 258, 266, 314, 323, 363, 379, 405, 408, 417 f., 448
Barbe, Otfried 96
Bebel, August 33
Becher, Karl-Heinz 139
Becker, Manfred . . . . 156 f., 314, 411
Behrendt, Detlef 316
Bentele, Karlheinz 359
Berghofer, Wolfgang 113, 121, 192
Bergmann-Pohl, Sabine 240, 370
Bettermann, Erik . 158, 160, 163 f., 181, 304, 314, 319, 381, 404, 406 f.
Biermann, Wolf 52, 202
Bischoff, Josef Maria 259
Bloch, Ernst 52
Bogisch, Frank . 74, 82, 88 f., 140, 149, 155 f., 168, 279, 328, 405, 411
Bohley, Bärbel 206
Böhme, Anna Maria 198
Böhme, Kurt 198
Böhme, Manfred »Ibrahim« . . . 73 ff., 80 ff., 88, 91 f., 96 f., 100 f., 106, 108, 114, 122 ff., 129 f., 134, 138 f., 144, 149 ff., 152 ff., 156 f., 162 f., 165 ff., 171, 178 f., 186 f., 190, 193 ff., 211 f., 218, 258, 303, 322 ff., 339, 363, 408, 410, 417 f., 433, 437, 439, 443, 448
Börger, Ralf 155
Borkenhagen, Franz . 181, 383, 385, 389, 391, 393 f., 398
Brandt, Willy . . . 111, 121, 125 ff., 135, 137, 162, 165, 167, 171, 173, 183, 189, 191 f., 289, 296, 305, 327, 331, 338, 409 ff., 421, 423, 427, 429 f., 448 f.
Brenn, Gerhard . . . . 103, 109 ff.,

Brill, Hermann 30
Brinksmeier, Dankwart . . . 88, 108, 193, 258, 323 ff., 328, 333, 337, 363, 379, 408, 443
Brösdorf, Bernd 259
Brunn, Anke 120, 402
Büchler, Hans 162
Buchwitz, Otto 35
Butter, Werner . . . . . . 180 f., 183, 186, 307

C

Charlier, Christoph 384
Conradi, Peter 402

D

Dahrendorf, Gustav 32
Dandavate, Madhu 426
Däubler-Gmelin, Herta . . . . 121, 275, 292 f., 347 ff., 351, 359, 367, 378 f., 399, 402, 444
Dauß, Ute 315
Demke, Christoph 76
Denkmann, Christina 111
Denkmann, Horst 111
Diestel, Peter-Michael . . . 239, 244, 246, 338, 412, 416
Dietel, Mike 114
Döhling, Gerd 82, 162, 316, 390
von Dohnanyi, Klaus 162, 402
Dreßler, Rudolf . 162, 273, 282, 288, 402, 416, 451
Dshunussow, Aigali 144, 157
Duve, Freimut 118, 126

E

Ebeling, Hans-Wilhelm . . . . . 238 f., 244 ff.
Edel, Otto 126
Edenhofer, Walter . . . . 385, 395 f.
Ehmke, Horst . . . . . . 120, 162, 293, 296 f.
Eichel, Hans 192
Ellenberger, Irene 410, 418
Elmer, Konrad . . . 77, 79, 81 f., 90 f., 98, 105, 108, 127, 134, 138, 140, 156 f., 168 ff., 258, 265 f., 342, 404, 408, 410, 417 f., 430
Engholm, Björn 183, 296
Eppelmann, Rainer . . 69, 120, 212, 240, 242
Eppler, Erhard 406, 425

F

Fanzlau, Wolfgang 136
Farthmann, Friedhelm 183, 420
Fechner, Max . . . . 32, 44 f.
Feiden, Rüdiger 383
Felder, Josef 421, 425
Feldmann, Hans . . 385 ff., 392, 398 f., 401 f., 446
Fichter, Tilman 121, 126
Field, Noel 47
Fikentscher, Rüdiger 139, 259
Finger, Stefan . . . 82, 88, 108, 133, 135, 138, 140, 156, 168, 181, 316, 408
Fitzer, Horst 205
Flackus, Jochen 320
Forck, Gottfried 217
Förster, Joachim 139
Fuchs, Anke . . . 127, 159, 162, 383, 385, 387, 390, 394, 399 f. 402, 418, 424, 447
Fuchs, Jürgen 202
Fuchs, ... 02

G

Gansel, Norbert . . 118, 120, 124 ff., 137, 162, 192, 375, 400 ff., 429
Geremek, Bronisław 425
Gerlach, Johannes . . . . 156 f., 409, 411
Glotz, Peter 301
Gniffke, Erich W. . . . . 32, 40, 44 f.
Gorbatschow, Michail . . . . . 55 f., 58, 60, 66
Gorlan, Johannes 181
Görtz, Jochen 78
Grimm, Arne 404, 418
Grimm, Peter 125, 405, 408
Grotewohl, Otto . . . . 32, 35 ff., 44
Grünzig, Matthias 90
Gutzeit, Martin . . . . 69 ff., 88, 91, 94, 102, 105 f., 109, 114, 118, 122, 125 f., 128, 144, 150, 152, 155 ff., 162 f., 168, 178, 193, 205, 216, 258, 261 f., 270, 278, 351, 354, 356, 358 f., 370, 376, 408, 418, 425, 432, 434, 437
Gysi, Gregor 130, 132, 188, 267

H

Hackenberg, Helmut 65
Hacker, Hans-Joachim 139, 259, 266
Hartmann, Gert 363, 379
Hartmann, Rainer 78, 82, 88
Hartung, Rudolf 389, 404
Hartung, Uwe 129
Havel, Václav 55
Havemann, Robert 52, 199
Heinemann, Gustav 430
Helmke, Rainer 134
Heltzig, Frank 103, 110
Herrnstadt, Rudolf 48
Herzberg, B. 88
Hiersemann, Karl-Heinz 427
Hildebrandt, Regine . . 246, 273, 275 ff., 282, 364 ff., 369, 409, 418, 451
Hiller, Kurt 33
Hilsberg, Peter . . . . 74 f., 205
Hilsberg, Stephan . 74, 82, 88, 91, 95 f., 99 f., 104, 106, 108, 114, 116, 122, 124, 126 f., 131, 136, 152, 156 f., 162 f., 166, 168, 193, 235, 258, 313, 315, 325 f., 383, 385, 389, 392, 394, 396 f., 399, 403 ff., 410, 418, 430, 447, 449
Hirschfeld, Gerhard . . . . 128, 155, 158, 160, 180 ff., 193 ff., 207
Hitschfeld, Uwe . . . . 179, 183, 188 f.
Hoffmann, Joachim 82, 157, 168
Hoffmann, Martin 126
Hoffmann, Petra 411, 418
Hofmann-Göttig, Joachim 405
Hombach, Bodo 127
Honecker, Erich . . . . 58, 60, 63 f., 66 f., 121, 205, 415
Höppner, Reinhard . . 90, 157, 211, 217, 240, 259, 324, 326, 339, 410, 418, 421, 444
Horn, Roland 88

I

Issen, Roland 426
Itzfeld, Jürgen 128, 155, 316

J

Jacobs, Paul 259
Jahn, Gerhard . . . 159, 181, 215, 247, 260 ff., 275, 282, 284, 286 f., 294 f., 345, 358 f., 361, 364, 366, 369 f., 374
Jauch, Frank 363
Jerichow, Jens-Uwe 111

K

Kähler, Joachim 168

Kamilli, Karl-August . . 115, 139, 156 f., 163, 167 f., 194 ff., 212 ff., 218, 244, 259, 323, 330, 333, 362 f., 369, 379, 399, 408, 415 f., 418, 443, 448
Kamm, Udo 355
Karahasan, Yilmaz 429
Kauffold, Peter 290, 350, 365, 379, 405
Kern, Käthe . . . . 44 f.
Klär, Karl-Heinz 121, 126
Klein, Peter 304, 307
Klier, Freya 61
Klimmt, Reinhard 296, 320, 359
Klingner, Klaus 425
Klose, Hans-Ulrich . . 129, 159, 162, 288, 293, 385, 398 f., 402
Knigge, Arnold . 127, 383, 385, 387, 391, 394, 398, 400
Kohl, Helmut . . 101, 122 f., 154, 188 f., 232, 239, 245, 257 f., 278, 291, 293 f., 301, 340, 347, 349, 355, 361, 364, 372 ff., 412 f., 436, 438, 441, 446, 449 f.
Kollatz, Matthias 126
Körber, Stefan 369
Körting, Ehrhart . . . . 120, 124 f., 159
Krause, Günther . . . 273 f., 276 f., 281 f., 338, 350, 353 f., 356, 358, 365, 368 f., 373, 375, 445
Krawczyk, Stephan 61
Krehl, Constanze . . . . 259 f., 359, 410
Krenz, Egon . . 65 ff., 92, 96 ff., 100, 102, 145, 433
Krug, Günter 316, 389
Krüger, Thomas . 88, 97, 108, 118, 126 f., 138, 208, 258
Kschenka (geb. Seils), Susanne . . . 73, 156 f., 259, 351, 356, 408, 410 f., 418
Kuessner, Hinrich . . 157, 166, 168, 207, 316, 320, 398 f., 404, 409 ff., 417
Kühn, Manfred . . . . 156 f., 313
Künast, Dagmar 157
Kunckel, Karl-Heinz 323, 325
Kunz, Eva 108, 322
Kunze, Reiner . . . . 201 f., 208
Kuppe, Gerlinde 410

L

Lafontaine, Oskar . . . . . 121, 161, 183, 189, 212 ff., 236, 289 f., 292 ff., 320, 329, 331 f., 344, 349, 358 f., 372, 375, 389, 400 ff., 409 f., 412 ff., 417 ff., 424, 426 ff., 438, 441, 448 f.
Laskowski, Peter 410
Leger, Sabine . . 82, 88, 94, 98 f., 126, 140, 149, 156 f., 163, 168, 405, 408, 418
Lehmann, Helmut . . . . 44 f.
Lersow, Michael 328, 410
Lipp, Thomas 114
Lucyga, Christine . . . . 156 f., 258, 379
Lüdde, Marie-Elisabeth 139, 157, 426

M

Machalett, Wilfried . . . . 156 f.
de Maizière, Lothar . . . 154, 190, 192, 211 f., 214, 216 f., 236, 238 ff., 250 f., 255 ff., 265, 268, 270, 272, 274, 277 f., 280 ff., 284, 288, 291, 340 f., 345 ff., 352 ff., 356, 358 ff., 364 ff., 368 ff., 407, 412, 437 ff., 444 ff.
Manhenke, Volker . . . . 114 f., 259
Manz, Simone 82, 88, 157, 168, 313
Mascher, Ulrike 429
Masur, Kurt 65
Matern, Hermann 40
Materne, Dagmar 134
Matschie, Christoph . . . 139, 144, 156 f., 236, 238, 244, 314, 316 f., 385, 405, 408, 410
Matterne, Dietmar 259
Matthäus-Maier, Ingrid . . 126, 275, 282, 350, 379
Maurer, Ulrich 127
Mauroy, Pierre 425
Meckel, Markus . . 56, 69 ff., 80, 82 ff., 90 ff., 95 f., 101, 103 f., 108 f., 112, 114, 122, 124 f., 128 f., 133, 137 f., 144 f., 152, 155 f., 162 f., 166 ff., 171 f., 175, 178, 193, 196 f., 205, 207, 211, 216 ff., 237, 239, 242, 244, 246, 256, 258, 267, 280, 282, 288, 311, 313 f., 320, 322 f., 328, 330, 332 f., 338, 343, 354, 356, 359, 365, 375, 405, 408, 430, 432, 435, 437, 443
Meier, Otto . . . . 32, 44 f.
Merkel, Petra 125
Meyer, Heinz-Werner 426
Mielke, Erich 76, 91, 97, 204
Milbradt, Jörg 88
Misselwitz, Hans-Jürgen . . . . . . 266 f., 369
Modrow, Hans . . 98 ff., 102 f., 141, 143, 145, 149 ff., 163, 179, 188 f., 228, 246, 264, 414, 436

Momper, Walter . . 69, 119 f., 126, 135 f., 162, 183, 192, 288, 402, 421, 452
Morgenstern, Luise 379
Morlock, Martin 387
Müller, Annemarie . . . . . . 104, 109 f., 166
Müller, Christa 161
Müller, Matthias . . . . 104, 109 f.

N

Nahmmacher, Elly-Viola 202
Natzius, Rüdiger 139, 156, 363
Nedeleff, Roland 411
Ness, Hans 323
Noack, Arndt . 70, 75 ff., 82, 88, 98, 118, 156, 409 f., 412, 448
Nowack, Joachim Hubertus 267

O

von Oertzen, Peter 402, 420

P

Paar, Rudolf 90
Pauk, Anne-Katrin 108
Pawliczak, Lothar . . . . . . 74, 88 f., 144, 155
Penner, Willfried 275
Peters, Werner 139
Pieck, Wilhelm . . . . 31, 38 f., 45
Pollack, Peter . . 246, 267 f., 275, 365, 369 f., 446
Polte, Wilhelm 259
Poppe, Gerd 148
Porzner, Konrad 261
Prang, Ronald 139

R

Rathenow, Lutz 206
Rau, Johannes . . . 127, 161 ff., 183, 289, 293, 349, 402
Reich, Jens 266
Reiche, Steffen . . . . . 69, 78, 80, 82 f., 88, 94, 112 ff., 116 f., 121 ff., 133 f., 137, 155 ff., 168, 258, 316, 408, 410, 418, 434
Reichert, Burkhard 385
Reider, Sybille 246, 365
Richter, Edelbert 120, 156, 272
Richter, Ingo 111, 163
Richter, Jens 157
Riebe, Sabine 428

Rieke, Dieter 425
Ringstorff, Harald . 111 f., 162, 169, 259, 266, 302, 399, 408, 417 f.
Romberg, Walter . . 88, 149, 160 f., 167, 240, 246, 258, 267 f., 275, 281 f., 284, 290 f., 365 ff., 379, 445 f.
Roth, Wolfgang 126, 162, 275, 282
Rothe, Rudolf . . . . 39 f.
Rüddenklau, Wolfgang 58
Rudolph, Christine . . 156, 259, 313, 343, 379
Rudorf, Dieter . . . . 350, 368 f.
Ruhland, Walter 185
Rühle, Reiner . . . . 75, 78 f., 82, 90, 105, 168

S

Sander, Niko 125
Schäfer, Klaus 158, 160, 234
Scharping, Rudolf 296, 402
Schäuble, Wolfgang . 345 f., 352 f., 373, 375 f., 404, 446
Schellin, Britta . . . . 156 f.
Schemmel, Volker 270, 359
Scherf, Henning 402
Schiller, Karl 173
Schmidt, Helmut 121, 183, 430
Schmidt, Thomas . . 139, 157, 316, 318, 322, 408, 417 f.
Schmuck, Klaus 384
Schmude, Jürgen 69
Schneider, Hans-Peter 261
Schnell, Emil 246
Scholz, Rupert 341
Schorlemmer, Friedrich 78
Schröder, Gerhard . . . 162, 183, 189, 236 296, 402
Schröder, Richard . . . 70, 74, 144, 146 f., 194, 196, 211 ff., 215 ff., 236 f., 239 ff., 246, 256 ff., 270 ff., 274, 278, 280 ff., 284, 295, 297 ff., 302, 328, 330, 332 f., 338, 340 f., 343 ff., 354, 356, 358 f., 361 f., 370 f., 373 f., 405, 408, 410, 417 f., 430, 436 f., 439 f., 443 f., 449 ff.
Schulz, Werner 134
Schulze, Christian . . . . 114 f.
Schumacher, Kurt 31, 36, 43, 46
Schurig, Andreas 114
Schwanitz, Rolf 259, 264, 363
Schwarz, Jürgen 341
Schwehn, Barbara 395

Personenregister

von Schwerin, Detlef . . . . 315, 403 f.
Schwierzina, Tino 410, 421
Seils, Michael 88
Seils, Susanne
   ➡ Kschenka (geb. Seils), Susanne
Sept-Hubrich, Gisela 409
Slánský, Rudolf 47
Sobottka, Gustav 32
Sorge, Wieland 259
Speer, Rainer 139
Spittel, Olaf R. . . . . 93 f., 155, 316
Spöri, Dieter 402
Staude, Marion 139
Stiegler, Ludwig 119
Stobbe, Dietrich . 125, 260, 268 f., 272 ff., 278, 280, 282, 288, 298, 359, 364, 366, 374, 399, 450 f.
Stockmann, Ulrich 88, 259
Stolpe, Manfred 69, 212, 217
Stoph, Willi 98
Stura, Rainer . . . . 383 ff., 393

T

Templin, Wolfgang 61
Terpe, Frank . . 139, 156 f., 216, 246, 258, 324
Thierse, Wolfgang . . 216, 218, 242, 246, 248, 256, 266 f., 275 ff., 282, 289, 298 f., 322, 324 f., 328, 334 ff., 343, 350, 354 ff., 359 f., 370 ff., 378, 399, 401 f., 405, 408 ff., 417 f., 421, 423 f., 427, 429, 443, 447 f.
Timm, Gottfried . . 139, 156 f., 193, 258, 282, 303, 305, 307, 314, 322, 324 ff., 328, 335 ff., 389, 405, 443
Tomaschek, Mette 163
Trabalski, Stanislaw . . . . 39 f.
Tsatsos, Dimitris 387
Tschiche, Hans-Jochen 355

U

Uecker, Sabine 409
Ulbricht, Walter . . . . 31 f., 39, 44 f., 48
Ullmann, Wolfgang 144

V

Vogel, Hans-Jochen . . 69, 121 f., 124 ff., 129, 135, 160 ff., 164, 182 f., 191 f., 194, 212 ff., 235 f., 260, 268, 272 ff., 278, 280 ff., 284, 286 ff., 293 ff., 300 f., 327 f., 345, 349, 358 f., 361, 364, 366, 370, 374 f., 387, 394, 399, 401 f., 406 f., 419 f., 423 f., 427, 429, 441
Voigt, Karsten 119
Vollert, Ursula 128, 155, 315
Voss, Nikolaus . . . . 115 f., 410, 417

W

Walnsch, Uwe 311, 316, 389
Walther, Hansjoachim . . 245 f., 267, 341, 363
Wardin, Peter . . . 304 f., 381 ff., 389, 391 ff., 398, 406 f., 409
Weber, Beate 425
Weber, Pitt 400
Wegner, Horst 158, 160, 234
Wehrmeyer, Günter 384, 390
Weigel, Theo 284, 290, 369
Weis, Reinhard 409
Weise, Matthias 88, 411
Weiß, Konrad 292, 342
Weißgerber, Gunter . . . . 98, 114 f.
Weisskirchen, Gert . 118, 124, 126, 137, 162, 301
von Weizsäcker, Richard 123
Wels, Otto 423
Wettig-Danielmeier, Inge 162, 402
Wettig, Klaus 162
Wieczorek-Zeul, Heidemarie 162, 236
Wolf, Markus 61
Wollenberger, Knud 74
Woltemath, Käte . . . 130, 139, 165, 182, 218, 256, 331 ff., 340, 410, 417 f., 425, 443, 452

Z

Zaisser, Wilhelm 48
Ziel, Alwin 258, 282, 290, 350, 369, 405
Ziemann, Helga 384
Zöller, Walter . . 158 f., 181, 215, 247, 260 ff., 268, 274, 282, 286 f., 294 f., 298, 345, 358 f., 361, 364 f., 366, 370, 374, 440

Orts-/Länderregister

A
Aue 221
Augsburg 421

B
Bad Dürrenberg 198
Baden-Württemberg 127, 196, 392
Bayern 187, 238, 392
Berlin . . . . 32, 34, 37 ff., 44, 49, 57, 60, 66 f., 69 f., 74, 77, 80, 83, 88 ff., 92, 98 f., 102, 104 f., 107 f., 110, 112, 119 f., 122, 124 ff., 132, 138 ff., 142, 145, 159 ff., 171, 180 f., 187, 190, 193 ff., 197, 203, 205 f., 208, 215, 220 ff., 225, 231, 234 ff., 240, 258 ff., 266, 268, 272, 275, 280, 282, 287, 295, 298, 302, 305, 309 f., 314, 318, 323 f., 325, 334 f., 348, 350 f., 354, 357, 359, 362, 371, 373, 381, 383, 385, 389 ff., 398 f., 401 ff., 406 ff., 415, 419, 421 ff., 427, 433, 437, 440, 442, 446 ff., 452
Bielefeld 180
Bitterfeld 49, 227
Bonn . . . . 58, 101, 106, 122, 126, 128 f., 155, 159 ff., 185, 191, 194, 211 f., 218, 226, 235, 244, 250, 257, 266, 268 f., 273 f., 276, 281, 287, 290, 292, 295 ff., 302, 304, 314 f., 317, 343, 349 f., 354, 362, 365, 368 f., 381, 383, 385 f., 389 f., 394, 396, 398, 400 ff., 407, 414, 416, 418, 427, 434 f., 437, 440, 442, 444 ff., 450 f.
Bonn-Bad Godesberg 185
Brandenburg . . . 74, 105, 187, 230, 235, 259, 310, 328, 357, 362, 369, 392, 408, 410
Bremen 158

C
Chemnitz . . . . 160, 221 f., 234, 259
Cottbus . . . 105, 134, 160, 223, 226, 234, 259, 307

D
Döbern 88
Dresden . 50, 63, 105, 109 f., 112, 127, 166 f., 223 f., 234, 259, 323, 433
Düsseldorf 180

E
Erfurt 105, 184, 226, 231, 234, 259

F
Frankfurt am Main 127, 429
Frankfurt (Oder) . . . 160, 225, 234, 258 f.
Frankreich . . . . 134, 425 f.
Freital 50

G
Genthin 106
Gera . . . . 105, 201 ff., 208, 226 f., 234, 259
Görlitz 49, 224
Greifswald 88
Greiz . . . . 200 ff.

H
Halle . . . 88, 105, 134, 158, 160, 226 ff., 234, 259, 322 ff., 327 f., 338, 343, 381, 394, 396, 398, 411, 443, 447
Hamburg . . . . 32, 193 f., 289
Hannover 36, 127, 158, 261
Heidelberg 127, 425
Hessen 158
Hof 127

I
Italien 134

L
Leipzig . . . 34 f., 63 ff., 87, 90 f., 98, 105, 112, 114 ff., 138, 140, 152, 154, 158, 160 f., 164 ff., 175, 177, 181, 184, 186, 193, 198 ff., 213, 215 f., 228 f., 234, 239, 241, 257 ff., 306 f., 310, 322, 325 f., 337, 339, 348, 435, 442, 444
Leuna 198, 200, 203
London 36

M
Magdeburg . . . 73, 76 f., 92, 105 f., 160, 181, 203, 229 f., 234, 259, 310, 322
Mecklenburg-Vorpommern . . 70, 105, 111, 160, 205, 235, 259, 310, 362, 408, 410, 425
Moskau 30, 32, 43
München 244, 266, 357, 406

N

Naumburg 88
Neubrandenburg . 105, 134, 204, 231 f., 234, 259, 324
Neustrelitz . . . . 193, 204 ff., 209
Niederndodeleben 229
Niedersachsen 289, 303
Nordrhein-Westfalen . 127, 183, 349, 359, 414

O

Österreich 37

P

Peking 62
Plauen 127, 137, 222
Polen . . 55, 57, 98, 141, 175 f., 247, 265, 377, 425 f.
Potsdam . . . . 69, 230 f., 234, 259, 310
Prieros 230, 320, 389, 394

R

Rathenow 49, 231
Rostock . 105, 111 f., 127, 130, 134, 137, 158, 160, 166, 205, 231 f., 234, 259, 310, 324
Rudolstadt 88

S

Saarbrücken . . . . 289, 295 f.

Saarland 303, 387, 400, 410, 414, 447
Sachsen . . 35, 42, 105, 114, 187, 235, 259, 323, 392, 408, 410, 452
Sachsen-Anhalt . 105, 198, 235, 259, 408, 410
Schleiz 167, 226
Schleswig-Holstein 158
Schwante . . . . . 69, 80 ff., 87, 90 f., 101, 104, 107 ff., 114, 124, 140, 166, 168, 170 ff., 175, 258, 409 f., 412, 434 f., 439, 448 f. 451
Schwerin . . 113, 149, 158, 160, 231 ff., 258 f., 310, 315, 403
Spanien 134
Suhl . . . . 134, 158, 231, 233 f., 259

T

Thüringen . 105, 112, 127, 160, 167, 187, 200, 235, 259, 270, 408, 410, 452
Tschechoslowakei 55, 64, 201
Tschernobyl 52
Tübingen 197

U

Ungarn 37, 57, 62

V

Vipperow . . . . 56, 70, 205 f.

Sachregister

1, 2, 3 ...

10-Punkte-Plan
(10-Punkte-Programm) 101, 449
siehe auch → Kohl, Helmut
17. Juni 1953 (Volksaufstand) . . . . 45, 48 ff.
40. Jahrestag der Gründung der DDR
(7. Oktober 1989) 64, 75

A

Admiralspalast, Berlin . . . . 38 f., 406
Allianz für Deutschland . . 18, 27, 148, 153, 164, 177 ff., 181 f., 185 ff., 211, 213, 217, 222, 226, 228, 235 ff., 270, 334, 338, 370, 436 ff.
»Altparteien« ⇒ Nationale Front (NF)
Amt für Nationale Sicherheit (AfNS) ⇒ Ministerium für Staatssicherheit (MfS)
Arbeitsmarktpolitik 252, 395, 417, 438
Asylrecht 73, 350, 357, 427
»Aufruf der Sechs« 65
siehe auch → Masur, Kurt
Außenpolitik . . . 87, 101, 156, 171, 175, 213, 237, 240, 262, 265, 267, 286, 314, 329, 342, 353, 365, 426, 438

B

Beitritt der DDR (nach Art. 23 GG) . . . 111, 151, 179, 216, 241, 256 f., 336 f., 341, 343 f., 346, 438
siehe auch → Vereinigung (nach Art. 146 GG) → Vertrag zwischen der Bundesrepublik Deutschland und der Deutschen Demokratischen Republik über die Her-

stellung der Einheit Deutschlands (Zweiter Staatsvertrag bzw. Einigungsvertrag)
Bekennende Kirche 52, 69
Betriebskampfgruppen . . . . . 61, 64 f., 96
Betriebsverfassungsrecht . 151, 213, 216, 249, 252, 273, 277, 396
Blockpartei . . . 63, 102, 117, 148, 178 f., 182, 185, 260, 262, 306, 326, 339, 378, 392, 415, 418, 424, 431, 434, 442
Bodenpolitik 376, 414
Breschnew-Doktrin 60
Bund demokratischer Sozialisten 30
Bund Freier Demokraten (BFD) . 178 f., 185, 217, 226, 236, 240, 243, 246, 249, 354, 358 ff., 363, 374, 437
Bundesministerium des Innern 345
Bundesrat . 273, 289, 293, 300, 303, 346, 349, 355, 441, 444, 446
Bundesregierung . 60, 100, 136, 143, 151, 212, 241, 243, 255, 264, 268 f., 272 f., 275 ff., 279, 281 f., 287, 289, 291, 294 ff., 301, 311, 342, 345 f., 352, 362, 367, 375 f., 378, 381, 414, 441, 444, 446
Bundestag . . . 242 f., 263, 269, 273, 282, 288, 294, 300, 340, 346, 348 f., 361, 363, 379, 441
Bundestagswahl, Bundestagswahlkampf . 207, 212, 345, 351, 354, 359, 361, 363, 375, 383 f., 429, 445, 448, 450
Bündnis 90 . 178 f., 263, 292, 332, 341 f., 348, 355, 363 f., 379, 431
Bündnis 90/Die Grünen . 179, 266, 269, 354
Bürgerbewegung . 57 f., 65 ff., 73, 77, 79, 83, 89 ff., 94, 97, 109, 112, 129, 133, 143, 145 ff., 172, 178 f., 185, 415, 431 f., 436, 445

C

Christlich Demokratische Union (CDU) (Ost) . . . 63, 142, 148 f., 152 ff., 177 ff., 181 f., 184, 191 f., 202, 206, 211 f., 214, 216, 226, 232, 237, 239 ff., 244 ff., 248 f., 253, 258, 263, 269 f., 277, 302, 310 f., 321, 324, 334, 336, 343, 348, 350, 352 ff., 358 ff., 363, 365, 368, 375, 392, 416, 419, 431, 436 ff., 443, 445
siehe auch → Blockpartei → Allianz für Deutschland

Christlich Demokratische Union (CDU) (West) . . 117, 191, 212, 250, 258, 361, 419, 426, 436, 438, 449, 452
Christlich Soziale Union (CSU) . . 148, 187, 214, 222, 238 f., 361

D

Demokratie Jetzt 63, 142, 431
siehe auch → Bündnis 90
Demokratische Bauernpartei Deutschlands (DBD) . . . 142, 178, 320 f., 339, 431, 443
siehe auch → Blockpartei
Demokratischer Aufbruch . . 63, 69, 80, 120, 142, 148, 154, 240, 246, 363
siehe auch → Allianz für Deutschland
Demokratischer Sozialismus . 82 f., 120, 124, 130, 134 ff., 168, 171, 177, 422 ff.
Deutsche Einheit ➡ Vertrag zwischen der Bundesrepublik Deutschland und der Deutschen Demokratischen Republik über die Herstellung der Einheit Deutschlands (Zweiter Staatsvertrag bzw. Einigungsvertrag)
Deutsche Forumspartei 178
siehe auch → Neues Forum → Bund Freier Demokraten (BFD)
Deutsche Kommunistische Partei (DKP) 363
Deutsche Soziale Union (DSU) . . . . 148, 177, 190, 211, 214, 216, 220 ff., 230 f., 233, 235 ff., 244 ff., 249, 256, 267, 270, 341 f., 348, 354, 357, 359, 363 f., 407, 438, 444
siehe auch → Allianz für Deutschland
Deutscher Bundestag ➡ Bundestag
Deutschlandpolitik . . 73, 102, 118, 119, 243, 344, 375, 414, 425 f., 437, 439, 441, 446, 449
Die Grünen 53, 179
Dietrich-Bonhoeffer-Haus, Berlin . . 102, 142
»Dritter Weg« 58, 109, 111, 422, 434

E

Eigentumsverhältnisse an Grund und Boden . . . 252, 254, 273, 275, 277 ff., 282, 286, 292, 328, 441
Einführung der D-Mark ➡ Vertrag über die Schaffung einer Währungs-, Wirtschafts- und Sozialunion (Erster Staatsvertrag)

Sachregister

Einigungsvertrag ➡ Vertrag zwischen der Bundesrepublik Deutschland und der Deutschen Demokratischen Republik über die Herstellung der Einheit Deutschlands (Zweiter Staatsvertrag bzw. Einigungsvertrag)
Elisabethkirche, Berlin 92
Energiepolitik 86, 254
Europapolitik 88
Evangelische Studentengemeinde (ESG) Berlin 80, 92
Evangelische Studentengemeinde (ESG) Leipzig 114
Evangelisches Konsistorium Berlin-Brandenburg 74
Evangelisches Konsistorium Magdeburg . 73

F
Familienpolitik 317, 348, 415, 427
Frauenquote . . . . 79, 82, 168 f. 337
Freie Demokratische Partei der DDR (F.D.P. der DDR) 178, 392, 419
    siehe auch ➝ Bund Freier Demokraten (BFD)
Freie Deutsche Jugend (FDJ) . . . 142, 198 ff., 208, 337
Freier Deutscher Gewerkschaftsbund (FDGB) 142, 249, 283
Friedensbewegung, kirchliche . . 52 f., 54, 69, 87, 114, 205
Friedenskreis Vipperow . . . . 70, 205 f.
Friedrich-Ebert-Stiftung . 101, 260, 310, 319, 384, 390, 442

G
Gedenkdemonstration für Karl Liebknecht und Rosa Luxemburg 60, 70
Gewerkschaften . . . 29, 32, 42, 49, 96 f., 123, 157, 175, 191, 316 ff., 327, 337, 384, 395 f., 426, 429, 443
Glasnost 61
Gleichberechtigung . . . 73, 87, 169, 172, 377, 423
Golgatha-Gemeinde, Berlin . . . . 74 ff., 205
Grenzöffnung . 67, 98, 100, 125, 142, 435, 449
Grüne Partei 142, 179

H
Hauptstadtfrage 349, 353, 422

Hitler-Stalin-Pakt 36

I
ICC Berlin (Internationales Congress Centrum Berlin) 407, 411, 421
IM (Inoffizielle Mitarbeiter des MfS) . . . 61 f., 73 f., 80, 98, 129, 198, 204 ff., 208, 433
Initiative Frieden und Menschenrechte (IFM) 144, 148, 206
    siehe auch ➝ Bündnis 90 ➝ Vereinigte Linke
Innenministerium der DDR ➡ Ministerium des Innern (DDR)
Innenpolitik . 60, 156, 240, 248, 262, 342, 414, 426 f.

K
Kabinett Hans Modrow . 102 f., 141 ff., 163, 414
    siehe auch ➝ Runder Tisch
Kabinett Lothar de Maizière . . . . 214, 236, 243 ff., 250 f., 268, 274, 281 f., 312, 340 ff., 346, 365, 371, 412
Koalitionsverhandlungen, Koalitionsvereinbarung, Koalitionsvertrag . 212 ff., 217 f., 220 ff., 236 ff., 264 ff., 269 ff., 285, 298, 311 ff., 328, 332, 334, 337, 350, 353, 364, 370, 373, 437 ff.
    siehe auch ➝ Kabinett Lothar de Maizière
Kominform (Informationsbüro der Kommunistischen und Arbeiterparteien) . . . . 43 f.
Kommunalpolitik . . 42, 88, 157, 192, 303 ff., 411, 442
Kommunalwahlen . . 191, 214, 276 f., 303 ff., 324, 326, 441
Kommunistische Partei der Sowjetunion (KPdSU) 44, 58
Kommunistische Partei Deutschlands (KPD) . . 30 ff., 43, 45, 47, 110, 130, 198, 388, 406, 447
Konferenz über Sicherheit und Zusammenarbeit in Europa (KSZE) . 52, 60, 87, 130, 176, 247, 342, 413, 438
Kongresshalle am Alexanderplatz, Berlin 90, 129, 138
Kontaktgruppe . . . 103, 141 f., 144, 154, 436
    siehe auch ➝ Wahlbündnis

475

Kulturpolitik 88, 174, 202

L

Länderstruktur, Länderreform . 216, 240, 255
Landwirtschaftspolitik . . . 86, 156, 173, 175, 238, 240, 268, 275, 287, 314, 320, 365, 405
Liberaldemokratische Partei Deutschlands (LDPD) 63, 142, 178, 184, 431
siehe auch → Blockpartei → Bund Freier Demokraten (BFD)
Liebknecht/Luxemburg-Demonstration ➡ Gedenkdemonstration für Karl Liebknecht und Rosa Luxemburg

M

Markt- und Meinungsforschung . . . . 184 f., 187 ff.
Mauerfall ➡ Grenzöffnung
Medienpolitik . 77, 94, 97, 146, 150, 157, 213, 240, 245, 254, 411
Mietrecht . . . . 164, 177, 216, 249, 252, 278 f., 311, 348, 357, 376, 444
Ministerium des Innern (DDR) 83, 91
Ministerium für Staatssicherheit (MfS) . . . . 59 ff., 69, 73 ff., 82, 92 f., 102, 116, 129, 143, 145, 172, 193 ff., 201 ff., 240, 248, 263 ff., 283, 323, 337, 373, 378, 408, 410, 413, 417, 423, 433, 436 f.
Ministerrat der DDR . . 141, 146, 240, 244 f., 264 f., 276, 279, 287, 407
siehe auch → Kabinett Hans Modrow → Kabinett Lothar De Maizière
Mobile Friedensseminare 70
Montagsdemonstrationen . . 63 f., 67, 180, 184

N

Nationaldemokratische Partei Deutschlands (NDPD) 142, 178, 43
siehe auch → Blockpartei
Nationale Front (NF) 91, 93, 98, 146
siehe auch → Blockpartei
Nationale Volksarmee (NVA) 64, 377
Nationalsozialistische Deutsche Arbeiterpartei (NSDAP) 34, 46, 48, 303, 423
Neues Forum . . 57, 63, 66, 71, 91, 101, 109, 120, 134, 142, 144, 178, 184, 324, 431, 433
siehe auch → Bündnis 90 → Deutsche Forumspartei

Nikolaikirche, Leipzig 63, 65
North Atlantic Treaty Organization (NATO) 87, 216, 247, 257, 267, 413

O

Oder-Neiße-Linie . . 176, 216, 247, 265, 342, 348, 377, 413, 438
Ökologie . . . 54, 59, 70, 72, 78, 83 ff., 89, 94, 109, 118, 143, 156, 164, 171 ff., 175, 213, 237, 240 f., 250, 254, 262, 273, 282 f., 294, 317, 336, 348, 405, 413, 415, 422, 425, 427, 432 f., 435, 439, 449, 451
Ökologie- und Umweltbewegung in der DDR . 54, 57 f., 83 ff., 86, 175, 179, 432, 449, 451

P

Partei des Demokratischen Sozialismus (PDS) . 51, 177 ff., 185 ff., 192, 211, 214, 220, 222 ff., 228 ff., 236, 260, 262 f., 266 f., 281, 283, 291 f., 306, 310, 327, 330 f., 333, 336, 348, 352, 359, 363 f., 377, 379, 415 f., 418, 424, 434, 437, 445, 452
Parteienfinanzierung (in der DDR) . . . 146, 159, 179, 319, 386, 391 f., 417
Parteiengesetz (BRD) . 385, 388, 399 ff., 420, 446
Parteiengesetz (DDR) . . . 133, 146, 150, 295
Parteivereinigung (Ost- und West-SPD) . . . 208, 296, 315, 317, 325, 330 f., 333, 335 f., 339, 381 ff., 389 f., 394, 396 ff., 406 ff., 442, 444, 446 ff., 452
Perestroika 61
Pfarrermüdigkeit . . . . 336 f. 443, 448
Prager Manifest ➡ Sozialdemokratische Partei Deutschlands – Parteivorstand im Exil (Sopade)
Preisreform . . . . 150 f., 177
Privatisierung . . . 151, 161, 216, 251 ff., 266, 279, 285, 298, 414, 439, 441

Q

Quotierung (der Ost-SPD-Mitglieder in der vereinten SPD) . . 397 ff., 401, 403, 447

R

Regierung de Maizière ➡ Kabinett Lothar de Maizière
Regierung Modrow ➡ Kabinett Hans Modrow
Reichsbanner Schwarz-Rot-Gold 32
Rentenpolitik . . 161, 164, 216, 248 ff., 276 f., 281, 283, 287, 376, 415
Rote Armee 37
Runder Tisch .... 85, 98, 102 ff., 131, 133, 141 ff., 161, 173, 195, 242, 248, 269 ff., 342, 436

S

Schul- und Bildungspolitik . 88, 96, 156, 174, 254, 266, 317, 422
Schwangerschaftsabbruch 238, 249, 266, 337, 339, 348, 357, 377, 427
»Schwerter zu Pflugscharen«-Bewegung . 52, 54, 70
Sophienkirche, Berlin 108
Sowjetische Besatzungszone (SBZ) . . 29 ff., 400, 432
Sowjetische Militäradministration (SMAD) 30, 32, 37
Sozialcharta 151, 173
Sozialdemokratische Gemeinschaft für Kommunalpolitik (Bundes-SGK) 304 f., 307 f., 310, 442
Sozialdemokratische Partei Deutschlands – Parteivorstand im Exil (Sopade) . . 34, 36
Sozialdemokratische Partei Deutschlands (SPD)
– Arbeitsgemeinschaft für Arbeitnehmerfragen (AfA) 385
– Berliner Parteitag (Dezember 1989) . . . 123, 128 f., 145
– Bezirksverbände 158, 389
– Bundestagsfraktion . . 119, 121, 158 f., 164, 246, 260 ff., 275, 280, 287, 290, 295, 298, 329, 347, 349, 351, 359, 364, 379, 402, 430, 439 f., 441, 444, 449 ff.
– Büro Hirschfeld ➡ Hirschfeld, Gerhard
– Erich-Ollenhauer-Haus ➡ Vorstand
– Frankfurter Kreis 173
– Führung ➡ Vorstand
– Gemeinsamer Ausschuss (der SPD West und Ost) . . . 127, 158, 162 ff.
– Godesberger Programm . . . 118, 425, 434
– Grundwertekommission 118
– Kontaktbüro der SPD-Bundestagsfraktion ➡ Zöller, Walter
– Landesverbände .... 126 f., 158, 183
– Landtagsfraktionen 127, 159
– Parteirat 299, 349
– Präsidium . . . 121, 162, 215, 298, 381, 385, 387, 400 ff., 405, 407
– Programmparteitag ➡ Berliner Parteitag (Dezember 1989)
– Vereinigungsparteitag (September 1990) .... 208, 296, 385, 390, 394, 397 ff., 401, 406 ff., 446, 448 f.
– Vorstand . . . 113, 118 ff., 123, 126 ff., 158 ff., 185, 191, 211, 214, 216, 288, 292 ff., 296 ff., 304, 314, 317, 339, 349, 375, 381 ff., 385, 389 ff., 395, 397 f., 399, 401 f., 403 f., 407, 420, 434 f., 437, 441 f., 446 f., 450
– Vorstand, gemeinsamer; Vorstand der gesamtdeutschen SPD . . . 207 f., 382 f., 386, 398, 400 ff., 406, 409 f., 415, 426, 430, 448, 451
Sozialdemokratische Partei Deutschlands (SPD) (bis 1946)
– Bezirksverbände .... 34 f.
– Konferenz von Wennigsen 36
– Kreisverbände 35
– Landesverbände 35, 38, 42
– Ortsverbände 35
– Zentralausschuss (ZA) der SPD in der SBZ .... 32 ff.
Sozialdemokratische Partei in der DDR (SDP/SPD in der DDR)
– Arbeitsgemeinschaft für Arbeitnehmerfragen (AfA) .... 336, 395 f.
– Arbeitsgemeinschaft sozialdemokratischer Frauen in der SPD-DDR 108
– Aufnahme ehemaliger SED-Mitglieder . . 87, 112 f., 115 ff., 124, 140, 153 f., 192, 306, 326, 339, 435, 452
– Autonomie ➡ Unabhängigkeit
– Basis, Basisgruppen . . 71, 78, 89 f., 93, 104 ff., 112, 114 f., 119, 129, 131, 133, 137, 144, 152 f., 164, 169 ff., 183, 191, 193, 218 ff., 235, 256, 303, 322 f., 326 f.,

333, 337, 340, 391, 399, 402, 420, 426, 428, 435, 437 f., 440, 444
  siehe auch → Ortsvereine
- Bezirksverbände . 90, 105 ff., 112, 127, 129, 134, 137 ff., 144, 152, 157 ff., 166 f., 169, 180 f., 220 ff., 258 f., 303, 307, 311, 319, 322 f., 324 f., 328, 339, 384, 386, 391 f., 396, 399, 433, 435, 438
- Delegiertenkonferenz (Januar 1990) . 89 f., 104, 129 ff., 146, 152, 165, 452
- Gemeinsamer Ausschuss (der SPD West und Ost) . . . 127, 158, 162 ff.
- Geschäftsführender Ausschuss . . . 92, 102, 104, 107, 137, 315
  siehe auch → Vorstand
- Gründerkreis, Gründerzirkel ⇒ Initiativgruppe zur Gründung einer Sozialdemokratischen Partei in der DDR
- Grundsatzkommission . . . 88 f., 136
- Grundsatzprogramm . . . 88, 90, 161, 165, 171 ff., 175, 312, 339
- Initiativgruppe zur Gründung einer Sozialdemokratischen Partei in der DDR . . . 69, 71, 73 ff., 77, 79, 90 f., 108, 168, 206, 258, 323, 331, 337, 339, 410, 418, 430, 433 f., 443, 448, 451
- Junge Sozialdemokraten . . . 170, 218, 418
- Kreisverbände . . . 105, 107, 116, 137, 159 f. 169, 220 f., 223 ff., 306, 391 f.
- Landesparteitage 170, 325, 387
- Landesverbände . . . 104 ff., 160, 169, 323, 328, 391 ff., 401, 408, 410
- Leipziger Parteitag (Februar 1990) . 87, 90 f., 133, 138, 152, 154, 161, 164 ff., 177, 186, 193, 215, 306, 312, 322, 326, 435
- Organisation ⇒ Statut
- Ortsvereine . . 114 f., 125, 160, 220 ff., 320, 339, 391, 399
  siehe auch → Basis, Basisgruppen
- Parteirat . . 168, 170, 190, 211, 218, 311, 350, 428
- Parteitage ⇒ Delegiertenkonferenz (Januar 1990) ⇒ Leipziger Parteitag (Februar 1990) ⇒ Sonderparteitag Halle (Juni 1990) ⇒ Vereinigungsparteitag (September 1990)
- Präsidium . . 169, 183, 190 f., 194, 207, 217, 235, 268, 270, 311 ff., 318, 320 ff., 325, 332, 340, 353, 360, 369, 396 f., 403, 405, 407 ff.
- Rungestraße ⇒ Vorstand
- Sonderparteitag Halle (Juni 1990) . 322, 324 ff., 333, 338 ff., 343, 381, 394, 396, 443, 447
- Statut . . . 78 f., 82, 87, 90 f., 105, 108, 115, 134, 138, 140, 144, 157, 161, 166, 168 ff., 217, 311 f., 325, 383 f., 386, 390 f., 393, 400, 404, 408, 417, 420, 438, 448
- Umbenennung . . 126, 132, 137 f., 188, 450
- Unabhängigkeit 124, 138
- Unterbezirke ⇒ Kreisverbände
- Vereinigungsparteitag (September 1990) . . . . 208, 296, 385, 390, 394, 397 ff., 401, 406 ff., 446, 448 f.
- Volkskammerfraktion . . . 190, 193 ff., 211, 215, 218, 239, 256, 258 ff., 262 ff., 270, 278 f., 281 f., 284, 287, 294 f., 297, 311, 317, 324, 340, 344 f., 350 f., 354, 358 ff., 369, 372, 374, 376, 379, 408, 410, 412, 437, 439 f., 444 f., 450
- Volkskammerfraktion (Arbeitskreise) . . 262, 266, 272, 274, 279, 285 f., 317 f., 329, 350, 354, 376, 382
- Vorstand . . . 82 f., 88, 92 ff., 98, 101, 103 ff., 109, 111 ff., 118, 122 ff., 125, 128 f., 131, 133 f., 136 ff., 144, 150, 152 f., 155 ff., 160, 166, 168 ff., 180 f., 183, 190, 193 ff., 197, 211, 215, 217 ff., 223, 235, 244, 256 ff., 261, 271, 303, 306 f., 310 ff., 318 f., 322 ff., 330 ff., 337 ff., 340, 361, 375, 382, 385, 391, 392 f., 396 f., 399, 403 f., 406, 408, 410 f., 413, 415 ff., 426, 433, 437 ff., 442 ff., 447 f.
- Wahlprogramme . . 162, 164, 166, 171, 175, 306 f., 394, 397, 401, 429 f., 435, 448

»Sozialdemokratismus« 43, 46, 48
Soziale Demokratie 72, 134, 172, 177
Sozialistische Einheitspartei Deutschlands – Partei des Demokratischen Sozialismus (SED-PDS) . . 117, 130, 133, 142 f., 145, 148 f., 153, 184 ff., 434

Sozialistische Einheitspartei Deutschlands
  (SED)
  – Betriebsgruppen . . . . 40 f.
  – Bezirksleitung Leipzig . . . . 64 f.
  – Bezirksverbände 41
  – Funktionäre . . . . 41, 45 ff., 102, 113,
    115 f.,
  – Kader ➟ Funktionäre
  – Politbüro . . 44, 66 f., 91, 100, 102, 141
  – Zentralkomitee (ZK) . . . 46, 63, 65, 67,
    102, 118, 263
  – Zwangsvereinigung (von KPD
    und SPD) . . . 31, 36 ff., 45, 110, 130,
    388, 400 f., 406 f., 425, 446 f.
Sozialistische Internationale . . . 79, 83, 123,
  125, 131, 156, 168, 316, 327
Sozialpolitik . . . . 50, 54, 59, 88 f., 157, 171,
  173, 215, 237, 248, 273 ff., 281, 283, 286, 288,
  292, 297 f., 357, 376, 395, 415, 422, 427, 432,
  436, 441, 446
Sprachenkonvikt, Berlin 70
Staatssicherheit, Stasi ➟ Ministerium für Staats-
  sicherheit (MfS)
Synode der Evangelischen Kirche in
  Deutschland (EKD-Synode) 69

T
Treuhandanstalt . . 151, 161, 252 f., 277, 295,
  341 f., 353, 378
Truman-Doktrin 43

U
Umweltbibliothek Berlin 57, 60, 70
Umweltpolitik ➟ Ökologie
Unabhängige Sozialdemokratische
  Partei Deutschlands (USPD) 111
Unabhängiger Frauenverband 142
Urabstimmung . . . . . 137 f., 382, 385, 387 f.,
  397 ff., 402, 420, 446 f.

V
Verein Bürgerbeteiligung 71
Vereinigte Linke 133, 142, 206, 379
Vereinigung (nach Art. 146 GG) . . 151, 179,
  241, 244, 337, 342, 437, 444
  siehe auch → Beitritt der DDR (nach
  Art. 23 GG) → Vertrag zwischen der Bun-
  desrepublik Deutschland und der Deutschen

Demokratischen Republik über die Herstellung der Einheit Deutschlands (Zweiter
  Staatsvertrag bzw. Einigungsvertrag)
Verfassungsentwurf
  (des Runden Tisches) . . 85, 102, 131, 144,
  146 ff., 151 f., 269 ff., 436
Verkehrspolitik 253, 357
Vertrag über die Schaffung einer
  Währungs-, Wirtschafts- und Sozialunion (Erster Staatsvertrag) . . . . 160 f.,
  163 f., 176 f., 189, 213, 215 f., 238, 250, 252 f.,
  255, 264, 266 f., 272 ff., 281 f., 284, 289 ff.,
  296, 300 ff., 311, 328, 332, 337, 343, 361, 414,
  438, 440 f.
Vertrag zwischen der Bundesrepublik Deutschland und der Deutschen Demokratischen
  Republik über die Herstellung der Einheit
  Deutschlands (Zweiter Staatsvertrag bzw.
  Einigungsvertrag) . . . 176, 340 ff., 345 ff.,
  349, 352 ff., 359 ff., 364, 366 ff., 372, 375 ff.,
  404, 415 f., 444 ff.
Volkseigene Betriebe (VEB) 250
Volksentscheid . . . . 99, 147 f., 342, 357
Volkskammerwahl (18. März 1990) . . . 104,
  111, 133, 141 ff., 145, 149 ff., 158 f., 163 ff.,
  177 f., 180 ff., 185 ff., 191, 193, 243, 289,
  303 f., 307, 310, 352, 381, 434, 436 f., 441 f.,
  450
Volkspolizei 64, 201

W
Währungs-, Wirtschafts- und Sozialunion
  ➟ Vertrag über die Schaffung einer Wäh-
  rungs-, Wirtschafts- und Sozialunion (Erster Staatsvertrag)
Wahlbündnis . . . 103, 129, 131, 133, 306, 436
  siehe auch → Kontaktgruppe
Wählerstruktur 188
Wahlgesetz 133, 146
Wahlkampf . . 93, 95, 104, 117, 132, 134, 143,
  146, 152, 154, 159, 163 f., 177 ff., 189, 191,
  214, 221 ff., 230 ff., 238 f., 244, 260, 281,
  297, 303 ff., 310 f., 316 f., 372, 375 f., 379,
  382 ff., 389, 394, 412, 416, 429, 434, 436 ff.,
  440, 442, 444, 446, 448 ff.
Wahlrechtsfrage, Wahlmodus . . . 347, 352 f.,
  355, 361, 364, 429, 445
Warschauer Vertrag 87, 118, 247

Wehr- und Zivildienstrecht . 52, 70, 247, 348, 357, 414

westliche Besatzungszonen (Westzonen) . 29, 36

Wiedervereinigung ➡ Vertrag zwischen der Bundesrepublik Deutschland und der Deutschen Demokratischen Republik über die Herstellung der Einheit Deutschlands (Zweiter Staatsvertrag bzw. Einigungsvertrag)

Wirtschaftspolitik . . . . 78, 86, 146, 150, 161, 172 f., 175, 251, 264, 266, 273, 283, 290, 292, 300, 317, 414, 441

Z

Zwei-plus-Vier-Verhandlungen . . 150, 176, 269, 348, 362, 377

Zweistaatlichkeit . . 73, 87, 98, 100, 109, 123, 388, 435

Über den Autor

Peter Gohle, geb. 1966, Dr. phil., Archivar und Historiker, Leiter der Außenstelle Ludwigsburg des Bundesarchivs.